国家社科基金项目
(2003年~2005年)
“完善我国知识产权制度研究”最终成果

中国知识产权制度评价与立法建议

吴汉东　　主编

知识产权出版社

内容提要

本书以16章的内容,论述我国著作权制度、专利权制度、商标权制度等知识产权制度的现状、存在的问题以及完善的必要性、基本途径和制约因素等,并提出相应的具体的立法建议。这对推进我国知识产权制度建设和知识产权能力建设有着重大的现实意义。

本书可供知识产权领域学习者、研究者、实务工作者参考使用。

责任编辑:刘　睿　　　　**责任校对**:董志英
封面设计:焕良设计　　　　**责任出版**:杨宝林

图书在版编目(CIP)数据

中国知识产权制度评价与立法建议/吴汉东主编.—北京:知识产权出版社,2008.3
(知识产权研究书系)
ISBN 978-7-80198-843-0
Ⅰ.中…　Ⅱ.吴…　Ⅲ.知识产权-研究-中国　Ⅳ.D923.404
中国版本图书馆CIP数据核字(2008)第010982号

中国知识产权制度评价与立法建议
吴汉东　主编

出版发行:知识产权出版社
社　　址:北京市海淀区马甸南村1号　　邮　　编:100088
网　　址:http://www.ipph.cn　　邮　　箱:bjb@cnipr.com
发行电话:010-82000893　82000860转8101　　传　　真:010-82000893
责编电话:010-82000860转8113　　责编邮箱:liurui@cnipr.com
印　　刷:北京市兴怀印刷厂　　经　　销:新华书店及相关销售网点
开　　本:720mm×960mm　1/16　　印　　张:32.25
版　　次:2008年3月第1版　　印　　次:2008年3月第1次印刷
字　　数:605千字　　定　　价:56.00元
ISBN 978-7-80198-843-0/D·560(1876)

编委会

主　编：吴汉东

撰稿人：

吴汉东　曹新明　胡开忠　王莲峰

董炳和　王太平　刘春霖　彭玉勇

黄玉烨　严永和　梅术文　何　华

作者简介

吴汉东　法学博士，教育部人文社科重点研究基地中南财经政法大学知识产权研究中心主任、教授，博士生导师，兼任教育部社会科学委员会委员、教育部高校法学学科指导委员会副主任委员、中国法学会知识产权研究会会长。

曹新明　法学博士，教育部人文社科重点研究基地中南财经政法大学知识产权研究中心常务副主任、教授，博士生导师。

胡开忠　法学博士，教育部人文社科重点研究基地中南财经政法大学知识产权研究中心副主任、副教授。

王莲峰　法学博士，华东政法大学知识产权学院教授，中南财经政法大学知识产权研究中心兼职研究员。

董炳和　法学博士，苏州大学法学院教授，中南财经政法大学知识产权研究中心兼职研究员。

王太平　法学博士，湘潭大学法学院副教授，中南财经政法大学知识产权研究中心兼职研究员。

刘春霖　法学博士，河北经贸大学法学院副院长，教授，中南财经政法大学知识产权研究中心兼职研究员。

彭玉勇　法学博士，暨南大学知识产权学院讲师，中南财经政法大学知识产权研究中心兼职研究员。

黄玉烨　法学博士，中南财经政法大学知识产权研究中心副教授。

严永和　法学博士，暨南大学知识产权学院副教授，中南财经政法大学知识产权研究中心兼职研究员。

梅术文　法学博士，中南财经政法大学知识产权研究中心讲师。

何　华　法学博士，中南财经政法大学知识产权研究中心讲师。

序　言

PROLOGUE

在当今知识经济时代，知识财产已远远超过了物质财产而成为社会最重要的财产形态，知识产权就是知识财产法律化、权利化的具体形式。国家的核心竞争能力已日益体现为对智力资源和智慧成果的培育、配置和调控的能力，尤其体现为对知识产权拥有和应用的能力。大力提高知识产权的创造、管理、实施和保护的能力，不断完善现代知识产权制度，已成为一个国家经济和社会发展的重要保障。随着知识经济的发展，仍旧把注意力仅仅盯在有形财产的积累而忽视知识财产的创造，社会有形资产的积累不仅不可能快速进行，也不可能持续增长，发展中国家只有在增强自主创新能力的基础上，以自主知识产权的积累促进有形资产的积累，才有可能赶上发达国家。

知识产权法律是一个国家规范知识产权的权利主体资格、权利客体范围、权利产生条件、权利获得方式、权利内容及其限制以及侵犯权利的后果等问题的法律，知识产权制度则是一个国家为保障知识产权的创造、管理、应用和保护等项工作而建立的总体运作体系。自改革开放以来，我国迎来了知识产权法治建设的春天。我国知识产权制度历经20世纪70年代末到90年代初的初建和20世纪90年代初至90年代末的发展以及2001年我国加入世界贸易组织前后的进一步完善，经过近30年的发展，我国建立了较为齐全的知识产权法律体系，形成了较为完善的知识产权管理和执法体系，知识产权行政执法和司法保护日益完善，知识产权保护力度不断增强，知识产权的申请量与授权量迅速增加，审批效率和质量不断提高，知识产权成果逐渐在产业中得到实施应用，推动了经济的健康发展和社会的全面进步。至今，我国知识产权制度不仅已经初步建立，而且已经得到了一定的发展，在社会经济发展中日益发挥着重要的作用。

鉴于2001年前后我国大规模修订知识产权法律制度时的特殊历史背景和近年来我国社会经济发展出现的新情况和新问题，我们有必要重新审视我国的知识产权制度。为完善我国知识产权制度，我们必须认识到以下问题。

一、充分认识知识产权制度完善的重要战略地位和作用

创新型国家就是把科技创新作为基本战略，大幅度提高科技创新能力，以此形成竞争优势的国家。世界各国尤其是发达国家现已纷纷把推动科技进步和创新作为国家战略，以利于为社会经济发展提供持久动力，在国际经济、科技竞争中争取主动权。

建设创新型国家，必须建立健全的知识产权制度。知识产权制度保障知识的生产、传播与利用，促进技术创新成果的产权化、市场化和产业化。自主创新能力较强的国家和公司，往往都拥有属于自己的关键技术和核心技术，并且高

度重视运用知识产权制度推动技术的研究、开发和更新，从而形成自己的知识产业和拳头产品。美国、日本、芬兰、韩国等是目前世界上公认的创新型国家，这些国家的共同特征是：创新综合指数拥有量明显高于其他国家，科技进步贡献率在70%以上，研发投入占GDP的比例一般在2%以上，对外技术依存度指标一般在30%以下。❶美国的创新能力居于世界前列，在网络技术、生物技术等现代技术领域具有明显优势，知识产权授权数在国际上独占鳌头，并且在知识产权的制度保障下，其电子工程、生物工程、网络及软件工程等知识和技术密集型产业迅速崛起和迅猛扩张。美国核心版权产业的产值已超过了食品、纺织品、飞机、烟草、石油、煤炭等产值的总和。正因如此，知识产权制度已经成为当今国际社会公认的推动和保护创新的基本法律制度和有效机制。无论是"科技领先型"的美国、"技术赶超型"的日本，还是"引进创新型"的韩国，无一不是以知识产权作为战略武器去促进本国的创新发展。日本政府制定了《知识产权战略大纲》，出台了《知识产权基本法》；美国专利商标局发布了《21世纪战略纲要》，形成了快速反应机制；澳大利亚政府推出了旨在推进本国知识产权战略的《创新行动计划》；印度政府发布了《知识大国的社会转型战略》，确定了国家未来发展目标；韩国政府通过有效的知识产权制度，提升本国的科技竞争力，旨在2015年成为亚太地区的科研中心，2025年进入科技领先国家行列。

在知识经济时代，衡量一个国家的科技实力与经济实力，往往就是看它拥有知识产权的数量和质量。从这个意义来说，世界未来的竞争就是知识产权的竞争。在2005年，有两个排行榜值得我们注意。第一个排行榜是瑞士洛桑国际管理学院公布的"2005年世界主要国家(地区)国际竞争力报告"。该报告显示，国际竞争力排名前10名的国家(地区)分别是美国、中国香港、新加坡、冰岛、加拿大、芬兰、丹麦、瑞士、澳大利亚、卢森堡。而中国却由2004年的第24位降至第31位。美国的国际竞争力之所以排行榜首，主要原因就在于其科技竞争力长期排名世界第一；而中国的国际竞争力相对下降，主要原因也就在于中国的科技竞争力由2004年的第24位降至2005年的第28位。第二个排行榜是美国《商业周刊》与国际品牌公司于2005年8月1日共同发布的"全球品牌100强"榜单。此次上榜的企业中，美国的"可口可乐"、"微软"、"IBM"、"通用电器"和"英特尔"名列前5位，而这5个品牌的总价值超过了2 660亿美元。高科技型企业在此次排名中表现抢眼，在前10位排名中占有5席。遗憾的是，在前100

❶ 来源：《新华网》2006年1月9日，《新闻背景：什么是创新型国家？》，http://news.xinhuanet.com/st/2006-01/09/content_4029279.htm，2007年1月2日访问。

个品牌中,没有一个中国品牌上榜。对这两个排行榜的分析可以发现:第一,对于一个国家来说,科技竞争力的高低对其综合竞争力具有重要甚至决定性的影响。第二,在一些传统行业中,即使科技含量不高,但如果进行良好的营销运作,也依然可以获得很大的市场价值,例如食品饮料行业的"可口可乐"公司和"麦当劳"公司。第三,在市场经济条件下,国家之间的竞争在很大程度上就是企业之间的竞争。在构成企业甚至国家竞争力的各项综合因素中,科技竞争力和品牌竞争力(知识产权的数量与质量所表现出来的竞争力)占据核心的位置,可以称它们为"核心竞争力"。

中国是世界第一人口大国,但是丰富的劳动力资源尚未转化为智力资源;中国是世界制造业大国,有近200类产品的产量位居世界第一,但产业优势并不明显。与发达国家相比,我国产业的比较优势在于廉价的劳动力,最大差距在于缺乏创新能力,体现为缺乏核心技术的专利和国际知名品牌。截至2005年,我国国内申请人获得的发明专利数量仅占发明专利授权总量的37%。在汽车、飞机、仪器仪表、信息、生物、新材料等"含金量"较高的技术领域中,我国授予的专利多为外国公司所拥有,其份额约占80%~90%。虽然我国专利申请总量早已突破了200万件。但我们远非创新强国,原因在于我们自己所拥有的多是技术含量较低的实用新型专利和外观设计专利,最能体现技术创新性的发明专利所占比例较低。实施商标法以来,虽然国内商标注册数量一路攀升,但我国企业拥有的自主国际驰名商标极少。在全国进出口产业200强中,有75%使用的是外国商标。

目前,我国的产业结构调整、经济增长方式转变、技术升级和企业改造已经进入关键阶段。在此关头,引导我国企业学会制定并实施其"专利战略"、"品牌战略",利用其自主知识产权参与国际竞争,逐步减少"血拼价格"这种低水平竞争策略,完成从"中国仿造"到"中国制造"再到"中国创造"的转变,对于中国未来的发展具有重要的战略意义,这其中最为核心和关键的是自主知识产权的拥有。

从总体上看,我国的知识产权制度还没有成为推动自主创新和提高国家核心竞争力的强有力法律手段和政策工具。这主要表现在两个方面:第一,国家的自主创新能力和核心竞争力还不强,知识产权制度激励创新的功能还没有得到有效发挥。作为创新技术主要表现的发明专利,我国只有日本和美国的1/30,是韩国的1/4,特别是高技术领域的发明专利,大部分或绝大部分为跨国公司所有。第二,知识产权制度促进创新成果转化的效应没有充分显现,制约了进一步的自主创新和国家核心竞争力的提高。我国"863"计划实行15年,课题超过

6 900项,论文总数超过47 000篇,但取得的专利仅2 000余项,其中发明专利仅200余件。“九五”国家科技攻关有70 000多人参与,取得成果20 000多项,国家奖150多项,但在国内外仅获专利1 300多项。❶在产业领域,我国高技术商品化率为25%,产业化率为7%,远远低于发达国家的科技成果转化率60%~80%的水平。❷知识产权的保护只承认第一、不承认第二,它不仅鼓励不断地推陈出新,也促进技术成果的应用。只有加强知识产权保护,调动人们创造的积极性,才能够不断提高自主创新能力,并促进技术成果的商业化应用。知识产权制度是提高自主创新能力和国家核心竞争力的助推器。

总之,知识产权制度是我国实现创新型国家建设目标和提高我国国家核心竞争力的重要支撑。我国既是一个传统的发展中国家,更是一个新兴的工业化国家,通过制定和实施国家知识产权战略,有效利用知识产权这种先进的法律制度,是我们提高国家核心竞争力、缩小与发达国家差距、实现跨越式发展的战略抉择。

二、紧密结合国情以完善我国知识产权制度

从历史上看,知识产权制度正是近代科学技术和商品经济发展的产物;知识产权制度的发展与完善,也是现代科技强国和经济大国推动的结果。知识产权制度选择的基础是国情。根据国家不同发展阶段的不同发展需求,对知识产权制度作出选择性政策安排,是西方国家的普遍做法。美国早期的知识产权政策,深刻地贯彻了实用主义的商业激励机制:对内,保护私人知识财产,以暂时的垄断授权换取科技与文化的发展;对外,以知识产权为政策工具维护国家利益,采取了明显的本国保护主义的做法。基于其文化、教育落后于欧洲国家的现实考量,美国1790年版权法奉行的是低水平保护:版权客体狭窄、对作品要求标准较低,对外国作品长期不予保护,且游离于1886年伯尔尼联盟长达102年之久。其后,随着美国文化产业的不断发展,版权法于1831年、1879年、1912年、1976年、1998年多次修改,其版权保护范围不断扩大、保护水平不断提升,从而实现了从“印刷版权”到“电子版权”再到“网络版权”的制度创新。日本在明治维新后于1885年公布了专利法,但基本实施的也是低水平的专利政策,其在长达90年的时间里排除药品及化学物质专利,并为本国企业吸收外国技术提供制度便利。这一状况直到1975年的专利法修正案中才得以改变。有学者认

❶ 国家科委科技促进发展研究中心2001年专项抽样统计。

❷ 同上。

为,这主要是国际社会压力的结果。❶ 其实,更加客观的现实原因是,日本的相关产业已经发展到相当程度,具备了与国外同行竞争的能力,因而产生了为化学和药用制品提供专利保护的利益诉求。可以说,日本专利权保护水平的提高,并非完全是对国外压力的顺从,其间有着顺应科技、经济发展要求的基本考量。上述情形说明,认识发达国家的知识产权制度,必须将它们置于特定社会环境中,作出全方位、全过程的历史考察。在知识产权制度发展史上,发达国家都有一个从"选择保护"到"全部保护",从"弱保护"到"强保护"的过渡期。他们的经验告诉我们:在不出现外来压力的干扰下,一国根据自身发展状况和需要来保护知识产权是最为适宜的;在一国经济社会发展水平不高的情况下,这种低水平知识产权保护的过渡期是非常必要的。

由于世界贸易组织的《知识产权协定》的通过,知识产权制度在一定意义上已经全球化,但这并不意味着各国知识产权制度建设已经没有任何弹性,并不意味着我国无法完全自主地进行知识产权制度建设。《知识产权协定》也还是有弹性的,"成员国有余地在《知识产权协定》的总的轮廓之内型塑权利和权力的结构",也能够在该协定的一般条款之内用许多方法来定义知识产权,《知识产权协定》不是强制统一的限制文件,它提供了一个游戏场,在其内法律能够被塑造以满足成员国的政治的、社会的、经济的和其他政策目标。❷ 因此,《知识产权协定》给予成员国的自由程度是不应被忽视的。作为发展中国家的我国应该充分利用《知识产权协定》的弹性条款使得知识产权制度尽量与自己的经济社会发展水平相一致。我国现行知识产权制度基本符合国情和国际规则,但也存在一些不完善之处。考虑到我国知识产权制度建立时间还不长,在许多方面借鉴国外经验较多、结合我国具体国情不足,同时知识产权国际规则又存在变化频繁的特点,有必要缩短现有知识产权法律的修订周期,建立一种针对已经认清的问题作出快速调整的立法机制。当前应及时修改《专利法》、《著作权法》、《商标法》和《反不正当竞争法》,包括完善专利权的归属原则、加大对发明创造者的奖励和报酬、规制知识产权的滥用行为、明晰侵权金额的认定标准、完善生物技术和信息网络环境下的知识产权立法等。抓紧出台《反垄断法》、《商业秘密保护法》等单行法,制定《民间文学艺术保护条例》、《传统资源和遗传资源保护条例》等行政法规。在即将制定的我国《民法典》中确立知识产权的一般性原则,并在条件成熟时制定《知识产权法典》。

---

❶ 张韬略:"英美和东亚专利制度历史及其启示",载《科技与法律》2003年第1期。

❷ Shubha Ghosh, Reflections on the Traditional Knowledge Debate, 11 Cardozo J. Int'l & Comp. L. pp.501~502.

我国知识产权制度是在借鉴他国的知识产权制度建设经验的基础上进行的，制度建立晚、时间短，但这并不意味着我国知识产权制度建设实践没有任何经验，只能借鉴他国成果。在我国知识产权制度实践的近30年期间我国知识产权制度也形成了自己一定的特色，如我国的知识产权行政执法、《著作权法》将我国特有的曲艺艺术作品、民间文学艺术作品纳入保护范围等。我国知识产权制度的完善，也必须能够结合知识产权制度建设的实践经验，这样建立的知识产权制度才是符合我国实际的。

从上述世界各国知识产权制度发展的历史经验来看，世界各国无不结合自己的社会经济发展状况而建立相应的知识产权制度，这其中尤其重要的是将知识产权制度与社会发展政策相结合、与社会经济发展目标相适应。知识产权制度只有作为总的社会发展政策和发展目标的一个部分，只有与政治、经济、科技、教育、文化等政策和目标紧密结合、相互协调，才能有效地促进社会的发展。这意味着知识产权制度不仅必须与社会经济发展的其他政策和目标相适应，而且也只有在社会经济发展的其他政策和目标的配合下，知识产权制度才能是完善的，才能发挥其应有的功效。

总之，完善我国知识产权制度不仅要紧密结合我国的国情和我国知识产权制度建设的实践经验，更应该使我国的知识产权制度与社会经济发展相适应。我国应该注意把握后TRIPs时代知识产权制度发展的基本动态，积极推动国际知识产权制度的改革，并且针对《知识产权协定》执行中的诸多问题，把进一步完善现行知识产权国际公约，发展更公平、更公正、更合理的知识产权制度作为自己国家的战略目标。具言之：一是信守国际承诺，积极推动制度改革。对于我国已经加入的知识产权国际公约，我们必须信守承诺，按照“条约必须遵守”的国际法基本原则，确保国内立法达到国际公约所确定的“最低保护标准”的要求。考虑本国现阶段经济、科教和文化的发展水平，目前的立法不必“攀高”，不应超越“最低保护标准”，而要最大限度地实现法律的本土化与国际化之间的协调。同时，在未来国际知识产权制度的变革过程中，我国也应注意发挥建设性作用，推动国际知识产权制度的改革。一方面是针对现行国际知识产权制度的不足和缺陷，提出符合国际知识产权制度变革方向的思路和措施，着力解决知识产权保护中出现的公共健康问题、技术转让和利用问题、公众充分获取信息问题、公民隐私权保护问题等。另一方面是结合我国所具备的知识产权优势资源，推动国际知识产权新制度的建立。在《知识产权协定》新一轮的谈判中，应团结其他发展中国家，发挥建设性作用，加强对传统资源（包括传统知识、遗传资源）和地理标志的法律保护。二是运用国际规则，维护本国利益，自《知识产权协定》生效以来，国际社会充斥的是如何实施该协定，如何促使知识产权一体化、高水平保护的声音。我们要全面解读和合理运用《知识产权协定》条款，维护发展中国家的利益。例如，充分利用该协定有关滥用知识产权的限制性规定，以反垄断的法律举措应对一些国家滥用知识产权的打压政策；坚决依照协定的"公共利益原则"，确保技术自由转让和信息广泛传播，制止许可贸易中限制竞争的行为。

三、强化知识产权法律规则的实施

知识产权制度不仅包括知识产权法律规则，也包括知识产权法律规则的实施。完善的知识产权制度不仅包括相关法律规则的完善，更应该包括法律规则的彻底落实，因为没有法律规则的彻底落实，法律规则便只能处于"纸面上的法"的状态，无法转化为"行动中的法"而发挥效用。

就我国知识产权法律规则的完善来说，目前的重点是使我国知识产权法律规则与我国的社会经济现实相适应，不仅应使我国知识产权法律规则所确定的知识产权保护水平与我国的社会经济发展水平相适应，更应该结合我国的知识财产的结构性特征尽快补充或完善包括传统中医药、民间文学艺术表达形式、遗传资源、生物多样性、地理标志等在内的我国优势领域的知识产权法律规则。

虽然目前我国知识产权法律规则还存在某些需要完善的问题，但我国知识产权制度完善的重点显然是法律规则的落实。就此而言，目前我国知识产权执法体制还不够协调，知识产权人才还较缺乏，知识产权中介结构还不发达，知识产权意识还不强，知识产权文化还不成熟，这使得我国知识产权法律规则的实施还不是十分理想。因此，我国目前应着重从以下几个方面加强知识产权法律规则的实施。

第一，通过深化体制、机制改革，优化和完善现有知识产权管理体制和司法机制，切实加强知识产权保护。发挥国家保护知识产权工作组和国家知识产权战略制定工作领导小组的统筹协调作用，在坚持统一领导、部门分工负责原则的前提下，知识产权主管部门、经济综合部门、宣传教育部门、执法司法机关以及其他有关部门相互配合，充实和加强执法力量，建立举报、公告、统计通报及决策协调等工作制度。在国务院设立统一的知识产权行政管理机构，对主要知识产权事务进行归口管理。通过深化司法改革，在法院系统设立统一的知识产权上诉法院，整合知识产权案件的司法管辖。地方各级政府应把知识产权工作列入重要议事日程，纳入经济社会发展总体规划，加强组织领导，增强责任意识，保障经费投入，改进工作手段。逐步建构起知识产权部门协调与集中管理相结合、行政执法保护和司法保护相配套、中央和地方相呼应的工作机制，确保知识产权工作的真正落实。

第二，紧密结合科教兴国战略和人才强国战略，大力加强知识产权专门人才的培养。通过各种途径，采取多种措施，培养能够胜任国内、国际知识产权工作的高素质专门人才，包括知识产权行政和企业管理人员、行政和司法执法人员、学术专家、知识产权律师和代理人。充分发挥高等教育在知识产权人才培养中的作用，考虑到知识产权学科的应用性、交叉性和复合型特征，可在法学一级学科中增设知识产权二级学科，并相应地增加知识产权硕士和博士学位授予点，提升知识产权的学科地位。由国家和地方政府出资，在北京、上海、武汉等地组建中国知识产权师资培训中心，为其周边省、市培训各种层次的知识产权师资。充分运用党校、行政学院、高等院校、实务部门的智力资源，组织专家学者和实务部门人士对各级领导干部、行政执法与司法人员、企事业负责人进行知识产权培训。制订领导干部和企业负责人的三年培训计划，由中央政府组织培训省部级领导干部和中央大型企业负责人，地方政府组织培训地方领导干部和中小企业负责人。

第三，加强知识产权中介机构的建设，加快知识产权的市场化运作和产业化进程。知识产权中介机构在知识产权的产生和运用中发挥着重要的作用，是知识产权制度实施的重要环节。目前我国各种知识产权中介机构得到了一定的发展，但知识产权中介事业还不够发达，尤其是内陆地区知识产权中介机构更不发达。据调查，四川百家知识产权中介机构一般只有2~3名服务人员，跨专业代理现象严重，不能适应知识产权专业化服务的需要。对此我国应该充分利用税收等手段对知识产权中介机构采取倾斜政策，推动知识产权中介事业的发展。

第四，紧密结合以爱国主义为核心的民族精神和以改革创新为核心的时代精神，努力加强知识产权意识和创新文化的培育。在全社会倡导和形成以自主创新为荣、以形成自主知识产权为荣的社会风尚。继续组织开展“保护知识产权宣传周”活动，建立定期新闻发布会制度，面向各个层面开展多种形式的社会宣传工作。将知识产权法律纳入“五五”普法的重要内容，列入中小学的通识教学计划，并作为高等学校的公共课程，着力提高全社会的知识产权意识，普及知识产权基本知识。积极发挥舆论监督作用，弘扬正面典型，曝光侵权案例，让知识产权保护成为全社会的共同行动。当前特别是要通过宣传教育，让企业切实提高知识产权自我保护的意识、尊重他人知识产权的意识以及运用知识产权进行创新发展的意识，真正把知识产权工作纳入企业研发、生产与经营的全过程。

总之，在当前及今后一段时期，完善我国知识产权制度，不仅应该充分认识知识产权制度在社会经济发展中的重要的战略地位和作用，更应该结合我国国情、知识产权制度建设经验和社会经济发展状况确定合理的知识产权保护水平，完善我国的知识产权制度，不仅注重知识产权法律规则的完善，更应注重从国际和国内两个层面出发，整合立法、司法和行政执法三方面的资源，加强知识产权保护、知识产权的产业化、知识产权人才培养、知识产权中介机构建设、知识产权宣传教育、知识产权国际合作和交流六方面的工作，利用好21世纪头20年的重要战略机遇期，瞄准建设创新型国家的发展目标，齐心协力，奋力推进我国的知识产权制度建设和知识产权能力建设，推动我国知识产权制度的完善。

本书得到了国家社科基金项目“完善我国知识产权制度研究”的资助。本书由主编拟纲，撰稿人分头完成。张洁予、吴灿朴、杜芬、唐津津、魏丽君、陈振国、许福忠等收集整理了相关的资料并撰写了部分章节的初稿，胡开忠博士协助主编统稿，博士生张爱国、熊琦、牛强等参加了书稿的校对工作，在此一并致谢。

吴汉东

2007年仲夏于武昌南湖

CONTENTS 目录

1

第一章

我国知识产权制度完善的基本分析

知识产权是当今国际社会关注的焦点,也是知识经济时代的主要制度基础。知识产权制度自产生迄今已逾几百年,然而近30年以来世界经济、技术的急剧变革却对知识产权制度产生了极大的冲击,以至于有学者说:"知识产权法正处于紧急关头。"面对着经济和技术的新发展,知识产权法领域也出现了许多需要重新思考的问题,尤其值得重视的是在知识产权人要挟之下的知识产权扩张。这一现象即是一些反对知识产权扩张的学者所称的"第二次圈地运动"。把知识产权扩张称作"思想的无体公地的圈占"听起来有些夸张,不过在某种真实的意义上恰恰就是这么回事。的确,"新的国家创造的财产权是'智力的'而不是'物质的',但先前被认为或者是公共财产的或不可改良财产的东西再一次正在被新的或新扩张的财产权所覆盖"。❶与此同时,在国际上,为了争夺经济发展的制高点,以美国为首的知识创新强国的推动使《知识产权协定》这一新的知识产权国际保护体制得以形成。不过尽管《知识产权协定》已经通过并实施,且被认为是"20世纪最重要的知识产权协定",但它同时也是"最受争议的"。❷发达国家和发展中国家在《知识产权协定》面前分裂了。发达国家中的一些强大的游说团体认为所有知识产权都有利于商业,使广大公众受益,并促进技术进步,他们欢呼《知识产权协定》的诞生,说它是实现其目标的有价值的工具。而发展中国家的一些游说团体则认为知识产权可能会削弱地方工业和技术的发展,惟一受益者只会是发达国家。他们认为经济竞技场在实行《知识产权协定》之前就已经不公平,《知识产权协定》的出现更加深了这种不平等。因此《知识产权协定》的实行并没有缩小双方之间的差距,却助长了固有

---

❶ James Boyle, The Public Domain: The Second Enclosure Movement and the Construction of the Public Domain, 66 Law & Contemp. Prob. 38.

❷ Peter Drahos and John Braithwaite, Economics, Politics, Law and Health: Intellectual Property, Corporate Strategy, Globalisation: TRIPs in Context, 20 Wis. Int'l L.J. 452.

的成见。❶

在我国，自改革开放以来，随着市场经济的发展和对外开放的要求，我国逐步建立了包括商标权、著作权和专利权等主要知识产权在内的知识产权基本制度。随着我国加入世界贸易组织进程的展开，在世界贸易组织各有关成员方的要求下，我国又进行了一轮大规模的知识产权修订，知识产权法律规则的覆盖范围和保护强度均大幅度扩大和提高。在法律规则完善的同时，为满足加入世界贸易组织的要求，我国也逐步改进了执法体系，强化了知识产权法律规则的实施。总的来看，我国对知识产权的保护是逐步强化的。面对知识产权保护的这种强化，我国也出现了对知识产权保护的两种声音：一种声音认为我国知识产权保护是过于强化了，应该适当放宽，❷另一种观点则认为我国知识产权保护还不够强，知识产权保护还应该继续强化。❸

那么目前我国知识产权保护水平恰当与否？目前我国知识产权制度状况到底如何？完善的知识产权制度应该是怎样的？有什么基本要求？我国知识产权制度是完善的吗？如果我国知识产权制度还不完善而需要完善的话，完善的重点何在？知识产权制度完善是完全自主的吗？如果会受到制约的话，会受到何种制约？如此等等的问题均是我们必须回答的。

我们认为，尽管我国对世界贸易组织义务的履行得到了一致好评，然而事实上，这种好评很可能只意味着我国满足了世界贸易组织其他成员的要求，履行了我国加入世界贸易组织的义务，自己的利益却不一定得到了最好的实现，我国知识产权制度也不一定是完善的。尽管今天我国已不能因加入世界贸易组织而从当时的承诺“回退”，但作为世界上最大的发展中国家和世界贸易组织成员，我国在履行加入世界贸易组织的义务的前提下，积极参与知识产权国际规则的制定，积极维护包括我国在内的发展中国家的利益的义务是义不容辞的。因此，比起加入世界贸易组织当时，目前我国知识产权制度的自主性应该有所增强，此时有必要重新审视一下为加入世界贸易组织而形成的知识产权制度。今天，我国新的一轮知识产权制度的修订又将展开，❹ 此时正确地评估我国知识产权制度并在此基础上进行完善就是

❶ 英国知识产权委员会：《知识产权与发展政策相结合委员会关于知识产权的报告》，第Ⅴ页，http://www.iprcommission.org/graphic/Chinese_Intro.htm.

❷ 如我国以方兴东先生为代表的一批网络活动家的观点，参见方兴东：“中国软件超世界水平保护之路”，http://tech.sina.com.cn/path/2002-04-08/811.shtml；方兴东：“中国知识产权专家还有羞耻心吗？”，http://www.blogchina.com/new/display/661.html.

❸ 卢海君：“中国应采取知识产权‘强保护战略’——以经济分析为视角”，载《中华商标》2006年第9期。

❹ 2006年7月，国家知识产权局公布了《中华人民共和国专利法修订草案》（征求意见稿）向社会征求对修订专利法的意见。

非常必要的。

一、知识产权制度完善的必要性

完善知识产权制度是由知识产权制度在当今社会中的重要地位决定的，完善的知识产权制度不仅是知识经济发展的需要，也是提高自主创新能力、提高国家综合竞争力和建立创新型国家的需要，而且还是落实科学发展观，实现经济社会全面、协调、可持续发展的需要。

(一)完善的知识产权制度是知识经济发展的需要

一般认为，知识经济概念逐渐被认同起自1996年经合组织(OECD)的《以知识为基础的经济》的报告，该报告认为发达国家一半以上的经济已经构筑在知识的基础上。此后美国商务部的《崛起的数字经济》和世界银行的《知识促进发展：1998～1999年度世界发展报告》均开始强调知识对经济发展的基础性作用。在大多数人看来，知识经济是一种继农业经济和工业经济以后的一种新社会经济形态，是以知识为基础的经济，它直接依赖于知识和信息的生产、分配和使用，其最突出特点是知识的经济功能得到最充分的体现，在产品的价值构成中知识创造的价值占最大的比重，区别于物质在产品价值中占最大比重的工业和农业经济。[1]

与工业经济相比，知识经济中知识的"质"和"量"均发生了显著的变化，这种变化改变了社会的基本经济结构，要求社会的民事法律制度从整体结构上进行调整以适应知识经济的发展。马克思曾经揭示了工业经济社会民事法律制度结构的深刻的经济依据，他说："商品不能自己到市场去，不能自己交换，因此，我们必须找寻它的监护人，商品所有者。……为了使这些物作为商品彼此发生关系，商品监护人必须作为有自己的意志体现在这些物中的人彼此发生关系，因此，一方只有符合另一方的意志，就是说每一方只有通过双方共同一致的意志行为，才能让渡自己的商品，占有别人的商品。可见，他们必须彼此承认对方是私有者。"[2]这段话被我国学者精确地概括为商品交换的三个必要前提条件：独立的商品"监护人"；交换双方彼此承认对方是财产所有者；商品交换是双方共同一致的意志行为。[3]与之相对应的是工业经济社会民事法律制度的基本构造：民事主体制度、物权制度以及债与合同制度。但鉴于知识经济的发展，马克思所描述的商品交换已发生了变化，知识已成为社会经济的基础，在社会经济中占有重要的地位，其地位已经超越传统物质财产而成为社会经济中最为重要的部分，只有将知识纳入马克思的对社会经济基础的

---

[1] OCED："Knowledge–based Economy"，http://www.oecd.org.

[2] 《马克思恩格斯全集》第23卷，第102~103页。

[3] 佟柔：《中国民法学·民法总则》，中国人民公安大学出版社1990年版，第7页。

描述中才能正确描述知识经济社会的经济基础。马克思的话修正的结果是:商品和知识不能自己到市场去,不能自己交换,因此,我们必须找寻它的监护人,商品和知识的所有者。……为了使这些物和知识作为商品彼此发生关系,商品和知识监护人必须作为有自己的意志体现在这些物和知识中的人彼此发生关系,因此,一方只有符合另一方的意志,就是说每一方只有通过双方共同一致的意志行为,才能让渡自己的商品和知识,占有别人的商品和知识。可见,他们必须彼此承认对方是私有者。显然,修正后的马克思的话便能够科学地揭示知识经济社会的真实的经济图景。与之相对应的知识经济社会的民事法律制度的基本框架也相应地转变为:民事主体制度、所有权制度和知识产权制度以及债与合同制度。事实上,鉴于知识经济中知识相对于物质财富的更为重要的地位,知识产权早已超越了物权制度而成为调整社会静态财产关系的制度基础,人类已经进入一个由新的技术和思想范式主导的知识经济时代,思想、创新和知识产权是经济发展的驱动力量。❶

以上揭示的只是抽象的知识产权与知识经济的关系,事实上,知识产权与知识经济的关系还要复杂得多。知识产权固然有其积极作用,但也有带来负面效应的潜在可能性,对知识产权的过强保护与过弱保护一样有害,过弱保护固然会激励不足而抑制创造,同样正确的是,过度保护会扼杀本要呵护的创作力。过强或过弱的知识产权保护均难以达到促进知识经济发展的效果,这意味着只有恰当的知识产权保护即完善的知识产权制度才能促进知识经济的发展,完善的知识产权制度是知识经济发展的必然要求。

(二)完善的知识产权制度是建设创新型国家的需要

"随着科学技术的最新发展,特别是生物技术和信息通信技术的发展,知识作为企业、国家获取竞争优势的主要源泉作用远胜以前",即便是"对于发展中国家来说,与它们之前的发达国家一样,本土技术能力的发展已经被证明是经济增长和贫穷减少的一个关键决定因素。这种能力决定了这些国家对外国技术的吸收和应用水平。许多研究已经得出结论,决定技术转让成功的最明显的单项因素就是本土技术能力是否能早日涌现"。❷ 鉴于科学技术在经济发展中如此的重要性,增加科技投入,一直是各国科技创新政策的核心。2004年4月,美国国家科学基金会的一项报告指出,美国要保持世界科技领先地位,必须进一步采取措施,其中包括要求增加美国科学基金会、国家卫生研究院、能源部科技办公室等几个政府机构的研究费用预算,在未来7年中,从现在每年占联邦研究费用预算的10%增加到12%。2004年6

❶ [美]戴尔·尼夫、安东尼·塞斯菲尔德、杰奎琳·塞弗拉主编:《知识对经济的影响力》,第100页、第111页。

❷ 英国知识产权委员会:"知识产权与发展政策相结合委员会关于知识产权的报告",第11页, http://www.iprcommission.org/graphic/Chinese_Intro.htm.

月，欧盟委员会发布"科学技术，欧洲未来的关键——欧盟未来研究政策指南"。文件指出，科学研究、技术开发和创新是知识经济的核心，为实现欧盟在2002年里斯本会议上提出的"到2010年将欧盟研究开发支出占GDP的比例增加到3%"的目标，委员会提出了一项新的计划：欧盟的R&D预算到2013年要在目前每年100亿欧元的基础上翻一番。2004年3月，英国发布《十年科学与创新投入框架》征求意见稿，广泛听取各界对科技发展的意见和建议，并在此基础上于7月正式发布该计划。在该框架计划中，英国政府承诺对科技投入的增长高于预计的经济增长速度，并且宣布：政府通过贸工部和教育技能部对科技的投入，平均每年实际增长率在10年中保持5.8%。政府对科学的总投入，将从2004～2005财年的42亿英镑增加到2007～2008财年的53.6亿英镑，每年增长幅度为5.7%。而对全英国来说，R&D的总投入(民用)将从2004年的165亿英镑增加到2014年的225亿英镑（以2004年为基准），增长幅度达36%。R&D经费占GDP的比例从现在的1.9%增加到2014年的2.5%。[1]重视科技在经济发展中的突出作用，增加科技投入已经成为世界潮流。与这种潮流相适应，目前我国已确定了建设创新型国家的战略目标，正如《中共中央关于制定国民经济和社会发展第十一个五年规划的建议》以及温家宝所做的《关于制定国民经济和社会发展第十一个五年规划建议的说明》中指出的那样，"要把增强自主创新能力作为科学技术发展的战略起点和调整产业结构、转变增长方式的中心环节"，并"把增强自主创新能力作为国家战略"。

提高自主创新能力、提高国家综合竞争力、建设创新型国家，完善的知识产权制度是不可缺少的。如前所述，知识产权制度是知识经济的制度基础，完善的知识产权制度同样是提高自主创新能力、提高国家综合竞争力、建设创新型国家的基本制度条件。英国知识产权委员会指出：知识产权体系能够成为发展本土科技能力的一个重要因素，特别是在那些已建立起科技基础结构的国家中。[2]不过这里需要指出的是，知识产权制度既有促进自主创新的积极作用，也有阻碍自主创新的消极作用，只有完善的知识产权制度才能够最大限度地提高自主创新能力、提高国家的综合竞争力。因为大多数知识均具有历史继承性的特点，从知识发展上来看，"任何知识既是最终产品，又可能是中间投入品"。"在知识创新过程中，研究人员在其研究中一方面以前人的成果知识作为投入品或者原材料，向前人和他人学习以积累和夯实自己的知识基础，以前人传下来的相关知识作为进一步加深认知水平的前进

[1] 《2004年世界科技发展报告(一)》，http://www.ahinfo.gov.cn/xinwen/kjwz/kjwz2005/kjwz0505252.htm.

[2] 《英国政府对英国知识产权委员会的报告〈综合知识产权与发展政策〉之回应》，http://www.iprcommission.org/graphic/Chinese_Intro.htm.

基石”。“另一方面新学到的相关知识还可能激发研究人员去改变思路、思维方式和方法,创造出新的知识成果”。❶ 因此,尽管知识产权制度能够提供对知识创新者的排他权的激励而激励创新,然而这种排他权对于后来的进一步创新者却是一种障碍,它可能增加后来创新者的创新成本,甚至使后来的创新者无法进行创新。尤其是对大多数发展中国家来说,由于其自身创新能力不足,保护知识产权实际上只是保护了外国(发达国家)的知识产权,增加了本国创新的成本,过高的保护对发展中国家绝不是一件好事。对此,即便是发达国家的英国,其知识产权委员会在报告中也承认,“要切记发达国家与发展中国家在科技方面的不平等现象”,而且在发展中国家之间也分别“有不同的社会、经济环境和科技能力”,❷ 因此不能把发达国家的制度直接强加于发展中国家。这就意味着为了提高自主创新能力、提高我国的综合竞争力、建立创新型国家,我们不仅要建立知识产权制度,而且必须建立完善的知识产权制度,只有完善的知识产权制度才能有助于提高我国的自主创新能力,提高我国的综合竞争力,才能建设创新型国家。

当然,单靠知识产权体系本身并不能确保一个国家实现其发展目标。在多大程度上会出现这种情况,则取决于许多不同因素,特别是该国所决意奉行的经济、社会和环境政策。❸

(三)完善的知识产权制度是实现经济社会可持续发展的需要

发展是人类永恒的主题,发展直接取决于人与其生存发展的基础、前提即自然之间的关系,然而人类无限发展的需求与自然资源的有限性是人类发展所面临的一对永恒的基本矛盾。传统资源消耗型的发展模式显然无法解决这一对基本矛盾,于是人们提出了可持续发展的发展观念。可持续发展观是对传统工业化发展模式反思和批判后对“发展”含义进行丰富的结果,它追求的是社会效益、经济效益、环境效益的协调发展,即人的生产、物质生产与环境生产的良性互动。可持续发展要处理的是人与人之间的经济利益关系,要实现有限资源在当代人之间,尤其是当代人与后代人代际间的合理分配和永续利用,而要实现可持续发展的目标,解决人类无限发展需求与自然资源有限性之间的这一对基本矛盾,其根本的途径在于创新,因此,学者说“可持续发展观本质上是一种创新观”。❹

---

❶ 夏先良:《知识论:知识产权、知识贸易与经济发展》,对外经济贸易大学出版社2000年版,第43页。

❷ 英国知识产权委员会:《知识产权与发展政策相结合委员会关于知识产权的报告》,第1页,http://www.iprcommission.orggraphicChinese_Intro.htm.

❸《英国政府对英国知识产权委员会的报告〈综合知识产权与发展政策〉之回应》,http://www.iprcommission.org/graphic/Chinese_Intro.htm.

❹ 易晓波:“可持续发展观本质上是一种创新观”,载《哲学动态》1998年第8期。

为适应社会发展的国际潮流，中国共产党第十六届三中全会提出要"坚持以人为本，树立全面、协调、可持续的发展观"的新的发展观念。可持续发展观念提出的根本原因是，尽管"改革开放以来，我国经济社会发展取得巨大成就。但是，国民经济发展中长期积累的一些深层次矛盾和问题依然没有得到根本解决，突出表现在：经济结构不合理，经济增长方式粗放，产业技术水平低。一方面，我国经济持续快速增长，经济总量显著扩大，工业化和城市化加速，这些都带来发展的新机遇。另一方面，高投入、高消耗、高污染、低产出、低效益的粗放型增长方式导致经济运行成本上升，可持续发展面临的资源和环境压力日趋严峻"。传统的粗放型的增长模式已经难以为继，因此，这种"特定的国情和需求，决定了我国必须走创新型国家的发展道路，推动经济增长方式从要素驱动型向创新驱动型的根本转变，依靠制度创新和科技创新实现经济社会持续协调发展"。❶因为作为人类整体来说，人类的创新能力是无限的，这种创新虽然无法改变自然资源的有限性，然而提高资源利用率、开发新的自然资源的潜力则是无限的，前述的人类无限发展需求与自然资源有限性之间的基本矛盾才能够因此最大限度地得到解决。

尽管知识产权对技术创新既可能有促进作用，也可能有阻碍作用，不一定在任何情况下均是促进创新的最佳制度，❷ 然而促进技术创新显然是离不开知识产权的，完善的知识产权制度是促进技术创新的关键因素。因此，我国"十一五"规划纲要第七篇第二十七章分四节指出要大力推进自主创新，加强自主创新能力建设，强化企业技术创新主体地位，加大知识产权保护力度。因为在知识经济社会，思想、创新和知识产权是经济发展的驱动力量。❸ 因此，完善的知识产权制度是落实科学发展观，实现经济社会全面、协调、可持续发展的需要。

---

❶ 陈至立："加强自主创新　促进可持续发展"，载《中国软科学》2005年第9期。

❷ 有学者对知识产权和创新之间的关系进行了研究，研究发现：当以下条件集中于特定产业时，知识产权最可能促进创新：(1)高的研究和开发投入；(2)有关特定研究是否证明为富有成效的；(3)技术进步的内容能很容易地为竞争者通过"反向工程"而探知；(4)技术进步能为竞争者快速和便宜地模仿。而当一特定领域存在越来越多的如下因素时，知识产权将阻碍而不是促进创新增长：(1)商业秘密保护或订货至交货的时间优势减少了竞争者利用技术进步的能力；(2)该领域的创新趋向于高度累积；(3)该领域的研究者主要为非货币动机驱使；(4)该领域以较强的网络外部性为特征。强制许可、价格歧视的简易化、"实用性"条件的严格执行、适当的交叉许可的鼓励(假设卡特尔形式能被同时制止)、类似性的严格解释、"授权"和"最佳模式"条件的严格执行以及专利和著作权滥用的积极抗辩等可以被用来减少知识产权制度的经济负效应。政府研究、政府资助私人研究或对私人技术进步的事后的政府奖赏是知识产权制度的替代方案。William Fisher, *Intellectual Property and Innovation: Theoretical, Empirical, and Historical Perspectives*, in *New Essays in the Legal and Political Theory of Property* (S. Munzer ed., Cambridge Univ. Press, 2001).

❸ 戴尔·尼夫、安东尼·塞斯菲尔德和杰奎琳·塞弗拉主编：《知识对经济的影响力》，邸东辉、范建军译，新华出版社1999年版，第111页。

二、知识产权制度完善的基本要求

何谓完善的知识产权制度？我们认为，完善的知识产权制度不仅指法律规则的完善，更包含法律规则的切实执行。不仅如此，由于完善的知识产权法律规则及其执行是以一定的知识产权政策和知识产权战略为基础和指导的，完善的知识产权制度还意味着具有针对性的知识产权政策和切实可行的知识产权战略，知识产权政策和知识产权战略是评判知识产权法律规则及其执行的基本准则。因此，总的说来，完善的知识产权制度应满足以下三大方面的基本要求。

(一)有针对性的知识产权政策和可行性的知识产权战略

英国知识产权委员会指出，无论怎样称呼知识产权，我们最好将它视做公共政策的一种手段，授予个人或机构一些经济特权，以实现更大的公共利益，而这些特权只是一种目标实现手段，其本身并非目标。❶ 也就是说，知识产权是实现公共政策的一种手段。因此知识产权不仅是一项私权，它更与一国的公共政策密切相关。国家在知识产权领域虽不能直接成为市场的参与者，但国家应承担起政策的制定者、市场的监督者和全局的指挥者的角色。❷ 目前还没有统一的公共政策定义。威廉·詹金斯认为，公共政策是"由政治行动主体或行动主体团体在特定的情境中制定的一组相关联的决策，包括目标选择、实现目标的手段，这些政策原则上是行动主体力所能及的"。❸ 詹姆斯·安德森"把政策描述为某一行动主体或一群行动主体解决问题或相关事务的一个有意识的行动过程"。❹ 我国学者薛冰认为："公共政策是政府为管理公共事务、提供公共服务而规定的行为准则。"❺张金马认为："公共政策是由政府机构和政府官员制定的，公共政策体现了他们在政治系统和特定环境下的活动方式和活动过程，表达了他们的行为和目的，反映了他们实际所做的事情和效果。"❻概括以上公共政策定义并结合知识产权特点可以看出，知识产权政策就是国家或政府为实现一定历史时期的社会发展总目标而制定的知识产权行动准则，它是一个国家一定历史时期对待知识产权的基本态度和处理知识产权

---

❶ 英国知识产权委员会：《知识产权与发展政策相结合委员会关于知识产权的报告》，第6页，http://www.iprcommission.org/graphic/Chinese_Intro.htm.

❷ 吴汉东："中国知识产权的国际战略选择与国内战略安排"，载《今日中国论坛》2006年第2~3期，第50~51页。

❸ 转引自迈克尔·豪利特、M.拉米什：《公共政策研究：政策循环与政策子系统》，庞诗等译，尹宏毅、庞诗校，生活·读书·新知三联书店2006年版，第8页。

❹ 同上书，第9~10页。

❺ 薛冰："公共政策的特点、结构及信息意义"，载《陕西社会主义学院学报》2002年第1期。

❻ 张金马："公共政策：学科定位和概念分析"，载《北京行政学院学报》2000年第1期。

事务的总原则,是一国处理知识产权事务的基本出发点。知识产权战略则是一定时期一定主体对知识产权事务的整体性、全局性的谋略和行动安排,对国家知识产权战略来说,它是一定时期在一国知识产权政策指导下一国对知识产权事务的整体性、全局性的谋略和行动安排,是知识产权政策实现的根本举措与基本安排,它指引着一国知识产权事务的总方向。日本政府的"知识产权战略大纲"、美国专利商标局的"21世纪战略纲要"、印度政府的"知识大国的社会转型战略"等是当代国家知识产权战略的典型代表。

知识产权政策和知识产权战略是一国知识产权制度的纲领和灵魂,是评判一国知识产权制度是否完善的基本准则,有助于实现该国的知识产权政策和知识产权战略的知识产权制度才是完善的知识产权制度。其重要性正如我国著名知识产权学家吴汉东先生指出的那样:我国的知识产权战略"是我国21世纪为推动经济和社会发展而作出的重大战略决策,也是与我国的科教兴国战略、人才强国战略和可持续发展战略紧密相关的,知识产权战略制定和实施的成功与否将决定21世纪的中国社会发展的最终走向"。❶ 知识产权政策的重要性又何尝不是如此呢?

那么我们需要什么样的知识产权政策和知识产权战略呢?我们认为,一国的知识产权政策应是具有针对性的,必须是针对一定时期一定国家的现实状况和发展需要所面临的问题而制定的,必须有助于实现一定时期一定国家社会经济发展的总目标。鉴于知识产权的手段的地位,知识产权政策必须作为总的社会发展政策的一个部分,只有与政治、经济、科技、教育、文化等政策紧密结合、相互协调才能有效地促进社会的发展。这意味着知识产权政策不仅必须与其他政策相适应,而且也只有在其他政策的配合下,知识产权政策才能发挥其功效。而一国的知识产权战略则必须是在知识产权政策指导下制定的,是切合实际的。一国知识产权战略之所以必须是在知识产权政策指导下制定的是因为知识产权战略是实现知识产权政策的整体性、全局性的安排。一国知识产权战略之所以必须是切合实际的,是因为知识产权战略已经不仅仅是一种抽象的目标要求,它更是一种具体的行动安排,尽管这种行动安排是整体性的和全局性的,还可能不那么具体。以日本为例,20世纪50年代到70年代,日本实施构筑小型专利防护网的战略,使欧美的基础性关键专利技术在其专利网中失灵。70年代至80年代,日本的专利战略转向技术创新,向自主专利战略过渡。到90年代,日本加大基础研究投入,采取促进原创技术的专利战略,增强高新技术领域的竞争力。面向21世纪的日本知识产权战略特别强调创造、保护、应用

---

❶ 吴汉东:"中国知识产权的国际战略选择与国内战略安排",载《今日中国论坛》2006年第2~3期,第50~51页。

知识产权战略和人才培养战略。❶日本知识产权政策和战略的上述转变过程显然是与其社会经济发展尤其是其科学技术能力发展的历史现实是相一致的，当日本科学技术能力还不太强的时候，其知识产权政策和战略在国际知识产权事务中只能处于守势，采取防御政策和战略，而当其科学技术能力逐步变强之后，其知识产权政策和战略则逐步转变为自主知识产权政策和战略。与其发展的各历史阶段相适应，日本知识产权战略不仅是可行的，也是有效的。

（二）完善的知识产权法律规则体系

完善的知识产权法律规则体系是知识产权制度完善的基本要求，只有知识产权法律规则体系是完善的，知识产权制度才有完善的可能。我们认为，完善的知识产权法律规则不仅包括知识产权法律规则的合理化，也包括知识产权法律规则的体系化。前者是完善的知识产权法律规则体系的实质条件，后者是完善的知识产权法律规则体系的形式条件。因为“法律理性是法律之所以为法律的内在逻辑品质，同时并为法律的外在技术品质”。❷ 完善的法律制度不仅具有形式理性，并且具有实质理性。

1. 知识产权法律规则的体系化或形式化

这里的知识产权法律规则的体系化主要是就知识产权法的形式方面而言的，这在法学中往往又被称为法的形式理性，属于法的外在的技术品质。这方面主要“表现为经由诸如程序公正、法律推理、法律论证以及各种具体部门法的一系列智性制度安排和种种法律技术，包括法律语言、法律技巧和法律形式，赋予人世规则与人间秩序以明晰、确切、稳定、可预测与可操作等技术秉性，使人世生活得有可恃的凭依，而将法意与法制曲连沟通，世道人心与制度架构打成一片。法律的生命之源由此潜转为规则之流，法意人心藉诸具体的规则形式，成长为遮庇人世生活的人间秩序这一参天大树”。❸

就法律规则的具体形式而言，“法典是法的形式的最高阶段”，因为“比之其他法的形式和制度形式，法典历来是固化和记录一定的统治秩序、社会秩序和社会改革成果的更有效形式”。❹ 因此，“法典是，也应当是整个法律体系的核心和方向。……这些法典将为其他法律的编纂指明方向”。❺ 法典是人类立法尤其是大陆

---

❶ 李玉璧：“我国知识产权战略的国际比较及政策建议”，载《思想战线》2005年第5期。

❷ 许章润：“法律的实质理性——兼论法律从业者的职业伦理”，载《中国社会科学》2003年第1期。

❸ 同上。

❹ 周旺生：“法典在制度文明中的位置——《法典编纂论——一个比较法的视角》序”，载封丽霞主编：《法典编纂论——一个比较法的视角》，清华大学出版社2002年版，第26页。

❺ ［意］桑德罗·斯奇巴尼：“法典化及其立法手段”，丁枚译，载《中外法学》2002年第1期。

法系立法追求的最高目标。就法典的近现代意义来说,法典是"就某一现行的部门法进行编纂而制定的比较系统的立法文件",❶"系统"或"体系"是法典的核心关键词。法典之所以是人类立法尤其是大陆法系立法追求的最高目标、"系统"或"体系"之所以是法典的核心关键词是因为立法权与法学的融合❷以及法学的科学化追求。法学的科学化追求推动了法学和法律的体系化。因为科学是系统化了的、组织起来的知识,是理论化的知识,是理论的系统或体系,❸科学"是组织化的知识体系,分门别类地划分和组织材料(如在生物学中把生物分类为种)是一切科学的一项必不可少的任务",❹而"科学的任务不是仅仅收集一些没有联系的、偶然的、毫无条理的知识,而是要对宇宙作出'有条理的'说明,即联结那些包含已得到的知识的命题,使其共同适合于逻辑上的包容关系。……这种构成是科学的两项主要功能,即解释和预见发挥作用的必要条件",因此"系统不仅仅是科学的装饰品,而且是科学的核心"。❺对法学而言也同样如此,"人类力求将公平正义以可靠而且可以理解的方法实现在人间的努力,已促使法律学采用体系思维向体系化的方向运动","非经体系化,不能科学地思考或处理问题,并检证自思考或处理问题之经验中所取得的知识","非如是不足以贯彻平等原则,不足以确保法的确定性、可预见性,维护立法及司法之稳定性及继续性,或法律适用之实用性","体系化为将法律学科学化所必需。盖体系化为科学化所必需的'方法'"。❻而立法权与法学的融合则使得法学对法典产生了重要的影响,"法学是法典的基础,……因此,编纂法典也就当然成为法学的主要任务。法典离不开法学,不仅因为它是法学的产物,而且还因为只有掌握了法学知识,才能更好地理解并正确使用法典"。❼由于法典"层次分明的编排、科学系统的论述、客观历史的对照都使法典中的术语和规则具有很强的科学性",❽它满足了法学对科学化的追求。

---

❶《中国大百科全书》光盘1.1版,法学卷,法典条。

❷ 桑德罗·斯奇巴尼指出:立法权与法学的融合是优士丁尼以后的罗马法系法典——从公元十三世纪西班牙学者阿尔封索编纂的七编体法典到近代法典的共同特征。法典不是单一的法律,也不是法律的简单汇编;法典是科学系统的编纂成果,是对法学和法律的提炼与综合。[意]桑德罗·斯奇巴尼:"法典化及其立法手段",丁枚译,载《中外法学》2002年第1期。

❸ B.A.什托夫、柳延延:《科学认识的方法论问题》,邹珊刚译,柳树滋校,北京自然辩证法研究会编,知识出版社1981年9月版,第14页。

❹ [美]欧内斯特·内格尔:《科学的结构:科学说明的逻辑问题》,徐向东译,上海译文出版社2002年版,第3页。

❺ [美]鲁德纳:《社会科学哲学》,曲跃厚、林金城译,生活·读书·新知三联书店1988年版,第21页、第89页。

❻ 黄茂荣:《法学方法论与现代民法》,中国政法大学出版社2001年版,第406页、第421页、第458~460页。

❼ [意]桑德罗·斯奇巴尼:"法典化及其立法手段",丁枚译,载《中外法学》2002年第1期。

❽ 同上。

因此，尽管目前知识产权还没有法典化，❶也尚不具备法典化的条件，然而法典化仍然是知识产权立法的重要目标之一。❷

2. 知识产权法律规则的合理化

法律不仅是一种规则体系，同时并为一种意义体系。而作为一种意义体系，法律自有价值追求蕴涵其中。即在法律的逻辑品质背后，隐含着的是法律的伦理品质，而逻辑品质之所以能够换形为逻辑力量，正在于其秉有道义力量。换言之，法律的规则性及其本身作为一种规则体系，意味着法律同时必将是一种意义体系。法律的实质理性意义上的"价值性"，意即在此。法律的实质理性作为法律的内在逻辑力量，经由一系列制度安排，赋予人世规则与人间秩序以明晰、稳定、确切、可靠以及可操作等技术秉性，从而使人世生活得有可恃的凭依。❸

知识产权法律规则的合理化是指知识产权制度在保护力度上要与社会经济发展水平相适应，在保护范围和结构上要与社会经济相适应，应能够有效地服务于一定时期社会经济发展的总目标。历史经验表明，许多国家随着经济状况的改变在不同的经济发展阶段执行了不同的知识产权制度。无论是后发的亚洲四小龙的韩国和中国台湾地区，还是老牌的发达国家美国，其在历史发展的不同阶段均采用了与社会经济发展相适应的知识产权制度。韩国和中国台湾地区曾使用知识产权的弱化形式以适应其发展阶段的特定环境。在韩国和中国台湾地区经济快速成长的关键阶段——1960～1980年的转型阶段，双方都强调效仿和翻版的重要性，视之为发展本土经济革新能力的重要手段。韩国在1961年就通过了专利法，但该法的保护范围并不包括食品、化学药品和医药品，且专利保护期限只有12年。只是到了20世纪80年代，特别是美国依据《1974年贸易法案》"301条款"与其发生贸易摩擦后，韩国的专利法才有所修改，但还是没有达到《知识产权协定》的标准。中国台湾地区的情况与此类似。同样人们广泛认为，印度《1970年专利法案》对药品实行知识产权保护的弱化是印度药品行业后来快速成长的一个重要因素，印度是低成本非专利药品和散装中成药的生产国和出口国。而美国在1790～1836年期间作为当时的技术净进口国一直限制对其公民和居民的专利权授予，即使到了1836年，外国人的专利申请费也高出美国公民的9倍（如果是英国人，还要高2/3）。直到1861年，外国人在这方面才几乎完全不受歧视。在著作权领域也同样如此，由于美国建国初期被视为"暴发户"，被欧洲讥为没有文化，因此作为文化净进口国的美国不仅对著作权采取了一

❶ 《法国知识产权法典》和《菲律宾知识产权法典》根本不满足法典化所要求的体系化要求，只是徒具法典之名，而无法典之实，实则法规汇编而已。

❷ 当然以法典穷尽社会生活之全部早已被认为是虚妄的，绝对完备性并非今天法典化所追求的目标。

❸ 许章润："法律的实质理性——兼论法律从业者的职业伦理"，载《中国社会科学》2003年第1期。

种弱保护，而且还内外有别。直到1891年美国建国百余年后，美国的著作权保护仍仅限于美国公民，外国著作权在美国仍受到各种各样的限制（如印刷必须使用美国排版），美国加入《伯尔尼公约》的时间被推迟到1989年，比英国晚了100多年。[1]

知识产权制度之所以应与社会经济发展条件相适应，是因为任何知识产权制度均有两个核心目标：一是通过建立使用和出售新开发的信息、产品和服务的专有权来促进对知识创造和商务发展的投资；二是通过鼓励（或要求）权利拥有者将他们的发明和思想置于市场之中来广泛地传播新的信息。任何知识产权制度均需要努力实现这两个目标之间的平衡：过分的知识产权保护制度可能因对商业化和传播的减少而限制研究和开发的利益，而软弱的保护制度可能削弱创新。因此，需要建立一种平衡，这种平衡既适合于市场条件又有利于发展。而判断是过弱保护还是过分保护的主要依据显然是社会经济发展水平，因为不同的社会经济发展水平对知识产权保护的要求也不相同，社会经济发展水平较高的国家知识创新更为重要，对知识产权保护的要求越高，也越有能力承受和调适知识产权制度缺陷带来的负效应，社会经济发展水平较低的国家情况则相反，不仅这些国家的知识创新的重要性稍低，且也无力承受和调适知识产权制度缺陷带来的负效应。因此任何国家均必须根据其本国的社会经济发展状况来确定其知识产权制度。

知识产权制度与本国的社会经济发展状况相适应至少包括三个方面：首先，知识产权制度所设定的知识产权保护水平要与一定国家的社会经济发展水平相适应。这是因为法律制度尤其是知识产权法律制度并不是价值中立的，知识产权的不同行使方式和权利行使所在国的不同社会经济条件会导致不同的成本与收益的平衡关系。在发展中国家实行适合于发达国家的知识产权保护标准可能使成本高于收益，因为发展中国家的基本需要和发展在很大程度上依赖于外部产生的知识或含有外来知识的产品。[2]而在知识创新型的发达国家采用适合于发展中国家的知识产权制度则可能导致激励不足。在保护现有创新以及不阻碍随后的创新方面取得恰当的平衡，是所有国家知识产权制度的关键，知识产权制度能够并且应该依照各国的具体国情来制定。[3]根据我国学者的定量研究结果，“就世界经济而言，跟随国的知识产权保护力度应保持在一个适度的水平上，过于苛刻的知识产权保护力

---

[1] 英国知识产权委员会：《知识产权与发展政策相结合委员会关于知识产权的报告》，第17页、第18页，http://www.iprcommission.org/graphic/Chinese_Intro.htm.

[2] 英国知识产权委员会：《知识产权与发展政策相结合委员会关于知识产权的报告》，第5页，http://www.iprcommission.org/graphic/Chinese_Intro.htm.

[3] 《英国政府对英国知识产权委员会的报告〈综合知识产权与发展政策〉之回应》，http://www.dfid.gov.uk.

度将导致领先国和跟随国的福利水平都遭受损失，造成两败俱伤的局面”。❶

其次，知识产权制度在结构上也要与一国的社会经济结构相适应。尽管不同的社会经济结构代表着不同的社会经济发展水平，然而也存在社会经济发展水平相近而社会经济结构不同的情形。因而知识产权制度不仅在保护水平上要与一国的社会经济发展水平相适应，在结构上也要与其社会经济结构相适应。这也是有历史依据的，如工业品外观设计及其法律保护的发轫。工业品外观设计的保护最初产生于英国和法国，产生于英国是毫不奇怪的，因为英国是第一个进行工业革命的国家，其工业较为发达。然而为什么在当时经济比较落后的法国也比较早地产生了对工业品外观设计的保护呢？❷其原因是法国经济虽然落后，但其消费品尤其是奢侈品在工业生产中占有重要地位，食品、纺织、服装、皮革、家具等5种轻工业行业的工人占工人总数的一半，尤其是法国的时装、化妆品、丝织品和葡萄酒非常发达，独步世界成为法国输出品的大宗，❸这使得法国产生了对工业品外观设计保护的需求。这表明工业品外观设计保护在法国发轫较早不是偶然的，而是有着深刻的社会经济依据的。

第三，知识产权制度必须有助于实现一定时期一国的经济社会发展总目标。如前所述，在一定意义上，知识产权是实现其他更高目标的手段，知识产权不能为了保护而保护。只有有助于实现一定时期一国的经济社会发展总目标的知识产权制度才可能是合理的知识产权制度。

(三)有效的知识产权法律实施体系

只具备有针对性的知识产权政策和可行性的知识产权战略以及完善的知识产权法律规则体系还难谓完善的知识产权制度，完善的知识产权制度还应该包括这种知识产权法律规则体系的实施，没有切实有效的知识产权法律规则体系的实施，知识产权政策、知识产权战略以及知识产权法律规则体系则只能是纸上谈兵，是不可能发挥实际功效的，还必须建立合理有效的知识产权法律规则体系的实施体系，这样才能最终完善知识产权制度。我们认为，合理有效的知识产权法律实施体系由以下要素构成。

1. 优秀的知识产权人才

优秀的人才是一切事业的基本保障，优秀的知识产权人才是知识产权事业成功的基本保障。正因如此，发达国家均非常重视知识产权人才。据统计，目前在发达国家，平均一个企业从事知识产权工作的员工占本企业总体职工的6‰，也就是说

---

❶ 韩玉雄、李怀祖：“知识产权保护对社会福利水平的影响”，载《世界经济》2003年第9期。

❷ 法国的工业革命晚于英国，工业生产也不算发达，至19世纪末法国也就是一个中等发展程度的国家。

❸ 林举岱、陈崇武、艾周昌主编：《世界近代史》，上海人民出版社1982年版，第497~498页。

一个企业如果有 1 000 名员工,就有 6 名员工从事知识产权的管理工作。按照国际惯例,企业应按技术人员的4%的比例设立知识产权人才,如日本松下公司仅在日本国内从事知识产权事务的工作人员已超过700人(技术人员超过 2万人),然而该公司仍然认为这一比例太低。我国目前有 200多万技术人员,这意味着对知识产权人才的总需求量约8 万人。而国内高校每年培养知识产权专业人才不超过200人,全国现有专职代理人4 500名左右,加上知识产权研究与教学人员、商标代理人、植物新品种代理人,我国内地的知识产权从业人员总数估计在1万人左右,严重供不应求。而美国知识产权方面的专业人才队伍已经达到5万人,德国也有3万人之多。❶ 知识产权人才缺乏已经使我国遭受了巨大损失。以DVD事件为例,我国DVD企业在产品被欧洲海关扣押以后,委托应诉经验不足的协会代表来同6C和3C谈判,在对对方控诉侵权行为的内容没有完全清楚的情况下,就原则上接受了后者的一揽子付费要求,其中包括关于按比例和按数额中取高者交纳专利费的不合理条件。造成的后果是,在目前DVD国际市场销售价格已跌至数十美元的水平时,而按照协议规定,我国DVD企业却要每生产一台DVD向专利权人固定支付15～20美元的高额专利费。❷

事实上,企业知识产权事务方面的以上现象反映的只是知识产权人才重要性的一个侧面,知识产权事业的所有方面均是以优秀的人才为基础的,作为国家知识产权事务指针的国家知识产权政策和知识产权战略、作为国家知识产权事务基本框架的知识产权法律规则体系的制定以及作为国家知识产权法律规则体系的最主要的落实措施——知识产权行政执法和司法等也无不是以知识产权人才为基础和前提的。优秀的知识产权人才是合理有效的知识产权法律实施体系的基础。

2. 发达的知识产权中介机构

知识产权中介机构是指在知识产权服务过程中,为客户提供知识产权咨询、知识产权代理、专利和商标检索、知识产权许可和转让、知识产权评估鉴定、知识产权投资、知识产权诉讼等各项专业性服务的社会中介组织。它包括知识产权咨询、知识产权代理、知识产权检索、知识产权评估、知识产权诉讼等各种知识产权机构。实践中我国的各种商标代理机构、专利代理机构、著作权集体管理机构,从事知识产权代理和诉讼业务的律师事务所、从事知识产权资产评估的会计师事务所,各种提供知识产权咨询、评估、鉴定的知识产权研究中心等均属于知识产权中介机构。

知识产权中介机构是社会分工和专业化发展的结果,知识产权中介机构不仅直接为社会提供着知识产权专业服务,而且对于提高社会各界的知识产权意识,促

---

❶ 易玉:"浅议知识产权人才培养",载《科技成果纵横》2005年第1期。

❷ 张小明:"跨国竞争:呼唤涉外知识产权人才",载《国际人才交流》2005年第10期。

进社会各界学习知识产权知识和技能均发挥着十分重要的作用。以专利代理机构为例,一般认为,《中华人民共和国专利法》(以下简称《专利法》)实施的20年,也是中国专利代理机构诞生、成长的20年,从广义上讲也是中国知识产权中介机构建立、发展的20年。专利代理机构为推动《专利法》的实施发挥了十分重要的作用,特别是早期成立的专利代理机构,它们直接面对的是没有专利知识的企业和发明人,在提供专利代理服务的过程中既要宣传和普及专利知识,又要为企业保护专利技术出谋划策。❶事实上,专利代理人在我国的作用远不如此,目前在我国历史最悠久、影响最大的中国高校知识产权研究会如果没有我国早期第一代专利代理人的组建与参与是不可能的。对著作权领域中的著作权集体管理机构来说,有学者指出:"在著作权的实践活动中,如果缺少了各类著作权集体管理组织,那么,《著作权法》的实施等于是单条腿。只有加速组建各类专业的著作权集体管理组织,才会使《著作权法》的实施不至于流于空谈。"❷发达的知识产权中介机构是合理有效的知识产权法律实施体系的重要环节。

3. 合理高效统一的知识产权执法体系

执法是法的实现的重要条件和过程,知识产权执法是知识产权法律实现的重要条件与过程,是知识产权法律规则体系得以实现的基本和最终保障。知识产权执法包括知识产权行政执法和知识产权司法审判,目前国际上主要以司法审判作为基本的知识产权执法手段,其原因显然是在于《知识产权协定》所宣称的知识产权为私权的权利性质。

我们认为,知识产权执法体系必须是统一、高效和合理的。首先,知识产权执法体系必须是统一的。统一的知识产权执法体系是贯彻统一的知识产权政策的基本保障。如美国1982年《联邦法院改革法》设立的统一的联邦专利上诉审判机关——联邦巡回上诉法院就有助于在无需最高法院过多干涉的情况下统一和确定地处理专利案件,❸这不仅统一了美国的专利政策,而且还避免了美国最高法院被纠缠于知识产权这种具体案件之中。且事实也表明,美国1982年专利法院的统一也有力地配合了自20世纪80年代以来美国实行的知识产权强保护政策。

其次,知识产权执法体系必须是高效的。记得有一句法谚说得好:迟到的正义是非正义。只有具备高效的知识产权执法体系,才能较好地实施知识产权法律规则。

---

❶ 信息产业部电子专利中心:"充分发挥知识产权中介机构的作用",载《电子知识产权》2005年第4期。

❷ 赵强:"遗憾的缺位——论著作权集体管理组织的法律地位",载《出版发行研究》2004年第1期。

❸ Harold C. Petrowitz, Federal Court Reform: The Federal Courts Improvement Act of 1982—and beyond, 32 Am. U.L. Rev. 567.

再者,知识产权执法体系必须是合理的。不同的执法体系不仅带来不同的知识产权实施成本,对知识产权保护强度与水平也有着直接的影响。我们认为,鉴于知识产权的私权属性,世界各国以司法审判作为知识产权执法的主要手段是恰当的,这契合了知识产权的私权属性。知识产权行政执法则可能干预知识产权这种私的法律关系,不宜多用。

4. 良好的知识产权文化氛围

任何法律, 无论制定得多么完美,"法律规范体系作为理性的精巧设计和外化物,它并不能自己实现自己,而必须通过人的行为,是一种属人的活动。而一个社会的文化伦理基础及其相应的法文化氛围,不仅深刻影响人们对法律的认知、情感和态度,而且还在一定程度上规定和制约着法律实现水平和方向"。[1] 知识产权法也是这样,即使有优秀的知识产权人才,有发达的知识产权中介机构,有合理高效统一的知识产权执法体系,如果人们的知识产权意识不强,知识产权文化未能形成,那么知识产权法律的实施状况也不可能理想。作为知识产权法律规则实现的"软力量"和因素,知识产权意识直接决定了人们获得知识产权的主动性,决定了人们执行和遵守知识产权法律的积极性,而知识产权文化则为知识产权制度提供长期、稳定的精神保障。因此,良好的知识产权文化氛围是知识产权法律实施体系的重要组成部分。

三、知识产权制度完善的基本途径与制约因素

前文已经给出了知识产权制度完善的基本标准, 显然知识产权制度只有满足了这些基本要求才能是完善的。那么应该如何完善我国的知识产权制度呢？我国知识产权制度完善是完全自由的吗？是否会受到相关因素的制约呢？

(一)我国知识产权制度完善的基本途径

实现知识产权制度完善的基本要求就是要实现知识产权法律规则的体系化、合理化,并将其贯彻实施。

1. 建构知识产权学术法,推动知识产权法体系化、法典化

法典化的法是体系化的法,也是完善的法,而法典化的基本途径和必经阶段是学术法,没有学术法就没有法典法,不经过学术法的充分发展,法律就不可能法典化。因为"在从成文法到法典法的过程中,往往有一个学术法的发展和积淀时期",因为"按照人类思维习惯,从对某一具体案件的命令或告示到对某一类事情进行规范;从各种单行法的颁布到对其相互协调而发现它们的内在机理;尔后,才有可能

---

[1] 蒋先福:"法治的文化伦理基础及其构建",载《法律科学》1997年第6期。

对某一领域甚至整个人类私人生活进行归纳和总结，从而形成完整的私法法典。这一渐进过程，对人类思维和理性的要求也越来越高"，所以，"法律学术传统及发展程度，成为制约民法法典化成长的第一个直接的因素"。❶ 经验表明，"大陆法系的学者在拥有法典之前，其学术就已具有体系化特征了。正是他们在使法律体系化方面的成功，才使得现代民法典成为可能。人们无法想像没有多马和波蒂埃的法国民法典或没有潘德克顿法学的德国民法典"。❷ 知识产权法要法典化必须要经过一个知识产权学术法的建构过程，正是因为目前没有建构出知识产权学术法，目前知识产权制度也无法法典化。因此，目前已经制定出的《法国知识产权法典》和《菲律宾知识产权法典》与其说是法典，毋宁说是法规汇编。

建构知识产权学术法首先必须建构包括知识产权客体、主体、本体等在内的知识产权基本理论范畴和概念体系，必须形成包括知识产权的性质、知识产权正当性、知识产权与社会经济发展之关系等基本原理在内的知识产权理论体系，归纳出适用于各具体知识产权制度的包括基本原则、一般规则在内的规范体系。只有这样，知识产权学术法才得以形成，知识产权制度的体系化、法典化才会成为可能，知识产权法律规则也才能完善。

2. 深入研究国情基础，借鉴国外立法经验，促进我国知识产权制度合理化

如前所述，完善的知识产权制度不仅包括知识产权法律规则的体系化，也包括知识产权法律规则的合理化，即与社会经济文化发展相适应的知识产权法律规则体系。知识产权法律的基础是社会经济文化的发展状况，只有对知识产权法律所赖以建立的社会经济文化发展状况有全面、准确的了解，在此基础上建立的知识产权法律才是合理的。

建构合理的知识产权法律体系还应该借鉴国外立法经验，尤其是借鉴社会经济发展状况与我国类似的国家的知识产权立法经验。由于社会经济文化发展的类似性，发展中国家或新型的工业化国家的知识产权立法对于我国建立合理的知识产权法律规则更有借鉴意义。目前我国知识产权学术界在这方面做的是很不够的，学者们更多的是介绍引进欧、美、日等发达国家和地区的知识产权立法经验，介绍是知识产权国际公约的规定，而对发展中国家或有代表性的新型工业化国家的相关制度建设状况关注不够，至少在这方面的研究是非常薄弱的。我国知识产权立法非常强调与国际公约看齐，一些学者常常以发达国家的知识产权立法为标准，至少在某些方面我国知识产权法律规则甚至已经超越了大多数发

❶ 易继明：《私法精神与制度选择——大陆法私法古典模式的历史含义》，中国政法大学出版社2003年版，第269页、第270页。

❷ 詹姆斯·格德雷："法典编纂与法律学术"，载《私法研究》创刊号，中国政法大学出版社2002年版。

达国家。[1]

我国要建立合理的知识产权法律规则，就必须深入、全面、正确地认识知识产权制度的社会经济文化基础，在我国国情的基础上借鉴国外知识产权立法经验尤其是与我国社会经济文化发展状况类似的发展中国家或新型工业化国家的知识产权立法经验，最终才有可能建立合理的知识产权法律制度体系。

3. 完善知识产权执法机构，加快知识产权专门人才的培养，实施知识产权法律制度

知识产权制度完善不仅包括完善的知识产权法律规则，更包括知识产权法律规则的实施。“徒法不足以自行”，法律规则的实施显然主要是由高效合理的专门执法机构和专业化的高素质的知识产权执法人才来承担的。没有高效合理的专门执法机构和专业化的高素质的知识产权执法人才，知识产权法律规则就只能成为一纸空文，不会发挥实效。因此，要切实实施知识产权法律规则，就必须建立完善的知识产权执法机构，培养足够的高素质的知识产权执法人才。

同时，知识产权执法是整个法治建设的一环，知识产权执法效果显然不仅受机构设置和高素质人才的影响，更会受到宏观的法治建设状况的影响。因此，为了切实实施知识产权法律规则，还必须加快整个法治建设的进程，有力地促进知识产权法律规则的实施。

4. 加强知识产权宣传教育，提高知识产权意识，养成知识产权文化

无论是知识产权法律规则，还是知识产权专门机构及其高素质专业人才，均属于知识产权制度的“硬”的层面，知识产权制度的运行还需要有“软”的一面，即知识产权意识和知识产权文化。知识产权意识和知识产权文化是知识产权制度运行的重要保障和基本要素。要想提高全社会的知识产权意识，培养知识产权文化，就必须加强知识产权宣传教育。有鉴于此，世界知识产权组织将每年的4月26日确定为世界知识产权日，并每年针对在校学生进行知识产权有奖征文。可以说，加强知识产权宣传教育，提高全社会的知识产权意识，培养知识产权文化，是知识产权制度完善的重要途径。

(二)我国知识产权制度完善的制约因素

我国的知识产权制度建设是我国的内部事务，我国可以自主进行选择和安排。然而不可否认的是在经济全球化、国际化的大背景下，我国知识产权制度完善会受到很多因素的制约。

1. 知识产权一体化与国际化的制约

自19世纪末期，鉴于知识产权客体的特殊性质和国际交往的需要，世界上产生

[1] 韩玉雄、李怀祖：“关于中国知识产权保护水平的定量分析”，载《科学学研究》2005年第3期。

了第一批知识产权国际公约，即1883年的《保护工业产权巴黎公约》(以下简称《巴黎公约》)和1886年的《保护文学艺术作品伯尔尼公约》(以下简称《伯尔尼公约》)。尽管国际公约已签署，但这些公约还是给予各国相当多的自由。后来，这种情况随着《知识产权协定》的到来而发生了变化，国家设置和选择知识产权制度的大部分自由已被取消，各国不能再走如瑞士、韩国或我国台湾地区发展时的老路，通过科技学习、效仿和翻版确定真正本土的革新能力必须采取不同于以往的方式。❶ 我国已故著名知识产权专家郑成思先生曾指出：在今天，如果我们仍旧坚持按照自认为合理的水平保护知识产权而不考虑经济全球化的要求以及相应国际条约的要求的话，那么在一国的小范围内看，这种坚持可能是合理的；但在国际竞争的大环境中看，其惟一的结果只可能是我们在竞争中“自我淘汰”出局。❷ 为了参与国际竞争，适应经济全球化和国际化的进程，我们的知识产权制度有时不得不作出一些让步，不得不被动地适应经济全球化和知识产权国际化的要求。

当然，即便是《知识产权协定》也并没有完全取消各国建立自己的知识产权制度的自由，成员国有余地在《知识产权协定》的总轮廓之内塑造自己的知识产权制度，能够在《知识产权协定》的一般条款之内用许多方法来定义知识产权。因此《知识产权协定》不是强制统一的限制文件，它只不过提供了一个游戏场，在《知识产权协定》的框架内成员国能够塑造其知识产权制度以满足自己的政治的、社会的、经济的和其他政策目标。因此，尽管《知识产权协定》的完整含义已被设定，它给予成员国的自由程度也不应被忽视。根据《知识产权协定》发展出全球统一的同质文化和经济规范仅仅是国际知识产权体制的各种可能性之一，知识产权制度和文化的多样性余地本质上并未被排除，发展方向将依赖于成员国在《知识产权协定》参数下的运作中如何利用其自由。以权利类型的创设为例，《知识产权协定》支持成员国在一个专门法下或者在更确定的体制下对传统知识给予知识产权保护。❸ 这就要求我们必须认真研究包括《知识产权协定》在内的知识产权国际公约，以便能在确保履行知识产权国际公约义务的条件下重塑我国的知识产权制度。我们不能违反《知识产权协定》等知识产权国际公约所设定的义务，但我们也没有必要超出知识产权国际公约的标准、超越我国经济社会发展水平来拟定我国的知识产权制度。

同时，我国作为世界上最大的发展中国家，有能力也有义务积极参与到知识产

---

❶ 英国知识产权委员会：《知识产权与发展政策相结合委员会关于知识产权的报告》，第19页，http://www.iprcommission.org/graphic/Chinese_Intro.htm.

❷ 郑成思：“信息、知识产权与中国知识产权战略若干问题”，载《环球法律评论》2006年第3期。

❸ Shubha Ghosh: Reflections on the Traditional Knowledge Debate, 11 Cardozo J. Int'l & Comp. L. p. 502.

权国际立法中，推动对发展中国家有利的知识产权法律的通过，扭转目前权利保护偏颇、利益结构失衡的世界知识产权格局。

2. 国际政治经济关系的制约

在经济全球化和国际化的大背景下，一国知识产权制度不仅受到知识产权国际公约义务的限制，而且也总受到实力较为强大的国家（主要是发达国家）的影响。郑成思先生就曾指出：把仅仅适合多数发达国家乃至个别发达国家的知识产权保护水平强加给全世界，是发达国家的一贯做法，而发展中国家对此的抗争从总体制度的层面上从未奏效过。1967年《伯尔尼公约》修订的失败、1985年大多数国家反对以版权保护计算机软件的失败、《知识产权协定》谈判时秘鲁与巴西等国建议的失败，都是实例。❶ 对此，英国知识产权委员会也指出：发展中国家与发达国家之间的双边及区域贸易投资协议也常常要求双方执行超出该协议最低标准的知识产权制度。因此有不少持续性的压力要求发展中国家根据发达国家的标准，在其政权制度内提高知识产权保护的水平。❷ 事实上，不仅发展中国家常常受到发达国家在知识产权立法方面的压迫，即便是发达国家也常常受到实力更强大的其他发达国家的压迫。以计算机软件的法律保护为例，在美国决定采用著作权模式以后，澳大利亚和日本显然均是在美国的压力下才采取的著作权模式。尤其是澳大利亚以版权法保护计算机软件的法律修订过程极其短促，从开始考虑到法律生效不到半年时间，其直接导因可以说是美国苹果公司的诉讼，而更深的原因或许是美国的压力。❸ 虽然日本理论界与实务界在软件保护方面原来就有专利权与著作权模式之争，但是日本采用著作权模式与美日贸易摩擦以及美国的压力不无关系。❹ 在当前的经济全球化和国际化进程中，任何国家均不是处于真空中的，其国内事务包括知识产权立法受到其他国际势力的影响是常见的，也是正常的。我国知识产权立法受到别国的制约也是不可避免的，改革开放以来我国知识产权制度变迁受到了美国压力的影响是显然的。

3. 法治建设现状的制约

知识产权制度是一种重要的法律制度，但也不过是法律制度之一。知识产权制度并不等于知识产权法律的制定，它还包括知识产权法律的实施。知识产权法律的实施，有些是由专门的知识产权机构来进行的，如专利权获得的行政程序由知识产

---

❶ 郑成思："信息、知识产权与中国知识产权战略若干问题"，载《环球法律评论》2006年第3期。

❷ 英国知识产权委员会：《知识产权与发展政策相结合委员会关于知识产权的报告》，第4页，http://www.iprcommission.org/graphic/Chinese_Intro.htm.

❸ 郑成思：《计算机、软件与数据的法律保护》，法律出版社1987年版，第111页。

❹ [日]中山信弘：《软件的法律保护》，郭建新译，大连理工大学出版社1988年版，前言。

权局负责,商标权获得的形成程序由商标局负责,知识产权司法在我国各级法院中有些也设有专门的知识产权庭。国家知识产权法律的实施不可能脱离国家的法律体系。这不仅反映在实体法中,例如:知识产权主体主要是由民事主体制度来规范的,知识产权合同除知识产权法中有专门规定外还要适用合同法的有关规定,知识产权领域中的刑事犯罪主要是由刑法典来规定的;而且在程序法中,知识产权司法是国家司法体系中的组成部分,知识产权行政也是国家行政法体系的一个组成部分。不仅反映在立法中,也反映在执法中。因此,知识产权法律的实施并不仅仅是知识产权领域的,而是关乎整个国家的法治状况。也许正因如此,学者在测定我国知识产权保护水平时,其"执法力度"采用的指标不仅包括"国际社会的监督制约机制",也包括"社会的法制化程度"和"法律体系的完备程度",甚至还包括非法律的"经济发展水平"。❶法治建设不是一朝一夕的事情。我国知识产权制度的完善不能仅仅关注知识产权法律和知识产权执法等领域,还必须关注整个国家的法治建设,这将是一个长期的历史过程。

四、我国知识产权制度完善的现实基础

完善我国知识产权制度,必须全面深入地了解我国经济社会发展的现实和我国知识产权制度的状况,只有在此基础上才能正确地评价我国知识产权制度,发现我国知识产权制度的优点与缺陷,从而寻找完善我国知识产权制度的基本方略和具体对策。

(一)我国的社会经济发展状况

1. 我国的经济发展水平与经济结构

从经济发展水平来看,国际上通常认为,人均GDP在1万美元(2000年人均GNI在16 800美元)以上的国家通常被认为是发达国家,人均GDP低于1万美元的国家被认为是发展中国家。尽管自改革开放以来我国经济增长率一直处于世界前列,目前经济总量已达到世界第6位。然而从经济发展水平来看,目前我国仍属于发展中国家。❷我国2000年未经购买力评价调整的人均GNI为840美元,排名世界第141位,而即便用购买力评价加以调整后,我国2000年的人均GNI也不过只有3 920美元,排名世界第124位,仍属于发展中国家。如果与发达国家进行比较就可以更形象地看出

❶ 韩玉雄、李怀祖:"关于中国知识产权保护水平的定量分析",载《科学学研究》2005年第3期。

❷ 在2000年之前,联合国和世界银行都以人均国民生产总值(GNP)或国内生产总值(GDP)指标为标准计算各国的经济发展水平,为了更准确地衡量各国经济发展水平,2000年起世界银行开始用人均国民收入(GNI)作为衡量各国经济发展水平的基本指标,人均GNP或GDP的年均增长率仅仅作为参考指标加以考量。同时还对GNI的计算以购买力评价(Purchasing Power Parity或PPP)加以折算以更加准确地衡量各国经济发展水平。

我国经济发展水平的差距。根据测算，中国要想达到1996年刚刚跨入发达国家门槛的韩国2000年的经济发展水平需要26年，达到老牌的发达国家英国和美国2000年的经济发展水平则分别需要35年和44年。❶

总体上看，我国的经济结构也仍然处于发展中国家的水平，甚至处于发展中国家的较低水平。整体上看，中国国民经济结构仍然很不合理，处于较低的发展水平。以1998年为例，中国国民经济中农业增加值占国民经济增加值的18%，远远高于世界平均水平4%，也高于中低收入国家13%的水平；中国服务业的发展也远远落后于世界水平，在国民经济增加值中占33%，既低于世界62%的水平，也低于中低收入国家52%的水平，更低于高收入发达国家65%的水平。同时工业增加值又过度依赖传统的制造业，增加值占37%，远远高于世界平均水平21%和高收入国家的21%，也高于中低收入国家和地区的23%水平。❷

尽管总体上我国经济发展水平尚低，经济结构也仍处于落后状态，然而中国还是不同于大多数发展中国家，我国某些产业也有着超常的发展，国民经济结构尽管仍有不合理之处，然而已经形成一个有机的体系，具备了工业化的基础，且整个国民经济具有较强的独立性和一定的国际竞争力。2002年，根据世界经济论坛对世界80个国家和地区4 700位高级工商界人士的调查，我国产业集群发展状况的得分是3.5分，高于80个国家和地区的平均值(3.3分)，与马来西亚、土耳其一起并列第27位，高于国内商业环境及微观经济竞争力的排名(均为第38位)。这表明我国的产业集群经过多年的发展，已经初步形成一定的规模，在国内外具备一定的影响。❸

2. 我国的科技发展水平与科技结构

瑞士洛桑国际管理开发研究院发布了2002年《国际竞争力年度报告》(简称《洛桑报告》)，该报告是国际上针对主要国家经济竞争力进行研究后发布的最具权威性的年度报告，自1986年起每年发表一期。2002年纳入该报告评价范围的国家和地区包括29个经合组织成员和20个“新兴经济体”，在《洛桑报告》的评价体系中，我国的科技竞争力总体排名基本稳定在25～28名之间，这可以说明我国科技竞争力在国际上基本处于中等或中等偏下的地位。

---

❶ 何蕾、何百根：“国家之间经济发展水平比较与中国的差距”，载《世界地理研究》2003年第3期。

❷ 岳清唐、杨帆：“核心—外围论对中国的分析———贸易条件—贸易结构—国民经济结构分析”，载《求是学刊》2005年第1期。

❸ 集群对于国际竞争力具有重要作用，它既是一种经济发展的思考方式，又是引起变革和创新的一种手段。集群是通过提高企业或者产业的生产率、提高创新能力、促进形成新的商业组织从而扩大集群等三个方面对竞争产生影响的。郑燕伟：“中国产业集群发展评估——基于世界经济论坛《全球竞争力报告》的分析”，载《中共浙江省委党校学报》2005年第1期。

虽然我国科技水平总体上较低，但在一些科技领域也获得了较高程度的发展。自20世纪90年代以来，我国将发展科学技术提高到前所未有的战略高度，科技投入不断增加，科技创新能力大幅度提高，取得了一系列历史性成就。例如：我国已成为世界上拥有自主知识产权、独立研制和开发转基因抗虫棉的第二个国家，我国农业科学家用高科技手段培育并通过审定的转基因抗虫棉新品种已达30多个，其中双价转基因抗虫棉"中棉所41"已达到国际领先水平；作为世界上最大的水稻生产国，我国率先在世界上完成了水稻基因组的"工作框架图"和数据库，标志着我国已成为继美国之后第二个具有独立完成大规模基因组测序和组装分析能力的国家；在航天技术领域，我国已实现载人航天，火箭总体性能接近或达到国际一流水平，我国是世界上第二个掌握火箭发动机高空二次启动技术的国家，第三个掌握低温高能氢氧发动机技术的国家，第四个掌握一箭多星技术的国家。总体上，虽然我国60%以上的高新技术起步晚、起点低，但目前有11%的高新技术成果达到或保持国际领先水平。❶另外，尽管总体上我国科技发展水平还不够高，我国在传统知识如传统医药、传统工艺等方面还是非常丰富的，这些方面是我国的优势领域。

3. 我国的文化产业发展水平与结构

整体上，我国文化产业发展水平还比较低。就版权产业来说，以版权贸易为例，近年来我国版权贸易的发展还不能适应社会经济发展的需求，尤其是版权输出与引进相比还有较大的差距，这不仅反映在数量上，也反映在质量上。如江苏省在引进与输出数量上，2001年引进177种，输出20种，比例为8.8∶1；2002年引进240种，输出82种，比例为2.9∶1；2003年引进273种，输出49种，比例为5.6∶1。在引进与输出质量上，引进的质量自不必说，而输出的质量则非常不理想。输出的文学类图书品种主要是少儿类中国历史故事丛书、幼教类故事丛书和历史类长篇小说。另外一些中文繁体版权的输出地也只限于我国港台地区、东南亚华文地区，输出到欧美国家图书市场的几乎没有。❷我国图书输出几乎只是在吃老祖宗的老本，似乎无法对世界文化作出贡献。就软件业来说，中国软件业总体上仍处于发展的初级阶段。这主要表现在以下几点：第一，我国软件产业虽然增长较快，但整体规模不大，2002年在全球软件业总额中，美国和西欧分别占据40%和31%，我国软件业仅占2%。第二，我国软件产业整体上仍处于模仿和加工阶段，独立自主开发能力较弱，缺乏核心技术和有自主知识产权的拳头产品，在操作系统、数据库管理系

❶ 任建民："中国科技追上世界脚步"，载《中国科技奖励》2002年第3期。

❷ 陆幸生："版权贸易：中国的一条短腿"，载《华人时刊》2005年第8期。

统和关键应用软件方面没有形成完整、系统的自主版权产品。第三，企业规模普遍偏小，企业一般都在50～100人之间，最大的也不过千人左右，尚未形成能引领软件产业发展的龙头企业。第四，软件企业出口能力偏弱，参与国际竞争的能力不强，缺乏较强的项目分析、设计和管理经验，对国际市场信息、先进的软件设计、开发方式缺乏了解，软件开发过程缺乏有效的管理体系，尚不能与国际标准接轨。第五，虽然软件产业具有市场需求巨大、政策扶持和软件人才成本低廉等优势，但软件企业发展的“软环境”还不完善，特别是存在软件市场秩序比较混乱、盗版问题严重以及缺乏符合国际标准的行业标准等问题。❶ 就电影业来说，2004～2005年，中国大陆的电影无论是从产量、发行营销趋势、影院票房成绩还是电影产业链的盈利开发模式，都有值得称道的成绩。《十面埋伏》、《功夫》、《天下无贼》、《无极》等的票房可与进口影片叫板，放映业中的多厅、现代、数字影院的升级和建设步伐加快，企业间的兼并、重组和联合的步伐加快，民营影视企业异军突起，投资主体呈现出多元化的局面。但不容忽视的是国产电影业总体上仍处于发展的较低水平。2004～2005年，国产电影产品能排上国内影院档期的也只有1/3强，也就是说，至少有近2/3的影片将成为积压品，而进入市场的那些影片能收回成本的也为数寥寥。整个电影市场的热闹还处在仅靠几个有市场号召力的导演在支撑，而没有形成一种打造优质产品的群体创作态势，中国的电影要成为真正意义上的一种产业，要真正地具备市场竞争实力，还有很长的一段路要走。❷ 就音像业而言，2002年美国音像业发行金额128.5亿美元(超过该年国内电影票房95.2亿美元收入)，日本音像业发行金额49.5亿美元，而中国音像业发行金额仅2.94亿美元，中国音像市场的发行量已是美国的43%，而产值只相当于美国的2.3%，中国音像市场的发行量是日本的152%，而产值只相当于日本的6%。❸

不过同时也应该看到，20多年来，中国出版经济以平均每年15%以上的速度递增，不断扩大的市场规模在国民经济体系中占有特殊的市场地位。目前，全国性或区域性销售达到几十个亿、在国内市场起主导作用、在国际市场有较强竞争力的出版集团、发行集团正式组建运营，出版物生产过程和产品的市场化程度加深，市场对出版资源配置的影响作用加强，中国出版行业新的市场化格局正在逐渐形成。❹ 另外，尽管如前所述，中国版权贸易引进与输出存在巨大的逆差和版权输出的明显的地域性局限，表明我国版权贸易还不发达，但这同时也表明中国的版权贸易存在

---

❶ 王勇：“中国软件产业发展现状及对策分析”，载《经济师》2007年第3期。

❷ 唐榕：“电影产业国际竞争力：国内现状、国际比较、提升策略”，载《当代电影》2006年第6期。

❸ 张晓明等主编：《2005：中国文化产业发展报告》，社会科学文献出版社2005年版，第152页。

❹ 吴江江：“2005中国出版：走进市场走向世界”，载《出版经济》2005年第1期。

着巨大的发展潜力，❶作为文明古国的我国仍然是世界文化大国，无论按照哪种世界文化格局划分标准，中华文化总是世界主要文化体系之一，❷源远流长的中华文化必将继续对世界文化作出自己应有的贡献。同时，我国悠久的历史文化、丰富多彩的民间文学艺术等也为我国文化产业的发展提供了非常好的土壤，在对外文化输出方面这也应该是我国的优势领域，这也意味着我国文化产业必将在世界文化产业中占有一席之地。中国软件产业发展也较快，软件产业规模迅速扩大。20世纪90年代以来，中国软件产业一直保持高速发展的态势，年均增长速度超过30%，远高于中国9%的GDP平均增长水平。2003年中国软件业总额和软件出口额分别比2002年增长45.45%和33.33%，分别达1 600亿元人民币和20亿美元，占信息产业总额和信息产业出口额的8.5%和1.4%。至2003年年底，中国软件产业已初具规模，认定的软件企业达8 700多家，从业人数超过60万，其中软件技术人员约为34万，登记备案软件产品18 900多项。2006年我国电影产量仅位列印度、美国和日本之后而居世界第四，而据有关专业人士分析，电影产量的持续增长至少可以说明三点：(1)有足够庞大的电影市场容量和相应的市场需求作为支撑；(2)有足够多的资金流入电影制作当中，反映出投资人对市场的乐观预期；(3)有能够与高产量相匹配的专业人员和技术设备，具备足够强大的生产能力。这些均表明，尽管我国文化产业还不发达，但发展速度较快，势头良好，潜力巨大。

以上分别分析了我国社会发展的各个方面，总体的认识是我国仍属于发展中国家，基本达到了世界中等或中等偏下的发展水平，但是在经济、科技和社会发展的某些方面我国已经取得一定的成绩，某些领域甚至达到世界领先水平，某些方面如图书、音像、电影等产业则有较大的发展潜力和较快的发展速度，我国也有着远大的发展目标。以上我国社会发展各具体方面的分析也为有关机构的综合分析所验证。据联合国开发计划署公布的《2004年人文发展报告》，人文发展指数由预期寿

---

❶ 陆幸生："版权贸易：中国的一条短腿"，载《华人时刊》2005年第8期。

❷ 这三种划分分别是：第一种划分是联合国教科文组织国际专家小组的研究。该组织于1988年至1993年集中了多个国家的知名学者，开展了一项"世界文化发展十年"的国际合作研究项目。该报告将当代世界文化划分为八个文化圈：一是欧洲文化圈，二是北美洲文化圈，三是拉丁美洲与加勒比地区文化圈，四是阿拉伯文化圈，五是非洲文化圈，六是俄罗斯和东欧文化圈，七是印度和南亚文化圈，八是中国和东亚文化圈；第二种划分是美国哈佛大学政治学学者塞缪尔·亨廷顿的区分。亨廷顿于1993年在美国《外交》季刊发表《文明的冲突?》一文，在1996年又出版了《文明的冲突与世界秩序的重建》一书，1999年又发表了类似内容的演说。亨廷顿对当今世界文化作了这样的划分：一是中华文明，二是日本文明，三是印度文明，四是伊斯兰文明，五是西方文明，六是东正教文明，七是拉丁美洲文明，八是可能存在的非洲文明；第三种划分由我国学者提出。季羡林、汤一介、庞卓恒、阎纯德等学者，大体倾向于将当代世界文化分为四大体系：一是中华文化体系，二是印度文化体系，三是阿拉伯文化体系，四是欧美文化体系。艾思同："当代世界文化格局、态势与中国文化发展战略"，载《理论学刊》2006年第3期。

命指数、教育指数和GDP指数三个分项指数构成。2001年中国人文发展指数为0.718,首次超过世界平均水平,居中等人文发展水平。2004年中国人文发展指数提高到0.745，仍居中等人文发展水平。2004年世界人文发展指数为0.729，比上年的0.722提高了0.007个百分点,其中中国的人文发展指数为0.745,比上年的0.721提高0.024个百分点。中国人文发展指数增幅比世界平均水平高出2.3个百分点，居世界的位次由上年的第104位上升到第94位,这表明改革开放促进了中国经济和社会发展的不断提高。2004年中国人文发展指数比上年提高0.024个百分点,主要在于教育指数和GDP指数的较快增长。中国预期寿命指数与上年持平,都是0.76;教育指数由上年的0.79增加到2004年的0.83,提高0.04个百分点;GDP指数由上年的 0.62增加到2004年的0.64,提高0.02个百分点。中国人文发展指数的上升,充分显示了中国经济和社会发展水平有了较大的提高。当然,2004年中国在预期寿命指数、教育指数和GDP指数三个分项指数方面与最高的国家相比,还存在一定的差距。中国预期寿命为70.9岁,与最高的日本相差 10.6 岁;中国的教育指数与最高的挪威比较相差0.16个百分点；中国GDP指数与挪威等发达国家比较相差0.35个百分点。❶ 而来自中国科学院中国现代化研究中心的研究显示,2004年中国处于世界初等发达国家水平,现代化水平与世界中等发达国家和发达国家差距仍然较大，中国仍属于发展中国家。另外,中国现代化发展也存在不平衡现象,某些方面指标已经达到发达国家标准,但有些指标则较低,如人均GDP仅为发达国家标准的24%。

我国上述社会发展情况表明我国对知识产权保护已经有比较大的需求，对知识产权保护也具备了一定的调适能力，因此我国在知识产权保护方面应该采取适中的保护强度和保护水平,以进一步促进我国社会经济的发展。当然,我国知识产权保护要以履行国际公约义务为前提。

(二)我国知识产权制度现状

1. 我国知识产权立法现状

建国以后我国曾颁布过行政规章形式的知识产权文件，但并无严格意义上的知识产权法律法规。新中国知识产权制度的建立,始于改革开放之后。自1982年《中华人民共和国商标法》(以下简称《商标法》)的制定,到1990年《中华人民共和国著作权法》(以下简称《著作权法》)的颁行,我国知识产权法律体系框架基本形成。此后我国又分别公布了《计算机软件保护条例》、《植物新品种保护条例》、《集成电路布图设计保护条例》和《奥林匹克标志保护条例》等知识产权法律法规,知识产权行政机关颁布了许多知识产权方面的管理条例和规章，最高司法机关颁发了一系列知

❶ 《我国人文发展指数居世界中等发展水平》,http://www.sts.org.cn/nwdt/gwdt/document/007.htm.

识产权司法解释。为了加入世界贸易组织，2000～2001年我国对知识产权法律法规进行了大规模的修改，至此我国知识产权法律制度基本上已与以《知识产权协定》为核心的国际知识产权制度保持一致。因此，从总体上，我国知识产权立法已经是完备的、高水平的，如果仅就知识产权立法而言，甚至“早在1993年，中国的知识产权保护水平就已经超过部分发达国家的保护水平”。❶

不过，尽管目前我国知识产权立法已经与国际惯例接轨，但这只意味着知识产权立法达到了《知识产权协定》的要求，却并不一定与我国的社会经济发展相适应。我国幅员辽阔，中东西各部分发展极不平衡：既有高度发达的沿海地区，也有相对落后的西部地区；既有非常现代的大都市，也有非常传统的少数民族地区；既有非常现代甚至国际领先的现代科学技术，也有非常传统的知识和文化。尤其值得指出的是包括中药、藏药、苗药等传统医药和民间文学等在内的传统知识更是我国具有优势的文化宝藏和资源，然而我国这些领域的知识产权保护却并不完善。以中药为例，目前，中药在国际市场的贸易额已超过400亿美元，且每年还以10%的速度增长，但中国中药出口贸易额不到世界草药贸易总额的3%。日本、韩国、东南亚以及欧洲一些国家的中药企业从我国低价购入原料药就地粗加工后，运回国内精炼，提取制剂，制成西方人习惯的胶囊、片剂和颗粒剂，不仅占领了国际市场，且以高价返销中国市场，目前已占据我国中成药市场1/3份额，我国每年从日本、韩国、东南亚、西欧等地进口的洋中药已超过1亿美元。反观日本，虽然只有210个汉方制剂药，且处方和原材料均来自中国，但在国际市场的占有率却达到80%。❷尽管这些领域的知识产权保护并不一定直接带来相关资源的快速利用，但是对于调动人们开发这些资源的积极性，一定程度上遏制其他国家对我国这些资源的非法开发利用却是可能的。这些情况表明，尽管目前我国知识产权立法已经比较完备，然而这种知识产权法律体系并没有或者没有完全体现我国的特点，尚无法充分满足我国的利益诉求。

2. 我国知识产权执法现状

知识产权执法是我国知识产权制度中备受外国诟病的环节。2004年10月15日，中国欧盟商会在北京京城大厦公布的《欧盟企业在中国建议书2004》中就曾指出：“70%被调查的欧盟企业认为，中国的知识产权法的实施情况在过去一年中几乎没有改善，中国对知识产权的保护缺乏力度。”这个结果是基于欧盟商会对它的500多家的会员企业作出的调查而得出的。在这些欧盟企业看来，中国对知识产权保护的力度之差已经到了难以容忍的地步。我国学者的实证研究也表明我国知识产权法

❶ 韩玉雄、李怀祖：“关于中国知识产权保护水平的定量分析”，载《科学学研究》2005年第3期。

❷ 钟皓年：“中国正在失去中药的知识产权”，载《中国经济周刊》2005年第48期。

律实施逊于相关立法的结论。在基本没有考虑知识产权执法力度的情况下，我国知识产权保护水平早在1993年就已经超过部分发达国家得分达到3.190；至2001年，中国知识产权保护水平得分为4.19，已超过绝大多数发达国家和发展中国家（略逊于美国知识产权保护水平得分的4.52）。然而在用"执法力度"指标对我国知识产权保护水平进行修正后，1993年的知识产权得分便降低为1.223分，2001年的知识产权保护水平得分则降低为2.742分。❶

我国知识产权法律实施状况较差并非是由于中国政府对知识产权执法重视不够，其根本原因在于中国总体上的法治水平较低，因此不能无视我国政府执行知识产权法律、履行知识产权国际义务的决心和诚意。

需指出的是，尽管国际上对我国实施知识产权法律尚有较激烈的批评之声，我国学者的研究也表明我国知识产权执法状况差于立法。然而不可忽视的是，我国知识产权执法中也有力度超过国际上大多数国家之处，即中国的知识产权行政执法。我国的商标局、版权局和知识产权局等知识产权行政机关在知识产权行政执法中发挥着很大的作用，这已超越了《知识产权协定》的要求。以商标权的保护为例，2000～2005年，全国各级工商行政管理机关共查处商标侵权假冒案件17.4万件，向公安机关移送涉嫌犯罪案件559件、犯罪嫌疑人560人。查处侵权假冒案件数从2000年的2.2万件增长到2005年的3.9万件，移送涉嫌犯罪案件数从2000年的37件提高到2005年的236件。❷ 这和世界各国主要以司法保护知识产权为主的知识产权执法模式是非常不同的。另外，我国学者的定量研究表明我国知识产权执法不及相关立法状况，其采用的"执法力度"指标虽有一定的合理性，然而不足也是明显的，如其法律体系的完备程度就简单地以立法100年为满分，立法时间不足100年的以立法实际年数除以100。❸ 这显然是有些机械的。

3. 我国知识产权守法现状

守法，不应仅仅看做是在法律的强制性下的屈从，不应看做是一种盲从或胁迫，而更应被认为是"以行为人内在的、主动的、明确的正义价值判断为基础"，是由法律的正义性引起人们内心正义观的共鸣，而使人们自觉服从。❹ 人们并不是因惧怕法律的制裁而守法，因此，守法在很大程度上要基于人们对某种法律的价值判断。我们认为，这主要取决于人们的法律意识与法律文化状况。但显然我国知识产

---

❶ 韩玉雄、李怀祖："关于中国知识产权保护水平的定量分析"，载《科学学研究》2005年第3期。

❷《工商行政管理机关不断加强涉嫌商标犯罪案件的移送工作》（李东生副局长在国务院新闻办就加强知识产权行政执法等情况举行发布会上的讲话（2006年3月27日）），载《工商行政管理》2006年第7期。

❸ 韩玉雄、李怀祖："关于中国知识产权保护水平的定量分析"，载《科学学研究》2005年第3期。

❹ 唐慧敏："正义、法与社会秩序——从罗尔斯的《正义论》看守法之重要性"，北大法律信息网。

权法律意识还有待加强，知识产权文化还没有形成。知识产权运用的最主要的主体——企业的知识产权法律意识令人难以乐观。即便是在我国最发达地区之一的深圳市，根据调查，也只有36%的企业对知识产权有比较全面的了解，有23%的企业对知识产权的理解仅限于知识产权的某个领域，而有5%的企业对知识产权的理解不正确。对知识产权比较重视且在实际操作中采取相应保护的仅占约25%，对知识产权虽已有一定认识但在实际操作中未采取相应保护的则占约59%，另有6%的企业认为不需要加强知识产权意识。作为守法的最主要主体的社会公众，内地的哈尔滨市有6%的公众对知识产权包括的范围有比较全面的了解，有85%的公众对知识产权只是在反盗版软件方面比较熟悉，其他方面了解不多，9%的公众对知识产权不了解。很多公众认为知识产权只是反盗版，甚至把知识产权和反盗版当成了同一语。即使在深圳市，也只有18%的人对知识产权范围有比较全面的了解，有65%的人说他们不买和很少买盗版软件，把保护知识产权和反盗版等同起来的人还是高达15%。❶ 知识产权意识的淡漠使得人们对知识产权法的正义性认同受到很大的不良影响，知识产权守法状况不容乐观。

4. 我国知识产权保护水平

关于知识产权保护水平，我国既有学者认为目前知识产权保护水平仍然不够，也有学者认为知识产权保护水平偏高。我国学者所作的定量研究结果表明，中国实际的知识产权保护水平呈逐年上升的趋势，其中，1992年前后及2001年前后出现两个快速上升的阶段，这一结果与中国政府坚持不懈地加强知识产权保护的努力和1992年、2001年中国大范围修订知识产权法律的事实是相一致的。与世界其他国家的知识产权保护水平相比，中国1991～1994年的实际保护水平还相对较低，远远落后于发达国家的保护水平。但随着时间的推移，中国的知识产权保护水平在不断提高，至2002年，中国实际的知识产权保护水平已达到部分发达国家的保护水平。对于转型期国家，执法力度是影响知识产权实际保护水平的重要因素。目前中国保护知识产权的法律已相当完备，超过了绝大多数发达国家1990年时的立法水平，加强执法力度是现阶段中国加强知识产权保护的有效手段。❷ 另根据同一学者的定量研究，“就世界经济而言，跟随国的知识产权保护力度应保持在一个适度的水平上，过于苛刻的知识产权保护力度将导致领先国和跟随国的福利水平都遭受损失，造成两败俱伤的局面”。❸ 因此，“加强中国的知识产权保护力度，将进一步扩大外国

---

❶ 杨建荣、李振江：“深圳、哈尔滨两市知识产权意识之现状”，载《电子知识产权》2000年第4期。

❷ 韩玉雄、李怀祖：“关于中国知识产权保护水平的定量分析”，载《科学学研究》2005年第3期。

❸ 韩玉雄、李怀祖：“知识产权保护对社会福利水平的影响”，载《世界经济》2003年第9期。

与中国的相对劳动工资率水平，降低经济增长率。所以，对中国政府而言，在制定有关知识产权政策时，在满足世界贸易组织相关条款要求的前提下，应尽可能放松对知识产权的保护”。❶

我们基本赞同我国学者的定量研究结果和政策建议。结合以上对我国知识产权立法、执法和守法状况的分析，我们认为，我国目前知识产权保护在立法和执法方面既有畸高之处，也有不足。在守法方面则存在严重不足。在知识产权立法方面的畸高如《计算机软件保护条例》对软件最终用户的侵权责任的规定，❷其不足如传统知识保护方面。在知识产权司法方面则因我国法治建设仍处于发展过程中而存在执法不严等问题。因此，总体上，我国知识产权制度在立法、执法和守法方面均存在需完善之处。

五、我国知识产权制度完善的重点内容

以上对我国知识产权制度的现实基础的分析表明，我国知识产权制度尚无法完全满足社会经济发展状况的要求，确有完善的必要，其重点内容应包括以下几点。

(一)制定全面的知识产权政策和统一的知识产权战略

目前我国尚没有制定系统全面的知识产权政策，也没有出台统一的知识产权战略。知识产权政策和知识产权战略的缺乏，使得目前我国知识产权制度建设失去了方向和准星，也使得人们无法全面正确地评价我国的知识产权制度和相关知识产权事务。目前我国学术界对我国知识产权保护水平存在着较大的争议就是明证。郑成思先生曾经提到我国学者存在两种有着巨大反差的认识，并称“如果不进行认真分析得出正确的结论，中国知识产权战略的制定者就可能在矛盾中把‘往前走’和‘往回收’两种思想写入同一篇文章”。❸我们认为，目前学术界对我国知识产权保护水平的这种争论，在一定程度上就反映了因知识产权政策和知识产权战略的缺失而导致的对我国知识产权制度认识的无所适从。只有制定统一的科学合理的知识产权政策和知识产权战略，我国知识产权制度才能具有基本的评判依据，知识产权立法、司法、行政行为才会有基本的方向，各地区、企业和个人的知识产权事务才会有基本的背景参照。知识产权政策和知识产权战略是我国一切知识产权工作和事务的出发点。

---

❶ 韩玉雄、李怀祖：“知识产权保护对工资率及经济增长的影响：一个修正的技术扩散模型”，载《数量经济技术经济研究》2004年第11期。

❷ 详见本书第四章。

❸ 郑成思：“信息、知识产权与中国知识产权战略若干问题”，载《环球法律评论》2006年第3期。

鉴于前述我国的社会经济发展的状况和特点,我们认为,保护知识产权是我国的必然选择,这不仅是发达国家的压力使然,更是我国发展的内在需要。尽管我国经济发展水平尚低,经济结构也尚落后,但已经具备发展的基础,且某些产业的发展具有较强的竞争力;尽管我国总体科技水平尚不够高,但我国在某些科技领域却达到了世界领先水平;尽管我国文化产业尚不发达,但也有发展的潜力。这就是说,作为一个世界大国,我国无论在哪个领域均必须独立地发展,不管是经济、科技还是文化,不管是现在还是未来,我国必定是世界主要的知识创新国之一,我们必定要非常重视保护知识产权。同时,目前我国经济社会发展水平毕竟还不够高,对知识产权保护的需求和承受力也低于发达国家。因此,结合我国知识产权制度完善的现实基础,我国制定知识产权政策和知识产权战略时应采取一种略微超越我国目前经济社会发展水平的知识产权保护。

(二)统一知识产权执法

统一的知识产权制度(包括知识产权政策和知识产权战略)必须由统一的知识产权执法机构来负责实施。目前我国有名义上的知识产权局,但所涉及的知识产权事务不过只是专利,商标仍由商标局负责,著作权仍由版权局负责,其他一些知识产权则归属于其他部门,因此我国知识产权行政机关是分立的。我国法院系统是统一的,有一个全国统一的最高法院,然而我国法院在审级上采用二审终审制,即便是专利权纠纷这种管辖权更为集中的知识产权案件,全国也存在着31个上诉法院,即不是每一个知识产权案件都会上诉到最高法院。这意味着我国知识产权司法事实上也是不统一的。因此建立统一的知识产权行政机构和改革知识产权司法体制,从而建立统一的知识产权执法机构是我国知识产权制度完善的重要工作之一。

如前所述,我国知识产权执法方面既存在着不足,也存在畸高之处。我们认为,进一步强化我国知识产权司法、促进知识产权行政执法的合理化是提高我国知识产权执法力度的惟一选择。我们作出这种选择的原因,一方面在于《知识产权协定》并没有对行政执法有更高的要求,我国在这方面不会面临履行《知识产权协定》义务的强大压力,而高效透明的知识产权司法则既是《知识产权协定》的要求,也是世界各国的一般做法;另一方面的原因,是源于行政和司法的不同,行政是主动的,司法是被动的,司法救济的主要工作量在于当事人,而行政救济的主要工作量在于行政机关。我国政府为了缓解国外压力主动采取一定的知识产权行政执法是可以的,但不宜将知识产权行政执法常规化,这不仅会使得我国知识产权保护水平畸高,而且也会极大地加大知识产权行政机关的工作压力。当然,即便是知识产权司法的强化也不是无限度的。英国知识产权委员会认为:“发展中国家应该确保:其知识产权的立法及程序最大限度地通过行政诉讼和民事司法程序来执行知识产权制度,尽量避免使用刑事司法体系。执行程序应该公平、公正地对待双方,以避免知识产权人不正当地利用禁令和其他措施来阻碍合法竞争。”❶其建议表明,他们并没有要求行政救济,这也是与《知识产权协定》所界定的知识产权的私权性质相适应的。

(三)补充和强化我国优势的资源领域的知识产权制度

如前所述,我国知识产权立法虽已满足了《知识产权协定》的要求,但这并未与我国的知识发展状况相适应。我国幅员辽阔,具有多样化的生物品种;我国作为文化大国,具有悠久的历史和丰富的传统文化,因此我国目前宜完善基因资源、地理标志和包括民间文学、传统医药等在内的传统知识的立法保护。我国除了在国内积极立法外,还可以在国际社会积极推动上述立法,维护我国和广大发展中国家的利益。已故著名知识产权法专家郑成思先生认为,“在我们以现有的由发达国家早已决定好框架的‘知识产权’为基础制定知识产权战略时,切切不可忽视了一大部分尚未列入国际知识产权保护框架内的信息财产。因为这一部分恰恰是我国的长项”,“力争把中国占优势而国际上还不保护(或者多数国家尚不保护)的有关客体纳入国际知识产权保护的范围,以及提高中国占优势的某些客体的保护水平”是增强我国对自主知识产权的拥有和利用的有效手段。他认为地理标志、动植物基因资源、传统知识等是我国的“长项”,我国应加强这些方面的立法,即“强化地理标志的保护”、“把‘生物多样化’纳入知识产权保护”、“把‘传统知识’纳入知识产权保护”。然而目前这些工作做得还均不太够。❷我国不仅还没有有效地推动国际上相关的立法进程,而且连我国国内的立法也尚没有做到,这是非常遗憾的。这些方面的立法,显然也是目前我国知识产权制度完善的重点内容。

(四)强化知识产权限制和反垄断的法律制度

我国知识产权法律法规有许多知识产权限制的规定,然而总体上我国防止知识产权滥用和反垄断的立法却严重不足,这大概是目前我国企业频频遭到发达国家跨国公司非难的根本原因。尽管这些跨国公司的某些非难有合理成分,然而其利用我国法律上的漏洞遏制我国企业发展势头的目的也不言自明。这在很大程度上制约了我国企业的发展,使我国正在上台阶的许多企业付出了代价。正如英国知识产权委员会指出的那样:“发展中国家的知识产权制度因为‘失误’要付出的代价很可能远比发达国家大,因为大多发达国家都具备完善的竞争调节机制,可以保证任何垄断权利不会过度影响公共利益。”❸因此,英国政府甚至“强烈赞同”英国知识

---

❶ 《英国政府对英国知识产权委员会的报告〈综合知识产权与发展政策〉之回应》,http://www.dfid.gov.uk.

❷ 郑成思:“信息、知识产权与中国知识产权战略若干问题”,载《环球法律评论》2006年第3期。

❸ 英国知识产权委员会:《知识产权与发展政策相结合委员会关于知识产权的报告》,第4页,http://www.iprcommission.org/graphic/Chinese_Intro.htm.

产权委员会的意见，赞同“在促进创新方面，有效的竞争法律及政策应该是对知识产权保护的关键补充”。❶这些均是在强调反对知识产权滥用和促进竞争的法律的重要性。其根本原因是知识产权作为一种“垄断权”，它本身尽管为知识生产者提供了激励，然而它不是没有缺陷的。知识产权的这种缺陷在物质经济时代可能还不太明显，而在知识经济时代，当知识在社会财富中占有极大的比重时，其缺陷的暴露也在所难免了。因此保护知识产权的法律和制度必须附以反滥用、反垄断和促进竞争的法律，才能将知识产权的弊端限制在最小限度之内。

(五)加强知识产权人才培养

知识产权制度是由知识产权人才来实现的，没有合格的人才，知识产权保护就只能是一句空话。知识产权人才之所以缺乏，一是因为我国建立知识产权制度时间还较短，没有很长时间的人才积累；二是知识产权人才是复合型人才，培养不易。

有鉴于此，2004年在上海召开的“中国高校知识产权研究会第十一届年会暨高新技术知识产权保护与大学技术转移国际论坛”上，与会的11所大学的相关负责人联名发起倡议：应对加入世贸组织后我国面临的知识产权管理经营日趋严峻的形势，呼吁我们加快知识产权人才培养。尽管我国公检法部门、党政机关、法律机构的知识产权人才有所增加，但大量企事业单位的知识产权法律管理经营人才几乎是空白，与国外的跨国公司存在明显差距。在中国高校知识产权研究会等组织协调下，我国将逐步在北京、上海、广州、武汉、西安等地的高等院校内建立“知识产权人才培养基地”。❷

(六)树立知识产权意识，建设知识产权文化

与知识产权立法、知识产权执法机构和知识产权人才相比，知识产权意识和文化是知识产权制度的“软”的方面。尽管是“软”的方面，目前却正是这“软”的方面拖了我国知识产权制度的后腿。据国家知识产权局局长田力普所言：目前我国拥有自主知识产权企业的数量过少，仅有2 000多家，仅占万分之三，有99%的企业没有申请专利；拥有自己商标的企业仅占40%。而商务部的一份调查显示，我国企业缺乏境外知识产权保护意识，境外申请专利和注册商标数量相当低。张平教授在接受《中国经济周刊》采访时表示：“我们在知识产权保护方面惟一没有与国际接轨的，就是企业意识不接轨，这是我们最大的问题，如果这个问题解决了，很多善意侵权我们就制止了，恶意侵权我们也能抵制住。”❸由于知识产权意识的缺乏，即便前述

❶《英国政府对英国知识产权委员会的报告〈综合知识产权与发展政策〉之回应》，http://www.dfid.gov.uk.

❷“十一所大学联名倡议加快培养知识产权人才”，载《山西教育》2004年第3期。

❸ 李萌：“辉瑞‘狂言’再现知识产权偏见——中国应强化自我保护意识和手段”，载《中国经济周刊》总第303期。

的知识产权立法是完善的，知识产权执法机构是健全的，知识产权人才是充足的，我们的知识产权制度也不可能是完善的，知识产权制度也无法发挥应有作用。知识产权文化是人类在知识产权及相关活动中产生的、影响知识产权事务的精神现象的总和，包括人们关于知识产权的认知、态度、价值观和信念。知识产权文化和知识产权意识均是知识产权制度中"软"的层面，不过与知识产权意识相比，知识产权文化是更为深入、持久、稳定和成熟的，它的建立不是一朝一夕的事情，需要长期不懈的努力。由于我国目前知识产权意识十分缺乏，知识产权文化养成的任务就愈显艰难。知识产权意识和文化不仅是建立知识产权制度的关键要素，而且是目前我国知识产权制度的"短板"，因此我们必须下大力气提高知识产权意识，建设知识产权文化。

(七)推动知识产权法典化

体系化或形式化的知识产权法是完善的知识产权制度的重要环节，推动知识产权法典化是知识产权制度完善的重要途径与方法，在我国民事立法已经继受大陆法系立法传统的大背景下，追求知识产权法典化应是我国知识产权制度完善的重要目标。吴汉东先生在为曹新明教授《中国知识产权法典化研究》❶一书作序时指出：21世纪将是知识产权法典化的世纪。目前不仅我国而且世界上也尚难说已经存在成熟的知识产权法典，这既增加了工作的难度，也提供了突破的机遇。学术法是法典化的基本途径与必经之路，目前知识产权不能法典化的根本原因是知识产权学术法的缺乏。❷ 因此，目前知识产权法典化的当务之急是推动知识产权学术法的形成，具体工作包括建立知识产权客体、主体、本体等基本理论范畴，归纳总结适用于各项知识产权法的如基本原则、侵权归责原则等共同规则等。

---

❶ 曹新明：《中国知识产权法典化研究》，中国政法大学出版社2005年版。

❷ 王太平："学术法·法典法·知识产权法典化"，载《电子知识产权》2006年第8期。

2

第二章

著作权制度的完善

自清末至新中国成立前我国曾先后颁行过几部著作权法，新中国成立后国家的有关文件中也宣称过要保护和尊重著作权，但我国真正开始著作权立法并进行保护则始于1986年的《中华人民共和国民法通则》(以下简称《民法通则》),最早的著作权专门立法是1990年9月颁布的《著作权法》,现行著作权专门立法的则是2001年10月27日第九届全国人民代表大会常务委员会修订后的《著作权法》。2001年《著作权法》不仅根据世界贸易组织《知识产权协定》的规定进行了修改,而且在一定程度上也结合了我国的实际情况。因此,2001年修订的《著作权法》基本上解决了加入世界贸易组织后我国著作权法与国际公约的衔接问题，同时在一定意义上也使得我国著作权制度更为切合我国的实际。但加入世界贸易组织以来我国社会经济文化进一步发展,我国现行著作权制度出现了一些不适应社会发展的问题,需要加以认真检讨并完善之。

一、我国著作权制度现状

(一)我国著作权立法概况

自清末至新中国成立之前我国有过几部著作权法,然而随着新中国的成立,在废除旧中国立法的大背景下，新中国著作权制度一度出现空白。自新中国成立至1986年《民法通则》颁行的30多年间,我国曾有过一些文件涉及保护和尊重著作权的提法,但真正的著作权立法则从未开始。1986年的《民法通则》第一次把知识产权列为民事权利的重要组成部分,从立法角度明确规定了公民、法人的著作权受法律保护,从而为我国著作权立法奠定了坚实的基础。1979年,国家出版局开始着手组织起草《著作权法》,经过长达11年的努力,1990年9月7日《著作权法》在第七届全国人大常委会第十五次会议上获得通过，并于1991年6月1日起实施。该法由总则、著作权、著作权许可使用合同、出版、表演、录音录像、播放及法律责任等5章组成,分别对著作权法的立法目的、著作权保护的作品的定义和范围、著作权法与专利法等法律的关系、著作权管理机关、著作权人、著作权的内容、著作权的利用、著作邻接权以及著作权的保护进行了规定。1990年《著作权法》是我国著作权立法的真正开始,不仅奠定了我国著作权法律制度的基本框架,也为我国对著作权的保护提供了基本的规则。为了配合《著作权法》的实施,1991年5月国家版权局颁布了《著作权法实施条例》,该条例明确界定了《著作权法》中的作品、创作、各种具体作品、各种作品使用方式以及其他重要概念,规定了著作权行政管理部门的职责,为著作权的归属和行使以及著作邻接权的行使和限制提供了具体规则, 有力地配合了《著作权法》的实施。同时,根据1990年《著作权法》第53条的规定,国务院于1991年6月制定了《计算机软件保护条例》,该条例对计算机软件保护的立法目的、保护原则、软件著作权、软件著作权的行使及相关法律责任进行了规定,确立了我国计算机软件保护的基本规则。随着对外开放的发展和著作权国际交流的扩大,我国在《著作权法》颁布实施的第二年同时决定参加当时世界上最重要的两个著作权国际公约——《伯尔尼公约》和《世界版权公约》,这两个著作权国际公约分别于1992年10月15日和1992年10月30日对我国生效,成为我国著作权法律制度的重要组成部分。为了实施国际著作权条约,保护外国作品著作权人的合法权益,履行国际公约义务,国务院于1992年发布了《实施国际著作权条约的规定》,该规定对外国作品提供了高于我国《著作权法》的保护,使外国作品在我国享受了近十年的超国民待遇。为了明确著作权行使的规则、加强著作权保护,国家版权局除制定《著作权法实施条例》外,还制定了一系列著作权行使和保护的行政规章,明确著作权行使的具体规则,强化著作权行政执法,如1994年的《对侵犯著作权行为行政处罚的实施办法》、1996年的《著作权质押合同登记办法》等,最高人民法院制定了《最高人民法院关于深入贯彻执行〈中华人民共和国著作权法几个问题的通知〉》、《最高人民法院关于审理涉及计算机网络著作权纠纷案件适用法律若干问题的解释》。

为适应加入世界贸易组织的要求和我国社会、经济、文化的发展的需要,我国于2001年对《著作权法》进行了大规模的修订。(1)扩大了著作权保护的客体范围,调整了著作权法保护的作品的分类。在著作权保护的客体范围方面,这次修订增加了对杂技艺术作品和建筑作品的保护,将电影、电视、录像作品进一步扩大为电影作品和以类似摄制电影的方法创作的作品, 将摄影作品单列为一类独立的作品类别,将工程设计、产品设计图纸及其说明和地图、示意图与图形作品合并为工程设计图、产品设计图、地图、示意图等图形作品和模型作品,从而不仅扩大了著作权保护范围,而且也使著作权法所规定的作品种类更加科学合理。(2)丰富了著作权人财产权利的内容。这次修订所增加的主要是对计算机软件和电影作品著作权财产权中的出租权以及对美术、摄影、电影和以类似摄制电影的方法创作的作品的放映权与网络传播权。(3)缩小了合理使用的范围,放宽了对著作权的限制,提高了著作权保护水平。2001年《著作权法》在著作权合理使用方面除了适应信息技术发展所导致的新媒体出现的客观情况而将“刊登或者播放在公众集会上发表的讲话”的媒体范围从“报纸、期刊、广播电台、电视台”扩大到包括“报纸、期刊、广播电台、电视台等媒体”之外,总体上限制了合理使用的范围。对于为报道时事新闻,在报纸、期刊、广播、电视节目或者新闻纪录影片中引用已经发表的作品增加了“不可避免”的限制条件,对报纸、期刊、广播电台、电视台刊登或者播放其他报纸、期刊、广播电台、电视台已经发表的社论、评论员文章增加了限于“政治、经济、宗教问题的时事性文章”的范围限制和没有“作者声明不许刊登、播放”的限制,对于“国家机关为执行公务使用已经发表的作品”增加了限于“合理范围内”的限制,对于“免费表演已经发表的作品”中的免费作了更严格的限制,仅限于“该表演未向公众收取费用,也未向表演者支付报酬”的情况,将“将已经发表的汉族文字作品翻译成少数民族文字在国内出版发行”限制于“中国公民、法人或者其他组织”。此外,还删除了备受广大著作权人批评的1990年《著作权法》第43条这条类似于合理使用的规定。(4)丰富或强化了邻接权的内容,提高了邻接权保护水平。在有关邻接权内容方面,一是增加了出版者专有版式设计权的规定;二是扩大了表演者权的内容,明确了保护期限。2001年《著作权法》增加了表演者“许可他人复制、发行录有其表演的录音、录像制品并获得报酬的权利”以及“许可他人通过信息网络向公众传播其表演并获得报酬的权利”,并将1991年《著作权法实施条例》所规定的保护期限在《著作权法》中予以明确;三是增加了录音录像制作者许可他人出租和通过信息网络向公众传播并获得报酬的权利;四是增加了广播电台、电视台禁止未经许可而“将其播放的广播、电视转播”和“将其播放的广播、电视录制在音像载体上以及复制其音像载体”的权利。不仅如此,由于2001年《著作权法》第22条所规定的合理使用同样适用于著作权邻接权,因此在前述的合理使用范围缩小的情况下,著作权邻接权无疑也同样被强化了。(5)建立了著作权集体管理制度,使得著作权的行使更加容易,权利更加现实。著作权的特殊性决定了著作权人与作品的使用人直接交流比较困难,因此世界各国均建立著作权集体管理制度解决著作权的行使问题。我国1990年《著作权法》对著作权集体管理未作规定,虽然后来的《著作权法实施条例》的规定建立了这一制度,但由于立法等级较低,缺乏具体的可操作性的规则,2001年《著作权法》不仅建立了著作权集体管理制度,同时更明确了著作权集体管理组织的性质,规定了其权利,并授权国务院制定具体规则。(6)对作品信息网络传播的权利进行了原则性规定,适应了网络环境的需要。在这方面,2001年《著作权法》明确了信息网络传播权的概念，规定表演者、录音和录像制作者享有许可他人通过信息网络向公众传播其表演、录音录像制品的权利，规定了技术措施和权利管理信息，同时还授权国务院制定详细规则。❶(7)完善了行政和司法执法手段，强化了行政和司法执法。在这方面，2001年《著作权法》明确了侵权赔偿的法定数额，增加了诉前的禁止令、财产保全和证据保全的规定，加重了侵权人的举证责任，明确了侵犯著作权的刑事责任。总体上，2001年《著作权法》在很多方面都有很大的完善，基本解决了外国人在中国的超国民待遇问题，扩大了著作权保护的客体范围，完善了著作权的权利内容，规定了网络环境下的著作权的保护，确立了著作权的集体管理制度，强化了执法措施等。

为配合2001年《著作权法》的实施，国务院修订了《计算机软件保护条例》，制定了《著作权集体管理条例》、《信息网络传播权保护条例》；国家版权局修订了《著作权法实施条例》，制定了《著作权行政处罚实施办法》；国家版权局和信息产业部联合发布了《互联网著作权行政保护办法》；最高人民法院制定了《最高人民法院关于审理著作权民事纠纷案件适用法律若干问题的解释》，修订了《最高人民法院关于审理涉及计算机网络著作权纠纷案件适用法律若干问题的解释》。因此，从总体上来说，我国的著作权法律制度基本适应了社会主义市场经济发展的要求，符合我国参加的著作权国际公约的规定，对保护著作权人的合法权益、促进经济和科技的发展以及文化、艺术的繁荣发挥了很大的作用。

(二)我国著作权法的实施

目前我国不仅建立了较为完整的著作权法律规则体系，而且这些法律规则的实施也取得了一些成绩。这主要包括在以下几个方面。

1. 著作权司法审判机构的建立

我国著作权司法审判无论是在机构的设立、人员的配备，还是审判人员的审判经验等方面均经过了一个从无到有、从非专业到专业、从不成熟到成熟的发展过程。我国著作权司法审判基本上是从20世纪80年代中期开始的，1986年之前北京法院就已经审理了作家孔厥的《新儿女英雄传》一书确权和稿酬分割案件、鲁迅先生亲属诉某文学出版社稿酬纠纷案等，到1991年《著作权法》开始实施时，人民法院已从人员上、理论上、审判经验上做好了准备，为建立专门的审判机构奠定了基础，到1995年《著作权法》实施5年时，虽然法官还有不少专业的理论问题要向专家、学者求教，但在很多专业理论问题上，已经可以与著作权专家、学者进行平等讨论，在报纸和杂志上也可以看到许多法官发表的理论文章，而到2001年我国《著作权法》实

❶ 国务院已于2006年5月10日颁布了《信息网络传播权保护条例》，该条例已于2006年7月1日开始施行。

施10周年时，法官审理的著作权案件已经引起了专家学者的重视，成为他们研究和讨论的重点。❶可以说，到目前为止，我国各级法院系统尤其是北京、上海等发达地区以及各地的省会城市的法官的著作权理论知识已经达到一定的水平，审判经验是较为丰富的。到目前为止，尽管几经机构调整和名称变换，我国在各级法院系统基本上建立了以审理包括著作权案件在内的知识产权案件的知识产权专门审判庭。

2. 著作权行政管理机构的建立及其工作

在20世纪80年代中期，随着《著作权法》起草工作的展开，著作权行政管理机构也从文化部门分离出来而独立，并逐步在著作权保护方面发挥着重要的作用。根据2005年国务院发布的《中国知识产权保护的新进展》白皮书提供的数据，在版权保护方面，据不完全统计，1995～2004年，各级版权行政管理部门共收缴侵权盗版复制品3.5亿元，受理侵权案件51 368起，结案49 983起。在音像制品的知识产权保护方面，据不完全统计，1994～2004年，全国给予吊销复制经营许可证处罚的光盘复制企业9家，查获非法光盘生产线200条。著作权行政执法已经成为我国著作权保护的一支重要力量。

3. 著作权守法状况

尽管总体上我国社会公众的知识产权意识并不强，著作权却是知识产权意识中相对较好的，以《电子知识产权》杂志的特约撰稿人对哈尔滨和深圳两市的调查为例，哈尔滨有85%的公众对反盗版软件方面比较了解，而深圳则有65%的人说他们自己十分自觉，不买或很少买盗版软件。❷自我国建立著作权制度以来，人们的著作权意识的提高是有目共睹的。

尽管相对来说我国著作权法的实施是整个知识产权制度中表现最好的，但和本书第一章所谈到的总体上我国知识产权执法逊于立法一样，我国著作权制度也存在类似的问题，我国著作权执法机构(包括司法和行政)还不统一，著作权人才也还比较缺乏，著作权意识还较差，著作权文化还不成熟，著作权法的实施还受到国家整个法治建设状况的制约，我国著作权法的实施仍然需要继续努力。

二、我国现行著作权法律制度中存在的问题

尽管我国著作权立法基本适应了社会主义市场经济发展的要求，对保护著作权人的合法权益、促进经济和科技的发展以及文化、艺术的繁荣发挥了很大的作用，但鉴于我国现行著作权法制定时的加入世界贸易组织的特殊背景以及加入世

❶ 王范武："北京法院16年著作权司法审判工作回顾——纪念《著作权法》实施十周年"，载《电子知识产权》2001年第7期。

❷ 杨建荣、李振江："深圳、哈尔滨两市知识产权意识之现状"，载《电子知识产权》2000年第4期。

界贸易组织以来我国的社会、经济、文化等方面所发生的变化，目前我国著作权法律制度还不能完全适应我国社会、经济、文化的发展，具体不足包括以下几方面。

(一)著作权客体种类规定不科学

在著作权客体制度方面，我国1990年《著作权法》共规定了文字作品，口述作品，音乐、戏剧、曲艺、舞蹈作品、美术、摄影作品，电影、电视、录像作品、工程设计、产品设计图纸及其说明、地图、示意图等图形作品，计算机软件以及由国务院另行制定规定保护的民间文学艺术等共9类。2001年《著作权法》则将摄影作品独立，而将原来的分别主要指立体和平面的图形作品的工程设计、产品设计图纸及其说明、地图、示意图等图形作品合并为工程设计图、产品设计图、地图、示意图等图形作品和模型作品。总体上，2001年《著作权法》相对于1990年《著作权法》在作品分类上更为合理。然而，不管是1990年《著作权法》还是2001年《著作权法》，我国著作权法所规定的作品种类只包括了原始作品或一次作品，而对演绎作品或二次作品则虽有规定，但规定方式却难谓科学，即我国两部著作权法均是在规定著作权归属时对二次作品进行的规定，且2001年《著作权法》仅对汇编作品下了定义，而对改编、翻译、注释、整理已有作品而产生的作品则没有下定义。事实上不管是汇编作品还是改编、翻译、注释、整理已有作品而产生的作品均是广义的演绎作品或二次作品，均应该属于著作权客体制度的内容，而我国两部著作权法均将二次作品放在著作权归属部分进行规定，似乎不十分符合逻辑。

另外，我国著作权法所规定的著作权客体范围基本上涵盖了我国文化生活中的所有作品种类，且体现了我国社会经济文化的特色，但应该看到，虽然我国拥有56个民族，历史悠久，民间文学艺术极为发达，但《著作权法》对民间文学艺术作品却仅仅进行了立法授权，未规定具体的保护措施。自1990年《著作权法》颁布至今已达17年时间，民间文学艺术作品保护的规则仍难觅踪影，这使得我国著作权制度与我国社会经济文化存在结构上的不协调，不能适应我国社会、经济、文化发展的需要。此外，我国2001年《著作权法》对多媒体发展所产生的新的多媒体作品、对《伯尔尼公约》所包含的实用艺术作品以及对作为今天创意产业支撑的创意均没有作出规定，这都影响了对创作者利益的保护。

(二)著作权合理使用和法定许可范围过窄

合理使用，即在法律规定的条件下，不必征得著作权人的同意，又不必向其支付报酬，基于正当目的使用他人作品的合法行为。著作权合理使用的核心是平衡著作权人和社会公共利益的关系，不片面保护著作权人对作品的垄断使用权。法定许可是指依据著作权法的直接规定，以一定方式使用他人已发表的作品，可以不经著作权人同意，但应按规定支付报酬并尊重著作权人其他权利的一项法律制度。合理使用和法定许可均属于著作权限制制度，这些制度之所以需要乃源于著作权制度的内在张力，即一方面著作权是一种垄断权，垄断会带来社会的净损失；另一方面著作权又有效地激励着作品创作人创造的积极性。著作权制度的这种内在张力是先天的，无法完全避免，但合理的著作权限制制度则有效地减少了著作权这种垄断权垄断的弊端，从而使得著作权制度既能够调动作品创作人的积极性，促进创造，同时又不至于过度危害社会公共利益。因此世界各国基本上均规定有合理使用制度、法定许可制度等著作权限制制度。尽管我国著作权法规定了合理使用制度和法定许可制度，但我们认为合理使用和法定许可的范围过于狭窄。

在合理使用制度方面，我国《著作权法》第22条以列举的方法规定了12种合理使用情形，同时也规定了合理使用者必须遵守3个一般性义务：(1)使用的必须是他人已发表的作品；(2)使用时必须指明作品出处，包括作者姓名、作品名称；(3)使用时不得侵犯著作权人的其他合法权益。这种对合理使用行为的列举虽然具有可操作性，并可以限制法官的自由裁量权，但这种特定化的结果导致了合理使用行为的外延过于封闭，进而导致那些符合合理使用精神的特定使用行为在司法实践中有可能被判侵权的不公平结果。因此，这种详尽规定合理使用行为的法律规范在司法实践中已不敷使用，司法机关已有要求规定一般性判断标准的呼声。[1]我们也认为，我国著作权法对合理使用规定得过于具体，不能适应司法实践的灵活性。

在法定许可制度方面，我国著作权法共规定了报刊转载、摘编法定许可、编写出版教科书法定许可、制作录音制品法定许可、广播电台和电视台播放节目法定许可以及广播电台、电视台播放录音制品法定许可等5种情形。鉴于法定许可制度对著作权人损害较小以及网络社会的发展，法定许可制度的适用范围应适当拓宽。(1)相对于合理使用制度而言，法定许可制度对著作权人权利的限制是比较小的，因为它仅仅剥夺了著作权人的许可权，其实质性的获得报酬权并未受到影响。(2)相对于专利制度来说，著作权所保护的作品的典型特征是作品的创作困难，但作品的复制和使用相对简单或者非常简单，因此著作权法的主要目标就是促使作品创作人将作品创作出来，至于创作出来以后作品如何传播或使用著作权法则可以较少关注。而专利法所保护的发明创造则与之不同，它一般来说不仅创造出来很困难，有时甚至将一项已经创造出来的发明创造付诸实施也是很困难的，如实施时往往需要大量的资金、技术、设备等，这就使得专利制度的功能或目的不仅仅是促进人们将发明成果创造出来，同时还需要依靠专利制度授予专利权人的垄断权来维持竞争秩序，以便于专利法所保护的发明创造的实施。这就是世界各国专利法中

---

[1] 北京市高级人民法院知识产权庭："关于著作权法修改的建议"，载《著作权》1997年第2期。

均没有法定许可制度，而著作权法中往往有法定许可制度的原因。(3)信息技术的发展可能使得知识的传播更为简单和便宜。英国知识产权委员会在其报告中指出："我们有理由希望，信息技术革命拥有增加发展中国家对信息和知识使用的潜能。在以下两个主要技术领域的飞速进步——数字信息存储/处理以及卫星/光学纤维通信——为在全球范围内获取和使用知识提供了更为快捷和便宜的途径。因特网的增长就是一个最好的例子。……因特网的增长为发展中国家提供了使用和传播知识的良机。例如，数字化图书馆规模的扩大以及数量的增加为全面使用全世界任何地方的出版信息提供了前所未有的机会。将来，发展中国家或许有能力建立国家数字网络来为每一个偏远的村庄提供全球范围内的图书馆资源。"❶然而，著作权制度构成了互联网时代信息传播的重要障碍，尤其在信息技术飞速发展和信息爆炸的今天，网上传播的信息是海量的，如果海量信息中的每一作品均需要寻找作者获得授权的话，必将影响互联网对信息传播的功效，无法释放互联网的强大能量。尤其是在今天，由于互联网的发展而出现的数字图书馆已经成为消除数字鸿沟的重要手段，而数字图书馆如果均需要获得每一作者的授权的话，即便不会阻止数字图书馆的形成，也会增加数字图书馆建设的成本。鉴于以上三方面原因，我们认为在数字时代可以适当扩大法定许可的适用范围。

(三)限制著作权滥用制度尚付阙如

著作权滥用是相对于著作权正当行使而言的，它是指著作权人在行使其著作权时超出了法律所允许的范围或者正当的界限，导致对其著作权的不正当使用而损害他人或社会公共利益的行为。由于进入新世纪以来发展中国家屡屡受到发达国家的跨国公司收取专利费的威胁，知识产权滥用制度已经成为今天知识产权学术研究的热点，然而一般知识产权滥用的探讨似乎更多地集中于专利法领域，对于著作权滥用则很少为人所注意。而事实上，今天著作权制度在社会中的地位也日益重要，在某些行业已经成为竞争的重要手段，著作权滥用的现象日益突出，微软Windows操作系统在中国的售价甚至高于美国就是著作权滥用的典型体现。著作权滥用已经阻碍了正常的竞争，英国知识产权委员会指出：只有当著作权等知识产权制度"得到有效竞争政策体制的补充时，它才能达到预计的目标"。❷

著作权强制许可是防止著作权滥用的重要制度。所谓强制许可，是指在特定的条件下，由著作权主管机关根据情况，将对已发表作品进行特殊使用的权利授予给具备法定条件并申请获得此项使用权的人的制度。我国著作权法没有规定这项制

---

❶ 英国知识产权委员会：《知识产权与发展政策相结合委员会关于知识产权的报告》，第96页，http://www.iprcommission.org/graphic/Chinese_Intro.htm.

❷ 同上书，第94页。

度，我们认为，尽管该制度比合理使用和法定许可的适用范围更宽一些，适用条件也更加灵活，但和法定许可制度一样，强制许可制度对著作权人权利的限制仅仅是许可权的限制，并没有触及著作权人最核心的权利——获得报酬的权利，它对著作权人利益的影响和法定许可制度类似，而弱于合理使用制度。因此两个基本的著作权国际公约《伯尔尼公约》和《世界版权公约》的现行文本都规定了强制许可制度。根据这两个公约，缔约国主管当局享有颁发强制许可证的权力，特别是为发展中国家的教学、学术活动和科学研究方面的便利，允许主管部门颁发翻译权和复制权的强制许可证。当然这种强制许可证是有条件的，即根据强制许可证获得的对作品的使用权是非独占性的，不得转让，强制许可证仅限于在该国内有效。同时根据强制许可证所使用作品的报酬，通常由法律确定。鉴于世界上最重要的两个著作权国际公约对强制许可的态度，我国著作权法有必要引进这项制度。除此之外，我国著作权制度之所以需要引入强制许可制度还与信息时代著作权与专利权界限的模糊有关。一般认为，著作权客体与专利权客体有很大的区别：(1)作品是对人的思想、情感的表现，是人格的体现物，其中反映了个性，孕育着无限表现上的可能性，不存在模仿他人作品的必然性，因此著作权法所保护的作品必须是表现独立个性的作品。它不像发明，发明是一种技术，技术与作品所属的艺术领域相比，本质上没有个性，是客观的，一旦作出发明，任何人沿着该思路实验，均可以得到相同的结果，是一个收缩的世界。(2)由于作品是对人的思想、情感的表现，是人格的体现物，因此作品的价值不存在绝对的标准，一般而言无法对其经济价值进行衡量。而发明则不然，一般与人的人格是无关的，进行价值(效果、效用)判断是可能的，可以用是否速度更快、更耐久、更能以低价格被生产或生产这种标准去衡量。❶(3)作品是非功能性的，发明是功能性的。有学者指出："功能性是专利权与著作权分界的基础的决定性因素。……非功能性的美术、文学、音乐作品，从属于著作权的范畴，而功能性技术作品属于专利权范畴。"❷然而，随着信息社会的发展，作品与发明的界限日益模糊，如计算机软件最初被认为是著作权的客体受到著作权保护，后来逐步认为也能作为专利权的客体而受到专利法的保护。事实上，随着信息技术的发展，现今规定于著作权法的某些所谓著作权客体已经不仅具有著作权客体——作品的特征，并且具有了专利权客体——发明的特征。这就使得主要适用于专利法的强制许可制度也有必要引进到著作权法中。也就是说，当某些作品的利用涉及社会公共利益并与市场竞争有关时，有必要对这些作品的著作权采用强制许可制度以造福于社会。因为"为扩展受著作权保护作品的使用范围并实现教育和传播知识的目标，发展中

---

❶ [日]中山信弘：《多媒体与著作权》，张玉瑞译，专利文献出版社1997年版，第27~30页。

❷ Dennis S. Karjala, Distinguishing Patent and Copyright Subject Matter, 35 Conn. L. Rev. 451, 442.

国家应当制定鼓励竞争的著作权法，这些法律应保留或规定对教育、研究和图书馆使用作品的广泛例外条款。发展中国家在执行国际著作权标准时应当适当考虑本国提高这些作品使用范围的迫切需要，以及这些作品对社会和经济发展的重要意义”。❶著作权强制许可制度和专利的强制许可一样，在一定意义上可以减少著作权垄断的缺陷，可以有效地促进竞争。同时，像前文所提到的那样，随着信息技术的发展，专利法和著作权法的界限在模糊，因此不仅在专利法中广为使用的强制许可制度可以规定在著作权法中，著作权滥用制度也有必要建立。因此，尽管《伯尔尼公约》和《世界版权公约》均没有对著作权滥用问题加以规定，但《知识产权协定》总则第8条有关知识产权滥用的规定显然是不仅适用于专利和商标等工业产权，对著作权法也应有适用之余地。

(四)著作权行政执法容易滥用

行政执法被认为是中国知识产权制度的显著特色之一，❷尽管著作权行政执法是保护著作权的有效机制之一，但是著作权行政执法应该慎用，不应盲目扩大，因为它并不是《知识产权协定》的要求。英国知识产权委员会指出：知识产权的“私有”本质意味着通过庭外和解和根据民法解决两方争端的重要性。由于国家知识产权执行制度是个需要强大资源的活动，因此发展中国家应强调通过民事程序而不是刑事司法制度来实施知识产权制度。“知识产权所有者应该承担行使其私人权利所需的成本和工作”。❸尽管这里没有提到行政执法，但显然也是适用于行政执法的，因为行政执法在性质上和刑事制裁更为类似，而不同于庭外和解和民事解决。

我国1990年《著作权法》和1994年《对侵犯著作权行为行政处罚的实施办法》对可以由著作权行政机关查处的著作权侵权行为几乎没有限制，而2001年《著作权法》和2003年《著作权行政处罚实施办法》则对著作权行政机关查处的著作权侵权行为进行了一定的限制，即不仅要求是侵权行为，且这种侵权行为必须同时是“损害公共利益的”，著作权行政机关才能够查处。应该说，2001年《著作权法》和2003年《著作权行政处罚实施办法》的如此规定是恰当的，然而由于“公共利益”并不容易界定，实践中常常有超越管辖范围的行政执法。同时2001年《著作权法》第47条尽管对“由著作权行政管理部门责令停止侵权行为，没收违法所得，没收、销毁侵权复制品，并可处以罚款”的侵权行为增加了“损害公共利益”的限制条件，但是对这些侵

❶ 英国知识产权委员会：《知识产权与发展政策相结合委员会关于知识产权的报告》，第94页，http://www.iprcommission.org/graphic/Chinese_Intro.htm.

❷ 高卢麟：“中国著作权修改初析”，载《知识产权》2002年第3期。

❸ 英国知识产权委员会：《知识产权与发展政策相结合委员会关于知识产权的报告》，第136页，http://www.iprcommission.org/graphic/Chinese_Intro.htm.

权行为情节严重而由著作权行政管理部门"没收主要用于制作侵权复制品的材料、工具、设备等"却没有了"公共利益"的限制条件。在我国行政权很容易膨胀的背景下,著作权行政执法往往超越了法律法规规定的范围。

为了预防和及时制止侵权,《知识产权协定》要求各成员国授权司法当局颁发预防和制止侵权的诉前禁令、临时禁令和采取证据保全措施的权力,但鉴于包括著作权在内的知识产权不同于物质财产权的特殊性,《知识产权协定》又规定对"这些程序的应用方式应避免造成合法贸易的障碍,同时应能够为防止有关程序的滥用提供保障"。对此,英国知识产权委员会指出:"发展中国家知识产权制度的实施必须更加有效地处理严重的侵权行为。这对保护该制度对知识产权持有者的激励作用是不无重要的。但发展中国家在制度制定过程中,必须采取均衡及利于竞争的方式。更重要的是,发展中国家的制度实施机制必须有权决定某些知识产权是否有效、并抵制由诸如'战略性诉讼'之类的限制性经营行为对知识产权的潜在滥用。……实施程序应当公平、公正地对待双方,避免知识产权人不适当地利用禁令和其他措施阻碍合法竞争。"[1]为此,我国2001年《著作权法》第49条和第50条规定了诉前停止侵犯著作权行为和保全证据,2002年的《最高人民法院关于审理著作权民事纠纷案件适用法律若干问题的解释》和2001年的《最高人民法院关于诉前停止侵犯注册商标专用权行为和保全证据适用法律问题的解释》提供了诉前停止侵权行为和证据保全的具体规则。这两个司法解释明确了申请诉前停止侵权行为和证据保全的条件、程序,并给予被申请人以复议的权利。总体上,这两个司法解释基本上能够平衡申请人和被申请人的利益,一定程度上可以避免这些程序的滥用。但是,2001年《著作权法》和最高人民法院的这两个司法解释对著作权人利用这种程序的限制还不够,对照其他国家立法就可以看得出来。《意大利版权法》除规定申请人提供担保的限制外,规定的其他限制条件还有:排除侵害或销毁侵权物仅限于非法复制、传播的样品或复制品,以及仅能用于非法复制、传播的设备;权利期限届满前最后一年内,不得要求排除侵害或销毁侵权物,但可随时命令扣押侵权物至权利期限届满。如侵权损害已赔偿完毕,在上述期限届满前扣押物也可释还;排除侵害或销毁侵权物的措施经有关当事人要求,可由执行地区行政长官授权执行,无论诉讼标的价款高低。诉讼由两名以上的法官审理的,上述措施可由行政长官授权执行;诉讼由合议庭审理的,上述措施可由预审法官授权执行,只有在紧急情况下,这些措施才可由执行地区行政长官授权执行;保护作者身份的诉讼,仅在损害无法通过增补或隐去作者姓名或其他公告方式救济时,才可请求排除侵害或销毁侵权物;

---

[1] 英国知识产权委员会:《知识产权与发展政策相结合委员会关于知识产权的报告》,第134页、第135页,http://www.iprcommission.org/graphic/Chinese_Intro.htm.

保护作品完整性的诉讼，仅在加害人承担费用仍无法恢复作品的原始形式时，才可请求排除侵害或销毁侵权物。相对而言，我国2001年《著作权法》和最高人民法院的两个相关司法解释则没有这些限制，这无疑可能导致著作权人滥用这些诉讼权利。

（五）数据库保护制度难以适应信息时代的发展

数据库，英文为database，通常是指由数字符号、图案或者其他信息有机构成的、能借助计算机进行查阅的集合体。联合国教科文组织和世界知识产权组织在1979年组成的工作组建议将数据库作为信息集合物或汇编物而给予保护。

英国在1973年设立的著作权法修改委员会探讨数据库的保护问题后，于1977年提交了惠特福特报告，明确将数据库作为汇编作品来保护。美国于1980年、澳大利亚于1984年修改著作权法时都将数据库作为汇编作品予以保护。1986年的《日本著作权法》增加了对数据库保护的规定："在信息的选择或系统结构上有创造性的数据库，可作为著作物予以保护。"《知识产权协定》第10条第2款规定，无论是否具有机械可读形式，数据库都应作为汇编作品受到保护。世界知识产权组织国际局提出的《伯尔尼公约》议定书也持相同观点（BCP/CE/Ⅲ2-Ⅱ，M44）。

至20世纪90年代后期，随着信息产业的飞速发展，数据库在发达国家信息产业中的重要性日益突出，在经济发展中的地位日益重要。以美国为例，美国数据库产业的销售额为其核心版权产业对外销售额的5倍以上。在这种情况下，美英等发达国家纷纷修纲变法，着手对数据库进行完整的保护。

鉴于欧盟各成员国之间国内版权法差异很大的事实，欧盟理事会认为有必要为数据库设立一种统一的财产权保护。于是，欧盟理事会通过了《欧盟1996年数据库保护指令》。该指令认为：制作数据库需要大量的技术和经济资源，数据库的抄袭和进入成本占数据库独立设计成本的比例极小，为了保护对数据库的投资活动，法律需要为数据库的保护设立新的知识产权保护形式。该指令规定了保护数据库的目的是保护获得、确认或者提交数据库的内容的投资。该指令所称的数据库是独立的作品、数据或者其他材料之集合，其通过系统的或者有条理的方式被编排，而且人们能够通过电子或者其他方式独立进入该集合。数据库权利所有者是数据库制作者，即获得、确证或者提交数据库内容，并且在承担获得、确证或者提交相关数据库内容方面耗费大量经济、人力或者技术资源的投资活动。数据库的权利保护期为从数据库制作完成当年1月份开始，或者从公众能够公开进入数据库之年1月份开始，延续15年。然而，对数据库内容进行的每次实质性更新都产生一个全新的保护期。保护期内，数据库所有者的权利内容体现在：数据库所有者可以阻止任何第三人对数据库内容的全部或者（质量和/或数量上评估之）实质性部分进行提取和/或再利用。"提取"的含义是，通过任何方式或者形式，把数据库的任何内容永远或者临时传输到另一媒体上。"再利用"是指通过任何方式使数据库的内容能够被公众进入。此外,该指令第7条第5款还规定,重复地和系统地提取和/或再利用提供该提取和/或再利用的数据库的内容的非实质部分,这与对该数据库的正常使用相矛盾和/或不合理地侵害了数据库所有者的合法利益。[1]从上述内容可以看出，欧盟所规定的数据库的保护方式与一般汇编作品的保护方式存在十分明显的差异，无论数据库是否构成版权法所规定的汇编作品，上述指令所设立的数据库权利都可以用于保护数据库的内容,无论该内容是版权材料还是非版权材料。且这种保护与数据库的采集、编排活动是否表现出独创性也无任何关系。当前,所有欧盟成员国都已颁布了执行上述指令的国内法律。

1996年5月,美国众议院出台了H.R.3531法案,该法案为数据库保护提供了一种新的知识产权——数据库权利,其内容与《欧盟1996年数据库保护指令》非常接近,数据库受到特殊的权利保护(政府机构制作的数据库,在线数字化通信中涉及的电子数据库除外),保护期为25年,比"欧盟指令"规定的保护期长10年;在保护期续展方面规定的条件十分宽松,不再要求数据库有"实质性投入",只要求其有"任何商业意义上的变动",都可以重新计算其保护期。后来,在科学界和法学界的极力反对下,该法案没有被通过。

1997年10月9日,美国国会接受了题为"信息汇集反盗版法"的提案(H.R.2652法案),它被设计为一种反权利滥用、反不正当竞争的法案。该法案于1998年5月19日在美国众议院获得通过,被并入《数字千年版权法》,但1998年10月8日美国参议院通过此法时,关于信息汇集部分的内容被删除了,其主要原因是对于数据库立法的不利结果有所担忧。到了1999年1月19日,美国众议院接受了仍然以"信息汇集反盗版法"命名的法案,在该法案中赋予了数据库制作者"摘录权"和"再利用权"。相对于欧盟法的规定,它赋予数据库制作者的权利较弱,权利人所能控制的只是那些给其信息产品或服务的市场造成重大损害的行为，对数据库中非实质性内容的任何目的的使用行为则没有权利加以限制,同时扩大了合理使用的范围。由此可见,该法案更注重维护数据库制作者和社会公众之间的利益平衡。同一天,另外两部有关数据库的草案"数据库公平竞争和促进研究法"、"数据库反盗版法1999"至今尚未被美国国会通过。美国数据库立法之所以频频变动,其主要原因正如有学者所研究的那样,这是美国数据库立法过程中不同利益集团斗争的产物。因为,美国版权产业界作为主要的信息生产者、收集者、传播者在数据库立法进程中与作为公共利益代表的图书馆、科研单位之间产生了较大的分歧:一方希望保护自己的投资、获取

---

[1] 任寰、魏衍亮:"国外数据库立法与案例之评析",载《知识产权》2003年第2期。

经济回报;而另一方则担心信息获取成本增加、妨碍教学科研活动。这样,经过以原始数据库生产商代表唱片、出版商,以及小数据库出版商、图书馆、科研单位之间的斗争,最终形成了这种数据库保护格局。❶总而言之,美国的这种通过反不正当竞争法来保护数据库的模式,比欧盟的保护力度弱,但照顾了广大消费者的利益。

除积极探索国内立法保护数据库外,欧盟和美国分别于1996年3月和6月向世界知识产权组织建议采取特殊权利体系保护数据库,世界知识产权组织接受了特殊权利保护体系的建议,并于1996年8月公布了"关于数据库知识产权条约的实体条款的基本建议"以供讨论,但这份建议遭到了多数发展中国家的反对。

我国现行知识产权法律制度中能够对数据库提供保护的主要是著作权法和反不正当竞争法。目前我国著作权法并未明确规定对数据库的法律保护,有关数据库的保护只能适用汇编作品的保护规定,即《著作权法》的第14条的规定:"汇编若干作品、作品的片段或者不构成作品的数据或者其他材料,对其内容的选择或者编排体现独创性的作品,为汇编作品,其著作权由汇编人享有,但行使著作权时,不得侵犯原作品的著作权。"《反不正当竞争法》虽然没有涉及数据库保护的具体法律条文,但根据其一般条款的规定即第2条的规定,还是能够对数据库提供保护的。

就对数据库的保护来说,鉴于数据库性能上的要求与著作权保护的独创性条件上存在着矛盾,即从性能上来看,不管是综合数据库还是专业数据库,其所包含的有关的信息的全面性显然是优秀数据库的重要指标,而具有全面性的数据库显然就难以具备著作权保护所要求的独创性条件。因此著作权法难以承担保护数据库的作用。反不正当竞争法可以为数据库保护提供事后的救济,但由于没有提供正面的权利并不利于数据库的使用。鉴于"因特网的增长为发展中国家提供了使用和传播知识的良机。例如,数字化图书馆规模的扩大以及数量的增加为全面使用全世界任何地方的出版信息提供了前所未有的机会。将来,发展中国家或许有能力建立国家数字网络来为每一个偏远的村庄提供全球范围内的图书馆资源",❷数据库的法律保护是不能回避的,由于著作权法难以承担保护数据库的作用,我国《著作权法》对汇编作品提供的保护是远远不能适应对数据库保护的要求的,尽管从法理上《反不正当竞争法》可以提供对数据库的保护,但显然由于我国《反不正当竞争法》中并没有更具体的保护规则,《反不正当竞争法》也难以达到对数据库的有效保护。我国也没有对数据库加以保护的专门法律制度,因此,目前我国对数据库的法律保护制度是很不够的,不能适应我国数据库产业的发展。

---

❶ 崔旭、勘力军:"欧美数据库立法现状及其对版权制度的影响",载《情报杂志》2003年第5期。

❷ 英国知识产权委员会:《知识产权与发展政策相结合委员会关于知识产权的报告》,第96页,http://www.iprcommission.org/graphic/Chinese_Intro.htm.

(六)计算机软件保护制度无法适应我国软件业的发展

根据世界知识产权组织《保护计算机软件示范法条》对计算机软件的定义,计算机软件是程序以及解释和指导使用程序的文档的总和。计算机软件包括程序、程序说明书和辅助材料三部分。自1972年菲律宾将计算机软件列为著作权保护对象之后,世界各国纷纷选择著作权为计算机软件的主要保护模式,1994年世界贸易组织的《知识产权协定》第10条将计算机程序纳入了知识产权国际公约中,1996年的《世界知识产权组织版权条约》对计算机程序也作了类似规定。我国1990年和2001年《著作权法》均将计算机软件作为著作权的保护对象,同时鉴于计算机软件的特殊性,而将计算机软件的保护制度授权国务院另行制定,1991年和2001年国务院则根据《著作权法》的授权分别制定和修改了《计算机软件保护条例》。然而值得注意的是,我国《计算机软件保护条例》超过了《知识产权协定》和《世界知识产权组织版权条约》规定的保护水平,对计算机软件提供了高于一般作品的保护。

1. 合理使用范围过于狭窄

计算机软件合理使用范围过于狭窄是由《计算机软件保护条例》本身的规定导致的,因为本来计算机软件作为作品之一种,《计算机软件保护条例》作为《著作权法》授权制定的行政法规在合理使用方面显然应该适用《著作权法》第22条的规定,然而在《著作权法》第22条就"课堂教学、科学研究、国家机关执行公务等非商业性目的复制"已有规定的情况下,《计算机软件保护条例》第22条又对软件的合理使用作了更多的限定,即"因课堂教学、科学研究、国家机关执行公务等非商业性目的的需要对软件进行少量的复制,可以不经软件著作权人或者其合法受让者的同意,不向其支付报酬。但使用时应当说明该软件的名称、开发者,并且不得侵犯著作权人或者其合法受让者依本条例所享有的其他各项权利。该复制品使用完毕后应当妥善保管、收回或者销毁,不得用于其他目的或者向他人提供"。从逻辑上看,似乎只有《计算机软件保护条例》第22条的规定才是计算机软件合理使用的全部范围,《著作权法》第22条已经为《计算机软件保护条例》第22条修改了。2001年《计算机软件保护条例》第17条进一步将计算机软件的合理使用限制于为了学习和研究软件内含的设计思想和原理,通过安装、显示、传输或者存储软件等方式使用软件的情况。事实上,无论是《知识产权协定》还是《世界知识产权组织版权条约》均没有要求计算机软件的合理使用制度必须不同于普通作品。而对比作为世界软件强国的美国的相关规定就更能看出我国《计算机软件保护条例》缩小计算机软件的合理使用范围的不适当性。《美国版权法》涉及计算机软件合理使用的有第117条"专门适用于计算机软件的合理使用"和第107条"适用于所有作品的合理使用",在美国,在有关计算机软件的侵权诉讼中，即使被控侵权的行为不属于第117条规定的例外情形，被告也可以提出第107条的合理使用的抗辩。❶《美国版权法》专门适用于计算机软件的第117条规定的计算机软件的合理使用范围扩大了第107条的规定而不是相反。❷我国《计算机软件保护条例》第16条大体相当于《美国版权法》第117条，而《著作权法》第17条对合理使用范围作如此小的限定，这连世界软件强国的美国都没有规定，我国如此规定显然属于超世界水平保护。

2. 软件最终用户的责任

2001年《计算机软件保护条例》第30条将计算机软件侵权责任扩张至所有软件最终用户的规定自通过之日起就备受诟病。的确，该条规定被指责为"超世界水平"的保护，❸而2002年的《最高人民法院关于审理著作权民事纠纷案件适用法律若干问题的解释》第21条将最终用户承担侵权责任的范围限制与"商业使用"的范围似乎为2001年《计算机软件保护条例》的规定不当地加了一个注脚，提供了一个证明。

3. 强制许可制度

2001年《计算机软件保护条例》将1991年《计算机软件保护条例》第13条第2款规定的对全民所有制单位开发的软件的类强制许可制度予以删除，这固然平衡了不同所有制单位之间的利益关系，然而与前文所述的著作权法中缺乏强制许可制度的缺陷一样，这种删除并不恰当。

除以上内容外，我国著作权法律制度还存在着其他一些具体问题，如对技术措施规定过于笼统，无法合理规制技术措施的使用，适应信息时代社会发展的需要；对变形复制态度不明，1990年《著作权法》第7条、第52条明确规定不包括变形复制，2001年《著作权法》将这些条款删除，却没有像《伯尔尼公约》一样明确规定变形复制属于著作权法上的复制，这使得我国《著作权法》对图形作品、模型作品、建筑作品等作品的保护不够完善，其保护甚至会落空，等等。

三、完善我国著作权法律制度的思路与立法建议

尽管著作权和专利权同为创造性智力成果型的知识产权，但在人们的一般印象中，著作权似乎没有专利权重要，因为著作权对社会经济发展的直接贡献不像专利权那么大。然而事实上，关于知识产权及其发展的主题，任何认真的探索都必须考虑到著作权和基于著作权的行业（包括出版业、电影业、电视业、广播业、音乐业，

---

❶ 李明德："美国《版权法》对计算机软件的保护"，载《科技与法律》2005年第1期。

❷ 另外如果像一种观点那样把《著作权法》和《计算机软件保护条例》看做一般法和特别法的话，《计算机软件保护条例》也是没有法定许可制度的。不过我们不这么理解。

❸ 方兴东、王俊秀："中国软件超世界水平保护之路"，http://tech.sina.com.cn/path/2002-04-08/811.shtml.

现在还要包括软件业）在知识和基于知识的产品的生产和传播中所起到的至关重要的作用。这些行业为科学创新以及教育教学提供着知识“原材料”,并通过帮助创造基于信息的产品来促成生产力的显著增长,这些产品包括桌面排版软件、电子邮件和精密科研电脑数据库等。此外,在以知识为基础的全球经济中,基于著作权的行业已经成为财富和就业机会的一个巨大来源。❶

诚如斯言！在知识经济的今天,尽管著作权所保护的作品有许多的确并不像专利权所保护的发明创造那样能直接转化为生产力,直接创造社会的物质财富,然而著作权所保护的作品对于知识的传播却发挥着重要的作用,没有著作权所保护的作品,人们便无法学习,无法接受到新知识,从而创新也无法进行。更何况,与著作权密切相关的行业在社会经济中已经占据着重要的地位,发挥着重要的作用。在我国,尽管基于著作权的行业在社会经济中的地位还不是十分重要,但其重要性却也不能忽视,有报道称“我国出版业有望成支柱产业”,❷而到2004年我国软件业销售收入已达到2 300亿元,在国民经济中已占有一席之地。完善的著作权制度不仅直接成为以著作权为基础的行业发展的法制基础,更成为社会知识发展与进步的基础。那么,我国的著作权制度又该如何完善呢？对于发展中国家来说,关键的问题是适当平衡以下两方面:其一,保护著作权;其二,保证充分享用知识和基于知识的产品。尤其重要的是使用成本和对“合理使用”和“合理交易”例外情况的解释。由于著作权延伸至软件业和数字材料,情况更是如此。因此,“为确保发展中国家在寻求全民教育、推动科研、提高竞争力、保护文化表现形式和减少贫困的过程中能够享用重要的知识产品,就必须解决这些问题”。❸由于中国既是一个传统的发展中国家,又是一个新兴的工业化国家,因此“在知识产权制度国际化的进程中应当针对我国发展的不同阶段而规定不同的战略措施;既要考虑现实利益,又要具有超前眼光;既要遵循国际公约规定,保护外国的高新技术,也要推动国际合作,保护本国的传统知识”。❹

以下结合前述的我国著作权制度中存在的问题谈一下对我国著作权制度完善的具体意见并提出立法建议。

---

❶ 英国知识产权委员会:《知识产权与发展政策相结合委员会关于知识产权的报告》,第86页, http://www.iprcommission.org/graphic/Chinese_Intro.htm.

❷ 徐亚熙:“我国出版业有望成支柱产业”,载《开放潮》2002年第3期。

❸ 英国知识产权委员会:《知识产权与发展政策相结合委员会关于知识产权的报告》,第87页, http://www.iprcommission.org/graphic/Chinese_Intro.htm.

❹ 吴汉东:“国际化、现代化与法典化:中国知识产权制度的发展道路”,载《法商研究》2004年第3 期。

(一)合理定义作品的含义并合理分类

1. 作品的定义

关于作品的定义，我国《著作权法实施条例》第2条规定："著作权法所称作品，是指文学、艺术和科学领域内具有独创性并能以某种有形形式复制的智力成果。"著作权法对软件以外的作品增加了"可复制性"作为版权客体的构成要件，这与国际公约和其他国家的做法不一样。其他国家在版权客体的界定上有的要求作品须以某种物质形式加以固定，才能构成版权客体，有的国家则不作此要求，但几乎没有要求以"有形形式复制"作为版权客体的要件。我国的这一做法与《伯尔尼公约》的精神也是相悖的，《伯尔尼公约》不要求版权客体须能以有形形式复制，只是在第2条规定对是否以某种形式加以固定上，允许各国自行规定。但显然这种"物质形式的固定"和"能以某种有形形式复制"在内涵上是不同的。我国著作权法以"能以某种有形形式复制"作为著作权客体的要件，缩小了著作权客体的保护范围，是不太合理的。我们建议将这一要件删除。

2. 作品的范围

关于作品的范围，我国《著作权法》第3条采用了列举式的方法列举了9类作品形式，但是这种"封闭式列举"方法受到学术界的一致批评，因为它对不断发展的新形势的适应能力较差，难以适度保持法律的稳定性。尤其是在新世纪，以数字技术、通信技术为代表的人类科学技术将彻底改变作品的创作、使用和传播的传统模式，智力创作领域新问题的纷呈，客观上对法律体系的稳定提出了更高的要求。❶因此有必要采取概括加开放式列举的方法，并将现实中的符合著作权法保护的作品形式尽量列出。我国著作权法对作品的列举共有9项，但还不是很全面，我们认为至少要对以下几类作品加以明确。

(1)网页等多媒体作品。随着社会的进步、计算机的普及，多媒体技术已逐渐渗透到各个领域，社会对多媒体作品的需求越来越大。所谓多媒体作品，简而言之，即是运用多媒体技术，通过文本、图片、计算机图形、动画、声音、视频等任何几种的多媒体作品的组合，创造出的作品。❷多媒体作品主要表现为多媒体游戏和多媒体网页。

在计算机、网络普遍运用的时代，网页等多媒体是否受著作权保护的问题，受到很大的关注。在"东方网"一案中，法官对网页是不是属于著作权保护的客体给予了明确的答案。此案中，原告瑞德公司发现被告东方信息公司的主页与原告瑞德在线的主页几乎一样，被告首页的整体版式、色彩、图案、栏目设置、栏目标题、文案、下拉菜单的运用等，几乎是照搬了原告的首页。其中有10个图案、14个栏目标题、9

---

❶ 刘剑文:《TRIPs 视野下的中国知识产权制度研究》，人民出版社2003年版，第36页。

❷ 鲍永正:《电子商务知识产权法律制度研究》，知识产权出版社2003年版，第72页。

处文案是原封不动地取自原告。因此原告认为被告的行为已构成对原告首页著作权的侵犯。针对此案,法官认为被告侵权成立,原告的主页虽然所用颜色、文字及部分图形等已处于公有领域,但将该主页上的颜色、文字、图形以数字化的方式加以特定的组合,给人以美感,而不是依照客观规律对客观事实的简单排列,应是一种独特构思的体现,具有独创性,所以该主页应视为著作权法保护的作品。虽然在"东方网"案件中,法官认为网页可受著作权的保护,但对于网页属于何种类型的作品形式,则没有明确指出。我国《著作权法》第3条中所列的作品形式中也没有包括网页等多媒体作品。《最高人民法院关于审理涉及计算机网络著作权纠纷案件适用法律若干问题的解释》第2条规定:"受著作权法保护的作品,包括著作权法第三条规定的各类作品的数字化形式。在网络环境下无法归于著作权法第3条列举的作品范围,但在文学、艺术和科学领域内具有独创性并能以某种有形形式复制的其他智力创作成果,人民法院应当予以保护。"在此解释中虽然隐含了网页可作为"其他智力创作成果"受到保护,可对于网页等多媒体作品的性质仍然没有作出规定。

随着网络的发展,网页的数量与日俱增,涉及网页的著作权纠纷在今后的生活中可能越来越多,如果法律或有关司法解释不对网页等多媒体作品的性质作出规定,可能会造成法律适用上的混乱。如何界定网页等多媒体作品的性质,学术界有不同的看法,其保护模式,有以下几种选择:①创设一类"多媒体作品";②分项保护方案,即保护多媒体的组成部分;③取消所有作品的分类;④将多媒体归属于某一类版权作品,比如归属计算机程序、视听作品;⑤将多媒体作为一种特殊数据库受保护;⑥按汇编作品给予保护。❶在此几种方案中,有学者认为将多媒体作品视为视听作品比较合理,他们指出:"《著作权法》第3条第(6)项和《著作权法实施条例》第4条第(9)项对电影、电视、录像作品加以界定,规定这类作品是指'摄制在一定物质上,由一系列有伴音的画面组成,并且借助适当装置放映、播放的作品'上述规定基本概括了多媒体作品的主要属性。因此,可在现有规定的基础上,将电影、电视、录像和多媒体作品统称为视听作品,对视听作品的概念和范围明确界定并作必要的解释。"❷此观点具有一定的道理,但我们也应看到网页等多媒体作品与电影、电视、录像等作品在存储介质、作品构成要素、发布方式、交互性上存在一些不同。网页一般制作后存放于服务器硬盘或相应的软盘、光盘中;其页面设计一般包括网标、网站名称、频道条及频道名称、栏目设置及栏目名称、链接图标及设置、窗口设置、页底等内容;网页一般通过互联网发布并且具有交互性的特点。这些与

---

❶ 薛虹:"因特网上的版权及有关权保护",见《知识产权文丛(第一卷)》,中国政法大学出版社1991年版,第36页。

❷ 鲍永正:《电子商务知识产权法律制度研究》,知识产权出版社2003年版,第82页.。

电影、电视、录像等作品的存在不同,因此网页等多媒体作品不适宜与电影、电视、录像等作品归于一类。

我们认为,仍应将网页等多媒体作品视为汇编作品。我国《著作权法》第14条规定:"汇编若干作品,作品的片段或者不构成作品的数据或其他材料,对其内容的选择或者编排体现独创性的作品,为汇编作品,其著作权由汇编人享有。"因此,即使网页是由不受著作权保护的数据、资料组成,只要网页内容的选择和编排体现了独创性,就应该作为汇编作品受到保护。所以,网页是由多个文字作品、图片等材料构成的,通常具有独创性,符合汇编作品的构成要件,所以,可以将网页作为汇编作品而给予保护。当然,一些通用的关于网站(网页)的栏目、标题、下拉菜单等的设计已经进入了公有领域,不再能够体现设计者选择或编排的独创性,则不能受到保护。综上所述,应当通过司法解释确立网页等多媒体作品汇编作品的地位,以增加著作权法律制度的可操作性。

(2)实用艺术作品。实用艺术作品通常是指作为实际使用而创作或创作后在实际中应用的艺术作品。实用艺术作品除具有一般美术作品的艺术性外,还具有实用性,能在工商业中应用,如美术工艺品、装饰品,刻于家具上的雕刻都属于实用艺术作品。

我国修订后的著作权法没有明确规定对实用艺术作品的法律保护。在国际上,《伯尔尼公约》第2条在对"文学和艺术作品"进行列举时包括了实用艺术作品。因此外国版权人对实用艺术作品根据公约享有著作权,而中国版权人则对实用艺术作品不享有版权,这种外国人的"超国民待遇"的存在造成了一些弊端。2001年12月26日,北京市第一中级人民法院判决被告"可高(天津)玩具有限公司"的玩具积木块侵犯原告"瑞士英特莱格"乐高积木块作为实用艺术作品的著作权。而如果原告换成中国企业或个人,本案的结果可能是另外一种情形。❶

因此我们建议在《著作权法》第3条下关于作品的列举中增加一项实用艺术作品。实用艺术作品是指那些美术成分和实用成分不能分离的作品,即兼具实用性的艺术作品。如果美术成分和实用成分可以分离,则美术成分按纯美术作品加以保护,不再作为实用艺术作品受到保护。

(3)创意。创意在今天的许多行业均发挥着非常重要的作用,已形成了创意产业。❷ 2005年3月21日北京市第二中级人民法院终审判决的"女子十二乐坊案"提出了创意的法律保护问题,❸尽管案件的争议已因终审判决而落下帷幕,然而该案提

---

❶ 鲍永正:《电子商务知识产权法律制度研究》,知识产权出版社2003年版,第63页。

❷ 王太平:"美国对创意的法律保护方法",载《知识产权》2006年第2期;潘谨、陈晓春:"基于价值链分析的创意产业知识产权保护方法与途径探讨",载《知识产权》2006年第2期。

❸ 具体案情参见谢作昱:"'女子十二乐坊案'原告应寻求法律保护什么?",载《中国知识产权报》2005年3月30日。

出的问题却不能不令人深思。因为平心而论,"女子十二乐坊案"的结果很难说是公平的,因为从报道中可以感觉到被告似乎从原告处"借鉴"了某种东西即法院所说的不受著作权法保护的创意或构思,而这种"借鉴"却没有支付报酬。那么著作权法果真不能保护创意吗?我们认为未必。美国即有学者认为创意可以受到著作权法的保护,用著作权法保护创意避免了传统的创意保护理论的"不能实行的、不充分的,而且被联邦法所取代"的问题。[1]目前"充分的创意保护在著作权本身已经可以得到,而且已经被某些法院所承认"。当然,"给予创意以保护并不意味着建立一种新类型的受保护的作品,而仅仅是扩张现存种类中可用的作品的著作权以包括作品的下面的思想要素"。[2]

依循我们对我国著作权法关于作品定义与分类的完善思路,现提出以下立法建议。

(1)《著作权法实施条例》第2条有关作品的定义应当修改为:"作品是指文学、艺术和科学领域内具有独创性的智力成果。"

[立法理由]国际上多数国家都在著作权法中规定独创性是作品受著作权法保护的惟一条件,都不以"有形形式复制"作为版权客体的要件。我国著作权法应当以独创性作为作品受保护的条件,即只要一件作品是由某人独立完成的,且属于文学、艺术或科学领域内,则该作品就受著作权法的保护。

(2)《著作权法》第3条应修改为:"本法所称的作品,包括以下列形式创作的文学、艺术和自然科学、社会科学、工程技术等作品:(一)文字作品;(二)口述作品;(三)音乐、戏剧、曲艺、舞蹈、杂技艺术作品;(四)美术、建筑作品;(五)摄影作品;(六)电影作品和以类似摄制电影的方法创作的作品;(七)工程设计图、产品设计图、地图、示意图等图形作品和模型作品;(八)计算机软件;(九)多媒体作品;(十)实用艺术作品;(十一)法律、行政法规规定的其他作品。"

[立法理由]随着信息技术的发展,出现了网页等不同形式的多媒体作品,如果这些作品具有独创性,也应当作为著作权法保护的对象。另外,《伯尔尼公约》中规定了对实用艺术作品的保护,我国目前的著作权法未明确规定,不利于对此类作品的保护,也不利于处理实用艺术作品与纯艺术作品之间的关系,为此,我们建议著作权法中明确对此类作品进行规定。

(二)完善合理使用和法定许可制度

美国知识产权思想家劳伦斯·莱斯格说:"无论何时何地,自由资源对于创新和

---

[1] Jonathan S. Katz, Expanded Notions of Copyright Protection: Idea Protection within the Copyright Act, 77 B.U.L. Rev. 874.

[2] 同上。

创作来说都是至关重要的，缺少它们，创作就会被削弱。因此，尤其是在数字时代，核心问题是资源是否应当受到控制，而不是由谁(政府还是市场)来控制资源。控制是可能的，并不能说明控制是合理的。”❶当然莱斯格并不是在否定著作权制度，我们也不否认著作权制度，但显然数字革命和互联网的到来改变了一切，今天，“数字技术已从根本上降低了数字创作的成本”，“数字工具极大地改变了创新者进行创作的机会空间”。❷ 然而我们面临的现实却是著作权的权利种类在不断增多和复杂化，著作权保护在逐步强化，保护期限在不断延长。首先是著作权的权利种类在不断增加、不断复杂化。我国1990年《著作权法》将著作权的权利内容概括为发表权、署名权、修改权、保护作品完整权以及使用权和获得报酬权，尽管《著作权法》对使用权和获得报酬权还进行了详细解释，即将其界定为“以复制、表演、播放、展览、发行、摄制电影、电视、录像或者改编、翻译、注释、编辑等方式使用作品的权利；以及许可他人以上述方式使用作品，并由此获得报酬的权利”，但总体上其权利种类是较少的。2001年《著作权法》则不仅将其中的使用权和获得报酬权一分为十二，而且还增加了出租权、放映权和信息网络传播权等3种权利。❸

其次，著作权保护在不断强化。如前述的我国2001年《著作权法》对1990年《著作权法》的合理使用范围的压缩，新规定的著作权司法强制措施等事实上均强化了著作权的保护强度。

第三，著作权保护期限越来越长。以美国著作权期限为例，1790年著作权法规定的著作权期限是14年，期满可以续展14年；1831年，美国国会将1790年著作权法规定的期限延长为21年，期满后可续展21年；1976年著作权法则采用《伯尔尼公约》的著作权期限标准，自然人著作权的期限延长为作者终生加死后50年；1998年著作权期限延长法案则将自然人的著作权期限延长为作者终生加死后70年。我国《著作权法》所规定的著作权的保护期虽然没有变化，但对计算机软件的保护期却从1991年规定的“从发表之日起25年期满可以续展25年”延长为普通作品的著作权期限。

尽管著作权往往被认为是一种人身和财产双重性的权利，但是对社会更有价值的显然是其财产权方面，且财产权方面对著作权人也意义重大。著作权财产权在利用方面和有形财产权显然应遵循共同的原则。迈克尔·贝勒斯指出：“所有权形态

---

❶ [美]劳伦斯·莱斯格：《思想的未来——网络时代巩固知识领域的警世喻言》，李旭译，中信出版社2004年版，第15页。

❷ 同上书，第9页。

❸ 表面上看2001年《著作权法》将原先规定的著作权人的使用权和获得报酬权中的注释删除了，但事实上《著作权法》第12条的规定又将注释权包括了进去。

之复杂使得财产流通不畅，普通法所有权形式的复杂，给现代社会需要造成了沉重的负担。”因此“土地法定所有权形态的名目要少，以便于财产之转让”。❶ 著作权权利种类的复杂化显然已经成为著作权利用的重要障碍，因此有必要简化著作权利用的手续。不仅如此，权利种类的复杂化显然也不能适应互联网时代创作现实的需要。同样在互联网时代，著作权保护的强化和著作权保护期限的延长对社会利用作品的不良影响更大，它不仅压缩了互联网促进创作的可能性，更直接减少了原本人们可以获得的简单便宜地获得作品的机会。因此，在互联网时代，应适当扩张合理使用范围，限制著作权期限的延长，简化著作权利用的手续，以充分激发互联网时代人们创作的积极性，充分释放互联网的能量。由于整体上我国著作权保护期限尚没有实质性延长，因此这里仅仅强调这一点而不赘述，仅谈其他两点。

1. 改变合理使用的规定方式，适当扩大合理使用的范围

就我国合理使用制度的完善来说，有关国际公约的做法值得我们借鉴。《伯尔尼公约》对合理使用制度的规定就是采取一般性判断标准和对具体情形予以列举的做法。其第9条第2款规定：“本同盟成员国法律得允许在某些特殊情况下复制上述作品，只要这种复制不损害作品的正常使用也不致无故损害作者的合法利益。”据此，构成合理使用，必须具备以下三个要件(通常也被称为三步检验法)：一是合理使用只限于某些特殊情况；二是合理使用不得损害作品的正常使用；三是合理使用不得无故侵害作者的合法利益。这是对合理使用的一般性判断标准。同时，该公约又在第10条和第10条之2以列举的形式规定了3种具体的合理使用行为，即第10条规定的适当引用和为教学目的的合理使用，第10条之2规定的为报导时事新闻的合理使用。我国台湾地区“著作权法”对合理使用制度的规定就是借鉴这种模式而规定的，我国台湾地区“著作权法”除了列举各种具体的著作权合理使用情形之外又于第65条规定，“著作之合理使用，不构成著作财产权之侵害”。同时规定，“著作之利用是否合于第四十四条至第六十三条规定（即其著作权法明确规定的各种合理使用之情形)或其他合理使用之情形，应审酌一切情状，尤应注意下列事项，以为判断之标准：一、利用之目的及性质，包括系为商业目的或非营利教育目的；二、著作之性质；三、所利用之质量及其在整个著作所占之比例；四、利用结果对著作潜在市场与现在价值之影响”。

我国在完善合理使用制度时也可以采取这种一般标准加具体列举的模式，引入对合理使用的判断规则。此判断规则可借鉴美国版权法上的合理使用四标准，即

❶ [美]迈克尔·贝勒斯：《法律的原则——一个规范的分析》，张文显、宋金娜、朱卫国、黄文艺译，中国大百科全书出版社1996年版，第105~106页。

确定对一部作品的使用是否属于合理使用,应考虑以下因素:(1)使用的目的和性质,包括这种使用是否有商业性质或者是因非营利的教育目的;(2)有版权作品的性质;(3)同整个有版权作品相比所使用的部分的数量和内容的实质性;(4)这种使用对有版权作品的潜在市场或价值所产生的影响。

当然，尽管法院在符合合理使用的实质判断标准时可在著作权法规定范围之外的情形也可自由裁量是否构成合理使用，但合理使用对著作权人权利的限制是相当严厉的,因此这种扩大不宜走得太远,应限于著作权侵权诉讼中作为被指控为侵权人的侵权抗辩事由的情形。

2. 适当扩大法定许可的范围,减少著作权利用的障碍

尽管法定许可是对著作权人权利的限制，但是对著作权人利益的影响不是实质性的,而法定许可却显然可以减少著作权利用的障碍,促进作品的使用,有利于释放互联网的巨大能量。我国有学者指出:“法定许可与强制许可的设定,不仅减少交易的信息成本(发现与谁进行交易,进行什么交易和怎样进行交易),而且减少了谈判成本(讨价还价取得授权),使双方当事人合作成功交易的可能性大为增加,因此,这一制度有助于实现精神财产效益的最大优化目标。”❶因此在互联网时代只要不过分影响著作权人的权利,应尽量扩大法定许可的范围。具体来说,除了我国著作权法所规定的情形外，还应增加已在报刊上刊登或者网络上传播的作品的网络传播的法定许可,因为这一条对于建立数字图书馆是至关重要的。同时,我国著作权法对法定许可的规定应该借鉴美国著作权法的相关规定，删除有关法定许可规定中“除著作权人声明不许使用外”类似的用语,禁止相关著作权人排除法定许可的适用。

依循我们对我国合理使用和法定许可制度完善的思路,特提出以下立法建议。

(1)《著作权法》第22条有关合理使用的规定中增加1款:“判断一种行为是否属于合理使用应当考虑如下因素:(一)使用的目的和性质,包括这种使用是否有商业性质或者是为了非营利的教育目的;(二)有版权作品的性质;(三)同整个有版权作品相比所使用的部分的数量和内容的实质性;(四) 这种使用对有版权作品的潜在市场或价值所产生的影响。”

[立法理由]我国现行著作权法未对合理使用的判断标准作出归纳,而只以列举方式规定了合理使用的具体情形,这容易挂一漏万,遇到具体问题时不宜判断一种行为是否属于合理使用，为此，建议著作权法中对合理使用的判断标准作出规定,具体可参考美国著作权法中有关合理使用的判断标准。

---

❶ 吴汉东:“关于知识产权基本制度的经济学思考”,载《法学》2000年第4期。

(2)删除原法定许可制度中的“除著作权人声明不许使用外”类似的用语。

[立法理由]尽管这种规定给予了著作权人更多的自由权利,但显然它大大降低了法定许可制度的作用,有可能使得著作权法所规定的法定许可制度的作用落空。著作权法定许可制度本身即是对著作权的强制限制,因此不应由著作权人单方予以排除。

(3)明确规定网络传播的法定许可,即增加规定1条:“已在报刊上刊登或者网络上传播的作品,网站可以转载、摘编,但应按规定向著作权人及相关权利人支付报酬。”

[立法理由]本条规定本来可从我国著作权法关于法定许可的有关制度推论出来,这里明确规定更为恰当。同时,本条规定对于数字时代数字图书馆的建设至为关键,可以有效地降低数字图书馆建设的交易成本,又不过分损害著作权及相关权利人的利益,公平与效率兼顾,并适应了网络环境下使用作品的需要。

(三)增设强制许可等著作权滥用规制制度

我国著作权法中没有强制许可的规定,也没有其他防止著作权滥用的法律制度,然而作为一个发展中国家,为了发展本国的教育不仅有必要更好地利用发达国家的图书,而且有必要建立合理的著作权制度,防止著作权滥用,促进健康竞争。因此,我国应建立包括强制许可制度在内的著作权滥用制度。只有这样我国的著作权制度才能够既为著作权人提供创作的动力,促进创作,又能够有效地使已创作出的作品更好地为社会所用,实现著作权法的平衡精神。尤其是“强制许可的设定,不仅减少交易的信息成本(发现与谁进行交易,进行什么交易和怎样进行交易),而且减少了谈判成本(讨价还价取得授权),使双方当事人合作成功交易的可能性大为增加,因此,这一制度有助于实现精神财产效益的最大优化目标”。[1]因此,我们建议在今后的著作权法中应确立包括强制许可制度在内的著作权滥用制度,以合理规制著作权滥用,促进健康竞争。

依循我们对我国著作权法著作权滥用制度完善的思路,特提出以下立法建议。

(1)在《著作权法》总则中特增加1条反对著作权滥用的规定,“著作权人不得滥用其著作权损害社会公共利益,也不得滥用著作权损害社会公众和竞争者的合法权益”。

“滥用著作权而损害社会公共利益的,国家著作权行政机关可依法给予行政处罚,给社会公众和竞争者造成损害的,应承担损害赔偿或者其他民事责任”。

[立法理由]尽管禁止权利滥用原则作为民法的一般原则当然施用于作为民法

[1] 吴汉东:“关于知识产权基本制度的经济学思考”,载《法学》2000年第4期。

特别法的著作权法，然而还是有必要在这里再强调一下，因为包括著作权在内的权利在一定意义上可以说是一种法定的权利，其行使更应该有更多的限制，不得逾越其法定的界限。

(2)在《著作权法》中增加有关强制许可的规定，"著作权行政管理部门可根据《伯尔尼公约》及《世界版权公约》的规定为了教学、学习或研究目的而发放强制许可证"。

"对于计算机软件、图形作品和模型作品等具有实用性且已发表的作品，著作权行政部门可以参照《专利法》第六章颁发强制许可证"。

[立法理由]《伯尔尼公约》及《世界版权公约》都允许发展中国家出于发展文化的目的而适用强制许可，我国作为发展中国家一直未适用该规定。因此，应在著作权法中对此作出规定，以便在适当的时候适用该条款来促进我国文化事业的发展。同时，作品，尤其是如计算机软件等具有实用功能的作品，可能成为对社会公共利益非常关键的因素，也可能形成垄断，有可能为著作权人所滥用，因此建议对于已公开发表的具有实用性的作品可以参照《专利法》颁发强制许可证，这样既可以防止著作权人滥用其著作权，又更有利于促进竞争。

(四)合理限制著作权行政执法范围

尽管著作权行政执法被认为是我国知识产权制度的特色，然而这项制度却不应该过分使用，否则不仅会过度干涉市民社会的正常运转，也可能导致著作权的不正常强化和产生不公平的结果，更会增加著作权行政机关的负担。尽管2001年《著作权法》已经注意到这个问题而对著作权行政机关进行行政处罚的行为施加了"损害公共利益"的限制条件，但仍然不尽如人意，建议增加对《著作权法》第47条中"情节严重的，著作权行政管理部门还可以没收主要用于制作侵权复制品的材料、工具、设备等"同样施加"损害公共利益"的限制条件，同时明确公共利益的含义。

尽管2001年《著作权法》增加的诉前证据保全、财产保全等保护著作权司法措施对于有效保护著作权是非常必要的，然而我们认为，不仅应该对著作权人申请采取这些司法措施进行必要的限制以防止其滥用，而且应该对滥用这些司法措施的著作权人进行必要的惩罚。只有这样才能确保著作权人权利与义务的平衡。

依循我们对我国著作权法著作权行政管理制度和著作权保护司法措施完善的思路，特提出以下立法建议。

将《著作权法》第47条修正为："第四十七条　有下列侵权行为的，应当根据情况，承担停止侵害、消除影响、赔礼道歉、赔偿损失等民事责任；同时损害公共利益的，可以由著作权行政管理部门责令停止侵权行为，没收违法所得，没收、销毁侵权复制品,并可处以罚款;情节严重且损害公共利益的,著作权行政管理部门还可以没收主要用于制作侵权复制品的材料、工具、设备等;构成犯罪的,依法追究刑事责任:

(一)未经著作权人许可,复制、发行、表演、放映、广播、汇编、通过信息网络向公众传播其作品的,本法另有规定的除外;

(二)出版他人享有专有出版权的图书的;

(三)未经表演者许可,复制、发行录有其表演的录音录像制品,或者通过信息网络向公众传播其表演的,本法另有规定的除外;

(四)未经录音录像制作者许可,复制、发行、通过信息网络向公众传播其制作的录音录像制品的,本法另有规定的除外;

(五)未经许可,播放或者复制广播、电视的,本法另有规定的除外;

(六)未经著作权人或者与著作权有关的权利人许可,故意避开或者破坏权利人为其作品、录音录像制品等采取的保护著作权或者与著作权有关的权利的技术措施的,法律、行政法规另有规定的除外;

(七)未经著作权人或者与著作权有关的权利人许可,故意删除或者改变作品、录音录像制品等的权利管理电子信息的,法律、行政法规另有规定的除外;

(八)制作、出售假冒他人署名的作品的。

著作权侵权行为发生在著作权期限届满前一年内的,著作权行政机关不得没收主要用于制作侵权复制品的材料、工具、设备等,但是可以责令被指控的侵权人在著作权期限届满前不得制作侵权复制品。"

[立法理由]著作权本属私权,只要不侵犯社会公共利益,国家行政机关不必要主动干涉;只有侵犯社会公共利益时,著作权行政机关才能够加以处罚。

(五)建立数据库法律保护专门制度

随着数据库产业的发展,数据库的法律保护问题将日益突出,而我国著作权制度似乎尚未对此作出反应,既没有制定数据库保护的专门制度,也没有在著作权法中作出应有反应,这不仅将大大阻碍我国数据库产业的发展,对数据库的应用也非常不利,无法充分利用互联网,充分释放互联网的能量。因此有必要对我国数据库法律保护制度进行完善,以适应网络时代的需要。鉴于数据库法律保护与著作权法的内在矛盾,数据库专门法模式应是数据库保护的理想选择,但鉴于世界各国的数据库专门法模式仍处于探索中,因此目前应在现有法律框架下积极完善现有的著作权法、反不正当竞争法等法律中的相关制度,以应对数据库法律保护的急需,同时积极探索数据库专门法模式的制度设计。

就现有法律框架而言,我国应当在著作权法中对数据库的定义及法律保护作出明确规定，以用著作权法保护有独创性的数据库。至于非独创性数据库目前只能采用反不正当竞争法来进行保护，具体而言，即是在反不正当竞争法中的不正当竞争行为中明确列举未经许可商业性大规模复制、使用他人数据库为不正当竞争行为，从而明确对数据库的保护。

至于数据库保护的专门法保护模式，鉴于对数据库保护的主要目的不是激发人们创造，而是鼓励人们投资，数据库保护的工具性色彩更为浓厚，数据库专门法要对数据库投资人提供一定的保护，但对数据库的保护不能逾越激励投资的界限，不应带来不应有的垄断，而应同时能促进竞争。为此，在保护模式上可以建立类似于著作权但又不同于著作权的数据库权利，其与著作权的相似之处是在权利产生上采用的是“额头流汗”原则，其权利有一定的排他性，但又不能阻止他人独立采集而制作，不同之处是不要求有创造性。对数据库权利也应有更多的限制，不仅著作权法规定的合理使用、法定许可可以适用，而且也应适用强制许可，以有助于实现充分竞争，提高数据库提供的质量，降低费用和成本。

依循我们对我国数据库法律保护制度完善的思路，特提出以下立法建议。

(1) 著作权法中应当对数据库的定义和法律保护作出具体规定，即增加1条：“数据库是指由数字符号、图案或者其他信息有机构成的、能借助计算机进行查阅的集合体。具有独创性的数据库受著作权法的保护。”

[立法理由]目前，《知识产权协定》等国际公约都规定了对独创性的数据库的法律保护，我国著作权法目前仅将其作为汇编作品而给予保护，未对其定义作出解释，这不符合信息产业发展的要求。建议立法中应当对数据库的定义给予解释，并规定，具有独创性的数据库应当受著作权法的保护。

(2)在反不正当竞争法中明确未经许可大规模抄袭、使用他人数据库为不正当竞争行为，即增加1条：“不得未经数据库权利人许可而大规模复制、利用数据库，损害数据库权利人的利益。”

[立法理由]尽管我国反不正当竞争法的一般条款可以为非独创性数据库权利人提供一定程度的保护，但毕竟还不够明确，增加这一条可以明确地为非独创性数据库提供消极的最起码的保护。

(六)完善计算机软件保护制度

如上所述，我国2001年《计算机软件保护条例》相对于1991年《计算机软件保护条例》而言，保护水平是大大提高了，这一保护水平甚至超越了世界软件最强国的美国。这显然是不恰当的。为此，要完善我国计算机软件保护制度，首先要合理确定我国的计算机软件保护水平。尽管我国软件产业产生晚，目前发展水平也还不高，不仅比不上发达国家，与同属发展中国家的印度等也有相当差距，但我国软件产业发展很快,在某些方面也有较强的竞争力。2000年我国软件产业总额为53.2亿美元,仅占全球软件产业的1.2%,但比1999年上升了0.2%,说明我国软件业的竞争力在不断增强。至2000年,国内从事软件开发、生产、销售和服务的企业已经超过了万家,由科技部正式命名的软件园已达21个。国产软件在国内市场的占有率虽然不高,但总体上市场占有率在不断上升,并且在一些领域形成了竞争优势。如教育软件市场规模达10亿元,国产软件一统天下;财务软件方面,用友、金蝶、安易等国内企业占据了全国财务软件90%的市场份额;排版软件方面,北大方正的电子排版系统占据了95%的国内市场和70%的海外华文报纸市场。在企业规模上,2000年销售额超过10亿元的软件企业已达6家,形成了像用友、金蝶等知名的国内品牌,这些企业是今后中国软件业参与国际竞争的主力军,[1]且我国已经出台了《鼓励软件产业和集成电路产业发展的若干政策》,试图"通过政策引导,鼓励资金、人才等资源投向软件产业和集成电路产业,进一步促进我国信息产业快速发展,力争到2010年使我国软件产业研究开发和生产能力达到或接近国际先进水平"。因此,从软件产业发展水平来看,我国计算机软件产业不十分发达,且属于发展中国家的水平,因此我国计算机软件保护水平也不宜超过世界水平。鉴于我国有意大力发展软件产业并力争达到世界水平,因此我国计算机软件保护水平可以定位于中等偏上,既与我国软件产业和社会经济发展水平基本上相适应,又可以略微超出。这样将既有利于我国软件产业的发展,又不至于对社会经济发展带来非常不利的影响。

鉴于上文确定的我国计算机软件的保护水平,我国《计算机软件保护条例》应在以下方面进行完善。

1. 删除《计算机软件保护条例》第17条

因为该条不仅与《著作权法》的合理使用制度相冲突,而且不适当地将合理使用的范围进行了缩小。在这一点上,我国计算机软件保护标准不仅比许多发展中国家高,而且比软件强国美国还要高,已经远远超越了我国社会经济发展的需要,这显然是没有必要的。

2. 修改《计算机软件保护条例》第30条

借鉴《最高人民法院关于审理著作权民事纠纷案件适用法律若干问题的解释》的规定,为最终用户承担侵权责任增加"商业上使用"的限定条件。跨国软件公司在我国对计算机软件采取甚至高于许多发达国家的非正常高价,且在操作系统领域处于垄断地位,因此,如果我国对计算机软件最终用户的侵权责任采用超世界水平的标准,社会是承受不了的,不仅广大弱小的个人用户无法承受,而且许多教育等

[1] 肖庆文:"论我国软件业的比较优势",载《中共福建省委党校学报》2002年第12期。

公益机构也将无力运转。目前我国这种计算机软件使用情况是跨国软件公司滥用其著作权的结果,并不是我国计算机软件立法的问题,并不能成为我国对计算机软件最终用户采取超世界水平保护的理由。

3.在《计算机软件保护条例》中增加关于强制许可的规定

增加关于强制许可规定的理由参见本书关于著作权强制许可部分的相关内容,这里不赘。

关于信息网络传播权制度及民间文学艺术作品制度的问题及完善，将在其他章节中予以论述,这里不赘。

3

第三章

信息网络传播权制度的完善

现代信息技术的发展是现代著作权制度变革的引擎和驱动器。自20世纪以来，世界各国的著作权法均处于频繁变动之中，即便如此，著作权法仍被批评为“代表了一个无力跟上先进的信息技术发展步伐的领域”。❶ 而尤其关键的问题是，当作品在网络中以数字化形态传输时，会产生一系列要么传统著作权法力所不逮要么南辕北辙的漏洞。信息网络传播权就是伴随着现代信息技术而出现的新的传播权类型，对其进行法律规制及因应技术发展进行制度完善，成为版权法适应新的技术环境和利益格局不断调整与变革的最基本表征。

一、信息网络传播权国际立法概况

互联网是超越国界的虚拟世界，而对无国界的网络传播行为进行调整的法律却存在边界。在如何将网络传播权行为纳入法律调整的问题上，不同的国家基于不同的技术发展状态、不同的文化氛围、不同的法律运作特点，提出了各不相同的解决问题的方案。下面就具有代表性的国家、地区和国际组织的相关立法进行简要介绍。

（一）美国

美国是现代信息技术革命的发源地，是电子信息产业发达的大国，同时美国也是英美法系极具代表性的国家，拥有良好的法治传统。当信息技术的发展愈来愈催发人们对规则的需求时，来自立法、司法、行政部门的规则整合就自然兴起。美国有关信息网络传播的立法肇始于一系列的司法判例，其中典型的案件包括Playboy Enterprises, Inc V. Frena 案、Sega Enterprises V. Maphia案和Religious Technology Ctr.

❶ Andrea Antonell,“Applicable Law Aspects of Copyright Infringement on the Internet :What Principles Should Apply?” In Singapore Journal of Legal Studies , July 2003.

V. Netcom Online Communication Serv. Inc.案。❶这些案件涉及网上传播作品的自由与限制问题,直指版权在网络时代保护的界限。到目前为止,美国关于信息网络传播权的法律规则和探索主要体现于以下规范性文件。

1.《知识产权和国家信息基础设施》

1993年,美国前总统克林顿批准设立了信息基础设施工作机构(IITF),以推动信息技术在美国的发展和应用。IITF负责知识产权的工作组于1994年提交了草拟的报告,通称"绿皮书",在广泛征询各方意见之后,于1995年9月公布了信息基础设施工作机构知识产权工作组的报告:"知识产权和国家信息基础设施",即通称的"白皮书"。

"白皮书"的主要内容包括:(1)扩大发行权的范围。认为数字环境下的信息传输,即将作品从某一终端通过网络以数字信息形式发往另一终端,构成发行,因而是版权人的专有权。(2)理清复制权和发行权的关系。认为在网络空间可能同时出现传播和复制问题,获得复制权的人并不表示他就获得了在网络上对该作品的传播权。(3)扩张"传播"的含义。建议对现行法下的"传播"定义进行修订,使其既包括复制物(copies)的传播,也包括作品复制(reproduction)的传播,该范围由当事人合同约定。(4)规定使用作品的豁免。包括非营利性组织提供盲文版、大字版、声音版或其他版本的豁免,以及图书馆3份以内备份数字信号的复制豁免。(5)详细论述保护技术措施和版权管理信息与版权保护的关系,建议增设专门的规定。❷

2.《数字千年版权法》

为了实现与国际接轨,美国于1998年10月出台《数字千年版权法》(The Digital Millennium Copyright Act of 1998,简称DMCA),该法案是对1976年《美国版权法》的一次重大修正,它的基本内容已被纳入《美国版权法》。

DMCA共分为4个部分,分别为"实施WIPO条约""互联网版权侵权责任""计算机的维护或修复""临时复制;远程教育;图书馆与档案馆之责任"。其中,第一部分作为1976年《美国版权法》新增的第十二章"版权保护和管理系统",第二部分对1976年《美国版权法》第五章进行修改,在第511节以后加入第512节"对网上内容的责任限制"。新增第十二章主要包括:(1)禁止任何人规避有效地控制接触作品的技术保护措施;(2)任何人不得伪造版权管理信息、未经版权所有人或法律授权,故意消除或改变版权管理信息;(3)从民事和刑事两方面,对涉及技术保护措施和版权管理

---

❶ M.D.FLA,1993;N.D.CAL,1994;N.D.CAL.1995.

❷ Information Infrastructure Task Force ,The Report of the Working Group on Intellectual Property and the National Information Infrastructure ,Sept.1995.

信息的侵权和犯罪及其刑罚作了规定。新增第512节主要是关于网络服务商的侵犯版权责任。服务商是指上网服务或网上服务的提供者,或其系统、网络的运行者。为了保障网络通信畅通,DMCA界定服务商提供服务过程可能涉及的侵犯版权责任,该法律同时明文规定若干网络服务商免责事由,称为“避风港”。

3.《规范对等网络法案》

对等网络即P2P,是近几年来兴起的一种新兴网络技术,被称为影响互联网未来发展的技术。2002年6月25日,美国众议院通过《规范对等网络法案》,旨在保护对等传输中享有版权的作品,同时对传输者的责任进行限制。该法案的主要内容包括:(1)赋予对等网络传输的作品权利人采取相应的措施,制止、干预在某一公众可接触的对等网络上未经授权的发行、展示、表演或者复制其受保护的作品;(2)对于版权人在对等网络上采取规避措施进行限制;(3)版权人在对等网络中采取相应措施的程序性要求;(4)对等网络上的虚拟文件传输者享有的权利,可以通过发表权利声明对抗版权所有人,并有权采取司法措施维护自己的权益。

4.《家庭娱乐与版权法案》

2005年4月27日,美国总统布什签署了《家庭娱乐与版权法案》,其主要内容就是以刑事制裁手段保护版权。该法案由4个部分组成:第一编《艺术家与防盗版法案》、第二编《家庭电影法案》、第三编《国家电影保存法案》和第四编《孤本作品保存法案》。显然,该法并非是专门规范信息网络传播权的法案,但由于通过网络将预览影片置于P2P软件划定的“共享区”供他人免费下载的现象增多,而该法又主要针对电影作品尤其是预览影片的传播,因此它的某些条款也成为规范信息网络传播行为的重要内容。该法与信息网络传播有关联的内容主要包括:(1)明确规定以刑事处罚应对擅自在网络上传播预览影片。该法案规定,未经版权所有人授权,任何人不得故意使用或试图使用视听录制设备传输或者录制受版权法保护的电影或者其他视听作品或者其片段。对于未经授权而故意使用或者试图使用视听录制设备传输(包括网络传输)或者录制受版权保护的影视作品的任何人,将处以3年以下监禁、罚金或者两者并处;对于再犯者,将处以6年以下监禁、罚金或者两者并处。对于被指控故意使用或试图使用录制设备传输或者录制受版权保护的影视作品的人,可以没收或者销毁用于传输或录制的设备以及非法录制的影片复制品。(2)明确规定在私人场合采取措施规避某些网络传播作品的合法性。该法案规定,私人家庭中的成员为家庭观赏而播放合法制作的影视作品时,遮蔽其中的一部分视频或音频内容,以及制作或提供用于实现此种遮蔽功能的计算机程序或者其他技术的,只要没有利用这种计算机程序或者其他技术制作被遮蔽影视作品的复制品,就不构成侵权。

(二)欧盟及代表性的欧盟国家

与美国的立法几乎同步，欧盟也一直致力于探索从立法上确认一种在信息时代保护版权的合理途径。早在1995年7月，欧盟委员会就公布了题为《信息社会的著作权与相关权的绿皮书》，1996年9月又颁布了《信息社会的著作权及相关权绿皮书》(续)，探讨了网络版权保护的许多问题，并且推动成员国的立法。比如，1997年由德国联邦上议院批准生效的《规定信息和通信服务的一般条件的联邦法令——信息和通信服务法》，被誉为世界上第一部规范网络秩序的单行法[1]。英国于1997年公布《著作权与资料库法》(The Copyright and Rights in Databases Regulation 1997)，该法确认了资料库抽取权这一新的财产权利，为在网络环境下保护数据库埋下了伏笔。随着欧盟立法一体化进程的推进，欧盟在协调各成员国网络传播权立法方面卓有成效，并且推动了各成员国自身的立法。

1.《关于协调信息社会的版权和有关权若干方面的指令》[2]

1997 年12月欧盟通过《关于协调信息社会的版权和有关权若干方面的指令》(以下简称《版权指令》)草案。后经多次辩论及修改，《版权指令》终于在2001年4月9日得以通过，2001年5月21日"版权指令"的最后文本形成。

与所有的欧盟指令一样，《版权指令》的正文(条款)前有一段很长的序言，共有40条"细则"。虽然这些细则与成员国有义务转换成国内法的条款不同，但它们应是解释实施条款的指南。该指令有三个主要方面：(1)该指令第二章(第2~4条)列出了指令授予的权利，并对它们作出定义。这些条款是与信息社会运行相关的行为所涉及的版权和邻接权(网络作品的数字复制和传输)。《版权指令》最终采纳的复制权定义将暂时性复制置于权利人的权利之内；《版权指令》规定向公众传播权和向公众提供权，即成员国应赋予作者、表演者、唱片制作者、广播组织者等以授权或禁止通过有线或无线的形式向公众传播其作品的权利，包括允许公众的个体成员在自定的时间和地点接触作品的行为。(2)对例外的协调。《版权指令》要求成员国国内法采纳的例外，一种是强制性的例外(第二章第5条第1款)，另一种是选择性例外(第5条第2~3款和第3款之二)。(3)第三章规定了成员国的义务。它要求成员国提供"足够的法律保护"，以防止"破坏技术措施"(第6条)和防止发生任何改变或删除设置在作品复制件中或向公众传播时显示的权利管理信息的行为(第7条)。[3]

---

[1] 德国:《规定信息和通信服务的一般条件的联邦法令》，对该法的详细介绍，可查阅:http://www.angelaw.com.

[2] Directive 2001/29/EC of the European Parliament and of the Council .22 May 2001 .on the harmonization of certain aspects of copyright and related rights in the information society.

[3] 安德烈·克勒韦:"欧盟关于协调信息社会版权和邻接权某些方面的指令"，载《版权公报》2001年第1期。

2.《关于共同体内部市场的信息社会服务尤其是电子商务的若干法律方面指令》❶

为了对信息社会中的电子商务的发展进行规制，欧洲议会及欧盟理事会于2000年通过《关于共同体内部市场的信息社会服务尤其是电子商务的若干法律方面指令》(以下简称《电子商务指令》),该指令虽然是规范电子商务的法律,但是许多内容涉及在线服务,尤其是对网络服务提供者进行了规范和协调。与信息网络传播权相关的主要内容包括:(1)在序言和《电子商务指令》第2条界定了在线服务提供和服务接受者。在线服务包括提供在线信息通信或商务通信的服务，或提供搜索、取得或检索数据的工具的服务;此外,信息社会服务也包括通过通信网络传输信息的服务,提供接入通信网络的服务,以及为服务接受者提供的数据提供主机的服务;点对点传输的服务,例如视频点播或通过电子邮件提供商业通信则属于信息社会服务。"服务接受者"的定义包含了对信息社会服务的所有种类的使用,既可以是在开放性网络(例如国际互联网)上提供信息的人,也可以是为个人或职业原因在国际互联网上寻找信息的人。(2)在序言中概括性描述信息社会服务提供者的义务。信息社会服务提供者,包括信息存储服务提供者,在知晓或注意到非法活动时,必须迅速删除所涉信息或阻止他人访问该信息；采取删除信息或阻止他人访问该信息的行动时,应当遵守表达自由原则,并应当遵循为此目的建立的国内法层面上的程序；同时指令并不影响成员国设定在删除信息或阻止他人访问该信息前必须迅速完成的特别要求。(3)规定信息社会服务提供机构的设置原则和程序。包括排除事先核准的原则、需要提供的一般信息等。(4)具体规定不同类型的中间服务提供者的义务和责任。包括提供"纯粹的管道"、缓存等服务,以及明确网络服务提供者不承担进行监督的一般性义务。

3.《英国版权法修正案》(2003年)

2003年,英国按照欧盟指令的要求修改了本国的版权法,在立法上详细规定信息网络传播权的主要内容。包括:(1)界定网络传播权的法律关系。包括传播的概念、向公众传播的作品和传播权的主体。其中传播的含义较广,但向公众传播被限定在以有线或无线方式的按需传播。(2)对临时复制的法律性质进行判断。认为作品的复制件包括暂时存在或永久保存的复制件。在作品传输过程中直接或附带产生复制件都属于复制。(3)对向公众传播权和复制权进行限制。特别是对基于科研、个人使用,图书馆为便利于进行研究或私人学习对存有作品的复制,以及在教学过程中或备课时复制、传播文学、戏剧、音乐或者艺术作品的限制作出规定。(4)明确

❶ Directive 2000/31/EC of the European Parliament and of the Council of 8 June 2000 on certain legal aspects of information society services, in particular electronic commerce, in the Internet Market.

规定技术措施和权利管理信息。就技术措施而言，包括破解技术措施、破解技术措施的装置和服务、法律责任；在权利管理信息方面，规定电子形式的权利管理信息、破解权利管理信息的责任。(5)对网络服务提供商的行为进行规范。按照《电子商务指令》的要求对网络服务提供者的法律责任进行规定，包括相应的通知和反通知程序等。

4. 法国《信息社会版权法案》

法国议会参议院和国民议会(下院)于2006年6月30日同时通过了政府提交的《信息社会版权法案》。这一法案对电子信息产品的版权保护进行了规范，在注重保护版权、打击盗版的同时，也对电子信息产品的"通用兼容性"作出了明确规定。主要内容包括：(1)加强对版权人传播权利的保护。针对电子信息产品的盗版问题，法案规定，从因特网非法下载电子信息产品的个人行为将被处以小额罚款，蓄意绕过版权保护技术从事电子信息产品复制将受到重罚。按照规定，破解电子信息产品加密技术的电脑黑客，会被判处3 750欧元罚金；向公众提供解密技术的人，最高会被判处6个月监禁和3万欧元的罚金；而销售加密产品破解软件的人，最高会被判处3年监禁和30万欧元的巨额罚金。❶ (2)对复制权的限制。个人出于非商业目的复制电子信息产品的自用行为，法案没有约束力。法案还规定，残疾人、图书馆、博物馆、档案机构、新闻媒体以及教学科研机构为了教学和科研而进行的电子信息产品复制，不受法律追究。(3)"通用兼容性"标准的采纳。市场销售的电子信息产品在保护版权的前提下必须具有"通用兼容性"。法案为此提出设立专门机构，负责受理软件开发商、电子产品制造商和服务供应商的申诉。

5.《荷兰版权法修正案》(2002年)

在应对信息社会的网络传播权立法和执行欧盟的指令方面，荷兰的立法也很有特点。2002年荷兰通过对其版权法的修订。修正案包括三个部分，分别是：(1)对版权的修订。在该部分，增加临时复制、向公众提供权及其限制、技术措施、权利管理信息等内容。(2)邻接权的修订。包括临时复制、向公众提供权、技术措施、权利管理信息、向公众提供权的限制、侵犯技术措施法律责任、侵犯权利管理信息法律责任等。(3)数据库的修订。包括技术措施、侵犯技术措施的法律责任、权利管理信息和侵犯权利管理信息的法律责任。

(三)世界知识产权组织"互联网条约"的协调

世界知识产权组织(WIPO)一直致力于协调新技术发展所带来的各国版权法在细微方面乃至根本方面进行应对的差异。起初由WIPO各机构起草建议、指导原则和

---

❶ 严明："法国议会通过电子信息产品版权保护法案"，新华网2006年7月2日访问。

示范条款，就如何迎接新技术的挑战为各国政府提供了指导。但到了20世纪80年代末，国际上逐渐承认单靠指导已不足以对新技术的发展作出适当反应，有约束力的新的国际准则变得不可或缺了。[1] 1996年12月2日至20日在日内瓦召开WIPO版权和邻接权若干问题的外交会议，外交会议通过了两个条约：《WIPO版权条约》(WCT)和《WIPO表演和录音制品公约》(WPPT)。前者的主要内容是对《伯尔尼公约》1971年巴黎文本某些实质性条款进行修改，而后者则在1961年《保护表演者、录音制作者和广播电视组织的罗马公约》(以下简称《罗马公约》)的基础上又为表演者和录音制品制作者制定了专门的国际条约。以上两个条约由于主要涉及互联网下版权与邻接权保护，所以也被称为“互联网条约”。WCT与WPPT两个条约已分别于2002年3月6日和5月20日生效。

WCT由25条组成，未分章节。第1~14条系实体条款，第15~25条系行政管理条款。此外还附有“议定声明”9条。它的主要内容包括：(1)复制权。“议定声明”第1条规定，《伯尔尼公约》第9条所规定的复制权及其所允许的例外，完全适用于数字环境，尤其是以数字形式使用作品的情况。不言而喻，在电子媒体中以数字形式存储受保护的作品，构成《伯尔尼公约》第9条的复制。(2)发行权与出租权。WCT 第6条规定，文学和艺术作品的作者应享有授权通过销售或其他所有权转让形式向公众提供其作品原件和复制件的专有权。同时第7条规定出租权。(3)向公众传播的权利(又译为公共传播权)。WCT第8条规定，在不损害《伯尔尼公约》有关规定的情况下，文学和艺术作品的作者应享有专有权，以授权将其作品以有线或者无线方式向公众传播，包括将作品向公众提供，使公众中的成员在某个选定的地点和时间得接触这些作品。(4)限制与例外。WCT第10条规定，缔约各方在某些不与作品的正常利用相抵触，也不无理损害作者合法权益的情况下，可在其国内立法中对依本条约授予文学和艺术作品作者的权利规定限制或例外。在议定声明第9条明示，这些限制与例外继续适用并适当地延伸到数字环境中。同样，这些规定被理解为允许缔约方制定对数字网络环境适宜的新的例外与限制。(5)技术措施保护和权利管理信息保护的义务。WCT第11条规定，缔约方应规定适当的法律保护和有效的法律补救办法，制止规避由作者为行使本条约所规定的权利而使用的、对就其作品进行未经该有关作者许可或未由法律准许的行为加以约束的有效技术措施。WCT第12条给权利管理信息作出界定，并禁止未经许可去除或改变任何权利管理信息，以及未经许可发行、为发行目的进口、广播或向公众传播明知已被未经许可去除或改变权利管理电子信息的作品或作品复制品。(6)网络时代版权保护体系化方面的其他规定。涉

[1] 米哈依·菲彻尔(Mihaly Ficsor)：“21世纪到来之际的版权和有关权”(上)，载《著作权》1999年第1期。

及版权保护的范围、计算机程序、数据汇编(数据库)、摄影作品的保护期限等。

WPPT由33条组成，共分5章。第一章：总则；第二章：表演者的权利；第三章：录音制品制作者的权利；第四章：共同条款；第五章：行政条款和最后条款。WPPT从总体上遵循着与WCT相同的解决思路和体系化努力，注意厘清复制权、发行权、出租权、获得报酬权的界限，同时规定对权利的限制和例外，以及关于技术措施和权利管理信息的义务。二者的不同之处在于：(1)WPPT沿用《罗马公约》的结构，在第2条中包含了一系列的定义，而WCT则与《伯尔尼公约》保持一致，并没有相关概念的界定。(2)WPPT详细规定表演者的精神权利，WCT则没有精神权利方面的规定。(3)WPPT没有采用"公共传播权"这一语词涵盖交互性网络传输，而是在第10条规定"提供已录制表演的权利"，第14条规定"提供录音制品的权利"，但其实质含义与公共传播权并无不同。(4)WPPT因为需要把其内容划分为表演者权利和录音制品制作者的权利而产生结构上分章的需要，WCT没有划分章节。

(四)世界上其他有代表性国家和地区的立法

互联网条约的签署成为网络传播权立法的分水岭，不少国家和地区随后纷纷加快了立法或修法的进程，根据本国特定的经济技术发展程度、文化背景和固有的版权法框架，制定并完善网络传播权的规则，从而丰富了有关信息网络传播权立法的具体样态。现择取有代表性国家和地区的立法情况予以简要介绍。

1. 日本

日本于1997年、1999年和2000年3次修改版权法，以实现本国版权法的"数字化议程"。(1)1997年6月日本版权法修改时，创立了"向公众提供权"，形成了新的"公共传送权"，其除了所有的有线/无线、数字/模拟以及同步/交互式的向公众传送外，还包括向公众提供。就载体而言，网页、按需电视、因特网播放都在其内，这样"公共传送权"与表演权、发行权并列，共同构成"公共传播权"(communication to the public)，而"公共传播权"又与"复制"和"演绎"两种权利并列，共同构成著作财产权之专有权。与上述相关联，此次修改还确立了表演者与录音制作者的提供权。[1] (2)1999年日本版权法再次修订，重点规定了技术措施保护和权利管理信息保护。(3)2000年日本版权法再次修订，加入针对特殊人群的权利限制：一方面，对于盲人，通过个人电脑在网络公开传输作品的盲文数据，可以不经授权；另一方面，对于聋哑人，通过个人电脑网络交互传输电视上的伴音字幕，可以不经授权。经过三次修法，日本版权法的内容和精神已基本符合WIPO版权条约的要求，日本也已正式加入"互联网条约"。

---

[1] 周艳敏："日本版权制度的'数字议程'"，载《电子知识产权》2002年第2期。

2. 澳大利亚

2000年8月，澳大利亚联邦议会对版权法进行大范围的修改，被称为《数字议程法》(Digital Agenda Act)，该法大部分内容已于2001年3月4日开始实施，这是澳大利亚版权法与WCT和WPPT看齐的主要步骤。该法案的主要内容包括：(1)增加向公众传播权。向公众传播权被适用于诸如广播和电缆传送等的“主动”传播，也包括借助网络下载以获得信息的“被动”传播。通过扩充旧的传播权来适应新的信息传播环境，而以往法律中有关广播权、电缆传播权等权利继续有效。❶ 对于通过E-mail传送的行为，则借助电子化传输权(electronically transmit)予以规制。(2)例外规定。将现行版权法的例外规定延伸至数字环境，包括现行合理使用的规定适用于向公众传播的新权利，以及图书馆和档案馆通过使用新技术对电子形式的版权材料的保护。此外，关于教育机构和助残机构的法定许可的规定也扩大到了传播权。同时法律还增加了有关数字电视的例外规定。新的和扩大部分的例外规定对于促进学生、研究人员、残疾人、文化机构以及居住在偏远地区的人们获取电子形式的版权材料将发挥重要作用。(3)对技术措施和权利管理电子信息提供了执法新措施。但是，在对于因公共利益的目的而允许取得规避设施和服务的执法措施的制定上非常精心。❷(4)网络服务提供者的法律责任。该法列出了决定网络服务提供者承担责任时应考虑的清单，这些因素由案例法而来，同时区分网络服务的性质而规定承担责任的条件。

3. 黎巴嫩

1999年3月17日黎巴嫩通过一项旨在保护文学艺术产权的法律，对1924年的相关法作了重大修改。该法在一定程度考虑到新技术特别是因特网的发展，并把同“互联网条约”接轨作为目标，它体现了普通法系固有传统的影响。❸(1)通过对作品复制和公开传播专有权利的规定，把对数字作品的保护纳入著作权法。复制是通过一切手段尤其是以永久或临时的手段把作品固定在唱片、磁带或只读光盘或电子储存器上等方法，将作品以一份或多份的形式固定在物质载体上。出版是指经作品作者或录音制品制作者同意，将该作品或录音制品以足够的份数供给公众使用，并通过出租、出售，或其他转移产权或转移物质载体使用权的手段来满足公众的合理需要。这一术语也适用通过电子手段对作品进行传播。公开传播是指通过声音和图像的传播装置或声音或图像的传播装置将作品传送给公众接收的活动，以使公众可以从远离发射中心的地方收听或收视到作品。此外，接收还指通过在线(如因特

❶ “Digital Agenda Amendment: an Overview”, http://www.copyright.org.au.

❷ 高思：“APEC版权研讨会综述”，载《电子知识产权》2001年第9期。

❸ 米舍莉娜·费朗：“黎巴嫩新著作权法”，载《版权公报》2001年第2期。

网)或脱线传播手段将作品传播给公众,从而可使任何人在他所选择的时间和地点获取作品。(2)著作权客体包括计算机软件和数据库,从而扩大了受保护作品的范围。(3)将著作权的例外规定在三个方面:严格限于拷贝者个人使用的复制、特别例外和为总体利益的例外,但并无对数字环境下权利限制的特别规定。

二、我国《信息网络传播权保护条例》的制定

现代信息技术在我国的发展同样促导着版权法因应网络技术特征进行适当调整,以实现法制的突破、技术的发展和文化的繁荣。我国《著作权法》在2001年修正时确认信息网络传播权,对技术措施、权利管理信息提供法律保护。根据《著作权法》的授权,2006年5月10日,国务院常务会议审议并原则通过《信息网络传播权保护条例》,该条例已于2006年7月1日开始施行。《信息网络传播权保护条例》的通过,标志着我国有关信息网络传播权的法律规制体系化的实现。结合法学理论的发展和技术的最新进展,对该条例的进步性和存在的问题进行综合观察,已经成为分析我国信息网络传播权保护现状和未来进展的重要途径。

(一)《信息网络传播权保护条例》制定的实践需求

在我国,制定网络时代的版权保护规制的需求最早来自司法领域,其后在司法解释和相关的法规、规章中有所反映。《著作权法》的修改一方面使得立法的基本范畴得以澄明,另一方面也将出台相应的法规推上日程。《信息网络传播权保护条例》的出台是一个动态的制造过程,历经司法的试验和司法解释的肯定、立法的确认、司法的运用、理论的推动以及国际比照的系列运作,对此拟分述之。

1. 司法的试验

司法是立法的排头兵,司法界面对鲜活的社会现实,较早涉足信息网络传播的版权保护问题。其代表性的案例当属1996年审理的“王蒙等六位作家诉被告世纪互联通讯技术有限公司‘北京在线网站案’”。该案中,原告创作的文学作品发表在纸介质媒体上,被告未得到原告许可,将作品存储在计算机系统内,通过WWW服务器在国际互联网上进行传播,联网主机用户只要通过拨号上网方式进入被告的网址,点击具体作者作品的名称,即可浏览或下载作品的内容。原告认为被告的行为侵害了其著作权。被告则认为,现行法并没有规定在互联网上传播他人已发表的作品,应当取得著作权人的同意,因此,其行为并不构成对原告著作权的侵害。此案历经二审,最终认定被告未经许可将原告的作品在国际互联网上传播,侵害了原告对其作品享有的使用权和获得报酬权。[1]这一判决利用了当时的《著作权法》在规定著

---

[1] 蒋志培:《入世后我国知识产权法律保护研究》,中国人民大学出版社2002年版,第173~174页。

作财产权时措辞的模糊性特点，在判决中回避了被告究竟侵犯了原告什么类型的财产权，并且在一定程度上对法律作了扩张解释。❶但其意义不容否认，该案例引起了国内知识产权界对网络著作权保护的广泛关注，成为推动司法解释和理论研究的重要力量。

2. 司法解释的肯定

2000年12月，最高人民法院发布《关于审理涉及计算机网络著作权纠纷案件适用法律若干问题的解释》(该司法解释在2003年根据著作权法进行若干修正，依然发挥作用)，对司法过程中的热点和难点问题进行了深入的总结，提出了不少具有开拓性、创新性的网络版权保护规则。具体表现在：(1)明确网络著作权侵权纠纷案件的管辖权确定原则，解决了类似案件的起诉和审判问题；(2)明示著作权各项权利的规定适用于对数字化作品的保护，特别是该解释第2条第2款规定“将作品通过网络向公众传播，属于著作权法规定的使用作品的方式，著作权人享有以该种方式使用或者许可他人使用作品，并由此获得报酬的权利。”影射了信息网络传播权的存在；(3)确立网络上作品转载、摘编的法定许可规则；(4)对网络服务提供者的责任、义务进行明确划定，首次区分提供内容服务的网络经营者和提供其他服务的网络经营者。该解释以最高司法机关的名义强调了网络环境下版权保护的一般规则，其重要意义不容否认。但司法解释本身的权域范围和法官造法引起的理论置疑，减弱了司法解释在法律未作明文规定或授权的情形下创制相应规则的正当性。

3. 立法的确认

立法机关和行政机关在信息网络传播权的形成和最终建构之中，同样发挥巨大作用。其实，针对网络信息服务业进行网络管理的法律规范的制定工作，一直就未曾停歇过。目前法律规范既包括《互联网信息服务管理办法》、《互联网上网服务营业场所管理办法》、《计算机信息网络国际互联网管理暂行规定》等行政法规，也包括《互联网电子公告服务管理规定》、《互联网站从事登载新闻业务管理暂行规定》、《中国公众多媒体通信管理办法》、《计算机信息网络国际互联网络管理暂行规定实施办法》等行政规章。而2001年《著作权法》修正案的最终通过，则是立法机关在合适的时机，借助法律的修改，正式以立法的形式确认了信息网络传播权这一权利范畴。该法第10条规定，著作权人享有信息网络传播权，即以有线或无线方式向

---

❶ 当时《著作权法》第10条第(5)项规定：“使用权和获得报酬权，即以复制、表演、播放、展览、发行、摄制电影、录像或者改编、翻译、注释、编辑等方式使用作品的权利；以及许可他人以上述方式使用作品，并由此获得报酬的权利。”第45条第(5)项规定侵犯上述权利的民事责任，第45条第(8)项规定：“其他侵犯著作权以及与著作权有关的权益的行为。”北京市第一中级人民法院就是依据上述条款进行终审判决的，上述条款中“使用权”“获得报酬权”“等方式”“其他”这些语汇都很有弹性力，法院也正是对此进行扩张解释得出结论的。

公众提供作品，使公众可以拥有在其个人选定的时间和地点获得作品的权利。第37条规定，表演者对其表演享有许可他人通过信息网络向公众传播其表演，并获得报酬的权利。第41条规定，录音录像制作者对其制作的录音录像制品，享有许可他人通过信息网络向公众传播并获得报酬的权利。第47条规定侵犯信息网络传播权、规避技术措施和破坏权利管理信息的法律责任。第58条规定，计算机软件、信息网络传播权的保护办法由国务院另行规定，从而为在我国围绕信息网络传播权这个核心范畴构建法律规则提供了规则依据。2005年4月30日，国家版权局、信息产业部通过《互联网著作权行政保护办法》，该行政规章旨在加强互联网信息服务活动中信息网络传播权的行政保护，规范行政执法行为。它特别详尽地设计了互联网信息服务提供者的"通知和反通知"程序，为我国信息网络服务产业的发展提供了有力的制度保障。

4. 司法的运用

立法的完善为司法的运用提供了新的动力，《著作权法》修正以后，各级人民法院相继审理了以侵犯信息网络传播权为案由的纠纷，代表性的案件有两起：第一起是2002年"陈兴良教授诉中国数字图书馆有限责任公司案"，该案的基本案情是，原告诉称自己是《当代刑法新视界》等3部著作的著作权人，被告的网站上载这些作品，读者付费后可以阅读并下载这些作品。北京海淀区法院判决认为被告的行为阻碍了原告以其认可的方式使社会公众接触其作品，侵犯了其信息网络传播权。❶该案因触及数字图书馆及信息网络传播权的合理使用问题而备受关注。第二起案件当属2003年"中国音乐著作权协会诉网易公司、移动通信公司案"，该案的基本案情是，原告受委托管理歌曲《血染的风采》的著作财产权，网易公司在其所属网站的"铃声传情"服务中，将《血染的风采》提供给移动电话用户作为音乐铃声下载使用，移动通信公司在其用户下载过程中提供传输管道并收取费用，使移动电话用户可以随意下载该歌曲。北京市第二中级人民法院判决认为：网易公司未经许可，将音乐作品《血染的风采》直接收录进163网站的栏目中公开展示，并有偿向移动电话用户提供下载使用服务的行为，构成了对著作权人信息网络传播权的侵犯。移动通信公司为网易公司提供网络信息传送的服务是技术性的和被动的，具体就是接收网易公司发送的信息及向移动电话用户发送该信息提供基础性的技术连接服务，实现从移动电话到互联网或者从互联网到移动电话的双向沟通。因此，移动通信公司的行为不构成对《血染的风采》著作权的侵害。❷该案因涉及区分IAP和ICP的不同特点，确认是否构成侵犯信息网络传播权，而具有理论研究的评判和借鉴意义。

---

❶ 引自http://timeslaw.363.net/new-page-306.htm.

❷ 《最高人民法院公报》2003年第5期。

5. 理论的推动

学术研究为信息网络传播权制度设计提供了可供比对的理论素材和可助认识深化的理论支撑。20世纪90年代末期，薛虹博士的博士论文专门探讨网络时代的知识产权制度，该论文于2000年由法律出版社以《网络时代的知识产权法》为名出版，成为我国学者系统研讨网络环境下版权保护的开拓之作。其后，鲍永正博士的《电子商务知识产权法律制度研究》(知识产权出版社2000年版)、张平教授的《网络知识产权法及相关问题透析》(广州出版社2000年版)、吴汉东教授、胡开忠博士等的《走向知识经济时代的知识产权法》(法律出版社2002年版)、李扬博士的《网络知识产权法》(湖南大学出版社2002年版)、蒋志培法官的《入世后我国知识产权法律保护研究》(中国人民大学出版社2002年版)等著作均涉足或系统介绍、研究了网络时代著作权制度的理论问题和信息网络传播权立法的关联问题，不仅丰富了我国信息网络传播权的理论研究，而且也成为立法机关最终拟订《信息网络传播权保护条例》的重要参考文献。

6. 国际立法的比较

1996年通过的WCT和WPPT，成为各国建构本国网络传播权立法的基础性范本，同样也对《信息网络传播权保护条例》的制定产生重大影响。2001年，中国加入世界贸易组织，知识产权问题成为我国对外经贸关系的重点磋商内容，参与国际知识产权规则的拟订和执行，涉及对“互联网条约”的遵循。2004年第十五届中美商贸联委会上，中国政府表示将尽快完成国内立法，创造条件，早日加入“互联网条约”。2005年7月召开的第十六届中美商贸联委会上，吴仪副总理代表中国政府承诺：2005年年底前，国家版权局将草拟的《信息网络传播权保护条例》草案报国务院审议，国务院法制办将之列为2006年立法规划，2006年5月底完成国务院审议工作，2006年6月国务院向全国人大常委会提出中国加入“互联网条约”的议程。❶ 可见，国际知识产权制度的变革深刻影响着我国信息网络传播权立法进程，中国政府对世界知识产权组织“互联网条约”的积极态度推进了《信息网络传播权保护条例》的最终出台。

(二)《信息网络传播权保护条例》草案的文本分析

2004年11月，国家版权局牵头成立《信息网络传播权保护条例》起草工作领导小组，在起草《信息网络传播权保护条例》草案过程中，该小组专门委托中国社会科学院、北京大学、中南财经政法大学的专家组分别起草专家建议稿，于2005年5月底前完成(以下分别简称为社科院稿、北大稿和中南稿)。国家版权局在充分吸收专家建议稿的基础上形成《信息网络传播权保护条例》(征求意见稿)，于2005年10月通过

---

❶ 班晓：“《信息网络传播权保护条例》的制定经过”，载《中国版权》2006年第4期。

互联网公开向社会征求意见。2006年2月，国务院法制办形成了《信息网络传播权保护条例》(征求意见稿)，并在征求学术界、社会各界以及国外专家的意见基础上形成送审稿。2006年5月10日，温家宝总理主持召开国务院常务会议，审议并原则通过《信息网络传播权保护条例》(草案)，该条例草案经过进一步修改后于2006年5月29日全文发布，并于同年7月1日开始实施。在整个条例的拟订过程中，出台5个有代表性的草案文本：社科院稿、北大稿、中南稿、国家版权局征求意见稿和法制办送审稿。下面分别对此5个草案文本进行简要分析。

1. 社科院稿

社科院稿共6章33条，包括总则、版权的限制与例外、技术措施和权利管理信息的保护及其例外、网络服务商的责任、罚则和附则，具有以下内容和特征：(1)总体框架上坚持以总则统领分则，分则又坚持权利保护和权利限制的二元对应模式；(2)对信息网络传播权、复制权、技术措施、权利管理信息、网络服务提供商等信息网络传播权基本问题进行规则设计；(3)在权利限制与例外部分中，移植了《知识产权协定》和“互联网公约”中的“三步法”作为概括性条款，同时列举了对复制权和信息网络传播权的具体限制情形；(4)将技术措施和权利管理信息整合到一章中予以规定，区分网络服务提供商的类型确定责任构成及其豁免，在具体内容选择上参考了WCT、WPPT、美国和欧盟的立法；(5)罚则部分针对行政执法需要设计责任条款。

2. 北大稿

北大稿共分5章计29条，包括总则、信息网络传播权及其权利限制、技术措施、权利管理信息和法律责任，具有以下内容和特征：(1)总体框架上坚持总则与分则的结合，分则亦按照权利保护和权利限制对应设计规则；(2)总则主要规范网络服务的概况及侵权纠纷管辖原则；(3)对信息网络传播权、临时复制、技术措施、权利管理信息、网络服务提供者等基本问题进行缕析；(4)参考最高人民法院的司法解释规定了网络转载、摘编的法定许可，同时针对技术措施对著作权人、公众利益的特殊影响设计了独特的限制规则，进行了若干制度创新。

3. 中南稿

中南稿共分7章37条，分别是总则、数字化复制、网络经营者、技术保护措施、权利管理信息、法律责任和附则，具有以下内容和特征：(1)在立法架构上坚持总则、分则和附则的完整体例，分则包括权利保护、权利限制和法律责任等内容；(2)对与本条例有关的专业术语和法律概念进行集中界定；(3)参考最高人民法院的司法解释和有关行政法规，对网络转载、摘编的法定许可予以规制，对网络服务提供商的法律责任及其豁免进行制度设计，同时参考英国、美国、欧盟、澳大利亚、日本、加拿大、我国台湾地区、世界知识产权组织的有关规则，对我国目前还未涉及的对等网络、数字化复制、错告赔偿等进行规定；(4)在坚持已有经验的基础上，进行了若干制度创新，包括设计出网络经营者的义务规则、图书馆数字化利用规则、远程教育中的版权保护规则等。

4. 国家版权局征求意见稿

该草案没有分章，共计21条，于2005年10月初在国家版权局网站公开登载征求意见，其主要内容和特征包括：(1)没有明确的总则条款，但第1条的立法目的、第2条的名词界定、第3条对信息网络传播权的性质说明，都属于总则性规范；(2)吸纳了"互联网条约"、各国立法和专家建议稿中较为成熟的内容，同时也对专家建议稿中某些创新性制度设计给予了肯定，包括网络远程教育法定许可、公共图书馆的法定许可、网络转载、摘编的法定许可、进攻技术措施的禁止和错告赔偿等，同时还根据网络版权时代行政执法的实际，增加了网络版权执法的有关规则。

5. 国务院法制办征求意见稿

该草案由国务院法制办会同国家版权局及有关部门形成，向11个中央单位、若干企事业单位、12名国内专家学者和5名国外专家学者征求意见。该稿在总体上与国家版权局的征求意见稿的体例、内容接近，同时又根据国家版权局征求意见的结果，增加了一些限制网络传播权的条款，剔除了不少有分歧的、带有中国特色的创新性制度设计。

从以上的5个草案可以看出，《信息网络传播权保护条例》的制定是在国家主管部门的主导下，学者积极行动、公众广泛参与的结果，它是对国际上比较成熟的立法体例进行研究、对我国实际情况进行总结的结果，贯彻了群策群力、积聚智慧、立法民主的精神。

(三)《信息网络传播权保护条例》的简要述评

1. 进步性

在广泛征求意见的基础上，《信息网络传播权保护条例》于2006年5月最终出台，这是我国知识产权现代化进程中的重要实践，也是我国针对网络进行系列立法的重要成绩，其进步性表现为三个方面的结合。

一是理论趋势与应用实效的结合。网络技术影响到著作权制度的理论基础，《信息网络传播权保护条例》在相当程度上担负起构筑网络时代版权保护规则的重任，是对理论上和实践中的最新问题进行梳理和回应的体现，促成了著作权立法跟上详尽的信息技术发展的步伐。《信息网络传播权保护条例》特别肯定了理论上重建网络时代版权利益平衡和分享的努力，为权利人拓展保护范围的同时，对自由、公共利益和弱势群体给予足够的关切。由于体系化、平衡化地设计网络著作权规则，在法律构建时坚持"实践——认识——再实践"的理论与实践互动模式，坚持按照"有所为、有所不为"的认知理论，其在实施后对信息网络产业的促进、对网络作品传播的激励等应用实效也足以期待。

二是本土化与国际化的结合。以信息网络传播权为核心范畴设计网络版权保护规则，是我国司法实践和立法经验积淀的结果，《信息网络传播权保护条例》的主要内容体现了与《著作权法》、法律规章和相关司法解释的内在一致性，特别是针对我国信息网络技术发展现状和产业发展实际，肯定了一些有特色的法定许可条款和产业保障机制。同时，该条例借鉴吸收了发达国家的先进立法经验，特别是国际条约所确认的公认规则，反映了国际上的通常做法，在信息网络传播权、技术措施、权利管理信息、网络服务提供商等的保护与限制基本规则方面，没有另起炉灶，而是接纳一般标准，凸显了与国际立法的交融。

三是制度继受与制度创新的结合。《信息网络传播权保护条例》是《著作权法》的下位阶的法律渊源，既不能超越《著作权法》业已形成的制度和范畴，也不能摧毁传统著作权制度的理论基础。该条例没有采纳专家建议稿中设计出的有关总则条款、权利限制一般条款。网络转载、摘编法定许可条款、法律责任条款等，与我国《著作权法》的基本观念保持了一致。但是，该条例也注意到现代信息技术革命对著作权制度的冲击，因此也有选择性地进行了若干制度创新，在与《著作权法》基本精神相和谐的前提下，发展了基于教育、扶助贫困的法定许可规则，规定了确认网络服务提供者责任的"通知与反通知"程序、错告赔偿规则等。

2. 不足之处

《信息网络传播权保护条例》在很多方面依然存在不足，一方面，这是因为制度建构总是落后于技术发展，因而制度的不足在所难免；另一方面，该条例的法律渊源位阶过低、立法技术的不成熟、立法选择时的犹豫不决以及理论突破的被动，都导致其许多规定过于保守，与网络时代的实际需求存在一定的差距，突出表现在三个方面的不足。

一是前瞻性不足。制度前瞻性的基本途径包括：(1)合理而具有弹性的体例结构。总览当今主要的信息网络传播权立法体例，不外乎3种：①对应式，即在立法中分别规定权利保护和权利限制的规则；②权利主导式，即在规定权利人的每一种权利保护措施之后规定权利限制措施；③分立式，即针对版权、邻接权和数据库分别规定权利保护措施和权利限制途径。而每种不同的架构都具有较强的弹性，能够从不同的角度宣示本国的技术发展水平和社会变革的实际态势，便于及时根据技术发展的状况作出修正和调整。《信息网络传播权保护条例》的体系结构是：权利保护(第1~5条)、权利限制(第6~12条)、网络服务提供者(第13~17条)、法律责任(第18~

25条),在技术措施、权利管理信息、网络服务提供者的安排上存在着逻辑上的混乱。(2)创设总则性、原则性条款。总则性条款能够在价值歧见中构筑相对统一的法律主旨,原则性条款能够在技术的突兀变革中树立起广博的触角和边界。《信息网络传播权保护条例》第1条是立法宗旨和法律依据的总则性规定,当然相当必要,但缺少其他的原则性条款支撑,尤其缺少"鼓励创新原则" "权利不得滥用原则""互联网消费者权益保护原则"的规定,以及缺少对著作权平衡精神、合理使用"三步测试法"的宣示。❶ 因此,应在完善立法时予以增补。(3)进行适度的制度创新,对于业已出现的技术指引下的行为进行规制。例如对日新月异的数字化复制技术、BT下载技术、P2P技术、网络搜索引擎服务技术等引发的法律问题,就不能一味回避,而应该有积极的应对措施,哪怕是囿于技术发展态势不明朗,也应提出一般性的条款。该条例在搜索引擎技术等方面有涉足,但是对于数字化复制、P2P技术、BT技术带来的法律问题却保持沉默,因此应在今后的修法过程中予以完善。

二是利益的平衡化衡量不足。信息网络传播权的产生体现了对各种利益格局的调整,实现对网络环境下人类不同层次需要的考量,因此,在制度设计中应该敢于打破传统的条条框框,寻找更为恰当的制度设计平衡准星。《信息网络传播权保护条例》第8条、第9条对于教育、农村地区的特殊保护,体现了"中国特色"的利益衡量,总体上应属大胆的创新,但是由于设置的限制条件过多,其实际运行效果将大受影响。以第9条为例,扶助贫困的法定许可必须具备的条件包括:(1)适用目的属于扶助贫困;(2)适用区域属于农村地区;(3)适用的作品已经发表,并且是种植养殖、防病治病、防灾减灾等与扶助贫困有关的作品和适应基本文化需求的作品;(4)网络服务提供者应公告拟提供的作品、作者、支付报酬的标准,并且不得直接或间接获得经济利益。这样的限制条件已经不仅仅是操作存在困难的问题,而且突破了法定许可的固有含义,称为一种"特别许可制度"❷,很难起到消除地方数字鸿沟和保障贫困地区、农村地区利益的作用。此外,该条例在考量网络与模拟环境下各种需要和利益的差异方面仍显不足,缺乏有力度的制度设计。例如是否可以考虑网络上作品传播的特殊性,针对首发网站和转载网站设置不同的许可要求,针对BBS、博客等虚拟空间运行的技术特征和消费习惯,设置默视许可或者默视放弃的规则,这些在该条例中付之阙如。

三是主动性不足。《信息网络传播权保护条例》缺乏可圈可点的特色条款,在很

---

❶ 例如,可规定"信息网络传播权的设立和行使,不得阻碍网络环境下的技术创新"原则;在"法律限制"之首条规定,"本条例有关限制信息网络传播权的规定,只适用特定情形,不能与受本条例所保护信息的正常使用相冲突,并不能不合理地损害权利人的合法利益"。

❷ 金武卫:"《信息网络传播权保护条例》述评",载《中国版权》2006年第4期。

多领域，它既想迁就“互联网条约”和国际先进立法水平，又在需要考量我国实际技术发展水平和推动产业进步方面瞻前顾后。在立法选择时，时而考虑到美国的立法，时而考虑到日本的立法，惟独对实际情况缺少主动的介入和调研。例如，在网络服务提供者的“通知和反通知”程序设计时，历经反复，起初以美国法为依据，设计“立即删除”的规则，后依据日本法，规定5日内删除，最终在美国民间团体的游说下，选择了“立即删除”程序，对此种立法的选择过于被动，没有考虑到我国各类网站实际的运行习惯和行业要求。此外，在确认信息网络传播权的范畴、权利保护途径和限制规则时，也流露出在美国法和《欧盟版权指令》取舍时的底气不足。

总之，《信息网络传播权保护条例》已经成为网络时代我国著作权保护的主要依据，理应受到学者和实践部门的重视。应该清醒认识到的是，该条例的出台并不意味着理论研究和立法完善的终结。《信息网络传播权保护条例》并不能解决网络时代著作权保护的所有问题，信息网络传播权法律规则也应该在《著作权法》的第二次修改中得到统筹考虑。

三、信息网络传播权的范畴界定

“范畴是人类在认识客体的过程中形成的基本概念。范畴既是人类以往认识成果的结晶，又是认识进一步向前推移的支点。任何一门科学，从理论形态上说，都是由范畴建构起来的理论大厦”。❶当信息网络传播权产生并出现立法的需求时，对于网络传播权基本范畴的设计也成为立法时必备的理论根基和主要内容。《信息网络传播权保护条例》以信息网络传播权为主轴而选择立法框架，体现了我国的立法选择。实际上，对WCT第8条的规定可以作出不同的解释，不同国家可基于本国立法状况选择执行该条款的方式。既可以将“传播并得接触的权利”作为传播权的子集，也可以将传播权与之并立。❷我国理论界在《信息网络传播权保护条例》出台前后均有关于权利范畴取舍的不同声音，下面将对此展开讨论。

(一)信息网络传播权的立法模式

自网络传播权设置问题产生以降，适用何种“权利”涵盖网络中的传播行为，一直以来就是理论上和立法上争论的基本问题。❸信息网络传播权是颇具中国特色

❶ 张文显：《法学基本范畴研究》，中国政法大学出版社1993年版，第1页。

❷ Andrew F. Christie & Eloise Dias, “The New Right of Communication In Australian”, available at www.ipria.org.

❸ 关于我国学者的争论，可以参见参见郑成思：《知识产权法——新世纪的若干研究重点》，法律出版社2004年版，第229页及注释[2]；鲍永正：《电子商务知识产权法律制度研究》，知识产权出版社2003年版，第19~20页；阿拉木斯：“关于‘信息网络传播权’及其他”，载《电子知识产权》2002年第1期；乔生：“我国信息网络传播权与传统著作权之比较”，载《政法论坛》2004年第2期；黄勤南主编：《新编知识产权法教程》，法律出版社2003年版，第72页。

的表达，在其他国家和国际组织的条约上并没有对应的概念，但是对于网络传播权的含义、法律关系、权利内容和限制等问题，各国之间还是达成不少共识。

有关信息网络传播权的立法模式，我国有学者很早就归纳出3种模式：(1)“隐含式”，即用版权人现有的发行权、公开表演权和公开展示权覆盖作品的网络传播；(2)“重组式”，即对版权人的各类作品传播权进行重组，把除了复制发行权之外的其他传播方式(包括网络传播在内)统一为一种综合性的传播权；(3)“新增式”，即在不改变现有版权权利配置的前提下，赋予版权人控制作品网络传播的新权利。[1]这样的归纳自然不无道理，后来的各国立法也印证了这样的归纳。

美国是“隐含式”的代表。从总体上看，美国立法者认为版权法原有的关于复制权、发行权、表演权、展览权的规定可以适用数字化环境，但对其中的内容要扩大解释。具体的解释过程是：(1)扩大解释版权法中的发行权。依1976年《美国版权法》[2]，发行权是指版权人以出售或转让所有权之方法，或以出租、租赁或出借方法，向公众发行版权作品的复制品或录音制品的专有权。这一权利受首次销售规则的限制，即版权作品复制件的合法所有人，其发行不构成侵权。将此解释到网络环境，认为，“在高速的通信体系中，有可能将作品的复制品从一个地点传送到另一个地点。例如，将计算机程序从1台计算机传送给10台计算机，就是这种情况。当这种传输完成时，原始复制件一般存留在发送计算机中，而其他的每一台计算机中都会有1份复制件存在于内存或有关的储存设置中。传输的结果是该作品的10件复制品的发行”。[3]，这样把发行权的对象载体，从有形物扩张解释到数字环境。但同时又意识到“权利穷竭原则”在网络环境不宜适用，于是学究式地解释道，“发行权权利用尽原则”并不适合网络环境，因为“在网络传输过程中发行与复制同时存在，传输是发行，发行的是被传输的复制，因此限制发行权就等于限制了复制权，然而根据美国法律的规定，权利用尽原则仅指发行权的用尽，复制权根本没有‘用尽’的时候”。[4]
(2)通过对公开表演权和公开展示权的解释，使之适用网络环境。1976年《美国版权法》规定，“公开”表演或展出作品是指：①在对公众开放的场所，或者在超出一家庭及其社交关系正常范围的相当数量的人的任何聚集地点表演或展示作品；或②利用任何装置或方法在第①项规定之地点或向公众传送或以其他方式传播作品的表

---

[1] 薛虹：《网络时代的知识产权法》，法律出版社2000年版，第10~11页。

[2] 1976年《美国版权法》的中文译本，主要参考孙新强、于改之译：《美国版权法》，中国人民大学出版社2002年版。

[3] Information Infrastructure Task Force ,The Report of the Working Group on Intellectual Property and the National Information Infrastructure ,Sept.1995.pp214~215.

[4] 同上书，pp.92~94.

演或展出，无论公众是否可以在同一地点或不同地点以及是否可以在同一时间或不同时间内接收到该表演或演出。从条文表述上看，这两种权利的范围十分广泛，特别是当初立法者“充分考虑到表演和展示所借助的技术会不断发展，因此特别提到，表演能够以任何装置或过程实现，包括所有复制、放大声像的设备、任何传输装置、任何电子访问系统以及任何其他尚未付诸使用甚至尚未发明出来的技术和系统。”❶所以，数字环境下的网络传输可适用公开表演权或展示权，就是完全符合立法旨趣的选择。

《欧盟版权指令》、荷兰、加拿大、澳大利亚等国家是“重组式”的代表，它们赋予相关权利人广义的包括广播权在内的“公共传播权”。《欧盟版权指令》中规定了“向公众传播权”，这种权利是指权利人享有的以有线或无线的方式(包括广播)向公众传播其作品的原件或复制件的专有权，也包括让公众中的成员以个人选择的时间和地点访问作品的方式获得作品的权利。《荷兰版权法》第15条规定了版权人的向公众提供权，这种权利包括：“(1)向公众传播作品及其复制件的全部或部分；(2)传播作品及其复制件的全部或部分，只要该作品尚未以印刷品的形式出现；(3)除建筑作品和实用艺术作品外，将作品的全部或部分予以出租或出借，或将经过权利持有人同意而进入流通领域的作品的复制件予以出租或出借；(4)公开朗诵、表演或再现作品及其复制件的全部或部分；(5)对作品的广播包括以无线电、卫星电视节目、闭路系统或其他传送方式的传播。”《荷兰邻接权法案》第1条第2款m项规定了邻接权人的“向公众提供权”——“以有线或无线的方式向公众提供受本法案保护的作品，使得公众中的成员可以在自己选定的时间和地点获得作品的权利”。《加拿大版权法》在定义说明部分将“电子传输”(telecommunication)界定为“对任何形式的符号、信号、文字、图像、声音和信息采取有线、无线、可视、可听或其他电磁方式的传输”。该法在正文第一部分版权部分第3条第1款f项规定了版权人享有对任何形式的文学、戏剧、音乐、艺术作品以电子传输的方式向公众传输作品的权利。2001年颁布的《澳大利亚数字议程法》赋予著作权人一种新的技术上中立的，覆盖范围广泛的“公开传播权”，以取代以前的广播权和发送权。《澳大利亚数字议程法》第10条区分了广播和传输的不同概念。“广播”是指由1992年《澳大利亚广播服务法案》中的广播服务向公众传输的信息交流，“传输”是指提供在线或电子传输作品或其他客体。

英国、德国、中国等国家是“新增式”的代表，分别设置具有网络技术特征的信息网络传播权或公共传播权。2003年修改后的《英国版权法》第6条对传播作了非常

---

❶ H.R.Rep.No.1476.94th,Cong.2 nd Sess (House Report) ,p.63.

广泛的界定，它包括被动接受信息的广播和主动接收信息的网络传输。但是在第20条规定"向公众传播作品的权利"时，认为"向公众传播作品"是指"以电子形式向公众传播作品"，包括以下要素：(1)作品以有线或无线方式传播；(2)按需传输，即公众可以在个人选择的时间和地点访问电子形式传输的作品。182CA和182D条分别赋予表演者和音像制品制作者向公众传播作品的权利。1997年《德国多媒体法》在第1条第2款中指出，本法适用于为满足个人使用图像、声音等基于电子传输基础上的复合数据的需要，而产生的各种电子信息和传播的服务，其中包括了因特网和其他网络，但本法不适用于Rundfunkstaatsvertrag法第2条界定的广播。我国的《信息网络传播权保护条例》第26条规定，信息网络传播权是以有线或者无线方式向公众提供作品、表演或者录音录像制品，使公众可以在其个人选定的时间和地点获得作品、表演或者录音录像的权利，并不包括广播权等其他传播权。

应该指出的是，上述3种模式均符合世界知识产权组织"互联网条约"的精神。互联网条约最主要的特色就是对作品在数字网络中的传输，提出了所谓"总解决方法"，按照权威的解释，"总解决方法"是一种妥协的解决方法，即数字传输行为应以不带任何色彩的方式来描述，而不受具体的法律特征化的影响(例如，通过有线或无线方式将作品提供给公众访问)；这种描述应表现出数字传输的交互性；它应阐明当公众成员在不同地点不同时间访问作品时，该作品也被视为"向公众"提供；而在该专有权的法律特征化方面(在实际选择将适用的权利方面)，应留给国内法充分的自由；最后，《伯尔尼公约》在有关权利(向公众传播权和发行权)控制范围方面的空白应加以填补。❶ 因此，尽管在条约中最后采纳的是"公共传播权"和"向公众提供权"，但WCT第8条仍肯定各国立法上可选择的控制作品在网络上传播的权利有：公共传播权(the right of communication to the public)、公众可获得权(available to the public)、其他新权利或旧的权利类型以及不同类型权利的综合。❷

另外，按照WCT和WPPT的规定，著作权人享有的是"公共传播权"，而表演者、录音制作者享有的是"向公众提供权"，两者是否存在区别？对此，有学者指出："公开传播权与向公众提供权都系因应网络发展而创设，适用于网络上的传播权，与《伯尔尼公约》的广播权适用于传统的著作权不同。'向公众提供权'范围包括前阶段的将著作置于网上，使其成为可被传播之状态，到后阶段的交互式传播行为。'公开传播权'前段系指一般的传播，后段则指交互式传播，因此，'公开传播权'的范围

---

❶ 米哈依·菲彻尔(Mihaly Ficsor)："21世纪到来之际的版权和有关权"(上)，载《著作权》1999年第1期。

❷ Andrew F. Christie & Eloise Dias, "The New Right of Communication In Australian", available at www.ipria.org.

大于‘向公众提供权’。’❶ 这样的认识不无道理。实际上,由于WPPT第10条规定表演者的向公众提供被固定表演的权利,第14条规定录音制作者向公众提供录音制品的权利,这属于“传播和可得接触权”的范畴,但15条又同时规定“为广播和公共传播而提供表演、录音制品并获得报酬的权利”,是传统“传播权”的范畴。所以,按照WCT和WPPT的规定,单独设立公共传播权和向公众提供权,或者将它们整合在一起规定统一的权利,均符合要求。

(二)信息网络传播权的主体

主体是法律关系的参加者,是享有权利、承担义务的自然人、法人和其他组织。在现代信息技术条件下,“由于在作品的创作过程中,高度发达的通信基础设施可能使得利用信息的人不能完全分清信息的来龙去脉,于是,‘什么是创作行为、谁是作者’颇为复杂”。❷总体上看,信息网络传播权的主体包括著作权人和邻接权人。

1. 著作权人

著作权人主要是指作者。作者是创作作品的自然人;由法人或其他组织主持,代表法人或者其他组织意志创作,并由法人或者其他组织承担责任的作品,法人或其他组织视为作者;如无相反证明,在作品上署名的公民、法人或者其他组织为作者。在信息社会,“作者”这一概念的明晰“在确定知识产权的绝对性支配效力的界限的过程中,起着相当重要的作用,没有明确的作者身份(authorship),我们就根本谈不上著作权法”❸。在著作权人享有信息网络传播权的问题上,各国和国际组织的规定是比较一致的。美国的《数字千年版权法》、欧盟的版权指令、世界知识产权组织的版权条约均规定著作权人享有通过信息网络传播作品的权利。

2. 邻接权人

邻接权人因为传播作品而享有信息网络传播权,它包括表演者、录音录像制作者、广播电台、电视台,在有的国家还包括数据库制作者❹。一般的国家均认同表演者、录音制作者享有信息网络传播权。但是在对于其他的邻接权人是否能够享有信息网络传播权上,各国的做法并不一致。欧盟及有关欧盟国家(例如荷兰)将传统的单向广播纳入广义的向公众传播的范畴,所以在这些国家享有向公众传播权的就

---

❶ 吴上晃:“评两岸著作权法公共传播权之修正”,见《法学前沿》,法律出版社2004年版。

❷ 中山信弘:《多媒体与著作权》,专利文献出版社1996年版,第94页。

❸ Debora J. Halbert,“Intellectual Property in the Information Age”,Greenwood Publishing Group, Inc., p.121.

❹ 关于数据库的权利保护,我们认为应单独制定《数据库保护条例》,关于数据库法律保护的详细论述,本书由于篇幅和主旨所限,不打算展开讨论,只涉及基本概念和一般知识,有关的论述可参见:Mark J. Davison, *The Legal Protection Of Database*, Cambridge University Press, 2003.

不仅是作者、表演者和录音制品制作者,还包括广播组织、电视台等其他邻接权人。《欧盟版权指令》第3条规定:“成员国应当赋予下列人员授权或禁止他人通过有线或无线的形式、以允许公众成员在个人选择的地点和时间获取下列内容的方式,使公众获得下列内容的专有权:(1) 作者,就其作品;(2) 表演者,就其表演的固定;(3) 录音制品制作者,就其录音制品;(4) 首次固定的电影的制片人,就其电影作品的原件或复制件;(5) 广播组织,就其广播节目的固定,无论这些广播是用有线还是无线方式传输的,包括通过电缆或卫星传输。”权利主体的范围非常广泛。在荷兰版权法修订时,还对数据库制作者采取的技术措施、权利管理信息给予保护,信息网络传播权的主体延伸到数据库制作者。

另外需要说明的是,大部分国家和国际组织的条约都只提到录音制品制作者享有向公众传播权,而没有提到录像制品制作者的此种权利,而我国的《著作权法》和《信息网络传播权保护条例》则赋予录像制品制作者享有该权利。原因何在?首先,在没有邻接权制度的国家,对录音录像制品是提供版权保护的,表演者将其表演固定下来产生的作品及其复制件被视为录像作品或制品,所以对表演者此种权利的保护很大程度上延及对录像作品或制品的保护。美国和英国采取此种立法例。其次,在有邻接权制度的国家,由于技术的发展,电影作品、录像作品和录像制品往往很难区分,所以1985年之后制定或修改版权法的国家,或是使用“电影作品”来包括一切影、视、录像作品或录像制品(如英国),或是以“视听作品”来含摄(如法国)。

(三)信息网络传播权的内容

信息网络传播权包括积极权能和消极权能两个方面。积极权能主要指权利人的使用权、许可权和转让权。消极权能则表现为权利人的禁止权,主要有:(1)禁止他人上载使用的权利,即权利人有权禁止他人未经许可,擅自将其网下作品上载到互联网上进行任何形式的使用;(2)禁止他人下载使用的权利,即有权禁止他人未经许可,擅自将其网上作品在网下进行各种形式的使用,包括改编、翻译、注释、发行、表演、播放等;(3)禁止他人在网络上转载的权利,即权利人有权禁止他人未经许可,擅自将其网上作品在互联网上进行任何形式的使用;(4)禁止他人侵犯网络传输中的精神权利,即权利人有权禁止他人未经许可,在互联网上或网下侵犯其署名权、保护作品完整权等精神权利。

从信息网络传播权的内容出发,可以总结出该种权利的特征包括:(1)综合性。信息网络传播权所要规制的是信息在网络上进行传播的行为,这些行为从物理上按时间顺序可以分解为数字化、上载、传输、下载、浏览等多个过程,与此相对应的,信息网络传播权人也就享有控制作品上载、转载、复制、传播等一系列的权利,这种独特的组合而成的权利，被有的学者称为"从板块保护到集成保护"❶。由此可见，"网络传输是一项综合性很强的权利，它是原有著作权中的任何一项权利都无法比拟和取代的"。❷(2)技术性。信息网络传播权得以存在的空间是虚拟的网络空间，网络技术的发展程度直接制约了它的存在形态、权利内容和保护方法，并且离不开下载技术、技术措施、权利管理信息、ISP等网络上存在的技术、行为和主体。(3)交互性。信息网络传播权最重要的法律特征，一般理解为两个方面：其一是通过网络向公众提供作品，即"公开性"；其二是公众可以在个人选定的时间和地点得独立接触作品，即"交互性"。关于"公开"的标准和功用，学者们的观点并不一致，比如通过Internet在某一企业或单位的专用网络内向特定对象进行的传输是否属于公开，就存在争议。❸而关于"交互性"的认识，则比较一致，即通过信息网络独立接触作品不受时间的限制，公众可在任何时间、地点主动地根据需要而获得作品。强调"公开性"是固守"公共传播权"特征的表现，这种观点没有看到网络交互性特征对公开性特征的冲击，在网络传播中，"公开与私下的内涵与外延已经不容易确定，区分公开与私下也无实际意义；传统作品是个人在公众隔绝的'私人领域'中完成的，公众则是市场上被动的使用者。网络已经直接联结到'私人领域'，公众与私下界线全无，公众也消失了"。❹因此，尽管在有的情况下"公开性"仍是信息网络传播权的特点之一，但"交互性"应被理解为是信息网络传播权的最根本的法律特征。实际上，网络传播历经4个时点：上传行为发生时点、网络服务提供者获得上传材料的时点、网络服务提供者发送上传材料的时点、下载计算机接受上传材料的时点。信息网络传播权的"交互性"特征决定只要能够实现"按需传输"，权利人的权利就应该在该时点产生。

(四)信息网络传播权的限制

知识产权的限制通常是指对权利人的专有权利的限制，其功能在于通过对权利的适当限制，平衡权利人与社会公众之间的利益，确保社会公众能接触和利用知识产品，以促进整个社会精神文明和物质文明的发展。❺在传统著作权法中，对著作权限制的情况依作品的性质和使用方式分为3种：(1) 不支付报酬可自由使用的情况；(2)支付补偿费后可自由使用的情况；(3)要求取得作者的使用许可，但就报

---

❶ 娄耀雄："建立网络传播权的新视角——从版权的板块保护到版权的集成保护"，载《北京大学学报：哲社版》2002年第2期。

❷ 李扬：《网络知识产权法》，湖南大学出版社2002年版，第52页。

❸ 郑成思：《知识产权法——新世纪的若干研究重点》，法律出版社2004年版，第229页。

❹ See Niva Elikin-Koren ,"Copyright Law and Social Dialogue on the Information Superhighway: the Case Against Copyright Liability of Bulletin Board Operators", 13 CARD020 ARTS &ENT,387,399.

❺ 吴汉东、胡开忠：《无形财产权制度研究》，法律出版社2001年版，第115页。

酬不能达成协议，经裁决确定一个报酬数额，支付报酬后可自由使用的情况。❶在我国著作权理论中，第一种情况称为"合理使用"，第二种情况称为"法定许可"，第三种情况称为"强制许可"。具体到信息网络传播权的限制，主要包括"合理使用"和"法定许可"。

1. 合理使用

合理使用是指在特定的条件下，法律允许他人自由使用享有著作权的作品，而不必征得权利人的许可，不向其支付报酬的合法行为。合理使用在立法体例上包括"封闭式"和"开放式"两种："开放式"立法体例以美国的合理使用为代表，它规定合理使用判断标准的一个总"条款"，而没有列举合理使用的具体情形；"封闭式"立法体例在大陆法和欧洲国家得到采用，它建立在对合法行为的详尽列举的基础上。就目前的法律规定本身而言，由于美国并没有创设新的网络传播权，所以1976年《美国版权法》所界定的判断合理性的4个标准当然应该可以适用网络环境，不过该种判断标准在网络环境下是否需要重新调整，引起了学者们的反思。❷WCT则重申了《伯尔尼公约》中的一般条款，《欧盟版权指令》在权利的限制方面作出了详细的梳理，主要内容包括：(1)在序言中声明依据新的网络环境重新对权利的例外和限制进行评价的必要性。认为成员国应当有权选择在特定情况下允许某些例外或限制，例如为了教育和科研需要、为了诸如图书馆和档案馆等公共机构的利益、为新闻报道的需要、为了引用、为了供残障人士使用、为了公共安全进行的使用以及在行政和司法程序中进行的使用。(2) 就复制权和向公众传播权列举了详尽的例外和限制。其中，某些例外和限制适用于复制权，某些例外和限制适用于复制权和公共传播权。在第5条第3款列举了适用于网络传播权的情形。❸

---

❶ [日]半田正夫、谷纹畅男编：《著作权法50讲》，魏启学译，法律出版社1990年版，第196~197页。

❷ 吴汉东：《著作权合理适用制度研究》，中国政法大学出版社2005年修订版，第251~254页。

❸ 该条规定，成员国在下列情形下可以对本指令第2条和第3条中规定的权利施加某些例外或限制：(1)仅仅为教学举例目的或科研目的而使用某一作品或其他客体的行为，只要在使用时注明了来源(包括作者的姓名)，但是如果结果表明不可能注明来源，且仅在拟实现的非营利性目的所需的程度为限的情况除外。(2)为残障人士的利益而进行的与该残障直接相关的非营利性使用，以特定残障所需的程度为限。(3)新闻媒体进行的复制行为；向公众传播或使公众获得关于当前经济、政治或宗教主题的已出版的文章或广播作品或具有同一性质的其他客体的行为，只要此种使用行为未被明示保留，并且在使用时注明了来源(包括作者的姓名)；或者对与时事报道有关的作品和其他客体的使用行为，只要在使用时注明了来源(包括作者的姓名)，且以新闻报道所需的程度为限，但是如果结果表明注明来源是不可能的，则可以不注明来源。(4)以批评或评论为目的而引用，但是，引用的来源作品或其他客体必须已经向公众合法公开，同时，引用必须注明来源(包括作者的姓名)，且对它们的使用应遵循公平的惯例，且以特定目的所需的程度为限。(5)为公共安全目的或者为了确保行政、立法或司法程序的适当履行或报告而使用。(6)对政治演讲以及公众场合的演讲的摘要或者类似的作品或客体的使用，只要指明来源(包括作者的姓名)，且以新闻报道所需的程度为限，但是如果结果表明注明来源是不可能的，则可以

2. 法定许可

法定许可是另外一种重要的权利限制措施,它是指依照著作权法的规定,行为人使用他人已发表的作品,可不必征得权利人的同意,但应向其支付报酬并尊重其权利的一种法律制度。对于网络环境下信息网络传播权的法定许可,各法域立法涉足不多。《欧盟版权指令》并未具体列举法定许可的情形,但在序言中弹性地规定,在某些例外或限制的情形下,权利人应当获得合理的补偿,以就他人使用其受保护的作品或其他客体获得充分的补偿。在我国的立法中,关于网络环境下法定许可争论的焦点是"转载"问题。2000年12月最高人民法院公布施行,2003年12月予以修改的《关于审理涉及计算机网络著作权纠纷案件适用法律若干问题的解释》第3条规定,已经在报刊上刊登或者网络上传播的作品,除著作权人声明或者上载该作品的网络服务提供者受著作权人的委托声明不得转载、摘编的以外,网站予以转载、摘编并按有关规定支付报酬、注明出处的,不视为侵权行为。但网站转载、摘编作品超过有关报刊转载作品范围的,应当认定为侵权。

3. 默示许可

默认许可又称为推定许可,其含义是指当著作权人未明示许可某人使用其作品,但是从著作权人的行为可以推定其对某人使用其作品不表示反对。默示许可最初的含义是对民事主体的民事行为的一种认定。《最高人民法院关于贯彻执行民法通则若干问题的意见》第66条规定:"一方当事人向对方当事人提出民事权利的要求,对方未用语言或者文字明确表示意见,但其行为表明已接受的,可以认定为默示。"我国目前著作权法尚无对默示许可的规定,而且默示许可究竟是否可以作为著作权的限制在学者之间还存在争论 。

特定情形下信息网络传播权的默示许可不仅可行,而且必要。(1)这符合网络技术的特征,符合信息网络传播权的内在机理。"由于网络是一个极为开放的过程和载体,作者将自己的作品上载、传播,应当被认为其对网络的这些特性以及网络中的某些使用行为是明知的或是应推定为默示同意的。对于网络作品权利人意思

不注明来源。(7)在宗教仪式或由政府当局组织的官方庆典中的使用。(8)为在公共场所建设诸如建筑和雕塑之类的作品而使用。(9)其他材料中附带包含作品或其他客体。(10)为对公共展览进行广告宣传或为了销售艺术作品而使用,以该推广所需的程度为限,但不包括任何其他的商业性使用行为。(11)为制作讽刺漫画、滑稽作品、模仿作品而使用。(12)与设备的操作示范或维修相关的使用。(13)为重建建筑物,而使用以建筑物、图画或建筑物的设计图的形式表现的艺术作品。(14)为了研究和个人学习目的,通过本条第2款c项中涉及的设在营业场所中的专用终端,向公众中的个体成员传播或使其获得不受包含于其收藏(collections)中的购买或许可使用条款的限制的作品或其他客体而进行的使用。(15)如国内法中已作出有关例外与限制的规定,则为在其他较为不重要的情况下的使用。但是这种使用仅仅限于模拟使用,且不得影响货物与服务在共同体内的自由流动,也无损于本条所包含的其他例外和限制。

表示的，应当推定对其作品的默示许可”。[1] 例如在BBS上发表文章，可以推定作者愿意通过互联网发布、传播其作品。信息网络传播权一方面应理解为是权利人控制作品在网络传输中法律上之力的肯定，但同时也应满足作者和公众信息自由、信息共享以及自我实现的需要。因而，“网络通常被视为公共信息的传播媒介，网络供应商无法完全通过定价和限量来追求利益回报”。[2] 所以允许网络服务商一定条件下的行为属于默示许可，从而限制信息网络传播权的行使，符合技术发展和立法理念的双重原理。(2)这不违背著作权自动产生的原理，也并非否定对信息网络传播权的保护。作品创作完成，不论作者有无提出登记或要求著作权的声明，依照自动取得的原理，他都将拥有对作品的著作权，但是著作权是包含各种精神权利和财产权利的权利束，对其中一种或几种权利进行限制，并不影响其他权利的存在。由于信息网络传播权的设定是权利扩张的结果，当著作权利益平衡被打破以后，采取一些措施限制该新型权利的运作，也不会影响到著作权中的其他权利。由于默示许可要求从权利人的特定行为中推定其对信息网络传播权的自由使用或处分，所以只要在法律上将默示许可限制在一定范围内，则不会影响对信息网络传播权的保护。

基于以上的考虑，以下的情况可以作为信息网络传播权中的默示许可情形：(1)特定网络区域的默示许可。在电子布告栏上经常出现的帖子、各类评论、议论，甚至作为创作出现的文章、图片、动画、音乐、录像等，这些信息的权利人将信息发布或粘贴在布告栏，应当可以推定著作权人愿意通过网络散布流通其作品，而且也表明默示许可布告栏修改其作品，并在其他BBS上自由流动。(2)经过拆封合同公示后的默示许可。如果网站通过拆封合同明确公告要求进入网站的作者许可网站行使信息网络传播权，而权利人仍主动在该网站发表作品，应该认定为默示许可作品在网络上自由传输。(3)在侵权行为发生后的默示许可。网络传播媒体的信息传播具有快捷性和全球性，作品一旦在网络上传输，要停止这种侵权并消除影响往往很困难，当发生侵犯信息网络传播权时，原告要求被告按有关规定支付报酬的诉讼请求，应理解为在被告支付相关赔偿后，原告将“默示许可”被告继续在网络传播其作品，这是既符合原告利益又符合被告利益的双赢规则。(4)在传统媒体上许可行为导致的默示许可。随着新技术的发展产生了信息网络传播方式后，当版权人签发在传统媒体进行传播的许可证时，即可能构成暗示在网络传播的许可。比较典型的是在作者向报纸、期刊投稿时，如没有明确的反对，则表明作者许可其作品在报纸、期

---

[1] 蒋志培：《入世后我国知识产权法律保护研究》，中国人民大学出版社2002年版，第199页。

[2] 陈传夫：《国家信息化与知识产权》，湖北人民出版社2002年版，第91页。

刊传播的同时，默示许可在相关联网络通道以电子形式，如期刊网等传播。此处可借鉴《西班牙版权法》第36条的规定，作出如下规定：版权人一旦许可报纸、杂志传播其作品，在权利人未作出明确予以反对的申明时，意味着同时许可中国期刊网等具有一定资金实力和信用保障的网络服务提供者通过网络传播其作品。但使用者必须向权利人支付报酬。

（五）《信息网络传播权保护条例》对基本范畴的规定

《信息网络传播权保护条例》对于信息网络传播权基本范畴进行了梳理，主要包括：(1)对该范畴基本含义的重述，基本沿用《著作权法》的规定，同时将表演者、录音录像制作者享有的“向公众提供权”整合进信息网络传播权范畴中，在第26条明确规定其含义，即以有线或者无线方式向公众提供作品、表演或者录音录像制品，使公众可以在其个人选定的时间和地点获得作品、表演或者录音录像制品的权利。基于此，信息网络传播权的主体包括著作权人、表演者和录音录像制作者。(2)关于信息网络传播权的内容，该条例第2条规定其内容包括许可权和获得报酬权，并将权利管理信息和技术措施作为保护手段紧随其后予以规定。(3)规定信息网络传播权的法定许可，基本照搬《著作权法》第22条的规定，将其适用网络环境，但有所修正：①没有规定为个人学习、研究或者欣赏，免费表演、对设置或者陈列的室外作品等使用作品的合理适用情形；②将盲文出版使用修改为“不以营利为目的，以盲人能够感知的独特方式向盲人提供已经发表的文字作品”；③对图书馆等使用作品进行特殊规定，即“图书馆、档案馆、纪念馆、博物馆、美术馆等可以不经著作权人许可，通过信息网络向本馆馆舍内服务对象提供本馆收藏的合法出版的数字作品和依法为陈列或者保存版本的需要以数字化形式复制的作品，不向其支付报酬，但不得直接或者间接获得经济利益。当事人另有约定的除外”。(4)规定信息网络传播权的法定许可。①义务教育的法定许可，即“为通过信息网络实施九年制义务教育或者国家教育规划，可以不经著作权人许可，使用其已经发表作品的片段或者短小的文字作品、音乐作品或者单幅的美术作品、摄影作品制作课件，由制作课件或者依法取得课件的远程教育机构通过信息网络向注册学生提供，但应当向著作权人支付报酬”。②扶助贫困的法定许可，即“为扶助贫困，通过信息网络向农村地区的公众免费提供中国公民、法人或者其他组织已经发表的种植养殖、防病治病、防灾减灾等与扶助贫困有关的作品和适应基本文化需求的作品，网络服务提供者应当在提供前公告拟提供的作品及其作者、拟支付报酬的标准。自公告之日起30日内，著作权人不同意提供的，网络服务提供者不得提供其作品；自公告之日起满30日，著作权人没有异议的，网络服务提供者可以提供其作品，并按照公告的标准向著作权人支付报酬。网络服务提供者提供著作权人的作品后，著作权人不同意提供的,网络服务提供者应当立即删除著作权人的作品,并按照公告的标准向著作权人支付提供作品期间的报酬”。使用此条款时,不得直接或者间接获得经济利益。

上述规定有其合理的一面自不待言,但缺点也较为明显:(1)为适应《信息网络传播权保护条例》的统一规范化要求,整合“信息网络传播权”与“向公众提供权”的正当性值得思考,诚如前述,两种范畴含义并不相同,我国《著作权法》也是分开规定的;(2)缺乏权利限制的一般条款,在引进美国“四标准法”尚有困难的现实下,吸收国际条约的规定,引入“三步法”很有必要;(3)通过法规来扩大和限制《著作权法》第22条,其合理性值得怀疑,因为《著作权法》第22条的“使用”行为本身并没有排除信息网络传播,也就是理应适用于网络环境,如果要改变,也应该在《著作权法》修改时在法律中予以体现;(4)对于数字图书馆应该有所涉及,但《信息网络传播权保护条例》并未予以规制;(5)对于扶助贫困的法定许可本属于难得的制度创新,但由于限制条件过于严密,实际上很难有适用的余地;(6)对于前述相关司法解释中网络转载、摘编的法定许可给予否定,缺少合理性;(7)《信息网络传播权保护条例》第10条对于合理适用、法定许可的解读矛盾重复,有画蛇添足之嫌疑;(8)没有在信息网络传播权的限制方式方面进行制度创新,没有确定网络环境下的默视许可规则。

四、信息网络传播权的关联问题

“信息网络传播权的孕育形成是数字技术时代著作权扩张的直接结果”。[1] 作为因应新技术的信息网络传播权,对其进行制度设计,天然无法回避的重点问题之一就是针对身处前沿的技术问题展开法律的反思。信息网络传播权所涉足的技术领域以及带来的版权法律问题,主要包括数字化复制、网络服务提供者、技术措施和权利管理信息等,对上述关联问题的法律应对,成为信息网络传播权法律规制的重要组成部分。

(一)数字化复制

在传统著作权法中,复制权、传播权和表演权被认为是著作权人的基本权利,而复制权又是其他两种权利的基础。网络传播的中心问题是传播权的赋予,但其起点和基础却离不开对数字化复制的认识。尤其是网络环境和计算机技术支撑下的复制具有其特殊性,例如网络用户可以通过显示器等设备看见或感知到有关信息,却不需要将信息下载或固定到存储设备上,但实际上计算机已经在未有

---

[1] 张今:“略论网络传播权立法的价值取向”,中南财经政法大学“网络时代著作权保护”国际研讨会提交论文。

个人主观愿望的情况下进行了“临时复制”。复制技术的独特性直接影响到网络中的各种传输行为及其特征，因此是信息网络传播权立法中无法绕开的基本范畴。

1. 数字化复制的概念

考虑到与信息网络传播权的关联，数字化复制并不是将传统形式的作品等权利客体进行的数字化形式处理，因为这本身就应属于普通的复制权控制的行为，并没有单独规范的必要。所以，真正具有特别意义的是将通过信息网络传播的作品、表演、音像制品等进行的临时性复制和永久性复制。临时性复制，是指网络用户在其显示器等终端设备上浏览通过信息网络传播的作品等客体，但并不将它们下载于存储设备或者以有形物质载体固定的行为。永久性复制，是指网络用户将通过信息网络传播的作品等客体下载于存储设备或者以有形物质载体将其固定的行为。这里的存储设备，是指可用于存储电子数据信息的任何设备，包括固定硬盘、移动硬盘、软盘、U盘或者其他具有电子数据信息存储功能的设备等。

在理解临时性复制时，有两点需要注意：一是网络用户能够通过显示器等设备看见或是感知到有关信息，二是网络用户在浏览的时候并不将信息下载和固定在存储设备上。只有这两点同时具备，方可构成临时性复制，这决定了临时性复制的复杂性。传统的复制有3种情形：(1)不改变原作载体或改变载体但不改变体现方式的复制，如手抄、复印等；(2)无载体变为有载体，如录制；(3)从平面变为立体，如艺术作品、建筑设计图和摄影作品等。不论何种复制，均不可能同时做到上述两点。由计算机的运行原理可知，网络用户在临时性复制的情况下，虽然没有人为的主观复制，但计算机内存已经进行了自动的暂时性的存储和复制行为，这种计算机自动短暂的复制行为是否被认定为是一种版权法意义上的复制行为，在理论上有长期的争论，对此在下文还要述及。

如果说临时性复制是网上传播作品中出现的主要复制形式的话，永久性复制就是对数字化信息进行固定、传播和利用的主要途径。永久性复制也有两个要点：一是信息要有存储载体，这种载体一般可以离开计算机或者是网络独立存在；二是信息在载体中是以一种稳定的状态存在，其所存储的信息不会自动消失。永久性复制和传统上的复制行为除了在载体和信息的存在方式等方面不同外，其他方面并没有什么区别，因而理应是复制的一种形式。

在实践中，还有一种离线浏览和有声浏览行为。离线浏览指的是网络用户通过一种软件自动将所需要的信息从网络上搜寻到并下载于用户的硬盘上，这样网络用户在不用连接到网络的情况下，也可以在硬盘看到信息。有声浏览行为指的是一种软件能把网页上的文字转化为声音的形式读出来，这样很多的人就可以通过耳朵"浏览"到网络上的信息了。这对盲人来说,无疑是个福音。这两种浏览行为也是数字化复制的一种形式,但对其性质的界定到目前为止还没有统一的说法,有待于进一步的研究。

2. 数字化复制的性质

临时性复制随着网络的产生、普及和发展而产生,它是否是《伯尔尼公约》所称的复制,曾引起广泛争论。欧盟和美国认为应当将临时性复制纳入《伯尔尼公约》所称的复制,而大多数国家则表示反对,并在1996年12月的日内瓦外交会议上形成了相互对峙的局面。赞成的理由主要是基于对作品权利人的权利保护出发,认为在网络环境下,对作品的私人暂时性复制已经成为私人利用作品的主要形式,如果不对其进行有效的制约,将会极大地损害著作权人的利益,最终将会阻碍作品的创作。反对者则认为,如果将暂时性的复制视为复制权的一部分,那将会危害网络用户的利益,妨害信息在网上的自由交流,从而影响公众通过网络接受教育。

随着网络技术的进一步发展和各国立法一体化进程的加速, 国际组织和大多数国家在理论上或立法上承认临时性复制亦属于《伯尔尼公约》所称的复制。WCT、WPPT承认《伯尔尼公约》所称的复制适用于网络环境下。WCT第1条第4款的议定声明规定:《伯尔尼公约》第9条所规定的复制权及其所允许的例外,完全适用于数字环境,尤其是以数字形式使用作品的情况。WPPT第7条、第11条的规定则更为直接,它认为,"表演者应享有授权以任何方式或形式对其以录音制品录制的表演直接或间接地进行复制的专有权","录音制品制作者应享有授权以任何方式或形式对其录音制品直接或间接地进行复制的专有权"。在议定声明中明确划定,第7条和第11条所规定的复制权及其中通过第16条允许的例外,完全适用于数字环境,尤其是以数字形式使用表演和录音制品的情况, 在电子媒体中以数字形式存储受保护的表演或录音制品,构成这些条款意义下的复制。《欧盟版权指令》第2条规定:"成员国应当赋予下列人员授权或禁止他人直接或间接地、暂时地或永久地以任何方法和任何形式对下列内容进行全部或部分的复制的行为的专有权。"《荷兰版权法》规定,复制是以任何方法或形式对作品直接的或间接的、临时的或永久的、完整的或部分的复制。"中国台湾地区著作权法"第3条规定,重制是指以印刷、复印、录音、录像、摄影、笔录或其他方法直接、间接、永久或暂时之重复制作。不言而喻,在电子媒体中以数字形式存储受保护的作品,构成《伯尔尼公约》第9条意义下的复制。实际上《伯尔尼公约》关于复制的规定相当宽泛,根据第9条第1款的规定,不管复制是整体的还是部分的、直接的还是间接的、暂时的还是永久的,都应在版权人的控制范围之内。

3. 网络传播中的复制权及其限制

数字化复制属于复制行为之一种,因此,权利人对数字化传播过程中的复制行为享有控制的权利,网络用户以营利为目的对通过信息网络传播的作品等客体进行数字化复制的,应当经信息网络传播权人的许可。

但是,对于网络环境下复制权的享有和行使,同样要规定相应的权利限制机制。此问题又与信息网络传播权的权利限制纠合在一起,增加了立法处理的难度。《欧盟版权指令》对信息网络传播权和复制权的限制进行了总、分规定。"总"的原则性规定在序言中,对于"分"的规定,则足够细化,前文对此已经述及。具体说来,在复制权和信息网络传播权的限制中,又有下列情况需要特别提及。

(1)为科学研究、时事报道、执行公务、个人学习、欣赏或者反向工程、安全测试等非营利性目的对通过信息网络传播的作品等客体进行的数字化复制。该规定是《著作权法》第22条第1款第(1)~(6)项在网络环境中的发展。在尽可能地与《著作权法》保持一致的前提下,将其使用范围拓展到网络环境下的数字化复制形式当中,作为对信息网络传播权人的权利限制。反向工程是指在技术转让过程中,根据原来的技术成果进行再研究,使之成为自己所需要的技术。而安全测试是对软件等的安全性和可靠性进行的一种检测行为。上述二者在具体实施过程中都不可避免地发生数字化复制行为,但又不会不合理地损害权利人的利益,也不会妨碍权利人对其作品的正常使用行为,因此有必要将其列入合理使用范围之中。

(2)非营利性图书馆可以对通过信息网络传播的作品等客体制作复制品,但对该复制品的使用不得影响权利人潜在的经济利益。数字图书馆(digital library),又称资料库、海量数据库,它是一个无比巨大的、开放式的信息库,它本身包含着一套完整的信息技术体系。我国的数字图书馆正处于起步和探索阶段,它的发展必将对我国的科技、教育等领域起到推动作用,国家已经投入巨资鼓励数字图书馆的研究和建设,所以在其未发展成熟之前,不宜作严格的约束。另外传统形式下的图书馆为了保存版本或者是馆际交流等,有时也需要对有关作品进行数字化复制,而这些行为都是非营利性的,不会影响作者的经济利益和其他权益,所以应当纳入合理使用的范围。1997年年底生效的《美国网络反盗版法案》中规定:从网络上下载、拷贝未经版权人授权的文字、音乐和软件等数字文件的行为为非法,即使该行为是非营利性的。因此图书馆未经版权人许可,不得擅自对有关作品破解后进行下载和拷贝。但是,美国DMCA第1203条和第1204条规定:非营利性的图书馆、档案馆、教育或公共广播机构在符合一定的条件下可以就其侵权行为免责,条件是:第一,图书馆等机构的侵权行为须具有非营利性;第二,经法院认定图书馆等机构是无知违法,即图书馆要证明自己未意识到其侵权行为构成违法，且没有理由认为自己的行为构成违法。我国的图书馆等机构更多是通过政府的财政支持而建立起来的,公益色彩浓厚,性质上更多的是公益事业单位而不是营利机构,如果承担了较大的责任风险和经济压力,显然不利于数字图书馆的发展,会损害广大读者的利益,也不利于新兴的网络服务产业的发展。因此我国的合理使用范围应当适度扩大,非营利性图书馆可以对通过信息网络传播的作品等客体制作复制品，但对该复制品的使用不得影响权利人潜在的经济利益。

(3)远程教育机构出于非营利性教学目的,可以对通过信息网络传播的作品等客体制作复制品,但不得出版发行,并且应当采取有效的技术措施控制作品向非注册学员传播。远程教育一般是指利用数字技术,通过互联网开展的教学活动,它是一种学生在时间和空间上与教师分离的教学模式。远程教学的形式多样,目前,远程教学一般采用电子邮件、新闻组、聊天室、电子布告板系统、可下载的录音、录像文件、课程管理结构程序、网站之间的超文本链接以及交互式CD-ROM和DVD-ROM等方式进行教学。远程教育随着网络技术的出现迅速发展,其中必然伴随着大量的数字化复制行为,对该行为必须严格加以限制:①远程教育机构必须出于非营利性目的;②远程教育机构对通过信息网络传播的作品等客体所制作的复制品不得出版发行;③远程教育机构必须采取有效的技术措施防止复制件向非注册学员传播,以保证作品的使用不会不合理地损害版权人的合法利益。《欧盟版权指令》对复制权的限制范围包括单纯为教学和科研目的的图解、为视觉或听觉障碍者利益的非商业性使用、为报道当前事件使用摘要等情况。考虑到网络远程教育蓬勃发展的现实需要,我们也有必要借鉴国外的立法,将基于教学和科研目的的合理使用从传统的课堂教学扩展到网上教学。1996年美国合理使用联合会(CONFU)在一份《教学多媒体合理使用纲领的建议》中指出,如果满足一定条件,教师和学生被允许为准备多媒体项目使用含有著作权的作品,但教师所创造的多媒体的使用仅限于面对面的教学、安排学生有目的的自学以及向网上注册学生进行远程教学。对于远程教育的合理适用,应具备以下条件:①使用的目的和性质必须是非营利性的;②不得对作品的复制品进行出版发行;③对作品的使用不会对其潜在市场或价值产生明显的影响;④应当采取有效的技术措施控制作品向非注册学员传播。

(二)网络服务提供者

网络服务提供者是信息网络传播的中枢。在网络技术的作用机理中,网络服务提供者发挥重要作用,它不仅是网络得以正常运行的基本条件,也是网络上信息流布的基本通道,规制信息网络传播权离不开对网络服务提供者的考察。

1. 网络服务提供者的概念和类型

现代网络技术发展迅猛，网络经营项目日新月异，所以从真实的网站运行和服务提供的角度很难为网络服务提供者作出明确的界定。法学研究者出于简化认识的目的，将网络服务提供者划分为网络连接服务提供商(IAP)和网络内容提供商(ICP)，并依此种划分确认各自的法律地位。IAP是指根据网络内容提供者的指令，通过信息网络自动提供作品等客体的上载、存储、链接或者搜索等功能，并且对存储的内容不进行任何编辑、修改或者选择的自然人、法人或者其他组织。ICP是指组织信息并通过信息网络向公众传播的自然人、法人或者其他组织。

上述理论上的分类及其意义描述在各个国家的立法中并非完全一致。《美国版权法》第512条认为，网络服务提供者是指按照用户的要求在两用户或多用户之间提供传输、邮件路由、提供网上实时数字通信或者是提供资料检索，并且不对其接收和发送的信息作任何修改的服务实体。此时的网络服务提供者并不包括内容提供者。《德国多媒体法》第3节规定，网络服务提供者是以自身或第三方的资源向公众提供多媒体信息服务或提供接入服务的自然人、法人或团体，也是仅仅指涉IAP。我国《最高人民法院关于审理涉及计算机网络著作权纠纷案件适用法律若干问题的解释》接受了理论上的分类，将网络服务提供者作为总概念，用以包括提供内容服务的网络服务提供者。2005年4月30日通过的我国《互联网著作权行政保护办法》适用于互联网信息服务活动中根据互联网内容提供者的指令，通过互联网自动提供作品、录音录像制品等内容的上载、存储、链接或搜索等功能，且对存储或传输的内容不进行任何编辑、修改或选择的行为。因此所界定的网络服务提供者更为广泛，除一般的ICP、IAP之外，还包括在互联网发布相关内容的上网用户。由此可见，关于网络服务提供者的含义在各国的立法中并无统一的内涵，而我国法律和司法解释在界定该范畴时有逐渐扩展其外延的趋势。

2. 网络服务提供者的责任

网络服务提供者的责任来自其对权利人信息网络传播权的尊重义务，换言之，为了确保网络上版权保护的畅通，法律要求网络服务提供者承担相应的注意义务。就网络内容提供者而言，若其知晓网络用户通过信息网络实施侵犯他人信息网络传播权的行为，或者在权利人提出确凿证据的警告后，就应当及时采取删除、阻截、封锁或者其他移除措施。除此之外，网络服务提供者还不得通过信息网络参与他人侵犯信息网络传播权的行为，或者通过信息网络教唆、帮助他人实施侵犯信息网络传播权的行为。同时，网络服务提供者负有协助权利人查证侵犯其信息网络传播权行为的义务，亦即，当权利人出示有效身份证明、权属证明及侵权情况证明材料，要求其提供侵犯信息网络传播权行为人在其信息网络的注册资料以追究行为人侵权责任的,网络服务提供者应当尽可能地提供。

网络服务提供者会因其经营范围、技术能力的不同而承担不同程度的注意义务,因此在追究相应法律责任时也会采用不同的归责原则,并可能具有不同的法定免责事由。(1)网络连接服务提供商(IAP)侵权损害赔偿中的过错责任原则。提供连线服务的网络服务提供者,因其对网络信息不具备编辑控制能力,对网络信息的合法性没有监控义务,因此对他人在网络上实施的侵权行为没有主观过错,根据《民法通则》第106条的规定,不必承担法律责任,侵权的法律责任应由行为人本人承担。网络服务提供者,如果通过网络参与实施侵犯信息网络传播权的行为,或通过网络教唆、帮助他人实施侵权行为的,应当与其他行为人或者直接实施侵权行为的人承担连带责任。(2)网络内容提供商(ICP)侵权损害赔偿中的过错推定原则。[1] 网络内容提供商直接实施侵权行为, 如果是由于过错利用网络侵犯信息网络传播权的,应承担民事责任;提供内容服务的网络服务提供商,明知网络用户通过网络实施侵权行为,或者经权利人提出警告,但仍不采取删除侵权内容等措施以消除侵权后果的,应当与该网络用户承担连带责任;网络内容提供商对权利人要求提供侵权行为人在其网络的注册资料以追究行为人的侵权责任,无正当理由拒绝提供的,推定其有过错,承担相应的民事责任。(3)网络服务提供者在提供自动接入服务、自动传输服务、自动存储服务、为服务对象提供信息存储空间等服务活动时,只要具备法定条件,就可以获得法定免责。(4)提供搜索或者连接服务的网络服务提供者,若服务提供商实际不知道或没有意识到侵权行为的发生, 并且没有直接从侵权行为中得到经济利益时,不承担赔偿责任;或者在收到侵权告知后,网络服务提供者已立即清除该信息或者阻止对该信息的访问,亦可享受责任的豁免。(5)提供点对点服务(P2P)的网络经营者,实际不知道或者没有意识到侵权行为的发生,或者在收到权利人的通知后,立即停止对该信息提供搜索索引服务的,即可享有免责机会。但考虑到P2P技术的特性,服务提供者可提供"用户许可协议",即规定用户保证不侵犯他人版权, 网站对于用户的版权侵权行为不负法律责任等简要申明来表明自身已尽到注意义务。此外,Napster案的重要结论之一,是要求提供P2P会员服务的网站具有相当技术安全性检测手段, 该技术将能够保证版权人可以就实际上被交换的文件获得经济补偿,虽然这并非最终在法院判决中得到明确的结论,但已为版权人和服务提供者所接受, 因而也应作为网络服务提供者是否尽到必要注意义务的重要证明因素。

---

[1] 张新宝主编:《互联网上的侵权问题研究》,中国人民大学出版社2003年版,第27~28页。

3. 避风港制度

为了最终保证网络服务提供者之责任得以免除，网络服务提供者可借助下列程序性规范和权利人、被认定为侵权的人开展对话，从而为最终免除赔偿责任提供举证上的便利，这种制度设计最早出现在美国，并被形象地称呼为避风港制度。其具体的程序设计如下。

(1)通知程序。法律要求权利人在发现侵权信息出现在网络服务提供者的服务中时，应采取书面形式向网络服务提供者或其代理人发出警告或索要注册资料请求通知，该通知必须采取书面形式，并根据情况提供3类资料：一是著作权人的身份证明，包括身份证、法人执照、营业执照等有效身份证件；二是著作权权属证明，包括有关著作权登记证书、合法出版物、创作手稿等证据材料；三是侵权情况证明，包括被控侵权信息的内容、所在网络传播位置等。只要符合上述形式要件，就应当视为著作权人已提出确有证据的警告或索要请求；反之，如果不符合上述形式要件，而且著作权人没有说明正当理由的，则视为未提出警告或索要请求，网络服务提供者可以置之不理。网络服务提供者在著作权人提出上述通知后，一方面应采取措施，另一方面还应根据自己所掌握的注册用户的资料信息，向该被控侵权的注册用户告知以上通知的基本内容。

(2)反通知程序。法律要求被指控侵权的注册用户可以在得知通知内容后，以书面形式向网络服务提供者提出恢复被清除的材料或者取消阻止访问措施的"反通知"。"反通知"必须包括：一是被控侵权注册用户的身份证明，包括身份证、法人执照、营业执照等有效身份证件；二是被控侵权注册用户的权属证明，包括有关著作权登记证书、合法出版物、创作手稿等证据材料。信息网络服务提供者在收到"反通知"的15个工作日后，恢复被清除的材料或取消阻止访问的措施，除非最初发出通知的人告知，其已提起诉讼，或者网络服务提供者已接到法院发出的禁令。在此必须明确的是，网络服务提供者应著作权人的要求采取移除等措施制止侵权行为，是维护著作权人合法权益的合法行为，不应为此向被控侵权人承担违约等法律责任。如果著作权人指控的侵权不成立，而网络服务提供者采取措施给被控侵权人造成损失的，网络服务提供者不必为此向被控侵权人承担赔偿责任，该责任应由提出不当警告的著作权人承担。网络服务提供者应当恢复原来被错误移除的作品内容。

(3)程序上的协助义务。由于网络服务提供者从技术上讲，掌握着其注册用户身份的记录，所以信息网络传播权的权利人可以在起诉后请求人民法院发出传唤证人的传票，令网络服务提供者提供被指控的在其系统或网络中直接实施侵权行为的注册用户的证明材料，网络服务提供者有义务提供侵权人的各种必要信息。

以上三个方面的内容相互呼应，分别从实体和程序上为网络服务提供者设置了责任免除的安全港湾，立法上采纳避风港制度，以之作为对权利人权利限制的重要途径，这必将有助于信息网络产业的发展，有助于社会公众依靠网络获得更便捷的信息服务。

(三)技术措施

“技术在两种世界之间摆动，即自由世界和产权世界”，❶当技术措施和权利管理信息被著作权人用来作为保护作品的技术手段时，对这种技术手段本身提供保护的呼声就产生了。早在1988年的《英国版权法》第296条以及1992年的《美国家用录音法》中都有保护技术措施的规定。在计算机软件保护领域，则有更多的国家反对规避技术措施的行为。德国、美国、加拿大、英国、荷兰、法国、日本、丹麦、澳大利亚、意大利等国都对技术措施给予了不同程度的法律保护。我国最早规定了反规避技术措施内容的法律法规是1998年3月电子工业部发布的《软件产品管理暂行办法》。该办法的第18条规定：“禁止生产盗版软件以及主要功能是解密技术保护措施的软件”。网络的出现促进了技术措施的广泛采用，也同时推动了对它进行法律上的保护，尤其是将它们纳入作为私法的著作权法中进行保护。

1. 技术措施的概念和特征

技术措施，是指用于防止、限制未经权利人许可浏览、欣赏作品、表演、录音录像制品的或者通过信息网络向公众提供作品、表演、录音录像制品的有效技术、装置或者部件。对此，各国立法上均有相应的界定。2003年《英国版权法修正案》第296条规定：“技术措施是指设计、发明的某种技术装置或零部件在其正常操作过程中，能够保护版权作品(计算机程序除外)不受到非法侵害。”《欧盟版权指令》第6条规定：“技术措施指任何技术、设备或零件，在其正常的操作中可以用来防止或限制就作品或其他受保护客体来说，未经权利人授权的行为。”《澳大利亚数字议程法》第15条规定：“技术保护措施是指通常被设计用来阻碍或禁止通过以下一种或两种手段侵害作品或其他客体的版权的装置、产品或一个处理过程的一部分：(1)保证只有经版权人或获许可人授权，通过存取代码或程序（包括对作品或其他客体的解密、整理或转换）才可获取作品或其他客体；(2)通过拷贝控制机制。《荷兰版权法修订案》第29条规定：“技术措施指在正常使用条件下，用以防止或限制未经权利人许可而使用作品的行为所采取的技术、装置和零件。技术措施必须是有效的，即通过例如加密、改变频率或其他对作品或复制件传播能达到保护作用的控制手段和保

❶ 塞弗里纳·迪索利耶等：“数字环境下的版权和信息的获取”，载《版权公报》2000年第4期。

护措施,权利人能控制受保护作品的使用。"

由此可见,各国在技术措施的概念分析上虽不尽相同,但一般均要求技术措施具有以下特征:(1)期限性或者非独立性。技术措施的保护期限应由它保护的作品的期限来决定。技术保护措施的期限性还牵涉到如何保护公众利益的问题。所以,对版权人要苛以公示版权期限和超期作品主动解密的义务。(2)合法性或者适当性。既然技术保护措施是为了限制他人非法接触、使用作品,所以技术措施的合法性是其应有之意,它应该是防御性的,而不能具有进攻性,不能给他人的合法利益造成不应有的损害。《欧盟版权指令》第6条第3款的规定:技术措施是用来"防范或者制止"侵权行为的装置。而且,技术措施不得违背版权制度中利益平衡的基本精神,技术保护措施不得滥用,禁止对版权体系保护外的对象(不受版权法保护的或者已经进入公共领域的作品等客体)进行控制。(3)有效性,WCT第11条和WPPT第18条均要求技术措施必须是"有效的"(effective),但是这两个国际条约都没有给出判断有效性的具体标准。然而2003年《英国版权法修正案》第296条和《欧盟版权指令》第6条第3款以及美国《数字千年版权法》倒是都对"有效性"作出了解释。但是,判断"有效性"的具体标准还存在差别。我们认为,技术措施的有效性不仅指技术措施本身的有效性,即版权人或者邻接权人用以控制作品、录音录像制品等的技术措施需要具有技术上的可行性,而且技术措施能够有效地与版权作品相结合,起到阻碍一般人的侵权行为的作用,而不仅仅只是对侵权人起到一定的威慑或者警示作用。(4)技术措施由版权人或者邻接权人或者其他适格主体主动采取。考虑到在现实生活中,著作权人和邻接权人授权著作权集体管理组织代为行使著作权或者邻接权的现象逐渐增多,而且著作权集体管理机构在得到授权后,完全可以以自己的名义为著作权人和邻接权人主张权利,代为签订合同、独立参加诉讼、仲裁等相关活动,所以,这类管理机构设置技术措施的权利也应该得到法律的保障。

从功能上进行划分,技术措施大体有两类:(1)控制访问作品的技术措施。这类技术措施一般设置在服务器上。通过在信息发出端(例如某个网站)或者接受端(例如解码装置或机顶盒)设置控制访问的技术措施,使其在正常操作情况下,能够有效地防止、限制他人在未得到授权的情况下接触某个网站或者网站中的某个作品、录音录像制品,从而保护权利人的人身权和财产权。该类技术措施主要包括在作品、信息外部设置障碍和壁垒,从而阻止他人未经授权访问作品等客体的口令技术(access code)和旨在改变作品或者信息的表现形式,使普通的网络用户根本无法辨别作品等客体内容的问题化技术(encryption),如加密术就属于此类。(2)控制使用作品的技术措施。从其所起的作用又可将这类技术措施具体细分为控制单纯使用作品的技术措施和保证支付报酬的技术措施。控制单纯使用的技术措施主要是权利人主动实施的,目的在于限制他人未经授权以复制、发行、传播等方式使用作品,即控制他人非法使用作品、信息的门户。保证支付报酬的技术措施虽然不直接控制他人未经授权访问或者使用作品,但是可以精确计算出他人使用作品的次数和频率,从而保证权利人依据统计出的数据收取使用费。一旦发生侵权,此数据又可以作为权利人掌握的有利的直接证据,便于法院确定侵权赔偿数额。目前比较常见的控制使用的技术保护措施主要包括反复制设备、追踪系统、标准系统、连续性版权管理系统(SCMS)以及电子水印、数字签名等。

2. 技术措施保护的法律性质

在版权法的范围内,把破解技术措施视为非法行为,那么是不是意味着存在作为著作权人独立权利范畴的技术措施权呢?对此有不同的理解。赞成权利说的学者认为:"技术措施权实质上是借用了保护有形财产权的方法来保护无形财产,因此应属于版权人享有的一项特别权利。"[1]反对权利说的学者认为:"技术措施不是基于作品的创作或传播而产生,因而不属于著作权和邻接权范畴,也没有技术措施权。"[2]我们认为技术措施是著作权保护下之利益,在性质上属于"法益"。[3]基于民法原理,"民法规范部分生活资源,规范方法有提供完整之保护,有提供局部之保护,有放任自生自灭之分。提供完整之保护者,当生活资源之享有未尽顺遂时,即以法律之力量强制介入担保其实现,提供局部之保护者,仅止于承认生活资源享有之合法性,当生活资源之享有未尽顺遂时,法律视情形,或强制介入担保其实现,或袖手旁观期待因其他救济方法之出现,间接带动重归顺遂。放任自生自灭者,在法律上不被承认合法,然亦不认之为违法。上述三类型之生活资源,分别依附于'权利'、'法益'或以'自由资源'之外观出现"。[4]著作权法所规定的技术措施,在法律上均未以权利的面貌出现,当技术措施被破坏、规避时,只有当这种行为直接或间接与著作权人的权利相关联时,著作权法才强制介入使其归入顺遂,而在其他情况下会旁观其他救济方法的出现。也就是说,在著作权法中所保护的技术措施,只是为了维护著作权人之权利而存在的法益。这样,作品既受法律保护,同时也受技术保护,而技术本身也受法律的保护,法律保护作品,是因为作品之上存在权利,法律保护技术,是因为技术构成了一种法益,当法律保护权利即

---

[1] 李扬:《网络知识产权法》,湖南大学出版社2002年版,第33页。赵兴宏、毛牧然:《网络法律与伦理问题研究》,东北大学出版社2003年版,第26页。

[2] 李明德、许超:《著作权法》,法律出版社2003年版,第235页。

[3] 权利管理电子信息也是一种"法益",理由与技术措施相同,后文不再赘述。

[4] 曾世雄:《民法总则之现在与未来》,中国政法大学出版社2001年版,第60~61页。

可完成周全保护时,对法益的保护也便再无必要,只有当无法以保护权利名义进行时,法益的保护才会产生。

3. 技术措施的保护

国际组织和不少国家为技术措施提供了充足的法益保护。WCT第11条规定,对于作者行使本条约或《伯尔尼公约》上的权利,在作品上采取的有效的、限制他人未经作者同意或无法律根据行为的技术措施,各缔约方应提供充分法律保护和有效法律救济,以防止他人绕过该技术措施。美国DMCA禁止任何人规避有效地控制接触作品的技术保护措施。这种规避技术保护措施是指未经版权人许可,对加密的作品进行解密,或对技术保护措施进行躲避、绕过、移动、关闭或妨碍,以及任何人制造、进口、向公众许诺提供或提供、买卖任何规避技术保护措施的技术、产品、服务、设备、其部件或零件。任何人出于恶意并且为商业目的,对涉及技术保护措施的部分实施侵权和犯罪行为,法院可单处或并处50万美元罚金,或5年以下有期徒刑,累犯则可单处或并处100万美元罚金,或10年以下有期徒刑。1999年《日本版权法》修订,重点规定了技术措施保护。修改后的法律规定,技术措施是为了防止录像或音乐CD的复制而使用,未经权利人授权而从事规避这些措施的行为,或有制造、转让、公开传播、出租用于规避目的的设备的行为,应受到刑事处罚一年以下的监禁、100万日元以下的罚金。

通过研究上述典型的立法例,可见对技术措施的法益保护的共同规律在于:(1)明确规避技术措施行为的含义。规避技术措施行为,是指未经权利人许可而实施的对已编码的作品进行解码,对已加密的作品进行解密,或者以其他方式回避、越过、排除、化解或者削弱技术措施,达到对著作权法所保护客体予以使用的目的。(2)坚持以侵权法保护的模式。由于在性质上已将技术措施界定为法益,而对法益的民事保护途径是侵权行为法,所以不应确立技术措施权。(3)关于技术措施版权保护的范围。规避技术措施,无非3种情况:一是规避技术措施的行为,直接或间接侵犯了作品之上的权利;二是提供规避技术措施的装置,这种装置直接或间接侵犯了作品之上的权利;三是实施规避技术措施的行为或提供装置,但与著作权无直接或间接的关联。对技术措施的保护是法益保护,所以要排除与著作权无关的情形,还要排除与作品之上的权利直接相连的情形,这样剩下的就是技术措施版权保护的范围,即规避技术措施行为间接损害作者的著作权,提供规避技术措施的装置间接损害作者的著作权。(4)规避技术措施的法律表现。这主要有两种情况:其一,未经权利人许可,对加密的作品进行解密,或对技术保护措施进行躲避、绕过、移动、关闭或妨碍;其二,未经权利人许可,制造、进口、向公众许诺提供或提供、买卖任何主要用于规避技术保护措施的技术、产品、服务、设备及其零部件。

4. 技术措施保护的限制

从制度本身的冲击力上看,“技术保护措施尚未阻止人们对作品的合理使用,而且也没有迹象证明,技术保护措施今后有这样的效力”。❶ 但是从制度的应对上看,以合理使用制度为主力军的版权限制和例外制度必须对法益保护产生的冲击进行回应。因为,“显然,如果规避或破解技术措施的行为是为了实现合理使用的目的,则不应当将这种行为纳入禁止的范畴”。❷考虑到并非所有的法益保护都会产生与合理使用制度的冲突,譬如在将技术措施分成控制接触作品的技术措施和控制使用作品的技术措施两类后,只有后者才与合理使用发生冲突,❸ 所以,对法益保护的限制和例外应作为一种独立的信息网络传播权的限制类型而存在。就当前各国的立法规定来看,美国法在保护技术措施的同时,设定了一些保护的例外,如反向工程、加密研究、安全测试等,欧盟立法在规定技术措施保护时则没有这些例外,“其结果是一些原本合法的规避行为,包括制造和销售可以被用于合法目的的设备,也统统被禁止了”❹,从而给技术措施以广于美国模式的保护。❺ 不仅如此,美国公众对技术措施予以限制的呼声日益高涨。2003年1月,众议员Boucher和Doolittle等人向众议院提交了《数字媒体消费者权利书》。2003年3月,Zoe Lofgren向众议院提交了《增进作者利益且不限制进步或网络消费需求法》(又被称作《平衡法》),其意在通过限制对技术措施的保护,扩大消费者对数字作品的合理使用的范围。2003年3月,参议员Ron Wyden向参议院提交了《数字消费者知情权法》,内容主要是规定了数字产品的生产者和发行者对其所采取的技术措施负有披露义务。此后,美国的一项立法文件规定,自2003年10月28日至2006年10月27日,规避技术措施的例外扩大到以下情形:(1)采用商业过滤软件阻止用户登录域名、网站或网站之一部分的互联网地址汇集;(2)利用“软件狗”(一种技术措施)保护的计算机程序,由于“软件狗”失灵或损害而导致无法使用;(3)以某种已经无法使用的格式发布,需要用原介质或硬件方能启用的计算机程序及电子游戏;(4)用电子图书格式发布的文字作品,如果所有现存的电子图书版本(包括得通过授权机构获得的技术措施)无法朗读,又不能通过屏幕阅读器将文本转换成一种“特定格式”。

---

❶ 曹新明:“数字时代的版权保护措施”,载《私法研究》第3卷。

❷ 沈仁干主编:《数字技术与著作权:观念、规范与实例》,法律出版社2004年版,第59页。

❸ 李扬:“简论技术措施和著作权的关系”,中南财经政法大学“网络时代著作权保护”国际研讨会提交论文。

❹ Thomas C.Vinje, “Should We Begin Digging Copyright's Grave? ”,2000 EIPR, ISSUE 12.

❺ 李明德:“欧盟‘版权指令’述评”,载《环球法律评论》2002年冬季号。

因此,为了维护信息网络传播权设立的平衡理念,借鉴美国模式的做法是可行的,具体而言,应在以下两个方面作出规定。

(1)信息网络传播权法益保护的一般限制。包括:①不得设置攻击性技术措施。也就是说,权利人所采取的技术保护措施只能是防御性的,不能是攻击性的。不管被攻击的对象是知情或不知情,是合法或具有非法目的的软件复制者,所采取的技术措施都不得损害公共的利益如植入病毒等。②不能超出制止侵权行为所必须的限度。③不得违反法律和社会公共利益。包括不得侵害消费者知悉权、选择权、安全和公平交易等利益,不得侵害个人隐私权如过度收集个人信息等,不得妨碍公共利益和不得违反法律、法规的特别规定。

(2)技术措施法律保护的例外和豁免。应借鉴美国DMCA的规定,将技术措施法律保护的例外情形规定如下:①反向工程。出于反向工程的目的破解技术措施的行为,以及给他人为实施反向工程而破解技术措施提供技术手段或信息服务。②执行公务活动。为执行国家公务破解技术措施的行为。③加密研究。为丰富加密知识和促进加密产品的发展而破解技术措施,以及给从事上述研究的合作者开发或提供用于解密的技术手段。但是研究者必须已尽各种善意努力以获得授权,并将解密的目的限定在研究领域。④安全测试。纯粹为了测试、调查、纠正计算机安全方面现实或潜在的纰漏、弱点或运行障碍而访问某计算机系统或网络,以及为此目的而开发、生产和发行技术手段。⑤保护个人身份信息。为保护个人身份,破坏那些专门用于身份信息收集的技术措施,但不能因破解而影响其他人的访问。⑥对非营利性图书馆、档案馆或者教育机构的豁免。上述机构为了决定是否收藏某件作品而破解控制访问该作品的技术措施。此外,在相应的软件著作权保护和网络经营行政规章中,还应对“过滤措施”“软件狗”“技术措施导致无法使用的格式”等引起的规避技术措施行为,提供法律上的豁免。

(四)权利管理电子信息

在作品上标示相关的信息以作为作品传播时识别作者及其权利的代码,在著作权制度产生之始即已存在,但那时并未有对于这些代码提供保护,因为署名权、修改权等精神权利的赋予已能够实现对相关信息的保护,而这些信息的直接经济价值尚不明显。网络环境的权利管理电子信息的意义完全不同于模拟时代:一方面,作为数字形态的权利管理信息更易于被删除、篡改或者伪造;另一方面,它作为授权许可使用等财产权行使必要条件的价值得到展现,如果没有相应的权利管理信息,网络传播中的作品的财产化利用将受到很大的影响。作为独立的法益,对权利管理信息的著作权保护开始出现。

1. 权利管理电子信息的概念和特征

权利管理电子信息，是指说明作品及其作者、表演及其表演者、录音录像制品及其制作者的信息，作品、表演、录音录像制品权利人的信息和使用条件的信息，以及表示上述信息的数字或者代码。上述界定已经基本成为通行的认识，被国际组织和各国立法所采用。WCT第12条第2款规定：“‘权利管理信息’系指识别作品、作品的作者、对作品拥有任何权利的所有人的信息，或有关作品使用的条款和条件的信息，以及代表此种信息的任何数字或代码，各该项信息均附于作品的每件复制品上或在作品向公众进行传播时出现。”WPPT第19条第2款规定：“‘权利管理信息’系指识别表演者、表演者的表演、录音制品制作者、录音制品、对表演或录音制品拥有任何权利的所有人的信息，或有关使用表演或录音制品的条款和条件的信息，以及代表此种信息的任何数字或代码，各该项信息均附于录制的表演或录音制品的每件复制品上或在录制的表演或录音制品向公众提供时出现。”《欧盟版权指令》第7条第2款规定：“‘权利管理信息’一词是指由权利人提供的任何被用来识别本指令中涉及的作品或其他客体，或者第3章规定的权利所覆盖的作品或其他客体、作者或任何其他权利人或有关使用作品或其他客体的期限和条件的任何信息，以及代表上述信息的任何数字或代码。”

关于权利管理电子信息的主要表现形式，《美国数字千年版权法》第1202条c款进行了系统的梳理，认为其主要包括：(1)作品的名称和标识作品的其他信息，包括版权标记指明的信息；(2) 作品的作者的姓名和有关作品的作者的其他标识信息；(3)版权人的名称和有关该版权人的其他标识信息，包括版权标记指明的信息；(4) 被固定在除视听作品以外的其他作品中的表演的表演者的姓名和有关该表演者的其他标识信息，但是固定了表演的作品在电台或电视台公开广播或播放的情况除外；(5)视听作品的作者、表演者和导演名称的姓名和有关该作者、表演者和导演的其他标识信息，但是视听作品在电台或电视台公开广播或播放的情况除外；(6)使用作品的期限和条件的信息；(7)表明这类信息的数字、符号或可以引至这类信息的链接；(8)其他经确认的任何此类信息。

2. 权利管理电子信息的法律保护

网络环境下著作权人和邻接权人有权在作品等客体上标明其权利管理电子信息，并禁止他人非法标注虚假的权利管理电子信息。具体包括两种情形。

(1)禁止标示虚假的权利管理电子信息。WCT和WPPT的规定均未涉及虚假的权利管理电子信息的标注问题，但是，美国和日本的法律对此作了规定。《日本著作权法》第113条第3款将他人故意在作品等客体上附加虚假的权利管理电子信息的行为视为侵权行为，而《美国数字千年版权法》第1202条a款的规定不同于日本法律，它不仅规定了直接侵权行为,还规定了间接侵权行为。前者包括故意提供虚假的权利管理电子信息行为以及发行或为发行而进口含有虚假的版权管理信息的复制品的行为,后者包括为诱发、促使、帮助或者掩饰版权侵权行为而从事的提供虚假的权利管理电子信息行为以及发行或为发行而进口含有虚假的版权管理信息的复制品的行为。我国《著作权法》第47条第(7)项没有规定对标示虚假权利管理电子信息追究法律责任。

(2)禁止对权利管理电子信息的删除或改变。WCT第12条第1款规定:“缔约各方应规定适当和有效的法律补救办法,制止任何人明知或就民事补救而言有合理根据知道其行为会诱使、促成、提供便利或掩饰对本条约或《伯尔尼公约》所涵盖的任何权利的侵犯而故意从事以下行为:①未经许可去除或改变任何权利管理的电子信息;②未经许可发行、为发行目的进口、广播或向公众传播明知已被未经许可去除或改变权利管理电子信息的作品或作品的复制品。”WPPT亦有类似规定。对此,各国立法普遍遵循,我国《著作权法》同样规定,“未经著作权人或者与著作权有关的权利人许可,故意删除或者改变作品、录音录像制品等的权利管理电子信息”的行为构成侵权行为。

3. 权利管理电子信息保护的法律限制

对于权利管理电子信息予以保护的目的在于保护著作权人和邻接权人的合法利益,但是,为了维护社会公共利益,在特殊情况下,有必要对著作权人及邻接权人的利益予以适当限制。《美国数字千年版权法》第1202条d款规定:“本条不禁止美国政府的、各州的或各州的下属辖区的官员、代理人或雇员或根据与美国政府、各州或各州的下属辖区签订的合同而行事的人所从事的任何经合法授权的调查行为、保护行为、促进信息安全行为或收集情报的活动。”第1202条e款规定:“在模拟信号传输的情况下,进行传输的广播电台或有线广播系统或向该广播电台或有线广播系统提供节目的人不应当因为违反本条b款的规定而承担责任,只要:为防止违反本条b款的规定而采取的措施没有技术上的可行性,或者会使此人承受不合理的经济负担;以及此人不打算通过从事此类活动而诱发、致使、提供便利或者掩饰侵犯本篇所规定的任何权利的侵权行为。”《日本著作权法》第113条第3款规定:“故意除去或改变权利管理信息,但若此种行为取决于录制或传输系统中的转换技术,或者根据作品或表演的使用目的和方式,该行为是不可避免的,则免除责任。”我国台湾地区现行“著作权法”第80条规定:“著作权人所为之权利管理电子信息,不得移除或变更。但有下列情形之一者,不在此限:一、因行为时之技术限制,非移除或变更著作权利管理电子信息即不能合法利用该著作。二、录制或传输系统转换时,其转换技术上必要之移除或变更。”

由此可见，对权利管理电子信息的限制主要有两种情形:(1) 为了维护国家安全、保护国家或公民的利益。在一定条件下,应当允许国家机关及其工作人员在调查、情报收集等执法活动中删除或改变权利管理信息。(2)进行模拟传输的广播电台、电视台、有线广播系统,如果其为了避免侵权活动所采取的技术措施在实践中不具有技术上的可行性或者会造成过重的经济负担,并且行为人主观上不是为了对侵权活动提供便利或帮助,则除去或改换权利管理信息的行为可以享有责任豁免。

(五)有关技术措施的规定及其缺点

《信息网络传播权保护条例》对于信息网络传播权所包含的技术及关联问题进行了详细的规范,在条文的数量上甚至超过了对权利本身的关注。具体说来,包括以下几个方面:(1)明确规定信息网络传播权受法律保护,即权利人享有的信息网络传播权受著作权法和本条例保护。除法律、行政法规另有规定的外,任何组织或者个人将他人的作品、表演、录音录像制品通过信息网络向公众提供,应当取得权利人许可,并支付报酬。(2)明确规定技术措施和权利管理电子信息受法律保护。任何组织或者个人不得故意避开或者破坏技术措施,不得故意制造、进口或者向公众提供主要用于避开或者破坏技术措施的装置或者部件, 不得故意为他人避开或者破坏技术措施提供技术服务。故意删除或者改变通过信息网络向公众提供的作品、表演、录音录像制品的权利管理电子信息,或者通过信息网络向公众提供明知或者应知未经权利人许可被删除或者改变权利管理电子信息的作品、表演、录音录像制品,均构成侵权。(3)规定了合理使用例外。这些例外包括:①为介绍、评论某一作品或者说明某一问题,在向公众提供的作品中适当引用已经发表的作品;②为报道时事新闻,在向公众提供的作品中不可避免地再现或者引用已经发表的作品;③为学校课堂教学或者科学研究,向少数教学、科研人员提供少量已经发表的作品;④国家机关为执行公务,在合理范围内向公众提供已经发表的作品;⑤将中国公民、法人或者其他组织已经发表的、以汉语言文字创作的作品翻译成的少数民族语言文字作品,向中国境内少数民族提供;⑥不以营利为目的,以盲人能够感知的独特方式向盲人提供已经发表的文字作品; ⑦向公众提供在信息网络上已经发表的关于政治、经济问题的时事性文章;⑧向公众提供在公众集会上发表的讲话;⑨图书馆、档案馆、纪念馆、博物馆、美术馆等可以不经著作权人许可,通过信息网络向本馆馆舍内服务对象提供本馆收藏的合法出版的数字作品和依法为陈列或者保存版本的需要以数字化形式复制的作品,不向其支付报酬,但不得直接或者间接获得经济利益,当事人另有约定的除外。(4)规定了法定许可使用制度。通过信息网络实施九年制义务教育或者国家教育规划,可以不经著作权人许可,使用其已经发表作品的片段或者短小的文字作品、音乐作品或者单幅的美术作品、摄影作品制作课件,由制作课件或者依法取得课件的远程教育机构通过信息网络向注册学生提供，但应当向著作权人支付报酬。为扶助贫困，通过信息网络向农村地区的公众免费提供中国公民、法人或者其他组织已经发表的种植养殖、防病治病、防灾减灾等与扶助贫困有关的作品和适应基本文化需求的作品，网络服务提供者应当在提供前公告拟提供的作品及其作者、拟支付报酬的标准。(5)规定了侵犯信息网络传播权应当承担的法律责任，主要有承担停止侵害、消除影响、赔礼道歉、赔偿损失等民事责任。对于损害公共利益的，可以由著作权行政管理部门责令停止侵权行为，没收违法所得，并可处以罚款；情节严重的，著作权行政管理部门可以没收主要用于提供网络服务的计算机等设备；构成犯罪的，依法追究刑事责任。

上述规定可操作性强，立法的细化有助于保护权利人的信息网络传播权，推动网络服务行业走上法治化轨道。但是也存在着不少问题，主要包括：(1)没有规定与信息网络传播权密切相关联的数字化复制行为，特别是对于临时复制缺少规则限定。网络技术的发展呼唤着对该种基础性的行为予以法律性质的判断，为复制权提供数字时代的保护和限制。(2)没有明确限定技术措施的保护范围，特别是没有明确法律所保护的技术措施是针对间接损害著作权人的合法权利的规避行为和提供装置、设备的行为，有扩大保护范围的可能。而且在技术措施保护的限制上，缺乏原则性条款，既没有对攻击性技术措施予以禁止，也没有表达技术措施保护和公众表达自由、接触作品自由的关系。(3)没有规定权利管理电子信息保护的限制途径。(4)没有规定P2P网络服务提供者的技术特征和法律责任及其免责条件。

五、信息网络传播权的制度完善

综观以上分析，我们认为，信息网络传播权的法律规制已经起步但仍有进一步完善的空间，许多问题还需要在法律上进行清晰界定。“因特网和全球数字化网络带来的版权法重塑的困难并未被充分表达”、[1]技术的发展、各国数字化版权立法的最新进展均要求紧密跟踪最新的技术和法制发展动态，为公众利用作品和保护版权人的利益提供切实可行的规则。法律的完善可以分为三步走：第一步，将《著作权法》的第二次修改提上议事日程，将那些不便在行政法规中予以规范的内容进行规制；第二步，修改《信息网络传播权保护条例》，完善有关的制度规则；第三步，对信息网络传播权的刑事保护、网络终端消费者的法律责任、间接侵权责任等问题认真组织研究，在相关法律的修改时予以反映。限于本书的研究目的，仅对第一步和第二步中应该完善的内容及其理由总结如下。

[1] See Thoms Dreier ,Copyright Law and Digital Exploitation of Works (1997), Available at www.ipa-uie.org.

第一步，在《著作权法》的第二次修改中应该增加和修改如下条款。

(1) 在总则中增加原则性条款，包括：①[权利不得滥用原则]禁止滥用著作权。因权利人滥用权利给他人造成损害的，应承担赔偿责任。②[维护公共利益原则]权利人行使著作权，不得损害公共利益。③[消费者权益保护原则]本法依法保障消费者在现实空间和网络空间获得信息的各种权益。④[创新原则]著作权的设立和行使，不得阻碍技术创新。⑤[权利保护与权利限制原则]对于权利人依法享有的著作权，非基于社会公共利益目的并根据法律、法规的明确规定，不得予以限制。

[立法理由]原则性条款在大陆法系得到了一贯的重视。在法官的自由裁量权限受到严格限制的情形下，运用原则性条款至少具有三个方面的意义：其一，成为整部法典的基本指针，体现法律的指导思想，贯穿法律的始终，使得法律成为完整的体系。其二，增加法律的前瞻性。在法律落后于社会现实的法制反应模式中，原则性条款可以表达立法者的基本观念和认识，为法律的今后发展指明方向。其三，为解决实际问题提供依据。法律原则有效地构筑起“建设性模糊”(constructive ambiguous)，为实践中法官找法失败后适用“一般规则”提供了便利。在我国的《知识产权法典》尚付之阙如的背景下，在《著作权法》等单行法中增加一般原则的规定相当必要。实际上，《合同法》、《担保法》等民事法律中均有一般条款，《著作权法》由于与科学技术密切相关，变化更为繁杂，所以更需要一般原则性条款的支持。

(2)修改第10条复制权的定义。复制权是指以印刷、复印、拓印、录音、录像、翻录、翻拍或其他方法直接、间接、永久或暂时制作等方式制作一份或多份的权利。

[立法理由]复制权正在拓展之中。数字技术的发展增加了理解复制权的难度。信息网络传播权的重要前提是数字化复制，其综合性特征还决定了在信息网络传播中会大量存在数字化复制。将“永久的”和“暂时的”复制均纳入复制权的范围，虽然会扩展权利人控制权的范围，但是只要辅之以必要的限制，也可以实现权利人利益和社会公众利益的平衡。

(3)修改第22条，增加1款。规定：“上述规定第(1)~(8)项、第(12)项适用于网络环境下的复制权和信息网络传播权。具体条件由法律法规另行规定。”

[立法理由]《信息网络传播权保护条例》有很长的篇幅重述《著作权法》有关权利限制的内容，实际上是立法资源的浪费。所以，不如在《著作权法》中明确规定在诸多限制条款方面，《著作权法》的规定同样适用数字环境下的复制权和信息网络传播权。该条例就可在《著作权法》的授权下，重点进行有针对性的立法。

(4)在权利的限制中增加1条，规定：“本法对著作权权利的限制，只适用特定情形，不能与受本条例所保护信息的正常使用相冲突，并不能不合理地损害权利人的合法利益。”

[立法理由]当前各国在合理使用一般条款上主要有3种做法：第一种做法是在立法原则和立法宗旨中阐释合理使用的一般价值。例如美国学术界普遍认为，美国宪法第一修正案保障言论和出版自由的首要目的在于促进信息的自由流动。版权条款也是宪法的一部分，并且其目的，在很大程度上讲，就是通过人们提供接触版权材料的渠道来促进言论自由。❶虽然“将这些法律适用于版权仍处于摸索阶段，但是，任何东西都不能阻止将其纳入法律范围”。❷在我国，通过《著作权法》规定滥用权利原则和消费者保护原则，就是借鉴该条款的有益尝试。第二种做法是《美国版权法》第107节对合理使用一般判断标准的规定。《美国版权法》规定的判断合理使用的一般标准包括使用的目的和性质、版权作品的性质、使用的数量和质量在版权作品整体上所占的分量以及使用对版权作品的潜在市场或价值的影响。但是，“传统的判断标准在互联网时代受到挑战，包括使用目的和市场影响因素等合理使用条件的消失和淡出，使得可将互联网下的合理使用的合理性判断标准缩小为使用行为是否造成权利人直接的实质损害、行为人有无过错(即是否恶意或故意)，符合其中任何一项就不构成对于版权作品的合理使用”。❸在这种情况下，立法很难抽象出经得起实践检验的合适的标准条款，所以将其留给未来司法实践中灵活运用，将更为妥当。第三种做法是《伯尔尼公约》所规定的，为《知识产权协定》和WIPO两个“互联网条约”所肯定的“三步检验法”，也即是对权利的限制必须：①只适用于特定情形；②不能与作品、表演者或录音制品的正常使用相冲突；③不能不合理地损害作品、表演或录音制品权利人的合法利益。“三步检验法”是“衡量在网络环境下设定的权利限制是否适当的一个总的标准”，❹因此，在我国的立法中应该有其一席之地。

(5)修改第23条，增加1款，规定：“为通过信息网络实施九年制义务教育或者国家教育规划，可以不经著作权人许可，使用其已经发表作品的片段或者短小的文字作品、音乐作品或者单幅的美术作品、摄影作品制作课件，由制作课件或者依法取得课件的远程教育机构通过信息网络向注册学生提供，但应当向著作权人支付报酬。”

[立法理由]在《著作权法》业已规定基于义务教育的法定许可之情形下，《信息网络传播权保护条例》又单独规定网络环境下的义务教育法定许可，实际上也是立

❶ 约纳森·罗森诺：《网络法：关于因特网的法律》，中国政法大学出版社2003年版，第36~37页。

❷ 塞弗里纳·迪索利耶等：“数字环境下的版权和信息的获取”，载《版权公报》2000年第4期。

❸ 吴汉东：“网络传播权与网络时代的合理使用”，中南财经政法大学“网络时代著作权保护”国际研讨会提交论文。

❹ 薛虹：《网络时代的知识产权法》，法律出版社2000年版，第155页。

法浪费,并且该条例通过增加条件限制该类法定许可,以低效力法规限定高位阶的法律,不符合"法治原则"。所以,直接在该条增加一款,确定相应的条件,更为合适。

(6)在权利的限制中增加1条,规定:"为扶助贫困,通过信息网络向农村地区的公众免费提供中国公民、法人或者其他组织已经发表的种植养殖、防病治病、防灾减灾等与扶助贫困有关的作品和适应基本文化需求的作品,网络服务提供者可不经权利人的同意,但应支付报酬。"

[立法理由]法律是利益的调节器,为缩减"数字化鸿沟",实现地区发展平衡和减少农村地区数字化消费成本,《信息网络传播权保护条例》确立扶助贫困的法定许可,是很有见地的制度创新,但是在条件设置上畏缩不前。考虑到该条例效力的低层次性,在《著作权法》中直接以"法定许可"的形式予以规范。

(7) 修改第33条,增加网络转载、摘编的法定许可,规定:"网络服务提供者转载、摘编已经在报刊、书籍、网络等其他媒体上公开发表的作品,除著作权人声明或者受著作权人的委托声明不得转载、摘编的以外,网络服务提供者予以转载、摘编并按有关规定支付报酬、注明出处的,不作为侵权行为。"

[立法理由]确认网站摘编、转载部分作品构成法定许可具有合理性:其一,我国《著作权法》第32条第(2)项规定,一定范围的作品在支付报酬、注明作者的情况下可以不经许可而转载;其二,网络环境下,肯定转载、摘编的法定许可,有助于实现著作权人与社会公众对信息获取权益的平衡;其三,网络服务提供者特别是他们设立的网站在特定的功能上,与报刊杂志社等的功能相同,都是传播作品等信息产品的媒介,其著作权法律地位应当平等;其四,著作权人可以通过注明"不得转载"等简单方式就可以获得更充分的著作权法保护,法定许可对著作权权利行使不会造成实质性影响;其五,在司法实践中,这种机制可以大量减少网络著作权纠纷,至少是减少那些不必要的仅仅为取得许可的那些纠纷。这就减轻了当事人的负担和法院的诉讼资源,更重要的是该项司法解释会适应高速发展的信息网络的发展,律师们也可以在诉讼外大显身手。《信息网络传播权保护条例》限于效力层次,没有规定网络转载、摘编的法定许可,这可以理解,但《著作权法》修改时应表明立场。

第二步,完善《信息网络传播权保护条例》,主要包括如下内容。

(1)体例结构略作调整,将第4条移至第12条之前,第5条放在第12条之后,集中规定技术措施和权利管理电子信息的保护和限制。

[立法理由]体例体现了法律的严谨,同时也便利阅读者和解读者利用体系形成的张力了解制度的架构和法律的精神。《信息网络传播权保护条例》将技术措施和权利管理电子信息置放在信息网络传播权的含义之后,远离相关的权利限制,产生理解上的弊端:其一,使人误认为存在技术措施权和权利管理电子信息权;其二,

无法正确凸显权利保护和权利限制的平衡精神和利益分享理念。基于此,可将技术措施保护及其限制、权利管理电子信息保护及其限制集中规定。

(2) 增加数字化复制的内容,包括:①数字化复制,是指网络用户对通过信息网络传播的作品等客体进行的临时性复制和永久性复制;②网络用户以营利为目的对通过信息网络传播的作品等客体进行数字化复制的,应当经信息网络传播权人的许可,法律或者本条例另有规定的除外;③未经信息网络传播权人的许可,网络用户不得将明知未经许可的数字化复制品进行出借、出租、出售、陈列、展览、再上载或者以其他形式提供给他人进行使用,法律或者本条例另有规定的除外。

[立法理由]在《著作权法》已经肯定复制权包括数字化复制的前提下,在《信息网络传播权保护条例》中增加有关数字化复制的规定及其限制很有必要。

(3)删除第6条和第8条,增加关于数字图书馆的权利限制条款,包括:①公共图书馆通过本馆的网络阅览系统供馆内读者阅览本馆收藏的已经发表的作品,可以不经权利人同意,并不需支付报酬,但该阅读系统不得提供复制功能,并能有效防止提供网络阅览的作品通过信息网络进一步传播;②除著作权人事先声明不许使用的外,公共图书馆符合下列全部条件的,可以不经其许可,通过本馆的网络阅览系统供馆外注册读者阅览本馆收藏的已经出版的图书,但应当指明作者姓名、作品名称和出处,按照规定支付报酬,并且不得侵犯著作权人依法享有的其他权利:其一,提供网络阅览的图书已经合法出版3年以上;其二,阅览系统不提供复制功能;其三,阅览系统能够准确记录作品的阅览次数,并且能够有效防止提供网络阅览的作品通过信息网络进一步传播。

[立法理由]图书馆在国家文化发展中起着非常重要的作用,它是广大社会公众廉价获取知识的最佳途径。但是我国经济、文化发展的不平衡导致各地的图书馆建设良莠不齐。加快数字图书馆的建设是解决图书馆经费短缺问题的一条十分可行的途径之一。我国已于20世纪90年代启动数字图书馆建设工程。数字图书馆较之传统图书馆具有资源丰富、资料更新及时、传输速度快、储存方便、建设成本低等诸多优势,但数字图书馆建设中都采用设置口令、客户认证等加密措施,它们的实施使读者不再可能出于学习、研究目的而进行作品的复制,传统的合理使用制度所确立的创作者、传播者与使用者之间的利益平衡机制因互联网上的付费观看系统而被打破了。❶关于数字图书馆能否适用合理使用,一种观点认为它是以公益事业为目的的单位,将图书上载到网络上向公众传输也是非营利性的,因此数字图书馆应属于合理使用作品的范畴。另一种观点认为,数字图书馆一旦将作品上载到网络上,

❶ 胡开忠:“入世后中国版权国际化的战略调整”,载《法商研究》2004年第4期。

就会有很多人浏览该作品，这对作品的销售会产生影响，会影响著作权人的合法权利。[1]我们认为肯定某些情况下数字图书馆复制权和传播权中的合理使用和法定许可是必要的。但是，由于数字图书馆里的图书是虚拟的，“图书内容一旦在互联网上传播，它将摆脱任何束缚，任何人都可以很容易的获得”，[2]所以，在数字图书馆建设中，一旦数字图书馆超出公益服务的范围，则利用作品时取得作者授权是必要的，不应该认定为可以适用合理使用和法定许可。

(4) 修改第4条，规定：“任何组织或者个人不得故意避开或者破坏技术措施，不得故意制造、进口或者向公众提供主要用于避开或者破坏技术措施的装置或者部件，不得故意为他人避开或者破坏技术措施提供技术服务，间接损害著作权人的合法权利。”同时增加对技术措施保护的限制性原则描述：“本条例所保护的技术措施和权利管理信息受到下列条件限制：(一)不得设置攻击性技术措施；(二)不得超出制止侵权行为所必须的限度；(三)不得违反法律和社会公共利益。”

[立法理由]为技术措施保护设置一般限制条款，具有两个方面的重要意义：其一，宣示功能，表明利益的分享；其二，实际裁判功能，因为禁止攻击性技术措施等均是裁判规范，有助于法官正确理解和适用法律。

(5)将权利管理电子信息的保护和限制分开规定，删除第5条第(1)项“但由于技术上的原因无法删除或者改变的例外”，增加1条，规定：“在符合下列条件的情形下，行为人可以删除或者改变权利管理信息：(一)国家机关、国家机关工作人员和经合法授权的其他组织为调查、保护、情报收集或者为识别和指明政府部门计算机、计算机系统、计算机网络的弱点所进行的活动；(二)进行模拟信号传输的广播电台、电视台在播放作品等客体时为防止违反本条例第二十七条采取的措施没有技术上的可行性，或者会造成节目提供者承受不合理的经济负担；(三)其他可以删除或者改变权利管理信息的情形。”

[立法理由]《信息网络传播权保护条例》没有详细规定权利管理电子信息保护的限制规则，将其与权利保护规定糅合在一起并不合适，因此有必要借鉴外国立法例，对此作出梳理。

(6)规定P2P网络服务提供者。规定：“在符合下列条件的情形下，网络服务提供者可以应网络用户要求在其目录服务器中提供搜索索引服务：(一) 网络服务提供者实际不知道或者没有意识到侵权行为的发生；(二) 在收到权利人符合本条例规定的侵权通知后，网络服务提供者已立即停止对该信息提供搜索索引服务。”

[1] 屈茂辉、凌立志：《网络侵权行为法》，湖南大学出版社2002年版，第152页。

[2] 宋慧献：“超星：执着与求索”，载《中国版权》2004年第4期。

[立法理由]我国法院没有就P2P网络服务作出任何判决，成文法上也不存在明确禁止、限制P2P网络的规则，但未雨绸缪，在《信息网络传播权保护条例》中对此作出规定是必要的：其一，网络服务提供者在点对点传输中有可能侵犯信息网络传播权；其二，明确网络服务提供者在点对点传输中的注意义务，既可以充分保障权利人利益，又可以促进点对点传播产业发展和维护最终消费者的利益。

(7)可考虑根据网络的实际特征规定以下默视许可条款：①侵犯信息网络传播权之后，权利人仅要求侵害人按照规定支付许可费用的，在侵害人支付合理费用后，应推定权利人许可其继续在网络传播该信息。②版权人通过BBS平台、博客传播作品，在权利人未作出明确予以反对的申明时，推定其默视许可具有一定资金实力和信用保障的网络服务提供者通过网络传播其作品，传播者不必向权利人支付报酬。③版权人一旦许可报纸、杂志传播其作品，在权利人未作出明确予以反对的申明时，意味着同时许可中国期刊网等具有一定资金实力和信用保障的网络服务提供者通过网络传播其作品；但使用者必须向权利人支付报酬。

[立法理由]默视许可是因应网络技术的发展而在权利限制制度上进行的制度创新，其可行性还有待进一步论证，但是，为实现网络上利益的分享，就必须在某些环节打破传统的条条框框，以回应现代信息技术的革命性影响。

4

第四章

民间文学艺术保护制度的完善

我国有着悠久的历史传统，在悠久的历史中我国各民族共同创造了丰富多彩的民间文学艺术。民间文学艺术不仅是中华民族精神的源泉，也是当代中国先进文化的根基，是中华民族奉献给全人类的宝贵的精神财富。建国以来，尤其是20世纪90年代以来，我国政府投入大量的人力、物力和财力采取措施保护和弘扬民间文学艺术。我国于1990年颁布的《著作权法》明确将民间文学艺术作为著作权法保护的作品，并在第6条规定“民间文学艺术作品的著作权保护办法由国务院另行规定”。但一晃17个年头过去了，国务院尚未制定出具体的保护办法，这大大地影响了我国对民间文学艺术的法律保护。鉴于保护民间文学艺术在我国具有重要的现实意义，本章探讨我国民间文学艺术保护并为具体制度的建立提出相应的建议。

一、我国民间文学艺术保护现状

(一)我国民间文学艺术保护的立法概况

全国人大、全国人大常委会、国务院及中央部委颁布的有关民间文学艺术的法律、法规如下。

1. 宪法

作为国家的根本大法，《中华人民共和国宪法》(以下简称《宪法》)对民间文学艺术的传承、发展与保护作出了明确的规定，“根据各少数民族的特点和需要，帮助各少数民族地区加速经济和文化的发展”(第4条第2款)，“各民族都有使用和发展自己的语言文字的自由，都有保持或者改革自己的风俗习惯的自由”(第4条第4款)，“国家保护名胜古迹、珍贵文物和其他重要历史文化遗产”(第22条第2款)，“国家从财政、物资、技术等方面帮助各少数民族加速发展经济建设和文化建设事业；国家帮助民族自治地方从当地民族中大量培养各级干部、各种专业人才和技术工人”(第122条)。这些规定虽然并没有直接提到民间文学艺术，但其中涉及的文化发展、风俗习惯、历史文化遗产等内容显然可以将民间文学艺术包括于内。

2. 民族区域自治法

《中华人民共和国民族区域自治法》(以下简称《民族区域自治法》)强调民族自治地方的自治机关继承和发扬民族文化的优良传统,建设具有民族特点的社会主义精神文明,不断提高各民族人民的社会主义觉悟和科学文化水平;赋予民族自治地方的自治机关"自主地发展具有民族形式和民族特点的文学、艺术、新闻、出版、广播、电影、电视等民族文化事业,加大对文化事业的投入,加强文化设施建设,加快各项文化事业的发展"的权利;要求民族自治地方的自治机关组织、支持有关单位和部门收集、整理、翻译和出版民族历史文化书籍,保护民族的名胜古迹、珍贵文物和其他重要历史文化遗产,继承和发展优秀的民族民间文艺;要求上级国家机关组织、支持和鼓励经济发达地区与民族自治地方开展经济、技术协作和多层次、多方面的对口支持,帮助和促进民族自治地方经济、教育、科学技术、文化、卫生、体育事业的发展,并由国家设立各项专用资金,扶助民族自治地方发展经济文化建设事业。

3. 著作权法

《著作权法》第6条规定"民间文学艺术作品的著作权保护办法由国务院另行规定"。❶在1990年《著作权法》公布之前,文化部于1984年颁发的《图书、期刊版权保护试行条例》涉及对民间文学艺术整理者和素材提供者权利的保护,但不是保护民间文学艺术作品的著作权人。该条例第10条规定:"民间文学艺术和其他民间传统作品的整理本,版权归整理者所有,他人仍可对同一作品进行整理并获得版权。民间文学艺术和其他民间传统作品发表时,整理者应注明主要素材提供者,并依素材提供者的贡献大小向其支付适当报酬。"《图书、期刊版权保护试行条例实施细则》第10条进一步规定了民间文学艺术和其他民间传统作品发表时,整理者应在前言或后记中说明主要素材提供者,并向其支付报酬,支付总额为整理者所得报酬的30%~40%。

4. 传统工艺美术保护条例

《传统工艺美术保护条例》于1997年5月20日由国务院颁布实施。该条例规定了国家保护传统工艺美术的原则、优秀工艺制品的征集、收藏制度和"工艺美术大师"的命名制度。该条例规定:传统工艺美术是指"百年以上,历史悠久,技艺精湛,世代相传,有完整的工艺流程,采用天然原材料制作,具有鲜明的民族风格和地方特色,在国内外享有声誉的手工艺品种和技艺";国家对传统工艺美术品种和技艺实行保护、发展和提高的方针;对传统工艺美术品种和技艺实行认定制度。该条例颁布实施以来,对保存与发展我国的传统工艺美术事业起到了积极的作用。

---

❶ 由于种种原因,民间文学艺术作品著作权的保护条例至今没有出台。

此外,《中华人民共和国刑法》(以下简称《刑法》)第251条规定,"国家机关工作人员非法剥夺公民的宗教信仰自由和侵犯少数民族风俗习惯,情节严重的,处二年以下有期徒刑或者拘役";《中华人民共和国教育法》第7条规定,"教育应当继承和弘扬中华民族优秀的历史文化传统,吸收人类文明发展的一切优秀成果";《中华人民共和国义务教育法》第6条规定,"学校应当推广使用全国通用的普通话。招收少数民族学生为主的学校,可以用少数民族通用的语言文字教学";《中华人民共和国高等教育法》第10条规定,"国家依法保障高等学校中的科学研究、文学艺术创作和其他文化活动的自由。在高等学校中从事科学研究、文学艺术创作和其他文化活动,应当遵守法律";《中华人民共和国体育法》第15条规定,"国家鼓励、支持民族、民间传统体育项目的发掘、整理和提高"。这些规定也都间接地涉及了民间文学艺术的保护。

在全国人大教科文卫委员会的积极推动下,1998年以后,保护民间文学艺术的地方立法工作进入新阶段。云南省九届人大常委会第十六次会议于2000年5月26日通过了《云南省民族民间文化保护条例》,这是我国第一个专门保护民间文学艺术的地方法规,它的出台不仅对保护云南的民间文学艺术资源、弘扬优秀的民间文学艺术有十分重要的作用,也给民间文学艺术保护的国家立法和其他省区立法提供了借鉴和参考。该条例共7章40条,在民间文学艺术的内容、范围、工作方针、各级政府的职责、保护与抢救、推荐与认定、交易与出境、保障措施、奖励与处罚等方面作了明确规定。2002年7月30日,贵州省人大审议通过了《贵州省民族民间文化保护条例》;2004年9月24日,福建省十届人大常委会审议通过了《福建省民族民间文化保护条例》。两条例分别就民间文学艺术保护工作的原则、职能部门、抢救和保护的要求、民间文学艺术传承人和传承单位的命名、民间文学艺术之乡和文化生态保护区的建立和命名、开发和利用的原则、保障措施和法律责任等进行了规定。2001年6月1日,云南省九届人大常委会审议通过《云南省丽江纳西族自治县东巴文化保护条例》,规定了东巴文化的范围、保护区制度、使用和传承、东巴文化的管理、保护的职能部门、经费来源、奖惩制度等内容。2001年9月26日,安徽省九届人大常委会第二十五次会议批准了《淮南市保护和发展花鼓灯艺术条例》,对淮南地区流行的一种独具特色的民间艺术形式——花鼓灯进行专门保护,该条例规定了保护和发展花鼓灯艺术的原则、主管部门、资金保障机制、主要措施、法律责任等。这是以单项民间艺术表现形式为保护对象的地方性法规。

(二)我国民间文学艺术保护的司法情况

我国在司法实践中已经出现了一些涉及民间文学艺术作品的著作权纠纷,例如1989年著名音乐人王某诉《丝路歌魂》录制者侵犯著作权案、2001年陕北农民白秀娥状告国家邮政局侵犯其剪纸作品著作权案、2002年画家赵某诉北京永和大王餐饮有限公司侵犯其京剧脸谱著作权纠纷案件。这些案件虽然都与民间文学艺术有关，民间文学艺术作品著作权人的合法权益也得到了维护，但保护的并非民间文学艺术的著作权，而是民间文学艺术再创作作品及其作者的著作权。2003年由北京市高级人民法院作出的《乌苏里船歌》案判决才是真正意义上的民间文学艺术法律保护范例，是中国首例民间文学艺术著作权纠纷被确认为侵权的判例，该案确认了民间文学艺术权利主体的群体性，维护了民间文学艺术原创主体的精神权利。

在《乌苏里船歌》案中，审理该案的北京市第二中级人民法院认为：以《想情郎》和《狩猎的哥哥回来了》为代表、世代在赫哲族中流传的民间音乐曲调，应作为民间文学艺术作品受法律保护。原告作为民族乡政府，可以以自己的名义提起诉讼。

与《想情郎》曲调相比，《乌苏里船歌》体现了极高的艺术创作水平，其作品整体的思想表达已发生了质的变化。郭颂作为该作品的合作作者之一，享有《乌苏里船歌》音乐作品的著作权。但是《乌苏里船歌》曲调的作者在创作中吸收了《想情郎》等最具代表性的赫哲族传统民间曲调，《乌苏里船歌》主部即中部主题曲调与《想情郎》、《狩猎的哥哥回来了》的曲调基本相同。因此，《乌苏里船歌》系在赫哲族民间曲调的基础上改编完成的作品。

郭颂在1999年南宁国际民歌艺术节开幕式晚会的演出中对主持人欲为《乌苏里船歌》系郭颂原创作品的失当的"更正性说明"未作解释，同时对相关出版物中所标注的不当署名方式予以认可，且在本案审理中坚持认为《乌苏里船歌》曲调是其原创作品，其上述行为表明郭颂是有过错的。郭颂等人在使用音乐作品《乌苏里船歌》时，应客观地注明该歌曲曲调是源于赫哲族传统民间曲调改编的作品。

在中央电视台主办的1999年南宁国际民歌艺术节开幕式晚会上，主持人发表的陈述与事实不符。中央电视台作为演出组织者，对其工作人员就未经核实的问题，过于轻率地发表议论的不当行为，应采取适当的方式消除影响。

鉴于民间文学艺术作品具有其特殊性，且四排赫哲族乡政府未举证证明被告的行为造成其经济损失，故对四排赫哲族乡政府关于要求三被告公开赔礼道歉、赔偿经济损失和精神损失的主张不予支持。但郭颂、中央电视台应承担原告因诉讼而支出的合理费用。

在该案的上诉审理中，北京市高级人民法院作出维持原判的判决。[1]

---

[1] 参见北京市高级人民法院民事判决书(2003)高民终字第246号。

二、我国民间文学艺术保护方面存在的问题

(一)我国民间文学艺术保护立法方面存在的问题

尽管我国各层级的法律法规均不同程度地涉及了民间文学艺术保护问题,有些还是直接的专门规定,但我国民间文学艺术保护立法方面仍然存在着以下问题。

1. 缺乏保护民间文学艺术的全面而具体的法律

虽然在宪法和民族区域自治法中确定了保护民间文学艺术的基本原则,但缺乏相关专门法律的具体规定;其他法律如教育法、体育法等,只涉及民间文学艺术的一小部分内容;《传统工艺美术保护条例》只涉及民间文学艺术中的传统工艺美术部分,都不能全面地保护民间文学艺术。

2. 现有立法的效力范围有限

云南、贵州、福建、淮南等地的民间文学艺术保护法均属地方性立法和行政法,根据立法法的规定,地方性法规和规章性文件的效力比较低,只在一个区域或一个系统内实施,缺乏统一性和权威性,无法在全国范围内实施,不利于民间文学艺术的保护。

3. 缺少民间文学艺术的知识产权保护

现有的相关立法基本上都属于行政法序列,缺乏知识产权方面的规定,这直接影响到民间文学艺术的保护和利用。尽管《著作权法》规定"民间文学艺术作品的著作权保护办法由国务院另行制定",但是该具体办法至今没有出台。此外,即使有了民间文学艺术作品的著作权保护,但因民间文学艺术与著作权法意义上的作品的诸多不同,大多数民间文学艺术仍然无法受到著作权法的保护。❶

(二)我国民间文学艺术保护司法方面存在的问题

尽管我国已经开始了民间文学艺术保护的司法探索,但这方面还存在着以下问题需要回答。

1. 民间文学艺术保护的理念问题

所谓民间文学艺术保护的理念问题,即民间文学艺术的保护仅仅是为了保护而保护,还是通过保护来达到保存文化遗产并促进优秀民间文学艺术的传播?

《乌苏里船歌》著作权纠纷案中,确实是保护了赫哲族人民对其民间文学艺术的著作权,但是,是否会因为这样一种保护而妨碍民间文学艺术的传播以及对民间文学艺术的再创作?毫无疑问,保护民间文学艺术的宗旨应当是保存与促进民间文

---

❶ 参见我国文化部汇编的《民族民间传统文化保护法立法参阅材料之一:我国保护民族民间文化的情况及有关资料》。

学艺术的传播与发展。郭颂作为传承人,在赫哲族民歌《乌苏里船歌》的传播与发展中起着重要的作用,一曲《乌苏里船歌》不仅使郭颂扬名天下,而且让全国乃至世界认识了赫哲族,为此,郭颂还被请过去作为赫哲族"名誉渔民"。本案判决认为《乌苏里船歌》不是创作歌曲,而是编曲,并要求郭颂承担侵权的法律责任。这给艺术家们带来极大的压力,他们强烈呼吁,保护民间文学艺术的艺术家也需要法律援助,因为他们担心:"只要民歌所在地提起诉讼,就会告倒一大片。如果这样,艺术家还会有使用民间素材的积极性吗?"❶如果对民间文学艺术保护过度或者保护不当,不能协调好民间文学艺术专有权人与传承人之间的关系,将会严重影响民间文学艺术的传承与发展。

2. 民间文学艺术的权利主体问题

民间文学艺术的权利主体问题,即谁是赫哲族民歌的著作权人,赫哲族乡政府是否具有诉讼主体资格?

如前所述,民间文学艺术具有创作主体的群体性与不确定性特点,赫哲族民歌的具体创作者也无从查考。在该案中,赫哲族乡政府代表赫哲族人民提起了著作权侵权之诉,因此在整个案件的审理过程以及法院作出判决之后,无论是案件的当事人还是学界人士,均围绕赫哲族乡政府是否具有诉讼主体资格这一问题展开了讨论。本案被告认为民间文学艺术作品的权利人难以确定、现行法律法规对如何确定民间文学艺术作品的权利人的问题未有规定,因而四排赫哲族乡政府不具备原告的诉讼主体资格。但审理此案的两级法院均认为赫哲族乡政府作为民族乡政府,可以以自己的名义提起诉讼,认为涉案的赫哲族民间音乐曲调形式作为赫哲族民间文学艺术作品,是赫哲族成员共同创作并拥有的精神文化财富。它不归属于赫哲族某一成员,但又与每一个赫哲族成员的权益有关。该民族中的任何群体、任何成员都有维护本民族民间文学艺术作品不受侵害的权利。四排赫哲族乡政府作为一个民族乡政府是依据我国宪法和法律的规定在少数民族聚居区内设立的乡级地方国家政权,可以作为赫哲族部分群体公共利益的代表。故在符合我国宪法规定的基本原则、不违反法律禁止性规定的前提下,四排赫哲族乡政府为维护本区域内的赫哲族公众的权益,可以自己的名义对侵犯赫哲族民间文学艺术作品合法权益的行为提起诉讼。❷

从我国《宪法》的规定来看,该法第119条规定,"民族自治地方的自治机关自主地管理本地方的教育、科学、文化、卫生、体育事业,保护和整理民族的文化遗产,发

❶ 李明霞:"艺术家也需要法律援助",载《法制日报》2004年3月18日第5版。

❷ 北京市高级人民法院民事判决书(2003)高民终字第246号。

展和繁荣民族文化”，再从我国《民族区域自治法》、国务院《民族乡行政工作条例》以及地方政府制定的《民族乡条例》的规定来看，代表少数民族利益的民族自治地方或民族乡有管理、保护民族文化遗产的权利。但问题的关键是，该案判决书中所依据的《民法通则》与《著作权法》既没有规定民间文学艺术的权利主体，也没有确认民间文学艺术权利主体的群体性。

3. 民间文学艺术是否属于著作权法保护的客体

民间文学艺术是否是受著作权法保护的作品，即以《想情郎》和《狩猎的哥哥回来了》为代表的赫哲族民间音乐曲调是著作权法保护的对象吗？

该案判决书认为：“《想情郎》和《狩猎的哥哥回来了》世代在赫哲族中流传，属于民间文学艺术作品，应当受到法律保护。”但从法院查明的事实来看，以《想情郎》和《狩猎的哥哥回来了》为代表的民间音乐曲调是“世代”在赫哲族中流传，“世代”表明了该民间音乐曲调产生的时间久远，那么，按照我国《著作权法》第21条的规定，一般作品的保护期限为作者有生之年加其死后50年，该民间曲调还能受著作权法的保护吗？

三、完善我国民间文学艺术保护的立法构建

中国目前正面临一个巨大的社会转型期，特别是中国加入世界贸易组织之后，中华民族的民间文学艺术正面临全方位的开放，随着经济全球化、现代化进程的加快，中国民间文化遗产必将受到西方文化的全方位冲击。随着人们生活方式的改变，民族民间文化的生存环境发生了巨大的变化，民族民间独有的文化习俗、服饰、建筑、传统工艺等逐渐消融。从目前情况看，中华民间文学艺术的传承面临断层的危险，民间文学艺术与外来文化形成明显的位差。[1]鉴于我国民间文学艺术保护立法和司法中存在的上述问题，有必要根据我国国情构建我国民间文学艺术保护的具体规则，制定《民间文学艺术保护法》，加强对民间文学艺术的保护。

（一）立法宗旨

民间文学艺术保护法律制度的宗旨有两个。

1. 保存和保持文化的多样性

民间文学艺术通常由民族集体创作并世代相传，反映该民族特性的文化，处于不同地域、不同地理环境以及有着不同历史经历的民族的民间文学艺术具有不同的文化特性，其表现形式色彩纷呈。各种各样的民间文化荟萃起来，就是整个人类伟大的文化宝库的一个重要部分，成为文化多样性的重要组成部分。长期以来，有

---

[1] 白庚胜：“中国民间文化遗产抢救工程”，贵州民族文化艺术网2004年5月3日访问。

着历史、人文、社会、心理、经济、政治价值的民间文学艺术,以其丰富多样的表现形式为文化的多样性作出了重大贡献。但民间文学艺术在其现代化过程中,逐渐被主流文化所冲击,成为次要的、不受重视的边缘文化,甚至在传统社区内部,民间文学艺术因缺乏时尚性、缺乏世界主流文化的认同而被年轻人冷落。因此,在经济全球化日益发展的形势下,对民间文学艺术的保护首先是要保存。

2. 促进优秀民间文学艺术的传播与发展

民间文学艺术是人类宝贵的非物质文化遗产，对民间文学艺术的保护不仅仅是为了使其不致消灭，还要使其中优秀的文化为世人所认识和利用，弘扬民族文化。因此从文化事业的可持续发展角度,还应促进民间文学艺术的传播,并在传承中得到进一步发展。

(二)保护模式

民间文学艺术是一种智力创造成果，具有非物质性、价值性等知识产品的特点,民间文学艺术的知识产品特性决定了其应当在知识产权体系内予以保护,对民间文学艺术采用知识产权法的私法保护模式，与知识产权法律制度的目的和本质是一致的,都是为了促进文化的发展与社会的进步。对民间文学艺术的保护不仅仅是为了使其不致消灭,还要使其中优秀的文化为世人所认识和利用,继承与弘扬民族文化。而民间文学艺术的私法保护可以授予民间文学艺术的权利主体以垄断性权利,使其真正享有权利,有利于保存、发展以及合理利用本群体、本民族的民间文学艺术。同时基于民间文学艺术的私益与公益的双重属性,在法律保护上,应在私法之外兼顾公法。又由于民间文学艺术与现有知识产权保护客体个性差异的存在,难以符合现有知识产权保护条件,使得民间文学艺术无法得到有效的保护,因此需要根据民间文学艺术的特点建立起民间文学艺术特别权利保护体系。当然,在民间文学艺术特别权利体系之外,还可以适用其他的法律制度,包括知识产权与知识产权以外的法律制度。

这里需要特别说明的是著作权法与民间文学艺术保护法的关系。由于民间文学艺术与著作权法保护的作品有许多相同之处,大多数民间文学艺术也属于文学、艺术和科学领域中的智力创作成果,两者都可以文字、口语、美术、摄影、建筑、音乐、戏剧、曲艺、舞蹈等形式加以表达,还有相当一部分民间文学艺术属于著作权法意义上的作品,因此许多国家都将民间文学艺术列为著作权法的保护对象,关于发展中国家著作权保护的《突尼斯示范法》和关于非洲知识产权组织的《班吉协定》保护民间文学艺术的最初立法尝试均出现在著作权法中。我国《著作权法》第6条规定:“民间文学艺术作品的著作权保护办法由国务院另行规定。”这是我国第一次在知识产权法中确立民间文学艺术作品的法律地位，在审判实践中人民法院也据此保护了民间文学艺术作品著作权人的权益。但是,民间文学艺术与著作权法保护的作品在共性之外还有个性,民间文学艺术具有创作主体的群体性与不确定性、创作过程的长期性与持续性特点;除了文学和艺术外,民间文学艺术还包括生活方式、共处的方式、价值观体系、传统和信仰,从而多数民间文学艺术不能满足著作权的保护条件,无法受到著作权法的保护,事实证明,在著作权法体系内不能给予民间文学艺术以有效的保护。因此,民间文学艺术保护法不属于著作权法的一部分。当然,对民间文学艺术的保护除了适用民间文学艺术专门保护制度外,仍然可以在知识产权体系内或知识产权体系之外受到保护,彼此并不排斥。例如,符合著作权保护条件的民间文学艺术作品作为一般作品受著作权法保护,其他如民法、反不正当竞争法、文物保护法、教育法、刑法等均可适用。

(三)权利主体

民间文学艺术专有权作为知识产权之一种,在确认权利主体时,应坚持知识产权权利主体认定的一般原则,即"创造性活动是权利产生的源泉",民间文学艺术专有权归属于原创作者。基于民间文学艺术创作主体的群体性与民族性、创作过程的长期性与持续性,在民间文学艺术的形成与发展过程中,创作者的个性特征已逐渐消失,变成为某一民族或地区人们文化特性的反映,是集体创作、集体流传并为集体所共有的,任何对民间文学艺术的非法使用行为都会构成对产生民间文学艺术群体的伤害。因此民间文学艺术专有权应归属于创作民间文学艺术的特定群体,从而使民间文学艺术的权利主体也具有群体性的特点,这个群体可以是一个民族,也可以是本民族的某个村落,还可以是某几个人。

民间文学艺术的权利主体的群体性特点使得在权利的行使方面有一定的难度,需要有一个确定的主体来维护该群体的利益。在《乌苏里船歌》著作权案中,审理该案的法官和许多学者均认为根据我国宪法、民族区域自治法等法律法规,赫哲族乡政府可以代表部分利益主体提起诉讼。我国是个多民族的国家,除了汉族之外,在少数民族聚居地区均设立了民族自治组织,如果涉及的是少数民族的民间文学艺术,各个民族自治组织可以代表该民族群体的利益,但是,如果是汉族或者是没有设立民族自治组织的少数民族,又由谁来代表该民族群体的利益呢?因此必须在未来的《民间文学艺术保护法》中对民间文学艺术的权利主体作出规定,以明确权利主体的确认规则。

(四)保护对象

民间文学艺术专门制度的保护对象是无形的非物质文化遗产,既可以口头表达,也可以有形的载体加以表达。"思想"与"表达"二分法是著作权法中的一个重要原则,对民间文学艺术而言,这一原则同样适用,即民间文学艺术专有权保护的是民间文学艺术的"表达",而非"思想"或素材。如果保护民间文学艺术的思想内容,赋予其垄断性权利,必然会禁锢人类文化的发展,阻滞民间文学艺术的广泛传播,这与我们保护民间文学艺术的宗旨是不相符合的。对民间文学艺术的表现形式给予专有性权利保护,便足以抵御他人对民间文学艺术的侵害,可以防止他人擅自将民间文学艺术进行商业性使用、歪曲使用或损害权利人的经济利益,从而保护相关权利人的合法利益。从民间文学艺术的国际保护来看,世界知识产权组织大会于2000年成立的知识产权与遗传资源、传统知识及民间文学艺术表达政府间委员会,在有关文件中使用的概念均是"Traditional Cultural Expressions"和"Expressions of Folklore"。在世界知识产权组织和联合国教科文组织于1982年组织起草的《保护民间文学艺术表达防止不正当利用及其他损害性行为的国内法示范条款》、联合国教科文组织于1989年通过的《保护民间创作建议案》,使用的术语均为"Expressions of Folklore"。由此可见,无论是有形还是无形的民间文学艺术,世界知识产权组织与联合国教科文组织所倡导建立的民间文学艺术权,其保护对象是民间文学艺术的"Expressions"(表达),而非思想。

民间文学艺术的具体范围应包括以下内容:

(1)民间文学,如民间故事、民间诗歌、民间曲艺;

(2)民间艺术,如民间音乐、民间舞蹈、民间戏曲、民间美术;

(3)民间语言;

(4)民间游戏娱乐;

(5)民间信仰;

(6)民间礼仪、社会风俗、节庆;

(7)其他民间文学艺术的表现形式。

(五)权利内容及权利的行使

民间文学艺术具有民族性的特点,是民族特性的反映,各民族通过各种宗教信仰、神话故事、语言文字、象征符号来表达其民族意识和民族情感,反映其价值观念和伦理规范。许多民族的民间文学艺术具有特别的含义,往往与其祖先的足迹、事件和地点相联系。因此,同著作权法意义上的作品一样,民间文学艺术也是创作者民族特性的体现、人格的反映,创作者在其民间文学艺术中表达了一定的思想或情感,民间文学艺术专有权人对其民间文学艺术的人格利益理应受到法律的保护,创作者对其民间文学艺术应享有相应的精神权利。世界知识产权组织和联合国教科文组织主持下的保护传统知识的政策目标之一便是"增进尊重",即"增进人们对传统知识体系的尊重,对保存并维持这些体系的传统知识持有人的尊严、文化完整以

及思想和精神价值的尊重”。❶

1. 公开权

此即决定民间文学艺术是否公之于众以及在何时何地以何种方式公之于众的权利。所谓公之于众，是指披露民间文学艺术并使其处于为不特定对象所知的状态。就民间文学艺术而言，有的已经公开，处于公开状态的民间文学艺术就不存在发表权的问题了。还有许多民间文学艺术是尚未公开的，对于处于保密状态的民间文学艺术，民间文学艺术专有权人享有公开权，即未经权利人许可不得公开发表该民间文学艺术，否则就是侵权，要承担侵权的法律责任。

公开权对于民间文学艺术专有权人来说是非常重要的，无论使用人的行为是否是商业性的，都有可能对创作者的精神利益构成损害，民间文学艺术的权利人，应当有权决定是否将民间文学艺术公开发表。有许多民间文学艺术专有权人并不愿意其“文化”为世人所知，或者只希望在有限的范围内（人群或地域）为人所知，因为这些“文化”是其信仰、价值观的表现。例如“原生境文化”，产生于“圣境”理念之上，产生于对任何事物都有生命力的理解之上，亦即万物有灵。❷根据习惯，这些“圣境”文化往往不允许外传、为传统社区以外的人知悉，即使在本社区内也不是所有的人都可以知道和使用。

2. 表明身份权

此即以适当的方式表明原创作者身份，在民间文学艺术上署名的权利，意在表明署名人与民间文学艺术的渊源关系。表明身份权不仅在原民间文学艺术中行使，还应当在传承人基于民间文学艺术而创作产生的作品或传播活动中行使。作者身份权是一项被各国著作权法广泛承认的精神权利，在《伯尔尼公约》中，作者身份权的保护是最低保护标准之一。1982年《保护民间文学艺术表现形式以抵制非法利用和其他不法行为的国内法律示范条款》（以下简称《示范条款》）也明确规定了“来源的承认”，要求在所有的印刷出版物中以及有关的任何公开传播中，必须用恰当的方式标明其来源，即通过提及所使用的民间文学艺术表现形式的起源社区和（或）其地理位置的方式来标明。要求进行起源地的承认而没有进行承认的，应处以罚款。民间文学艺术公开、使用的时候，权利人有权决定是否表明该文化的来源，如果违背权利人的意愿或者在使用与民间文学艺术有关的产品中没有标明其来源，则构成侵权。《乌苏里船歌》案就属于典型的侵犯民间文学艺术专有权人表明身份权的行为，《乌苏里船歌》分明是在赫哲族民间音乐曲调的基础上改编完成的，但编曲

---

❶ WIPO/GRTKF/IC/7/5ANNEX 1，http://www.wipo.int.

❷ 严永和：《论传统知识的知识产权保护》，法律出版社2005年版，第15页。

人在使用该作品时却没有注明其曲调是源于赫哲族传统民间曲调。

3. 保护民间文学艺术的完整权

此即保护民间文学艺术不受歪曲篡改的权利。在民间文学艺术特别权利保护体系的构建过程中，保护民间文学艺术完整权的授予得到了广泛的认可，对民间文学艺术法律保护问题的提出理由之一便是“由于没有得到有效的保护，民间文学艺术被不正当或贬损性使用”。如《示范条款》的保护原则就是“防止在本法定义下的对民间文学艺术的不正当利用和其他损害性行为”的发生，并规定“直接或间接地公开使用民间文学艺术表现形式时，有意歪曲该形式，以至损害相关社区的文化利益的，将受……惩罚”。在世界知识产权组织和联合国教科文组织保护传统知识的相关文件中，也首先是要求对“文化完整”的尊重。❶

民间文学艺术完整权的保护在于赋予创作者禁止他人将民间文学艺术作贬损性使用，歪曲篡改其思想观点的权利。他人在使用民间文学艺术时，应当尊重产生民间文学艺术的民族或群体的宗教信仰、风俗习惯和精神权利，不得擅自对民间文学艺术进行修改，不得歪曲、篡改原生作品，不得违背原生作品独特的表现形式或艺术风格，不得作不适当使用。在澳大利亚地毯案中，原告一再声明，“被告使用在地毯上的艺术品是属于我的部落的，是始祖创业传说中的一部分，这一形象对我的部落非常重要”，“把它复制在地毯上给我造成极大的痛苦”。❷ 被告将原告部族神圣的“形象”使用在地毯上任人践踏，就是一种贬损性使用，该行为给“形象”文化权人的精神造成了极大的痛苦。

4. 经济权利

除了精神权利以外，民间文学艺术的作者还享有经济权利。

民间文学艺术经济权利适用的前提条件限定为“以营利为目的的使用”。对民间文学艺术的保护与现代作品的著作权保护有所不同，著作权法律制度的设计在于保护创新与鼓励创新，其经济权利具有时间性的特点，一旦保护期限届满，作品便进入公共领域；而民间文学艺术的保护期限一般是不受时间限制的，作为现代作品的创新之源，民间文学艺术既为现代作品的创作提供了大量的素材，又通过现代作品的创作与传播得到了广泛的传播与发展，如果对使用人的行为作过多的限制，将不利于民间文学艺术的传播与发展。所以，对民间文学艺术经济权利的保护应当以利益分享为宗旨，即只有在使用人以获得经济利益为目的并有可能获得利润的情况下，才要求使用人尊重民间文学艺术专有权人的经济权利，即征得许可并支付

❶ WIPO/GRTKF/IC/7/5 ANNEX 1, http://www.wipo.int.

❷ Ms. Terri Janke, Prepare for WIPO 2003: Minding Culture: Case-Studies on Intellectual Property and Traditional Cultural Expressions, http://www.wipo.int.

使用费。收取的使用费只能用于本国文化和福利目的,用于促进民间文学艺术的保存与发展。

民间文学艺术经济权利的具体内容,仍然与“以营利为目的”相关联,即那些与营利有关的民间文学艺术使用行为均应纳入民间文学艺术经济权利的范畴,而复制、发行、摄制、表演、展览、播放、网络传播、放映、出租、翻译、改编和汇编是客观存在的使用民间文学艺术的方式,而且在事实上基于营利性的使用也能够获得经济利益。所以当使用人以上述方式营利性地使用民间文学艺术,就应当征得民间文学艺术专有权利人的许可并向其支付报酬。如果是非营利性地使用民间文学艺术,如免费表演、为了个人学习研究或欣赏目的而使用民间文学艺术等,则不受民间文学艺术专有权的限制。

与现有知识产权中的经济权利及一般的财产性权利不同,民间文学艺术专有权人可以许可他人使用其民间文学艺术,但不得转让其经济权利,因为民间文学艺术是其文化特性的反映,如果基于转让而使权利主体发生变更,将失去民间文学艺术保护应有的意义。

(六)保护期限

对民间文学艺术应当给予永久保护,包括精神权利与经济权利。民间文学艺术是世代相传的、在社会发展进程中产生的具有创造性的产品,具有创作过程长期性的特点,因此对于民间文学艺术的保护很难给予合理的时间上的限定,而应当给予永久保护。在现有的保护民间文学艺术的大多数国家的法律中,都规定对民间文学艺术的保护是永久性的。如《英国版权法》规定,基于慈善利益的原因,著名的“彼得潘”(希腊神话中的形象:半人半羊的山林和畜牧之神)受到该法的永久保护;澳大利亚提议为了子孙后代的利益,应给予著名土著艺术家的艺术作品永久版权保护。1982年《示范条款》、巴拿马法和太平洋地区有关民间文学艺术保护的规定也没有时间限制。❶

(七)权利限制

知识产权法本身是作为平衡知识产权人的垄断利益与社会公共利益而作出的制度设计,旨在激励知识创造和对知识产品需求的社会利益之间实现理想的平衡。在知识产权法的整个历史发展过程中,利益平衡始终是知识产权法发展的主旋律。❷在民间文学艺术的知识产权保护中,同样需要贯彻知识产权法律制度中的平衡精神,即民间文学艺术专有权利与义务之间的平衡,民间文学艺术创造者、

❶ WIPO/GRTKF/IC/6/3,http://www.wipo.int.

❷ 冯晓青:“利益衡量论:知识产权法的理论基础”,载《知识产权》2003年第6期。

传播者、使用者三者之间的平衡，私人利益与公共利益的平衡，从而保证民间文学艺术作品的正当利用，避免发生对民间文学艺术的垄断。以民间文学艺术为源泉创作新的作品也是民间文学艺术传承的主要方式之一，现代作者的创新活动使得民间文学艺术得以源远流长。因此，允许文艺家们为创作原创作品而自由地对民间文学艺术加以利用，将实现当代创作与民间文学艺术传承的"双赢"。

对民间文学艺术专有权的限制主要表现为对民间文学艺术经济权利的限制，在具体制度上应为合理使用制度，即在法律规定的情形下，使用已经公开发表的民间文学艺术可以不必征得权利人的许可，也不必向权利人支付报酬，但应当指明民间文学艺术的来源，注明民间文学艺术的出处并尊重权利人的其他权利。

合理使用适用的条件是：(1)仅限于已经公开发表的民间文学艺术，未公开的民间文学艺术不得进行合理使用。这是出于对民间文学艺术专有权利人发表权的尊重。(2)必须是非营利性目的的使用。尽管合理使用制度是对民间文学艺术经济权利的限制，但是，对民间文学艺术的合理使用仍然应当不影响民间文学艺术的正常利用，合理使用以不损害权利人的经济利益为限。(3)应当指明民间文学艺术的来源，注明民间文学艺术的出处。(4)不得侵犯民间文学艺术专有权利人的其他权利。

具体情形包括：

(1)为个人学习、研究或者欣赏，使用他人已经发表的民间文学艺术；

(2)为介绍、评论某一民间文学艺术或者说明某一问题，适当引用他人已经发表的民间文学艺术；

(3)为报道时事新闻，在报纸、期刊、广播电台、电视台、网站等媒体中不可避免地再现或者引用已经发表的民间文学艺术；

(4)为学校课堂教学或者科学研究，使用已经发表的民间文学艺术；

(5)国家机关为执行公务在合理范围内使用已经发表的民间文学艺术；

(6)图书馆、档案馆、纪念馆、博物馆、美术馆等为陈列或者保存版本的需要，复制本馆收藏的民间文学艺术；

(7)免费表演已经发表的民间文学艺术，该表演未向公众收取费用，也未向表演者支付报酬；

(8)对设置或者陈列在室外公共场所的民间艺术进行临摹、绘画、摄影、录像；

(9)将中国公民、法人或者其他组织已经发表的以汉语言文字创作的民间文学艺术翻译成少数民族语言文字在国内出版发行；

(10)将已经发表的民间文学艺术改成盲文出版。

(八)传承人的法律地位

1. 对传承人的界定

在我国民间文学艺术保护的立法与实践中,使用频率最高的是“传承人”,传承人是我国文化部《民族民间传统文化保护法(草案)》、《云南省民族民间传统文化保护条例》、《贵州省民族民间传统文化保护条例》以及《福建省民族民间传统文化保护条例》中首先要保护的权利主体,学界也将传承人作为重要的权利主体之一。

虽然在实践中有些传承人同时也是民间文学艺术的创作者,但在事实上,传承人与创作者是有区别的:(1) 民间文学艺术专有权人应当是创作民间文学艺术的人,而传承人是继承与传播民间文学艺术的人。按照我国民间文学艺术保护的有关规定,传承人是指“在一定区域内被群众公认通晓本民族或本地区民族民间文化形式和内涵的代表人物;熟练掌握民族民间传统技艺,在当地有较大影响或者被公认为技艺精湛的艺人;大量掌握和保存民族民间文化原始文献和其他资料、实物,并有一定研究成果的公民”。❶(2)民间文学艺术反映的是其所属群体的特性、价值观和观念,来源于有关的文化传统,其创作主体具有群体性的特点;而文化特性一般与传承民间文学艺术的人无关,传承人的主体主要是个人或家庭。如《韩国文化财富法》及其实施章程依不同的情形规定民间文学艺术的权利人有所有者、持有者、占有者和管理者4种,其中的持有者是指“原样领会或保存重要无形文化遗产的技艺或技能,并能够原样表演、实现的人”,也就是我们所指的传承人。在认定重要无形文化遗产的持有团体时,只限于“该重要无形文化遗产的技艺或技能,在性质上无法由个人实现的或者应该认定为持有者人数众多的情况”。(3)虽然民间文学艺术的传播与发展进程是建立在传承人的表演、讲述、制作等活动的基础上,传承人在传播民间文学艺术的过程中付出了创造性的劳动,但传承人不能成为民间文学艺术的权利主体,只能就其创造性成果与表演活动享有相应的权利。例如,被誉为“西部歌王”的王洛宾,为我国西部民歌的传承耗费了毕生精力,也为我国西部民歌的传播与发展作出了巨大贡献,他先后收集、整理、改编、翻译了十几个民族的700多首民歌,并创作了大量具有浓郁西部特色的优秀民歌,先后出版了8部歌曲集,使中国的西部民歌不仅流传全国,而且传遍了全世界。但他只能作为他所收集、整理与演唱歌曲的传承人,而非西部民歌这一民间文学艺术的创作者和民间文学艺术专有权人,他能够享有的权利只能是对这些西部民歌再创作作品的著作权和对其

---

❶ 我国文化部《民族民间传统文化保护法(草案)》第15条、《云南省民族民间传统文化保护条例》、《贵州省民族民间文化保护条例》以及《福建省民族民间文化保护条例》也有类似的规定。

表演活动的表演者权，而非民间文学艺术专有权。

2. 传承人的权利

毫无疑问，传承人对民间文学艺术的保存与传播功不可没，在传承的过程中也付出了创造性的劳动，因此，他们的合法权益不仅在公法中应予以规定，还应当得到私法的认可与保护。根据传承人的具体行为，他可以从以下三个方面享有权利。

(1)邻接权。邻接权可以保护民间文学艺术传播者的权利。在民间文学艺术的保存与发展过程中，传承人最大的贡献在于通过表演、讲述、朗诵、演奏或其他方式表演民间文学艺术，以及通过出版、制作录音制品或广播电视节目来传播民间文学艺术，使民间文学艺术得以保存并被世人所认识。依邻接权的规定，表演者对其表演活动享有表演者权，录音录像制作者对其制作的音像制品享有音像制作者权，广播组织对其制作的广播电视节目享有广播组织者权，出版者对其出版的图书享有出版者权。

(2)对民间文学艺术再生作品的著作权。许多传承人在继承民间文学艺术的同时，受到民间文学艺术的启发进行创作活动，或者是借用民间文学艺术的主题、风格、传统技艺，产生了新的民间文学艺术作品，那么，只要该作品具有独创性，符合著作权保护的条件，传承人对该再生作品可依法享有著作权。传承人的创作活动是多样的，包括改编、翻译、注释、整理、摄制影视、汇编等，由此产生的作品类别也是多样的，依其表现形式的不同，分为文字作品、口述作品、音乐作品、戏剧作品、曲艺作品、舞蹈作品、杂技艺术作品、美术作品、建筑作品、摄影作品、电影作品及以类似摄制电影的方法创作的作品、计算机软件作品、图形作品和模型作品等。例如在白秀娥诉国家邮政局、国家邮政局邮票印制局一案中，很显然，剪纸是一种民间艺术，白秀娥的剪纸活动既是传承又是创作，她创作的剪纸属于著作权法意义上的美术作品，受著作权法保护。由杨丽萍领衔主演、编导的大型原生态歌舞集《云南映象》，一方面是对云南丰富民族文化的继承，属于民间文学艺术；另一方面，杨丽萍对民族民间原生态歌舞不是单纯的模仿，而是对作品的实质性部分付出了创造性的劳动。尽管她始终认为"《云南映象》，包括像孔雀舞，都不是我的作品，它根本就是民间的，只不过我是它的代言人，我是传递者。我不是以一种编导的姿态去编孔雀舞，我是在传承我们的民族舞，只是我不限于某一个民族"，[1]但我们仍然可以根据其创造性活动而断言：杨丽萍是民间文学艺术作品《云南映象》的作者和著作权人。

(3)根据国家政策获得奖励和报酬的权利。国家有义务扶助民间文学艺术的发展和利用，而作为在国家有关机关登记备案的传承人来说，他们有权利从政府那里

[1] 刘净植："《云南映象》轰动全国，专访杨丽萍"，载《北京青年报》2004年3月31日。

获得相应的物质补助。[1]鉴于传承人在保存和传播民间文学艺术中的重要作用以及许多重要民间文学艺术传承人稀有甚至有可能消亡的情况，国家应当设立传承人登记制度,对传承人给予物质补助,以表彰和鼓励传承人的贡献,保护稀有的传承人。按照登记制度,传承人可以提出申请经国家主管机关审查认定,对于濒危文化遗产,国家应该主动认定具体的传承人并加以保护。值得借鉴的是日本的“人间国宝”认定制度。在日本,每年由国家认定的“人间国宝”备受珍重,“人间国宝”每年可以从国家得到200万日元补助金,用于培养继承人。事实证明,日本的“人间国宝”认定制度对于日本民间文学艺术的传承和保存产生的积极影响越来越大。

3. 传承人的义务

传承人创作的民间文学艺术作品和表演活动是对民间文学艺术的传承，是建立在已有的民间文学艺术基础之上的,因此,为了保护民间文学艺术专有权人的权利,也为了社会公共利益,在赋予传承人相关权利的同时,有必要要求其承担一定的义务。传承人的主要义务包括以下内容。

(1)尊重民间文学艺术专有权人的精神权利,即表明身份权、公开权和保护民间文学艺术完整权。民间文学艺术专有权人是其民间文学艺术的知识产权人,依法享有表明身份权、公开权、保护作品完整权等精神权利,因此传承人在利用民间文学艺术时,应尊重权利人的上述权利。

(2)尊重民间文学艺术专有权人的经济权利,即使用权与获得报酬权。特别权利保护体系下的民间文学艺术专有权是知识产权的一种,是一种专有性权利,权利人对民间文学艺术享有独占的使用权,任何人未经许可不得使用,法律另有规定的除外。一般情况下,传承人使用民间文学艺术应征得专有权人的同意,否则便是侵权,要承担侵权的法律责任。

此外,为了促进民间文学艺术的创作与传播,传承人使用民间文学艺术进行创作时可以不缴纳费用,如果传承人因为对民间文学艺术的利用而获得了利益,则应向民间文学艺术专有权人支付使用费。所得费用作为民间文学艺术发展基金,用于重要民间文学艺术的保存、抢救和发展。

(3)不得向境外的组织或个人转让派生作品的著作权。传承人对派生作品的著作权建立在民间文学艺术的基础上,传承人的著作权也受到一定的限制,因为对民间文学艺术的利用往往会涉及该群体、该民族或国家的宗教信仰、风俗习惯和精神权利。《突尼斯文学艺术产权法》第7条第2款明确规定:“受民间文学艺术启发而创作的作品的制作、该作品之著作权的部分或全部转让或发放独占许可证,均应取得

---

[1] 田文英:“民间文学艺术传承人的法律地位”,载《中国知识产权报》2002年7月5日第3版。

文化部授权。"传承人向境外转让派生作品，很容易造成国家或民族利益的损失，也容易发生权属纠纷。我国就发生过类似事件。1992年，王洛宾把几首歌的著作权转让给了台商，[1]其中包括在新疆时记谱的作品。1994年，大陆有人制作的录音制品中出现了其中的民歌，该台商即指控制作人侵犯其著作权。对此，许多人认为，被"卖断"了著作权的那些歌曲中，有王洛宾自己创作的内容，也有他收集、整理或改编的内容。对于后面一类，王洛宾是否享有全部著作权、能否将其"卖断"是值得怀疑的，甚至有人认为王洛宾的行为是出卖国家遗产。因此，传承人可以许可境外的组织或个人使用其创作的派生作品，但不能向境外组织或个人转让著作权。

(九)侵权行为及其法律责任

侵犯民间文学艺术专有权的行为主要包括：擅自将处于秘密状态中的民间文学艺术公开；使用民间文学艺术时没有表明其来源；将民间文学艺术歪曲、诋毁使用；以复制、发行、摄制、表演、展览、播放、网络传播、放映、翻译、改编或汇编方式营利性使用民间文学艺术；营利性地使用民间文学艺术并获得了经济利益，但没有向民间文学艺术专有权人支付报酬，等等。对于这些侵权行为，侵权行为人应当承担的法律责任包括民事责任、行政责任和刑事责任，其中主要是承担侵权的民事责任，即停止侵权行为、公开赔礼道歉、恢复影响、赔偿经济损失。国家文化部门还可以视其情节给予侵权行为人行政处罚，即没收违法所得，没收、销毁侵权复制品，处以罚款及没收主要用于制作侵权复制品的材料、工具、设备等。侵权行为人触犯《刑法》，违法所得数额较大或有其他严重情节的行为的，还应当依照《刑法》承担相应的刑事法律责任。

《民间文学艺术保护条例》(建议稿)及其立法理由如下。

民间文学艺术保护条例(建议稿)

第一条　为了保护民间文学艺术，继承和弘扬优秀文化传统，促进社会主义精神文明建设，根据《宪法》，制定本条例。

[立法理由]本条规定的是民间文学艺术保护条例的立法宗旨，下文第三条、第四条是关于我国保护民间文学艺术的基本政策的规定。

关于《民间文学艺术保护条例》的立法宗旨和我国的保护政策，本建议稿充分考量了如下因素：如上文《乌苏里船歌》案所显示，因郭颂的《乌苏里船歌》不是创作歌曲而是编曲，要求郭颂承担侵权的法律责任，这给艺术家们带来极大的压力。如果对民间文学艺术保护过度或者保护不当，不能协调好民间文学艺术专有权人与

[1] 台湾当然不是境外，但鉴于目前两岸关系的现状，台商目前具有特殊的法律地位。

传承人之间的关系,将会严重影响民间文学艺术的传承与发展。为此,民间文学艺术保护法律制度的宗旨应当是既有利于保存和保持文化的多样性,又能促进优秀民间文学艺术的传播与发展。国家对民间文学艺术保护应当贯彻保护为主、抢救第一、合理利用、加强管理的方针,鼓励优秀民间文学艺术的继承与传播,注重维护文化生态与自然环境的平衡。

第二条 民间文学艺术是指在中华人民共和国境内,反映某一民族或地区的文化特性,具有历史、科学和艺术价值的产品,包括但不限于:

(一)民间文学,如民间故事、民间诗歌和谜语;

(二)民间艺术,如民间音乐、民间舞蹈、民间戏曲、民间美术;

(三)民间语言,如古语言文字和少数民族语言文字;

(四)民俗活动,如民间礼仪、民间信仰、社会风俗、节庆和民间游戏娱乐;

(五)与上述各项相关的代表性原始资料、实物,如建筑物、金属器皿、陶瓷、地毯、服饰;

(六)其他民间文学艺术的表达。

[立法理由]本条是关于民间文学艺术范围的界定。

第三条 国家对民间文学艺术保护贯彻保护为主、抢救第一、合理利用、加强管理的方针,鼓励优秀民间文学艺术的继承与传播,注重维护文化生态与自然环境的平衡。

第四条 民间文学艺术专有权人行使民间文学艺术专有权,不得违反宪法和法律,不得损害公共利益。

第五条 中国公民、法人或者其他组织的民间文学艺术专有权自创作完成之时取得,不需履行任何程序。

外国人、无国籍人的民间文学艺术根据其所属国或者经常居住地国同中国签订的协议或者共同参加的国际条约享有的民间文学艺术专有权,受本条例保护。

第六条 国务院文化行政管理部门主管全国的民间文学艺术专有权管理工作;各省、自治区、直辖市人民政府的文化行政管理部门主管本行政区域的民间文学艺术专有权管理工作。

[立法理由]关于民间文学艺术主管机关,本条例考虑了民间文学艺术的属性、文化行政管理部门的职能、管理与保护的便利等因素,认为由文化行政管理部门承担民间文学艺术的管理工作更有利于民间文学艺术专有权的管理和与相关事业的协调。

民间文学艺术专有权属于原创作者,本法另有规定的除外。

民间文学艺术的原创作者可以是自然人,也可以是某个民族或某个地区的全体人民；无法确定原创作者的，民间文学艺术专有权由国家享有。

[立法理由]本条是关于民间文学艺术专有权归属的规定。在确认权利主体时，应坚持知识产权权利主体认定的一般原则，即“创造性活动是权利产生的源泉”，民间文学艺术专有权归属于原创作者。基于民间文学艺术创作主体的群体性与民族性、创作过程的长期性与持续性，在民间文学艺术的形成与发展过程中，创作者的个性特征已逐渐消失，变成为某一民族或地区人们文化特性的反映，是集体创作、集体流传并为集体所共有的，任何对民间文学艺术的非法使用行为都会构成对民间文学艺术群体的伤害。因此民间文学艺术专有权应归属于创作民间文学艺术的特定群体，从而使民间文学艺术的权利主体也具有群体性的特点，这个群体可以是一个民族，也可以是本民族的某个村落，还可以是某几个人。

第七条　民间文学艺术权人享有如下精神权利：

(一)公开权，即决定民间文学艺术是否公之于众的权利；

(二)表明身份权，即表明原创作者身份，在民间文学艺术上署名的权利；

(三)保护民间文学艺术完整权，即保护民间文学艺术不受歪曲、篡改的权利。

[立法理由]本条规定的是民间文学艺术专有权中的精神权利。

第八条　除本法另有规定外，以复制、发行、展览、表演、放映、广播、网络传播、摄制影视、改编、翻译、汇编等方式营利性地使用民间文学艺术的，应取得权利人的许可，并在获得经济利益后向权利人支付报酬。

[立法理由]本条规定的是民间文学艺术专有权中的经济权利。民间文学艺术经济权利的具体内容，仍然与“以营利为目的”相关联，即那些与营利有关的民间文学艺术使用行为均应纳入民间文学艺术经济权利的范畴，而复制、发行、摄制、表演、展览、播放、网络传播、放映、出租、翻译、改编和汇编是客观存在的使用民间文学艺术的方式，而且在事实上基于营利性的使用也能够获得经济利益。所以当使用人以上述方式营利性地使用民间文学艺术，就应当征得民间文学艺术专有权利人的许可并向其支付报酬。如果是非营利性地使用民间文学艺术，如免费表演、为了个人学习、研究或欣赏目的而使用民间文学艺术等，则不需经许可和支付报酬。

第九条　改编、翻译、注释、整理已有民间文学艺术而产生的民间文学艺术，其民间文学艺术专有权由改编、翻译、注释、整理人享有，但行使权利时不得侵犯原民间文学艺术专有权人的权利。

[立法理由]本条规定的是民间文学艺术的演绎及其权利归属。许多传承人在继承民间文学艺术的同时，受到民间文学艺术的启发进行创作活动，或者是借用民间文学艺术的主题、风格、传统技艺，产生了新的民间文学艺术作品，那么，只要该作品具有独创性，符合著作权保护的条件，传承人对该再生作品可依法享有著作

权。传承人的创作活动是多样的，包括改编、翻译、注释、整理、摄制影视、汇编等，由此产生的作品类别也是多样的，依其表现形式的不同，分为文字作品、口述作品、音乐作品、戏剧作品、曲艺作品、舞蹈作品、杂技艺术作品、美术作品、建筑作品、摄影作品、电影作品及以类似摄制电影的方法创作的作品、计算机软件作品、图形作品和模型作品等。

第十条 民间文学艺术的保护期限不受限制。

[立法理由]本条规定的是民间文学艺术专有权的保护期限。对民间文学艺术应当给予永久保护，包括精神权利与经济权利。民间文学艺术具有在创作过程上的长期性特点，是世代相传的、在社会发展进程中产生的具有创造性的产品，因此对于民间文学艺术的保护很难给予合理的时间上的限定，而应当给予永久保护。在现有的保护民间文学艺术的大多数国家法律中，都规定对民间文学艺术的保护是永久性的。如《英国版权法》规定，基于慈善利益的原因，著名的"彼得潘"(希腊神话中的形象：半人半羊的山林和畜牧之神)受到该法的永久保护；澳大利亚提议为了子孙后代的利益，应给予著名土著艺术家的艺术作品永久版权保护。

第十一条 在下列情况下使用民间文学艺术，可以不经民间文学艺术权人许可，不向其支付报酬，但应当指明民间文学艺术的来源，并且不得侵犯民间文学艺术权人依照本法享有的其他权利：

(一)为个人学习、研究或者欣赏，使用他人已经发表的民间文学艺术；

(二)为介绍、评论某一民间文学艺术或者说明某一问题，适当引用他人已经发表的民间文学艺术；

(三)为报道时事新闻，在报纸、期刊、广播电台、电视台、网站等媒体中不可避免地再现或者引用已经发表的民间文学艺术；

(四)为学校课堂教学或者科学研究，使用已经发表的民间文学艺术；

(五)国家机关为执行公务在合理范围内使用已经发表的民间文学艺术；

(六)图书馆、档案馆、纪念馆、博物馆、美术馆等为陈列或者保存版本的需要，复制本馆收藏的民间文学艺术；

(七)免费表演已经发表的民间文学艺术，该表演未向公众收取费用，也未向表演者支付报酬；

(八)对设置或者陈列在室外公共场所的民间艺术进行临摹、绘画、摄影、录像；

(九)将已经发表的中国民间文学艺术翻译成少数民族语言文字在国内出版发行；

(十)将已经发表的民间文学艺术改成盲文出版。

[立法理由]在民间文学艺术的知识产权保护中，需要贯彻知识产权法律制度

中的平衡精神，即民间文学艺术专有权利与义务之间的平衡，民间文学艺术创造者、传播者、使用者三者之间的平衡，私人利益与公共利益的平衡，从而保证民间文学艺术作品的正当利用，避免发生对民间文学艺术的垄断。以民间文学艺术为源泉创作新的作品也是民间文学艺术予以传承的主要方式之一，现代作者的创新活动使得民间文学艺术得以源远流传。因此，允许文艺家为创作原创作品而自由地对民间文学艺术加以利用，将实现当代创作与民间文学艺术传承的"双赢"。

第十二条　许可他人使用民间文学艺术的，应当订立许可使用合同。

许可使用合同中民间文学艺术权人未明确许可的权利，被许可人不得行使。

给予民间文学艺术营利性使用许可时，可收取一定的费用；这些收取的费用应用于促进或者保护该民间文学艺术。

第十三条　民间文学艺术专有权不得转让。

[立法理由]民间文学艺术是人类宝贵的非物质文化遗产，对民间文学艺术的保护不仅仅是为了使其不致消灭，更重要的是对其中优秀文化的"传承"。民间文学艺术专有权不得转让，目的在于实现其传承。

第十四条　侵犯他人民间文学艺术专有权的，应当根据情况，承担停止侵害、消除影响、赔礼道歉、赔偿损失等民事责任；同时损害公共利益的，可以由民间文学艺术权行政管理部门责令停止侵权行为，没收违法所得，没收、销毁侵权复制品，并可处以罚款；情节严重的，民间文学艺术权的行政管理部门还可以没收主要用于制作侵权复制品的材料、工具、设备等；构成犯罪的，依法追究刑事责任。

[立法理由]侵犯他人民间文学艺术专有权应当承担民事责任的规定，注意了与我国《著作权法》的协调。

第十五条　当事人对行政处罚不服的，可以自收到行政处罚决定书之日起三个月内向人民法院起诉，期满不起诉又不履行的，民间文学艺术权行政管理部门可以申请人民法院执行。

第十六条　民间文学艺术权人有证据证明他人正在实施或者即将实施侵犯其权利的行为，如不及时制止，将会使其合法权益受到难以弥补的损害的，可以在提起诉讼前向人民法院申请采取责令停止有关行为和财产保全的措施。

第十七条　为了制止侵权行为，在证据可能灭失或者以后难以取得的情况下，民间文学艺术权人可以在提起诉讼前向人民法院申请保全证据。

[立法理由]为了充分有效地保护民间文学艺术权人的合法权益，借鉴我国著作权法和商标法的立法技术，本条例第十六条和第十七条专门规定了民间文学艺术诉讼临时禁令和证据保全的具体程序。这不仅仅是对诉讼法的简单重复，而是加强民间文学艺术专有权保护的必要步骤。

第十八条 民间文学艺术复制品的出版者、制作者不能证明其出版、制作有合法授权的,或者民间文学艺术复制品的发行者、出租者不能证明其发行、出租的复制品有合法来源的,应当承担法律责任。

[立法理由]本条是关于民间文学艺术侵权归责原则的规定。

第十九条 本法施行前发生的侵权或者违约行为,依照侵权或者违约行为发生时的有关规定和政策处理。

第二十条 本法自 年 月 日起施行。

5

第五章 专利制度的完善

我国《专利法》于1984年3月12日经第六届全国人民代表大会常务委员会第四次会议审议通过，于1985年4月1日起施行。随着社会经济的发展，因不能适应新技术发展和对外开放的需要，我国分别于1992年和2000年对《专利法》进行了两次修订。进入21世纪后，国内外形势发生了很大的变化，专利法的修改已成为当务之急。为此，我国正在酝酿《专利法》的第三次修改。

一、我国专利制度的发展现状

(一)我国专利法的制定过程

新中国第一部《专利法》是1984年制定的，该法不仅广泛借鉴外国已有经验，博采各国之长，履行我国已加入的国际条约的义务，还充分考虑了我国国情的需要。该法在先申请制和先发明制中选择先申请制；在审查制度上对发明专利申请实行早期公布、请求审查制，对实用新型和外观设计专利申请采取初步审查制。该法全面体现了《巴黎公约》的国民待遇原则、优先权原则和专利独立原则。针对当时我国的具体国情，对专利权的归属作了"所有"和"持有"的区分，成功地解决了在当时的意识形态下专利制度如何体现所有制的问题；对授予专利权的技术领域实行逐步开放的做法；对专利保护实行司法途径和行政途径平行运作的双轨制。这些规定在当时的历史条件下是比较符合实际的，但随着市场经济的发展和国际形势的变化，该法的一些规定逐渐显露出弊端。

为进一步扩大开放和履行我国政府在《中华人民共和国政府与美利坚合众国政府关于保护知识产权的谅解备忘录》中的承诺，第七届全国人民代表大会常务委员会第二十七次会议于1992年9月4日通过了《中华人民共和国专利法修正案》，对专利法进行了第一次修改。这次修改的主要内容包括：(1)扩大了专利保护的范围，对化学物质、药品、食品、饮料和调味品给予专利保护；(2)强化了专利权人的权利，对专利权人授予进口权,并规定方法专利的效力延及用该方法直接获得的产品,使取得专利权的发明创造受到更为充分的法律保护;(3) 延长专利权保护的期限,规定发明专利权的保护期为20年,实用新型和外观设计专利权的保护期为10年,均自申请日起计算;(4)增加规定在国家出现紧急状况或者非常情况时,或者为公共利益的目的,可以给予实施专利的强制许可;(5)将授予专利权之前的异议程序改为授予专利权之后的撤销程序;(6)增加国内优先权,明确无效决定的涉及范围等。

随着以信息技术和生物技术为核心的新经济在20世纪90年代中后期的迅速崛起以及国际政治经济一体化的加速,在关贸总协定乌拉圭回合谈判中知识产权被列入其中,最后形成作为世界贸易组织一揽子协议之一的《知识产权协定》。为满足加入世界贸易组织对专利法的要求和调整优化产业结构的需求,2000年8月25日,第九届全国人大常委会第十七次会议通过了《全国人民代表大会常务委员会关于修改〈中华人民共和国专利法〉的决定》,对专利法进行了第二次修改。通过这次修改,我国专利法适应了《知识产权协定》的要求,为我国加入世界贸易组织营造了更为完善的专利法律环境。这次专利法修改的幅度较大,主要包括以下几个方面:(1)为满足社会主义市场经济发展尤其是国有企业改革的要求,修改后的专利法明确了国有企事业单位在申请和取得专利权方面拥有与其他经济成分同样的权利和义务;(2)为了适应大力推动科技进步和创新的形势,按照政府鼓励技术等生产要素参与收益分配的精神,对职务发明重新进行了合理界定,并且从法律上明确规定对职务发明人应当给予报酬;(3)增加了专利权人有权制止他人"许诺销售"的规定,并明确规定,第三人在事先不知情的情况下,所谓善意地使用他人专利,也属于侵权行为;(4)对侵权的赔偿费的计算方法和标准作了更加明确的规定,特别是当侵权人所获得的收益或者是在被侵权方所遭受的损失难以计算的情况下,赔偿费的数量可以是专利许可费用的倍数;(5)完善专利领域的司法与行政执法,坚持继续实行司法与行政执法的"两条途径、协调运作"模式,增加了诉讼前责令停止侵权行为的措施和采取财产保全的措施,进一步加大专利保护力度;同时改变了实用新型和外观设计专利行政终局决定的模式,为所有的申请人提供了获得司法救济的机会,以符合《知识产权协定》的要求;(6)简化、完善专利权审批和维权程序,维护当事人的合法权益;(7)对专利审批和专利管理机构提出明确要求,以建设勤政、廉洁、务实、高效的专利队伍。

从上述制定和修订来看,我国专利法律制度用了20多年时间,走过了国外用几百年时间完成的路程,现已日趋完备。在中国加入世界贸易组织5年来,国际国内形势发生了很大的变化。许多国家和地区先后提出了振兴经济和增强国际竞争力的知识产权发展战略,日本等发达国家更是明确提出了"知识产权立国"的国家战略。

我国也对此采取了应对措施。党的十六届五中全会明确提出了增强自主创新能力、建设创新型国家的战略目标，对我国专利制度的进一步完善提出了新的更高要求。胡锦涛总书记在中共中央政治局第31次集体学习中发表的重要讲话指出，要“完善知识产权制度，健全知识产权保护体系”，“充分发挥知识产权在增强国家经济科技实力和国际竞争力、维护国家利益和经济安全方面的重要作用，为我国进入创新型国家行列提供强有力的支撑”。国务院2005年1月成立了国家知识产权战略制定工作领导小组，启动了我国的国家知识产权战略制定工作，全国人大2006年3月14日批准了“十一五规划纲要”，对我国专利制度的完善提出了新的要求。因此，我们应当根据形势的发展，对专利法进行补充和修改，通过完善专利法律制度解决专利权的稳定性、专利权属划分、专利制度内各项程序衔接等问题，提高发明人的积极性，促进我国科学技术的发展。

(二)我国专利法的实施效应

实践证明，专利法的制定和施行对鼓励发明创造、保护发明创造成果、促进科技进步和技术创新以及推动我国经济和社会的全面发展发挥了重要作用。专利法实施以来，我国专利申请量和授权量持续增长，截至2006年年中，专利的累计申请量突破300万件，其中，“十五”期间的专利申请量年均增长率达到22.8%，授权量年均增长15.2%，专利的实施率也逐步提高。专利法的实施，提升了我国自主创新的能力，推动了创新型国家的建设。面对世界经济科技发展的趋势，面对日益激烈的国际竞争，企业、高等院校、科研院所越来越重视运用专利制度，提升自身的竞争能力。不少企业加大研发投入，建立专利管理机构，实施企业专利战略。深圳市90%以上的研发机构设立在企业，90%以上的研发人员集中在企业，90%以上的研发资金来源于企业，90%以上的职务发明中的专利由企业申请。华为公司每年专利申请量突破3 000件，其中85%为发明专利，累计申请国内专利11 000多件，其中授权2 100多件，在欧美等发达国家累计申请专利1 700多件。上海市一些大企业与本市及全国著名高校、科研院所建立“产学研联盟”，并设立了一批国家级、市级企业技术中心，在原始创新、集成创新和引进吸收再创新方面开展合作，2005年企业申请专利占全市申请量近七成，企业专利实施率达到七成以上。与此同时，高等院校、科研院所的专利工作也取得了进展，如“十五”期间，中国科学院在北京的42个研究所共申请专利5 200件，其中发明专利达80%以上。不少企业依靠自主专利技术等知识产权，在激烈的市场竞争中成长壮大，一些发明创造为提升我国的技术水平作出了贡献，同时也创造了可观的经济、社会效益。❶

❶ 参见《全国人大常委会执法检查组关于检查〈中华人民共和国专利法〉实施情况的报告》，2006年10月15日。

专利法的实施产生了良好的社会效果，全社会尊重和保护知识产权意识不断提高，知识产权保护力度得到加强。国家知识产权局组织开展了“保护知识产权——我们在行动”大型宣传活动，各地也在“4·26世界知识产权日”举行宣传周，以新闻发布会、公益广告、专题报告、知识竞赛、举办展览、发放宣传手册等形式，加强知识产权法律知识的普及。有些地方的人民法院用审判实践中的典型案例以案说法，收到良好效果。在宣传教育中，各地普遍注意引导公众认识知识产权是重要的财产权，保护知识产权是增强我国自主创新能力的需要，是对外开放、完善社会主义市场经济体制的需要，也是增强国家和企业竞争力的需要，从而促进广大干部、群众树立尊重知识产权、保护知识产权的意识。

各级专利管理部门按照国务院确定的“履行承诺，适应国情，完善制度，积极保护”的工作方针，履行法定职责，注重提高专利行政执法的效率和质量，严肃处理了一批专利纠纷案件，查处了一批冒充专利、假冒他人专利的违法行为。北京、上海、江苏、广东、四川等16个省市以及长三角地区的27个城市间，建立了专利行政执法协作机制，广东与香港成立了粤港保护知识产权合作专责小组。这些跨地区的联合执法机制的建立，对于打破地区封锁和地方保护、加强专利工作的统一执法、促进区域经济发展、降低专利权人维权成本，具有积极意义。各级人民法院不断探索专利案件的审判规律，在依法加大专利侵权赔偿力度、完善证据保全措施、注重审判与调解相结合等方面，创造性地开展工作。上海市高级人民法院重视诉讼指导、诉讼释明、诉讼调解在专利案件审判工作中的作用，调解结案率达到67%；广州市天河区法院、深圳市南山区法院为解决专利案件分别由民事、刑事、行政法庭审理容易引起认定事实和适用法律方面不相协调的问题，进行了“三审合一”的试点，取得了一些初步经验。加强专利的行政保护和司法保护，对于维护专利权人的合法权益，维护公平、公正的市场经济秩序，起到了重要作用。❶

二、我国专利法存在的问题

专利法的实施已经取得了显著成绩，但我国目前面临的问题仍然不少，如自主创新能力还不强，需要进一步提高对知识产权的拥有和运用能力，知识产权意识还较薄弱，需要进一步加强对知识产权法律的宣传力度；专利技术的实施率还比较低，需要进一步加强产学研结合，促进企业真正成为技术创新的主体；对专利权人合法权益的保护还不够有力，需要进一步加强知识产权行政保护和司法保护的力度；知识产权人才短缺，需要进一步加强人才培养和中介服务机构的建设等。专利

❶ 参见《全国人大常委会执法检查组关于检查〈中华人民共和国专利法〉实施情况的报告》，2006年10月15日。

法修改需要适应现实和将来长远发展的需要，从制度层面上为解决这些问题提供工具、手段和保障。

根据笔者的归纳和分类，我国现行专利法和专利制度需要解决的问题分为以下几个方面：指导思想和总则方面的问题，专利法的立法体例问题，专利授予实质性条件方面的问题，专利授予程序方面的问题，专利权保护方面的问题，专利行政管理方面的问题，等等。

（一）专利法的总则规定中存在的问题

专利法总则方面总的来说是可行的，但存在的问题也不少，主要有：对发明人利益的保护力度不够；对专利权人的处分权干涉过多；专利国际条约在国内的适用问题规定不明等。

1. 对发明人利益的保护力度不够

《专利法》第6条第1款规定："执行本单位的任务或者主要是利用本单位的物质技术条件所完成的发明创造为职务发明创造。职务发明创造申请专利的权利属于该单位；申请被批准后，该单位为专利权人。"笔者认为，这些规定存在如下不足：首先，该条对职务发明人的地位和作用重视不够，对发明人的权利和利益重视不够，职务发明人的激励机制不到位，过于向单位倾斜。其结果是：一方面，雇主直接控制了职务发明的专利申请权，忽视了雇员的权利和作用；另一方面，职务发明人没有申请的权利，因而不必对成果的创新性负责。尽管专利法规定职务发明人享有专利收入的分配权，国家科技部等部门"关于促进科技成果转化的若干规定"也提出，要依法对职务科技成果完成人和为成果转化作出重要贡献的其他人员给予奖励，但因缺乏具体的操作办法，企事业单位往往强调职务发明归单位所有，缺乏对职务发明人应有的激励机制。特别是国有企事业单位分配制度存在平均主义，大部分职务发明人难以获得应有的报酬，员工的创新积极性不高。

其次，职务发明的范围太宽。《专利法》第6条第1款规定，职务发明是指利用本单位的物质条件所完成的职务发明创造，包括在本职工作中作出的发明创造，履行本单位交付的本职工作之外的任务所作出的发明创造，退职、退休或者调动工作后一年内作出的，与其在原单位承担的本职工作或者原单位分配的任务有关的发明创造。现行专利法对职务发明的种类没有作进一步细分，把本来应当不属于职务发明的成果也归到了职务发明。同时，这些规定过于严苛，不利于鼓励人们进行发明创造，而且也不利于发明创造的转化实施。一项发明作出后，它的实施在很大程度上仍然需要发明人的配合和进一步付出，否则所谓的发明创造只会是纸面上的东西。尤其在中国这样的国家，过去长期实行计划经济，个人权利观念不强，放宽职务发明的规定有利于发明的产生和实施。

再次，职务成果管理制度不健全。由于大部分科研机构、大学以及国家科技计划没有建立规范的知识产权管理制度，在职务发明权属处理上，一方面，强调机构利益，忽视发明人利益，抑制了科研人员转化成果的积极性；另一方面，管理不善，存在着发明人通过各种途径将职务发明转为非职务发明的现象，有些公共资源被转化为个人成果。

2. 专利权的申请、取得、行使和处分所受干预过多，还留有比较多的计划经济时期的烙印

《专利法》第4条关于保密专利的规定、第10条关于中国单位和个人向外国人转让专利申请权和专利权须经过批准的规定、第14条关于国有企业事业单位、中国集体所有制单位和个人的专利推广实施的规定以及第48条、第49条、第50条关于强制许可的规定等，专利法中涉及干预民事权利主体处分自由的条款达7条之多。其中一些规定要么是不合理的，要么属于重复重叠没有必要，一些还带有计划经济时期的烙印。第14条关于推广实施的规定干涉了民事主体的处分权，违背了市场经济的基本原则，而且与强制许可的规定重复。当然，如果是由国家投资的科研项目产生的知识产权，国家可以享有推广实施权，但这种实施权也应当由合同予以确认，而不是由行政机关决定。第5条对不授予专利权的规定，也是对专利权的一种限制，而且与《巴黎公约》的规定有不一致的地方。

3. 国际条约在国内如何适用不明确

我国加入的与专利有关的国际条约有好几个，它们如何在我国实施，专利法没有规定。实际上，我国宪法、立法法等也没有直接涉及这一问题。国际法在国内实施方式上有直接适用与间接适用之分。我国实务上一般认为国际条约不能直接适用，而需要进行国内法的转化。以《知识产权协定》为例，有人认为，我国政府承诺间接适用为常态，直接适用是例外。[1]但是，我国《宪法》第67条规定："全国人民代表大会常务委员会行使下列职权：……(十四)决定同外国缔结的条约和重要协定的批准和废除。"第89条规定："国务院行使下列职权：……(九)管理对外事务，同外国缔结条约和协定……"这两条合起来，就完成了国际法的国内转化，除非我国政府在加入国际条约时作了保留，否则，根据宪法中的前后呼应的这两个条款，似乎直接适用是有宪法根据的。我国一些部门法对此作了比较好的诠释。比如《民法通则》第142条规定，"涉外民事关系的法律适用，依照本章的规定确定"。"中华人民共和国缔结或者参加的国际条约同中华人民共和国的民事法律有不同规定的，适用国际条约的规定，但中华人民共和国声明保留的条款除外"。"中华人民共和国法律和中华人

[1] 孔祥俊："WTO法律的国内适用"，载《法制日报》2001年12月16日。

民共和国缔结或者参加的国际条约没有规定的,可以适用国际惯例”。虽然民法通则这一规定是针对涉外民事活动的，但从中可看到，对涉外民事案件进行法律适用,当国内法的规定与国际条约的规定不一致时,适用国际条约的规定,这显然是直接适用。因此,国际条约的国内实施或适用问题,需要一个更高层次、更系统、更明确的解决方案。根据我国专利法现行的做法，有些国际条约由实施条例加以转化,这是间接适用的一种。如国务院颁布的《专利法实施细则》中的第10章“国际申请的特别规定”是实施专利合作条约的具体化,以中国专利局名义于1995年颁布的关于中国实施专利合作条约的规定,则是规章层次的规定。可见,如何转化实施国际条约,在我国目前还是混乱的;第二种方式,将国际条约的规定直接转化为国内法的具体条文,我国专利法的数次修改,做的就是这个事情,毋需在此罗列条文。但是,我国在进行这种立法转化时,常常发生国内法规定与国际条约不一致的现象,比如,关于强制许可的规定,就与《巴黎条约》存在差距。

4. 强制许可实施存在的问题较多

强制许可不以专利权人的同意为条件,是对专利权人处分权的一种限制,这是强制许可的基本特征,因而适用强制许可应该十分慎重。专利法就强制许可进行了专章规定,共有8条之多,但其中存在的问题仍然不少。首先,对强制实施许可的实质条件规定缺失或不明确。比如《专利法》第48条的规定与《巴黎公约》明显不符。依《巴黎公约》的规定,自提出专利申请之日起4年届满以前,或自授予专利之日起3年届满以前，以后满期的期间为准，不得以不实施或不充分实施为理由申请强制许可;如果专利权人的不作为有正当理由,应拒绝强制许可。第48条根本没有规定以专利权人没有正当理由不实施或不充分实施为前提，也没有对申请强制实施许可给予规定时间限制,差距显而易见。又比如第49条规定的紧急状态或非常情况下以及为公共利益的目的的强制实施,对于什么是紧急状态或非常情况、公共利益没有进行任何界定,对强制实施的措施没有作出规定,这实际上使得适用的实质条件变得非常模糊。我国尚未出台紧急状态法,而且紧急状态法中的紧急状态是否完全适合《专利法》第49条中的紧急状态,值得研究。国家知识产权局颁布的《涉及公共健康问题的专利实施强制许可办法》第3条对此作出了解释性规定,即“在我国预防或者控制传染病的出现、流行,以及治疗传染病,属于专利法第49条所述为了公共利益目的的行为”,“传染病在我国的出现、流行导致公共健康危机的,属于专利法第49条所述国家紧急状态”。但该办法规定的公共利益及紧急状态范围又似乎过窄。2000年修订草案采纳了这一规定,不是十分妥当。

其次,对3种强制许可的程序一体规定存在不合理性。第49条规定的强制实施类型与第48条、第50条规定的强制实施类型其实有相当大的区别,除了实施实质条件方面的区别外，实施程序方面也应当有所不同，专利法对此并有作出足够的区别对待，适用的是基本相同的程序，不恰当。

第三，关于强制实施许可的范围，专利法未明确规定。按照专利权的地域性，自然是限制在国内。但是，现在已经是“地球村”时代，应当不能排除在特殊条件下强制实施的范围可以扩及外国。

第四，强制实施程序规定不完善。从申请直接到作出决定，没有中间过程。主要体现在没有充分听取当事人的意见，尤其是没有给予专利权人申辩的机会。作出强制许可的决定应当充分听取专利权人的意见，即便是在紧急状态或非常情况下，听取专利权人的意见也是必不可少的步骤。专利法未规定听取专利权人申辩，只规定强制许可决定需要及时通知专利权人，这显然是不够的。专利实施强制许可办法对此作了一些弥补，比如规定了申请强制许可的要求，以及审查、核查、举行听证，作出决定、公告等的程序，但该办法仅是一个规章性的文件，效力低，而且并没有把听取专利权人的意见与辩护提到自觉的高度来重视。该办法规定有听证程序是不错的，但是否必须举行听证程序，该办法并未正面肯定，按照条文理解，只是有这个程序，可以走这个程序，但并不是必须的。其实，问题的关键是，专利权人需要的是陈述意见，拥有为自己利益辩护的机会，并不是非听证不可。而该办法未提供其他程序，这方面需要完善。关于强制许可的终止，《专利法》第52条第2款规定了申请终止，而该办法则规定了实施期满自动终止和申请提前终止两种情形。笔者认为，当强制实施的理由消除时，行政机关应当依职权主动终止强制许可，特别是针对紧急状态或非常情况下的强制实施。专利权人当然也可以请求终止。

第五，关于强制实施许可费用规定不尽合理。第48～50条按照同样原则处理，有所不妥。《专利法》第54条，即“取得实施强制许可的单位或者个人应当付给专利权人合理的使用费，其数额由双方协商；双方不能达成协议的，由国务院专利行政部门裁决”。该条规定协商费用以合理为标准，没有规定裁决费用的标准是什么，从条文理解，合理的使用费应当也是行政部门进行裁决的标准。第48条、第50条仍然是以商业性为前提，而第49条如果完全按照商业运作操作则失去了意义。建议在适用第49条时，许可费应当比第48条、第50条规定得少。另外，对实施第49条强制许可可能给专利权人造成利益损失的，没有规定补偿制度，这也违反了宪法关于征收征用私人财产给予适当补偿的规定。

（二）专利法立法体例存在严重缺陷

本书所说的专利法立法体例主要是指发明、实用新型、外观设计3类专利制度如何配置，以及立法如何处理3类专利之间的关系。我国在制定专利法之初，科技发展水平较低，申请数量很少，发明专利少，小发明、外观设计多，因此专利法规定的专利包括了3种类型，而国际社会公认的是专利就是发明专利。如今，把发明、实用新型、外观设计专利都称为专利带来的问题日益突出，特别是发明和实用新型之间的关系十分别扭，发明和实用新型事实上还存在重复授权的问题。

我国专利法所指的3种发明创造区别明显。发明，是指对产品、方法或者其改进所提出的新的技术方案；实用新型，是指对产品的形状、构造或者其结合所提出的适于实用的新的技术方案；外观设计，是指对产品的形状、图案或者其结合以及色彩与形状、图案的结合所作出的富有美感并适于工业应用的新设计。三者的区别不可谓不大。从程序方面看，发明要经过申请、初步审查、公开、实质审查、发出授权通知、授权公告等步骤和阶段，而实用新型、外观设计均只经过初步审查即形式审查后即可授权并公告，而没有公开与实质审查阶段。后两者不仅创造性程度低，而且极不稳定。外观设计还根本不是一种技术方案，可是也称为专利或冠以“国家专利”字样。

3种发明创造共称专利，已经带来了许多不良影响。共用“专利”一词，实际上是有意无意地混淆和掩盖3种专利权的区别。外观设计和实用新型专利无须具备发明专利那样的新颖性和创造性，也不需要专利机构进行实质审查，这实际上就容易为有问题的专利打开方便之门。既然是专利，无论专利名称或者类型如何，自然就要受到专利法保护。恶意申请者恰恰是利用这种特别法保护，名正言顺地攫取“非法利益”。将那些久已为人知的技术和设计申请为专利，自然就会排斥其他企业对这种技术或者设计的正当使用。有些企业在取得专利权后，再在各地起诉索赔；有些企业则借助海关、工商等执法机关对竞争者施加压力，牟取非法利益；更有些科研人员在取得专利权后，再申请政府或者相关单位提供资助或者奖励，许多单位不明真相或另有他图，也真的毫不吝啬地慷慨资助这些这样的专利权人。因此，要想有效地减少和避免这种妨碍自主创新的情况，就需要对现有专利法进行积极、系统的修改和调整。[1]

对于实用新型与外观设计，仅仅只是形式审查，而不进行实质审查，已经不适应形势发展的需要。笔者认为，对于实用新型和外观设计，应当进行新颖性审查，可以不进行创造性审查和实用性审查。创造性和实用性审查相对较难，进行这两项审查，不符合快速便捷的立法目的。现在的做法是当事人可以主动要求专利局出具查新报告；在诉讼中，法院一般要求权利人出具查新报告。这些做法表明，对实用新型和外观设计进行查新是必要的。当然，外观设计由于经常涉及图案，而目前的数据库尚不理想、不全面，但随着信息技术的不断发展，外观设计数据库的建立是可以期待的，查新的技术障碍是可以克服的。

---

[1] 叶林：“促进创新须完善专利法”，载《法制日报》，2005年1月16日。

由于实用新型缺少实质审查阶段，门槛过低，带来了大量的垃圾专利。垃圾专利有成为公害的可能，其危害包括：破坏专利制度的名声，败坏专利制度的形象；制造信息垃圾，妨碍人们获取真正有用的信息；浪费大量的钱财，增加人为的诉讼，因为没有经过实质审查而节约的一些资源，早已为这类数量庞大的专利带来的成本所抵销。

实用新型与发明专利存在申请并存、交叉保护的问题。根据现行专利法，发明和实用新型可以同时一并申请，或者先后一并申请，而且可以相互享有优先权，这是所谓交叉保护。这样可能带来重复授权的问题，即取得实用新型专利后，再获得发明专利的授权。为了不违反一项发明创造只能被授予一项权利的原则，现行的做法是让专利权人选择放弃实用新型授权，这在一定程度上避免了重复授权的问题。但是，这种做法增加了权利的不稳定性。

（三）专利实质性条件方面存在的问题

1. 关于可以授权的客体规定方面

专利法的规定采用禁止性规定的办法，显得刚性过强，灵活性不够，禁止的范围仍然太宽，有些不便于变通。其中动植物品种能否授予专利权，值得研究。虽然这些规定与《知识产权协定》等国际条约也不矛盾，但是，应当注意到，《知识产权协定》中的规定只是可以排除某些客体，而没有要求必须排除，实际上它的宗旨是不提倡排除某些客体的可专利性的。

专利法的发展史表明，专利权客体范围是越来越宽的。许多开始不被认可的客体，后来都可以被授予专利。高新技术对一个国家甚至整个人类的发展，具有至关重要的意义。邓小平同志早就指出，科学技术是第一生产力。科学技术在历史发展中是最活跃的因素。从历史上看，知识产权制度是科技进步与市场发展的产物。专利制度是人类社会进入到资本主义初期，科学技术取得诸多方面的突破之后才得以完成的，[1]知识产权制度则反过来为科技发展提供制度上的激励和保障。知识产权制度必须不断适应现代科学技术的发展需要，及时反映高新技术发展的客观状况，不能过分强调法的稳定性而拒绝或拖延制度创新。由于高新技术的多样性和复杂性，知识产权应有足够丰富的具体制度以供选择，必要时需创立新制度以适应高新技术发展的需要。知识产权制度作为民法制度的一部分，应当具有更大的开放性和包容性，应该能为民法的制度创新提供借鉴、参考。21世纪是信息世纪、生物世纪，知识产权制度对此需要作出合理、及时、有力的回应。确认知识产品的财产权应当成为知识产权法的首要原则，也可以称之为知识产权保护原则。知识产品的财产

[1] 王炎坤等：《科学奖励的社会运行》，华中理工大学出版社1993年版，第5~7页。

权即知识产权。因此首先应确认任何人类智力活动的任何创造成果都应当受到法律的保护。这样，对专利权客体进行限制就是不恰当的了。其次，人们只能对自己的智力成果拥有知识产权。这就需要对知识产权进行明确、有效的界定。是否能够授予专利，主要看是否符合专利授权的三性要求。符合的，就可以授权；不符合的，则不能授权。当然，三性标准也不是一成不变的。

生物技术发明和基因技术的可专利性问题。各国立法有以下几种态度：第一类是积极立法，予以肯定，如美国、日本、澳大利亚和欧盟。欧盟关于生物技术发明法律保护指令是一份重要的文献，其中规定："……第二，脱离人体的或者通过技术方法而产生的某种元素，包括基因序列或基因序列的某一部分，可以构成可授予专利的发明，即使该元素的结构与一个自然界存在的结构完全相同；第三，基因序列或基因序列的某一部分的工业实用性必须在专利申请中公开。"第二类是谨慎型的，如英国、韩国、加拿大等。第三类是持保守态度和坚持灵活性来保护生物技术发明。[1]不过，各国一般都坚持人本身、人胚胎等不能成为专利的对象。对于动物品种是否可专利，反对的国家居多。我国专利法对此未作明确规定，但专利法实施细则和审查指南将基因技术纳入了化学物质类进行保护。人的基因片断、蛋白质片断等可以成为专利的客体，即新发现并成功分离的基因、蛋白质片断，如同微生物一样，应当都可以申请专利，只要它符合专利的三性要求。

计算机程序与商业方法能否授予专利，同样不宜一刀切地予以否定。商业方法涉及专利时，其实与计算机程序是密不可分的。欧盟以前一直坚持计算机程序要获得专利，必须与硬件结合，但是2005年通过的"计算机相关发明可专利性的指令建议"认为，涉及计算机程序的发明不论是以商业方法、数学或其他方法实施，只要能产生超过正常程序和计算机、网络或其他可编程部件之间正常的物理互动的技术效果的，即计算机程序的运行能产生有益效果的，就具有可专利性。美国新指南及新近相关司法实践，把实用性即在技术领域内的实际应用作为审查依据，而不再刻板强调必须与硬件相结合，因此，防火墙之类的软件获得专利就不再有什么障碍。日本1997年新指南同样放宽了计算机应用软件的可专利性条件。我国审查指南在这方面有些规定有些过时，有时候明明一件发明的核心就是软件，非拉来一台电脑或电视机作为硬件，才能申请专利，其实，那台电脑或电视机很难说是必要的技术特征。过去我们认为计算机程序要取得专利，须与设备等硬件结合，但是我们对硬件的理解过于狭窄，众所周知，计算机程序的运行离不开计算机这个硬件，只要能

---

[1] 穆荣平、范晓峰等："涉及基因技术与计算机程序发明可专利性问题"，见《〈专利法〉及〈专利法实施细则〉的三次修改专题研究报告（上卷）》，知识产权出版社2006年版，第280~311页。

在计算机上运行并具有实用价值的软件,都应当可以申请专利,但计算机本身很难被看作发明的一部分。

2. 在授予专利实质性要求方面,一些规定已不合时宜

(1)关于新颖性。破坏新颖性的公开方式包括出版物公开、使用公开及其他公开。新颖性的判断标准分为3种类型,即世界新颖性标准、本国新颖性标准和混合新颖性标准。世界新颖性标准又称为绝对新颖性标准,指一项技术在世界范围内任何地方以任何方式公开,都构成现有技术,从而不具有新颖性。本国新颖性,指一项技术在本国内以任何方式公开,都构成现有技术。混合新颖性,也称为相对新颖性,指一项技术如果在世界范围内以出版物的形式公开发表过,在本国公开使用过或者以其他方式为公众所知,即构成现有技术,丧失新颖性。采用世界新颖性标准的国家和地区包括欧盟、日本、阿根廷、巴西、澳大利亚、加拿大、南非等,采用本国新颖性标准的只有非洲的埃及。采用混合标准的国家有美国、中国、韩国等。世界知识产权组织倾向于世界新颖性标准。❶

网络等现代媒体的兴起给新颖性标准带来新问题。我国2006年审查指南将电视、广播等现代媒体公开归类到口头公开等其他公开方式,将以互联网或其他在线数据库形式存在的文件视为出版物公开,这与合同法的相关规定是一致的。但是这里并不是没有疑问,在线存在过但后来不在线的数据,如果能够证明的确曾经在线存在过,就应当视为已经公开。美国、日本均规定,备份的电子文档,即使以后不能再搜索到,仍然视为公开的有效文件。

随着经济全球化进程的加速,以及现代交通、通信与信息技术的普遍采用,采用世界新颖性标准符合新颖性的本来意义上的含义,即“不为人所知”。

(2)关于创造性。首先是提法。创造性不是世界通用的提法,世界范围内通用的提法还是非显而易见性(non-obviousness)。所谓创造性的特征表现就是非显而易见,直接用非显而易见性更好。创造性标准应当从片面强调技术上的非显而易见性过渡到同时高度重视经济上的非显而易见性。由于新技术带来的巨大经济利益,新技术环境下的发明在创造性上可能是显而易见的,即对于与该技术相关的发明是容易的;但是由于该发明具有不能预见的优越的效果,能产生巨大的经济效益,在这一点上是非显而易见的,那么该发明就具有了创造性。对于计算机软件的创造性,也有必要放在对其功能的判断上,而不是放在突出的实质性特点和显著的进步上。商业经营方法软件的创造性标准还可能受到传统商业经营方法的挑战。商业经

❶ 张今、冯小兵等:“新颖性标准中有关现有技术的问题”,见《〈专利法〉及〈专利法实施细则〉的三次修改专题研究报告(上卷)》,知识产权出版社2006年版,第249~250页。

营方法软件是利用一种数据处理系统将某种商业经营方法在电子商务中加以实现,其本身就具有创造性;但是只是简单地将传统的商业经营方法转化为商业经营方法软件,是不具有创造性的。

(3)关于实用性。片面的产业实用性的提法已经不是很妥当。对那些就其性质而言主要用于科学研究实验的专利产品和专利方法来说，采用这种解释方式会对专利权的效力产生很大限制。当然,我国专利法中并没有直接规定实用性是指产业实用性,但是审查指南等作了这样的解释。修订专利法时,应同时修订审查指南予以改变。

实用性要求发明创造的技术方案可以被重复实现,因此,如果说明书公开不充分,则技术方案不能被实现,就不能说具备实用性。现在很多人在讨论在专利技术中使用了遗传资源时的来源披露问题。其实,这样的要求以前对其他申请也一样是存在的。如果在技术方案中使用了某些化学试剂、化学原料,通常要求披露其生产厂家等相关信息。因而对使用了遗传资源作同样的要求是合理的。问题是,有人要求遗传资源出让人有所谓知情权,申请人须告知出卖人遗传资源的用途,则有些过分了。难道顾客去商店买东西还非得告诉卖家自己拿去做什么用吗?

(四)程序方面的规定缺点较多

1. 专利法对专利公开缺乏明确规定

公开是专利制度中的一项重要内容,甚至在某种意义上说,没有公开就没有专利。Patent的原意即是公开之意。公开的意义在于让公众了解发明,了解就需要时间,因此,从公开到授权应当规定最短的公开时间,专利法没有这方面的规定,是有所缺陷的。而且,应当规定实质审查以公开为前提。没有公开就进行实质审查,意味着没有接受公众监督就可能授权,不很妥当。对于实用新型和外观设计,专利法甚至根本没有规定公开制度。《专利法》第40条规定:“实用新型和外观设计专利申请经初步审查没有发现驳回理由的，由国务院专利行政部门作出授予实用新型专利权或者外观设计专利权的决定,发给相应的专利证书,同时予以登记和公告……”这实际上是没有公开就授权,至少是公开和授权同时进行,这是很不合理的。“实用新型专利权和外观设计专利权自公告之日起生效”(第40条后半句)，对于什么时候授权公告,未作明确规定,但实际上从递交申请到授权公告一般都有一段时间,这一段时间可能足以破坏他人申请的新颖性，因为没有公开便无法检索到。对于发明,规定了自申请日起18个月须公开,也可以要求提前公开,但专利法没有规定公开多长时间才能授权。笔者认为,发明要获得授权,需要接受社会公众的监督和考验,因此,规定最短公开时间是必要的。而现在的专利法,包括国外的专利法,对公开没有足够重视。虽然实际上因为要经过实质审查阶段需要一些公开时间,但用法律形式对最短公开时间进行规定仍然是必要的。

2. 没有规定社会公众对专利申请的知情权和监督权

以前专利法中规定了异议程序和撤销程序,是监督专利申请的重要渠道。异议程序、撤销程序与无效程序有重复的地方,使得法律效率降低,因此两次修改专利法取消了异议和撤销程序。法律运行需要效率,这是对的。但是,专利授权涉及社会公众的利益,专利权人可能把不是自己的权利给圈进去,因而需要社会公众的监督。笔者不是主张恢复异议和撤销程序,而是强调审查员审查时有义务听取来自公众的意见及提供的信息。社会公众监督是社会公众的一项权利,而且有利于减少错误的授权,降低和预防专利纠纷。专利法对于公众对专利的监督,应当有所规定,包括申诉、提意见,甚至异议的渠道应当畅通,以减少那些错误授权。要知道,审查员的能力毕竟是有限的,信息的来源也是有限的。世界上任何国家都没有这样的规定,建议发明申请最短公开时间不能少于1年,以利于社会公众监督。

3. 专利法对审查时限没有规定

专利法没有规定审查时限,而审查时限对当事人的权利关系极大,宜作出一些基本的规定。英国专利法规定,从申请到授权的最长时间不超过4年半(有优先权日的,自优先权日起算)。我国如何规定审查时限,需要研究,可以比英国稍长一点,但不宜超过5年,似乎四年半比较合适。

4. 关于无效程序、专利复审委员会之存废以及专利审判审查的范围还需要完善

关于专利无效程序的问题甚至复审委员会之存废都是目前讨论的热点。依据现行专利法,专利诉讼程序过于复杂。如果权利人控告被告侵权,他可能面临的程序是:向法院提起民事诉讼,被告可能向专利复审委员会提起无效,不服专利复审委员会的决定的,提起行政诉讼,经过一审、二审,再回到民事程序,又可能经过一审、二审。而且,在专利无效诉讼中,按照行政诉讼的理念,法院还不能直接宣布专利权无效,只能宣布撤销复审委员会的专利权有效决定错误,予以撤销;若是复审委员会又作出类似的决定,则当事人可能又不服,又起诉。程序十分复杂、漫长。说得严重点,无效制度甚至成为我国专利制度的一个死结,极不利于权利人。因此,对于现行专利法无效规定的不合理性,学界和实务界意见完全一致,都认为是非改变不行。但是,对于如何修改,则有分歧。

专利法有关无效的规定很不恰当。《专利法》第45条规定:“自国务院专利行政部门公告授予专利权之日起,任何单位或者个人认为该专利权的授予不符合本法有关规定的,可以请求专利复审委员会宣告该专利权无效。”《专利法》第46条规定:“专利复审委员会对宣告专利权无效的请求应当及时审查和作出决定,并通知请求人和专利权人。宣告专利权无效的决定,由国务院专利行政部门登记和公告。对专

利复审委员会宣告专利权无效或者维持专利权的决定不服的，可以自收到通知之日起3个月内向人民法院起诉。人民法院应当通知无效宣告请求程序的对方当事人作为第三人参加诉讼。"综合第45条和第46条，我国专利法把无效诉讼作为行政诉讼对待，征求意见稿也没有作修改。在专利权的保护一章中，也没有规定法院在审理侵权纠纷中是否可以判断专利权的有效性，实际做法是法院一般不判断专利权的有效性。

之所以把专利复审委员会当作行政机关，其根本原因在于对专利权性质的错误认识上。专利权是知识产权的一种，而知识产权是私权已得到《知识产权协定》的认定，我国是《知识产权协定》的签字国，当然也是认可这一点的。因此，专利权不是任何意义上的国家授权，也不是任何意义上的行政许可，像其他权利，比如房产权一样，只是得到国家的确认和保护，是一种公示公信方式，绝对不是国家将什么权利授给了专利权人。因此，这里再次印证，知识产权是私权的理念，绝对不是无意义的宣示，而有非常重要的实际意义，是知识产权法的纲。在解决了专利权的性质之后，回过来看，专利复审委员会对无效案的处理，就明显具有中间裁判的性质，实际上可以作为无效诉讼的一审。但是，也应当看到，根据《专利法》第57条，专利法并没有明确说在侵权诉讼中法院不能就专利权是否有效进行判断，没有这样的文字，《专利法》第45条规定的无效程序事实上是一种社会监督程序，是一种非讼状态下的情形，丝毫得不出法院在审案时不能对专利权的有效性进行判断的结论。但是，现在司法实务却作了这样的解读，实在是令人遗憾。

专利权无效诉讼将复审委员会作为被告，使复审委员会地位尴尬。复审委员会无论是认真还是敷衍参与诉讼，都不妥当。专利复审委员会的存在成了专利法的一个结。专利复审委员会不仅地位尴尬，而且成了专利法实施效率低下的主因。专利权无效繁琐的程序成了专利权人维权的障碍，这几乎是业内人士的共识。

事实上，无效程序是一种准司法行为，无效诉讼本质上乃民事权利之争，并非行政诉讼。当然，也应当承认，没有直接利益之争的无效主张是可能存在的，根据第45条，任何单位和个人都可以主张专利权无效，无效程序是社会公众监督专利权有效性的一种方式。即使在这时候，仍然有潜在利益冲突的因素，专利权无效程序及以后的诉讼程序，仍然是民事诉讼的性质。在审理专利侵权诉讼时，由法院对专利无效进行判断，不符合司法最终解决及审判独立的司法理念。既然诉争到了法院，法院就有权根据现有的法律、事实、证据进行独立判断，除了那种牵连案子，没有理由不让法院独立审理。确认审案法院有判断专利权是否有效的权力，是问题的症结所在。因为审理侵权案的法院如果可以独立判断专利权的有效性，则侵权程序就不会受到无效程序的干扰。

《专利法》征求意见稿对法院审理专利侵权案件时能不能进行专利有效性判断作了一些改变。增加了第A10:“审理或者处理专利侵权纠纷的人民法院或者专利行政管理部门依据当事人提供的证据，认定被控侵权人实施的技术或者设计是现有技术或者现有设计的,应当认定该实施行为不构成侵犯专利权的行为。”现行的做法是被告人主张无效,民事诉讼可能会暂时中止。征求意见稿明确给予法官认定是否现有技术的权力。这一规定,实际上回避了对专利权是否有效的判定问题。而且，即使专利法不这样规定,现在司法实践中许多法官都是这么做的。因为,判断是否现有技术与判断专利权是否有效是两回事。如果被告人使用的是现有技术,则他无论如何不构成侵权。但是,专利权人若认为被告所使用的技术落入他的权利要求，法院实际上还是无法回避对专利权是否有效的判断。因为,若法院认为没有被宣告无效的专利权是有效的,那么,只要被告人的技术落入专利权人的权利要求范围，就应当判被告人侵权。这是一方面。另一方面,被告人的证据已经足以证明使用的是现有技术,使用现有技术绝对不可能构成侵权,这就形成了矛盾的局面。而且,认定现有技术只能解决一部分无效与有效的冲突问题。更多的情况是,专利权人的权利要求覆盖太宽,得不到整个技术方案的支持,也就是说,专利的权利要求是无效的,但权利要求涉及的技术却并非是现有技术,这时,原来的问题就依然存在。这种规定,法律上的矛盾依然没有克服,很多实际问题还是无法解决。所以,笔者认为，征求意见稿的这条规定用意是好的,但不彻底,应当进一步进行突破性的规定。

(五)专利权保护方面存在的问题

1. 专利行政执法方面的问题

行政执法是我国的特色。行政力量强大、司法权力相对薄弱是我国的现实情况。如果寄希望全部依靠司法途径来保护知识产权,是难以达到目的的。因此,行政执法仍然是知识产权保护的重要途径。我国专利法、著作权法、商标法经过多次修改,总的趋势是行政执法的力度越来越大,手段、措施越来越多。《专利法》征求意见稿把专利行政部门的执法权扩大了。但专利行政执法是一个引起很多争议的问题。根据《专利法》第57条,专利行政管理部门可以应当事人的请求查处专利侵权行为，专利行政管理部门有权认定是否构成侵权,并责令侵权人立即停止侵权行为。《专利法》征求意见稿中,专利行政管理部门还可以采取措施实施禁令。按照笔者的理解,只要有当事人提出申请,专利行政管理部门没有什么理由行政不作为。这就使行政权力介入了当事人之间的纠纷,实际上行使了司法权力,却没有经严格的司法程序。私权利可能受到来自私人的侵犯,但也很可能受到公权力的侵犯。不管行政执法设立的初衷是什么,它对私权利造成伤害的可能性是不容低估的。因此,应当有某些限制条件,专利法规定的限制条件是不够的。笔者建议行政执法限于查处假冒他人专利和冒充专利的行为,不宜或少介入侵权纠纷。

2. 关于侵权损害赔偿存在的问题

首先,专利法中对专利侵权行为没有区分故意与过失。而区分故意与过失其实非常必要。故意侵权是恶意扰乱市场秩序的不良行为,也是引起秩序混乱的主因。所谓故意,就是当事人行为的时候,对自己行为构成侵权有明确的认识,或者虽然不具有明确的认识,但是当事人明白自己的行为极可能构成侵权,但故意不去了解详细情况而放任侵权发生的一种心理状态。由于专利权等知识产权容易被侵权,故意侵权的危害肯定大于过失侵权。而且,由于专利法的不完善,有些侵权人可以说是有恃无恐。因此,可以考虑在修改专利法时增加惩罚性赔偿金的规定。其次,判定侵权的标准模糊,没有提供基本规则。鉴于等同原则在我国司法和行政机关在审理和处理专利侵权纠纷案件的实践中发挥了积极作用,专利法在修订时可以考虑采用。

(六)政府在专利管理与服务方面的职责规定很少

政府应当在专利管理与服务方面做更多的事情,法律对这方面可以作出一些引导性规定。现行专利法把专利行政与专利事务管理、服务规定在一起,比较混乱。在这方面的规定中,只有查处专利侵权行为属于严格意义上的行政执法,其他的应当都归到专利管理与服务方面。现行专利法将假冒他人专利行为、冒充专利行为和纠纷调解都划到专利权保护一章,不很妥当。专利行政管理部门对专利纠纷的调解严格说来是一种服务,而不是一种权力。调解工作能否开展并有成效,需要当事人的信任,且取决于专利行政管理部门的执法形象、信誉以及调解水平与技巧。另外,在专利评估、专利许可与转让合同登记与备案、专利权反垄断调查与审查等方面,专利行政管理部门也应当可以有所作为。专利评估、合同登记与备案方面已经有规章性的规定,但是,对于专利权反垄断审查,则尚是空白,本书对此拟作专门讨论。

(七)缺少专利许可及转让的规定

专利权的许可、转让与质押是专利权行使的重要法律形式。我国专利法对此完全没有规定,是一大缺陷。专利权许可在实践中有非常丰富的内容,可以把这些内容作为选择性规范规定在专利法中。

(八)忽视专利权垄断与反垄断问题

知识产权滥用与垄断问题是近来知识产权法的焦点之一。不过,权利不得滥用属于民法的一般原则,理所当然地适用于专利权,没有必要出现禁止权利滥用的一般条款。垄断与一般权利滥用还是有明显区别的。反垄断法甚至被人看作是经济宪法,美国、欧盟及日本等发达国家和地区都对知识产权与反垄断之间的关系进行立法,对专利权的行使进行反垄断审查。

从国外立法看,知识产权垄断的法律规制首先依赖反垄断法或竞争法或公平交易法；其次也有专门针对技术垄断的规定；有的则是在反垄断法中规定特别的知识产权适用条款。如美国，除反垄断法调整技术创新活动外，美国司法部和联邦贸易委员会1995年发布了知识产权许可反垄断指南，用来规范和调整知识产权许可行为。另外，美国法院判例也发挥了重大作用。欧洲对技术创新予以规范调整的法律依据主要是《欧共体条约》第81条"关于禁止垄断"的规定、第82条"关于禁止权利滥用"的规定、将《欧共体条约》第81条(3)"应用到各类技术转移协议"的规定以及《运用欧盟条约第81条到技术转移协议的指南》。日本《禁止垄断法》第21条就协调知识产权法与禁止垄断法之间的关系作出了规定，根据该法律的规定，1999年8月日本公正交易委员会发布《关于专利、技术秘密的许可使用合同的禁止垄断法上的指针》。我国台湾地区"公平交易法"第45条的规定属于知识产权特别适用条款：依照著作权法、商标法或专利法行使权利之正当行为，不适用本"法"之规定。显然，从反面理解，若行使权利之不正当行为，则将适用该规定。

随着我国加入世界贸易组织，一些跨国公司纷纷登陆中国，它们利用自己掌握的先进技术，尤其是利用专利战略和标准战略取得技术垄断地位，打压我国民族工业，如著名的DVD知识产权纠纷、数码相机专利垄断案、思科诉华为案等，引起了我国学术界的热烈研讨，在产业界造成了极大震动和反思，也引起了政府部门的高度关注和重视。如何有效地对知识产权垄断问题进行法律规制也被提到议事日程。

我国目前没有反垄断法，对知识产权垄断的调整主要依赖于科学技术法、知识产权法、合同法、对外贸易法以及国际条约的规定，具有分散立法的特点。《专利法》以专章规定强制许可制度，是对专利权滥用的一种限制，可以用来对付专利垄断行为，却并非专门针对专利垄断行为，而且实施行为才是引起垄断的主要方式。2004年修订的《中华人民共和国对外贸易法》第30条及《技术进出口管理条例》第29条都包含了一些可以用来限制技术垄断的规定，但这些规定主要针对技术进口合同，不是普适性规定，而且似乎有违国民待遇原则。国际条约方面，《知识产权协定》第8条第2款规定："为了防止权利持有人滥用知识产权或者采用不合理地限制贸易或对技术的国际转让有不利影响的做法，可以采取适当的措施，但以这些措施符合本协议的宗旨为限。"该原则的适用对象应当包括知识产权垄断行为；《知识产权协定》第40条第2款规定："本协定的任何规定均不得阻止各成员在其立法中明确规定在特定情况下可构成对知识产权的滥用并对相关市场中的竞争产生不利影响的许可活动或条件。……采取适当的措施以防止或控制此类活动，包括诸如排他性返授条件、阻止对许可效力提出质疑的条件和强制性一揽子许可等。"我国《合同法》第329条直接规定了否定技术垄断的内容：非法垄断技术、妨碍技术进步或者侵害他人技术成果的技术合同无效。《最高人民法院关于审理技术合同纠纷案件适用法律若干问题的解释》第10条对《合同法》第329条作出了司法解释,技术垄断主要表现为专利权垄断。

关于诉讼主体,根据合同法和民事诉讼法的规定,应当是利益直接受到损害的人,一般情况下是合同当事人一方,个别情况下可以是利益直接受到侵犯的第三人。但是,垄断行为往往没有利益直接受损的第三人,而且合同法在性质上一般被认为是私法,合同也以相对性为特点。因此,要找到合适的起诉人是不容易的。在欧美实务中,反垄断案主要由行政机关提起,而我国由于没有反垄断法,行政机关虽然具有管理职能,但行政机关作为原告起诉的资格却鲜有规定。而《合同法》第329条显然没有给行政机关赋予起诉权。专利行政部门其实应当在完善市场环境方面做更多的事情。其中,专利权反垄断审查就是其中之一。

三、完善专利法的思路

针对现行专利法所存在的问题,我们提出如下完善建议。

(一)完善总则的规定

总则方面应当作如下规定。

1. 借鉴发达国家有关职务发明的规定,利益保护适当向发明人倾斜,充分调动科研人员的积极性,促进专利的实施转化

发达国家关于职务发明的主要经验包括:(1) 职务发明专利权归属有两大类。一是采取"雇主优先"的原则,职务发明专利归雇主所有,职务发明人具有分享知识产权报酬的权利。例如,法国的专利法规定,雇员依雇佣和委托合同获得相应报酬。二是采取"发明人优先"的原则,职务发明专利的原始权利归职务发明人,雇主享有专利实施权,日本和德国采取这种原则。日本专利法规定,职务发明专利的原始权属于发明人,雇主自动享有非独占实施权;当雇员将职务发明专利权利转让给雇主时,发明人有权从雇主处获得合理报酬。(2)平衡雇主和发明人的利益,突出职务发明人的地位和作用。无论是雇主优先还是发明人优先,许多国家和地区的专利法在专利申请资格上都突出了发明人的地位,明确规定专利申请人必须是发明人或其受让人(含法人)。有了这条规定,雇主必须尊重职务发明人,发明人也对研究成果的创新性负有责任。如,美国实行职务发明雇主优先原则,但其专利法规定,专利申请人应是发明人,非发明人申请专利时,必须持有发明人的申请转让书。(3)规范国有机构和政府资助的职务发明人激励机制。通常,各国的专利法都规定职务发明人报酬的基本原则,但不规定具体报酬比例或额度,实际报酬由雇员与雇主之间的合同来决定。由于政府财政支出是公共资源,许多国家和地区通过一些专门法律或行政条例规定政府所属机构和政府资助机构的职务发明人报酬比例。《美国联邦技术

转移法》明确规定了转移联邦技术收入中职务发明人提成的比例下限。❶

参照有关国家的规定，我国现行法关于职务发明的规定可以作以下改变：首先，职务发明的范围不宜过宽，并且要规定发明人在发明中的权利。严格意义上的职务发明应当限于发明人接受单位的明确任务所完成的发明，或者以合同形式明确规定技术成果属于单位的发明。另外，发明虽然不是直接的工作任务范围或者被合同明确规定属于单位，但与工作任务或合同义务有明显的相关性，或者发明的完成主要是利用了单位的技术秘密，这是第二类职务成果，或者把它称为与职务有关的成果更合适，应当规定这类成果属于发明完成人，但单位享有有限实施权。第三类是与工作任务及合同义务没有直接或明显的关联，也没有利用本单位的技术秘密，但是发明人利用了本单位的技术条件完成的发明创造。这一类成果不宜称为职务成果，也与职务没有直接关系，应当属于发明人所有，但单位可以在同等条件下享有优先实施权。其次，要加大对发明人的保护力度和激励。职务发明人的激励机制并不是简单的收入分配问题，应提高到增强国家创新能力的高度来认识，在法律和制度上给予必要的保障。尤其是要规范公共机构职务发明人的补偿和奖励制度，落实对发明人的激励机制，制定专门的补充性法规，细化国有和政府资助的研究机构的职务发明人补偿和收入分配办法。国有企事业单位要破除平均主义，切实建立职务发明人的激励机制。民营企业主要靠市场竞争机制来决定职务发明人的激励。

2. 取消对专利权取得和行使的不当限制

建议取消第10条关于中国单位和个人向外国人转让专利申请权和专利权须经过批准的规定、第20条需先在国内申请的规定，大幅修改第14条关于国有企业事业单位、中国集体所有制单位和个人的专利推广实施的规定，对承担国家投资的科研项目所完成的发明创造，若该发明创造对国家利益或者公共利益具有重大意义，国务院有关主管部门和省、自治区、直辖市人民政府报经国务院批准，可以决定在批准的范围内推广应用，允许指定的单位实施，由实施单位按照国家规定向权利人支付使用费。

3. 设立专门的国际条约适用条款

针对国际条约的实施问题，在继续把国际条约转变为国内法的同时，在专利法中设立专门的国际条约适用条款，就国际条约的转化形式以及国际条约的适用效力作出规定。建议国际条约没有中文正式文本的，应当提供并确认一份国际条约正式中文译本。

4. 关于强制实施许可

首先，对普通强制许可，应该严格按照《巴黎公约》规定的条件，对于在后专利

❶ 吕薇："国际经验：应重视'职务发明人'的作用"，载《光明日报·网络版》2004年9月1日。

权人申请强制许可条件适当放宽。其次，建议把紧急状态或非常情况以及公共利益的含义一起作界定，前者指国家出现或面临重大公共安全威胁、重大自然灾害、重大疾病迅速流行、重大人道危机等局面时为紧急状态或非常情况，放弃使用“公共利益”的提法。《专利法》征求意见稿规定：“预防流行病的出现、控制流行病的蔓延或者医治流行病病人，属于前款所述为了公共利益目的的行为。”这种公共利益的提法是可能带来问题的，流行病甚至也包括流感。也就是说，公共利益涵盖太泛了，比如，老百姓没钱治病、药品是不是该免费提供或者低价提供以及穷人孩子没钱上学该不该管？这些问题都该解决，但不应该成为强制许可的理由，因为这些问题属于宏观公共政策要解决的问题，决不能指望强制许可解决这些问题。再次，要针对强制许可不同类型的特点，进一步完善强制许可的实施程序，包括由谁实施、实施范围、生效、终止、费用、司法救济等，特别要注意给予专利权人恰当的申辩机会。最后，实施强制许可应当充分尊重并保障专利权人的利益，应当规定在紧急状态下的强制实施下的补偿制度。

(二)理顺专利法的立法体例

关于实用新型和专利法之间的立法模式，主要有以下几种：[1]实用新型、发明和外观设计分别单独立法，如德国、日本、韩国、法国等，世界上许多国家不保护实用新型或者说没有实用新型制度。但据统计，绝大部分国家和地区都有外观设计制度并单独立法。发明专利、实用新型、外观设计三合一的立法模式包括我国台湾地区和中国内地。另外，美国外观设计包含在专利法中，称之为外观设计专利。

鉴于3类发明创造共用专利一词带来了许多不好的影响，建议修订的专利法中应当把专利一词专赋给发明专利，把我国的发明创造分成3类，即专利、实用新型和外观设计。实用新型和外观设计不再称专利，直接称实用新型和外观设计，实用新型专利权和外观设计专利权称实用新型权和外观设计权。中国专利法可以改称中国专利、实用新型、外观设计法。但由于专利法中专利、专利权、专利权人3个词使用非常频繁，如果采用这一做法，则立法语言显得不简洁。专利法中原有一词“发明创造”包括发明、实用新型和外观设计，用发明创造代替原来的“专利”一词是可以的，这样发明创造权也可以取代“专利权”一词，但是，这可能会使人一下子不习惯，而且，也有可能引起新的淡化即发明创造一词的滥用。或者也可以不改变名称，而是在法条里面进行内容的变动。

这次修订专利法，为了保持立法的连续性、节约立法成本，实用新型和外观设

[1] 李顺德、董天平、曹刚：“发明、实用新型专利的交叉保护问题”，见《〈专利法〉及〈专利法实施细则〉的三次修改专题研究报告(上卷)》，知识产权出版社2006年版，第13~19页。

计另行立法不可取，但是由于3种类型的创造区别较大，权利内容、授权程序与条件等方面相差太多，确实应当分别规定。我国一部专利法就包括了发明、实用新型和外观设计3类专利，这在世界上也并不多见，如果体例清晰，规范得好，很有可能提高效率。但问题正是现行的专利法体例并不清晰，因此如果本次专利法的修改能够在体例上将3类专利分清，分别规定各自的实体要求和程序要求，并协调相互之间的关系，将会大大提高效率并降低可能的权利纠纷，这应该是此次专利法修改的一个重点。

有人建议实用新型和外观设计改称登记，不叫授权，就像版权一样，是权利属于登记方的初步证据，这个建议可以作为选择之一。笔者建议，对实用新型和外观设计规定新颖性检索要求；满足新颖性要求后，又没有发现明显驳回理由的，就予以授权。

针对重复授权问题，应当设立专门条款进行解决。具体见后文拟定之建议稿条文。

（三）完善专利实质性条件

主要有以下几条建议：(1)改变原专利法中的不予授权的规定，取消第25条，改为对授权客体保持开放性，主要以“可专利性”为标准。因此，动物、植物、计算机软件和商业方法等都有可能被授予专利，至少不能被一刀切地排除。同时增设1条，另行规定对科学发现的保护。(2)关于专利性要求方面。新颖性标准采绝对新颖性标准，同时实施细则或审查指南中对因特网等新媒体中的“公开”作出规定；用非显而易见性代替创造性；实用性中可以包含公开生物遗传资源来源等要求，但是仍可以在专利文件“说明书”中增加1款，要求披露遗传信息来源问题，但不宜匆忙规定所谓知情权。

（四）细化有关程序性规定

在程序方面，建议作如下修改：

(1) 明确规定公开制度及其作用。规定公开是进行实质审查的前提，满足法定公开时间是获得授权的前提。

(2)规定社会公众对专利申请的知情权和监督权，并给予适当的程序性保障。

(3)规定审查时限，促进提高申请效率，保护申请人权利的及时有效性。

(4)改革无效及无效诉讼程序。国外关于无效及无效诉讼的做法主要有以下几种：❶ ①日本。日本由特许厅裁判部作为第一审受理专利权无效案，东京高等法院是二审法院，最高法院作为三审。在二审、三审中，特许厅不是被告人。②韩国。专

---

❶ 董巍、郜红等：“无效宣告请求诉讼程序的性质”，见《〈专利法〉及〈专利法实施细则〉的三次修改专题研究报告（上卷）》，知识产权出版社2006年版，第812~822页。

利无效审判包括专利审判院(隶属工业产权局)、专利法院和最高法院三审构成。工业产权局在后两审当中不作为被告。③美国。完全适用普通民事诉讼程序。法院有权对专利权是否有效进行判断,这种权利属于司法权的范围。由于美国是判例法国家,法院如果作出专利权无效的判定,专利权人就被间接地禁止向其他人主张专利权的有效性。在英国,专利权无效诉讼同样属于民事案件。④德国。德国设立专门专利法院,可以审理专利权无效案件和其他知识产权案件。对专利法院裁判不服的,可以上诉至联邦最高法院。

笔者认为,对专利权无效诉讼应当二分,对于受到专利权人侵权指控,主张专利权无效的,实际上已经进入民事争议程序,只能作为民事争议案件处理,如果解决争议需要对专利权是否有效作出判断,法院可以直接对专利权是否有效进行个案处理,因为根据司法理念,法院必须有能力独立并最终解决民事纠纷,如果法院审判案件,要依赖其他因素,则不符合司法原理。但法院此时认定专利权无效的,不对其他案件发生直接影响,因为我国不是判例法国家。专利权是否有效,仍需通过无效程序和无效诉讼方能确定,但侵权诉讼进程不受无效程序和无效诉讼的影响。经过专门无效和无效诉讼程序后,任何人在以后的诉讼中若没有提出新的无效理由的,法院应当认定专利权有效。不允许被告人用无效程序干扰民事程序,这是因为被告人既然在民事程序启动后可以启动无效程序,那么可以推知,在这之前他也有能力这样做,他以前没有这样做,现在启动程序,就不能排除滥用程序的嫌疑。当然,最关键的,还是法院审理民事案件不应该受到不合理的限制,如果法院不能独立判断专利权是否有效,实际上是行政权力干扰了司法审判。因为,如果法院不对专利权是否有效进行判断,它实际上就无法顺利进行审案。至于由哪些法院审理专利案件,这是审判体制问题,已经另有课题专门讨论这个问题,在此不进一步讨论。

至于具体处理方案,有以下几套:第一套方案,把复审委员会的无效审查作为准司法审判对待,对专利复审委员会决定不服的,可以向指定的法院提起一审,一审之后还可以提起上诉。但是,这一处理方案,有隐性违宪之嫌,因为这实际上是三审,而我国宪法规定是两审终审;第二套方案是专利复审委员会不再受理无效申请,只负责处理对驳回专利申请不服的复审。主张无效的,直接向指定专利法院起诉。这样做在现行法律框架内是可行的,专门法院在我国也是常见的。另外,同时规定经过专利权无效和无效诉讼程序后生效的无效诉讼判决的法律效力。这些改革涉及法院受理案件的程序规定和法院的设立等问题,因此建议修改草案设“发明创造诉讼的特别规定”专章规定之。

(五)进一步规范行政执法

关于行政执法问题,笔者提出如下建议。

1. 规范行政执法

建议行政执法重点放在假冒他人专利和冒充专利上。对于专利侵权纠纷，应当审慎介入，限制条件。比如，可以规定，对案件事实清楚，权利人证据确凿，而侵权人又没有提出什么有力的反驳和证据的案件，专利行政管理部门可以应专利权人的请求采取一些执法措施。对于争议较大的案件，应当建议专利权人向人民法院起诉。原专利法的规定对行政机关的执行措施进行限制是妥当的。但是，修改草案中又改变了这种做法，增加了专利行政部门的执法能力，向商标法和著作权法靠拢了。在中国，具有执法权的行政部门太多了，也许这就是中国特色。

2. 加大对专利权的保护力度，考虑设置故意侵犯专利权的惩罚性赔偿制度

对于故意侵权，且经过权利人警告、有关部门采取处理措施之后，仍继续进行侵权行为的，可以适用惩罚性赔偿制度。

(六)其他方面的修改

除以上修改外，笔者还建议设专章规定专利事务管理，主要包括：查处假冒、冒充专利行为，专利调解，专利评估，专利许可与转让合同登记与备案，专利权反垄断调查与审查，等等。其次，专利法中应当设置“专利权的许可、转让与质押”专章，为这类活动提供基本的行为规范，适应市场发展的需要。最后，专利法中应当在专利事务管理一章中设1～2条，规定专利权反垄断审查，应当规定专利行政部门可以对专利申请、专利许可和专利转让等进行反垄断审查，规定知识产权反垄断审查的基本原则、方法和反垄断措施，赋予审查部门垄断案调查权。我国目前正在制定反垄断法，据说关于知识产权反垄断可能作为一章或一节。专利法中反垄断的内容可以与之链接。具体审查办法可以仿照美国的做法，另行制定一个知识产权反垄断指南。但美国行政部门并不直接处分，而是向法院提起反垄断诉讼。我国可以规定审查机关可以采取反垄断措施，被采取措施的企业或公司不服的，可以提起行政诉讼。

附：专利法修订建议稿及说明

针对现行专利法存在的问题，笔者提出一些修订完善意见。现在将这些修订意见汇总归纳，形成下面的建议稿。一些大的修改意见和理由都已经在前面加以阐述，但是，由于条文改动很多，因此在条文说明中增加了前面没有提到的内容。该建议稿在《专利法》(征求意见稿)之后才完成，借鉴了其中一些成果，在此表示感谢。

发明创造保护法建议稿

目录

第二章　授予专利权、实用新型权、外观设计权的条件

第三章　发明创造权的申请

第四章　专利、实用新型、外观设计申请的审查和批准

第五章　发明创造权的期限、终止

第六章　强制许可

第七章　专利权、专利申请权转让、专利权质押及专利权许可合同

第八章　发明创造权的保护

第九章　发明创造侵权诉讼的特别规定

第十章　发明创造事务管理

第十一章　附则

[立法理由]笔者坚持只有发明专利才能叫专利的观点，因此，专利法的名称便成了问题。有三个选项：(1)整部法还是叫专利法，但除标题外，在法律条文中专利一词仅指发明专利，这会给条文撰写带来很多不便和混乱；(2)专利法改叫专利、实用新型、外观设计法，但条文撰写会因此而非常啰唆，法律语言不简洁；(3)专利法称发明创造保护法，原专利法中有发明创造一词，是3种专利的总称，与专利一词内涵一样，但奇怪的是在提到发明创造时，还是专利一词用得多。专利法称发明创造保护法，人们会一下子不习惯，而且似乎没有改变这一习惯的必要。因此，本草案在为行文方面需要的时候，就用发明创造代替专利，用发明创造权代替专利权。

第一章　总　　则

第一条　为了保护发明创造权，鼓励发明创造，有利于发明创造的推广应用，促进科学技术进步和创新，适应社会主义现代化和创新型国家建设的需要，特制定本法。

第二条　本法所称的发明创造是指专利、实用新型和外观设计。

专利权、实用新型权、外观设计权统称发明创造权。

专利，是指对产品、方法或者其改进所提出的新的技术方案。

实用新型，是指对产品的形状、构造或者其结合所提出的适于实用的新的技术方案。

外观设计，是指对产品的形状、图案或者其结合以及色彩与形状、图案的结合所作出的富有美感并适于工业应用的新设计。

第三条　发明创造权是私权。除法律另有规定外，任何人不得侵犯、干涉权利人处分发明创造权。发明创造申请权及发明创造权依法可以转让。

中国公民、企业、事业单位依照本法规定的程序可以取得发明创造权。

《保护工业产权巴黎公约》、《知识产权协定》之缔约方的外国国民，以及在一缔

约方领域内居住的自然人和有注册办事处的法人，在中国申请发明创造权的，依照本法办理。

前款之外的其他外国人、外国企业或者外国其他组织在中国申请发明创造权的，应当按其所属国和中华人民共和国签订的协议，或者根据互惠原则，依照本法办理。

[立法理由]本条规定专利权是私权，同时强调权利是依法律取得和确认，不是授予。第三款规定国民待遇。

第四条 国务院专利行政部门负责管理全国的发明创造工作；统一受理和审查发明创造权申请，依法授予专利权、实用新型权和外观设计权。

地方人民政府专利行政管理部门负责本行政区域内的专利管理工作。

第五条 申请专利、实用新型的发明创造涉及国家安全或者重大利益需要保密的，按照国家有关规定办理。

第六条 对违反国家法律、社会公德或者妨害公共利益的发明创造，不授予发明创造权。

前款所称违反国家法律的发明创造不包括仅其实施为国家法律所禁止的发明创造。

第七条 科学发现不受本法调整。对科学发现的保护和完成科学发现人的权利另行制定法律规定。

[立法理由]删除《专利法》第25条后，我国专利法对可获权客体持开放态度，但是科学发现仍不在可专利之列，特用本条予以明确。

第八条 发明人或者设计人接受本单位的明确任务所完成的发明创造，或者以合同形式明确规定发明创造属于单位的，是职务发明创造。职务发明创造归单位所有。

发明创造虽然不属于工作任务范围或者没有合同明确规定属于单位，但与工作任务或合同义务有明显的相关性，或者发明创造的作出主要是利用了本单位的技术秘密，发明创造属于完成人；单位在发明创造完成两年内享有优先实施权并在发明创造完成两年后享有同等条件下的优先实施权，但须向发明人支付合理费用。

发明人作出的发明创造虽然利用了本单位的物质技术条件，但发明创造与发明人的工作任务及合同义务没有直接或明显的关联，也没有利用本单位的技术秘密，发明属于发明人所有，但本单位可以在同等条件下享有优先实施权。

[立法理由]借鉴日本、德国、英国、法国等国的做法，尤其是日本的做法，本条对原来的职务发明作了更详细的分类，分成3类，单位和发明人在这3类发明中权利义务不同。

第九条 发明人或者设计人对非职务发明创造申请发明创造权，任何单位或者个人不得压制。

第十条 两个以上单位或者个人合作完成的发明创造、一个单位或者个人接受其他单位或者个人委托所完成的发明创造，除另有约定的以外，申请发明创造的权利属于完成或者共同完成的单位或者个人；申请被批准后，申请的单位或者个人为权利人。

申请发明创造的权利、发明创造申请权或者发明创造权由两个以上单位或者个人共有的，其转让、质押、实施行为需取得全体共有人同意。

发明创造权由两个以上单位或者个人共有的，除另有约定外，任何共有人可以单独实施该发明创造。

第十一条 两个以上的申请人分别就同样的发明创造申请发明创造权的，专利权、实用新型权和外观设计权授予最先申请的人。申请日相同的，授予最先作出发明创造的人。最先作出发明创造的人无法确定的，由申请人协商确定。协商不成的，由申请人共同拥有。

同样的发明创造只能被授予专利权、实用新型权和外观设计权中的一项权利。

申请专利权或实用新型权的发明创造，在放弃专利申请权或实用新型申请权，或者在放弃专利权或实用新型权之后，可以转而申请并获得实用新型权或专利权。但是，实用新型权期满之后，不再授权专利权。

[立法理由]本条规定申请在先原则，同时拟解决重复授权问题。另外，在申请在先之外，申请日相同的，采用发明在先原则。

第十二条 专利权被授予后，除本法另有规定的以外，任何单位或者个人未经权利人许可，都不得实施其专利，即不得为生产经营目的制造、使用、许诺销售、销售、进口其专利产品，或者使用其专利方法以及使用、许诺销售、销售、进口依照该专利方法直接获得的产品。

实用新型权被授予后，除本法另有规定的以外，任何单位或者个人未经权利人许可，都不得实施其实用新型，即不得为生产经营目的制造、使用、许诺销售、销售、进口其实用新型产品。

外观设计权被授予后，任何单位或者个人未经权利人许可，都不得实施其外观设计，即不得为生产经营目的制造、销售、进口其外观设计产品。

[立法理由]本条对专利权内容作了界定。原专利法把发明与实用新型同时规定，不妥当，因为实用新型权不涉及方法，只涉及产品，故作此修改。

第十三条 专利申请公布后，申请人可以要求实施其专利的单位或者个人支付适当的费用。

第十四条 承担国家投资的科研项目所完成的发明创造，申请专利或实用新型的权利属于科研项目的承担单位。项目合同对承担单位权利有限制的,完成单位在限制范围内享有权利。

前款所述发明创造对国家利益或者公共利益具有重大意义的，国务院有关主管部门和省、自治区、直辖市人民政府报经国务院批准,可以决定在批准的范围内推广应用,允许指定的单位实施,由实施单位按照国家规定向权利人支付使用费。

第十五条 发明创造权人有权在其被授予发明创造权的产品或者该产品的包装上标明相应的标记。

[立法理由]本条规定专利、实用新型、外观设计以后需各自标记名称,不能再都混称专利了。

第十六条 被授予发明创造权的单位应当对职务发明创造的发明人或者设计人给予奖励;发明创造实施后,根据其推广应用的范围和取得的经济效益,对发明人或者设计人给予合理的报酬。

第十七条 发明人或者设计人有在发明创造文件中写明自己是发明人或者设计人的权利。

第十八条 中国单位或者个人在国内申请发明创造权和办理其他相关事务的,可以委托专利代理机构办理。

在中国没有经常居所或者营业所的外国人、外国企业或者外国其他组织在中国申请发明创造和办理其他与发明创造有关的事务的，应当委托国务院专利行政部门指定的专利代理机构办理。

专利代理机构应当遵守法律、行政法规,按照被代理人的委托办理发明创造申请或者其他发明事务;对被代理人发明创造的内容,除发明创造申请已经公布或者公告的以外,负有保密责任。专利代理机构的具体管理办法由国务院规定。

第十九条 中国单位或者个人可以将其在国内完成的发明创造向外国申请发明创造权，也可以根据中华人民共和国参加的有关国际条约提出申请发明创造权的国际申请。

国务院专利行政部门依照中华人民共和国参加的有关国际条约、本法和国务院有关规定处理国际申请。

[立法理由]删除了原规定中向国外申请要经过批准的内容。

第二十条 国务院专利行政部门及其专利复审委员会应当按照客观、公正、准确、及时的要求,依法处理有关发明创造的申请和请求。

国务院专利行政部门应当定期出版专利公报,并全面、准确、及时地传播专利信息。

在发明创造申请公布前，国务院专利行政部门的工作人员及有关人员对其内容负有保密责任。

第二十一条 我国参加的发明创造保护的国际公约、地区公约或双边及多边协议(统称国际条约)的实施,除那些已经纳入本法的条款以外,由国务院制定实施条例、经全国人民代表大会常务委员会批准后颁布实施。没有颁布实施条例或实施条例没有规定的，有中文正式文本或译本的，适用国际条约的中文正式文本或译本。没有国际条约的中文正式文本或译本的,可以直接适用国际条约的英语文本。

国际条约内容同本法冲突的,应当适用国际条约的规定。

本法及我国参加的国际条约没有规定的，可以适用其他国际条约以及国际惯例的规定。

[立法理由]本条是国际条约适用的有关规则。

[本章补充立法理由]总则中取消的《专利法》第24条、第14条、第18条的相关内容融到了本建议稿第3条。

第二章 授予专利权、实用新型权、外观设计权的条件

第二十二条 授权的专利和实用新型,应当具备新颖性、非显而易见性和实用性。

新颖性,是指该专利或实用新型不属于现有技术,也没有同样的专利或者实用新型由他人在申请日以前向国务院专利行政部门提出过申请并且记载在申请日以后公布的专利或实用新型申请文件中。

非显而易见性,是指该专利对该技术领域的熟练技术人员不是显而易见的,并较现有技术有显著的进步；该实用新型对该技术领域的普通技术人员不是显而易见的,并有进步。

实用性,是指该专利或者实用新型能够制造或者使用,并且能够产生积极效果。

本法所称现有技术,是指申请日以前在国内外在出版物上公开发表、公开使用或者以其他方式为公众所知的技术。

[立法理由]本条是关于专利三性的规定。新颖性采世界新颖性标准,创造性用非显而易见性代替。专利的非显而易见性的尺度是熟练技术人员,实用新型的非显而易见性的尺度是普通技术人员。

采用现有技术概念。但是征求意见稿中在使用了现有技术概念后,后一部分漏掉了重要的修饰“在申请日以前”。

第二十三条 授权的外观设计,应当不属于现有设计,也没有同样的外观设计

由他人在申请日以前向国务院专利行政部门提出过申请并且记载在申请日以后公告的外观设计文件中,并且对于所属领域的普通设计人员而言,与现有设计相比不明显类似。

授权的外观设计不得与他人在先取得的合法权利相冲突。

本法所称现有设计,是指申请日以前在国内外出版物上公开发表、公开使用或者其他方式为公众所知的设计。

第二十四条　申请授权的发明创造在申请日以前六个月内，有下列情形之一的,不丧失新颖性:

(一)在中国政府主办或者承认的国际展览会上首次展出的;

(二)在规定的学术会议或者技术会议上首次发表的;

(三)他人未经申请人同意而泄露其内容的。

第三章　发明创造权的申请

第二十五条　申请专利或者实用新型的,应当提交请求书、说明书及其摘要和权利要求书等申请文件。

请求书应当写明专利或者实用新型的名称,发明人的姓名,申请人姓名或者名称、地址,以及其他事项。

说明书应当对专利或者实用新型作出清楚、完整的说明,以所属技术领域的技术人员能够实现为准;必要的时候,应当有附图。说明书摘要应当简要说明发明或者实用新型的技术要点;发明创造的完成依赖于遗传资源的获取和利用的,申请人应当在说明书中指明该遗传资源的来源。

说明书摘要应当简要说明发明或者实用新型的技术要点。

权利要求书应当以说明书为依据,清楚、简要地限定要求保护的范围。

[立法理由]在说明书的要求中增加遗传资源来源披露的规定,但不规定所谓遗传材料出让人的知情权。

第二十六条　申请外观设计的，应当提交请求书以及该外观设计的图片或者照片以及对该外观设计的简要说明等申请文件。

第二十七条　国务院专利行政部门收到发明创造申请文件之日为申请日。申请文件是邮寄的,以寄出的邮戳日为申请日。

第二十八条　申请人自专利或者实用新型在外国第一次提出授权申请之日起十二个月内,或者自外观设计在外国第一次提出授权申请之日起六个月内,又在中国就相同主题提出申请的，依照该外国同中国签订的协议或者共同参加的国际条约,或者依照相互承认优先权的原则,可以享有优先权。

申请人自专利或者实用新型在中国第一次提出申请之日起十二个月内，又向国务院专利行政部门就相同主题提出专利或实用新型申请的,可以享有优先权。

[立法理由]专利和实用新型可以互相享有国内优先权。

第二十九条 申请人要求优先权的,应当在申请的时候提出书面声明,并且在三个月内提交第一次提出的申请文件的副本;未提出书面声明或者逾期未提交申请文件副本的,视为未要求优先权。

第三十条 一件专利或者实用新型申请应当限于一项专利或者实用新型。属于一个总的发明构思的两项以上的专利或者实用新型,可以作为一件申请提出。

一件外观设计权申请应当限于一种产品所使用的一项外观设计。针对同一产品的两项以上的类似外观设计,或者用于同一类别并且成套出售或者使用的产品的两项以上的外观设计,可以作为一件申请提出。

第三十一条 申请人可以在被授权之前随时撤回其申请。

第三十二条 申请人可以对其申请文件进行修改,但是,对专利和实用新型申请文件的修改不得超出原说明书和权利要求书记载的范围,对外观设计申请文件的修改不得超出原图片或者照片表示的范围。

第四章 专利、实用新型、外观设计申请的审查和批准

第三十三条 国务院专利行政部门收到专利申请后,经初步审查认为符合本法要求的,自申请日起满十八个月,即行公布。国务院专利行政部门可以根据申请人的请求早日公布其申请。

第三十四条 专利申请公布后并在申请日起三年期限内,国务院专利行政部门可以根据申请人随时提出的请求,对其申请进行实质审查;申请人无正当理由逾期不请求实质审查的,该申请即被视为撤回。

国务院专利行政部门认为必要的时候,可以自行对专利申请进行实质审查。

[立法理由]本条规定实质审查以公开为前提。

第三十五条 专利申请人请求实质审查的时候,应当提交在申请日前与其发明有关的参考资料。

专利已经在外国提出过申请的,国务院专利行政部门可以要求申请人在指定期限内提交该国为审查其申请进行检索的资料或者审查结果的资料;无正当理由逾期不提交的,该申请即被视为撤回。

第三十六条 国务院专利行政部门对专利申请进行实质审查后,认为不符合本法规定的,应当通知申请人,要求其在指定的期限内陈述意见,或者对其申请进行修改;无正当理由逾期不答复的,该申请即被视为撤回。

第三十七条 专利申请经申请人陈述意见或者进行修改后,国务院专利行政部门仍然认为不符合本法规定的,应当予以驳回。

第三十八条 专利申请经实质审查没有发现驳回理由并且公开时间已经超过一年的，由国务院专利行政部门作出授予专利权的决定，发给专利证书，同时予以登记和公告。专利权自公告之日起生效。

自申请日至授予专利权的最长期限不得超过四年半。

由于申请人的原因耽误期限的，本条第二款规定的期限予以顺延。

[立法理由]本条规定获权的审查时限。

第三十九条 实用新型和外观设计授权申请经初步审查没有发现形式问题，应申请人申请或者自申请日起两个月内申请人没有要求不予公开的，即行公布。申请人自申请日起满六个月仍不同意公开的，申请视为撤回。

国务院专利行政部门应当自申请公布之日起十个月内完成对实用新型和外观设计申请的新颖性检索，并出具新颖性检索报告。申请人不同意进行新颖性检索的，应当向专利行政部门提出书面申请，实用新型和外观设计授权申请视为撤回。

经过新颖性检索确定具备新颖性并且没有发现其他驳回理由，公开时间已超过六个月的申请，由国务院专利行政部门作出授予实用新型权或者外观设计权的决定，发给相应的证书，同时予以登记和公告。实用新型权和外观设计权自公告之日起生效。

[立法理由]本条规定实用新型和外观设计的公开和审查制度。

第四十条 国务院专利行政部门设立专利复审委员会。申请人对国务院专利行政部门驳回申请的决定不服的，可以自收到通知之日起三个月内，向专利复审委员会请求复审。专利复审委员会复审后，作出决定，并通知申请人。

申请人对专利复审委员会的复审决定不服的，可以自收到通知之日起三个月内向人民法院起诉。

[立法理由]专利复审制度予以保留。

第五章 发明创造权的期限、终止

第四十一条 专利权的期限为二十年，实用新型权和外观设计权的期限为十年，均自申请日起计算。

第四十二条 权利人应当自被授权的当年开始缴纳年费。

第四十三条 有下列情形之一的，发明创造权在期限届满前终止：

(一)没有按照规定缴纳年费的；

(二)权利人以书面声明放弃其发明创造权的。

发明创造权在期限届满前终止的，由国务院专利行政部门登记和公告。

第四十四条 自国务院专利行政部门公布申请文件之日起，任何单位或者个人认为该申请不符合授权条件的，可以通过口头或书面形式向国务院专利行政部门提出意见，国务院专利行政部门对意见应当进行登记并保存意见单位或个人提供的有关材料。提出书面意见的单位或个人要求国务院专利行政部门作出书面答复的,国务院专利行政部门应当作出书面答复。

[立法理由]本条规定社会公众对发明创造授权申请及获权的监督权。

第六章　强制许可

第四十五条　自授予专利权或实用新型权之日起满三年，专利权人或实用新型权人没有正当理由不实施发明或实用新型,或实施发明或实用新型不充分,具备实施条件的其他人以合理的条件请求发明或者实用新型权利人许可实施其发明或实用新型,而未能在合理长的时间内获得这种许可时,国务院专利行政部门根据该人的申请,可以给予实施该专利或者实用新型的强制许可。

依照前款取得的强制实施许可，被许可人不得以形势变化对自己不利为由要求缩短许可期限。

依照第一款作出的强制许可决定不影响权利人向其他人给予实施许可。

[立法理由]本条是普通强制许可的规定。第2款、第3款对申请强制实施人都是某种限制。

第四十六条　一项取得授权的专利或者实用新型比前已经取得授权的发明或者实用新型具有显著经济意义的重大技术进步，其实施又有赖于前一专利或者实用新型的实施，后一权利人以合理的条件请求许可实施前一权利人的专利或实用新型,而未能在合理长的时间内获得这种许可时,国务院专利行政部门根据后一权利人的申请,可以给予实施前一发明或者实用新型的强制许可。

在依照前款规定给予实施强制许可的情形下，国务院专利行政部门根据前一权利人的申请,也可以给予实施后一专利或者实用新型的强制许可。

[立法理由]此条规定的强制许可条件宽松,这符合促进科技进步的要求。

第四十七条　国务院专利行政部门依照第四十五条、第四十六条作出给予实施强制许可的决定之前,应当将强制许可的申请转送专利或实用新型权利人,要求专利或实用新型权利人在指定期限内答辩以听取专利或实用新型权利人的意见。国务院专利行政部门认为必要的时候,可以召集当事人当面辩论;也可以组成合议组听审,并可以进行听证。

国务院专利行政部门作出给予实施强制许可的决定后,应当迅即通知权利人,并予以登记和公告。

给予实施强制许可的决定,应当根据强制许可的理由规定实施的范围和时间,限定强制许可实施主要是为供应国内市场的需要。

强制许可涉及的发明创造是半导体技术的，实施该强制许可应当仅限于公共的非商业性使用，或者经司法程序或者行政程序确定为反竞争行为而给予救济的使用。

强制许可的理由消除并不再发生时，国务院专利行政部门应当根据权利人的请求或者依职权,经审查后作出终止实施强制许可的决定。

[立法理由]本条对前面两条强制许可的程序加以规定。

第四十八条 在国家出现或面临重大公共安全威胁、重大自然灾害、重大疾病迅速流行、重大人道危机的局面等紧急状态或者非常情况时,国务院专利行政部门可以根据国务院有关主管部门的提请，指定具备实施条件的单位实施专利或者实用新型的强制许可。

在他国出现或面临人道主义灾难，该国政府向我国提出进口应对人道灾难所需要的某些专利或实用新型产品时，国务院专利行政部门可以依据中国参加的有关国际条约的规定，给予具备实施条件的单位制造该专利或实用新型产品并将其出口到上述国家的强制许可。

国务院专利行政部门依照本条第一款作出给予实施强制许可的决定之前,应当听取专利权人或实用新型权利人的意见。

专利权人或实用新型权利人具备实施能力的,应当首先由权利人实施。当权利人懈怠或拒绝实施,或者权利人的实施不能满足紧急状态或非常情况的需要时,国务院专利行政部门可以许可他人实施。

紧急状态或非常情况结束后，国务院专利行政部门应当及时作出停止强制实施的决定。

[立法理由]本条对紧急状态的强制许可加以规定,包括实质条件、授予程序、由谁实施、听取意见、终止等。本条没有采用公共利益之说,而是把紧急状态下的公共利益作为实施强制许可的条件。

第四十九条 依照第四十五条、第四十六条取得实施强制许可的单位或者个人应当付给权利人合理的使用费，依照第四十八条取得强制许可的实施强制许可的单位应当付给权利人适当的使用费,其数额由双方协商;双方不能达成协议的,由国务院专利行政部门裁决。

国务院专利行政部门也可以根据适当原则径行决定依照第四十八条实施强制许可的使用费。

依照第四十八条强制实施发明或实用新型支付的使用费对权利人显失公平的,国家应当给予权利人适当补偿。

[立法理由]本条对费用和补偿进行规定。

第五十条 依照本法规定申请实施强制许可的单位或者个人，应当提出未能以合理条件与权利人签订实施许可合同的证明。

第五十一条　依照本法规定取得实施强制许可的单位或者个人不享有独占的实施权,并且无权许可他人实施。

第五十二条　纳入国家标准或行业标准的发明创造权，除依照本法第四十五条、第四十六条、第四十八条被强制实施之外,任何人未经权利人同意或许可不得实施。

[立法理由]国家标准的制定不能强制实施专利和实用新型。

第五十三条　强制许可实施决定和实施费用裁决自公告之日起生效。

[立法理由]本条规定强制许可的生效。

第五十四条　权利人对国务院专利行政部门关于实施强制许可的决定不服的，权利人和取得实施强制许可的单位或者个人对国务院专利行政部门关于实施强制许可的使用费的裁决不服的，可以自收到通知之日起三个月内向人民法院起诉。

第七章　专利权、专利申请权转让、专利权质押及专利许可合同

第五十五条　专利权转让、质押和专利申请权转让应当签订书面合同或条款,并在国务院专利行政部门办理登记。自登记之日起,专利权转让、质押及专利申请权转让合同或条款生效。

[立法理由]本条规定专利权转让、质押和专利申请权转让应当办理登记,合同自登记日起生效。

第五十六条　专利权转让合同或条款包括以下主要内容：转让人与受让人的基本情况、专利名称、技术状况及相关资料、专利的法律状况及相关文件、费用及支付方式、专利无效风险保证、违约责任等。

第五十七条　专利申请权转让合同或条款包括以下主要内容：转让人与受让人的基本情况、专利申请的名称、专利申请的基本状况、费用及支付方式、专利申请的相关文件及技术资料、专利申请被驳回时的费用返还、违约责任、保密事项等。

第五十八条　专利许可分为独占许可、独家许可及普通许可三种主要形式。

独占许可,指被许可人完全拥有被许可专利实施权,其他人包括专利权人都不能实施该专利的许可形式。

独家许可,指除专利权人以外,被许可人独家享有被许可专利实施权的许可形式。

普通许可,指被许可人在一定时间内享有被许可专利实施权的许可形式。

第五十九条　专利许可合同或条款包括以下主要内容：许可人与被许可人的基本情况、许可形式、专利的法律状况及相关文件、技术状况及相关资料、许可使用

的时间和范围、费用及支付方式、专利无效风险及不侵权保证、技术改进成果归属、违约责任等。

专利许可合同或条款应当在生效后三个月内到专利实施许可合同备案的主管部门办理备案手续。

国家知识产权局出具的专利许可合同备案证明是办理外汇、海关知识产权备案等相关手续的证明文件;

经过备案的专利许可合同的许可性质、范围、时间、许可使用费的数额等,作为人民法院确定侵权纠纷赔偿数额的初步证据。

[立法理由]本条规定专利许可备案制度。

第六十条 两个专利权人之间可以签订相互给予对方专利实施权的交叉许可协议。

[立法理由]本条规定交叉许可协议。

第六十一条 多个专利权人之间可以就某些或某类技术签订包含三个以上专利的专利池协议。

有十个以上专利权人或包含十件以上专利的专利池协议经过国务院专利行政管理部门登记后方能生效。

[立法理由]本条规定专利池协议,专利池协议应当办理登记。

第六十二条 专利权质押合同或条款包括以下主要内容:质押人和质押权人的基本情况,质押专利的名称,质押专利的法律状况及相关文件,质押担保的范围,质押的金额与支付方式,对质押期间进行专利权转让或实施许可的约定,对质押期间维持专利权有效的约定,出现专利权纠纷时出质人的责任,质押期间专利权被撤销或被宣告无效时的处理,违约责任,争议的解决方法,质权、质押期满而债权不能按时实现时质物的处置方式等。

第六十三条 实用新型、外观设计许可,实用新型权、外观设计权质押与转让,实用新型申请权、外观设计申请权转让,准用本章的有关规定。

第八章 发明创造权的保护

第六十四条 专利权或者实用新型权的保护范围以其权利要求的内容为准,说明书及附图可以用于解释权利要求。

外观设计权的保护范围以表示在图片或者照片中的该外观设计产品为准,简要说明可以用于解释图片或者照片。

第六十五条 任何人未经权利人许可,在权利有效期内实施其受保护的发明创造的,构成对发明创造权的侵犯。

任何积极引诱或帮助他人实施前款侵权行为的,也视为侵权。

[立法理由]本条对侵权行为给予基本界定。引诱或帮助侵权视为侵权。

第六十六条　侵犯专利权或者实用新型权，是指被控侵权人实施的技术具有与专利或者实用新型一项权利要求所记载的一项技术方案的全部技术特征相同或者等同的技术特征。

等同特征，是指被控侵权人所实施技术的某个技术特征与专利或者实用新型权利要求记载的相应技术特征相比虽有不同，但所属领域的技术人员在侵权行为发生时通过阅读说明书、附图和权利要求书，无须经过创造性劳动就能够认识到对应的特征是采用基本相同的手段，实现基本相同的功能，产生基本相同的效果。

专利侵权纠纷涉及新产品制造方法专利的，制造同样产品的单位或者个人应当提供其产品制造方法不同于专利方法的证明。

[立法理由]本条对侵权判断方法给出基本规则。

第六十七条　侵犯外观设计权，是指被控侵权人制造、销售或者进口的产品与外观设计授权申请文件中指明的产品相同或者相似，而且该产品的外观设计与受保护外观设计的图片或者照片中表示的外观设计相同或者相似，致使普通消费者对其产生混淆。

第六十八条　专利行政管理部门应权利人或利害关系人请求，经过询问有关当事人，调查与侵权有关的情况后，认定侵权事实清楚，证据充分，而且被控侵权人没有反驳或反驳理由明显不成立，构成侵权的，可以责令侵权人立即停止侵权行为。

专利行政管理部门进行前款调查应当做好详细的调查、询问笔录，并由相关人签字确认。

侵权行为情节严重、情况紧急的，可以查封、扣押、没收侵权产品和用于实施侵权行为的专用设备，并可以对相关证据采取保全措施。

当事人不服专利行政管理部门作出的处理决定的，可以自收到处理通知之日起十五日内依照《中华人民共和国行政诉讼法》向人民法院起诉；侵权人期满不起诉又不停止侵权行为的，专利行政管理部门可以申请人民法院强制执行。

[立法理由]本条对专利行政部门介入侵权纠纷规定出条件和操作程序。

第六十九条　权利人或者利害关系人有证据证明他人正在实施或者即将实施侵犯其发明创造权的行为，如不及时制止将会使其合法权益受到难以弥补的损害的，可以在起诉前向人民法院申请采取责令停止有关行为和财产保全的措施。

人民法院处理前款申请，适用《中华人民共和国民事诉讼法》第九十三条至第九十六条和第九十九条的规定。

第七十条　为制止发明创造侵权行为，在证据可能灭失或者以后难以取得的情况下,权利人或者利害关系人可以在起诉前向人民法院申请保全证据。人民法院接受申请后,应当在四十八小时内作出裁定;裁定采取保全措施的,应当立即开始执行。

人民法院可以责令申请人提供担保,申请人不提供担保的,驳回申请。

申请人在人民法院采取保全措施后十五日内不起诉的,人民法院应当解除该措施。

第七十一条 侵犯发明创造权的赔偿数额,按照权利人因被侵权所受到的损失或者侵权人因侵权所获得的利益确定;被侵权人的损失或者侵权人获得的利益难以确定的,参照权利许可使用费的倍数合理确定。没有权利许可使用费可以参照或者权利许可使用费明显不合理的,人民法院可以根据权利的类型、侵权行为的性质和情节等因素,确定人民币五千元以上、一百万元以下的赔偿数额。

[立法理由]本条给出侵权赔偿的规则。

第七十二条 故意侵犯专利权或实用新型权,在人民法院采取诉前禁令、专利行政部门责令停止侵权行为或经权利人以书面通知方式要求停止侵权后,仍然不停止侵权行为的,在第七十一条确定的赔偿数额的二倍至三倍之间决定赔偿的数额。

起先不是故意侵权,但在人民法院采取诉前禁令、专利行政部门责令停止侵权行为或经权利人以书面通知方式要求停止侵权后,仍然不停止侵权行为的,对诉前禁令、专利行政部门责令决定或权利人书面通知后的侵权行为适用前款规定。

本条所谓故意,是指侵权人明知其实施的专利、实用新型属于他人而予以实施,或者明知其实施的专利、实用新型很可能属于他人并且能够了解该专利、实用新型有关情况但拒绝了解,仍然予以实施的心理状态。

[立法理由]本条给出故意侵权适用惩罚性赔偿的条件。

第七十三条 侵犯发明创造权的诉讼时效为二年,自权利人或者利害关系人得知或者应当得知侵权行为之日起计算。

发明创造申请公布后至授权前使用该发明创造未支付适当使用费的,权利人要求支付使用费的诉讼时效为二年,自权利人得知或者应当得知他人使用其发明创造之日起计算,但是,权利人于授权之日前即已得知或者应当得知的,自授权之日起计算。

[立法理由]征求意见稿对诉讼时效增加了一些规定,笔者认为不必要。只要行为发生在得知或应当得知2年内,就构成侵权,不能因为侵权持续时间超过了一段时间就算不侵权,最多是已经超过时效的不予追究,但决不能因此成为合法。

第七十四条 有下列情形之一的,不视为侵犯发明创造权:

(一)权利人制造、进口或者经权利人许可而制造、进口的发明创造产品或者依照发明创造方法直接获得的产品售出后,使用、许诺销售或者销售该产品的;

(二)在发明创造授权申请日前，他人基于其自行开发或者合法取得的技术或者设计，已经制造相同产品、使用相同方法或者已经做好制造、使用的必要准备，并且仅在原有范围内继续制造并使用、许诺销售、销售该产品的，或者仅在原有范围内继续使用该方法并使用、许诺销售、销售依照该方法所直接获得的产品的；

(三)临时通过中国领陆、领水、领空的外国运输工具，依照其所属国同中国签订的协议或者共同参加的国际条约，或者依照互惠原则，为运输工具自身需要而在其装置和设备中使用有关发明创造的；

(四)专为科学研究和实验而使用有关发明创造，或者专为对发明创造技术本身进行科学研究和实验而制造、使用、进口发明创造产品或者使用发明创造方法的。

前款的适用不应当不合理地影响发明创造权的实现。

为生产经营目的使用、许诺销售或者销售不知道是未经权利人许可而制造并售出的专利产品或者依照专利方法直接获得的产品，能证明其产品合法来源的，不承担赔偿责任。

[立法理由]本条增加1款，即“前款的适用不应当不合理地影响发明创造权的实现”。

第九章　发明创造侵权诉讼的特别规定

[立法理由]本章是新设章。

第七十五条　发明创造侵权案件及复杂的发明创造合同案件由省会城市中级人民法院、自治区首府中级人民法院、直辖市中级人民法院和最高人民法院指定的较大的市的中级人民法院受理和审判一审案件。其他涉及发明创造的案件依照民事诉讼法的规定处理。

人民法院审理第一审案件时，依照法律规定对案件事实、相关证据予以查明和认定，判断发明创造权是否有效，侵权是否成立，并作出相应判决或裁定。

[说明]本条规定发明创造侵权案件由指定法院管辖。法院在审理时有权对发明创造权的有效性进行判断。通过对审理法院的限制，强化对这类案件的审理。

第七十六条　自国务院专利行政部门公告授权之日起，任何单位或者个人认为该发明创造权的授予不符合本法有关规定的，可以向北京知识产权法院起诉，请求宣告该发明创造权无效。

[说明]本条取消无效程序，直接采用无效诉讼程序。无效诉讼属专门管辖，由北京知识产权法院负责一审。

第七十七条　对北京知识产权法院作出的宣告发明创造权无效或者维持发明

创造权的判决不服的，可以自收到判决之日起十五日内向北京市高级人民法院提出上诉。

第七十八条 发明创造权无效诉讼判决生效后，对人民法院、国务院专利行政部门、专利复审委员会以及其他国家机关有约束力。审理发明创造侵权案件的人民法院受该判决拘束。

对人民法院认定有效的发明创造权，任何人不得以相同理由再次提起无效诉讼。

第十章 发明创造事务管理

[本章说明]本章把一些专利行政部门的事务管理或服务集中规定在一起。

第七十九条 专利行政管理部门可以应当事人的请求对与发明创造有关的纠纷进行调解。当事人达成一致的，应当制作调解书。调解书送达双方当事人后生效。

第八十条 假冒他人发明创造的，除依法承担民事责任外，由专利行政管理部门责令改正并予公告，没收违法所得，可以并处违法所得三倍以下的罚款，没有违法所得的，可以处十万元以下的罚款；构成犯罪的，依法追究刑事责任。

第八十一条 以非发明创造产品冒充发明创造产品、以非发明创造方法冒充发明创造方法的，由专利行政管理部门责令改正并予公告，没收违法所得，可以并处违法所得三倍以下的罚款，没有违法所得的，可以处十万元以下的罚款。

第八十二条 侵夺发明人或者设计人的非职务发明创造申请权和本法规定的其他权益的，由所在单位或者上级主管机关给予行政处分。

第八十三条 违反本法第五条规定泄露国家秘密的，由所在单位或者上级主管机关给予行政处分；构成犯罪的，依法追究刑事责任。

第八十四条 违反本法关于办理转让、质押及许可登记或备案手续规定的，专利行政管理部门可以责令改正；拒不改正的，对当事人可以处以一千元以上、一万元以下罚款。

第八十五条 国务院专利行政部门负责制定专利评估办法，规定专利评估机构设立条件和程序，审批专利评估机构的设立。

第八十六条 国务院专利行政部门负责对专利权、实用新型权转让、许可，专利申请权、实用新型申请权转让，与专利权、实用新型权取得、转移有关的其他活动进行知识产权反垄断审查。必要的时候，可以组织调查组，对涉嫌垄断企业及其相关行为进行调查。根据有关企业涉嫌技术垄断的程度，国务院专利行政部门可以采取以下措施：(一)劝告。对违法者发出停止违法行为的行政建议。(二)禁令。发布命令要求涉嫌企业停止违法行为。(三)罚款。对涉嫌垄断程度严重的企业，最高可以处以企业年度销售总额7%以下的罚款。(四)竞争恢复令。命令涉嫌企业转让部分营业或采取其他恢复竞争所必需的措施以消除垄断状态,恢复竞争。

对国务院专利行政部门前款决定不服的，可以在收到决定之日起十五日内向人民法院起诉。期满不起诉,又不执行决定中的相关内容的,国务院专利行政部门可以采取适当的措施强制执行。

对于涉嫌技术垄断程度特别严重的企业联盟、企业合并、超大企业以及大规模互相许可协议，国务院专利行政部门可以向专利法院起诉，要求解散企业联盟,拆分合并的企业和超大企业,停止大规模相互许可协议的执行。

知识产权反垄断审查及处理不影响利益受到损害的相关当事人通过民事诉讼获得赔偿的权利。

[说明]本条规定了国务院专利行政部门的专利权反垄断调查、审查权及相应的措施。参考了日本法及欧盟法的规定。

第八十七条 国务院专利行政部门在进行知识产权反垄断审查时，应适用反垄断法的一般原理和规定，将涉及知识产权的行为与涉及其他财产权的行为同样对待,不应预先认定知识产权行使引起垄断。同时,应充分考虑到知识产权容易被侵权的特点以及促进创新的需要,鼓励通过知识产权许可促进企业联合、合作。具体审查要求由国务院制定条例规定。

[说明]本条规定了专利权反垄断审查的基本原则。

第八十八条 专利行政管理部门不得参与向社会推荐发明创造产品等经营活动。

专利行政管理部门违反前款规定的,由其上级机关或者监察机关责令改正,消除影响,有违法收入的予以没收;情节严重的,对直接负责的主管人员和其他直接责任人员依法给予行政处分。

第八十九条 专利行政管理部门工作人员以及其他有关国家机关工作人员玩忽职守、滥用职权、徇私舞弊,构成犯罪的,依法追究刑事责任;尚不构成犯罪的,依法给予行政处分。

第十一章 附 则

第九十条 向国务院专利行政部门申请发明创造权和办理其他手续，应当按照规定金额和期限缴纳费用。

第九十一条 本法自× 年× 月× 日起施行。

6

第六章 集成电路布图设计保护制度的完善

集成电路是指半导体集成电路，即以半导体材料为基片，将至少包含一个有源元件的多个元件，和部分或全部元件的互连线路集成在基片之中或者基片之上，以执行某种电子功能的中间产品或者最终产品。我国于2001年3月28日通过的《集成电路布图设计保护条例》，对集成电路布图设计专有权予以保护。但随着实践的发展，上述保护已不能适应社会发展的需要，为此，有必要完善集成电路布图设计专有权保护制度。

一、我国集成电路布图设计保护的原因及现状

（一）我国集成电路布图设计保护的原因

从立法进程来看，我国对于集成电路布图设计进行保护的原因主要有以下几个方面。

1.我国集成电路产业迅猛发展的需要

我国集成电路产业起步于20世纪60年代中期。1964年，河北半导体研究所就成功研制了我国第一块集成电路。如果从第一块集成电路诞生的时间看，我国比美国晚6年，比日本只晚1年。但在之后30年间，由于种种原因，我国的集成电路产业发展缓慢，与世界发达国家和地区的差距越拉越远。只是到了20世纪90年代，在国家"908""909"专项计划的支持下，中国集成电路设计业才开始蓬勃兴起。据统计，2000年我国集成电路总销售量达到232亿块，占世界总销售量的7%，比1999年提高了2个百分点。集成电路出口量与出口额分别为63.84亿块和27.72 美元。[1]同年，国内集成电路产量为58. 8亿块，比1999年增加了93.4%，销售额186.2亿元，比1999年增长133.8%。[2] 2001年受到

[1] "2000年度我国集成电路市场再创新高"，http://www.saleic.com/news/art5678.html.

[2] "中国集成电路产业的现状与问题"，http://www.chinainfo.gov.cn/data/200111/1_20011121_22307.html.

全球信息产业不景气的影响,全年国内集成电路市场销售额为151.8亿美元。尽管如此,我国在世界集成电路市场中的份额已经由2000年的7%猛增到13%,成为亚太地区仅次于日本的第二大集成电路市场。❶ 在这种集成电路产业迅猛发展的背景下,必然要求立法者作出一定的反应,对因集成电路而产生的法律关系作出调整,《集成电路布图设计保护条例》正是这一积极反应的产物。

2. 国际上的立法压力的影响

20世纪末期,中国逐渐成为世界上重要的集成电路销售市场,国外著名的集成电路生产公司纷纷将其产品销往中国或者在中国设立工厂生产产品,与此同时,国内的集成电路生产厂商也在逐步发展壮大之中。而在集成电路的各部分中,布图设计对其质量和各类技术指标起着决定性的作用,同时也是最容易被仿制和侵害的部分。但由于此时我国集成电路布图设计保护法律的缺失,这种所谓的侵权行为往往不能得到圆满的制裁。而各发达国家已经纷纷制定了本国的集成电路布图设计保护法,这实际上使得国内外的集成电路生产商在法律地位和经济利益上处于一种不平衡的地位。基于集成电路所形成的巨大经济利益,美、日、欧等国家和地区纷纷要求我国制定集成电路布图设计保护法律,我国《集成电路布图设计保护条例》的产生也是响应国际间立法压力的产物。

3.加入世界贸易组织的迫切需要

随着世界上许多国家纷纷立法保护集成电路,特别是我国在《华盛顿条约》上签字以后,国家知识产权局和信息产业部就开始对国内外集成电路布图设计的保护情况和我国立法保护的可行性进行调研。1991年3月,国务院法制局正式发文,将半导体集成电路布图设计保护列入1991～1992年的立法计划。但由于种种原因,一直未能制定布图设计法。世界贸易组织成立后,集成电路知识产权保护成为《知识产权协定》的重要组成部分,为了配合入世谈判的需要,国务院于2000年加快了集成电路布图设计立法工作的步伐。❷ 我国在加入世界贸易组织的谈判中已承诺按照世贸知识产权协议,对布图设计保护立法。为了完善我国知识产权保护制度,加强对布图设计专有权的保护,鼓励集成电路技术的创新,促进科学技术的发展,履行我国的对外承诺,制定《集成电路布图设计保护条例》是迫切需要的。❸

2000年6月27日,国务院颁布的《鼓励软件产业和集成电路产业发展的若干政

---

❶ 慧丰:"看中大陆巨大市场:台湾晶圆'试航军团'开进大陆",http://www.huaxia.com/zt/2003-01/127202.html.

❷ 张耀明:"中国知识产权保护的新视点:《集成电路布图设计条例》立法简介",载《科技与法律》2002 年第2期。

❸ 参见国务院法制办关于《集成电路布图设计保护条例(草案)》的说明, http://www.haolawyer.com/law/view_99195.html.

策》提出："集成电路设计产品视同软件产品，受知识产权方面的法律保护。2001年3月28日国务院第36次常委会通过了《中华人民共和国集成电路布图设计保护条例》（以下简称《集成电路布图设计保护条例》）并予公布，实现了我国集成电路布图设计法律保护的历史性突破。国家知识产权局颁布的《集成电路布图设计保护条例实施细则》，于2001年10月1日起施行。国家知识产权局发布的《集成电路布图设计行政执法办法》，于2001年11月28日起施行。为了加强对集成电路布图设计的保护，最高人民法院又于2001年10月30日发布了《关于开展涉及集成电路布图设计案件审判工作的通知》。

（二）《集成电路布图设计保护条例》的基本内容

《集成电路布图设计保护条例》的基本内容主要有以下几个方面。

1. 权利主体制度

该条例第9条规定：布图设计专有权属于布图设计创作者，本条例另有规定的除外。由法人或者其他组织主持，依据法人或者其他组织的意志而创作，并由法人或者其他组织承担责任的布图设计，该法人或者其他组织是创作者。由自然人创作的布图设计，该自然人是创作者。此外，条例还对合作设计、委托设计等特殊情况下的权利归属进行了规定。

2. 保护客体制度

该条例第1条即说明了其保护客体是集成电路布图设计的专有权。集成电路布图设计要取得法律保护，除了要满足布图设计权利人主体合格的要件外还要满足独创性的实质要件。具体来说，布图设计的独创性是指：(1)该布图设计是创作者自己的智力劳动成果，而不是简单复制他人的布图设计，或是只对他人的布图设计作简单的修改。(2)该布图设计应体现出一定的先进性，即布图设计在创作完成时，其在集成电路行业内不能是常用的、显而易见的或为人所熟知的布图设计。对于那些含有常用的、显而易见的成分的布图设计，只有当其作为一个整体具有独创性时，才能受到法律保护。

3. 权利内容制度

布图设计专有权人的专有权主要包括复制权和商业利用权。(1)复制权。该条例第7条第(1)项规定：布图设计所有权人享有对布图设计的全部或其中任何具有独创性的部分进行复制的权利。这里的复制是指重复制作布图设计或者含有该布图设计的集成电路的行为。(2)商业利用权。该条例第7条第(2)项规定：布图设计所有权人享有将受保护的布图设计、含有该布图设计的集成电路或含有该集成电路的物品投入商业性利用的权利。所谓商业性利用，是指为商业目的进口、销售或以其他方式提供受保护的布图设计、含有该布图设计的集成电路或含有该集成电路的物品的行为。

4. 权利的取得制度

我国对集成电路布图设计专有权采取登记取得制度，当事人只有向国家知识产权局递交权利申请文件，经其审查核准并予以登记公告后才能取得专有权利。

5.权利的限制制度

为充分发挥知识产权制度对集成电路产业发展的促进作用，既要对布图设计专有权提供足够的保护也要对其进行必要的限制以促进布图设计的推广和应用。《集成电路布图设计保护条例》对权利人的权利限制主要规定了以下几种情形：(1)合理使用制度。该条例第23条规定：下列行为可以不经布图设计权利人许可，不向其支付报酬：为个人目的或者单纯为评价、分析、研究、教学等目的而复制受保护的布图设计的；在依据前项评价、分析受保护的布图设计的基础上，创作出具有独创性的布图设计的；对自己独立创作的与他人相同的布图设计进行复制或者将其投入商业利用的。(2)权利穷竭制度。依据该条例第24条的规定，受保护的布图设计、含有该布图设计的集成电路或者含有该集成电路的物品由布图设计权利人或经由其许可投放市场后，他人再次商业利用的，可以不经过布图设计所有权人许可，并无需支付报酬。(3)善意使用制度。依据《条例》第33条第1项的规定，在获得含有受保护的布图设计的集成电路或者含有该集成电路的物品时，不知道也没有合理理由应当知道其中含有非法复制的布图设计，而将其投入商业利用的，不视为侵权。(4)强制许可(非自愿许可)制度。该条例第25条规定，在国家出现紧急状态或者非常情况时，或者为了公共利益，或者经人民法院、不正当竞争行为监督检查部门依法认定布图设计权利人有不正当竞争行为而需要给予补救时，国务院知识产权行政部门可以给予使用其布图设计的非自愿许可。

6. 权利保护期限

该条例规定的权利保护期为10年，期限起算点有2个：(1)布图设计登记之日；(2)在世界上任何地方首次商业利用之日。至于以哪一个为准，要看哪个行为发生得更早些。但布图设计无论是否登记或商业利用，自创作之日起15年后就不再受法律保护了。

7. 法律责任

当侵权行为人未经布图设计权利人同意有下列行为的，必须立即停止侵权行为并赔偿损失：(1) 复制受保护的布图设计的全部或其中任何具有独创性的部分的；(2)为商业目的进口、销售或以其他方式提供受保护的布图设计、含有该布图设计的集成电路或者含有该集成电路的物品时。至于赔偿数额则以侵权人所获利益或权利人所受损失为标准，这里的损失包括权利人所为制止侵权所支付的合理开支。在当事人无法就赔偿金额达成协议时可请求国家知识产权局进行协调,若仍不能达成协议,可以向人民法院提起民事诉讼来解决。

在布图设计权利人受到侵害时,权利人可与侵权人协商解决,当无法协商或协商不成时可以通过两种途径解决:(1)向人民法院提起民事诉讼;(2)请求国家知识产权局给予协助,当国家知识产权局判定为侵权时,可以令侵权人立即停止侵权行为,没收、销毁侵权产品。倘若侵权人不服处罚时可以在收到知识产权局处罚决定之日起15日内向人民法院提起民事诉讼,侵权人权利期满不起诉又不停止侵权的,国家知识产权局可以向人民法院申请强制执行。

(三)《集成电路布图设计保护条例》的立法意义和实施效果

1. 立法意义

《集成电路布图设计保护条例》的立法意义主要有以下几方面。

(1)符合世界立法潮流。《华盛顿协议》第4条规定:"每一缔约方可以自由通过布图设计(拓扑图)的专门法律或者通过其关于版权、专利、实用新型、产业品外观设计、不正当竞争法律或者通过任何其他法律或任何上述法律的结合来履行其按照本约定应负的义务。"可见,《华盛顿条约》并未对缔约方采取何种法律形式保护集成电路布图设计进行强制性要求。但由于布图设计既不同于作品,又不同于发明创造的特点,世界绝大多数国家或地区的立法均采取了专门立法的形式来保护布图设计, 专门立法已是世界潮流之所趋。我国立法者认识到集成电路布图设计专有权的特殊之处,以特别法的形式对集成电路布图设计专有权进行专门保护,符合国际立法潮流。

(2)立法内容与国际条约接轨,体现了较高的保护力度。我国是《华盛顿条约》的签字国之一,也加入了世界贸易组织下属的《知识产权协定》。在这种国际法背景下,《集成电路布图设计保护条例》在内容上做到了与国际条约接轨,对集成电路布图设计采取了较高的保护力度。这种较高的保护力度主要体现在以下几个方面:①在权利主体方面,该条例规定对外国公民实行国民待遇原则和互惠原则,这与《华盛顿条约》和《知识产权协定》的规定一致。②在权利内容及其效力范围方面,该条例规定布图设计权包括复制权和商业利用权,符合《华盛顿条约》和《知识产权协定》的规定。在效力范围上,尽管有"权利有限延伸论"和"权利无限延伸论"之争,我国还是结合我国现在集成电路产品应用大国的现实,根据《知识产权协定》的要求,对集成电路布图设计提出了3个层次的保护要求:布图设计本身、含有布图设计的集成电路以及含有布图设计集成电路的物品,包括设备仪器等。这意味着不仅非法使用他人的布图设计来制造集成电路产品是侵权, 利用侵权的集成电路组装其他产品也是侵权。此外,在权利的取得条件、取得方式上、保护期限和权利限制上也基本做到了与《华盛顿条约》和《知识产权协定》的规定一致。③在权利保护措施方面，该条例参照《知识产权协定》，规定了诉前临时措施、司法最终解决原则等内容，强化了对权利人的保护。

(3)适当地考虑了我国的具体国情。在与国际条约接轨的基础上，《集成电路布图设计保护条例》也适当地考虑到我国的具体国情。基于我国的集成电路产业的基础还比较薄弱，技术水平尚不领先，如果一味高标准保护可能会削弱国内集成电路产业的正常发展。在不违背国际公约保护标准的前提下，立法者在许多地方都进行了合理规避。

如在布图设计权的取得条件和取得方式上，该条例采纳了《华盛顿条约》的规定，采取了独创性标准及登记制度，这既符合《华盛顿条约》和《知识产权协定》的规定，又可以通过登记把在国外已在世界上投入商业利用满2年而在我国尚未登记的布图设计排除在法律保护范围之外，有利于我国集成电路产业的发展。同时在申请程序上尽量简化手续，鼓励申请人的积极性，如申请人面交申请材料，布图设计登记费与印花税要一次付清，一旦审查通过即可颁发证书。“立等可取”现象即可实现。而在布图设计的保护期限方面，虽然我国的布图设计权保护期限与《知识产权协定》是一致的，都是10年，但考虑到我国的集成电路的发展状况和实际需要，在不违背《知识产权协定》的有关要求的前提下，该条例充分利用了《知识产权协定》的可取之处，尽可能地缩短专有权的保护期。该条例规定的保护期有两种算法：一是自登记之日或在世界上任何地方首次投入商业利用之日起计算为10年，以较前的日期为准；二是自布图设计创作完成之日起15年。这样规定，实际上有可能缩短2年的保护期，而且本条还规定，无论是否登记或者投入商业利用，布图设计创作完成之日起15年后不受保护，这样规定，如果某布图设计创作完成之日起10年后才申请或者首次投入商业利用，实际上只可以享有5年的保护期。[1]

2. 实施效果

虽然《集成电路布图设计保护条例》颁布和实施只有短短的几年，但它对我国的集成电路产业的发展起到了巨大的推动作用。主要表现在以下几个方面。

(1) 有力地保护了创作者的合法权利。集成电路布图设计是创作者的智力劳动成果，只有法律上承认创作者的创造性劳动，能保护他们的合法权益，才能调动他们投资、研究开发和创新的积极性。《集成电路布图设计保护条例》颁布以后，我国国家知识产权局受理的集成电路布图设计专有权的申请量和批准量也在逐步上升(如表6-1所示)，这充分说明创作者的合法权益受到保护，创作者的权利意识正在得到不断的增强。

(2) 促进集成电路产业的发展。《集成电路布图设计保护条例》颁布和实施以

---

[1] 外经贸部编:《加入世界贸易组织重要法律法规文件及释义》，中国法制出版社2002年版，第668页。

表6-1 2001~2006年我国集成电路布图设计专有权的申请量和批准量情况 ❶

	2001年	2002年	2003年	2004年	2005年	2006年
申请量(件)	62	183	193	244	273	325
批准量(件)	29	133	204	205	262	293

后,其对我国的集成电路产业的发展起到了巨大的推动作用。中国集成电路产业已初步形成了设计业、芯片制造业及封装测试业三业并举、比较协调的发展格局,出现了长江三角洲、珠江三角洲和环渤海地区3个相对集中的产业区域,建立了多个国家集成电路产业化基地。据统计,2005年中国集成电路市场销售额为3 803.7亿元,同比增长30.8%,而同期全球半导体市场增长仅为8%。2005年中国已成为全球集成电路市场最大区域,中国集成电路市场销售额占全球1 924亿美元的21%(如表6-2所示)。进入2006年,中国集成电路产业依旧保持了较快发展势头,2006年1～6月份,中国共生产集成电路183.7亿块,比2005年同期增长了45.7%。❷

表6-2 2000~2005年我国集成电路生产、销售情况 ❸

	2000年	2001年	2002年	2003年	2004年	2005年
生产(亿块)	33.92	33.23	96.31	124.10	211.47	265.78
增长(%)	37.95	–2.03	189.83	28.85	70.40	25.68
销售(亿块)	42.16	32.58	88.80	124.00	207.28	265.77
增长(%)	70.55	–22.72	172.56	39.64	67.16	28.22

(3)促进集成电路产业结构的优化。在集成电路产业链的组成中,封装测试业的技术含量最低,基本上处于产业链的末端,其所创造的利润普遍较低。而设计业和制造业则处于产业链的上端,技术含量很高,其所创造的利润普遍较高。在较长的一段时间内,我国集成电路产业结构并不是很合理,还是封装测试业为主要利润来源,设计业和制造业的发展较为薄弱。自《集成电路布图设计保护条例》颁布和实施以来,中国集成电路产业结构趋于合理,封装测试业在整个集成电路产业链总值中的比例下降,比重已降到50%左右,而IC设计业、IC制造业发展迅猛,比例在不断增大。2005年中国IC封装测试业收入同比增长约20.3%,IC设计业和IC制造业的收入分别同比增长约60.8%和54.5%。封装测试在产业链总值中占45.3%,较之2004年

❶ 该处数据基于对国家知识产权局颁布的各种数据的统计。

❷ 水清木华研究中心:“2005~2006年中国集成电路产业研究报告”,http://www.pdoy.com.cn.

❸ 该处数据来源于信息产业部的调查报告:“2005年我国集成电路产业发展评述”,http://www.mii.gov.cn/art/2006/03/15/art_62_8309.html.

的51.9%有下降;IC设计业和IC制造业的产值分别占到17%和33%。尽管IC封装测试业仍是IC产业链中的"老大",但三者结构已逐步向国外先进标准靠拢,产业结构趋于合理(如表6-3所示)。❶

表6-3 2000年、2005年、2006年中国集成电路设计、制造、封测比例 ❷

	2000年	2005年	2006年
封装测试	68.9%	51.9%	50.8%
制造	25.8%	33.2%	30.7%
设计	5.3%	14.9%	18.5%

(4)促进了国际间的技术合作。集成电路产业在现阶段呈现出国际化趋势,这一趋势在我国表现得尤为明显。一方面,我国集成电路产业的发展主要建立在引进外国投资和外国先进技术的基础上,每年有大量的集成电路出口到国外;另一方面,我国作为世界上最大的集成电路销售市场之一,生产的集成电路远远不能满足国内需求,每年都要从国外进口大量的集成电路。而《集成电路布图设计保护条例》为国际上集成电路的技术交流与合作提供了强有力的法律保障。至《集成电路布图设计保护条例》颁布和实施以来,我国集成电路出口量和进口量都有了较大幅度的增长(如表6-4和表6-5所示)。

表6-4 2000~2005年我国集成电路出口情况 ❸

	2000年	2001年	2002年	2003年	2004年	2005年
出口数量(亿块)	40.40	33.02	55.93	110.98	162.26	216.09
增长(%)	-3.48	-18.27	69.38	98.43	46.21	33.18
出口金额(亿美元)	19.72	16.89	22.46	59.67	105.23	137.54
增长(%)	4.36	-14.34	32.98	165.69	76.36	30.71

表6-5 2000~2005年我国集成电路进口情况 ❹

	2000年	2001年	2002年	2003年	2004年	2005年
进口数量(亿块)	205.47	200.56	261.09	469.15	628.17	753.70
增长(%)	18.80	-2.39	30.18	79.69	33.90	20.00
进口金额(亿美元)	95.20	103.84	140.37	401.61	600.78	810.24
增长(%)	26.35	9.08	35.18	186.10	49.59	34.87

❶ 数据来源于水清木华研究中心:"2005~2006年中国集成电路产业研究报告",http://www.pdoy.com.cn.

❷ 数据来源于水清木华研究中心:"2005~2006年中国集成电路产业研究报告",http://www.pdoy.com.cn;李珂:"2006年中国集成电路产业发展状况分析",载《电子工业专用设备》2007年3月。

❸ 该处数据来源于信息产业部的调查报告:"2005年我国集成电路产业发展评述",http://www.mii.gov.cn/art/2006/03/15/art_62_8309.html.

❹ 该处数据来源于信息产业部的调查报告:"2005年我国集成电路产业发展评述",http://www.mii.gov.cn/art/2006/03/15/art_62_8309.html.

二、《集成电路布图设计保护条例》的不足及其完善

虽然《集成电路布图设计保护条例》对我国集成电路产业发展起到了较大的促进作用，但在近几年来的实施过程中，也暴露出一些缺点和不足。在此，笔者对这些缺点和不足展开分析并提出相应的立法完善建议，以推进我国集成电路布图设计立法的进步。

笔者认为，该条例存在的不足主要有以下几方面。

（一）立法层次不高

集成电路技术作为现代信息社会的基础，是当前世界发展最快、最富活力的技术领域，是推动当今世界迈向信息化社会最主要的因素。一旦我国集成电路产业做大做强，集成电路布图设计保护的地位会大大提高。从权利位阶上看，集成电路布图设计专有权是一种特殊的知识产权，与传统的著作权、专利权和商标权等权利处于同一层次。而我国《集成电路布图设计保护条例》仅仅只是国务院颁布的行政条例，相较于著作权法、商标法、专利法等明显层次较低，容易使人形成一种错觉，即集成电路布图设计专有权并不如著作权、专利权和商标权等传统知识产权重要。因此仅以行政条例来保护布图设计专有权是不够的。从长远来看应将其升格为《集成电路布图设计保护法》，来加强对集成电路技术的保护。

（二）集成电路的定义范围过于狭窄

随着科技的高速发展，制造集成电路的材料不再限于半导体，陶瓷芯片、生物芯片、微流体芯片等方兴未艾。基于此种考虑，《华盛顿条约》对集成电路采用了广义的定义，并不局限于半导体集成电路。而《集成电路布图设计保护条例》对集成电路则采取了狭义的规定，即集成电路必须“以半导体材料为基片”，这显然未跟上科学发展的步伐。按照该条例，体现于这些非半导体材料上的集成电路布图设计便不受保护，这显然不利于促进科技的发展。因此，建议扩大集成电路的保护对象，在修订该条例时删去第2条第(1)项“指半导体集成电路”的限制，将“以半导体材料为基片”改为“以半导体等材料为基片”。[1]

（三）对职务布图设计的规定比较狭窄

《集成电路布图设计保护条例》关于专有权人的规定存在明显的漏洞，即对职务布图设计的规定比较狭窄。在集成电路技术突飞猛进的今天，创作高水平布图设计的难度越来越大，对设备和资金的要求越来越高，个人的力量越来越显得势单力薄，绝大多数布图设计都是自然人在工作中主要利用法人或非法人单位的物质技

---

[1] 李志研：“我国集成电路布图设计专有权制度评析”，载《安徽工业大学学报(社会科学版)》2003年7月。

术完成的。这类布图设计与版权法上的职务作品和专利法上的职务发明创造相类似，多数国家的法律都规定其专有权一般由创作者所在单位享有。[1]而我国对职务布图设计的规定是，只有依据法人或者其他组织的意志而创作，并由法人或者其他组织承担责任的布图设计才属于职务设计，法人或者其他组织就是创作者。职务设计的布图设计专有权归法人或者其他组织所有。与版权法上的职务作品相比，该条例对职务布图设计的范围规定明显较窄，已经不太适应集成电路产业的发展趋势。鉴于集成电路发展的趋势，采取低标准的职务设计会更有利。因此，建议借鉴著作权法上对职务作品的规定以及专利法上对职务发明创造的规定，扩大集成电路职务布图设计的范围，只要创作者依其职务创作集成电路布图设计或者主要是利用其所在的法人单位或非法人单位提供的设备、材料、场地、经费等进行设计工作，则该布图设计专有权就应当由创作人所在的单位享有。即"执行本单位的任务或者主要是利用本单位的物质技术条件所完成的布图设计为职务布图设计，该布图设计申请专有权的权利属于该单位；申请被批准后，该单位为布图设计专有权人。单位与创作者订有合同，对申请布图设计专有权的权利和专有权的归属作出约定的，从其约定"。

（四）对独创性的规定比较概括

根据《集成电路布图设计保护条例》的规定，独创性是集成电路布图设计获得专有权保护的必要条件。即该布图设计是创作者自己的智力劳动成果，并且在其创作时该布图设计在布图设计创作者和集成电路制造者中不是公认的常规设计。但该条例的规定比较概括，仅是一种原则性的描述。该条例并未对布图设计的独创性进行具体而详细的定义和解释，对于集成电路布图设计独创性的内涵、判断原则和判断方法等问题在认识上和理解上并不充分，也没有提供一个具体而明确的认定标准。这种概括性的规定很容易导致集成电路布图设计者、布图设计的审查者及其他从业人员在实际工作中产生理解上的差异进而造成执行上的不统一，致使《集成电路布图设计保护条例》不能发挥应有的法律作用。建议对独创性的要求予以具体化，明确集成电路布图设计独创性的判断原则和方法，增强《集成电路布图设计保护条例》作为专门立法的可操作性，为集成电路制造和集成电路布图设计行业的研发人员以及专利审查和司法审判工作人员提供具体的、可操作性的统一标准。

（五）缺乏刑事责任的规定

我国法律规定，对于侵犯商标专用权和著作权的行为，情节严重的，应当承担刑事责任，对侵犯集成电路布图设计的行为则无刑事责任的规定。《集成电路布图设计保护条例》第30条和第31条规定侵犯布图设计专有权的行为应当承担民事责

---

[1] 李志研："我国集成电路布图设计专有权制度评析"，载《安徽工业大学学报（社会科学版）》2003年7月。

任和行政责任,而没有规定刑事责任。只是在第34条规定:"国务院知识产权行政部门的工作人员在管理工作中玩忽职守、滥用职权、徇私舞弊,构成犯罪的,依法追究刑事责任,尚不构成犯罪的,依法给予行政处分。"从中可以看出,刑事制裁仅仅针对在布图设计管理工作中的国务院知识产权行政部门的工作人员,对侵犯布图设计权的人没有规定刑事制裁。但在现实生活中,某些布图设计侵权行为手段恶劣,后果严重,其危害并不比侵害商标专用权和著作权的行为后果轻。如果仅对侵权人予以行政、民事制裁不足以惩治侵权、救济受害人。因此,完全有必要通过立法对于侵犯他人布图设计情节恶劣、后果严重的,依法追究其刑事责任。

目前,世界上只有部分国家对布图设计侵权给予刑事制裁。例如,《日本半导体集成电路的线路布局法》对侵权行为规定了民事赔偿原则和赔偿额的计算方法,并规定,"对侵犯电路配线利用权或者专用利用权的人,判处三年以下徒刑或者处罚一百万日元以下的罚款"(第51条)。对"用诈骗的行为获得设定登记的人,判处一年以下徒刑或者三十万日元以下的罚款"(第52条)。《韩国布图设计法》规定,"对侵犯布图设计权或独占许可权的人,判处三年以下徒刑或者处罚一千万元以下的罚款"(第45条)。"对假冒或冒充布图设计登记权的人,判处一年以下徒刑或者处罚三百万元以下的罚款"(第46条)。包括中国在内的世界大多数国家尚未对布图设计侵权行为予以刑事救济。《集成电路布图设计保护条例》为提高对布图设计权的侵权行为的打击力度,不能缺少刑法这一最严厉也是最后的手段,因此,应当给布图设计权以刑事保护。❶

(六)关于善意侵权制度的规定不具体

依据《集成电路布图设计保护条例》第33条的规定,在我国,善意侵权者得到其中含有非法复制的布图设计的明确通知后,可以继续将现有的存货或者此前的订货投入商业利用,但应当向布图设计权利人支付合理的报酬。但该项规定不太具体,可操作性不强。对于善意侵权者应向布图设计权人支付的"合理报酬"的构成和范围,该条例并没有作具体的界定,以至于当事人往往在此方面难以达成一致。

依《知识产权协定》第37条的规定,此处的合理报酬应相当于该布图设计使用许可合同应支付的使用费。《美国半导体芯片保护法》则规定应支付合理提成费,该提成费的数额,除非双方当事人以磋商、调解方式解决外,应于民事诉讼中由法院裁定。因此,笔者以为,如果该布图设计权利人此前已经将该布图设计许可他人使用,则该许可使用费可以作为核定合理报酬的参考。如此前没有许可他人使用过,则可以由双方当事人协商、调解解决。如达不成协议,则由人民法院裁定。在协商、

❶ 张成立:"集成电路布图设计法律保护刍议",载《行政与法》2006年第8期。

调解、人民法院裁定时,合理报酬应确定为对布图设计权人和使用人都比较公平的价格。一般可以从以下两个方面来考虑:一方面是权利人为开发技术进行的投资(包括投入的人力、物力等),创作出来的布图设计本身的经济价值等;另一方面是布图设计的市场前景,使用者使用布图设计的规模,使用布图设计可能获得的经济利益等。❶

另外,从实际侵权人和善意侵权人之间的关系看,善意侵权人往往也是实际上的受害者。在付给布图设计权利人合理的报酬之后,善意侵权人也会遭受实际上的经济损失。但《集成电路布图设计保护条例》过分关注于对布图设计权利人的保护,却没有规定对善意侵权人的救济手段,不能不说是一种立法缺失,容易导致当事人之间的利益失衡。笔者认为,可以规定直接侵权人和知情销售商的权利瑕疵担保责任,以真正实现当事人之间的利益平衡。❷善意侵权人因支付合理报酬而造成的经济损失应当由该含有受保护的布图设计的集成电路或者含有该集成电路的物品的销售者承担赔偿责任。

(七)关于民事赔偿的规定还不完善

《集成电路布图设计保护条例》第30条规定,侵犯布图设计专有权的赔偿数额为侵权人所获得的利益或者被侵权人受到的损失,包括为制止侵权行为所支付的合理开支。这贯彻了《民法通则》中损害赔偿适用完全赔偿的制度,即填平原则,也符合《知识产权协定》第45条的规定:"对已知或有充分理由应知自己从事之活动系侵权的侵权人,司法当局应有权责令其向权利人支付足以弥补因侵犯知识产权而给权利持有人造成之损失的损害赔偿费。"但是在实际生活中,侵权人所获得的利益或者被侵权人所受到的损失,往往会由于诸如市场变化、国家政策调整、侵权人作假账等多种因素的影响而很难计算清楚。在这样的情况下,被侵权人的损失很难得到完全赔偿,可能会打击权利人维护自身权利的积极性,也会严重影响到法律的权威性。而且,权利人为制止侵权行为需要付出大量的人力和物力,但《集成电路布图设计保护条例》对"为制止侵权行为所支付的合理开支"并没有明确而具体的界定,这无疑也会影响到当事人维权的积极性。

一般认为"合理开支"应包括被侵权人的调查取证费、交通费、住宿费之类,但律师费是否包括在内,我国没有规定(有许多人不主张包括律师费)。《知识产权协定》规定其中可包括适当的律师费,这是一任意性的规定,我国可不与之一致。但是,许多被侵权人由于其财力、法律知识的原因无法很好地维护自己的利益,他们

---

❶ 何焕锋:"集成电路布图设计的知识产权保护",西南政法大学2003年硕士学位论文,第49页。

❷ 霍金虎:"集成电路布图设计的国际保护与我国的立法探析",大连海事大学2006年硕士学位论文,第50页。

有时必须委托律师代其行使权利。在一些大额标的诉讼中,律师费是一笔相当大的开支。在此情况下,如果不包括律师费,将会出现“对方的赔偿尚不足弥补原告的律师费开支,则原告只是个理论上的胜利者,却是经济上的失败者,这将妨碍后来的被侵权人积极依靠司法程序主张自己的权利”。❶

为了保护权利人的合法权益,减轻证明损失的负担,又能给侵权人以打击,《知识产权协定》确立了法定赔偿制度。《美国半导体芯片保护法》也规定当事人可以就诉讼所涉及侵权行为选择法定赔偿,以代替前款规定的依实际损失和所获利润进行赔偿。其法定赔偿额最高不得超过25 000美元,具体数额由法院公平裁定。❷我国专利法规定,被侵权人的损失或者侵权人获得的利益难以确定的,可以参照许可使用费的倍数合理确定。而商标法则规定,被侵权人的损失或者侵权人获得的利益难以确定的,由人民法院根据侵权行为的情节判决给予50万元以下的赔偿。

为此,笔者建议参照专利法和商标法的规定,将两者予以糅合。在被侵权人的损失或者侵权人获得的利益难以确定时,有许可先例的,可以参照许可使用费的合理数额作为损失赔偿额。没有许可先例的,鉴于侵犯集成电路布图设计行为所造成的损害后果一般较专利权和商标权更为严重,可以由法官根据侵权行为的情节判决给予500万元以下的赔偿。

(八)临时措施中缺乏证据保全的规定

《集成电路布图设计保护条例》第32条规定:“布图设计权利人或者利害关系人有证据证明他人正在实施或者即将实施侵犯其专有权的行为,如不及时制止将会使其合法权益受到难以弥补的损害的,可以在起诉前依法向人民法院申请采取责令停止有关行为和财产保全的措施。”该规定被认为是对即发侵权采取的临时措施。最高人民法院规定此项制度参照《关于对诉前停止侵犯专利权行为适用法律问题的若干规定》。但是,被侵权人要维护自己的合法权益,制止侵权行为,要求赔偿损失,都要靠证据来证明,而《集成电路布图设计保护条例》的规定恰恰缺乏证据保全。《知识产权协定》规定了在有关证据显然有被销毁的危险的情况下,司法当局有权在开庭前依照一方当事人的请求,采取临时措施。应该说《集成电路布图设计保护条例》在此方面没有完全达到《知识产权协定》的要求。为此,有必要在临时措施中增加证据保全方面的规定。

(九)缺乏海关禁令的规定

根据《知识产权协定》第44条的规定,司法当局必须有权责令当事人停止侵权,

---

❶ 郑成思:《世界贸易组织与贸易有关的知识产权》,中国人民大学出版社1996年版,第271页。

❷ 何焕锋:“集成电路布图设计的知识产权保护”,西南政法大学2003年硕士学位论文,第47页。

尤其是在海关一旦放行后，立即禁止含有侵权知识产权的进口商品在该当局管辖范围内进入商业渠道。该禁令针对进口的侵权商品，从而阻止侵权商品进入国内市场，因为一旦商品被海关放行，它们就可以进入不同的销售渠道，从而难以控制。《美国半导体芯片保护法》第910条规定："凡违反第905条规定非法进口之物，如同违反海关法而进口之物一样，将被扣押或没收。"但在我国，集成电路布图设计专有权目前还不能申请海关禁令。依据我国《知识产权海关保护条例》第2条的规定，只有专利权人、著作权人、商标权人才可以就专利权、著作权、商标权向海关总署申请备案，对涉嫌侵犯专利权、著作权、商标权的进出口货物可以请求海关予以扣留。而对于侵犯集成电路布图设计的商品却无法采取海关措施，这不能不说是一种缺憾。笔者认为，应该对《知识产权海关保护条例》的保护范围予以扩大，将布图设计权也纳入其中，以加强布图设计专有权的边境保护。

(十)行政保护手段尚不完善

《集成电路布图设计保护条例》第31条规定国务院知识产权行政部门认定侵权行为成立时，可以没收、销毁侵权物品或产品。这固然可以起到制止侵权行为、维护被侵权人利益的目的。但是，由于缺乏处置用于制作侵权物品的原料和工具的规定，侵权者仍然可以利用生产复制品的设备、材料、工具等，继续生产侵权物品或产品，继续进行侵权行为。因此，我国也应该扩大行政保护手段，增加没收、销毁制造侵权物品的设备、原料、工具的规定。

再者，我国的著作权法、商标法、专利法都规定，可以根据侵权的性质、侵权所造成的危害后果及侵权人主观恶意程度等对侵权人予以罚款，没收违法所得，而《集成电路布图设计保护条例》却没有此项规定。行政手段的不完备容易造成对侵权行为的打击不力，导致布图设计专有权人利益保护的不周延。因此《集成电路布图设计保护条例》也应该增加罚款和没收违法所得的行政制裁手段。罚款能够使侵权人在经济上受到惩罚，没收违法所得不让侵权人因侵权行为获得非法的利益，它们都能够降低侵权人再次侵权的经济能力。❶

附：集成电路布图设计保护法(学者建议修改稿)❷

[立法理由]我国《集成电路布图设计保护条例》仅仅只是国务院颁布的行政条例，相较于著作权法、商标法、专利法等明显层次较低，容易使人形成一种错觉，即集成电路布图设计专有权并不如著作权、专利权和商标权等传统知识产权重要。因

❶ 张轶："集成电路布图设计法律保护研究"，西南政法大学2003年硕士学位论文，第36页。

❷ 本稿对于新修订的条文给出了立法理由。

此仅以行政条例来保护布图设计专有权是不够的。从长远来看,应将其升格为《集成电路布图设计保护法》,以加强对集成电路技术的保护。

第一章 总 则

第一条 为了保护集成电路布图设计专有权,鼓励集成电路技术的创新,促进科学技术的发展,制定本法。

第二条 本法下列用语的含义:

(一)集成电路,是指以半导体等材料为基片,将至少有一个是有源元件的两个以上元件和部分或者全部互连线路集成在基片之中或者基片之上,以执行某种电子功能的中间产品或者最终产品;

[立法理由]随着科技的高速发展,制造集成电路的材料不再限于半导体,陶瓷芯片、生物芯片、微流体芯片等方兴未艾。基于此种考虑,《华盛顿条约》对集成电路采用了广义的定义,并不局限于半导体集成电路。而我国《集成电路布图设计保护条例》对集成电路则采取了狭义的规定,即集成电路必须"以半导体材料为基片",这显然未跟上科学发展的步伐。按照该条例,体现于这些非半导体材料上的集成电路布图设计便不受保护,这显然不利于促进科技的发展。因此,建议扩大集成电路的保护对象,将"以半导体材料为基片"改为"以半导体等材料为基片"。

(二)集成电路布图设计(以下简称布图设计),是指集成电路中至少有一个是有源元件的两个以上元件和部分或者全部互连线路的三维配置,或者为制造集成电路而准备的上述三维配置;

(三)布图设计权利人,是指依照本法的规定,对布图设计享有专有权的自然人、法人或者其他组织;

(四)复制,是指重复制作布图设计或者含有该布图设计的集成电路的行为;

(五)商业利用,是指为商业目的进口、销售或者以其他方式提供受保护的布图设计、含有该布图设计的集成电路或者含有该集成电路的物品的行为。

第三条 中国自然人、法人或者其他组织创作的布图设计,依照本法享有布图设计专有权。

外国人创作的布图设计首先在中国境内投入商业利用的,依照本法享有布图设计专有权。

外国人创作的布图设计,其创作者所属国同中国签订有关布图设计保护协议或者与中国共同参加有关布图设计保护国际条约的,依照本法享有布图设计专有权。

第四条 受保护的布图设计应当具有独创性,即该布图设计是创作者自己的智力劳动成果,并且在其创作时该布图设计在布图设计创作者和集成电路制造者中不是公认的常规设计。

受保护的由常规设计组成的布图设计，其组合作为整体应当符合前款规定的条件。

独创性的具体判断标准由国务院另行制定本法的实施细则予以规定。

[立法理由]本处旨在对集成电路布图设计的独创性进行说明。《集成电路布图设计保护条例》并未对布图设计的独创性进行具体而详细的定义和解释，对于集成电路布图设计独创性的内涵、判断原则和判断方法等问题在认识上和理解上并不充分，也没有提供一个具体而明确的认定标准。这种概括性的规定很容易导致集成电路布图设计者、布图设计的审查者及其他从业人员在实际工作中产生理解上的差异进而造成执行上的不统一，致使《集成电路布图设计保护条例》不能发挥应有的法律作用。建议对独创性的要求予以具体化，明确集成电路布图设计独创性的判断原则和方法，增强可操作性，为集成电路制造和集成电路布图设计行业的研发人员以及专利审查和司法审判工作人员提供具体的、可操作性的统一标准。但由于独创性的具体判断标准涉及的内容比较复杂，所以不宜在本法中进行详细规定，而应当在以后颁布的实施细则中予以规定。

第五条　本法对布图设计的保护，不延及思想、处理过程、操作方法或者数学概念等。

第六条　国务院知识产权行政部门依照本法的规定，负责布图设计专有权的有关管理工作。

第二章　布图设计专有权

第七条　布图设计权利人享有下列专有权：

（一）对受保护的布图设计的全部或者其中任何具有独创性的部分进行复制；

（二）将受保护的布图设计、含有该布图设计的集成电路或者含有该集成电路的物品投入商业利用。

第八条　布图设计专有权经国务院知识产权行政部门登记产生。

未经登记的布图设计不受本法保护。

第九条　布图设计专有权属于布图设计创作者，本法另有规定的除外。

由自然人创作的布图设计，该自然人是创作者。

由法人或者其他组织主持，依据法人或者其他组织的意志而创作，并由法人或者其他组织承担责任的布图设计，该法人或者其他组织是创作者。

执行本单位的任务或者主要是利用本单位的物质技术条件所完成的布图设计为职务布图设计，该布图设计申请专有权的权利属于该单位；申请被批准后，该单位为布图设计专有权人。单位与创作者订有合同，对申请布图设计专有权的权利和专有权的归属作出约定的,从其约定。

[立法理由]本处旨在对职务布图设计的权利归属进行扩大说明。《集成电路布图设计保护条例》对职务布图设计的范围规定明显较窄,已经不太适应集成电路产业的发展趋势。可以借鉴著作权法上对职务作品的规定以及专利法上对职务发明创造的规定,扩大集成电路职务布图设计的范围,只要创作者依其职务创作集成电路布图设计或者主要是利用其所在的法人单位或非法人单位提供的设备、材料、场地、经费等进行设计工作,则该布图设计专有权就应当由创作人所在的单位享有。

第十条 两个以上自然人、法人或者其他组织合作创作的布图设计,其专有权的归属由合作者约定;未作约定或者约定不明的,其专有权由合作者共同享有。

第十一条 受委托创作的布图设计,其专有权的归属由委托人和受托人双方约定;未作约定或者约定不明的,其专有权由受托人享有。

第十二条 布图设计专有权的保护期为10年,自布图设计登记申请之日或者在世界任何地方首次投入商业利用之日起计算,以较前日期为准。但是,无论是否登记或者投入商业利用,布图设计自创作完成之日起15年后,不再受本法保护。

第十三条 布图设计专有权属于自然人的,该自然人死亡后,其专有权在本法规定的保护期内依照继承法的规定转移。

布图设计专有权属于法人或者其他组织的,法人或者其他组织变更、终止后,其专有权在本法规定的保护期内由承继其权利、义务的法人或者其他组织享有;没有承继其权利、义务的法人或者其他组织的,该布图设计进入公有领域。

第三章 布图设计的登记

第十四条 国务院知识产权行政部门负责布图设计登记工作,受理布图设计登记申请。

第十五条 申请登记的布图设计涉及国家安全或者重大利益,需要保密的,按照国家有关规定办理。

第十六条 申请布图设计登记,应当提交:

(一)布图设计登记申请表;

(二)布图设计的复制件或者图样;

(三)布图设计已投入商业利用的,提交含有该布图设计的集成电路样品;

(四)国务院知识产权行政部门规定的其他材料。

第十七条 布图设计自其在世界任何地方首次商业利用之日起 2 年内,未向国务院知识产权行政部门提出登记申请的,国务院知识产权行政部门不再予以登记。

第十八条 布图设计登记申请经初步审查,未发现驳回理由的,由国务院知识产权行政部门予以登记，发给登记证明文件，并予以公告。

第十九条　布图设计登记申请人对国务院知识产权行政部门驳回其登记申请的决定不服的，可以自收到通知之日起3个月内，向国务院知识产权行政部门请求复审。国务院知识产权行政部门复审后，作出决定，并通知布图设计登记申请人。布图设计登记申请人对国务院知识产权行政部门的复审决定仍不服的，可以自收到通知之日起3个月内向人民法院起诉。

第二十条　布图设计获准登记后，国务院知识产权行政部门发现该登记不符合本法规定的，应当予以撤销，通知布图设计权利人，并予以公告。布图设计权利人对国务院知识产权行政部门撤销布图设计登记的决定不服的，可以自收到通知之日起3个月内向人民法院起诉。

第二十一条　在布图设计登记公告前，国务院知识产权行政部门的工作人员对其内容负有保密义务。

第四章　布图设计专有权的行使

第二十二条　布图设计权利人可以将其专有权转让或者许可他人使用其布图设计。

转让布图设计专有权的，当事人应当订立书面合同，并向国务院知识产权行政部门登记，由国务院知识产权行政部门予以公告。布图设计专有权的转让自登记之日起生效。

许可他人使用其布图设计的，当事人应当订立书面合同。

第二十三条　下列行为可以不经布图设计权利人许可，不向其支付报酬：

（一）为个人目的或者单纯为评价、分析、研究、教学等目的而复制受保护的布图设计的；

（二）在依据前项评价、分析受保护的布图设计的基础上，创作出具有独创性的布图设计的；

（三）对自己独立创作的与他人相同的布图设计进行复制或者将其投入商业利用的。

第二十四条　受保护的布图设计、含有该布图设计的集成电路或者含有该集成电路的物品，由布图设计权利人或者经其许可投放市场后，他人再次商业利用的，可以不经布图设计权利人许可，并不向其支付报酬。

第二十五条　在国家出现紧急状态或者非常情况时，或者为了公共利益的目的，或者经人民法院、不正当竞争行为监督检查部门依法认定布图设计权利人有不正当竞争行为而需要给予补救时，国务院知识产权行政部门可以给予使用其布图设计的非自愿许可。

第二十六条 国务院知识产权行政部门作出给予使用布图设计非自愿许可的决定,应当及时通知布图设计权利人。

给予使用布图设计非自愿许可的决定,应当根据非自愿许可的理由,规定使用的范围和时间,其范围应当限于为公共目的非商业性使用,或者限于经人民法院、不正当竞争行为监督检查部门依法认定布图设计权利人有不正当竞争行为而需要给予的补救。

非自愿许可的理由消除并不再发生时,国务院知识产权行政部门应当根据布图设计权利人的请求,经审查后作出终止使用布图设计非自愿许可的决定。

第二十七条 取得使用布图设计非自愿许可的自然人、法人或者其他组织不享有独占的使用权,并且无权允许他人使用。

第二十八条 取得使用布图设计非自愿许可的自然人、法人或者其他组织应当向布图设计权利人支付合理的报酬,其数额由双方协商;双方不能达成协议的,由国务院知识产权行政部门裁决。

第二十九条 布图设计权利人对国务院知识产权行政部门关于使用布图设计非自愿许可的决定不服的,布图设计权利人和取得非自愿许可的自然人、法人或者其他组织对国务院知识产权行政部门关于使用布图设计非自愿许可的报酬的裁决不服的,可以自收到通知之日起3个月内向人民法院起诉。

第五章 法律责任

第三十条 除本法另有规定的外,未经布图设计权利人许可,有下列行为之一的,行为人必须立即停止侵权行为,并承担赔偿责任:

(一)复制受保护的布图设计的全部或者其中任何具有独创性的部分的;

(二)为商业目的进口、销售或者以其他方式提供受保护的布图设计、含有该布图设计的集成电路或者含有该集成电路的物品的。

侵犯布图设计专有权的赔偿数额,为侵权人所获得的利益或者被侵权人所受到的损失,包括被侵权人为制止侵权行为所支付的合理开支。该合理开支可以包括调查取证费、交通费、住宿费和律师费用。

[立法理由]本处旨在对“合理开支”的范围予以准确化和具体化,其目的在于最大限度地维护权利人的合法利益。

在被侵权人的损失或者侵权人获得的利益难以确定时,权利人曾经将布图设计许可他人使用的,可以参照该许可使用费的合理数额作为损失赔偿额。没有许可先例的,则由法官根据侵权行为的情节判决给予500万元以下的赔偿。

[立法理由]本处旨在对侵犯集成电路布图设计的法定赔偿制度进行确立。我国专利法规定,被侵权人的损失或者侵权人获得的利益难以确定的,可以参照许可

使用费的倍数合理确定。而商标法则规定,被侵权人的损失或者侵权人获得的利益难以确定的,由人民法院根据侵权行为的情节判决给予50万元以下的赔偿。为此,笔者参照专利法和商标法的规定,将两者予以糅合。在被侵权人的损失或者侵权人获得的利益难以确定时,有许可先例的,可以参照许可使用费的合理数额作为损失赔偿额。没有许可先例的,鉴于侵犯集成电路布图设计行为所造成的损害后果一般较专利权和商标权更为严重,可以由法官根据侵权行为的情节判决给予500万元以下的赔偿。之所以规定"500万元"这一较高的限额,是因为在日常生活中,集成电路布图设计含有的经济利益往往巨大,侵权行为造成的损失也往往较大。

第三十一条　未经布图设计权利人许可,使用其布图设计,即侵犯其布图设计专有权,引起纠纷的,由当事人协商解决;不愿协商或者协商不成的,布图设计权利人或者利害关系人可以向人民法院起诉,也可以请求国务院知识产权行政部门处理。国务院知识产权行政部门处理时,认定侵权行为成立的,可以责令侵权人立即停止侵权行为,没收、销毁侵权产品或者物品,没收、销毁制造侵权物品的设备、原料、工具,并对侵权人处以罚款和没收违法所得([立法理由]本处旨在对行政保护手段进行扩大)。当事人不服的,可以自收到处理通知之日起15日内依照《中华人民共和国行政诉讼法》向人民法院起诉;侵权人期满不起诉又不停止侵权行为的,国务院知识产权行政部门可以请求人民法院强制执行。应当事人的请求,国务院知识产权行政部门可以就侵犯布图设计专有权的赔偿数额进行调解;调解不成的,当事人可以依照《中华人民共和国民事诉讼法》向人民法院起诉。

第三十二条　布图设计权利人或者利害关系人有证据证明他人正在实施或者即将实施侵犯其专有权的行为,如不及时制止将会使其合法权益受到难以弥补的损害的,可以在起诉前依法向人民法院申请采取责令停止有关行为和财产保全的措施,并可以依照民事诉讼法的相关规定申请证据保全。

[立法理由]本处旨在对临时措施中的证据保全制度进行规定。最高人民法院虽然规定集成电路布图设计的临时措施参照《关于对诉前停止侵犯专利权行为适用法律问题的若干规定》,但是,被侵权人要维护自己的合法权益,制止侵权行为,要求赔偿损失,都要靠证据来证明。而《集成电路布图设计保护条例》的规定恰恰缺乏证据保全。TRIPs协议规定了在有关证据显然有被销毁的危险的情况下,司法当局应有权在开庭前依照一方当事人的请求,采取临时措施。应该说《集成电路布图设计保护条例》在此方面没有完全达到TRIPs协议的要求。为此,有必要在临时措施中增加证据保全方面的规定。

第三十三条　在获得含有受保护的布图设计的集成电路或者含有该集成电路的物品时,不知道也没有合理理由应当知道其中含有非法复制的布图设计,而将其投入商业利用的，不视为侵权。

前款行为人得到其中含有非法复制的布图设计的明确通知后，可以继续将现有的存货或者此前的订货投入商业利用，但应当向布图设计权利人支付合理的报酬。该合理报酬应当参照该布图设计使用许可合同应支付的使用费来确定。此前没有许可他人使用过的，可以由双方当事人协商、调解解决。如达不成协议，则由人民法院裁定。

[立法理由]本处旨在对布图设计善意侵权人的"合理报酬"予以具体化。对于善意侵权者应向布图设计权人支付的"合理报酬"的构成和范围，《集成电路布图设计保护条例》并没有作具体的界定，以至于当事人往往在此方面难以达成一致。依TRIPs第37条规定，此处的合理报酬应相当于该布图设计使用许可合同应支付的使用费。

前款行为人因支付合理报酬而造成的经济损失，应当由该含有受保护的布图设计的集成电路或者含有该集成电路的物品的销售者承担赔偿责任。

[立法理由]此处旨在对权利瑕疵担保责任进行规定。从实际侵权人和善意侵权人之间的关系看，善意侵权人往往也是实际上的受害者。在付给布图设计权利人合理的报酬之后，善意侵权人也会遭受实际上的经济损失。但《集成电路布图设计保护条例》过分关注于对布图设计权利人的保护，却没有规定对善意侵权人的救济手段，不能不说是一种立法缺失，容易导致当事人之间的利益失衡。笔者认为，可以规定直接侵权人和知情销售商的权利瑕疵担保责任，以真正实现当事人之间的利益平衡。善意侵权人因支付合理报酬而造成的经济损失应当由该含有受保护的布图设计的集成电路或者含有该集成电路的物品的销售者承担赔偿责任。

第三十四条 侵犯他人布图设计情节恶劣、后果严重，构成犯罪的，依法追究其刑事责任，对行为人处以3年以下有期徒刑、拘役或者管制，并处或单处罚金；情节特别严重的，处3年以下有期徒刑，并处罚金。单位犯以上罪行的，对单位判处罚金，对直接负责的主管人员和其他直接责任人员，依照上述规定处罚。

[立法理由]我国法律规定，对于侵犯商标专用权和著作权的行为，情节严重的，应当承担刑事责任，对侵犯集成电路布图设计的行为则无刑事责任的规定。《集成电路布图设计保护条例》第30条和第31条规定，侵犯布图设计专有权的行为应当承担民事责任和行政责任，而并没有规定刑事责任。只是在第34条规定："国务院知识产权行政部门的工作人员在管理工作中玩忽职守、滥用职权、徇私舞弊，构成犯罪的，依法追究刑事责任，尚不构成犯罪的，依法给予行政处分。"从中可以看出，刑事制裁仅仅针对在布图设计管理工作中的国务院知识产权行政部门的工作人员，对侵犯布图设计权的人没有规定刑事制裁。但在现实生活中，某些布图设计侵权行

为手段恶劣，后果严重，其危害并不比侵害商标专用权和著作权的行为后果轻。如果仅对侵权人予以行政、民事制裁，不足以惩治侵权、救济受害人。因此，完全有必要通过立法对于侵犯他人布图设计情节恶劣、后果严重的，依法追究其刑事责任。

国务院知识产权行政部门的工作人员在布图设计管理工作中玩忽职守、滥用职权、徇私舞弊，构成犯罪的，依法追究刑事责任；尚不构成犯罪的，依法给予行政处分。

第三十五条　含有受保护的布图设计的集成电路或者含有该集成电路的物品受《中华人民共和国海关知识产权海关保护条例》保护。

[立法理由]本处旨在设立集成电路布图设计的海关保护制度。依据我国《知识产权海关保护条例》第2条的规定，只有专利权人、著作权人、商标权人才可以就专利权、著作权、商标权向海关总署申请备案，对涉嫌侵犯专利权、著作权、商标权的进出口货物可以请求海关予以扣留。而对于侵犯集成电路布图设计的商品却无法采取海关措施，这不能不说是一种缺憾。笔者认为，应该对《知识产权海关保护条例》的保护范围予以扩大，将布图设计权也纳入其中，以加强布图设计专有权的边境保护。

第六章　附　　则

第三十六条　申请布图设计登记和办理其他手续，应当按照规定缴纳费用。缴费标准由国务院物价主管部门、国务院知识产权行政部门制定，并由国务院知识产权行政部门公告。

第三十七条　本法自　年　月　日起施行。

[立法理由]本处旨在对法律的生效日期进行说明。

7

第七章

植物新品种保护制度的完善

我们正处于知识经济的时代，随着人类社会的不断进步和发展，农业经济正逐渐被软化，即知识、高新科技在农业经济中占有越来越重要的作用。开发植物新品种是稳定和增加粮食产量的捷径，一般来说，植物新品种给生产带来的进步是30％～60％。在当今经济全球化、国际局势复杂、竞争日益激烈的大背景下，加强对植物新品种的保护具有战略性、全局性的意义。尽管我国目前已对植物新品种进行了一定程度的保护，但这些保护还存在许多问题，需要进一步完善。本章将对此予以探讨。

一、我国对植物新品种的法律保护现状

我国是自然资源丰富的大国，植物品种种类繁多，但自有的特色品种流失严重。20世纪80年代以来，境外商人频频到我国山区，尤其是西南山区收购珍稀植物和名贵花卉的原植物。如贵阳每年至少有10吨兰花(野生资源为主)在市场销售，外商为收购麻栗坡的兜兰和杏黄兜兰，把云南文山地区所有兜兰窃掠一空。为了切实保护我国的生物资源，鼓励培育和使用植物新品种，促进农业、林业的发展，1997年3月20日，我国正式发布了《中华人民共和国植物新品种保护条例》(以下简称《植物新品种保护条例》)，确定了我国植物新品种权的法律地位。1999年4月23日，我国正式加入了《国际植物新品种保护公约》1978年文本,使我国植物新品种权保护工作正式启动。1999年6月和8月，农业部、林业局分别颁布了“实施细则”农业部分和林业部分(以下简称《植物新品种保护条例实施细则》)。

我国植物新品种保护制度由以下几部分组成。

(一)权利主体

我国通常将植物新品种权利的主体称为育种人。获得品种权的主体可以是单位，也可以是个人。品种权是指完成育种的单位或者个人对其通过法律程序获得授权的品种享有排他性的独占权，品种权的享有者成为育种人。同时，我国《植物新品

种保护条例》中还有另一概念“培育人”，培育人是指完成育种的个人，但并非所有参加农业科学技术活动的人都可以称之为培育人。它是指在培育该植物新品种工作中，作出突出贡献的人。最本质的属性是他们对于该新品种培育工作作出了创造性的贡献。而没有创造性贡献的其他人，如组织管理者、情报提供者、后勤保证者、实验操作者等均不能被视为培育人。在职务育种情况下，培育人是研发人员，但育种人为单位。

(二)植物新品种保护范围

在我国，并非所有的植物品种都能申请植物新品种权而得到法律保护。截至2003年7月14日，我国先后发布并实施了5批农业植物新品种保护名录，包括：水稻、玉米、大白菜、马铃薯、春兰、菊属、石竹属、唐菖蒲属、紫花苜蓿、草地早熟禾、普通小麦、大豆、甘蓝型油菜、花生、普通番茄、黄瓜、辣椒属、梨属、酸模属、兰属、百合属、鹤望兰属、补血草属、甘薯、谷子、桃、荔枝、普通西瓜、普通结球甘蓝、食用萝卜、高粱、大麦属、苎麻属、苹果属、柑橘属、香蕉、猕猴桃属、葡萄属、李、茄子和非洲菊。

(三)授予品种权的条件

授予品种权的条件有：

(1) 申请品种权的植物新品种应当属于国家植物品种保护名录中列举的植物的属或者种。

(2)授予品种权的植物新品种应当具备新颖性、特异性、一致性、稳定性。新颖性，是指申请品种权的植物新品种在申请日前该品种繁殖材料未被销售，或者经育种者许可，在中国境内销售该品种繁殖材料未超过1年，在中国境外销售藤本植物、林木、果树和观赏树木品种繁殖材料未超过6年，销售其他植物品种繁殖材料未超过4年。特异性，是指申请品种权的植物新品种应当明显区别于在递交申请以前已知的植物品种。一致性，是指申请品种权的植物新品种经过繁殖，除可以预见的变异外，其相关的特征或者特性一致。稳定性，是指申请品种权的植物新品种经过反复繁殖后或者在特定繁殖周期结束时，其相关的特征或者特性保持不变。

(3)授予品种权的植物新品种应当具备适当的名称，并与相同或者相近的植物属或者种中已知品种的名称相区别。该名称经注册登记后即为该植物新品种的通用名称。仅以数字组成的、违反社会公德的、对植物新品种的特征、特性或者育种者的身份等容易引起误解的名称不得用于品种命名。

(四)育种人的权利

《植物新品种保护条例》第6条规定，完成育种的单位或者个人对其授权品种，享有排他的独占权。任何单位或者个人未经品种权所有人(以下简称育种人)许可，不得为商业目的生产或者销售该授权品种的繁殖材料，不得为商业目的将该授权品种的繁殖材料重复使用于生产另一品种的繁殖材料；但是，本法另有规定的除外。育种人是品种权法律关系的主体，享有的独占及由此派生出的权利主要有：

1. 生产权

育种人可以禁止他人未经许可生产相同的品种。对育种人生产授权品种繁殖材料专有权的保护，是世界上实施植物新品种保护制度的国家的普遍做法。

2. 销售权

销售授权品种的繁殖材料也是育种人享有的一种排他的独占权利，任何人销售授权品种的繁殖材料都要经过育种人的许可。

3. 使用权

育种人有权禁止他人为商业目的重复使用于生产另一品种的繁殖材料。

4. 标记权

育种人有在自己的授权品种包装上标明品种权标记的权利。如注明某年某月某日中国授权品种、品种权申请号、品种权号以及育种人名称等。

5. 被奖励权

《植物新品种保护条例》第4条规定："完成关系国家利益或者公共利益并有重大应用价值的植物新品种育种的单位或者个人，由县级以上人民政府或者有关部门给予奖励。"

6. 许可权

育种人不仅自己可以实施授权品种，还有权许可其他单位或者个人实施。由他人实施的，双方应订立书面合同，明确规定双方的权利和义务，如许可的内容(生产、销售、使用)、数量、区域范围以及利益分配等。

7. 转让权

《植物新品种保护条例》第9条规定："植物新品种的申请权和品种权可以依法转让。"转让权也是育种人对自己拥有的申请权和品种权的处分权。

8. 放弃权

品种权申请人可以根据需要申请或者放弃品种权。品种权放弃后，其品种权便进入公共领域，成为社会的共同财富，任何人都可以自由使用。

9. 追偿权

《植物新品种保护条例》第33条规定："品种权被授予后，在自初步审查合格公告之日起至被授予品种权之日止的期间，对未经申请人许可，为商业目的生产或者销售该授权品种的繁殖材料的单位和个人，育种人享有追偿的权利。"[1]

[1] 刘君："植物新品种权及品种权保护"，载《种子科技》2002年第3期。

(五)法律对品种权的限制

为了平衡权利人与社会公众之间的利益，法律对品种权予以了必要的限制。(1)合理使用,即利用授权品种进行育种及其他科研活动、农民自繁自用授权品种的繁殖材料,可以不经育种人许可,不向其支付使用费,但是不得侵犯育种人依法享有的其他权利。(2)强制许可使用。为了国家利益或者公共利益,农业、林业行政主管部门可以作出实施植物新品种强制许可的决定，对授权品种进行推广使用。取得实施强制许可的单位或者个人应当向新育种人支付合理的使用费。

(六)品种权保护期限

品种权的保护期限,自授权之日起,藤本植物、林木、果树和观赏树木为20年,其他植物为15年。

二、我国植物新品种保护制度的不足

(一)我国植物新品种保护形势严峻

我国幅员辽阔,自然条件复杂,物种资源丰富。为了抢占生物资源,国际上许多大型生物公司将目光投向我国,寻找、开发进而垄断具有商业价值的植物品种。绿色和平组织把申请生命专利的行为称为“新世纪的圈地运动”,把圈地者称为“生命海盗”。例如,美国孟山都公司(MONSANTO)从我国上海地区的野生大豆品种中找到了与控制大豆高产性状有密切关系的分子标记(MARKER),然后一口气提出了共有64项权利要求的专利申请,包括与控制大豆高产性状有密切关系的标记、所有含有这些标记的大豆及其后代、检测生产具有高产性状的栽培大豆的育种方法以及凡被植入这些标记的转基因食品,其中包括大麦、花椰菜、柑橘属果树、棉、大蒜、燕麦、洋葱、亚麻、豌豆、花生、高粱、甜菜、甘蔗、马铃薯、米、番茄、玉米、苹果、葡萄、香蕉等,然后向101个国家申请这一原产于中国的高产大豆专利。该行为属于典型的“生命海盗”行为。一些发达国家的公司会派出研究人员、资助非政府组织或者聘用当地人做所谓的“生物勘探”工作,在当地农民的协助下,搜集有价值的物种,把抽取的样本连同当地的传统知识带回实验室，分隔出活跃成分或基因序列，并将“发明”归入其专利。其使用的伎俩多为两种:第一,以农业代表团或科学考察的名义入境,目的是收集物种资源。这样的“科学考察者”到达一个地方后,往往专注于搜集各类物种和遗传资源。第二,赤裸裸的偷窃行为。外国公司在中国设立收购场所,公开收购他们需要的物种资源,然后想办法出境,有时通过走私出境。[1]例如,中国是猕猴桃的原产地,新西兰人到中国旅游时将种子带回国,现在以“基维果”为

[1] “我物种专利被国外抢注,地方政府缺乏保护意识”,载《中国青年报》2005年1月19日。

商品名，畅销世界各地。为了维持和改良猕猴桃的品质，目前，新西兰仍在中国源源不断地收集猕猴桃野生资源。

以上事件足以引起我们对植物新品种保护复杂性和紧迫性的认识。植物新品种保护的复杂性表现在以下几个方面。

1. 植物(尤指粮食作物)品种的繁殖材料种子保密难，易被窃取

植物新品种产生后，大都需要在田间进行种植，逐步扩大品种数量和生产规模，由于土地局限问题，有时甚至还需要以“育种人加农户”或“公司加农户”的方式进行生产。这种特定的生产环节极易被侵权者发现并为窃取种子“提供”了方便条件。而植物种子本身就是该项权利所有商业或技术秘密的载体。品种本身所有秘密特性都集中在植物的种子上，一旦种子被窃取，全部的技术秘密将被窃取者所掌握。

2. 植物品种的生产(制造)过程简单，只需简单的技术、适宜的气候条件(积温、水肥)即可生产

种植技术在一般情况下都比较容易被掌握，甚至为有耕作经验的农民所普遍掌握。因此，基本上不存在生产技术和方法上的障碍。而且，植物新品种的审批和授权要经过国家主管机关对申请对象进行新颖性、稳定性、特异性、一致性的审查，一经授权，其权利的稳定性较高。也就是说，取得品种权的植物新品种经过多次繁殖(扩大生产)，其相关的特征或者特性一致或保持相对不变。这一特征就决定了植物新品种一旦被窃取，就很容易被繁殖(生产)，并且能够保持原植物的特性。侵权者能够较顺利地完成侵权生产的全过程。

3. 植物品种权的侵权发现难，取证不易

侵权生产地点隐蔽，难以及时发现，是植物品种侵权的又一大难点。植物(尤指主要粮食作物)的生产都集中在广大农村，特别是偏远山区居多。有的侵权者为逃避打击，更是采取了远离育种人的跨省、跨地区生产、销售，向偏远的农村乡镇销售，因此发现侵权更加困难，即使发现了也只有很少一部分产品，很难掌握其侵权的全产数量和范围，也就无法追究其全部责任。

4. 发现侵权索赔难，难以对侵权人实施经济制裁

计划经济体制的绝大多数各级种子公司近几年呈破产状态，部分职工纷纷自找门路，挂靠原单位或自立门户自行生产和销售种子。因此，种子的生产、经营单位特别是无证、照的生产经营单位大幅度增加。这些单位大多数既无资金，又无场地设备，没有自己的品种。只有靠侵权生产市场上畅销的被保护品种来生存，或采取与农户合作生产的方式，待育种人发现被侵权后，侵权人往往已将种子卖完，人去楼空，一走了之。权利人往往赢得了官司却难以执行，处于无奈境地。

5. 处罚力度不够，对权利人的利益保护不够，对滥用权利行为缺乏规制

我国对于此类案件的处罚处于探索阶段，如品种权的损害赔偿等问题还没有明确的法律依据，加之执法人员还没有对这一新的知识产权产生应有的认识，难以使侵犯品种权的行为受到严厉的制裁，因此，不能充分保护育种人的合法权益。[1] 对于滥用品种权进行品种圈地的行为，没有法律法规给予有效的规制。

（二）我国当前植物新品种保护的不足

植物新品种保护是法学理论界、实务界的一个新课题，植物新品种保护工作有其独特的个性特征，加之我国市场化程度不高等因素导致植物新品种保护工作的不足和漏洞颇多，没有起到应有的促进、激励该产业良性发展的作用。下面从观念、制度及其他方面着手分析植物新品种保护工作中的不足之处。

1. 观念意识的不足

这表现在以下几方面：

（1）对本国品种资源保护意识不足。我国幅员辽阔，气候、地形、土壤等自然条件差异很大，蕴含的植物资源也十分丰富，这些植物资源是培育新品种不可缺少的基因库。过去，全民族保护植物资源及品种的意识淡薄，给外国科技人员千万个可乘之机，致使我国蒙受了无法挽回的损失。如20世纪70年代，我国曾十分慷慨地把大豆品种资源赠送给某国，该国把它作为遗传基因材料使用，挽救了该国大豆品种严重退化的危机，使该国大豆重新占领了国际市场。时隔20年后的今天，我们这个农业大国在世界大豆市场上已无足轻重，而人家却独领风骚。再如近年国际上兴起“芦笋”热，很多国家到我国洽谈购买，但偏偏我国人员将“漏笋”、“黎笋”等国家禁止进出口的品种作为“样品”送上，虽然事后有所查觉，但外商早已扬长而去，国货早已变成了洋货，类似的例子不胜枚举。[2]

（2）研发保护工作缺乏计划性。我国自改革开放以来，经济体制从计划经济向市场经济转轨有将近30年的历史，其间成绩可谓举世瞩目，但对于植物新品种的保护工作却远未达到市场经济所要求的程度。目前植物新品种研发的主力军仍然是各级农业技术部门，受长期计划经济思想影响，没有认识到农作物品种育种权的巨大无形资产价值，在淡薄的知识产权意识支配下使其不懂得以法律手段保护自己的合法权益，各级农技部门往往在从研发工作开始就没有运用法律手段对自身利益加以保护的计划。另外受行政体制的影响，农技部门缺乏相应的法律人才，研发人员本身不可能详细了解相关法律知识，加之他们中许多人对于申请新品种保护

[1] 李松年：“植物新品种的司法和行政保护”，载《农业管理科技》2001年第6期。

[2] 尚培春、王金涛：“论对植物新品种给予专利保护的迫切性”，载《青海科技》1996年第3期。

存在一些顾虑，比如担心申请植物新品种花费大量时间和金钱后得不到真正的保护，或者新品种保护后影响其成果推广以至于影响申请科技奖励等，这些因素综合起来导致各级科研部门维权意识的淡漠和缺乏计划性、有效性。

(3)植物新品种保护工作存在认识误区。一些农业行政部门领导和工作人员对于法律和《植物新品种保护条例》缺乏应有的知识，对保护工作认识不到位，没有将其作为一项重要工作来抓，总认为食品科学部门花的是国家的钱，其成果本应由社会分享，这种思想使研发工作逐渐处于被动局面，甚至有的农业行政部门为自身利益考虑对于植物新品种保护采取抵制态度，如明知其下属种子公司经销侵权产品，却不闻不问，遇到相关部门的查处，还出面说情，大事化小，小事化了，严重阻碍了植物新品种的保护工作。

2. 制度上存在不足

根据专利法规定，植物新品种的生产方法可以申请专利，但是不保护植物品种本身，只保护育种方法。而实际中，这种育种方法也很难保护。因为植物新品种不是方法专利的直接产品，植物育种方法是无形的，如果育种人不将育种材料提供给对方，或者没有相应的环境条件，他人根据专利说明书的方法很可能无法培育出该新品种。在专利法的实施过程中，植物育种方法往往是杂交制种方法，所以就育种者财产权保护的效力而言，目前的确不尽如人意。因为杂交制种方法一般是通过三系、两系或其他方法生产杂交种，而那些能重复的先进的非生物学育种方法极少，这些制种方法即使获得了专利权，专利权人还是忧心忡忡，不敢出售母本，原因在于别人得到母本去繁殖销售种子，人民法院或专利权人很难判断他人繁殖销售的种子就是依专利方法生产的。尽管修改后的专利法规定，方法专利可延伸到依该方法直接制得的产品，但对植物品种来说，仍不能得到有效保护，这是因为除了上述提及的难以判断侵权与否外，对于杂交种，他人可以只用专利权人培育出的亲本去配合其他新本生产杂交种，而不一定要按照方法专利所保护的操作技术去生产种子，从而达到既不侵权，又可无偿使用他人成果的目的。如湖南杂交水稻研究中心周坤炉研究员培育的杂交组合香优63的保持系湘香2号，被某地区引进，摇身一变，冠以另外的名称种植，而育种人对此却无可奈何。[1] 因此，我国保护植物品种，主要依靠《植物新品种保护条例》及配套细则。但该条例本身存在的不足较多。

我国在1999年加入《国际植物新品种保护公约》1978年文本，但我国的《植物新品种保护条例》是1997年制定的，虽然制定时依据的基本上是《国际植物新品种保护公约》1978年文本，但还是存在不一致、不协调之处。对于国际条约是否能够直接

[1] 方志辉、王雨时："植物新品种知识产权保护中的问题与对策"，载《知识产权》1995年第2期。

适用，我国法律并没有明确规定。宪法、立法法没有对此作出规定，只是在《民法通则》等部门法中有涉及，比如《民法通则》第142条规定："涉外民事关系的法律适用，依照本章的规定确定。中华人民共和国缔结或者参加的国际条约同中华人民共和国的民事法律有不同规定的，适用国际条约的规定，但中华人民共和国声明保留的条款除外。中华人民共和国法律和中华人民共和国缔结或者参加的国际条约没有规定的，可以适用国际惯例。"首先，这些条文并没有规定可以直接适用国际条约，其次，这些条文是就涉外民事关系而规定的，若适用，则可能造成对本国公民的歧视。一般认为，适用国际条约需要把国际条约转换成国内法。

《植物新品种保护条例》和《国际植物新品种保护公约》1978年文本的差别体现在如下方面。

(1) 国民待遇原则问题。《国际植物新品种保护公约》1978年文本第3条规定了国民待遇和互惠原则：①就承认和保护植物新品种育种人的权利而言，在不损害本公约专门规定的权利的前提下，在一联盟成员国居住或有注册办事机构的自然人和法人，只要他们遵守和履行另一成员国为其本国国民制定的规定和手续，就能享受与该国国民同样的待遇；②联盟成员国的国民，在任何一个联盟成员国既未定居也无注册办事机构，也同样享受相同的权利，但必须履行检验已培育的品种及其繁殖的义务；③虽然有前两款的规定，但对某一属或种实施本公约的任何联盟成员国，将有权限制对该属或种实施本公约的联盟成员国国民和在该国定居或设有注册办事机构的国民和法人的利益。《植物新品种保护条例》第20条规定："外国人、外国企业或者外国其他组织在中国申请品种权的，应当按其所属国和中华人民共和国签订的协议或者共同参加的国际条约办理，或者根据互惠原则，依照本法办理。"该条没有明确、直接规定国民待遇，而是使用了冲突规范，而国际条约能否直接在国内适用是有争议的。国民待遇其实分为国民和居民(在一联盟成员国居住或有注册办事机构的自然人和法人)，而该条例中所指外国人、外国企业或者外国其他组织很难被解释为居民。

(2) 临时性保护措施问题。《国际植物新品种保护公约》1978年文本第7条之三规定："任何联盟成员国，可以在注册申请至批准期间采取措施保护育种人的权益，以防止第三者侵权。"《植物新品种保护条例》及其两个实施细则对临时性保护措施没有规定。

(3)保护期限问题。《植物新品种保护条例》第34条规定，品种权的保护期限，自授权之日起，藤本植物、林木、果树和观赏树木为20年(《国际植物新品种保护公约》1978年文本最低18年)，其他植物为15年(《国际植物新品种保护公约》1978年文本最低15年)。已经达到《国际植物新品种保护公约》1978年文本的最低要求。

(4)行使保护权限制问题。《植物新品种保护条例》第11条规定了为了国家利益或者公共利益实施强制许可的条件和程序。与《国际植物新品种保护公约》1978年文本比较后可知,《植物新品种保护条例》规定的保护水平低于《国际植物新品种保护公约》1978年文本。首先该条例规定了国家利益例外。其实国家利益与公共利益(public interset)意思接近,如此规定无实质意义,不如去掉。其次,《国际植物新品种保护公约》1978年文本只规定了可以因为公共利益限制权利行使,而且没有明确规定强制许可,只有一种例外的强制许可,即出于公共利益考虑,为广泛推广品种,可以实施强制许可,但仍应给予育种人相应之报酬。《植物新品种保护条例》的规定与之显然有区别,而在该条例的实施细则中,强制许可的范围更宽,如《植物新品种保护实施细则》(林业部分)第12条明显有违《国际植物新品种保护公约》1978年文本,其规定如下:"有下列情况之一的,农业部可以作出生产、销售等实施新品种强制许可的决定:(一)为了国家利益或者公共利益的需要;(二)育种人无正当理由自己不实施,又不许可他人以合理条件实施的;(三)对重要农作物品种,育种人虽已实施,但明显不能满足国内市场需求,又不许可他人以合理条件实施的。"

上述第(2)项和第(3)项都直接违反了《国际植物新品种保护公约》1978年文本。以市场需要为理由实施强制许可,显属不当。

(5)关于例外规定。《国际植物新品种保护公约》1978年文本没有直接规定例外,但第5条"受保护的权利:保护的范围(3)"的内容与《植物新品种保护条例》第10条第(1)项规定的内容相近。《植物新品种保护条例》和《国际植物新品种保护公约》1978年文本都规定育种等科研活动不受品种权约束。《国际植物新品种保护公约》1978年文本没有规定农民特权,《植物新品种保护条例》则明文规定了农民自繁自用不受品种权限制,对于什么是"自繁自用",则没有作出详细说明,《植物新品种保护条例实施细则》也没有进行解释,意思不清楚。因此,就例外规定而言,《植物新品种保护条例》的保护水平低于《国际植物新品种保护公约》1978年文本。

(6)品种权内容、范围。《植物新品种保护条例》低于《国际植物新品种保护公约》1978年文本的最低要求,没有规定提供销售(允诺销售the offering for sale)权项,只规定不得为商业目的,生产或者销售以及重复使用该授权品种的繁殖材料。

(7)关于要求优先权的程序性规定。由于《国际植物新品种保护公约》并未对申请程序作统一规定,在优先权规定中集中反映了《国际植物新品种保护公约》1978年文本与《植物新品种保护条例》的程序性规定之间的差距。总体说来,《植物新品种保护条例》规定的程序要求更严苛。比如对文件的要求,《植物新品种保护条例》规定:"申请人要求优先权的,应当在申请时提出书面说明,并在3个月内提交经原受理机关确认的第一次提出的品种权申请文件的副本;未依照本法规定提出书面说明或者提交申请文件副本的,视为未要求优先权。"其中申请文件包括主要文件,如申请书、优先权声明等,也包括其他文件,这在《植物新品种保护条例实施细则》中有具体体现,如《植物新品种保护条例实施细则》(林业部分)第28条。而按《国际植物新品种保护条约》1978年文本规定,要求优先权的时候需要递交的文件包括申请书、第一次申请的优先权的要求,并在3个月内呈交包括首次申请书的文件副本,其他补充文件则只需在优先权期满后4年内交存即可,宽松很多。

(8)首次申请的提出。《植物新品种保护条例》第26条的规定明显违反《国际植物新品种保护公约》1978年文本第11条规定的首次申请自由选择原则。《植物新品种保护条例》第26条规定:"中国的单位或者个人将国内培育的植物新品种向国外申请品种权的,应当向国务院品种权管理部门登记。"作出这样的规定可能是担心品种流失,但尚有其他条款可以补救,比如该条例第19条第2款规定:"中国的单位和个人申请品种权的植物新品种涉及国家安全或者重大利益需要保密的,应当按照国家有关规定办理。"只要不是涉及国家安全或者重大利益需要保密的,限制申请自由意义不大。而且,植物品种权是私权,应当受到足够的尊重,公权力不应任意干预。

(9)授予品种权的条件。《植物新品种保护条例》与《国际植物新品种保护公约》1978年文本的规定基本相同,但在对特异性的细节陈述上有距离。该条例第15条规定的特异性是"指申请品种权的植物新品种应当明显区别于在递交申请以前已知的植物品种",但并未对什么是已知作出具体界定;《国际植物新品种保护公约》1978年文本第6条在涉及特异性时规定,不论最初变种的起源是原始的、人工的,还是自然的,在申请保护时,该品种应具有一个或数个明显的特性有别于已经众所周知的品种。"众所周知"的存在可参考以下因素:已有栽培或销售,已经或正在登记注册,包括在参考文献中或在刊物中准确描述,能够用于确定和区别品种的特性,必须是能够确切辨认和描述的。

(10)关于无效和终止。《植物新品种保护条例》与《国际植物新品种保护公约》1978年文本基本相同,但该条例没有明确规定无效的基准时间。《国际植物新品种保护公约》1978年文本则规定基准时间为颁发保护权证书时,即在颁发证书时不符合授权条件的可以主张无效。

目前,我国已启动加入《国际植物新品种保护公约》1991年文本的工作。林业局、农业部、国家知识产权局、国际植物新品种保护联盟于2004年6月9日至13日在北京成功举办了"植物新品种保护数据处理技术会议"及"《国际植物新品种保护公约》1991年文本优势暨植物新品种保护国际合作益处会议"。共有来自中国、德国、荷兰、西班牙、英国、新加坡、韩国、俄罗斯、肯尼亚、丹麦、日本等11个国家的近150名人员参加了此次会议。

《国际植物新品种保护公约》1991年文本对1978年文本有许多重大发展,《植物新品种保护条例》同《国际植物新品种保护公约》1991年文本的差距是全面的。

(1)关于保护模式。《国际植物新品种保护公约》1978年文本规定要么专利要么品种权的单一保护模式,1991年文本则允许用多种形式保护植物新品种。

(2)临时性保护措施。《国际植物新品种保护公约》1991年文本规定的临时性保护措施同1978年文本差不多。

(3)保护期限。《国际植物新品种保护公约》1991年文本规定的最低保护期限更长,品种权自批准之日起不少于20年,对于树木和藤本植物,这个期限不少于25年。

(4)行使保护权限制。《国际植物新品种保护公约》1991年文本除规定只能以公共利益及公约明文规定为理由限制权利行使外,更明确规定不得以其他理由限制权利行使,并需要给予公平补偿。

(5)例外规定。《国际植物新品种保护公约》1991年文本关于例外的规定有所发展,第15条规定了强制性例外和选择性例外两种例外类型,但又同时规定了例外规定的限制。比如,对培育新品种的活动,规定一些活动被排除在培育其他新品种活动之外,即,依照第14条第5款实施的活动不被认为是培育新品种的活动。另外,关于农民特权只是作为选择性例外规定,即可以实施,也可以不实施,而且附加了条件,如"不影响育种人合法权益的情况下"、"在适当的范围内"等。《植物新品种保护条例》没有作例外类型的区分,对适用的条件完全没有任何明确的规定,显得很不完善。

(6)优先权。《国际植物新品种保护公约》1991年文本在优先权程序方面规定得更宽松,首先递交第一次申请文件的期限由3个月改为不少于3个月,即时间可以更长。其他补充文件可以在优先权期满后2年内提供,比1978年文本的4年更趋合理。

(7)首次申请的提出。《国际植物新品种保护公约》1991年文本与1978年文本基本一样,规定的是申请自由原则和保护的互不依赖性。

(8)授予品种权的条件。《国际植物新品种保护公约》1991年文本在独特性和新颖性方面都有发展和完善。在独特性上,与1978年文本相比,1991年文本没有把已经在培育和销售,以及在参考文献中或在刊物中准确描述等情况列举出来,而是规定:"如果一个品种在申请书登记之时显然有别于已知的任何其他品种,则这个品种应被认为是特异的。特别是,在任何国家里,一份要求育种者权利的申请或者要求在一份正式品种注册中登记为其他品种的申请的发出,如果此申请以后获得了育种者的权利或者登记成功,则应认为从申请之日起,该其他品种便是已知的品种。"1991年文本比1978年文本的规定更科学,特异性标准变得有章可循。在新颖性上,《植物新品种保护条例》中破坏新颖性的行为仅指繁殖材料的销售,而根据1991年文本的规定,破坏新颖性的行为包括繁殖材料及收获材料的销售,或经育种人同意转让给他人进行的开发。1991年文本对新颖性的要求更高。

(9)品种权权利内容及范围。《国际植物新品种保护公约》1991年文本对育种人权利的规定是细致周到的,并对可能的模糊地段作了规定。《植物新品种保护条例》同1991年文本的差距还比较大,体现为权利内容少,限制多。1991年文本与《植物新品种保护条例》相比,有以下不同之处:首先,《植物新品种保护条例》有商业目的限制,1991年文本无商业目的的限制;其次,1991年文本区分繁殖材料和收获材料,《植物新品种保护条例》没有作出区分,仅针对繁殖材料;第三,1991年文本规定的对繁殖材料的许诺销售行为(1978年文本已有)、出口、进口与提供存货行为等,都是《植物新品种保护条例》所没有规定的;第四,1991年文本规定,涉及收获材料、从收获材料直接得到的产品(product)以及其成员国同意的其他活动均需取得育种者授权。第五,对于一些派生品种,没有明显区别的品种,需要反复利用受保护品种进行繁育的品种,1991年文本也给予保护,并对派生品种给予了解释。

(10)权利用尽。1991年文本增加了一项重要制度,即权利用尽制度,也叫权利穷竭制度。权利用尽制度是对育种者权利的合理限制。《植物新品种保护条例》中没有规定权利用尽制度。1991年文本第16条规定:育种人权利的用尽,指受保护品种的材料、派生品种的材料、从该材料衍生的材料,已由育种人本人或经其同意在有关缔约方领土内出售之后的进一步销售或市场营销行为,除例外情况外,不受育种人权利制约。

除此之外,《植物新品种保护条例》还存在如下几处不完善的地方:

(1)"职务育种权" 相关规定不合理。该条例第10条第1款规定:"执行本单位的任务或者主要是利用本单位物质条件所完成的职务育种、植物新品种的申请权属于该单位。"非职务育种、植物新品种的申请权属于完成育种的个人,申请被批准后品种权属于申请人,对于职务育种行为,最终归属于单位,考虑到某些植物新品种对国家的重大意义,国家应该掌握这些关键性技术的所有权,本条规定无可厚非,但是,在整个《植物新品种保护条例》及其实施细则中找不到对育种人奖励的规定,常此以往将会挫伤在科研一线默默耕耘的工作者的积极性。依据我国目前的体制,广大科研人员在行政上属于各级农业科级部门,其工资待遇在近几年有了长足的提高,但是一项植物新品种给社会带来的效益是巨大的,有的甚至是革命性的,我们是社会主义国家,包括科技人员在内的各行业的工作者的收益应与其贡献相称,这才有利于鼓励创新。国外大企业的科研人员年薪动辄数十万而且还可以参与其产品市场利润分红,其高待遇导致了我国近几年大量优秀人才的流失,直接影响了我国的整体科研水平和国际竞争力，他们在国外的研制成果又堂而皇之地占领了我国的市场。

(2)没有侵权后赔偿金额标准的相关规定。《植物新品种保护条例》及其实施细则均无侵权行为发生后，赔偿标准的相关规定。植物新品种权属于知识产权，对于侵犯著作权、商标权、专利权的行为，我国法律有明确的侵权责任(民事责任、刑事责任、行政责任)和赔偿标准的规定，但对于植物新品种的侵权却缺乏相关规定，这对于保护我国非常脆弱的植物新品种产业，规范相关市场行为是十分不利的。

(3)品种权申请费用高，手续过于繁琐、严苛，人为提高申请门槛。根据我国相关法律，品种权申请包括申请费1 800元、实质审查费4 600元、测试费2 000元，尔后每三年递增30%。众所周知，农业本身是一弱势产业，品种表现好坏除本身因素外，受自然条件因素影响很大，客观上增加品种申报数量几乎是种子行业目前的共同愿望。一个品种从申请到授权要花费1万多元，授权后一般还要交纳保护费3万～4万元。尽管在制定《植物新品种保护条例》的时候已经考虑到申请和保护的费用问题，为有困难的申请者设置了费用补贴的法律程序，可惜没有落到实处。❶

(4)对侵权行为惩罚力度不够。对于植物新品种的保护，我国有关部门已相当重视，制定了相关法律法规。但对于地方机构，植物新品种保护却是新生事物，无论是行政执法还是司法保护，都不尽如人意。以吉林省吉农公司为例，2002年，仅省内假冒、盗用该公司品牌出售的粮种数量就高达1 000万斤，2003年和2004年，每年也有500多万斤，侵权粮种的纯度低、质量差，平均产量要比正宗品种低30%左右；而500多万斤正牌种子可以种植的面积高达50万~60万公顷，由此推算每年的粮食产量会因此减产1亿斤以上。❷目前我国法律对于侵权行为打击力度不够，往往罚款了事，导致了“罚得了，打不垮”，罚款不及侵权所带来的利润。

三、完善植物新品种制度的设想

前文对现今我国保护植物新品种制度的不足作了阐述，下面笔者对该制度如何完善以应对日益严峻的国际竞争环境提出自己的观点。总的思路是，我国植物新品种立法应达到《国际植物新品种保护公约》1978年文本的要求，参照1991年文本，全面修订相关条例，并完善其他相关制度。首先，按照《国际植物新品种保护公约》1978年文本的规定修改《植物新品种保护条例》，将1978年文本的规定全面纳入该条例，并对相关实施细则进行修订。其次，认真研究1991年文本，以它为坐标修订

---

❶ 刘君 、何晶：“植物新品种若干问题的探讨”，载《种子》2003年第3期。

❷ 苏娟：“吉林农科院饱受侵权之痛，每年全省的粮食产量因此减少1亿斤以上”，载《中国知识产权报》2005年6月2日。

相关条例,为加入1991年文本做准备。应该看到,1991年文本的许多规定较1978年文本更科学、更周到、更完善。即便我国尚未加入该文本,也不妨碍我国借鉴其中的好的规定和内容,对《植物新品种保护条例》进行修订。这次修订,可以为我国加入1991年文本做准备。只有加入国际条约,我们才有可能在其中发出自己的声音,才有同其他国家展开全面对话和合作的可能。从长远来看,1991年文本更符合经济全球化的相关运作及新技术发展的现实要求,如农林产品的多样化应用及扩大贸易所涉及的受保护品种的收获材料及加工产品、基因工程等现代生物技术在育种领域的应用等问题更多的涉及1991年文本的规定。在更高的水平上加大我国新品种保护的力度,有利于解决目前在引进国外优良新品种方面形成的技术壁垒,合理规避风险,增强我国种业的国际竞争力。

具体制度的改革完善可以从以下两个方面着手进行。

(一)行政制度设计上的改革

保护是一双看不见但有力的手,我国植物新品种作为一个弱势产业急需行政保护这样一双有力的手加以推进和鞭策。植物新品种产业商业风险巨大,根据1998～1999年对美国生物投资的统计,生物科技公司的种子资金投资大概在250万～700万美元之间,平均在500万美元左右。[1] 完成一个植物新品种的开发工作大概要用10～15年时间。凭我国目前农科所或其他研发主体很难完全单独承担这些风险。生物产业具有高投入、高风险、高回报和长周期的特点。目前我国生物产业正处在起步阶段,为适应经济结构的战略性调整和产业升级,政府应根据生物产业发展特点及产业发展现状,研究制定有效的政策措施,以提高我国生物产业的创新能力和国际竞争力。笔者认为应从以下几个方面着手加强行政性扶持的力度。

1. 在农业部下建立专门的咨询指导委员会

考虑到申请工作的复杂性,应当在农业部内建立一个咨询、指导申请人申请的机构,该机构职能有:(1)提供咨询,不定期对全国科研机构进行调查,向其提供法律服务,对上述在研发中的植物品种进行登记,并批准其在适当的时机提出申请;(2)对申请工作给予指导,对于已经处于申请过程中的企业或个人给予指导;(3)给予资金上的援助,对于符合申请条件的企业或个人经申请给予资金上有偿或无偿的援助。

2. 建立绿色通道机制,对于能有效提高生产力,处于国际领先水平的植物品种,应该主动为其办理申请手续

只要符合新颖性、特异性、稳定性的实质要件,手续上一律从简。一旦申请成

---

[1] 李兆阳:《高新技术知识产权的保护和产业化》,北京华夏出版社2002年版,第132页。

功,甚至可为其联系资金进行市场开发。"绿色通道"的建立,可以节约科技市场化的时间,为国家创造更大效益。

3. 建立行业自律机构

政府出资建立这样一个机构,该行业自律机构应具有民间性,其职能应有:(1)广泛收集国外先进科技信息和情报并及时反馈给国内研发企业。(2)以自己的名义代理诉讼,我国研发企业普遍资金不足,加之植物品种侵权收集证据难、成本高,由集体来代替科研组织打官司,可以使其全心于科研并且能够发挥集体优势,甚至组织专门的律师队伍进行相关的法律工作。(3)作为技术与资金的桥梁,为技术找资金。(4)行业内自律,对于行业内纠纷可以先行调解。(5)调查反垄断,代表中国农产品行业提起反垄断诉讼。

4. 增加专项资金扶持品种研发

我国植物新品种研发现状是项目不平衡,即研发重点在于谷类、土豆、玉米等粮食作物上,对于新型水果、观赏植物等则力量薄弱,该专项资金应予以重点扶持。建立政府实验室,以研制那些有利于出口创汇的新品种。

(二)法律制度的改进

1. 重新设计优先权制度

我国应把1978年文本的规定直接纳入《植物新品种保护条例》,并对申请手续给予宽松对待。

2. 精简《植物新品种保护条例》及其实施细则中的申请手续

《植物新品种保护条例》及其实施细则中某些条文对于申请程序的设立较为繁琐,部分条文显得多余,如《植物新品种保护实施细则》第23条,居然将文件未打印作为农业办公室不受理的实质要件。笔者认为应该简化申请手续,删除类似繁文缛节,不必人为地延长申请时间。

3. 扩大植物新品种的保护范围

扩展品种权的内容,现行法律中育种权人只有销售权,这是远远不够的。应该加入许诺销售权、进口权。许诺销售,是指以广告、在商店橱窗中陈列或者在展销会上展出等方式作出销售商品的意思表示。进口权是指除法律另有规定外,育种人享有自己进口或禁止他人未经许可为制造、销售、使用等生产经营目的进口其品种权产品或进口依照其植物新品种直接获得的产品的权利。

4. 对职务育种人的奖励条款写进法律

职务育种权归属于单位是有必要的,但育种人应获得相应的物质上、精神上的奖励。物质上,法律应规定单位应从销售收入中提取不少于利润5%的资金作为科研人员的奖励;其次,研发人员应享有相应的精神权利,即申请时虽然认单位为申请人,但应将研发人员的名字写入申请书,如果申请成功,公告上应注明相应研发人员的姓名。

5. 将侵权赔偿金具体化

《植物新品种保护条例》第40条规定:"假冒授权品种的,由县级以上人民政府农业、林业行政部门依据各自的职权责令停止假冒行为,没收违法所得和植物品种繁殖材料,并处违法所得1倍以上5倍以下的罚款;情节严重,构成犯罪的,依法追究刑事责任。"该规定对侵权行为赔偿金额不够具体,可以参照《专利法》的相关条款规定:侵犯专利权的赔偿数额,按照权利人因被侵权所受到的损失或者侵权人因侵权所获得的利益确定;被侵权人的损失或者侵权人获得的利益难以确定的,参照该专利许可使用费的倍数合理确定。

6. 增加适用相关诉前禁令的规定

知识产权作为一种无形财产,其价值越来越受到重视。智力成果开发难、过程长、成本高,但复制简单、成本低廉,任何对其保护的拖延都会给权利人带来重大甚至难以弥补的损失,进而伤害到权利人的利益,因此在我国知识产权保护领域中设置了相对独特的诉前禁令制度。植物新品种权具有知识产权的属性,历来就是专利权的一个分支,所以对于植物新品种的民事诉讼应该适用诉前禁令制度。

7. 关于农民特权制度的完善

农民特权是一项习惯法上的权利,应当受到尊重。但是,农民特权必须以尊重品种权为前提。品种权受不到有效的保护,农民特权便会成为无源之水、无本之木。如果没有蛋糕或蛋糕很少,费劲研究如何来切分蛋糕是毫无意义的。因此,《植物新品种保护条例》应当规定农民特权。农民特权的成立条件是最初取得种子或其他繁殖材料的来源应当是合法的,并支付了育种人合理的价格。通过交换等途径从非育种人处获取繁殖材料,不能享有农民特权。对所有植物新品种都可以有农民特权,不享有农民特权是例外情况,需要育种人通过向品种行政管理部门申请免除农民特权的适用。我们不宜采取多数国家通过列举适用农民特权的种群的办法来界定农民特权,而可以仿效日本的做法,规定不能农民行使农民特权的情形。这样才有利于从法律上真正落实农民特权。适用农民特权应当支付适当费用,一般应当比同一地区被许可人在相同时段支付育种者的授权许使用费要低。此外,《植物新品种保护条例》还应对该权利予以限制:农民留出种子的目的仅限于播种于自己的农场和仅供自己使用。播种之外的目的不能享有农民特权。农民自己或通过中介为了出售、置换或交换的目的使用受保护品种不能享有农民特权。农民特权只能归农民单独享有,而不能惠及第三方。在受到育种人的侵权指控时,使用农民特权的人需要证明自己遵守了本条所给出的限制条件。

8. 强制许可

《植物新品种保护条例》规定的强制许可与《国际植物新品种保护公约》1991年和1978年文本均存在明显差距。《国际植物新品种保护公约》文本中的强制许可适用范围应当很窄。如果说该条例与《国际植物新品种保护公约》文本冲突还不算激烈的话,《植物新品种保护条例实施细则》则明显违反了该公约。如《植物新品种保护条例实施细则》(林业部分)第9条规定:“依照条例第十一条规定,有下列情形之一的,国家林业局可以作出或者依当事人的请求作出实施植物新品种强制许可的决定:(一)为满足国家利益和公共利益等特殊需要;(二)育种人无正当理由自己不实施或者实施不完全,又不许可他人以合理条件实施的。”其中第(2)项在《国际植物新品种保护公约》中根本没有体现,已然违反了《国际植物新品种保护公约》。《植物新品种保护实施细则》(农业部分)第12条同样违反了《国际植物新品种保护公约》。

公共利益并非可以任意解释,其所指应是有限的。《植物新品种保护条例》中公共利益的含义可以作一些细化,具体包括涉及公共安全、公共健康和生态环境的保护等。经济利益方面的理由,一般不应该作为适用公共利益的由头,比如作物具有重大经济价值。

强制许可的条件概括如下:(1)适用强制许可的理由只能是公共利益。《植物新品种保护条例》中的公共利益主要指公共安全、公共健康、生态环境保护与促进生物多样性;(2)强制许可由国务院品种权管理部门决定实施,但具体由谁实施宜先由当事人之间进行磋商达成,育种人与要求实施的第三人达不成一致的,行政管理部门可以授予强制许可;(3) 强制许可实施应当给予育种人正当报酬;(4)强制实施许可的期限,未见这方面的规定,但不宜过长,以1～3年为限,超过3年的,应当报国务院批准;(5)强制许可既然因公共利益而起,就不能只授予个别人。

此外,在完善品种权保护时还应当注意完善授予品种权的条件,延长品种权保护期限,规定临时性保护措施并建立权利用尽制度。

我国已加入植物新品种保护联盟(UPOV),UPOV是一项有广泛影响力的国际条约,而我国仅以效力较低的行政法规来规定一项重要的知识产权,实施国际条约,不是十分妥当。因此,笔者建议用“中华人民共和国植物新品种保护法”取代现行的《植物新品种保护条例》,由国务院颁布实施细则。下面是笔者草拟的《植物新品种保护法(建议稿)》。

附:植物新品种保护法(建议稿)

第一章　总　　则

第一条　植物新品种的保护受本法调整。

[立法理由]我国植物新品种保护选择品种权专门保护模式。

第二条 本法所称植物新品种，是指经过人工培育的或者对发现的野生植物加以开发，具备新颖性、特异性、一致性和稳定性并有适当命名的植物品种。

第三条 本法所称育种人系指：

(一)培育或发现并开发了一个品种的人；

(二)上述人员的雇主或按照有关缔约方的法律规定代理雇主工作的人；

(三)或视情况而定，上述第一个人或第二个人的继承人。

[立法理由]UPOV中使用的breeder，翻译成中文以“育种人”较为妥当，故本草案弃用“品种权人”，统一改用“育种人”。

第四条 国务院植物品种权管理部门负责植物新品种权申请的受理和审查并对符合本法规定的植物新品种授予植物新品种权(以下称品种权)。

[立法理由]未使用国务院林业、农业行政部门的提法，理由有二：其一，品种权管理部门以统一为宜；其二，国务院的行政部门常有变动，而法律不宜经常变动，用国务院植物品种权管理部门可以长久保持提法不变，并且可以适应目前的情况。

第五条 中国单位和个人申请品种权的植物新品种涉及国家安全或者重大利益的，应当首先在中国申请；向外国申请品种权或向外国人转让申请权和品种权的，应当经国务院品种权管理部门批准；需要保密的，应当按照国家有关规定办理。

[立法理由]本条规定涉及首次申请的提出，申请权及品种权的转让等多方面内容宜规定在总则中；改正了原条例中违反UPOV申请自由精神的规定；同时规定了例外情形。

第六条 UPOV缔约方的外国国民，以及在一缔约方领域内居住的自然人和有注册办事处的法人，在中国申请品种权的，依照本法办理。

前款之外的其他外国人、外国企业或者外国其他组织在中国申请品种权的，应当按其所属国和中华人民共和国签订的协议，或者根据互惠原则，依照本法办理。

[立法理由]该条把UPOV中的国民待遇直接转化为国内法。国民待遇的条款置于总则中比置于“申请与受理”章更合理。UPOV正是这样处理的。

第七条 完成关系国家利益或者公共利益并有重大应用价值的植物新品种育种的单位或者个人，由县级以上人民政府或者有关部门给予奖励。

第八条 生产、销售和推广被授予品种权的植物新品种(以下称授权品种)，应当按照国家有关种子的法律、法规的规定审定。

第二章 品种权的内容和归属

第九条 育种人权利适用范围

涉及受保护品种繁殖材料的下列活动将需育种人授权：

(一)生产或繁殖；

(二)为繁殖而进行的调整；

(三)提供销售；

(四)销售或其他买卖；

(五)出口；

(六)进口；

(七)出于上述第(一)项至第(六)项的目的而提供存货。

除另有规定外，从事前款第(一)项至第(七)项各项活动，涉及由未经授权使用受保护品种的繁殖获得的收获材料(包括整株和部分植株)时，应得到育种人授权，但育种人已有合理机会能行使权利的繁殖材料则例外。

除另有规定外，从事第一款第(一)项至第(七)项各项活动，在涉及用第二款中所指由未经授权使用的受保护品种的收获材料直接制作的产品时，应得到育种人授权，育种人对该收获材料已有合理机会行使其权利的情况例外。

上述第一款至第三款规定也适用下列各项：

(一)受保护品种的派生品种，但受保护品种本身基本不是派生品种；

(二)根据第七条规定，与受保护品种没有明显区别的品种；

(三)需要反复利用受保护品种进行繁育的品种。

满足下列条件时，一品种即为另一品种("原始品种")的派生系，即派生品种：

(一)直接从原始品种选出或从该原始品种的派生品种中选出的品种，能够表达由原始品种基因型或基因型组合控制的基本种特性；

(二)与原始品种有明显区别；

(三)除派生性状有差异外，由原始品种基因型或基因型组合控制的基本种特性的表示与原始品种相同。

通过选择天然或诱变株、体细胞无性变异株，从原始品种中选变异单株、回交或经遗传工程转化等途径获得派生品种。

[立法理由]基本上采用了UPOV第14条，但去掉了该条第4款，适当限制了权利范围。

第十条 一个植物新品种只能授予一项品种权。两个以上的申请人分别就同一个植物新品种申请品种权的，品种权授予最先申请的人；同时申请的，品种权授予最先完成该植物新品种育种的人。

第十一条 执行本单位的任务或者主要是利用本单位的物质条件所完成的职务育种，植物新品种的申请权属于该单位；非职务育种，植物新品种的申请权属于完成育种的个人。申请被批准后，品种权属于申请人。

委托育种或者合作育种,品种权的归属由当事人在合同中约定;没有合同约定的,品种权属于受委托完成或者共同完成育种的单位或者个人。

第十二条　品种培育人有要求表明自己培育人身份的权利。拥有职务品种的中国单位应当对完成植物品种的培育人给予适当奖励。

第十三条　植物新品种的申请权和品种权可以依法转让。转让申请权或者品种权的,当事人应当订立书面合同,并向国务院品种权管理部门登记,由国务院品种权管理部门予以公告。

育种人可以通过许可合同许可他人行使品种权。

[立法理由]转让申请权及品种权是育种人的自由和权利,除本法另有规定外,不应当限制育种人转让其品种权。普通的许可使用没有必要到国务院品种权管理部门登记。

第十四条　利用授权品种进行育种及其他科研活动使用授权品种的,可以不经育种人许可,不向其支付使用费,但是不得侵犯育种人依照本法享有的其他权利。

第十五条　农民在自己承包或依照合同取得经营权的土地上使用授权品种的行为符合下列条件的,应当允许:

(一)农民最初取得授权品种种子或其他繁殖材料的来源应当是合法的,并支付了育种人合理的价格。通过交换等途径从非育种人处获取繁殖材料,不能享有农民特权。

(二)凡是承包或以合同形式经营土地的自然人均视为农民。

(三)农民使用授权品种的面积应当符合限定要求。每一品种的限定面积由国务院品种权管理部门研究具体情况后予以公布。

(四)适用农民特权应当支付适当费用,一般应当不低于同一地区普通被许可人在相同时段支付育种人的授权许使用费的百分之三十。

(五)农民留出种子的目的仅限于播种于自己的农场和仅供自己使用。播种之外的目的不能享有农民特权。农民自己或通过中介为了出售、置换或交换的需要使用保护品种不能享有农民特权。

(六)农民特权只能归农民单独享有,而不能惠及第三方。

(七)除由育种人申请并经国务院品种权管理部门批准不予适用农民特权的新品种外,所有植物新品种都适用农民特权。

(八)在受到育种人的侵权指控时,使用农民特权的人需要证明自己遵守了本条所给出的限制条件。

[立法理由]本条参考《国际植物新品种保护公约》1991年文本以及阿根廷、英

国、日本、波兰等国的植物品种立法关于农民特权的规定。❶

第十六条 为了公共安全、公共健康、生态环境保护与促进生物多样性等公共利益的需要，国务院品种权管理部门可以作出实施植物新品种强制许可的决定，并予以登记和公告。

强制许可的实施由育种人与要求实施的人之间进行磋商达成协议。育种人与要求实施的人达不成一致的，国务院品种权管理部门可以通过招标或根据实施决定公布后有关当事人的申请决定。

实施单位或者个人应当付给育种人正当报酬，其数额由双方商定；双方不能达成协议的，由国务院品种权管理部门裁决。

强制实施许可的期限以一年至三年为限，超过一年的，应当报国务院批准。

强制许可的决定应当是开放的。中国的公民，企业、事业单位均可依照规定申请实施。

育种人对强制许可决定或者强制许可使用费的裁决不服的，可以自收到通知之日起三个月内向人民法院提起诉讼。

[立法理由]依照UPOV91文本的精神制定本条，将实施强制许可的理由和条件细化。在充分尊重私权的同时，兼顾社会公共利益。

第十七条 育种人权利用尽

受品种权保护的材料，已由育种人本人或经其同意在有关缔约方领土内出售或在市场销售，或任何从所述材料派生的材料，育种人权利均不适用，除非这类活动：

(一)涉及该品种的进一步繁殖；

(二)涉及能使该品种繁殖的材料出口到一个不保护该品种所属植物属或种的国家，但出口材料用于最终消费的情况不在此例。

第一款所指“材料”的含义为与某一品种有关的：

(一)任何种类的繁殖材料；

(二)收获材料，包括整株和植株的部分；

(三)任何直接由收获材料制成的产品。

[立法理由]权利用尽制度是《国际植物新品种保护公约》1991年文本增设的制度，本法予以采纳。

---

❶ See:(1)the so-called “farmer's privilege” in PVP law means real restrictions on seed-saving, GRAIN Updated ,February 2002;(2)Argentina seed-law, Plant Variety Protection, December 2002,No.94, p.19.

第三章 授予品种权的条件

第十八条 申请品种权的植物新品种应当属于国家植物品种保护名录中列举的植物属或者种。植物品种保护名录由国务院品种权管理部门确定和公布。

第十九条 授予品种权的植物新品种应当具备新颖性。新颖性,是指申请品种权的植物新品种在申请日前该品种繁殖材料及收获材料未被销售，或经育种人同意转让给他人进行的开发,或者经育种人许可,在中国境内销售该品种繁殖材料未超过一年;在中国境外销售藤本植物、林木、果树和观赏树木品种繁殖材料未超过六年,销售其他植物品种繁殖材料未超过四年。

第二十条 授予品种权的植物新品种应当具备特异性。特异性,是指申请品种权的植物新品种应当明显区别于在递交申请以前已知的植物品种。

如果一个品种在申请书登记之时显然有别于已知的任何其他品种,则这个品种应被认为是特异的;特别是,在任何国家里,一份要求育种人权利的申请或者要求在一份正式品种注册中登记为其他品种的申请的发出，如果此申请以后获得了育种人的权利或者登记成功,则应认为从申请之日起,该其他品种便是已知的品种。

[立法理由]本条对什么是“已知”予以界定。

第二十一条 授予品种权的植物新品种应当具备一致性。一致性,是指申请品种权的植物新品种经过繁殖,除可以预见的变异外,其相关的特征或者特性一致。

第二十二条 授予品种权的植物新品种应当具备稳定性。稳定性,是指申请品种权的植物新品种经反复繁殖后或者在特定繁殖周期结束时，其相关的特征或者特性保持不变。

第二十三条 授予品种权的植物新品种应当具备适当的名称，并与相同或者相近的植物属或者种中已知品种的名称相区别。该名称经注册登记后即为该植物新品种的通用名称。下列名称不得用于品种命名：

(一)仅以数字组成的;

(二)违反社会公德的;

(三)对植物新品种的特征、特性或者育种人的身份等容易引起误解的。

第二十四条 不论授权品种的保护期是否届满，销售该授权品种应当使用其注册登记的名称。

第四章 品种权的申请和受理

第二十五条 除另有规定外，申请育种人权利的育种人可按自己的意愿选择向国务院品种权管理部门提交首次申请,也可以选择向其他国家提交首次申请。

选择向国务院品种权管理部门提出首次申请的，在国务院品种权管理部门尚未批准授予育种人权利之前,育种人有权向其他UPOV缔约方的主管机关提交育种人权利的申请。

国务院品种权管理部门不得以对同一品种未向其他国家或政府间组织提交保护申请,或这种申请已被拒绝或其保护期已满为由,拒绝授予育种人权利或限制其保护期限。

[立法理由]本条是申请自由与申请独立的具体化。

第二十六条 中国的单位和个人申请品种权的,可以直接或者委托代理机构向国务院品种权管理部门提出申请。

外国人申请品种权的,应当委托中国代理机构向国务院品种权管理部门提出申请。

第二十七条 申请品种权的,应当向审批机关提交符合规定格式要求的请求书、说明书和该品种的照片。

申请文件应当使用中文书写。

第二十八条 国务院品种权管理部门收到品种权申请文件之日为申请日;申请文件是邮寄的,以寄出的邮戳日为申请日。

第二十九条 申请人是一UPOV缔约方的外国国民,以及在一缔约方领域内居住的自然人和有注册办事处的法人,自在外国第一次提出品种权申请之日起十二个月内,又在中国就该植物新品种提出品种权申请的,可以享有优先权。

前款之外的其他外国人、外国企业或者外国其他组织在中国申请品种权要求优先权的,应当按其所属国和中华人民共和国签订的协议,或者根据互惠原则,依照本法办理。

申请人要求优先权的,应当在申请时提出书面说明,并在三个月内提交经原受理机关确认的第一次提出的品种权申请文件的副本;未依照本法规定提出书面说明或者提交申请文件副本的,视为未要求优先权。

育种人可以在优先权期满后两年之内,或在首次申请被拒绝或撤出后的适当时间内,向国务院品种权管理部门提供审查所需的其他信息、文件或材料。

[立法理由]本条采用UPOV的规定,对要求优先权的手续相对宽松。

第三十条 对符合本法第二十六条规定的品种权申请,国务院品种权管理部门应当予以受理,明确申请日,给予申请号,并自收到申请之日起一个月内通知申请人缴纳申请费。

对不符合或者经修改仍不符合本法第二十六条规定的品种权申请,审批机关不予受理,并通知申请人。

第三十一条 申请人可以在品种权授予前修改或者撤回品种权申请。

第三十二条　品种权管理部门可以在注册申请至批准期间采取措施保护育种人的权益,以防止第三者侵权。

第五章　品种权的审查批准

第三十三条　申请人缴纳申请费后，国务院品种权管理部门对品种权申请的下列内容进行初步审查：

(一)是否属于植物品种保护名录列举的植物属或者种的范围；

(二)是否符合本法第六条的规定；

(三)是否符合新颖性的规定；

(四)植物新品种的命名是否适当。

第三十四条　国务院品种权管理部门应当自受理品种权申请之日起六个月内完成初步审查。对经初步审查合格的品种权申请，国务院品种权管理部门予以公告,并通知申请人在三个月内缴纳审查费。对经初步审查不合格的品种权申请,国务院品种权管理部门应当通知申请人在三个月内陈述意见或者予以修正；逾期未答复或者修正后仍然不合格的,驳回申请。

第三十五条　申请人按照规定缴纳审查费后，国务院品种权管理部门对品种权申请的特异性、一致性和稳定性进行实质审查。申请人未按照规定缴纳审查费的,品种权申请视为撤回。

第三十六条　国务院品种权管理部门主要依据申请文件和其他有关书面材料进行实质审查。国务院品种权管理部门认为必要时,可以委托指定的测试机构进行测试或者考察业已完成的种植或者其他试验的结果。因审查需要,申请人应当根据国务院品种权管理部门的要求提供必要的资料和该植物新品种的繁殖材料。

第三十七条　对经实质审查符合本法规定的品种权申请,国务院品种权管理部门应当作出授予品种权的决定,颁发品种权证书,并予以登记和公告。对经实质审查不符合本法规定的品种权申请,国务院品种权管理部门予以驳回,并通知申请人。

第三十八条　国务院品种权管理部门设立植物新品种复审委员会。

对国务院品种权管理部门驳回品种权申请的决定不服的，申请人可以自收到通知之日起三个月内,向植物新品种复审委员会请求复审。植物新品种复审委员会应当自收到复审请求书之日起六个月内作出决定,并通知申请人。

申请人对植物新品种复审委员会的决定不服的，可以自接到通知之日起十五日内向人民法院提起诉讼。

第三十九条　品种权被授予后，在自初步审查合格公告之日起至被授予品种权之日止的期间,对未经申请人许可,为商业目的生产或者销售该授权品种的繁殖材料的单位和个人,育种人享有追偿的权利。

第六章　期限、终止和无效

第四十条　品种权的保护期限,自授权之日起,藤本植物、林木、果树和观赏树木为二十五年,其他植物为二十年。

第四十一条　育种人应当自被授予品种权的当年开始缴纳年费,并且按照国务院品种权管理部门的要求提供用于检测的该授权品种的繁殖材料。

第四十二条　有下列情形之一的,品种权在其保护期限届满前终止:

(一)育种人以书面声明放弃品种权的;

(二)育种人未按照规定缴纳年费的;

(三)育种人未按照国务院品种权管理部门的要求提供检测所需的该授权品种的繁殖材料的;

(四)经检测该授权品种不再符合被授予品种权时的特征和特性的。

品种权的终止,由国务院品种权管理部门登记和公告。

第四十三条　自国务院品种权管理部门公告授予品种权之日起,植物新品种复审委员会可以依据职权或者依据任何单位或者个人的书面请求,对不符合本法第十九条、第二十条、第二十一条和第二十二条规定的,宣告品种权无效;对不符合本法第二十三条规定的,予以更名。宣告品种权无效或者更名的决定,由国务院品种权管理部门登记和公告,并通知当事人。

对植物新品种复审委员会的决定不服的,可以自收到通知之日起三个月内向人民法院提起诉讼。

第四十四条　被宣告无效的品种权视为自始不存在。

宣告品种权无效的决定,对在宣告前人民法院作出并已执行的植物新品种侵权的判决、裁定,省级以上人民政府国务院品种权管理部门作出并已执行的植物新品种侵权处理决定,以及已经履行的植物新品种实施许可合同和植物新品种权转让合同,不具有追溯力;但是,因育种人的恶意给他人造成损失的,应当给予合理赔偿。

依照前款规定,育种人或者品种权转让人不向被许可实施人或者受让人返还使用费或者转让费,明显违反公平原则的,育种人或者品种权转让人应当向被许可实施人或者受让人返还全部或者部分使用费或者转让费。

第七章　法律责任

[立法理由]增加一章。

第四十五条　违反本法规定,侵犯育种人权利,引起纠纷的,由当事人协商解决;不愿协商或者协商不成的,育种人或者利害关系人可以向人民法院起诉,也可以请求县级以上管理植物品种工作的部门处理。县级以上管理植物品种工作的部门处理时，认定侵权行为成立的，可以责令侵权人立即停止侵权行为，当事人不服的，可以自收到处理通知之日起十五日内依照《中华人民共和国行政诉讼法》向人民法院起诉；侵权人期满不起诉又不停止侵权行为的，县级以上管理植物品种工作的部门可以申请人民法院强制执行。进行处理的县级以上管理植物品种工作的部门应当事人的请求，可以就侵犯品种权的赔偿数额进行调解；调解不成的，当事人可以依照《中华人民共和国民事诉讼法》向人民法院起诉。

第四十六条　侵犯品种权的赔偿数额，按照权利人因被侵权所受到的损失或者侵权人因侵权所获得的利益确定；被侵权人的损失或者侵权人获得的利益难以确定的，参照该品种权许可使用费的倍数合理确定。

第四十七条　育种人或者利害关系人有证据证明他人正在实施或者即将实施侵犯其品种权的行为，如不及时制止将会使其合法权益受到难以弥补的损害的，可以在起诉前向人民法院申请采取责令停止有关行为和财产保全的措施。

人民法院处理前款申请，适用《中华人民共和国民事诉讼法》第九十三条至第九十六条和第九十九条的规定。

第四十八条　侵犯品种权的诉讼时效为二年，自育种人或者利害关系人得知或者应当得知侵权行为之日起计算。

申请公布后至品种权授予前使用该发明未支付适当使用费的，育种人要求支付使用费的诉讼时效为二年，自育种人得知或者应当得知他人使用其新品种之日起计算，但是，育种人于品种权授予之日前即已得知或者应当得知的，自品种权授予之日起计算。

第四十九条　假冒授权品种的，由县级以上管理植物品种工作的部门依据职权责令停止假冒行为，没收违法所得和植物品种繁殖材料，并处违法所得一倍以上五倍以下的罚款；情节严重，构成犯罪的，依法追究刑事责任。

第五十条　县级以上管理植物品种工作的部门依据职权在查处品种权侵权案件和假冒授权品种案件时，根据需要，可以封存或者扣押与案件有关的植物品种的繁殖材料，查阅、复制或者封存与案件有关的合同、账册及有关文件。

第五十一条　销售授权品种未使用其注册登记的名称的，由县级以上管理植物品种工作的部门依据职权责令限期改正，可以处一千元以下的罚款。

第五十二条　县级以上管理植物品种工作的部门及有关部门的工作人员滥用职权、玩忽职守、徇私舞弊、索贿受贿，构成犯罪的，依法追究刑事责任；尚不构成犯罪的，依法给予行政处分。

第八章　附　　则

第五十三条　向国务院品种权管理部门申请品种权和办理其他手续，应当按照规定缴纳费用。

第五十四条　国务院品种权管理部门可以对本法施行前首批列入植物品种保护名录的和本法施行后新列入植物品种保护名录的植物属或者种的新颖性要求作出变通性规定。

第五十五条　国务院可以根据本法规定制定实施细则。

[立法理由]本法未作细化规定的内容,宜由国务院以行政法规规定。本条是国务院制定实施细则的依据。

第五十六条　本法自公布之日起实施。

8

第八章 商业秘密保护制度的完善

商业秘密是科技研发、经营管理、生产流通等各个环节以及各行各业进行竞争的一种有力武器。在激烈的市场竞争中，一个企业如果不能保护好自己的商业秘密，就很难保证在商战中立于不败之地。现阶段，我国对于商业秘密保护的立法仍不完整，多个法律法规各有零星规定，却不成系统；理论上，对于商业秘密的概念、性质以及构成等相关问题也没有统一的认识。本章将分析我国商业秘密保护制度的不足，并提出完善建议。

一、我国商业秘密保护的现状

我国在改革开放以前，长期实行计划经济体制，没有市场竞争，单位拥有的技术信息和经营信息，公之于众，推而广之，“公有公知共用”，致使国人对商业秘密的概念鲜有耳闻。1985年1月10日，国务院发布《关于技术转让的暂行规定》，这是我国最早明文承认非专利技术是一种商品的法规之一，并且规定非专利技术可以在当事人之间自由进行有偿转让。1985年5月，国务院发布《技术引进合同管理条例》。在该条例中第一次提出了“专有技术”(know-how)的概念，并给其下了明确的定义。由于当时受各种条件的制约，“专有技术”的概念与现在“商业秘密”的概念有很大的差别。1987年我国通过的《中华人民共和国技术合同法》及以后发布的《中华人民共和国技术合同法实施条例》，对流转中的技术秘密进行保护。1991年4月公布的《中华人民共和国民事诉讼法》首次使用了“商业秘密”这一法律术语，规定了商业秘密不公开审理的问题。1992年中美两国政府签署的“关于保护知识产权的谅解备忘录”中我国承诺将保护商业秘密，并尽快向立法机关提交相关立法议案。1993年《中华人民共和国反不正当竞争法》(以下简称《反不正当竞争法》)实施，规定了商业秘密的保护范围、构成要件、侵权行为等方面的内容。1997年3月修订颁布的《中华人民共和国刑法》规定了侵犯商业秘密罪，确定了侵犯商业秘密的刑事责任。

（一）《民法通则》及《合同法》的规定

《民法通则》第106条第2款规定："公民、法人由于过错侵害国家、集体的财产，侵害他人财产、人身的，应当承担民事责任。"第118条进一步规定："公民、法人的著作权、专利权、商标专用权、发现权、发明权和其他科技成果权受到剽窃、篡改、假冒等侵害的，有权要求停止侵害、消除影响、赔偿损失。"虽然《民法通则》并未明确提出商业秘密的概念，但第118条中的"其他科技成果"也可勉强将商业秘密囊括其中，虽稍显牵强，但毕竟在无法可依的情况下也是可能的选择。

《合同法》第43条规定："当事人在订立合同过程中知悉的商业秘密，无论合同是否成立，不得泄露或者不正当地使用。泄露或者不正当地使用该商业秘密给对方造成损失的，应当承担损害赔偿责任。"第266条："承揽人应当按照定作人的要求保守秘密，未经定作人许可，不得留存复制品或者技术资料。"另外，《合同法》的第325条、第341条、第342条、第343条、第347条、第348条、第350条、第351条、第352条、第354条等条款还对技术秘密的使用、转让、侵权、违约责任及后续技术改进成果的分享等作了详尽规定。可见，合同法对商业秘密的保护，是通过规定合同当事人的保密义务而实现的。应当看到，这种保护方法对于那些接触商业秘密的人来说，是行之有效的一种形式。

（二）《反不正当竞争法》的规定

1993年颁布的《反不正当竞争法》，第一次比较正式明确地对商业秘密提供法律保护。该法第10条对商业秘密的内涵作出了科学界定，并明确列举出几种常见的侵犯商业秘密的行为。第25条规定："违反本法第十条规定侵犯商业秘密的，监督检查部门应当责令停止违法行为，可以根据情节处以一万元以上二十万元以下的罚款。"该法第20条规定："经营者违反本法规定，给被侵害的经营者造成损害的，应当承担损害赔偿责任。"同时该条还对赔偿损失的范围和数额作了较为具体的规定，具有较强的可操作性，使得权利人的利益能够得到有力的保障。该法第25条规定："违反本法第十条规定侵犯商业秘密的，监督检查部门应当责令停止违法行为，可以根据情节处以一万元以上二十万元以下的罚款。监督检查部门为县级以上人民政府的工商行政管理部门。"根据该条文的规定，工商行政管理部门可对商业秘密的侵权人给予两种行政处罚，即依法责令停止违法行为和根据情节处以罚款。责令停止违法行为可防止侵犯商业秘密的行为继续扩大，从而减少损失；罚款则可使商业秘密的侵权人受到一定制裁。

国家工商行政管理局颁布的《关于禁止侵犯商业秘密行为的若干规定》在行政执法方面，进一步将商业秘密保护制度细化。该规定第7条规定："违反本规定第三条的，由工商行政管理机关依照《反不正当竞争法》第二十五条的规定，责令停止违法行为，并可以根据情节处以1万元以上20万元以下的罚款。工商行政管理机关在依照前款规定予以处罚时，对侵权物品可以作如下处理：(一)责令并监督侵权人将载有商业秘密的图纸、软件及其他有关资料返还权利人。(二)监督侵权人销毁使用权利人商业秘密生产的、流入市场将会造成商业秘密公开的产品。但权利人同意收购、销售等其他处理方式的除外。”第8条进一步指出：“对侵权人拒不执行处罚决定，继续实施本法规定第三条所列行为的，视为新的违法行为，从重予以处罚。”另外，第9条规定：“权利人因损害赔偿问题向工商行政管理机关提出调解要求的，工商行政管理机关可以进行调解。权利人也可以直接向人民法院起诉，请求损害赔偿。”

(三)《刑法》的规定

在实践中，侵犯商业秘密的手段很多，给权利人造成严重损失的为数不少，仅仅对商业秘密的侵权人处以行政处罚，显然过轻，不利于维护正常的市场秩序和保护权利人的合法权益。因此，有必要运用刑罚手段来保护商业秘密。1997年修订后的《刑法》增加了“侵犯商业秘密罪”这一新的罪名。该法第219条规定，行为人侵犯商业秘密的行为给商业秘密的权利人造成重大损失的，处3年以下有期徒刑或者拘役，并处或者单处罚金；造成特别严重后果的，处3年以上7年以下有期徒刑，并处罚金。第220条规定了单位犯此罪的刑事责任。这两条规定的出台，使得对当前大量出现的严重侵犯商业秘密的行为，有了追究刑事责任的依据，扩大了救济途径，弥补了我国以往刑法保护力度不足的状况。[1]

(四)其他法律的规定

1993年开始实施的《中华人民共和国科学技术进步法》第60条规定：“剽窃、篡改、假冒或者以其他方式侵害他人著作权、专利权、发现权、发明权和其他科学技术成果权的，非法窃取技术秘密的，依照有关法律规定处理。”1994年颁布的《中华人民共和国劳动法》(以下简称《劳动法》)也对劳动合同中有关商业秘密保护问题作出了相应规定。《劳动法》第22条规定：“劳动合同当事人可以在劳动合同中约定保守用人单位商业秘密的有关事项。”第102条进一步指出：“劳动者违反本法规定的条件解除劳动合同或者违反劳动合同中约定的保密事项，对用人单位造成经济损失的，应当依法承担赔偿责任。”1994年8月通过的《中华人民共和国审计法》在第14条、第36条分别规定了审计人员和审计机关保守商业秘密的义务。1996年5月通过的《中华人民共和国律师法》第33条规定，律师应保守在执业活动中知悉的商业秘密。

此外，《民事诉讼法》从司法实践角度也对商业秘密作出了相关规定。第66条规定：“在法庭调查时有关商业秘密的证据不得在公开开庭时出示。”该法第120条第2

---

[1] 张宇润、杨勇：“侵犯商业秘密初谈”，载《人民检察》1996年第8期，第17页。

款规定:“涉及商业秘密的案件,当事人申请不公开审理的,可以不公开审理。”这些规定能够在最大限度上防止商业秘密二度泄露事件的发生,减少了权利人的损失。最高人民法院作出的《关于适用〈中华人民共和国民事诉讼法〉的若干问题的意见》第154条界定了“商业秘密”的内涵和外延。

综上所述,我国有关商业秘密保护的法律法规也不可谓不多,甚至可以说是小具规模。但是,总体而言,给人以杂乱无章的印象,事实上也存在着许多问题,远远不能适应现实的需要。

二、我国商业秘密保护制度的不足

虽然我国的商业秘密保护已初具规模,但是同国际组织以及较先进的国家相比,我国对商业秘密的法律保护还是不够的,暴露出以下问题。

(一)法律规范体系分散

我国主要是通过《反不正当竞争法》对商业秘密进行保护的,即实行的是反不正当竞争保护方法,这也是大陆法系国家通行的做法。但是,迄今为止,我国商业秘密保护的规定还呈支离破碎状态,多个规定散见于各种法律、法规、规章之中。如《合同法》只保护技术转让过程中的动态技术信息,而对于静态的即由企业自己掌握的技术信息及经营信息则未加保护;《劳动法》只从规范劳动用工合同关系角度,对商业秘密的保护作了原则性规定,但对商业秘密转让中的法律问题未作规定;《反不正当竞争法》只规范经营者之间的竞争关系,缺乏对商业秘密权属的确定等积极保护制度,且侵犯商业秘密仅为不正当竞争的一种,该法也不可能对其作出全面的救济规定。法院在审理侵犯商业秘密案件时须适用若干相关法律,难以避免法条冲突和竞合现象,从而也影响到判决的公正与公平。

(二)法律规定的主体范围的局限性

在诸多有关商业秘密的法律文件中,比较详细的是工商行政管理总局的相关规定,但它仅仅是部门规章,无论是效力位阶还是调整范围,都非常有限。在我国法律中,只有《反不正当竞争法》和《刑法》规定得较为详细。商业秘密的刑法保护虽然非常重要,但是无法在民商事领域发挥主要作用,而在民商事领域发挥重要调整作用的《反不正当竞争法》又存在很大的局限性。《反不正当竞争法》规范的是经营者的行为,该法对经营者的解释为“从事商品经营或者营利性服务的法人、其他经济组织和个人”。根据此项规定,该法调整的主体范围仅限于经营者,而不包括非经营者。但是在实践当中,侵犯权利人的商业秘密的不法行为人有相当一部分是非经营者,如果该侵权行为不符合刑法中规定的商业秘密犯罪的构成要件,而且该侵权人与权利人之间的关系又不受劳动法调整,那么,此种情形下权利人的商业秘密便得不到法律保护。

(三)政府或政府代理机构的保密问题存在立法空白

我国法律没有强调如何保护向政府主管部门提供的商业秘密，这是我国商业秘密法律保护制度中的一大缺陷。在某些实行市场准入制度的领域，如化工产品市场，其产品的技术含量普遍较高，而且许多专有技术是以商业秘密的形式存在的。在进入市场之前，权利人必须向政府主管部门提供包括其商业秘密在内的资料，此时，如果政府主管部门不担负替他们保密的义务，则这些商业秘密权利人的某些智力成果就可能从专有技术领域不合理地流入公有领域了。❶

《知识产权协定》第39条第3款明确规定政府或政府的代理机构应承担保护商业秘密的责任。缔约成员国对提交的未披露的实验数据或其他数据应该给予保护，防止不正当竞争中的商业使用。我国已加入世界贸易组织，应当履行所承诺的国际义务，为向政府或政府的代理机构提供的商业秘密提供保护。但是，我国现行法律中，仅有国家工商总局发布的《关于禁止侵犯商业秘密行为的若干规定》这一行政规章作出了相关规定，即“国家机关及其公务人员在履行公务时，不得披露或允许他人使用权利人的商业秘密”，以及2002年1月1日实施的《技术进出口管理条例》第44条的规定，“国务院外经贸主管部门和有关部门及其工作人员在履行技术出口管理工作中，对国家秘密和所知悉的商业秘密负有保密义务”。这里的有关部门是否包括非政府机构并不明确。值得注意的是，上述两个法律文件在法律渊源上毕竟只是行政规章和行政法规，其法律位阶存在明显不足。因此，笔者认为有必要在未来的商业秘密法中明确规定之。

(四)对侵犯商业秘密行为的法律责任规定不足

在商业秘密的保护中，明确侵犯商业秘密侵权人的法律责任应是立法的重点，但我国目前立法对此尚未形成统一的、完整的、配套的规定。在《反不正当竞争法》中，主要追究的是侵权行为人的行政责任，即由监督检查部门责令停止违法行为，并视情节处以罚款。相形之下对民事责任的规定却较为粗略，仅在第20条确定了一条民事赔偿原则，即不论侵权行为主观过错程度以及侵权情节如何，侵权人的赔偿责任只限于弥补受害人所受的损失。显然，这仅是一种补偿性的赔偿原则，并不利于制止侵权行为、保护商业秘密。在现实中，商业秘密权利人对其权利客体的保护手段相当薄弱，一般只能通过自行采取的保密措施加以维护。这就不可避免地为他人故意、恶意侵犯商业秘密创造了便利条件，加之商业秘密是一种无形资产，他人侵犯商业秘密可以获得丰厚的利益。在这种情况下，仅靠一种补偿性的赔偿方式追

❶ 郑成思：《知识产权法》，法律出版社 2003 年版，第 397 页。

究侵权人的侵权责任，远不能制止侵权行为的发生，也不能保护商业秘密权利人的合法权益。所以，在商业秘密法中，应规定相应的惩罚性赔偿条款，即对情节特别恶劣的侵权人，其赔偿责任不仅限于弥补受害人的损失，还必须让受害人因此而获得高于损失的赔偿，以示惩戒。[1]

(五)刑法规定尚不完善

我国《刑法》将侵犯商业秘密罪定为结果犯，且对损害结果的规定过于模糊，导致在罪与非罪这一关键问题上弹性太大，不利于犯罪的准确认定与司法操作。《刑法》第219条规定："给商业秘密的权利人造成重大损失的，处三年以下有期徒刑或者拘役，并处或者单处罚金，造成特别严重后果的，处三年以上七年以下有期徒刑，并处罚金。"由此可见，"重大损失"及"特别严重后果"，是判定侵犯商业秘密罪与非罪、重罪与轻罪的重要标准和尺度，但这些认定标准和尺度显然十分模糊，立法机关和人民法院没有能就此作出解释和规定，仅见于2001年4月18日最高人民检察院、公安部颁布的《关于经济犯罪案件追诉标准的规定》。其第65条规定："侵犯商业秘密，涉嫌下列情形之一的，应予追诉：1. 给商业秘密权利人造成直接经济损失在五十万元以下的；2. 致使权利人破产或者造成其他严重后果的。"其中"造成直接经济损失在五十万元以下"，是指被盗窃商业秘密及其载体本身的价值，还是指商业秘密被侵犯后给权利人造成的利益损失，该解释并未明确说明。根据刑法理论，只有过失犯罪要求具备法定危害结果这个要件，对故意犯罪中的预备、未遂、中止等形态并不以法定危害结果为限。因此，将侵犯商业秘密罪一律定为结果犯是不恰当的。另外，如何选择商业秘密价值的评估机关，以及如何计算"重大损失"和"特别严重后果"，两者又如何区分等，均是我国认定侵犯商业秘密罪的关键，因此立法机关与司法机关应尽快明确或作出解释，以彻底解决刑事司法操作难的问题。

笔者注意到，最高人民法院在《关于审理盗窃案件具体应用法律若干问题的解释》第12条第(6)项规定："盗窃技术成果等商业秘密的，按照刑法第219条(侵犯商业秘密罪)的规定处罚。"该条实际上已将盗窃商业秘密的行为从盗窃罪中排除，但商业秘密从法理上却完全可以作为盗窃罪的犯罪对象。在盗窃人或抢夺人当场使用暴力拒捕，造成人员伤亡等严重后果的情况下，是否能转化为抢劫罪进行处罚，如按照侵犯商业秘密罪处罚是否对权利人不公平？商业秘密的载体价值已超过盗窃罪的立案标准，是按一罪处理还是按数罪并罚？在侵犯商业秘密罪明显比盗窃罪处罚较轻的情况下，将该载体的价值计入侵犯商业秘密罪是否会导致与盗窃罪在适用刑罚上的不平等？这都是刑法理论及实务上有待明确的问题。

---

[1] 杨丽娅："完善商业秘密法律保护的思考"，载《同济大学学报(社会科学版)》2001年第3期，第55页。

三、完善我国商业秘密保护的法律对策

(一)制定专门商业秘密法的必要性与可行性

1. 我国商业秘密专门立法的必要性

通过对我国商业秘密的法律保护现状的分析并借鉴国外立法经验,笔者认为,对商业秘密的法律保护进行专门立法是十分必要的。

(1)商业秘密本身的重要性决定我国必须加强商业秘密法律保护的立法。商业秘密法律保护制度是随着商品经济的发展而产生的一项重要民事法律制度,是知识产权法律保护体系的重要组成部分。在现代市场经济条件下,随着科学技术的不断发展和市场竞争的加剧,商业秘密已经成为企业生存和发展的重要财富。保护商业秘密,不仅有利于促进商业秘密的开发、使用和流转,推动经济的发展,而且有利于促进劳动关系和竞争关系规范化,维护诚实信用原则和市场秩序。现有的商业秘密保护法律、法规,与这种重要性已越来越不相称。因此,必须制定专门的商业秘密保护法。

(2)目前商业秘密侵权现象十分突出,已经严重影响社会主义市场经济体制的建立。随着向市场经济的过渡,技术竞争、人才竞争日趋剧烈,商业秘密成为市场竞争的焦点。各种商业秘密侵权现象相当普遍,而且呈逐年上升趋势。这些侵权行为严重侵蚀着市场信用、商业道德、竞争质量等问题,危害社会主义市场经济的完善。

(3)已有的相关法律、法规难以对商业秘密进行有效保护,必须专门立法。自改革开放以来,我国在建立商业秘密保护制度方面做了大量工作,先后制定了一系列涉及商业秘密保护的法律法规,但是这些法律法规还很不完善。主要表现在法律比较分散、零乱、缺乏可操作性、一些基本制度尚未建立等,采取局部修改的办法不可能使问题获得圆满解决。制定一部统一的《商业秘密保护法》势在必行。

(4)从规范市场经济的角度上看,制定专门的《商业秘密保护法》也是必需的。市场经济是信用有序、公平竞争的法制经济。采取不正当手段侵犯他人商业秘密,必然会严重破坏市场经济秩序,影响市场经济的发展。因此,制定《商业秘密保护法》,对这一行为从法律上予以遏制,是十分必要的,也有助于促进科技进步,提高企业的经营管理水平。

(5)制定专门的《商业秘密保护法》,是加快我国市场与国际市场接轨、扩大对外开放的需要。从世界范围看,商业秘密的法律保护问题已逐渐成为一个国际性的问题,大凡市场经济发达的国家都特别重视商业秘密的法律保护。据了解,截止到1994年12月,世界上已有51个国家确定了商业秘密法律保护制度。《知识产权协定》以及其他有关多边、双边贸易协定,均对缔约国的商业秘密法律保护问题作出了专

门规定。一方面，我国应当尽快制定专门商业秘密保护法，对外商所拥有的商业秘密提供有效的法律保护；另一方面，使我国的商业秘密保护法与外国及国际的商业秘密保护法律相协调，以便使我国在对外的经济贸易活动中能够得到相关国家的公平竞争待遇。

总之，无论是从现实的情况和未来的需要，还是从国外的经验借鉴来看，都需要我国尽快制定专门的《商业秘密保护法》。

2. 我国商业秘密保护专门立法的可行性

(1)我国已制定了一系列有关商业秘密的法律法规，为制定专门的商业秘密保护法奠定了基础。我国现已初步形成了以《反不正当竞争法》为主，《合同法》、《刑法》、《劳动法》、《民事诉讼法》等配套的一系列法律法规，有些地方如深圳、珠海，还制定了专门保护商业秘密的地方法规，这些法律法规为制定商业秘密保护法奠定了基础。

(2)我国理论界和实践部门的学者、专家对商业秘密保护问题进行了大量的研究，积累了大量的经验教训，为制定专门的《商业秘密保护法》提供了理论指导。近些年来，我国理论界非常关注商业秘密保护问题，一些学者对商业秘密保护的难点、重点进行了探讨，并取得了成绩。实践部门处理、审结了许多商业秘密纠纷案件，并从中总结了许多宝贵的经验。

(3)美国、英国、加拿大、韩国等国家的专门商业秘密保护法的制定，为我国制定专门的商业秘密保护法提供了借鉴。英国、美国等国家的保护商业秘密法律，经过不断的完善充实，立法技术先进，内容科学完善，其中很多值得我们借鉴。

(4)人们关于商业秘密保护法律意识的增强，国家对商业秘密保护的重视，为制定商业秘密保护法提供了有利的条件。

(二)《商业秘密法》与配套法律制度的协调

如能制定出一部专门的《商业秘密法》，其施行后我国的商业秘密保护将十分全面而有力。在此之前，《民法通则》、《刑法》、《反不正当竞争法》等多部法律，对商业秘密的保护均有所规定，这些规定并不应当因为《商业秘密法》的公布实施而失去作用，它们对商业秘密的保护仍有补充适用的余地。因此，未来的《商业秘密法》，有必要写上“本法未作规定者，适用其他法律的规定”，至于其他法律的地位如何，又如何起到补充专门立法的作用，以下将作粗浅的探讨。

1. 反不正当竞争法

即使制定了一部专门的《商业秘密法》，仍然需要《反不正当竞争法》对违反市场竞争规律的侵犯商业秘密的行为加以规制。

对于反不正当竞争法与知识产权法的关系，我国学者对此有专门论述：中国的现有司法实践及行政执法实践不断告诉我们(国外的经验也不断告诉我们):只有反不正当竞争法在中国知识产权保护领域也“幸运”起来,中国的知识产权保护制度才能有希望达到“疏而不漏”,才可能进一步完善。实际上,单行的知识产权法与反不正当竞争法之间并不存在一个谁挤占了谁的位置的“关系”问题,而是后者(或后者的一部分内容)对前者如何给予补充的问题。反不正当竞争法则是某种“弱保护”,从范围上则属于“宽保护”。正像有人说过的:如果把专利法、商标法、版权法这类知识产权单行法比作冰山,那么反不正当竞争法就如冰山下使其赖以漂浮的海洋。简单地讲,对知识产权给予“反不正当竞争法的附加保护”只是要求反不正当竞争法中有足够的条款(哪怕这部分条款只占全法的一小部分)去补知识产权法单行法之“漏”。[1]

另外,为保持法律的一致性,有必要把《反不正当竞争法》中规定的商业秘密的构成要件修改为三要件,即“秘密性”“价值性”“保密性”,以便与《商业秘密法》的规定相统一。

2. 刑法

几乎每个对商业秘密进行保护的国家,都会设立一个底线,当侵犯商业秘密的行为严重到此底线时,即适用刑法上的规定。我国刑法的有关立法技术,是将反不正当竞争法所有的侵权责任重述一遍,然后规定其中后果严重和特别严重的,承担刑事责任。正如前文已述的,我国刑法最大的问题,就是未对构成刑事责任的后果作出明确的界定,缺乏可操作性。因此,应以具体的数额和其他后果为标准,来规定刑事责任的起点。

我国刑法存在的另外一个问题是,将非法获取权利人的商业秘密的手段(包括盗窃、利诱、胁迫或者其他不正当手段)并列规定在一起,对其各自所具有的明显不同的危害性未加以考虑,难免有立法粗疏之嫌。比如某人仅仅盗窃而未泄露或未使用商业秘密与既不法获取又泄露并且还使用商业秘密,其社会危害性当然是不一样的。同时,从行为主体来看,具有一定业务或者职务身份的人员比一般人员负有更重大的信赖义务,他们侵犯商业秘密的犯罪行为除了有碍企业间的公平竞争、损害权利人的利益外,还会在社会上造成恶劣的影响,危及社会成员之间的信赖原则,因此,这类主体所为的侵犯商业秘密的行为显然比其他人所为的同类行为更具有可惩罚性,应当规定较重的刑罚。我国刑法可以在侵犯商业秘密罪之下,建立不同的标准来区分各种侵犯行为,据此作为量刑的法定情节。这不仅有利于公平合理地打击侵犯商业秘密的犯罪行为,同时也是罪刑均衡原则的要求与体现。

---

[1] 郑成思:“反不正当竞争知识产权的附加保护”,载《知识产权》2003年第5期,第3~5页。

3. 其他法律

在我国，商业秘密保护以知识产权法为基本手段，但同时要有其他法律相配套，形成一整套有关商业秘密保护的法律机制。除以上专门的商业秘密法、反不正当竞争法与刑法的保护外，其他法律也可以规定相关问题。首先，我国应在《民法通则》或未来的民法典中对商业秘密进行规定，将其纳入知识产权的范畴。其次，合同法在保护公民的民事权利方面具有其他法律不可比拟的优点，即它能最大程度地体现当事人的意思自治，因此在当事人存在明示或默示的合同时，法院就应当尊重当事人的选择。另外，在一些单行法或者有关的行政法规、规章中也不可避免地出现有关保守商业秘密的规定，如《律师法》、《审计法》中有关于律师、审计人员不得泄露在工作中知悉的当事人的商业秘密的规定。同时，针对我国未规定向政府或政府的代理机构提供的商业秘密保护的问题，应当在有关行政法律法规中予以明确。

(三)《商业秘密法》的具体立法构想

如上所述，制定专门的商业秘密法，已是大势所趋。据悉，根据全国人大的立法规划，由有关部门起草的《商业秘密保护法(送审稿)》已经提交国务院法制办，是否可以通过或者何时才能通过，目前尚不得而知。

《商业秘密保护法(送审稿)》的诞生，标志着我国近几十年在商业秘密保护方面的成就，也表明了进一步加强保护的决心，在中国的立法进程中占有重要的一席。在此，笔者以自己粗浅的知识，对商业秘密法的内容及其建构提出一些意见。

1. 总则

总则部分，要对立法的宗旨、调整的范围(包括主体、客体)以及保护商业秘密所应坚持的基本原则作出规定，其中的重点是对商业秘密的定义、范围、商业秘密权作出明确的界定。(1)关于立法宗旨，应充分体现保护商业秘密权，维护民事主体的合法权益，促进科技管理和进步，维护社会主义市场经济秩序的目的；(2)关于商业秘密保护的原则，应该遵循平等保护、依法适用、诚实信用、不告不理的原则；[1] (3)关于商业秘密的对象，笔者认为应借鉴《知识产权协定》第39条和最高人民法院《关于适用〈中华人民共和国民事诉讼法〉若干问题的意见》第154条的司法解释所使用的方法，对商业秘密采取未穷尽列举式表述，使之既具有灵活性，又具有操作性。笔者拟将商业秘密界定为：商业秘密是指技术信息、经营信息和其他信息。技术信息包括但不限于产品配方、工艺流程、加工方法、数据表格、文件图纸等；经营信息包括但不限于经营者的采购、销售、财务、人身、投资、管理、服务等相关的信息。其他信息则包括管理信息以及其他能够纳入或者将来有可能出现的应纳入商业秘

[1] 吕鹤云、刘丽、徐朝贤、刘华：《商业秘密法论》，湖北人民出版社2000年版，第324页。

密法中的信息,如某些非营利机构如慈善、教育、政府、互济和宗教组织对可加入组织的人员或捐献者的名单,在美国就可能成为商业秘密,随着社会的发展,在我国出现这样的问题也未尝不可能。(4)关于商业秘密法调整的范围,应包括以下几个方面:一是经营者与经营者之间的关系。因为商业秘密主要存在于从事生产经营的主体之中,而且只有在竞争中方能显示其经济价值和经营优势。二是调整未进入商事领域的商业秘密权。如一些从事科研、教学、医疗、卫生、文化、体育等的事业单位以及一些从事咨询、法律服务等行为的中介组织和团体的商业秘密权应受法律保护。三是企业与职工之间的保密关系也应纳入该法的调整范围,雇员的“跳槽”行为是企业商业秘密流失的最主要渠道。目前,我国在人才流动中侵犯商业秘密的现象也日益突出,所以对其进行立法保护更具有现实意义。四是其他方面的商业秘密,是以上三个方面的补充。

2. 分则

(1)商业秘密的构成要件。商业秘密的构成要件,应当包括秘密性、价值性和保密性。在商业秘密法中,应当对这个基本的问题明确表述,使我们能够明确地判断一项信息是否属于商业秘密,从而决定能否适用本法进行保护。

(2)赋予商业秘密持有人以商业秘密权。前已述及,我国应当以知识产权保护作为商业秘密法律保护的基本手段,因此,商业秘密法要赋予商业秘密的持有人以相关权利,并明确它是一种知识产权。

(3)侵犯商业秘密的行为。侵犯商业秘密的行为,应当采取列举的方式,在此可以直接采用《反不正当竞争法》中的3项规定,除此之外,还应增加免责条款,如通过独立开发、反向工程、从公开发行的报刊或公开发行的产品、信息或其他公开场合所获得的商业秘密不构成侵犯商业秘密行为。

(4)法律责任。民事方面的责任有:责令侵权人承担返还商业秘密载体、恢复原状、消除危害、停止侵害、防止侵权行为的影响的扩大、赔礼道歉、赔偿损失、恢复信誉等,对损害赔偿的范围、数额等应有规定,最好用数量和比例相结合的方法。在立法中要赋予权利人以损害赔偿的请求权,并明确规定损害赔偿的计算方法。由于商业秘密是一种无形财产,现实中对其损害赔偿额的结算认定难度大,因此应当在立法中作出特别规定:①以能够填补被害人所受的损失为限;②以侵害人因侵害行为所得利益为损害赔偿额;③对于故意侵犯商业秘密手段恶劣,后果十分严重的行为,立法中应当考虑增加惩罚性赔偿的规定,法律中可以规定,惩罚性赔偿可根据行为的恶劣程度判处一定范围内相应的赔偿,具体则要赋予法院一定的自由裁量权。如《美国统一商业秘密法》第3条第2款就规定了惩罚性赔偿责任制度。❶④对于多数人共同侵害商业秘密的行为，规定侵权人相互之间负连带赔偿责任。

关于行政责任的形式：①责令停止违法行为；②根据情节处以1万元以上20万元以下的罚款；③对侵权物品的处理；④责令并监督侵权人将载有商业秘密的图纸、软件以及其他有关资料返还权利人；⑤销毁使用权利人商业秘密生产的流入市场将会造成商业秘密公开的产品。此外可利用部门或者地方行政规章针对性强、密级管理比较具体等特性，加强对商业秘密的专门保护。

关于刑事责任，在商业秘密法中只可作原则性规定，具体在司法实践中的运用应当援引我国刑法的有关条款。

(5)程序性规定。

①举证责任。举证责任是指在诉讼中以客观证据支持自己的诉讼请求的责任。如果承担举证责任的一方未能履行举证责任，则应当承担败诉的法律后果。我国民事诉讼法规定，当事人对自己提出的主张，有责任提供证据，这便是民事诉讼中"谁主张谁举证"的基本原则。一些民事实体法以及《最高人民法院关于适用〈中华人民共和国民事诉讼法〉若干问题的意见》规定了适用举证责任倒置的例外情况，但是侵犯商业秘密行为不应包括在"例外情况"之内。

在商业秘密诉讼中，一方面商业秘密是通过保密方式予以保护的无形财产，具有秘密性的特点；另一方面，侵犯商业秘密的行为一般是采取不正当的隐蔽行为，原告能举证的只有商业秘密本身、持有商业秘密的合法性、对方获取商业秘密的条件之类的事实，而对于对方侵犯商业秘密的途径和手段，则无从知晓。因此，应将举证责任倒置，原告只要证明，自己拥有合法秘密，被告的商业秘密与自己的商业秘密具有一致性或相同性，被告有获取自己商业秘密的条件，也就是说，原告只要证明存在被告实施侵权行为的可能，至于被告是否真正实施了侵权行为，则由被告自己证明。如果被告不能证明其拥有的商业秘密是通过合法途径取得的，则由被告承担相应责任。但此处需要注意的是，一定要严格依民事诉讼法的规定，根据当事人的申请遵守不公开审理的原则，以防造成任何一方的商业秘密被泄露。

②先予执行措施。现行法律的规定对商业秘密保护难以起到有效的作用。在商业秘密尚未公开前，没有造成实际损失时，有必要禁止商业秘密的流传，以防权利人的权利进一步丧失，是十分重要的问题。我国《海事诉讼特别程序法》中有关海事强制令的规定也体现了这种思想。具体到商业秘密的诉讼中，美国有关禁止令的规定值得借鉴。

❶ 李晓明、辛军："对侵犯商业秘密罪的再研究"，载《法学》2002年第6期。

一是临时禁止令。这是一种不用事先通知被告就可以发出的禁止令,即在商业秘密诉讼中,法院可以依法先行发布禁止令,禁止被告继续使用已泄露的商业秘密,发布临时禁止令应具备两个条件:第一,原告根据案件事实判断能够胜诉;第二,禁止令的发出是刻不容缓的,已来不及通知被告。临时禁令旨在应付紧急情况,即雇员即将要携带商业秘密投向其竞争对手,因为权利人在提起诉讼后即可要求发出禁止令,以防止不正当的使用商业秘密行为。

二是预备性禁止令。这种禁止令与临时性禁止令相似,它也是作为案件正式庭审之前的一种应急措施。与临时性禁止令的不同之处在于,预备性禁止令在生效期间,由法院通知被告参加听审,在听审之后由法官对要求禁止令的申请进行裁决。申请上述两种禁止令,都要求原告提供担保。

三是长期禁止令。这种禁止令只有在法院充分听取了原被告双方的争辩并认真审查双方提供的证据后,才有可能发出。这种禁止令是对于案件的最后裁决。

发布禁止令的方法目前已被美国法院普遍接受。如果诉讼当事人不执行禁止令,法院可以以藐视法庭罪论处。[1]商业秘密案件中的禁令一般采取法庭发布命令的形式,禁止被告使用或向他人披露商业秘密,以及责令被告向原告返还或销毁包含有商业秘密的任何文件的全部复制件。我国在《商业秘密法》中可以采取这种禁止令的规定,以更加有效的防止在诉讼结束之前,侵害人继续利用权利人的商业秘密获取不正当利益或造成商业秘密的进一步公开而无法弥补的状况发生。

附:商业秘密法(建议稿)

第一条　为了保护商业秘密权,维护民事主体的合法权益,促进科技管理和进步,维护社会主义市场经济秩序制定本法。

[立法理由]本条上是关于立法宗旨的规定,中华人民共和国商业秘密法的立法宗旨应充分体现为保护商业秘密权,维护民事主体的合法权益,促进科技管理和进步,维护社会主义市场经济秩序。

第二条　商业秘密的保护,遵循平等保护、依法适用、诚实信用、不告不理的原则。

[立法理由]本条是关于商业秘密保护的原则的规定,商业秘密权是民事权利,因此商业秘密保护的原则与民法中其他民事权利的保护原则相似。

第三条　本法调整经营者与经营者之间、企业与职工之间以及其他方面的保密关系。

---

[1] 唐海滨:《美国是如何保护商业秘密的》,法律出版社1999年版,第10页。

[立法理由]商业秘密法调整的范围,应包括以下几个方面:一是经营者与经营者之间的关系。因为商业秘密主要存在于从事生产经营的主体之中,而且只有在竞争中方能显示其经济价值和经营优势。二是调整未进入商事领域的商业秘密权。例如,从事科研、教学、医疗、卫生、文化、体育等的事业单位以及从事咨询、法律服务等行为的中介组织和团体的商业秘密权应受法律保护。三是企业与职工之间的保密关系也应纳入该法的调整范围,雇员的"跳槽"行为是企业商业秘密流失的最主要渠道。目前,我国在人才流动中侵犯商业秘密的现象也日益突出,所以对其进行立法保护更具有现实意义。四是其他方面的商业秘密,是以上三个方面的补充。

第四条 商业秘密权属于知识产权。

本法所称商业秘密是指技术信息、经营信息和其他信息。技术信息包括但不限于产品配方、工艺流程、加工方法、数据表格、文件图纸等;经营信息包括但不限于经营者的采购、销售、财务、人身、投资、管理、服务等相关的信息;其他信息则包括管理信息以及其他能够纳入或者将来有可能出现的应纳入商业秘密法中的信息。

[立法理由]商业秘密权属于知识产权,因为《知识产权协定》将未披露的信息即商业秘密界定为财产权,划入与贸易有关的知识产权。商业秘密法的保护对象,应借鉴《知识产权协定》第39条和最高人民法院《关于适用〈中华人民共和国民事诉讼法〉若干问题的意见》第154条的司法解释所使用的方法,对商业秘密采取未穷尽列举式表述,使之既具有灵活性,又具有可操作性。

第五条 商业秘密应当具有秘密性、价值性和保密性。

[立法理由]商业秘密的构成要件,应当包括秘密性、价值性和保密性,在商业秘密法中,应当对这个基本的问题明确表述,使我们能够明确地判断一项信息是否属于商业秘密,从而决定能否适用本法进行保护。

第六条 任何人不得采用下列手段侵犯商业秘密:

(一)以盗窃、利诱、胁迫或者其他不正当手段获取权利人的商业秘密;

(二)披露、使用或者允许他人使用以前项手段获取权利人的商业秘密;

(三)违反约定或者违反权利人有关保守商业秘密的要求,披露、使用或者允许他人使用其所掌握的商业秘密。

第三人明知或者应知前款所列违法行为,获取、使用或者披露他人的商业秘密,视为侵犯商业秘密。

[立法理由]本条关于侵犯商业秘密行为表现的规定,基本保留了我国现行反不正当竞争法中的相关规定。

第七条 县级以上监督检查部门对涉嫌侵犯商业秘密的行为,可以进行监督检查。

第八条 监督检查部门在监督检查涉嫌侵犯商业秘密的行为时，有权行使下列职权：

(一)按照规定程序询问被检查的经营者、利害关系人、证明人，并要求提供证明材料或者与涉嫌侵犯商业秘密的行为有关的其他资料；

(二)查询、复制与涉嫌侵犯商业秘密的行为有关的协议、账册、单据、文件、记录、业务函电和其他资料。

第九条 监督检查部门工作人员监督检查侵犯商业秘密的行为时，应当出示检查证件。

第十条 监督检查部门在监督检查涉嫌侵犯商业秘密的行为时，被检查的经营者、利害关系人和证明人应当如实提供有关资料或者情况。

[立法理由]以上4条是对涉嫌侵犯商业秘密的行为进行监督检查的规定。关于行政机关监督检查权的行使程序，吸收了行政处罚法、反不正当竞争法等有关法律的规定。

第十一条 商业秘密的被侵害人可以直接向人民法院提起诉讼，也可以向当地县级以上人民政府监督检查部门申诉。

县级以上人民政府监督检查部门有责任主动查处侵犯商业秘密的行为。

[立法理由]与商标权和专利权一样，我国对商业秘密权的保护，采取的是行政保护和司法保护双轨制。

第十二条 侵犯他人商业秘密的人违反本法规定，给被侵害的权利人造成损害的，应当承担损害赔偿责任，被侵害的权利人的损失难以计算的，赔偿额为侵权期间因侵权所获得的利润；并应当承担被侵害的权利人因调查其侵害商业秘密行为所支付的合理费用。

二人以上共同侵害商业秘密的，侵权人相互负连带赔偿责任。

[立法理由]当事人侵犯他人商业秘密应当承担的损害赔偿责任，基本保留了我国现行反不正当竞争法中的有关规定。同时，特别明确了“二人以上共同侵害商业秘密的，侵权人相互负连带赔偿责任”。

第十三条 侵犯商业秘密的，监督检查部门应当责令侵权人停止违法行为、返还商业秘密载体、消除危害、赔礼道歉、赔偿损失、恢复信誉等，并可以根据情节处以一万元以上二十万元以下的罚款。

侵犯商业秘密，情节严重，构成犯罪的，应当依法追究侵权人的刑事责任。

[立法理由]借鉴商标法、著作权法的有关规定，本条对侵犯商业秘密规定了法定赔偿。

第十四条 如果被告或者被控侵权人不能证明其拥有的商业秘密是通过合法

途径取得的，则由被告或者被控侵权人承担相应责任。

人民法院审理侵犯商业秘密的案件，根据当事人的申请，可以不公开审理。

[立法理由]本条是关于侵犯商业秘密的举证责任以及审理方式的规定。根据商业秘密的特殊性制，本条规定人民法院审理侵犯商业秘密的案件，根据当事人的申请，可以不公开审理。

第十五条 商业秘密权利人或者利害关系人有证据证明他人正在实施或者即将实施侵犯其商业秘密的行为，如不及时制止，将会使其合法权益受到难以弥补的损害的，可以在起诉前向人民法院申请采取责令停止有关行为和财产保全的措施。

人民法院处理前款申请，适用《中华人民共和国民事诉讼法》第九十三条至第九十六条和第九十九条的规定。

第十六条 为制止侵权行为，在证据可能灭失或者以后难以取得的情况下，商业秘密权利人或者利害关系人可以在起诉前向人民法院申请保全证据。

人民法院接受申请后，必须在四十八小时内作出裁定；裁定采取保全措施的，应当立即开始执行。

人民法院可以责令申请人提供担保，申请人不提供担保的，驳回申请。

申请人在人民法院采取保全措施后十五日内不起诉的，人民法院应当解除保全措施。

[立法理由]为有效制止商业秘密侵权行为，防止商业秘密侵权损害的进一步加大以及侵权人采取不法措施毁灭证据，上述两条借鉴我国现行其他知识产权法的有关规定，具体规定了商业秘密诉讼临时禁令和证据保全程序。

9

第九章

商标制度的完善

《中华人民共和国商标法》于 1982年8月23日由五届全国人大常委会第24次会议正式通过,并于1983年3月1日正式实施。这是中华人民共和国建国后颁布的第一部知识产权法律,这不仅在我国商标保护的法制建设上具有里程碑意义,而且在整个知识产权保护制度的建设上也有重大的意义。进入20世纪 90年代后,为适应我国经济发展和对外开放的要求,全国人大先后于 1993年2月和 2001年 10月分两次对《商标法》进行修订。但在加入世界贸易组织5年多的时间里,国际国内的经济发展和知识产权保护形势均发生了较大变化,我国商标制度已经暴露出一些不能适应社会经济发展要求的问题,有必要进一步重新审视以求完善。

一、我国商标制度的现状

中华人民共和国成立后;先后制定了3部商标法规。第一部是1950年的《商标注册暂行条例》,第二部是1963年的《商标管理条例》,第三部是现行的1982年的《中华人民共和国商标法》,该法于1993年、2001年作了两次修改。修改后的中国商标法基本上与保护商标的国际公约保持一致。

(一)我国商标法律的渊源

我国商标法律规范的渊源包括以下几部分。

1. 保护商标的专门法律

主要指《中华人民共和国商标法》。

2. 商标行政法规和规章

(1)国务院颁布的商标行政法规有《中华人民共和国商标法实施细则》(2002年8月3日)。

(2)国家工商行政管理局公布的行政规章和规范性文件主要有:

①《关于申请商标注册要求优先权的暂行规定》(1985年3月15日);

②《关于对我国企业在国外注册商标进行登记管理的通知》(1990年5月18日);

③《关于解决工贸双方注册统一商标问题的意见》(1990年6月13日);

④《关于禁止擅自持他人商标在国外注册的通知》(1990年11月19日);

⑤《关于对外贸易中商标管理的规定》(1995年7月13日);

⑥《关于处理商标专用权与外观设计专利权权利冲突问题的意见》(1995年12月7日);

⑦《马德里商标国际注册实施办法》(1996年5月24日);

⑧《关于禁止擅自将他人注册商标用作专卖店(专修店)企业名称及营业招牌的通知》(1996年6月10日);

⑨《关于规范企业名称和商标、广告用字的通知》(1996年11月1日);

⑩《商标专用权质押登记程序》(1997年5月6日);

⑪《商标印制管理办法》(1998年12月3日);

⑫《关于保护服务商标若干问题的意见》(1999年3月30日);

⑬《关于解决商标与企业名称中若干问题的意见》(1999年4月5日);

⑭《商标代理管理办法》(1999年12月2日);

⑮《关于商标行政执法中若干问题的意见》(1999年12月29日);

⑯《关于执行〈中华人民共和国商标法〉有关问题的通知》(2001年12月21日);

⑰《奥林匹克标志备案及管理办法》(2002年4月22日);

⑱《商标评审规则》(2002年9月17日);

⑲《驰名商标认定和保护规定》(2003年4月17日);

⑳《集体商标、证明商标注册和管理办法》(2003年4月17日)。

3. 最高人民法院公布的司法解释

(1)《关于审理商标民事纠纷案件适用法律若干问题的解释》(2002年10月12日)(以下简称《商标民事纠纷若干解释》);

(2)《关于审理商标案件有关管辖和法律适用范围问题的解释》(2002年1月9日);

(3)《关于人民法院对注册商标权进行财产保全的解释》(2001年1月2日);

(4)《关于诉前停止侵犯注册商标专用权行为和保全证据使用法律问题的解释》(2002年1月9日);

(5)《关于审理涉及计算机网络域名民事纠纷案件适用法律若干问题的解释》(2001年7月17日)。

4. 我国缔结或加入的与商标有关的国际公约

(1)《保护工业产权巴黎公约》(1967年斯德哥尔摩文本);

(2)《商标国际注册马德里协定》(1967年修订并于1979年修改的斯德哥尔摩文本)及其议定书;

(3)《成立世界知识产权组织公约》;

(4)《商标注册用的商品与服务的国际分类尼斯协定》;

(5)《与贸易有关的知识产权协议》。

5. 其他法律法规中与商标有关的规定

如《民法通则》、《反不正当竞争法》、《刑法》中的有关规定;信息产业部公布的《中国互联网络域名管理办法》(2002年8月1日)、《中国互联网络信息中心域名争议解决办法》(2002年9月25日)、《中国互联网络信息中心域名争议解决办法程序规则》(2002年9月25日);国务院发布的《特殊标志管理条例》(1996年7月13日)、《奥林匹克标志保护条例》(2002年2月4日)等。

(二)我国商标法的内容和基本原则

1. 我国商标法的内容

我国《商标法》共8章64条,内容包括以下几个方面。

(1)总则。《商标法》总则的内容包括:商标法制定的宗旨;商标注册、管理和负责处理争议的机关;注册商标、集体商标和证明商标的概念;申请商标注册的主体;商标注册的法定构成要件;不能作为商标使用和注册的标记;驰名商标的认定标准和保护;地理标志的概念和保护;外国人、外国企业在中国申请注册商标的要求,等等。

(2)商标注册的申请。《商标法》这部分的内容包括商标注册申请的原则和具体要求。

(3)商标注册的审查和核准。《商标法》这部分的内容主要包括:审查和核准机关;审查和核准的程序;商标公告的原则,即申请在先和使用在先的规定;异议程序;授权程序;商标复审的受理机关、时限和程序;对不服行政机关的裁定向人民法院起诉的时效等。

(4)注册商标的续展、转让和使用许可。《商标法》规定注册商标的有效期为10年;注册商标的续展时间及每次续展注册的有效期为10年。另外,商标法还在这部分对转让注册商标的程序和要求、签订商标使用许可合同的程序和要求等作了规定。

(5)注册商标争议的裁定。这一部分规定了对已经注册的商标,违反商标法的有关规定,或者是以欺骗手段或者其他不正当手段取得注册的,由商标局撤销该注册商标;其他单位或者个人可以请求商标评审委员会裁定撤销该注册商标;已经注册的商标,违反商标法的有关规定的,自商标注册之日起5年内,商标所有人或者利害关系人可以请求商标评审委员会裁定撤销该注册商标。对恶意注册的,驰名商标所有人不受5年的时间限制。

对已经注册的商标有争议的，可以自该商标经核准注册之日起5年内，向商标评审委员会申请裁定；对核准注册前已经提出异议并经裁定的商标，不得再以相同的事实和理由申请裁定；商标评审委员会作出维持或者撤销注册商标的裁定后，当事人对商标评审委员会的裁定不服的，可以自收到通知之日起30日内向人民法院起诉。人民法院应当通知商标裁定程序的对方当事人作为第三人参加诉讼。

(6)商标使用的管理。这一部分主要规定不当使用注册商标的，由商标局责令限期改正或者撤销其注册商标；使用注册商标，其商品粗制滥造，以次充好，欺骗消费者的，由各级工商行政管理部门分别不同情况，责令限期改正，并可以予以通报或者处以罚款，或者由商标局撤销其注册商标；注册商标被撤销的或者期满不再续展的，自撤销或者注销之日起1年内，商标局对与该商标相同或者近似的商标注册申请，不予核准；对商标局撤销注册商标的决定，当事人不服的申请复审和起诉的程序和时限。

(7)注册商标专用权的保护。这部分内容主要包括：注册商标专用权的范围；侵犯注册商标专用权的表现形式；侵犯商标专用权纠纷的解决途径；工商行政管理机关的职权；侵犯商标专用权赔偿数额的认定及方式；“即发侵权”的规定和财产、证据保全的措施；侵权人应承担的法律责任；刑事责任的规定；工商行政管理部门建立健全内部监督制度的规定等。

(8)附则。这一部分规定了申请注册商标应缴纳费用和法律实施的时间及溯及力等。

2. 我国商标法的基本原则

我国商标法的基本原则包括如下几点。

(1)保护商标专用权与维护消费者权益相结合的原则。保护商标专用权，是我国商标法的核心内容和重要环节，是我国商标法的立法宗旨之一。在保护商标权的同时，法律要求商标权人必须保证商品质量，维护商标信誉，以保障消费者的利益，促进社会主义市场经济的发展。

(2)注册取得商标专用权的原则。综观各国商标法，对商标专用权的取得主要采用两种不同的制度，分别为注册原则和使用原则。我国《商标法》第3条规定：经商标局核准注册的商标为注册商标，商标注册人享有商标专用权，受法律保护。这表明我国商标法采用了注册原则。

(3)申请在先原则。世界各国判定商标专用权归属的原则有两种，申请在先原则和使用在先原则。我国商标法采用申请在先为主、使用在先为辅的原则。

(4)商标注册的审查原则。商标的注册申请能否给予核准注册，世界各国采用的原则有两种：审查原则和不审查原则。我国采用审查原则。

(5)自愿注册原则。对使用的商标是否注册，应由商标的使用人自己决定。在实行注册原则的国家里，商标只有注册才能取得专用权。未注册的商标，可以使用，但使用人不能够得到商标的专用权，不能禁止他人使用。和自愿注册原则相对应的是强制注册原则，要求凡是在商品上使用的商标都要进行注册。我国商标法采用自愿注册与强制注册相结合的原则，对国家规定必须使用注册商标的商品，必须申请商标注册，未经核准注册的，不得在市场上销售。

(6)统一注册分级管理原则。我国《商标法》第2条规定，国务院工商行政管理部门商标局主管全国商标注册和管理的工作。其他任何机构无权办理商标注册，统一注册有助于国家对商标工作的统一管理，防止地区或部门的条块分割，更有效地保护商标。《商标法》第六章和第七章规定的内容则表明我国对商标的管理采取的分级管理的原则。

3. 我国商标法的两次修订

为适应社会主义市场经济的建立，1993年2月22日，第七届全国人民代表大会常务委员会第三十次会议通过了《关于修订〈中华人民共和国商标法〉的决定》。1993年2月全国人大常委会又作出了《关于惩治假冒注册商标犯罪的补充规定》，加大了惩治假冒注册商标犯罪和处罚商标侵权行为的力度。1993年7月15日国务院批准第二次修订《商标法实施细则》。这次商标法修改的主要内容如下。

(1)不得将地名作为商标使用。1993年《商标法》规定："县级以上行政区划的地名或者公众知晓的外国地名，不得作为商标。但是，地名具有其他含义的除外；已经注册的使用地名的商标继续有效。"商标法吸纳了国际上的通常做法，禁止将属于公共财产的地名作为商标使用。鉴于有些地名已具备商标的显著性，具有"其他含义"，商标法采用不溯及既往的原则，承认已注册的商标和具有其他含义的地名商标继续有效。

(2)将商标的保护范围扩大到服务商标。1993年《商标法》规定："自然人、法人或者其他组织对其提供的服务项目，需要取得商标专用权的，应当向商标局申请服务商标注册。本法有关商品商标的规定，适用于服务商标。"商标法这一修改适应了我国第三产业迅速发展的要求，允许申请和注册服务商标，并给予服务商标和商品商标相同的法律地位。这种规定改变了我国商标法历史上不保护服务商标只保护商品商标的规定。

(3)增加了商标注册审查的补正程序。1993年《商标法》规定："已经注册的商标，违反本法第八条规定的，或者是以欺骗手段或者其他不正当手段取得注册的，由商标局撤销该注册商标；其他单位或者个人可以请求商标评审委员会裁定撤销该注册商标。”1993年《商标法》规定了商标注册无效的原因:违反《商标法》第8条规定的,或者是以欺骗手段或者其他不正当手段取得注册的商标;商标注册无效的裁定机关商标局或商标评审委员会;任何人都可提起商标注册无效的申请程序,而且不受时间的限制。

(4)重新界定了商标侵权行为的范围。1993年《商标法》在所列举的商标侵权行为中,增加了1项,修改了1项。增加的1项是“销售明知是假冒注册商标的商品的”行为也属商标侵权行为,立法旨在遏制商品流通领域中的商标侵权行为,加重商品经营者的责任心。修改的1项是“伪造、擅自制造他人注册商标标识或者销售伪造、擅自制造的注册商标标识的”行为也是商标侵权行为,强调了对注册商标标识的保护。

(5)加大了对商标侵权行为惩治的力度。1993年《商标法》对侵犯商标权的刑事责任作了相应的规定,如未经商标注册人许可,在同一种商品上使用与其注册商标相同的商标,构成犯罪的,除赔偿被侵权人的损失外,依法追究刑事责任。伪造、擅自制造他人注册商标标识或者销售伪造、擅自制造的注册商标标识,构成犯罪的,除赔偿被侵权人的损失外,依法追究刑事责任。销售明知是假冒注册商标的商品,构成犯罪的,除赔偿被侵权人的损失外,依法追究刑事责任。

为了加入世界贸易组织和《知识产权协定》相衔接,2001年10月27日第九届人民代表大会常务委员会第二十四次会议通过了《关于修改〈中华人民共和国商标法〉的决定》,修改后的《商标法》自2001年12月1日起施行。为配合商标法的实施,2002年8月11日国务院发布了第三次修订的《商标法实施条例》,该条例自2002年9月15日起施行。2001年修改的主要内容如下。

(1)扩大了商标的构成要素。2001年《商标法》规定:“任何能够将自然人、法人或者其他组织的商品与他人的商品区别开的可视性标志,包括文字、图形、字母、数字、三维标志和颜色组合,以及上述要素的组合,均可以作为商标申请注册。”本次修改前的商标法只保护平面商标,而且构成要素比较简单。本次修改的商标法将商标的构成要素扩大到了三维标志和颜色组合的可视性标志,增加了立体商标和颜色的组合商标,但未保护音响商标和气味商标。

(2)对集体商标、证明商标和地理标志进行保护。2001年《商标法》规定:“经商标局核准注册的商标为注册商标,包括商品商标、服务商标和集体商标、证明商标;商标注册人享有商标专用权,受法律保护。”本次修改前的商标法未对集体商标、证明商标和地理标志作出规定。在本次商标法修订之前是通过《商标法实施细则》明确对集体商标和证明商标的保护的。本次修改的商标法结合我国的实际情况,借鉴了国外商标法对集体商标、证明商标和地理标志的规定,在修改后的商标法中增加了对这3种新的商标的界定和保护。

(3)将商标注册的申请人扩大到了自然人。2001年《商标法》规定:“自然人、法人或者其他组织对其生产、制造、加工、拣选或者经销的商品,需要取得商标专用权的,应当向商标局申请商品商标注册。”本次修改前的商标法限制自然人作为商标权的主体,但这种限制只适用于国内自然人,外国自然人并未限制。这种规定显然是一种超国民待遇的表现。随着我国市场经济的迅速发展,农村出现了很多的种植户和养殖户,城市中也有大量的自由职业者和下岗职工在从事一定的经营服务活动,商标法允许自然人申请注册商标有利于我国经济的发展。

(4)禁止以官方标志、检验印记作为商标注册。2001年《商标法》规定:“与表明实施控制、予以保证的官方标志、检验印记相同或者近似的标志不得作为商标使用;但经授权的除外。”禁止以官方标志、检验印记作为商标注册,在《巴黎公约》中早有规定。本次修改的商标法将这种规定在立法中加以明确。

(5)增加了对驰名商标的保护。2001年《商标法》规定:“就相同或者类似商品申请注册的商标是复制、摹仿或者翻译他人未在中国注册的驰名商标,容易导致混淆的,不予注册并禁止使用。就不相同或者不相类似商品申请注册的商标是复制、摹仿或者翻译他人已经在中国注册的驰名商标,误导公众,致使该驰名商标注册人的利益可能受到损害的,不予注册并禁止使用。”同时规定了认定驰名商标应当考虑的因素。本次修改前的商标法对驰名商标的保护几乎为空白。我国在1985年就加入了《巴黎公约》,尽管在商标事务中事实上早已对驰名商标进行保护,但未对驰名商标在商标法中予以确认。2001年商标法的修改不仅扩大了对驰名商标的保护,而且对驰名商标的认定标准也作了明确的规定。

(6)禁止代理人或者代表人恶意注册商标。2001年《商标法》规定:“未经授权,代理人或者代表人以自己的名义将被代理人或者被代表人的商标进行注册,被代理人或者被代表人提出异议的,不予注册并禁止使用。”鉴于我国恶意注册他人商标的现象日益严重,2001年修改时对此作了明文规定。

(7)完善了商标优先权的规定。2001年《商标法》规定:“商标注册申请人自其商标在外国第一次提出商标注册申请之日起六个月内,又在中国就相同商品以同一商标提出商标注册申请的,依照该外国同中国签订的协议或者共同参加的国际条约,或者按照相互承认优先权的原则,可以享有优先权。要求优先权的,应当在提出商标注册申请的时候提出书面声明,并且在三个月内提交第一次提出的商标注册申请文件的副本;未提出书面声明或者逾期未提交商标注册申请文件副本的,视为未要求优先权。”优先权原则是《巴黎公约》的一项基本原则。在我国的原专利法中已有规定,2001年修改时也把优先权原则吸纳进来。

(8)增加了司法审查的规定。根据《知识产权协定》的规定,当事人应有机会要求司法机关对终局的行政决定进行复审。为和国际公约相衔接,2001年《商标法》取消了商标评审委员会的终局决定,增加了对其决定的司法审查,其第32条规定:"对驳回申请、不予公告的商标,商标局应当书面通知商标注册申请人。商标注册申请人不服的,可以自收到通知之日起十五日内向商标评审委员会申请复审,由商标评审委员会作出决定,并书面通知申请人。当事人对商标评审委员会的决定不服的,可以自收到通知之日起三十日内向人民法院起诉。"

(9)加强了商标的行政管理。2001年修改前的《商标法》对工商行政管理部门查处商标侵权行为的职权很有限,只有责令停止侵权和罚款。为加大对商标侵权行为的打击力度,本次修改后的《商标法》增加了没收、销毁商标侵权商品等职权。

(10)修改和增加了商标侵权行为的规定。2001年《商标法》规定销售侵犯注册商标专用权的商品的行为,属侵犯注册商标专用权的行为;并且规定:"销售不知道是侵犯注册商标专用权的商品,能证明该商品是自己合法取得的并说明提供者的,不承担赔偿责任。"本次修改后的商标法排除了以"明知"作为认定商标侵权的条件,不考虑行为人主观上是否存在过错,只要有侵权行为的事实存在,即可认定为侵权。在确定赔偿责任时,适用"过错责任原则"。同时,2001年《商标法》增加了"未经商标注册人同意,更换其注册商标并将该更换商标的商品又投入市场的"行为属侵犯商标专用权行为的规定。这种侵权属于商标的反向假冒,在国外的商标法中早有规定。我国在1994年就出现了商标反向假冒的案例。

(11)规定了商标侵权的赔偿数额。2001年《商标法》规定:"侵犯商标专用权的赔偿数额,为侵权人在侵权期间因侵权所获得的利益,或者被侵权人在被侵权期间因被侵权所受到的损失,包括被侵权人为制止侵权行为所支付的合理开支。侵权人因侵权所得利益,或者被侵权人因被侵权所受损失难以确定的,由人民法院根据侵权行为的情节判决给予五十万元以下的赔偿。"2001年《商标法》根据《知识产权协定》的要求,不仅明确了侵权人要承担其侵权的赔偿数额,而且要支付被侵权人为制止侵权行为所支付的合理开支,其中,包括适当的律师费用、合理的调查取证费用等。

(12)增加了"即发侵权"的内容。2001年《商标法》规定:"商标注册人或者利害关系人有证据证明他人正在实施或者即将实施侵犯其注册商标专用权的行为,如不及时制止,将会使其合法权益受到难以弥补的损害的,可以在起诉前向人民法院申请采取责令停止有关行为和财产保全的措施。"这种即将发生的侵权行为,简称"即发侵权",有关当事人可以向人民法院申请,由法院采取"临时措施"制止侵权行为的进一步发生,这条规定加大了对商标权人的保护力度。

2001年《商标法》的修改，进一步完善了我国的商标法律制度，达到了国际公约的要求，修改后的商标法，将成为我国商标保护发展史上的一个重要的里程碑。

（三）商标权的行政保护

我国保护商标的行政机构包括各级工商管理机关和各级海关。

1. 工商行政机关对商标的行政保护

商标侵权的行政保护，是指工商行政管理机关依照《商标法》和有关的行政法规的规定，通过对侵权人的商标侵权行为所作出的处罚措施，以保护商标权人的权益。通过行政程序制裁侵权人，是目前我国商标权人为维护其注册商标权经常采用的措施。

根据《商标法》第53条、第54条、第55条的规定以及《商标法实施细则》的有关规定，工商部门可以对侵权人采取以下几种方式：(1)责令立即停止侵权；(2)收缴并销毁侵权商标标识；(3)消除现存商品上的侵权商标；(4)没收、销毁侵权商品和专门用于制造侵权商品、伪造注册商标标识的工具；(5)对侵犯注册商标专用权，尚未构成犯罪的，依照《商标法实施条例》第52条的规定，工商行政管理部门可视情节处以罚款。对侵犯注册商标专用权的行为，罚款数额为非法经营额3倍以下；非法经营额无法计算的，罚款数额为10万元以下。这些方式，可视具体情节单处或者并处。

当事人对处理决定不服的，可以自收到处理通知之日起15天内依照《中华人民共和国行政诉讼法》（以下简称《行政诉讼法》）向人民法院起诉；侵权人期满不起诉又不履行的，工商行政管理部门可以申请人民法院强制执行。进行处理的工商行政部门根据当事人的请求，可以就侵犯商标专用权的赔偿数额进行调解；调解不成的，当事人可以依照《民事诉讼法》向人民法院起诉。

县级以上工商行政管理部门根据已经取得的违法嫌疑证据或者举报，对涉嫌侵犯他人注册商标专用权的行为进行查处时，可以行使的职权有：(1)询问有关当事人，调查与侵犯他人注册商标专用权有关的情况；(2)查阅、复制当事人与侵权活动有关的合同、发票、账簿以及其他有关资料；(3)对当事人涉嫌从事侵犯他人注册商标专用权活动的场所实施现场检查；(4)检查与侵权活动有关的物品，对有证据证明是侵犯他人注册商标专用权的物品，可以查封或者扣押。

从当前情况看，中国各级地方政府已经对知识产权保护对于经济发展的促进作用有了充分认识，基本破除了对本地假冒侵权企业的地方保护主义，积极采取跨地区的行动对假冒侵权行为进行打击。中国环淮海经济区、华东三省一市、东北三省都建立了商标执法网络，这些网络对行政执法行为的跨地区协调和配合发挥了一定作用。

为了保护商标权，2005年以来，国家工商总局深入开展保护注册商标专用权行动,加大了商标侵权案件查处力度。各地按照总局保护注册商标专用权行动方案,先后开展了4次专项行动,严厉查处了侵犯食品商标、药品商标、涉农商标和以企业名称侵犯高知名度商标权益的案件,进一步规范了商标使用秩序。

据统计,在2005年,共查处商标侵权案件2.2万件,其中涉外商标侵权案件3 530件,移送司法机关处理案件132件、116人。与此同时,进一步加强了商标注册和驰名商标认定保护工作。

2. 海关对商标的行政保护

为遏制国际贸易领域侵权活动的进一步发展,世界各国在加强知识产权的立法和司法保护的同时,也把保护的重点转向行政保护,特别是海关的边境保护方面。与此同时,世界贸易组织框架下的《知识产权协定》也明确赋予海关知识产权的边境保护职能。

我国已正式成为世界贸易组织的成员国,《知识产权协定》对我国已产生法律约束力。目前,我国对知识产权实施海关保护的主要执法依据是《中华人民共和国知识产权海关保护条例》(以下简称《知识产权海关保护条例》)。该条例2003年12月2日国务院令第395号公布,自2004年3月1日起施行。

随着我国对外贸易的快速发展,进出口环节侵犯知识产权的情况也有所增加,越来越多的国内外企业要求中国海关采取有效的边境措施,制止侵犯其知识产权货物(特别是商标侵权货物)的进出口。1995年6月,海关总署设立了知识产权边境保护处,全国各海关也指定了本地区内负责知识产权保护的主管部门和联系人。

在工商部门的大力支持和积极配合下,自1998年以来,全国各口岸海关共查处进出口侵犯知识产权案件1 480件,其中商标侵权案件1 243件,占84%。我国加入世界贸易组织后,海关的知识产权执法更加引起人们的重视。2002年知识产权备案的数字较2001年增长了22%,海关查处侵权案件数增长了57%。[1]

海关在保护商标权方面采取了以下措施。

(1)建立了比较完备的执法体系。针对进出口环节的侵权活动,海关不断充实和加强执法人员配备。建立了一支高效、精干的执法队伍,形成了海关总署(知识产权备案)—直属海关(受理保护措施申请)—现场海关(查扣侵权货物)的三级职责分工明确、协调统一的执法机制。

(2)运用现代技术手段,提高执法能力。为充分发挥海关边境执法的职能,海关总署和各口岸海关还广泛应用风险管理手段和计算机技术,加强和权利人的联系配合,收集分析侵权货物进出口的情报信息,对经常运输侵权商品的航线、有侵权

[1] http://markbook.nease.net/tribune/sbgzdt/sbgzdt_20030228_2.htm, 2006年1月8日访问。

嫌疑的进出口企业和容易发生侵权的进出口商品进行重点布控查验，提高了查获侵权货物的效率，同时也保证了合法货物的正常通关不受影响。

(3)广泛开展执法宣传活动，提高企业的自觉守法意识。为鼓励和引导企业合法经营，将侵权违法活动消灭在萌芽中，各地海关通过运用新闻媒体和宣讲等方式，加大相关法律法规的宣传力度，提高进出口企业的知识产权法律意识，从根本上杜绝和减少侵权行为的发生。

(四)商标权的司法保护

目前，我国人民法院在中级法院已经建立起专门负责审理知识产权案件的审判庭；在北京、上海等地的基层法院也成立了专门的知识产权审判庭。

根据《商标法》第53条及《商标法实施条例》的有关规定，对侵犯注册商标专用权引起纠纷的，由当事人协商解决；不愿协商或者协商不成的，商标注册人或者利害关系人可以向人民法院起诉，也可以请求工商行政管理部门处理。

在商标侵权民事诉讼中，原告一般要求侵权人承担民事责任。根据《民法通则》和《商标法》及其实施条例的有关规定，商标侵权行为承担民事责任的方式主要有以下3种：

(1)停止侵害。停止侵害是指权利人要求人民法院对正在进行的侵害行为立即给予制止，以避免自身的权益遭受更大的损失。

(2)消除影响。商标的侵权行为，不仅损害了商标权人的合法利益，而且使商标权人的商标声誉受到负面影响。因此，商标权人还可以要求侵权人承担因自己的侵权行为给其注册商标造成的不良影响的法律责任。实际生活中，一般是由人民法院责令侵权人通过新闻传媒方式，公开表示道歉，以消除其侵权行为的不良影响。

(3)赔偿损失。这是商标侵权人承担民事责任的主要方式。因商标侵权行为，给注册商标权人的利益造成损失的，权利人有权要求侵权人赔偿损失。

关于赔偿损失的数额，我国《商标法》第56条作了明确的规定，“侵犯商标专用权的赔偿数额，为侵权人在侵权期间因侵权所获得的利益，或者被侵权人在被侵权期间因被侵权所受到的损失，包括被侵权人为制止侵权行为所支付的合理开支”；如果“侵权人因侵权所得利益，或者被侵权人因被侵权所受损失难以确定的，由人民法院根据侵权行为的情节判决给予50万元以下的赔偿”。“销售不知道是侵犯注册商标专用权的商品，能证明该商品是自己合法取得的并说明提供者的，不承担赔偿责任”。

前述几种民事责任的承担方式，在具体应用中，可以单独适用，也可以合并适用。

根据《商标民事纠纷若干解释》第21条规定，人民法院在审理侵犯注册商标专用权纠纷案件中，依据《民法通则》第134条、《商标法》第53条的规定和案件具体情况，可以判决侵权人承担停止侵害、排除妨碍、消除危险、赔偿损失、消除影响等民事责任，还可以作出罚款以及收缴侵权商品、伪造的商标标识和专门用于生产侵权商品的材料、工具、设备等财物的民事制裁决定。罚款数额根据《商标法实施条例》的规定，对侵犯注册商标专用权的行为，罚款数额为非法经营额3倍以下；非法经营额无法计算的，罚款数额为10万元以下。工商行政管理部门对同一侵犯注册商标专用权行为已经给予行政处罚的，人民法院不再予以民事制裁。

为保证上述措施得以实现，我国《商标法》修改时，根据《知识产权协定》的要求，又增加了一些新的规定。如人民法院的临时禁令、商标权人的"即发侵权"的制止权以及证据保全和担保的规定等。

(1)人民法院的临时禁令。人民法院的临时禁令，是指商标注册人或者利害关系人有证据证明他人正在实施或者即将实施其注册商标专用权的行为，如不及时制止，将会使其合法权益受到难以弥补的损害的，可以在起诉前向人民法院申请采取责令停止有关行为和财产保全的措施。根据《商标法》第57条的规定，申请临时禁令的条件为：①申请人为商标注册人或者利害关系人；②申请人有证据证明他人正在实施或者即将实施其注册商标专用权的行为；③对上述行为，如不及时制止，将会使其合法权益受到难以弥补的损害的；④申请人向人民法院申请采取责令停止有关行为和财产保全的措施；⑤申请临时禁令的时间为起诉前。

(2)"即发侵权"。"即发侵权"是指即将发生的侵权行为。对这种侵权行为，我国《商标法》第57条规定，商标注册人或者利害关系人有证据证明他人正在实施或者即将实施其注册商标专用权的行为，如不及时制止，将会使其合法权益受到难以弥补的损害的，可以在起诉前向人民法院申请采取责令停止有关行为和财产保全的措施。这种规定，旨在保护商标权人的合法利益，将侵权行为扼杀在萌芽状态。

为配合临时禁令的实施，修改后的《商标法》还增加了证据保全制度和担保的规定。《商标法》第58条规定，为制止侵权行为，在证据可能灭失或者以后难以取得的情况下，商标注册人或者利害关系人可以在起诉前向人民法院申请保全证据。人民法院接受申请后，必须在48小时内作出裁定；裁定采取保全措施的，应当立即开始执行。人民法院可以责令申请人提供担保，申请人不提供担保的，驳回申请。申请人在人民法院采取保全措施后15天内不起诉的，人民法院应当解除保全措施。

上述规定，不仅和我国参加的国际公约保持一致，而且有利于全面保护商标权人的利益。商标法实施后，各地法院也受理了多起"即发侵权"案件，要求人民法院采取禁令。下面为我国商标法实施后第一例"即发侵权"的案例：

1998年北京市通州区运河化工厂，从北京环亚塑料制品厂购买了刻有"天朝"

牌商标图形和“天朝”字样的包装桶，该包装桶是同为生产防冻液的北京天朝公司委托环亚厂加工的。包装桶买回后，运河化工厂尚未使用，就被天朝公司告上了法庭。这种情况是否构成侵权？按照传统的侵权构成要件，侵权行为须具备侵权行为和侵权结果。由于被告尚未使用刻有原告商标和名称的包装，也就不存在侵权结果，但驳回原告保护其商标权的请求显然不公平，因为被告随时可能实施侵权行为，这是典型的“即发侵权”情形。当时，《商标法》及其实施条例对购买他人商标标识是否构成侵权没有明确规定，国内也没有这方面的司法判例。北京市第二中级人民法院认为，被告此种行为主观上有明显过错。因为原被告双方同为生产防冻液的企业，被告明知包装桶上刻有原告的商标并大量购买，说明其目的是在于使用这种包装销售自己的产品，为进一步侵犯原告的商标权做准备。但由于被告尚未使用和销售，实际上没有对原告造成损害后果。依据被告主观故意明显，如不及时制止，必将损害原告的合法利益的事实，法院最后判决被告承担停止侵权、赔礼道歉的责任，并付给天朝公司因诉讼而支出的合理费用。这一判决，被法学界专家称为国内“即发侵权”第一例，是对传统民法关于“侵权四要件”理论的一个新突破。[1]

关于商标权纠纷的诉讼时效，根据《商标民事纠纷若干解释》的有关规定，侵犯注册商标专用权的诉讼时效为2年，自商标注册人或者利害权利人知道或者应当知道侵权行为之日起计算。商标注册人或者利害关系人超过2年起诉的，如果侵权行为在起诉时仍在持续，在该注册商标专用权有效期限内，人民法院应当判决被告停止侵权行为，侵权损害赔偿数额应当自权利人向人民法院起诉之日起向前推算2年计算。商标注册人或者利害关系人在注册商标续展宽展期内提出续展申请，未获核准前，以他人侵犯其注册商标专用权提起诉讼的，人民法院应当受理。

因侵犯注册商标专用权行为提起的民事诉讼，由《商标法》第13条、第52条所规定侵权行为的实施地、侵权商品的储藏地或者查封扣押地、被告住所地人民法院管辖。侵权商品的储藏地，是指大量或者经常性储存、隐匿侵权商品所在地；查封扣押地，是指海关、工商等行政机关依法查封、扣押侵权商品所在地。对涉及不同侵权行为实施地的多个被告提起的共同诉讼，原告可以选择其中一个被告的侵权行为实施地人民法院管辖；仅对其中某一被告提起的诉讼，该被告侵权行为实施地的人民法院有管辖权。

(五)企业商标保护现状

据工商总局提供的信息，近年来，我国商标注册申请量连续居世界第一，商标

---

[1] 那日苏、万学忠：“构筑坚固屏障——北京二中院知识产权审判工作纪实”，载《法制日报》2001年5月15日，第一版。

注册总量不断攀升。2004年商标注册申请总量达58.8万件,2005年上半年商标注册申请达31.4万件,目前,我国商标注册累计总量达247万件。来中国注册商标的国家或地区已增加到129个,累计注册商标达40.3万件,约占中国注册商标累计总量的18%。[1]

从中国企业整体来看,商标保护意识在逐渐增强,一些大型企业有专门的商标顾问和保护机构,并制定了专门的企业商标保护规定。

二、我国商标制度存在的问题

以上分析表明,我国商标法律体系已经基本完备,实施方面也取得了一定成就,但仍然存在着一些问题。

(一)我国商标立法存在问题

我国商标法经过两次修改后,基本上和国际公约保持一致,但还存在一些问题需要进一步完善。

1. 管理色彩浓厚

我国现行《商标法》第1条规定:"为了加强商标管理,保护商标专用权,促使生产、经营者保证商品和服务质量,维护商标信誉,以保障消费者和生产、经营者的利益,促进社会主义市场经济的发展,特制定本法。"由此可以看到,我国商标法把加强商标管理作为首要的立法宗旨,这种立法指导思想作为计划经济时代的产物已经过时,与社会主义市场经济建设不相符。

2. 对驰名商标的保护还需完善

《知识产权协定》将驰名商标所有人的权利延伸到了"不相类似"的商品或服务上。相比较而言,我国《商标法》对驰名商标保护的范围较狭窄,保护的力度还远远不够。这些不足主要表现在:

(1)对注册驰名商标的跨类保护不够严密。商标法并未将有关驰名商标的跨类侵权行为列为侵犯注册商标专用权的行为。

(2)对未注册驰名商标的保护力度不够。我国对未注册驰名商标的保护在许多方面并未达到对普通注册商标的保护水平,与对注册驰名商标的保护相比更是不能同日而语。

3. 在先权利有待于进一步明确

《知识产权协定》在第16条第1款中,把"不得损害已有的在先权",作为获得注册乃至使用商标的条件之一。我国《商标法》第9条、第31条都涉及注册商标不得损

---

[1] 参见《中国知识产权保护的新进展》白皮书。

害他人的在先权利的问题,且在司法实践中,商标权与其他在先权利的冲突层出不穷。但我国商标法及其实施条例均未对在先权利进行详细的规定。

4. 商标权的限制问题

《知识产权协定》第17条规定了对商标权可以有合理使用的限制:"各成员可对商标所授予的权利规定有限的例外,如说明性词语的合理使用,但以这些例外顾及了商标所有人和第三方的合法利益为限。"这就是说,非商标权人有权在适当的情况下合理地使用该商标,只要不损害商标所有人和第三者的合法利益。合理使用原则的建立是非常必要的,有利于防止商标权独断使用而致使垄断产生,有利于保护其他竞争者商品或服务说明的权利以及消费者自由选择的权利。但是,我国商标法没有对此作出规定。

5. 商标法定赔偿条款应取消上限的规定

《商标法》第56条第2款规定:"侵权人因侵权所得利益,或者被侵权人因被侵权所受损失难以确定的,由人民法院根据侵权行为的情节判决给予五十万元以下的赔偿。"但在实践中,这种上限的规定不利于保护商标权人的利益。

6. 其他需要修改的条款

除以上内容外,商标法还应增加商标权海关保护的规定、明确商标侵权的条件、给予被告适当的赔偿等。

(二)商标执法和司法存在问题

1.侵犯知识产权活动的特点

在海关执法方面,从海关查处的案件看,目前进出口环节的侵犯知识产权活动存在以下特点。

(1)出口的假冒货物居多。仅以2001年为例,在海关查获的308件商标侵权案件中,假冒商标案件达297件,占97%。被假冒的商标既有耐克、阿迪达斯、诺基亚等外国知名品牌,也有银河、虎头等国内知名品牌。

(2)违法活动更加诡秘,手法更加狡猾。由于海关加大了对进出口环节假冒活动的打击力度,一些违法企业在进出口侵权商品过程中,越来越多地采取伪报、瞒报货物或者企业名称、假造授权许可文件和在商品上和包装上故意模仿他人注册商标的手法,逃避海关执法。

(3)商标权人维权意识仍有待加强。海关查处的商标侵权案件,绝大多数属于海关主动查处的案件,海关依据商标权人的举报查获的案件不足20%。

2. 行政主管机关监管不力所造成的危害

从商标的工商行政管理的角度来看,在现行管理体制下,行政主管机关监管不力,使得一些具体问题不能得到及时有效的解决,给相关企业及地方行政执法机关具体操作造成危害。具体表现为以下方面。

(1)驰名商标的行政认定缺乏透明度。驰名商标个案认定、被动保护是工商行政管理部门认定驰名商标遵循的原则，通常一件驰名商标的认定可以在个案查处过程中通过省一级工商机关上报到商标局、商标评审委员会进行认定。但是由于认定过程透明度不高,操作性“过强”,引起众多企业的不满。据了解,现在仅积压在商标局案件指导处的待认定的个案近300件。同时由于对原先认定的驰名商标没有实行再次审查,造成许多原有的驰名商标“名存实亡”。这种欠缺公平的认定给企业带来的负面影响以至于直接损害都是巨大的。

(2)驰名商标与中国名牌的冲突。驰名商标认定与中国名牌评定造成权力部门利益的冲突,中国名牌评定由国家质检部门委托中国名牌推进委员会实施,从2001年至今已评定的数量已经超过中国驰名商标的数量,驰名商标的保护有法律依据,中国名牌则没有,而企业看中的恰恰不是法律保护的内容,而是为了宣传的需要,从而造成政府资源的浪费,给地方执法部门具体执法制造矛盾。据了解,各地方政府非常重视驰名商标和中国名牌的认定，并把年度认定的数量作为考核政府职能部门的指标，中国名牌的大量出现使得地方工商部门在驰名商标保护的问题上陷入被动,也使得很多企业在选择保护的手段及方法上出现误区,给自身的商标保护造成隐患。

(3)驰名商标司法认定与行政认定的冲突。如“21金维他”商标被商标评审委认定为驰名商标后,又被北京一中院撤销认定;“九牧王”西裤商标被商标局认定为驰名商标后,他人不服,认为申请认定证据有假,将商标局告到北京一中院;安徽巢湖市中院认定广东“采乐”为驰名商标,10天后商标评审委员会将此商标撤销。这些案例表明,关于驰名商标的司法认定和行政认定应该有较好的协调,否则,受损失的还是企业,同时影响到我国民族企业创世界名牌的效果与进程。

(4)对商业标识法律冲突的解决缺乏必要法律手段。当前,企业字号与商标权冲突、商标权与著作权冲突、商标权与专利权冲突的案件越来越多,但由于缺乏相应的法律文件,各地法院的判决出现不同的结果。因此迫切需要完善我国相关的立法,给司法实践以指导。

如蒙牛乳业与蒙牛酒业的商标与字号冲突,作为驰名商标的拥有者,蒙牛乳业尚无法与同一地区打着蒙牛酒业字号的企业合理合法地解决纠纷。类似的情况在国内出现得比较多,商标核准和企业字号登记均属于工商行政管理部门统一管理,但是企业字号的核准权力在地方各级工商行政管理局,商标的核准则在商标局,缺乏有效的信息沟通手段,使得这种情况有愈演愈烈之势,给商标驰名或者字号知名的企业带来了无法挽回的损失，也使得企业在维权过程中增加了大量不必要支付

的成本。❶

(三)企业自身保护存在问题

企业在商标保护方面存在相当严重的保护不力的问题,具体表现在如下方面。

1. 商标注册方面

这方面的问题包括企业没有充分利用异议权、不及时行使申请复审权、商标代理质量不高等。以商标国内申请被驳回后的复审为例,据统计,近年来,国内申请被驳回后,申请复审的不到1%,而国外企业申请复审的则超过了10%。这反映了我国企业对申请复审的不重视,从而没有及时申请。

2. 企业的商标到期不续展

商标的专用权期限为10年,逾期不办理续展手续再给予6个月的宽限期,如还没办理商标续展手续,商标专用权将不再受保护。河南省新乡中华牌电池是久负盛名"老字号",因过了续展期而导致商标流失,失去商标后的企业从此每况愈下。

3. 商标维权意识不强,商标被抢注现象仍然严重

我国商标抢注现象复杂多样并呈上升趋势,归结起来,大致有两种情况。一是我国商标在国外被抢注,如"凤凰"牌自行车在印度尼西亚被抢注、"同仁堂"中药在日本被抢注、"青岛"啤酒在美国被抢注等。据不完统计,我国名牌商标已有150多个在澳大利亚被抢注、100多个在日本被抢注、48个在印度尼西亚被抢注。这是因为我国企业海外注册意识不强。2003年,我国企业在其他国家商标局申请国际注册的总量不超过3 000件,而国外企业在我国注册的商标数量却有上万件。2004年,世界品牌实验室公布的"中国500个最具价值的品牌"中,46%未在美国注册,50%未在澳大利亚注册,54%未在加拿大注册,而在欧盟的未注册比率更是高达76%。二是国内企业间也相互抢注商标,如珠海市啤酒厂"海株牌"商标被丹东一乡镇企业抢注,该厂花好几万元才买回;1997年漯河双汇商标被漯河三泽公司抢注;安阳飞鹰集团的三枪商标被北京双发技术开发公司抢注,公司花几千万元创出的三枪名牌成了他人的嫁衣。上述抢注行为导致的后果令人痛心,企业不但被掠夺了辛苦创立的商标的信誉,而且企业生产成本提高,有些企业只好忍痛放弃已占领的市场份额。

4. 企业不按照法律要求使用注册商标标记

商标权人获得了注册商标后,并没按法律的规定在产品上标上注册商标字样,有的干脆不写,有的写了"R"但不画圈,注册商标使用不规范问题严重。同时,企业在变更名称或地址后没有及时办理法定的变更手续。

---

❶《中国知识产权报》2005年12月30日。

5. 企业注册商标使用许可中存在诸多问题

企业在与其他企业进行商标使用许可时,要么不签合同,要么是不给予重视,合同签得不严密,给企业的发展留下了隐患,另外,即使订立了商标使用许可合同,也不到商标局、工商部门备案。另一个突出的问题是,商标轻易许可他人使用,导致产品质量下降,损害了消费者的利益,被工商部门处罚,甚至被撤销了注册商标。另外在实践中未经许可擅自使用他人的注册商标,使注册商标权利人利益受到损害的现象在我国商标使用中更是普遍现象,数不胜数。而国外很多企业却充分利用商标使用许可合同和国内企业签订加工合同,将我国加工的产品贴上自己的名牌商标,再高价出售。其结果是中国企业只拿到低廉的加工费,而外商则凭我方高质量的产品获取高额利润。

6. 企业驰名商标数量少,已有的驰名商标又呈淡化趋势

我国驰名商标和工业发达国家的驰名商标相比,知名度不高,离国际化驰名商标的标准相差甚远。已有的驰名商标数量很少,分布也很不均衡。同时,由于企业商标自我保护意识差,已有的驰名商标被他人在其他商品上或类似商品上用,驰名商标有淡化危险。

7. 企业的商标管理混乱

一些企业从商标设计到印制投入生产使用,缺乏全方位的商标战略部署。许多企业虽重视广告宣传,但内部并没有设立专门商标管理队伍对商标实施全面管理;在设计商标时,给商品起名时,难免落入俗套,如一个“长城”各行业都用。在商标印制环节上不注意审查商标印制单位的资格证明,在印制过程中,对废弃商标的图样、商标的原材料等不注意回收或处理,导致一些商标印制厂家在造假活动中直接扮演“化妆师”的角色,直接影响打击假冒伪劣产品的成效。

三、商标制度的完善

对于我国商标制度存在的上述问题,笔者建议从以下几个方面来完善。

(一)修改我国商标法的立法宗旨

建议我国《商标法》第1条修改为:

“**第一条**　为了保护商标专用权,促使生产、经营者保证商品和服务质量,以保障消费者和生产、经营者的利益,维护社会主义市场经济秩序,特制定本法。”

[立法理由]我国现行《商标法》第1条规定:“为了加强商标管理,保护商标专用权,促使生产、经营者保证商品和服务质量,维护商标信誉,以保障消费者和生产、经营者的利益,促进社会主义市场经济的发展,特制定本法。”由此可以看到,我国商标法把加强商标管理作为首要的立法宗旨,这种立法指导思想作为计划经济时

代的产物已经过时。

从商标的历史沿革来看,现代商标已成为一种无形资产,各国商标法均把对商标权的保护作为其立法宗旨之一;《知识产权协定》序言中也明确规定"承认知识产权是私权"。因此我国商标法也应该顺应潮流,逐步淡化行政管理色彩,以强化商标权和消费者利益的保护作为立法的宗旨。

(二)完善驰名商标的认定和保护

建议商标法中关于驰名商标的条款修改为:

"**第 条** 本法所称驰名商标是指在中国为相关公众广为知晓并享有较高声誉的注册商标或未注册商标。

第 条 认定驰名商标应当考虑下列因素:

(一)相关公众对该商标的知晓程度;

(二)该商标使用的持续时间;

(三)该商标的任何宣传工作的持续时间、程度和地理范围;

(四)该商标作为驰名商标受保护的记录;

(五)该商标驰名的其他因素。

第 条 驰名商标所有人可以将自己的驰名商标申请注册为防御商标或联合商标。

第 条 就相同或者类似商品申请注册的商标是复制、摹仿或者翻译他人未在中国注册的驰名商标,容易导致混淆的,不予注册并禁止使用。

就不相同或者不相类似商品申请注册的商标是复制、摹仿或者翻译他人已经在中国注册的驰名商标,误导公众,致使该驰名商标注册人的利益可能受到损害的,不予注册并禁止使用。

第 条 当事人认为他人将其驰名商标作为企业名称登记,可能欺骗公众或者对公众造成误解的,可以向企业名称登记主管机关申请撤销该企业名称登记,造成损害的,可以向人民法院起诉或者向当地县级以上工商管理机关申诉。"

[立法理由]和《知识产权协定》对驰名商标保护的要求相适应,我国商标法应完善对驰名商标的保护。

1. 把对未注册驰名商标的保护扩大到与注册驰名商标的保护同等水平

即就不相同或者不相类似商品申请注册的商标是复制、摹仿或者翻译他人未注册的驰名商标,误导公众,致使该驰名商标的权利人的利益可能受到损害的,不予注册并禁止使用。

2. 将注册的驰名商标的保护范围扩大到企业名称上

在现实生活中,如果将他人注册的驰名商标用作企业的名称,可能导致商业关系上的混淆，引起公众的误认，淡化驰名商标的信誉。因此在商标法中应有这方面的规定。

3. 明确规定可以注册防御商标和联合商标

通过注册防御商标和联合商标，商标权人可以扩大驰名商标的保护范围。因为仅依靠对驰名商标的跨商品的绝对保护是不够的，辅之以防御商标和联合商标的法律制度，对于扩大驰名商标的保护范围十分有效。

4. 驰名商标的认定应需要有统一的标准

驰名商标的认定需要上升到统一的高度，毕竟各地法院和商标局、商标评审委员会看问题的角度不同。只有采取统一的认定标准，才可能将这些认定统一起来。

(三)明确规定在先权利

建议商标法中有关在先权利的条款可以修改为：

"第　条　注册商标不得损害他人现有的在先权利。

所谓在先权利，是指在商标注册申请日前已经依法产生的民事权利，包括在先注册的商标、驰名商标、地理标志权、著作权、外观设计权、企业名称权、姓名权、肖像权、知名商品特有包装或者装潢使用权等。"

[立法理由]

1. 在先权利内容的完善

我国《商标法》2001年修改后，在其中的第9条、第31条均规定了注册商标不得损害他人现有的在先权利。何谓在先权？商标在先权的范围包含哪些权利？确定损害在先权利的标准是什么？这些内容在我国商标法中没有明确规定。

所谓在先权利，是指在商标注册申请日前已经依法产生的民事权利。一般认为应以权利取得的时间先后为判断标准。商标在先权利的内容和范围如何界定？

(1)商标在先权利的范围。从国际社会看，许多国家的商标法都对商标在先权制度作了规定。《法国知识产权法典》第711－4条规定："侵犯在先权利的标记不得作为商标，尤其是侵犯：①在先注册商标或保护工业产权巴黎公约第6条之二所称的驰名商标；②公司名称或字号，如果在公众意识中有混淆的危险；③全国范围内知名的厂商名称或标牌，如果在公众意识中有混淆的危险；④受保护的原产地名称；⑤著作权；⑥受保护的工业品外观设计权；⑦第三人的人身权，尤其是姓氏、假名或肖像权；⑧地方行政单位的名称、形象或声誉。"《德国商标和其他标志保护法(商标法)》第13条规定的"其他在先权利"包括：①名称权；②肖像权；③著作权；④植物品种名称；⑤地理来源标志；⑥其他工业产权。

我国学者郑成思教授在其草拟的《中国民法典知识产权篇》第四章商标权中有如下内容："申请注册的商标不得与他人在先取得的合法权利相冲突，尤其不得侵犯:①他人的在先注册商标或受保护的驰名商标;②他人的企业名称,如果在公众中有混淆的可能;③他人的商号,如果在公众中有混淆的可能;④他人的著作权;⑤他人的外观设计专利权;⑥ 他人的人身权,尤其是姓名权或肖像权。违反前款规定的,不得注册,除非已经取得在先权利人的授权。已经注册的商标,在先权利人可以在该商标注册之日起5年内请求宣布其无效。"❶

最高人民法院2001年6月19日通过的《关于审理专利纠纷案件适用法律问题的若干规定》第15条和第16条中有关于在先权利的规定。该规定第15条规定:"人民法院受理的侵犯专利权纠纷案件,涉及权利冲突的,应当保护在先依法享有权利的当事人的合法权益。"第16条规定:"专利法第二十三条所称的在先取得的合法权利包括:商标权、著作权、企业名称权、肖像权、知名商品特有包装或者装潢使用权等。"

在修改我国商标法时,关于商标在先权利的内容和范围,可以参考和借鉴上述规定和司法解释。本书认为,商标法中关于在先权利的内容和范围应包括:在先注册的商标、驰名商标、地理标志权、著作权、外观设计权、企业名称权、姓名权、肖像权、知名商品特有包装或者装潢使用权等。

(2)确定损害在先权利的标准。借鉴《法国知识产权法典》上述第L111-4条第2款和第3款规定以及郑成思教授的观点,以混淆作为确定损害在先权利的标准,即凡是引起或可能引起公众混淆的情况就构成了对在先权利的侵犯。但这一规定只是针对企业名称和商号。其他在先权利可否适用,有待进一步研究。

(四)增加商标权限制的规定

建议在商标法中增加如下商标权限制的条款:

"**第 条** 商标所有人或经其同意的人,将带有其商标的商品投放市场后,商标所有人的权利不得用来禁止在该商品上继续使用其商标。商标所有人有正当理由反对商品的进一步流通,尤其是商品在投放市场后商品质量有变化或损坏的,不适用前款规定。

第 条 在他人获得商标权之前已经使用该商标的所有人,享有在原有范围内继续使用该商标的权利。

第 条 注册商标中含有的本商品的通用名称、图形、型号,或者直接表示商品的质量、主要原料、功能、用途、重量、数量及其他特点,或者含有地名,注册商标专用权人无权禁止他人正当使用。"

[立法理由]任何权利都是有限制的。商标权同其他知识产权一样,不仅有地域性、时间性、专有性等限制,还应当从权利内容方面加以限制。如我国《专利法》和

❶ 郑成思:《知识产权论(第三版)》,法律出版社2003年版,第93页。

《著作权法》中均有对专利权和著作权的限制的规定。❶但我国《商标法》及其两次修改对商标权的限制均未作出明确的规定。

商标权的限制是指商标权人因和他人的权利及社会公众利益发生冲突，为了平衡各方的利益，在某些情形下，法律对商标权人权利的行使和保护作出限制的规定。❷综观世界其他国家的商标法，在商标权的限制方面均有相应的规定，如1994年10月颁布的《英国商标法》第11条规定：一个人使用自己的名字或地址不侵犯他人的注册商标。❸《法国知识产权法典》L713-6条规定，商标注册并不妨碍在下列情况下使用与其相同和近似的标记：第一，用公司名称、厂商名称或标牌，只要该使用先于商标注册，或者是第三人善意使用其姓氏；第二，标批商品或服务尤其是零部件的用途时必须的参照说明，只要不导致产源误认。但是，这种使用损害注册人权利的，注册人得要求限制或禁止其使用。在国际公约中，《知识产权协定》第17条规定了对商标权可以有合理使用的限制："各成员可对商标所授予的权利规定有限的例外，如说明性词语的合理使用，但以这些例外顾及了商标所有人和第三方的合法利益为限。"这就是说，非商标权人有权在适当的情况下合理地使用该商标，只要不损害商标所有人和第三者的合法利益。

从以上各国立法和国际公约来看，商标权的限制大致包括以下几方面内容：商标合理使用、商标权的用尽、商标先用权等。在现实生活中，只要他人是善意正当地使用商标，商标权人就无权干涉。

(五)明确商标侵权的前提条件为"有引起混淆的可能"

建议将《商标法》第52条修订为：

"**第52条**　有下列行为之一的，均属侵犯注册商标专用权：

(一)未经商标注册人的许可，在同一种商品或者类似商品上使用与其注册商标相同或者近似的商标，有引起混淆可能的；

(二)销售侵犯注册商标专用权的商品的；

(三)伪造、擅自制造他人注册商标标识或者销售伪造、擅自制造的注册商标标识的；

(四)未经商标注册人同意，更换其注册商标并将该更换商标的商品又投入市场的；

(五)给他人的注册商标专用权造成其他损害的。"

---

❶ 参见我国《专利法》第63条；《著作权法》第22~23 条。

❷ 吴汉东主编：《知识产权法学》，法律出版社2004年版，第220页。

❸ 卞耀武主编：《当代外国商标法》，人民法院出版社2003年版，第81页。

[立法理由]制止混淆是商标保护的核心,我国有些关于商标法律文件中有以"有引起混淆的可能"为前提条件的规定。在司法和行政执法实践中也都以"有引起混淆的可能"为前提条件来解释"近似"和"类似"问题。商标法没有明确以"有引起混淆的可能"为商标侵权的前提条件,虽然隐含了该条件,但对其的理解要通过其他的司法解释或行政执法意见来进行。因此,有必要对《商标法》第52条第(1)项进行修订,加入"有引起混淆的可能"这个条件。明确该前提条件可以有效的规范行政机关的执法行为,对商标相似侵权等行为的解释也不会存在任意性,既防止权利滥用,又保护权利人的利益。

(六)完善法定赔偿制度

建议将《商标法》第56条修订为:

"**第56条** 侵犯商标专用权的赔偿数额,为侵权人在侵权期间因侵权所获得的利益,或者被侵权人在被侵权期间因被侵权所受到的损失,包括被侵权人为制止侵权行为所支付的合理开支。

前款所称侵权人因侵权所得利益,或者被侵权人因被侵权所受损失难以确定的,由人民法院根据侵权行为的情节予以裁判。

销售不知道是侵犯注册商标专用权的商品,能证明该商品是自己合法取得的并说明提供者的,不承担赔偿责任。"

[立法理由]《商标法》第56条第2款规定:"侵权人因侵权所得利益,或者被侵权人因被侵权所受损失难以确定的,由人民法院根据侵权行为的情节判决给予五十万元以下的赔偿。"实践中,被侵权人的损失可分为绝对不确定和相对不确定两种。对前者确定上限50万元无可厚非,而后者可能是幅度确定而具体数额不确定,在此情况下被侵权人的损失可能超过50万元。因此,在商标法修改时应取消50万元上限,由人民法院根据该商标品牌价值、侵权时间、覆盖区域、侵权程度等因素酌情确定赔偿额。

(七)增加关于当事人滥用司法措施对被告进行赔偿的规定

建议在商标法中增加:

"**第　条** 商标注册人或者利害关系人向人民法院申请采取责令停止有关行为、财产保全措施、申请保全证据,如果其所要求的措施已被采取,而该当事人滥用了执行程序,人民法院有权责令该当事人向受到非法禁止或限制的另一方当事人对由于这样的滥用而造成的损害提供适当赔偿。"

[立法理由]根据《知识产权协定》第48条第1款规定:"如果一方当事人所要求的措施已被采取,而该当事人滥用了执行程序,司法部门应有权责令该当事人向受到非法禁止或限制的另一方当事人对由于这样的滥用而造成的损害提供适当

的赔偿。”

现实生活中，由于权利人可能会发生错误判断，以至于造成错误的禁令、海关中止放行、证据保全、财产保全等措施，给被申请人或者被告造成损失。对这部分损失申请人应给予赔偿，以体现法律的公平和正义。

10

第十章

商号权保护制度的完善

商号是企业名称的组成部分，是一种特定或专属的名称，商号是商事主体在进行商事活动中用于标示自己并与其他商事主体相区分的识别性标记。商号在企业经营发展中具有非常重要的作用，从某种程度上讲，商号是企业的名片。我国虽已初步建立了商号保护的法律制度，但还存在不少的问题。为此，本章对与商号相关的立法、司法问题进行分析，并对我国商号制度之完善提出建议。

一、商号权保护现状

目前，我国还没有保护商号权的专门法律，只有关于保护企业名称权的法律规定，涉及商号权保护的法律规范散布在五六个主要的部门法中，相关的法规、规章也很多，比较零散、纷繁。在我国的法律体系中，涉及商号的相关规定主要体现在《民法通则》、《企业法人登记管理条例》、《企业名称登记管理规定》、《企业名称登记管理实施办法》、《公司登记管理条例》、《产品质量法》、《反不正当竞争法》等法律法规中，它们共同构成了我国的商号权保护法律体系。

《民法通则》规定的商号权位于主体制度中，涉及商号的法条主要是第26条和第33条，均以“字号”的字眼出现。第26条规定：“个体工商户可以起字号。”第33条规定：“个人合伙可以起字号，依法经核准登记，在核准登记的经营范围内从事经营。”

《企业名称登记管理规定》、《企业名称登记管理实施办法》、《企业法人登记管理条例》、《公司登记管理条例》等法规是以行政法的手段对涉及企业名称登记的问题作出的规定。如《企业名称登记管理规定》第6条规定：“企业只准使用一个名称，在登记主管机关辖区内不得与已登记注册的同行业企业名称相同或者近似。”第7条规定：“企业名称应当由以下部分依次组织：字号(或者商号，下同)、行业或者经营特点、组织形式。企业名称应当冠以企业所在地省(包括自治区、直辖市，下同)或者市(包括州，下同)或者县(包括市辖区，下同)行政区划名称。”第10条规定：“企业可选择字号,字号应当由两个以上的字组成。企业有正当理由可以使用本地或者异地名作字号,但不得使用县以上行政区划名称作字号。私营企业可以使用投资人姓名作字号。"《企业法人登记管理条例》第10条规定:"企业法人只准使用一个名称。企业法人申请登记注册的名称由登记主管机关核定,经核准登记注册后在规定的范围内享有专用权。"《企业名称登记管理实施办法》第14条规定:"企业名称中的字号应当由2个以上的字组成。行政区划不得用作字号,但县级以上行政区划的地名具有其他含义的除外。"《公司登记管理条例》第11条规定:"公司名称应当符合国家有关规定。公司只能使用一个名称。经公司登记机关核准登记的公司名称受法律保护。"第14～16条规定了公司名称预先核准制,规定了核准程序。预先核准的公司名称保留期为6个月,在保留期内,该名称不得用于经营活动,不得转让。该条例第17～18条还规定申请设立有限责任公司和股份有限公司,必须提交企业名称预先核准申请书。

《商标法实施条例》第53条规定商标所有人认为他人将其驰名商标作为企业名称登记,可能欺骗公众或者对公众造成误解的,可以向企业名称登记主管机关申请撤销该企业名称登记。企业登记机关应当依照《企业名称登记管理规定》处理。

《产品质量法》第5条规定:"禁止伪造产品的产地,伪造或者冒用他人的厂名、厂址的,伪造或者冒用认证标志等质量标志的,责令改正,没收违法生产、销售的产品,并处违法生产、销售产品货值金额等值以下罚款;有违法所得的,并处没收违法所得;情节严重的,吊销营业执照。"

《反不正当竞争法》涉及商号权保护的规定主要从第5条体现。《反不正当竞争法》第5条将"擅自使用他人的企业名称或姓名,引人误认为是他人的商品"的行为认定为不正当竞争行为。

二、我国商号权保护存在的问题

从世界各国立法来看,商号权的立法保护有不同的立法模式,有的在民商法中加以规定,且因民商合一与民商分立的立法体制不同,有的国家规定在民法典中,如1942年的《意大利民法典》在第六编中规定了劳动关系、合伙、公司、合作化、知识产权、竞争与垄断等内容,其中将知识产权明确为著作权、专利权、商标权与商号权4类。❶有的国家则在商法典中专门作出规定,如《德国商法典》设专门章节对商号及商号权作出规定,日本对商号的规定也是在其商法典中。随着社会的发展,商号保护得到越来越多的重视,大多数国家并不固守单一的立法形式,而是运用综合性

❶ 王斐民、李玉鹏:"企业名称权的性质及其法律保护",载《企业活力》2003年第2期。

的立法模式，从多角度、多层次进行系统调节，以便相互配合和补充，发挥立法的整体效应。各国一方面颁布专门的单行法规对商号提供保护，另一方面还通过各部门法对商号进行综合交叉保护，主要是知识产权法和反不正当竞争法。如美国将商标和商号视为体现于信誉形式的有特色的商业符号，对于商号的保护适用商标法。还有一些国家颁布了专门的企业名称单行法律，如英国于1916年颁布了《英国厂商名称登记法》、荷兰于1921年颁布了《荷兰企业名称法》。❶

商号的知识产权国际保护起源于《巴黎公约》。《巴黎公约》第1条规定："工业产权的保护对象是专利、实用新型、工业外观设计、商标、服务商标、商号、产地标记或原产地名称以及制止不正当竞争。"《巴黎公约》中还规定："商号应在本同盟一切成员国内受到保护，无须申请或注册，也不论其是否为商标的组成部分。"该公约特别禁止采用任何手段对竞争者营业所、商品或工商业活动制造混乱的行为，而这种混乱行为可能因为使用相同或近似的企业名称、商号、字号、商标等商业标记而造成。要求成员国必须采取适当的措施，以有效地制止侵犯他人商号等商业标记及以商号等商业标记进行不正当竞争的行为。《巴黎公约》以后，世界知识产权组织为发展中国家制定的《发展中国家商标、商号和反不正当竞争行为示范法》(以下简称《反不正当竞争保护示范法》) 关于商号的保护中规定："第三者在后来使用该商号，不论是作为商号使用，还是作为商标、服务商标或集体商标使用，并且类似商号或商标的这种使用可能使公众误解，即视为非法。"

世界知识产权组织《反不正当竞争保护示范法》从制止不正当竞争的角度进一步阐明，商号权保护的意义是使商号及其他商业标志不受混淆行为、损害商誉行为的侵害。这种混淆性使用无需限定行为人与字号权人间具有竞争关系，事实上，即使不具有竞争关系的商事主体的企业名称、商号、字号与商标，也可能引起混淆。该示范法特别使用了"淡化"概念，"淡化"是比混淆更进一步的不正当竞争行为。《反不正当竞争保护示范法》第3条所界定的不正当竞争行为是"损害他人的商誉或名声的行为或做法，无论此种行为是否造成混淆"。损害商誉和名声的典型事例是淡化载有商誉或名声的商标、商号及其产品外观。世界知识产权组织的相关解释中还特别强调指出，即使商号权人与擅自使用该商号的经营者之间不存在任何直接竞争，也可能发生对商号的淡化的情况，这种情形的发生甚至不需要使消费者在心目中对生产产品或提供服务的企业产生任何混淆。淡化可以严重侵蚀甚至破坏该商号的区别性特征或公众吸引力，给拥有该商号的企业带来消极影响。将淡化商号效力的行为视为不公正，以抑制其他经营者对商号等标记的独特性进行不当使用，导

❶ 任先行、周林彬：《比较商法导论》，北京大学出版社2000年版，第253页。

致破坏该标记的区别性特征或广告价值。此外,无论大陆法系国家还是英美法系国家,都在反不正当竞争法律规范中将混淆和不当使用商号的行为作为不正当竞争行为而加以制止。如《德国反不正当竞争法》明确规定把商号纳入商业标记保护的条文中,以"消费者混淆"理论为原则,制止对商号的不当使用。《日本不正当竞争防止法》规定,由于使用与他人相同或者类似的商号而引起与他人的商品或营业活动产生混淆时,商号所有人有权要求制止该行为。我国《反不正当竞争法》也将擅自使用他人的企业名称、引人误认为是他人的企业的行为明确规定为一种不正当竞争行为。

1. 商号保护制度中存在的问题

结合我国商号权保护的立法现状及世界各国和国际公约对商号权保护的经验,我们认为我国商号权保护制度存在以下缺陷。

(1)规定零散,立法层次低,直接保护较少,行政保护多于民事保护。尽管《民法通则》规定了商号权的内容,然而民法意义上的商号权是指商事主体对商号设定、变更和专用的人格权,仅是就其人格权的意义而言的。[1] 民法上的商号权与自然人的姓名权本质上没有太大的差别,《民法通则》对商号权的保护基本不涉及商号权的财产权功能。因此造成了长期以来认为商号是一种名称权的思维定势。《企业名称登记管理规定》、《企业名称登记管理实施办法》、《企业法人登记管理条例》、《公司登记管理条例》等法规尽管以行政法的手段对涉及企业名称登记的问题作出了规定,这些法规不仅立法层次比较低,而且对商号权的保护只有只言片语,缺乏对商号权的具体、详细、系统的规定。另一方面,这些行政法规主要是从行政管理的角度对商号权人的行为进行规范,目的是使商号权人在行使权利时遵守法律规范,否则将受到行政处罚。这样的保护方法无异于舍本逐末:首先是忽略了商号权的私权本质,过多干预商号权主体对商号的选择使用。其次是对商号权的保护不应仅限于对商号权人在选择使用商号时作出种种限制,而应该从保护商号权人的角度出发,对商号权的定义、权能等作出界定,以法律对抗侵害商号权的第三人,以实现对商号权侵权的救济。《商标法实施细则》(2002年)尽管涉及了商号,但不是商号权保护的规定。《产品质量法》涉及商号权的保护,但主要仍是行政保护。《反不正当竞争法》是目前商号权知识产权保护最主要的手段,但《反不正当竞争法》只是对知识产权传统保护不足的一种补充保护,它的价值取向是保护经营者公平、平等竞争的权利,而不是保护商号的专有权。[2] 因而,《反不正当竞争法》确立的行政责任也多是

[1] 张俊浩:《民法学原理》,中国政法大学出版社1998 年版,第143页。

[2] 曾培芳:"企业商号的法律保护",http://www.people.com.cn/GB/channel7/36/20001025/285780.html.

没收违法所得、罚款，而不可能给予侵犯商号权的行为以撤销或纠正违法注册的商号的规定。不仅如此，《反不正当竞争法》对禁止仿冒的商业标识采取了列举的方法，仅限于注册商标、知名商标特有的名称、包装、装潢、他人的企业名称或者姓名和认证标志、名优标志等质量标志，未包括商号。[1]这也造成了司法实践中出现了这样的难题：很多商标与商号之间"傍名牌""搭便车"现象虽在本质上构成了不正当竞争，但《反不正当竞争法》未将商号列为禁止仿冒的商业标识而难以定性为《反不正当竞争法》规定的不正当竞争行为，因而侵害商号权的行为得不到惩处。随着商号权的发展，对完善商号权保护的呼声也越来越高，将商号权纳入知识产权体系给予保护应是完善对商号权保护的必由之路。

(2)对商号的界定很不规范。我国现行法律法规对"商号""字号""企业名称"没有作出明确区分，用法上也十分混乱，不仅没有关于商号的确切定义，对于商号的法律性质、地位、保护等问题的规定也相当模糊，甚至对于商号是否具有独立的民事权利也是不确定的。我国《民法通则》所规定的知识产权的范围，没有将商号权列入其范围。

(3)商号权的行使范围较窄。与商标的全国统一管理、统一审查的体制不同的是，我国对商号(现行法规定的"企业名称")采取的是区域登记注册制。一般商号在核准登记后，只在核准注册范围内享有专用权，法律允许商号核准注册机关所属行政区域外同行业名称可以相同或近似。依照《企业名称登记管理规定》第4条和第6条的规定，对企业名称以及所含的商号"实行分级登记管理"，并只能在"登记主管机关辖区"内行使专用权。即在县、省一级登记的，只能分别在所登记的县或省地域内行使专用权，只有在国家工商局登记的，才能在全国范围内享有商号专用权。但企业在登记机关的级别上是没有选择权的。根据《企业法人登记管理条例》第5条的规定，工商行政管理总局负责国家设立企业的登记，而省、市、县或市辖区设立的企业则分别由相应级别的工商局负责登记，民办企业、乡镇企业依现行规定只能由县或市辖区工商局负责登记。在现有的商号注册管理体制下，绝大多数的商号权的效力范围只限于注册地(市、县)范围内，而在该范围以外，商号的相同或相似却不构成侵权，正是法律规定存在缺陷，使得一些不法经营者得以钻法律的空子，侵害一些有影响的商事主体的商号权。

(4)法律对将他人注册商标作为商号注册的行为留有空白。我国的《企业法人登记管理条例》、《企业名称登记管理规定》、《反不正当竞争法》都没有明文禁止将他人注册商标或相近似的文字作为商号登记注册。《商标法》也未将这一做法列为

---

[1] 孔祥俊：《反不正当竞争法新论》，人民法院出版社2001年版，第317页。

侵犯注册商标专用权的行为。商标与商号的冲突是目前商号侵权的重要表现之一，在实践中这类案件也层出不穷。同时商号权和商标权的知识产权的地域性、非物质性特点也为商号和商标的冲突留下了余地。基于现在的商号登记管理体制和核准注册原则，跨地区之间很难对商号的文字与商标的文字是否相同或近似进行判断，使得跨行政区域出现的商号和商标的冲突的现象难以避免。

(5)现行法律法规的一些规定难以操作，使得商号权难以得到真正保护。如对驰名商号的登记规定就存在着难以操作的弊端。根据《中华人民共和国国家工商行政管理局关于贯彻〈企业名称登记管理规定〉的通知》的规定，驰名商号是指具有30年以上生产经营历史的企业所使用的在全省或全国范围内广为人知的字号。法律规定，驰名商号“需经国家工商行政管理局核准或核定”后，才能在全国范围内排斥同行业企业名称的相同或近似。但实践中，企业名称登记是作为企业登记的一项内容与企业登记同时进行的，商号是否驰名，在企业登记时不可能确定，只有使用一段时间后才能知道其效果。如果要求企业商号驰名以后再去国家工商局重新登记，才能得到驰名商号应有的保护，不仅增加企业的经营成本，也很不现实。如青岛“海尔”在山东省工商局登记，如果仅凭企业未经工商总局登记，就否认其商号的驰名性，于理不合。对驰名商号的保护不应以其必须得到国家工商行政管理局核准或核定为前提，应着重于对商号是否驰名的认定，一旦被认定为驰名商号，不管其在哪一级工商行政管理机关登记，都应得到驰名商号应有的保护。

此外，《企业名称登记管理规定》第5条规定：“登记主管机关有权纠正已登记注册的不适宜的企业名称，上级主管机关有权纠正下级登记主管机关已登记注册的不适宜的企业名称。对已登记注册的不适宜的企业名称，任何单位和个人可以要求登记主管机关予以纠正。”《企业名称登记管理实施办法》第41条规定：“已经登记注册的企业名称，在使用中对公众造成欺骗或者误解的，或者损害他人合法权益的，应当认定为不适宜的企业名称予以纠正。”这样规定的本意是为在出现商号侵权时留有救济的途径，而在实际中处理商号侵权的案件中却很难奏效，原因就在于这样的规定过于抽象，没有就何种情形属于不适宜的企业名称作出列举，在实际中哪种情形才属于对公众造成欺骗或者误解也不好判定，操作性不强，因此难以解决实务中商号侵权的问题。

2. 商号权保护实务中存在的的问题

我国有关商号保护的立法很不完善，导致司法实践中出现很多有关商号权保护的疑难案例。在现实中有关商号的诉讼纠纷主要集中在假冒商号的行为、商标权与商号权的冲突、商号权与域名的冲突、知名商号的认定与保护等问题上。

(1)假冒商号行为形式多样。商号也是企业的无形财产之一，它往往与企业的商业信誉、产品或者服务质量密切联系，特别是一些商号有着较高的知名度、较强的广告效益和市场号召力。如果某些企业能够“搭上便车”，则不仅能够使广大消费者误认为其生产的产品与拥有知名商号的企业所生产的产品来源相同，而且还可以通过这种“免费广告宣传”的行为在市场上获取巨大的商业利益。正因为如此，现实中经常出现一些假冒商号的行为。

案例一：利用法律漏洞，在不同地区登记与他人相同的商号来以假乱真。

2003年4月15日，围绕着“欧美大地”商号纠纷，北京市第一中级人民法院开庭审理了欧美大地仪器设备中国有限公司诉北京欧美大地仪器设备有限公司不正当竞争案。❶ 这一案件就是商号与商号相冲突的典型案件，也反映出我国商号权保护所存在的一些问题。在“欧美大地”商号纠纷案中，原告于1994年10月开始便正式注册、使用现名(欧美大地仪器设备中国有限公司)，其主要业务是为在引进世界先进的基础设施建设工作中提供中国使用的各种检测与测试仪器设备。“欧美大地”字号已经被业内其他经营者及相关用户所公认。然而，被告却在明知的情况下，于2001年12月在北京登记注册了北京欧美大地仪器设备有限公司，还从事与原告相关的经营，并已经给原告实际造成了客户的混淆与误认。这一案件引起了法学界的关注，在本案中被告明显侵犯了原告的商号权，但因我国法律没有明确界定商号权的概念和内容，按我国现有法律的规定，正如被告所辩称的依照《企业名称登记管理实施办法》，被告并没有侵犯原告的名称权，因而也不属于《反不正当竞争法》第5条第(3)项规定的“擅自适用他人的企业名称或者姓名，引人误认为是他人的商品”的行为。原告的商号权也就得不到保护。

案例二：冒用他人的知名商号，搭知名商号的便车推销自己的产品。

上海市第一中级人民法院2003年5月22日作出的上海荣立商贸中心冒用上海市第一百货商店股份有限公司名义，在福建等地举办“上海名特优商品博览会”，构成不正当竞争行为的判决。❷ 此案中被告于2001年9～10月，在福州、泉州等地冒用原告的企业名称举行大型商品博览会，历时一个多月，在当地影响广泛。法院审理后认为，原告上海第一百货商店股份有限公司(以下简称“上海一百”)是全国知名企业，其企业名称本身已代表了所提供商品和服务的品质及信誉。上海荣立商贸中心未经原告许可，擅自使用原告企业名称的简称，假冒原告的名义发布广告，印制入场券，举办展销会，其目的是想借用原告的商业信誉为自己谋取利益。这种行为

---

❶ 李立：“‘欧美大地’字号起纠纷”，载《法制日报》2003年5月4日，第2版。

❷ 南方网法制频道：“冒用他人商号名称，上海一商贸中心被判侵权赔偿”，http://www.southcn.com/law/yagz/200305230309.htm.

足以使消费者误认为是“上海一百”在福州、泉州等地举办商品展销会。上海荣立商贸中心的行为已经侵犯了原告的企业名称权，严重损害了原告的商业信誉，构成对原告的不正当竞争，应当承担相应的民事责任；同时，被告应停止侵害，向原告赔礼道歉，消除影响。

案例三：虽非直接使用他人的知名商号，而是使用相似的商号来误导消费者。

比较典型的是“天年纠纷”案。❶ 珠海天年生物工程科技有限公司（以下简称“天年公司”）成立于1992年，以生产、销售具有自主知识产权的“天年素”系列保健产品为主。先后共注册了各类别的商标400余件，其中包括“天年”“TN”“vitop”等常用商标，“天年”在2003年获得了广东省著名商标称号。据天年公司称，江苏新天年高科技集团有限公司（以下简称“新天年”）于2002年7月16日在江苏宿迁注册。新天年的法定代表人桑凌月原来是天年公司的员工。经天年公司授权，桑凌月于1997年3月25日使用“天年”的字号在上海注册上海天年高科技有限公司（以下简称“上海天年”）。此后，上海天年一直代理珠海天年的产品，直至2002年6月30日。桑凌月又注册“江苏新天年高科技集团有限公司”。此案中，江苏新天年高科技有限公司就是使用与珠海天年公司相似的商号，致使消费者产生错觉来达到不正当竞争的目的。

(2)商标权与商号权之间经常冲突。商标权与商号权的权利冲突的表现形式主要有以下两种。

一是在先登记的商号权与在后注册的商标权之间的权利冲突，即将其他企业的商号作为自己的商标注册使用。如著名的“花都机”事件。广东花都一些小企业，以商标前加“花都”字样，竟然在当地的工商行政管理局注册了几乎国内所有的VCD知名企业的商号，只不过在前面都加上了花都字样，形成了所谓的“花都金正”“花都新科”“花都步步高”等。这些小工厂不仅挤兑名牌电器企业的市场销售份额，而且因其产品质量低劣，严重降低了那些名牌电器企业的商业信誉。此事一经媒体曝光，全国舆论一片哗然，成了1999年度全国商界十大事件之一的“花都机事件”。后来“花都机”被工商行政管理总局限令整改。再比如，北京的一家老字号企业就“信远斋”被他人注册为服务商标在法院也提起了相关的诉讼。

二是在先注册的商标权与在后的商号权之间的权利冲突，即将他人的注册商标作为自己的商号使用。如江苏三笑集团有限公司生产的“三笑”牌系列牙刷产品在1996年、1997年、1998年连续保持全国销量第一，产品覆盖全国，并出口十个国家和地区。1998年广东、湖南、浙江等地相继登记注册了“××市三笑实业有限公司”“××

---

❶ 恒华佳信网：“天年现象揭示法律疏漏，治傍名牌需要制度创新”，http://www.tm-ip.com/news/20040223_2.html.

市三笑塑胶有限公司”“××省××市三笑实业有限公司”等企业，上述企业都以生产牙刷为主，这些企业在产品外包装上醒目地标注了“三笑公司全新推出”“三笑公司全新包装”等字样，造成了消费者的误认和误购。此外，1998年，在中国享有“利乐”商标权的瑞典利乐公司发现中国某企业将“利乐”作为企业名称使用，随即便以不正当竞争为由提起了诉讼。

在经营活动中，某些企业“傍名牌”的手段越来越高明。如浙江省工商行政管理局和宁波市工商行政管理局在最近查处商标违法行为时发现，宁波某商人竟在香港注册了“香港苏泊尔集团有限公司”“香港樱花集团有限公司”“香港海尔集团有限公司”等数十家与国内知名企业相同商号的所谓香港公司，然后打着上述香港公司的名称，在国内市场推销其在国内企业生产的同类产品。❶此类事例甚多，2000年中国国际信托投资公司诉四川中信旅行社侵害其在先注册的商标权和不正当竞争的诉讼等，❷也都表现为在后取得的商号权与他人在先取得的商标权之间的冲突。

利益驱动是引发商标和商号冲突的直接原因。综观商标与商号冲突的案件，多是知名企业的商号、企业的驰名商标、著名商标被侵权。这是因为知名企业的商号、驰名商标、著名商标本身就含有巨大的商业利益，其所具有的识别功能，不仅能引导消费者作出选择，还有利于扩大经营者的市场知名度以获得高额的市场回报。正是知名商号、驰名商标本身所蕴含的巨大商业利益，产生了一些“搭便车者”将他人已为公众熟知的商号作为自己的商标申请注册，或者将其他具有良好“商誉”企业的商标作为自己的商号使用，其目的是使消费者产生混淆来牟取自己的利益。

我国商标注册与企业名称登记管理体制实行条块分割是引发冲突的法律原因。前面已经提到，在我国商号与商标分别由不同的部门管理和保护，商号由各级工商局主管企业登记管理的部门负责，工商行政管理总局和省、市、县(区)地方工商行政管理局有不同的登记管辖权。而商标则由工商行政管理总局商标局及地方工商局下属的商标广告管理部门负责，二者的主管机关之间既没有相互检索的义务，也没有相互检索的系统。在效力上，商标的注册由工商行政管理总局商标局统一管理，效力范围及于全国；而商号的登记则按行政级别区域分别进行，效力受地域限制。同时，《商标法》也未把将他人注册商标相同或者近似的文字作为企业商号

❶ 新华网浙江频道：“浙江名牌再遇‘花都劫’”，http://www.zj.xinhuanet.com/nameplate/2004-04/09/content_1945509.htm.

❷ 中国知识产权司法保护网：“中国国际信托投资公司诉四川中信旅行社以与其注册商标相同的文字作企业字号案”，http://www.chinaiprlaw.com/alfx/alfx92.htm.

登记注册的行为列为侵犯注册商标专用权。[1]这些法律及行政法规规定的缺漏为“搭便车”行为留下了空间，使得恶意侵犯他人合法权益者有法律漏洞可钻。

(3)商号权与域名时有冲突。由于域名能够给注册人带来商誉或经济利益，企业在互联网注册域名的时候，往往将其名称中最具有价值含量的商号作为域名注册。很多企业在进行注册的时候都发现自己的知名商号被人在先注册为域名，由此便产生了域名商号的冲突。我国法院主要是依据保护商标权的相关法律法规来审理案件。如1999年12月，美国杜邦公司向北京市第一中级人民法院起诉北京国网信息咨询有限责任公司侵犯商标权，其主要诉由是被告未经原告许可，擅自将原告的驰名商标注册为域名“dupont.com.cn”，同时“dupont”也是原告的特有名称，也导致他人误认该域名为原告的域名，构成不正当竞争。原告请求法院判令被告：停止不正当竞争行为，注销该域名；公开向原告赔礼道歉；承担本案诉讼支出的调查取证费和诉讼费45 000元。北京市中级人民法院经审理的主要依据是《民法通则》第4条、《商标法》第38条第4款和《反不正当竞争法》第2条第1款，认定国网公司“恶意将他人的驰名商标注册为域名，无偿占有他人的商誉为自己牟取不当利益，违反了诚实信用原则，其行为构成了不正当竞争行为”，并判决国网公司撤销其注册的“dupont.com.cn”域名。[2]在很多国家，商号和商标一样，依法受到保护，不能擅自注册为域名。在荷兰的Labouchere诉Holland一案中，被告将很多银行和保险公司的商号注册为域名，荷兰法院认定被告的这种使用使得原告不能将其商号注册为域名，因而认定为侵权。但也并非所有的法院在对域名和商号冲突的问题上都如此严格地保护商号所有人的利益。例如在加拿大的Peinet公司诉O'Brien一案中，加拿大法院考虑被告的域名pei.net与原告公司名称Peinet之间相互混淆的可能性，最后认定被告域名使用小写字母，并且用圆点将域名分成了两部分，已经足以避免混淆。[3]

作为网络服务标识，目前国际通用的是英文域名系统。在使用英文域名系统时，域名往往由字母、数字加特殊字符组成，而商号必须由两个以上的汉字组成，并不得使用汉语拼音和数字，所以在这种情况下，很少出现域名与商号的冲突。当时的冲突主要表现为恶意以拼音字母形式抢注他人商号，比如将知名企业云南红塔集团的商号“红塔”的拼音字母“hongta”作为域名申请登记，或者将他人域名的中文名称登记为商号，如将“sohu.com.cn”的中文名称“搜狐”申请为自己的商号。2000

---

[1] 郭修申：“商标与商号冲突现象的法律思考”，见郑成思主编：《知识产权文丛（第10卷）》，中国方正出版社2004年版，第149页。

[2] 蒋志培：“中国域名纠纷案件的司法实践与理论探索”，http://www.szip.org.cn/llyjsb01.html.

[3] 杨春宝：“域名及其管理若干法律问题研究”，http://www.chinalawedu.com/news/2006/1/ma38232331271911600210032.html.

年以后，为了进一步完善我国域名体系，提高计算机和网络的普及应用程度，中国互联网络信息中心（CNNIC）推出了中文域名系统。❶2000年1月，CNNIC中文域名系统开始试运行；2000年5月，美国I－DNS公司推出中文域名注册服务；2000年11月7日，CNNIC中文域名系统开始正式注册；2000年11月10日，美国NSI公司的中文域名系统开始正式注册。❷由CNNIC推出的中文域名系统具有“中文.cn”“中文.com”“中文.net”等形式，而且简体和繁体的域名是搭配的。从此之后域名与包括商号在内的其他知识产权的直接冲突愈演愈烈，为了解决中文域名与商业标识以及其他民事权益之间的冲突，中国互联网络信息中心于2000年11月1日发布了《中文域名争议解决办法（试行）》，通过民间机构解决在CNNIC注册的中文域名与商标商号之间的争议。CNNIC还指定了中国国际经济贸易仲裁委员会为域名争议的仲裁机关。❸

造成商号权与域名冲突的原因是多方面的，既有技术本身的原因，也有立法上的原因。首先是利益的驱动。随着电子商务的日益发展，域名的巨大商业价值导致利益的驱动，域名注册似乎已经成为一个“高利润、低风险”的“行业”，有些公司专门把知名企业的商号注册为域名，再让知名企业赎回域名来牟利。在这样一个“行业”里，投机行为大量发生，域名侵权纠纷当然就无法避免。其次是域名本身的技术特点为侵权提供了方便。域名一经注册，在全球范围内都是惟一的，完全一样的域名不可能存在，这必然导致不同类别的商品上的相同商标、不同国家的同一类别商品上的相同商标或不同地区的相同企业名称等的权利人就同一域名进行争夺，从而引发纠纷。❹域名有国际域名和国内域名、顶级域名和二级域名等区别，因此同一个商标、商号等很容易被注册到不同类别或等级的域名中，同时，域名系统允许相似的域名注册，这又为企图注册与他人知名商标、知名商号、知名域名等近似域名的人提供了机会，导致网上的“傍名牌”现象。再次，立法的滞后也为域名侵害商号权留有空间。目前，不管是国内还是国外，域名注册组织对域名注册都采取不审查政策，不负责向工商行政管理部门及商标管理部门查询用户申请注册的域名是否侵犯他人商标权或者商号权等，域名注册体制没有与商标、商号等保护制度之间建立有效的沟通和协调渠道，这又大大加剧了商号权和域名之间的冲突。

---

❶ 中国信息产业部：“关于互联网中文域名管理的通告”，http://www.isc.org.cn/20020417/ca42717.htm.

❷ 中国互联网络信息中心：《中文域名发展大事记》，http://www.cnnic.net.cn/html/Dir/2003/09/22/0495.htm.

❸ 王克楠：“中文域名注册与纠纷解决机制中存在的一些问题”，载《电子知识产权》2001年第3期。

❹ 魏浩征：“域名侵权纠纷法律问题研究（一）”，http://www.chinaeclaw.com/readArticle.asp?id=2482.

(4)知名商号频遭侵权。知名商号又称驰名商号,知名商号通常指在一定区域范围内,经过长期的使用,为公众普遍知晓,享有极高信誉的商号。❶与一般商号相比,知名商号的持有者投入了更多的劳动,其经营有着极高的服务质量,其管理水平也深受公众信赖。知名商号往往代表着营业主体优良的商业形象,知名商号本身就意味着巨大的经济利益。但是我国尚缺乏对知名商号的认定和保护机制,而实践中对知名商号的保护问题已经凸显出来。有些经济发达的地方,如北京、浙江等地,已经有了一些地方性的知名商号保护办法,在一定程度上保护了知名商号持有人的合法权益,但缺乏统一规定的弊端给商号持有人造成损失的情况时有发生。例如,有些不法商家冒充"五芳斋"在市场上兜售劣质电器,行为人显然是在借助商号的声誉招徕购买者,以达到搭便车的目的。再如"全聚德""四通",但在全国却存在大量诸如全聚德饭店、四通家电公司之类的企业。❷据说,仅北京一地,字号为"四通"的企业就有107家。❸又如,重庆市目前使用"嘉陵"字号的企业有133家,使用"川仪"字号的企业有82家,使用"西南铝"字号的企业有68家,使用"长安"字号的企业有67家。❹此外,将老字号如"同仁堂""信远斋""张小泉"等恶意注册为商标,也是一个值得重视的侵权现象。如果任由这种行为继续发生而不加以制止,对于知名商号来说十分不公平。我国法律中既没有"知名商号"的规定,更没有关于知名商号保护的明确规定,一律以登记地域范围内的同类行业为限。如果不对知名商号进行特殊保护,不仅会给这些企业带来经济损失,同时也会给国家造成不可估量的消极影响。我国已加入了世界贸易组织,并且是《巴黎公约》的缔约国之一,这就要求我们在经济政策、法律制度等方面与世界接轨。此外,优质的商品、服务和良好的商誉能够满足消费者日益增长的物质文化需要,劣质的商品、服务不仅造成消费者经济上的损失,而且会造成他们精神上的损害。因此,保护知名商号就等于保护消费者的利益。

三、我国商号权保护制度的完善

通过前文对我国商号权保护现状的分析,可以看出,我国有关商号权的法律规范是比较庞杂和散乱的。司法实践中存在着很多商号保护的法律问题,现有立法无法解决有关商号侵权的很多问题。因此,加强对商号的立法势在必行。

---

❶ 倪彬:"我国驰名商号的法律保护",载《重庆大学学报》2004年第10卷第2期。

❷ 杜剑波:"驰名商号呼吁注册保护",载《北京工商管理》1996年第1期。

❸ 刘文召:"完善企业名称法律制度促进私营企业发展",载《中国工商管理研究》2000年第4期。

❹ 重庆市工商局:"认定知名字号保护知识产权",载《工商行政管理》2000年第8期。

(一)制定《中华人民共和国商号法》

我国现行法律没有将商号权作为一项独立的权利进行规定，只是将其包含在有关企业名称的法律法规中。《巴黎公约》将商号权作为工业产权的范畴规定，其法律意义在于：当他人使用相同或者类似名称时，权利人可以要求其停止使用，避免发生混同；当他人非法侵害造成损失时，权利人可以要求损害赔偿。各国立法实践也证明商号权应纳入知识产权保护的体系。

要完善我国商号权保护制度，首先，应针对《民法通则》对商号权定位不够准确的立法缺憾，在知识产权一节中增设商号权，并从人身权一节中删去相应部分，完善有关权利体系。其次，我国的立法不应该只是对现有涉及商号的法律进行修改，而应该建立起纳入知识产权保护体系的商号权制度。我国对商号保护的立法，应该借鉴国外对商号保护的立法经验和立法体例，并立足我国的实际情况。笔者建议，我国应该出台《中华人民共和国商号法》(以下简称《商号法》)，提高商号权保护的法律层次。商号与商标同属于商业标识，都具有识别功能，但是我国有统一的《商标法》，而且关于商标的立法还在不断完善之中，然而商号的保护相对薄弱得多。随着市场经济的发展，现行有关商号立法已经远远不能解决现实中存在的种种权利冲突问题。通过制定统一的《商号法》，明确商号、商号权的概念，确定知名商号的认定及其在知名区域内或全国范围内受法律保护的专用权，完善现有的商号登记注册机制，以更好地调整商号取得、权利行使过程中产生的各种社会关系。同时，也要相应地修改相关法律，加强对商号权的保护。

1. 明确商号权的内容

将商号权纳入知识产权体系进行保护，首先要明确商号权的内容。商号权的主体，是依法取得商事主体资格的独立商品生产者或经营者。商号权的主体不应仅限于企业，所有以营利为目的从事商品生产经营活动的商事主体都应成为商号权的主体。不从事商品生产经营活动的机关、团体、事业单位和公民个人都不得申请商号注册而成为商号权的主体。虽从事商品生产经营活动，但未取得独立的商事主体资格者，如公司的分支机构，也不能成为商号权的主体。

商号权的客体就是依法核准注册的商号。商号反映的是商事主体区别于他人的标志性特征，本身也是一种名称，这就决定了商号只能以文字形态来表现。对商号的选择，各国法律依据其法律传统、立法体例等实行不同的立法原则。如德国商法采用"真实主义"原则，要求商号的选择或者与商号主体的姓名相吻合，或者与商号主体所从事经营的种类相一致；同属大陆法系的日本商法则采用了与此相反的"自由主义"原则，对商号主体选用什么样的商号，其名称与商号主体的姓名，以及他所从事的经营种类和范围是否有关等,法律上一般不加以限制。❶对于商号的表现形式,一些学者也有不同的认识,有学者认为"商号是表示歧义名称显著特征的文字或文字与图案的组合"。❷笔者认为,如果允许用文字与图案的组合来表示商号,容易与商标和服务标记相混淆,所以商号应以文字来表示。商号权是权利人对商号享有的权利,商号权是商事主体非常重要的一项权利,是各商事主体据以确定、表明自己身份,并与其他商事主体区别开来的识别性标记。

商号权应该包括以下内容:(1)专用权。商事主体有选择商号的权利,选定的商号经过登记后即可使用。商事主体对其商号进行使用时在一定地域范围内享有专用权,可以自主使用并排除任何人的干涉与妨碍。由于商号使用的特殊性,商号仅限于文字,而汉字是有限的,所以商号的专有权范围不及商标专有权的排他范围那么广。商号一般在其登记机关的辖区内享有排他的专有使用权,但是对于一些知名商号应明确在其知名范围内享有专用权,而一些全国知名的"老字号"在全国范围内享有专用权。(2)变更权。商事主体可以按照有关规定变更自己已经登记注册的商号,这有利于商事主体根据自己的生产、经营特色甚至时代的特点有的放矢地调整自己的商号,创造更大的效益。但是商事主体也不能随意变更自己的商号,一般来说应规定商号经过核准登记注册后,无特殊原因在1年内不得申请变更。(3)转让权。商事主体可以转让自己的商号,这是商号权具有财产权属性的一个表现。商号特别是一些商业信誉良好的知名商号本身包含巨大的商业价值,商号权的转让也是实现商事主体财产权的途径。但商号的转让与商标的转让也有所不同,商号依附于商事主体本身,若两个商事主体使用同一商号,容易造成公众混淆;而商标是依附于商品本身的,同一类或同一种商品比比皆是,单独转让商标权不致造成公众误解。所以,笔者认为《商号法》中应规定商号一般不能单独转让。

2. 完善商号使用制度

完善对商号权的保护,必然要求在商号的使用中不能伪造他人商号,也不得冒用他人商号。因此有必要在《商号法》中规定以下内容:(1)明确商号的使用范围。我国现行法只规定企业的印章、银行账户、牌匾、信笺所使用的名称应当与登记注册的企业名称相同,而并未要求在产品及其包装上也使用全称。这就是一个疏漏。商号的使用范围只有明确在哪些地方可以使用商号,哪些地方不可以使用商号,才有利于防止不正当竞争行为。(2)规定商号的使用方法。我国法律规定,从事商业、公共饮食、服务等行业的企业名称牌匾可适当简化,但应当报登记主管机关备案。这

❶ 张丽霞:"论商号与商号权",载《法律科学》1996年第4期。

❷ 张礼洪:"论商号的知识产权保护",载《知识产权》1995年第5期。

一规定并不完备。在许多案件中,侵权人在自己的产品、包装上使用与他人企业名称相同的简称而给消费者造成误认,法律却没有禁止在产品、包装上使用简称,所以,有必要完善简称的规则、与其他企业简称相同时的处理规则、简称是否构成对他人商号权侵权的认定规则等问题。(3)增加有关商号出借、出租的制度及其法律责任。实践中借用他人的牌子、出租牌子的情况是存在的,但却无相关规定。除此之外,还可以借鉴《日本商法典》的有关做法,规定不得以不正当竞争目的使用与他人已登记的商号相同或类似的商号,在法定范围内有此类行为者,即可推定为具有不正当竞争目的。

在统一的《商号法》中还应完善商号的移转及继承制度。在商号的转让中采取严格的书面形式,应即时进行转让登记,并明确转让以后的责任分配及对善意第三人的责任。同时还应建立转让人承担竞业禁止义务的制度,明确竞业禁止义务的时空范围,权衡转让人与受让人双方利益。商号作为无形财产存在继承的问题,而我国现行法律制度没有对商号权的继承作出规定,因此《商号法》对商号继承中债权人的利益保护必须明确。完善商号权利救济责任制度对商号权的保护也极为重要,针对恶意及严重的商号侵权行为应追究相应刑事责任。对商号侵权行为追究刑事责任几乎是世界通行做法,如德国、日本、我国台湾地区均有相应的规定,有关国际条约如《反不正当竞争行为示范法》中也有类似规定。就我国目前发生的商号侵权行为而言,给权利人造成的损害是无形而巨大的,远超过有形的财产损害。这些行为也严重侵害了消费者的利益,因此有必要追究违法行为人的刑事责任。

制定统一的《商号法》,加强对知名商号专有权的保护是核心,完善现有的商号登记注册体制是关键,因此笔者将在下文中专门对这两个方面进行详细论述。

(二)加强对知名商号的法律保护

知识产权法和反不正当竞争法有着共同的立法目的,即保护权利人利益,促进社会进步。所不同的是,知识产权法是通过保护权利人合法权益、鼓励技术创新来实现这一目标的;而反不正当竞争法则是通过维护正当竞争秩序、制止非法竞争行为来实现该目标的。因此应当明确,《商号法》的核心是解决侵犯商号专用权问题。在《商号法》中应着重确立对知名商号专有权的保护。

对于知名商号的保护,地方立法已有先例。例如浙江省于2003年1月出台了《浙江省知名商号认定暂行办法》,在全国率先开展对企业知名商号的认定工作。加强对知名商号的保护,是加入世界贸易组织后,与国际惯例接轨的需要。《知识产权协定》明确了成员国对商号保护的职责和义务。综观市场经济发达国家的情况,对商号,特别是对知名商号进行法律保护已成为普遍做法。迄今为止,各国或是以专门立法形式，或是以商法典的形式，或是以民法典形式对知名商号采取立法保护，已构建了一个完善的保护体系。可见，对商号特别是对知名商号的保护，已成为各国的共识。从国内实践来看，加强对知名商号的保护，是维护企业知识产权和竞争秩序，保障正常交易的需要。知名商号是企业有价值的无形资产。如果知名商号被盗用或混淆，就有可能使侵权者不正当地享受到原商号所有人的商誉利益，使企业、消费者利益都受到严重损害。在我国制定统一的《商号法》时，加强对知名商号的保护是立法重心内容。

1. 对知名商号的认定

对知名商号的认定涉及知名商号的认定机关和知名商号的认定条件。考虑到知名商号的知名度要覆盖一定的知名范围，才能称之为知名商号，笔者认为，知名商号的认定机关宜确定为省级工商行政管理局和工商行政管理总局。其中全省范围内的知名商号由省级工商行政管理局来认定，全国范围内的知名商号由工商行政管理总局认定。另一重要问题是知名商号的认定标准，到底什么样的商号是全国知名商号？什么是省级知名商号？笔者认为，知名商号的认定可以借鉴驰名商标的认定标准。驰名商标的认定往往考虑商标的知晓程度，商标的使用时间，在一定时间、程度和范围内具有普遍的社会影响。[1]在认定知名商号时也可从以下方面进行考虑。

(1)商号登记使用的时间、连续使用的年限。如《浙江省知名商号认定暂行办法(试行)》(以下简称《浙江办法》)第7条规定的知名商号申请条件第(1)项为"住所在浙江省境内，登记注册和该商号连续使用已满5年的企业"。对全国知名商号的认定时，其使用时间应比省级知名商号要长。

(2)商号所使用的文字具有独创性和自然显著性。如《浙江办法》还规定"企业名称字号与其所申请认定商号一致，具有独创性，为相关公众所熟知，具有较高的市场认知度和信誉度"。同时还规定由以下情形之一的不予认定："以通用地名、县以上行政区划名或其简称、俗称作商号的；以著名的江、河、湖、海、山以及风景名胜作商号的；以他人知名商号、知名企业名称简称、驰名商标、著名商标相同、相近文字作商号的；具有行业限定语、修饰语特征的商号。"

(3)商号使用的范围，知名商号一般要求其使用的区域达到一定的广度。如《浙江办法》规定"产品或服务基本覆盖全省或辐射不少于5个以上的其他省、直辖市、自治区"。

---

[1] 曲三强：《知识产权法原理》，中国检察出版社2004年版，第592页。

(4)商号还要为相关公众所熟知,产品或服务的市场占有率较高。[1]

对知名商号的认定可以从以上几方面来考虑。当然,对于全国知名的商号和省级知名商号的认定在各项条件具体判定上应有差别,全国知名商号在使用时间上应长于省级知名商号,使用范围以及公众熟知程度上均应高于省级知名商号。

2. 知名商号应实现跨地区、跨行业保护

首先,改变我国现行立法中的规定,在《商号法》中明确规定对知名商号的特别保护。凡是省级知名商号,禁止其他企业在全省范围内同行业及其他行业使用与知名商号相同或近似的商号;凡是全国知名商号,禁止在全国范围内同行业及其他行业使用与知名商号相同或近似的商号。其次,在技术上应建立全国以及全省范围内的知名商号数据库,工商行政管理机关的系统应该实行信息共享,对已认定的知名商号及时在数据库中予以公布、备案,定期对数据库进行更新和维护,保证数据的准确性。通过这一方法,一方面使得侵害知名商号的商号权的行为能被及时发现,同时也为商事主体在选定商号时有参考依据,不至于侵害他人的知名商号。除此之外,对知名商号的保护还应从源头开始,即工商行政管理机关在进行商号的注册登记时要进行严格的审查,对有可能侵害他人知名商号的商号通过数据库及时查证,对于是否会造成侵权没有把握的,工商行政管理机关可以要求申请人对自己申请注册的商号作出承诺,阐明其出处,保证不是冒用,并承担相应的责任。

3. 知名商号的禁止混淆和防止淡化

保护商号专用权其目的是保护商号的区别功能,侵犯商号权的行为往往表现为侵权者的商业标识与他人的商号相同或近似,侵权者不当地利用或攀附他人在先商号在消费者心目中的影响力和商业信誉,从而造成消费者混淆两者的经营主体、商品或服务的来源,误认在后标识的主体与在先商号权人具有某种联系,破坏商号的识别功能。笔者认为,在建立知名商号确权制度之后,还应规定解决商号冲突的相应原则,禁止与知名商号发生混淆和防止淡化知名商号。

知名商号自认定知名之日起,在其知名的范围内,未经知名商号持有人许可,新设立的商事主体不得使用其商号。对于知悉他人即将申请或正在申请知名商号认定而抢先登记相同或类似商号的,知名商号持有人有权请求责令变更。但对于知名商号认定之前已经善意登记使用的相同商号,可以要求其进行适当标注以达到区别的目的,而不必非要责令其变更。法国、德国等国的商标法在制止商标与商号产生混淆的法律规定中关于有条件地适用在先权的做法,对完善我国的商号权保

[1] 浙江在线:《浙江省知名商号认定暂行办法(试行)》, http://www.zjol.com.cn/gb/node2/node138665/node141692/userobject15ai2413927.html.

护有借鉴意义。在法国,“公司名称与商号”和“全国范围内知名的厂商名称或标牌”可作为在先权有条件地阻止商标的注册,如果申请注册的商标与在先的“公司名称与字号”和“全国范围内知名的厂商名称或标牌”之间在公众意识中有造成混淆危险的,申请商标则不被予以注册或可被申请无效。我国的《商号法》也应规定禁止将他人的知名商号注册为商标,禁止在未注册的商标中使用他人的知名商号。

近年来,驰名商标的反淡化保护已得到越来越多的关注。美国已成为世界上惟一对商标淡化制度制定专门法律的国家,该法将淡化定义为“减少、削弱驰名商标对其商品或服务的识别性和显著性的行为,不管在驰名商标所有人与他人之间是否存在竞争关系或者存在混淆和误解的可能性”。通俗点说,“淡化”是指在非类似的商品或服务上使用与驰名商标相同或近似的标志,从而导致驰名商标的显著性与吸引力弱化。淡化知名商号的行为同样存在,淡化会削弱作为识别性标记的商号的商誉、吸引力和附加价值;淡化会破坏权利人和公众之间的信任关系,分散对购买者的吸引力,冲淡商号与商品(服务)及其提供者的特定联系;同时淡化也会侵吞商号的附加价值,商号的知名度越高,吸引力越大,其蕴含的竞争优势和商业价值被侵害的可能性也越大, 而利用他人商号的行为人也不会爱惜该商号,其低劣的信用和商品质量必然会贬损商号的信誉,最终使商号的商业价值贬低甚至丧失。

笔者认为,《商号法》可以引入“反淡化”理论,建立对知名商号的“反淡化制度”。即禁止在不相同或不类似的商品上或营业主体的名称中使用与知名商号相同或类似的标识,不得以广告宣传等方式淡化、丑化、贬损他人知名商号,否则即构成侵权,应予以查处。反淡化和制止联想的目的是一致的,前者是美国提出的概念,而后者来源于欧洲的联想理论。欧洲联想理论在于制止明显搭便车但还没有造成混淆或恰恰不会造成混淆的行为;美国淡化理论认为,没有竞争关系的使用人在使用他人商号不产生误认(混淆)的情况下,如果存在减弱商号对商品(服务)的识别功能或削弱广告宣传价值时,也应当禁止,因为这一使用在二者之间造成了联想,将他人商号的商誉转移到使用人的标记上, 使得他人商号的商誉被减损, 产生了淡化。反淡化于是成为竞争法的另一重要功能,目的在于保护权利人的商号权不受侵害,禁止他人从别人的声誉中获取不正当利益。[1]

(三)制定单独的《商业名称登记条例》

我国的《企业名称登记管理规定》并非单纯的登记管理规定,而是充斥了大量的企业名称自身制度的规定,脱离了“登记规定”的意义。同时《企业名称登记管理

[1] 黄晖:《驰名商标和著名商标的法律保护》,法律出版社2001年版,第267页。

规定》法律效力较低,存在部门立法的局限性。除此之外,我国还存在《公司登记管理条例》、《企业法人登记管理条例》及其实施细则等规定,影响《企业名称登记管理规定》的适用。制定统一的《商业名称登记条例》,将这些有关的登记内容作统一规定,既方便企业适用,也有利于消除冲突矛盾之处。

商事登记以让公众知道登记事项为目的,其自身就有公示的意义。因此,商业名称登记的公示制度应成为商业登记中的一个重要组成部分。我国《商业名称登记条例》主要采取公告公示制度。其实,公示的途径和方式不限于公告,除公告形式外,可以有以下几种:(1)登记簿的阅览,即依照一定程序,在商事登记主管机关阅读特定商事主体的商业登记簿。(2)登记簿的复印,即依照一定程序,在取得商事登记机关同意后,将特定的商事主体的商事登记簿进行复印。(3)商事登记簿的誊抄,即依照一定程序,取得商事登记机关同意后,誊抄特定商事主体的商事登记簿。(4)网上公示,即商事登记主管机关将商事登记簿登入本机关商事登记网站,社会公众可以根据需要上网查询。

本书主要探讨的是商号权的法律保护,因此笔者将着重谈谈我国商号的登记注册管理体制问题。我国目前对商号的登记注册管理体制,实行强制登记注册原则和分级登记注册区域保护原则。有关区域保护的问题,笔者在上文已经谈到对知名商号实行跨区域保护,此处主要谈一下对于商号登记管理体制的完善。

我国实行强制登记注册原则。《企业名称登记管理规定》指出,企业必须有名称且名称必须登记注册,禁止擅自使用或变更企业名称。我国企业名称的登记注册是企业登记注册的一个主要事项,应与企业开业登记一并完成。我国对于企业名称的保护以登记为前提。《巴黎公约》第8条规定:“商号应在本同盟一切成员国内受到保护,无须申请或注册,也不论其是否为商标的组成部分。”我国是《巴黎公约》的成员国,也应履行这一义务。我国企业的商号,经登记注册后才能得到保护;而其他成员国的商号,依据《巴黎公约》的规定不经登记注册也能得到保护,这样的做法显然是不利于对我国商号进行保护的。因此我国对商号特别是知名商号的保护,不应以登记注册为必要前提。

根据我国《企业名称登记管理规定》,企业名称由工商行政管理机关实行分级管理,企业名称只能在一定的区域范围内享有专用权并得到法律保护。在这种体制下造成商号专有权的地域范围是由登记机关的行政级别决定的,对于我国实行的这一分级管理、区域保护的商号登记管理体制,很多学者都提出了批评,认为这一体制是造成实践中商号权冲突的主要制度根源。对这一登记管理体制进行改进,有学者提出实行全国统一的注册登记管理,但是我国幅员辽阔,想要在这样一个大国实现商号的全国联网、统一查询、统一注册且在全国范围内不重名,这是不切实际的。可以考虑改变目前的分散登记制为相对集中登记制,在一些大中城市或有条件的地区,实行省级或市级登记机关集中审核商号,并实行电脑联网查询,县或区一级工商机关不再核定商号,工商行政管理总局和省级工商局应定期公布知名商号的名录,尽量从源头减少有关商号权的冲突,此外对于商号的登记应该不限于经营者登记注册所在地的行政区划保护范围,还应结合经营者营业所涉及的区域、经营能力、知名度等,允许经营者依照自身的经营能力和市场范围自由选择登记机关的级别,消除计划经济时代遗留下来的因所有制的不同所带来的登记管辖的差别待遇。

附:商号法(建议稿)

第一条 为了加强商号管理,保护商号权,保护生产、经营者合法权益,维护公平竞争秩序,保障消费者利益,促进社会主义市场经济的发展,特制定本法。

第二条 国务院工商行政管理部门主管全国商号的管理和保护工作。

各省、自治区、直辖市工商行政管理部门管理本区域内商号的管理和保护工作,建立本行政区域内统一的企业名称登记信息查询系统,为企业名称申请人查询商号使用情况提供便利。

县级以上工商行政管理部门负责本行政区域内企业商号的管理和保护工作。

国务院工商行政管理部门,省、自治区、直辖市工商行政管理部门,县级以上工商行政管理部门,统称为工商行政管理部门。

第三条 本法所称生产、经营者商号(字号),是指生产、经营者在营业时使用的名称中除行政区划、行业或者经营特点、组织形式外显著区别于其他生产、经营者的标志性文字。

生产、经营者可以更改商号。

生产、经营者停止营业的,商号终止使用。

第四条 生产、经营者对自己所使用的商号享有使用权和处分权。两个以上生产、经营者都使用某一商号的,首先使用者拥有商号使用权和处分权。

生产、经营者可以许可他人使用自己的商号。

生产、经营者可以转让商号。生产、经营者转让商号时应当连同营业一并转让。

第五条 工商行政管理部门负责商号登记事务。

申请登记和/或使用商号,应当遵循诚实信用原则,避免使公众对生产、经营者主体或者生产、经营者间投资关系等产生误认、误解。

第六条 申请登记的商号应当与生产、经营者名称一起办理登记手续。

第七条 商号应当由两个以上的汉字组成,并不得含有下列内容和文字:

(一)含有迷信、淫秽、暴力或者民族、宗教歧视等损害国家利益、社会公共利益和违反社会公德内容的;

(二)外国国家(地区)名称、国际组织名称、公众熟知的外国地名;

(三)政党名称、党政军机关名称、群众组织名称、社会团体名称及部队番号;

(四)县级以上行政区划名称,但县级以上行政区划名称具有其他含义的除外;

(五)可能使公众产生误认、误解的。

第八条 生产、经营者申请登记的商号不得与同一登记机关已登记的同行业生产、经营者的商号相同或者近似,也不得与同一登记机关已登记的没有行业限制的生产、经营者的商号相同或者近似。有投资关系的生产、经营者之间另有约定的,从其约定。

第九条 生产、经营者申请登记的不受行业限制的商号,不得与同一登记机关已登记的企业名称中的商号相同或者近似。有投资关系的生产、经营者之间另有约定的,从其约定 。

第十条 申请登记的商号不得与他人的驰名商标,各省、自治区、直辖市著名商标的文字相同或者近似,但驰名商标或者著名商标所有人书面同意的除外。

第十一条 申请登记的商号不得与驰名商号、知名商号相同或者近似。有投资关系的生产、经营者之间另有约定的,从其约定。

第十二条 本法第八条规定中的"同行业"系指生产、经营者名称中的行业表述文字相同或者行业表述文字不同但文字本身含义相同。

商号间字形相似的,应当认定为本法第八条、第九条规定中的"近似"。

商号与驰名商标、著名商标的文字或者知名商号的主要字段相同或者字形相似的,应当认定为本法第十条、第十一条中的"近似"。

第十三条 国家设立全国驰名商号评审委员会,各省、自治区、直辖市设立知名商号评审委员会,对商号申请驰名商号、知名商号进行审查、认定。全国驰名商号评审委员会和各省、自治区、直辖市知名商号评审委员会统称商号评审委员会。

国务院工商行政管理部门负责驰名商号,省、自治区、直辖市工商行政管理部门负责知名商号日常申请、受理等工作。

第十四条 生产、经营者认为其他生产、经营者的商号与其商号相同或者近似,已经引起公众误认、误解,并可能损害其利益的,可以向商号评审委员会申请认定驰名商号或知名商号。

认定驰名商号、知名商号应当考虑下列因素:

(一)申请人的销售额、税收、市场占有率等主要经济指标在同行业中的地位;

(二)申请人近四年内遵守法律法规、诚实守信和承担社会责任的情况;

（三）相关公众或者行业对该商号的知晓和认同程度；

（四）该商号连续使用的年限以及被国家和省、自治区、直辖市认定为老字号的事实；

（五）该商号宣传工作的持续时间、程度和地理范围；

（六）该商号的独创性和显著性；

（七）该商号驰名或知名的其他因素。

第十五条 国务院工商行政管理部门应当根据本法第十四条第二款规定对驰名商号认定申请进行初审，并将其初审意见和申请人的申请材料一并提交全国驰名商号评审委员会评审。

全国驰名商号评审委员会由二十七至五十一人组成，其组成人员在每次评审前从驰名商号评审专家库中随机确定。

驰名商号评审专家库由国务院工商行政管理部门会同国务院其他有关部门、行业协会建立，其成员不得少于五百人。

全国驰名商号评审委员会的评审采用无记名投票方式。

全国驰名商号评审委员会确认生产、经营者商号为全国驰名商号，须经其全体组成人员百分之六十以上通过。

全国驰名商号评审委员会的具体组建和运作规则，由国务院制定专门行政法规规定。

省、自治区、直辖市知名商号评审委员会由省、自治区、直辖市人民政府负责组建，并制定具体运作规则。

第十六条 经商号评审委员会评审确认为驰名商号、知名商号的，工商行政管理部门应当在全国性媒体上或省级媒体上予以公示。自公示之日起三十日内，任何人均可以向工商行政管理部门提出异议。工商行政管理部门应当在六十日内调查核实。

公示期满无异议或者经调查核实异议不能成立的，工商行政管理部门应当予以认定，并在相应媒体上予以公告。

工商行政管理部门认定异议成立的，应当提请商号评审委员会重新组织评审。对重新评审的结果不得再次提出异议。

第十七条 驰名商号、知名商号有效期为六年，自认定公告之日起计算。

驰名商号、知名商号有效期届满三个月前，其所有人可以向工商行政管理部门申请延续。工商行政管理部门认为符合驰名商号、知名商号相应认定条件的，应当报请商号评审委员会予以认定延续。每次延续有效期为六年。

第十八条 驰名商号、知名商号认定后，其所有人有下列情形之一的，工商行政管理部门应当撤销该驰名商号、知名商号的认定：

(一)被发现以弄虚作假、贿赂等不正当手段取得认定的；

(二)注销或者被吊销营业执照的；

(三)不再使用该商号的；

(四)有重大违法行为，在公众中造成不良影响的。

第十九条 对工商行政管理部门撤销驰名商号、知名商号的决定不服的，可以依法申请行政复议或者提起行政诉讼。

第二十条 驰名商号、知名商号认定前，其他生产、经营者已经依法以其相同或者近似的文字作为商号使用的，可以继续使用，但不得许可其他人使用，不得利用广告或者其他方法作引人误认、误解的虚假宣传。

第二十一条 违反本法规定，擅自使用他人商号、知名商号或驰名商号或者故意与他人商号、知名商号或驰名商号混淆，从事生产、经营活动的，构成侵犯商号权。商号权人有权要求侵权人停止侵权行为，并可以要求赔偿损失。

侵犯商号权的赔偿数额，为侵权人在侵权期间因侵权所获得的利益，或者被侵权人在被侵权期间因被侵权所受到的损失，包括被侵权人为制止侵权行为所支付的合理开支。

前款所称侵权人因侵权所得利益，或者被侵权人因被侵权所受损失难以确定的，由人民法院根据侵权行为的情节判决给予五十万元以下的赔偿。

第二十二条 按照法律规定必须登记而未经登记使用商号从事生产、经营活动的，由工商行政管理部门给予警告，责令停止使用。

不听警告继续违法使用的，责令停止经营活动；情节严重的，可以并处没收非法所得或者处以两千元以上、十万元以下罚款。

第二十三条 违反本法第五条第二款和第二十条规定，不正当使用商号，构成不正当竞争的，按照《中华人民共和国反不正当竞争法》等法律、法规的规定处理。

对于侵犯商号权的行为，工商行政管理部门可以责令侵权人停止侵权行为；侵权行为造成市场秩序混乱，侵犯到消费者利益的，可以责令停止经营活动；情节严重的，可以处以两千元以上、十万元以下罚款。

第二十四条 工商行政管理部门工作人员、商号评审委员会组成人员在商号管理和保护以及驰名商号、知名商号认定过程中，徇私舞弊、滥用职权、玩忽职守、索贿受贿的，由有关部门依法处理；构成犯罪的，依法追究刑事责任。

第二十五条 本法自 年 月 日起施行。

[立法理由]《巴黎公约》关于商号的保护不以注册、申请为要，而我国目前关于企业名称登记的相关规定都是强制性规定。本建议稿保留登记制度，但不以登

记为要。商号保护分为：普通商号(包括登记的普通商号和未登记的普通商号)，在县一级行政区域内受保护，知名商号在省一级行政区域内受保护，驰名商号在全国受保护。之所以不在全省或全国范围内要求商号的惟一性，是因为大部分的小企业营业范围确实有限，实际上不会互相干扰，如果在大范围内把一些非常通用的词语给予个别企业做商号，有侵占和浪费公共资源的嫌疑。另外，本建议稿规定了商号权以及侵犯商号权的行为。最后，考虑到商号评审委员会并不是行政机构，因此对不服商号评审委员会评审结果的，规定给予一次复评的机会，而且不妨碍以后继续参评。

11

第十一章

地理标志保护制度的完善

地理标志是生产经营者参与市场竞争的一种手段,也是一种无形资产,蕴含着巨大的经济价值。为加强地理标志的保护,国际社会签订了专门的国际公约,各国立法也采用不同的方式对地理标志进行保护。中国作为世界上最大的发展中国家,具有悠久的历史和文化传统,地理标志对我国经济和社会的发展具有特殊的意义。目前我国已经出台了一些保护地理标志的法律法规,但我国地理标志的保护仍然面临着许多问题,无法适应我国社会经济的发展。

一、我国地理标志保护的历史及现状

(一)我国地理标志保护的简要历史

虽然我国直到2001年修改《商标法》时才在法律中正式提及地理标志的保护问题,但事实上,自我国加入《巴黎公约》时起就开始注意对地理标志/原产地名称进行保护。

1982年《商标法》没有对地理标志问题作出规定,但从1983年6月起,商标局就决定不再核准注册以行政区划名称构成的商标。其重要理由之一,就是要防止"与保护原产地名称产生矛盾"。1988年1月13日由国务院批准修订、国家工商行政管理局发布的《商标法实施细则》明确规定:"县级以上(含县级)行政区划名称和公众知晓的外国地名,不得作为商标。"不过,对于使用前述名称已经核准注册的商标,继续有效。这一规定后来被1993年修改的《商标法》采纳。在工商管理及商标注册实践中,工商行政管理总局及其商标局多次作出涉及地理标志的批示,例如,工商行政

管理总局商标局先后在1987年10月29日就“丹麦牛油曲奇”名称❶、1988年5月3日就“唐山”商标、1988年5月9日就“龙口”名称❷的问题致函有关部门或作出批复。

1989年10月26日，工商行政管理总局要求停止在酒类商品上使用香槟或Champagne字样。该局指出：“香槟是法文‘Champagne’的译音，指原产于Champagne省的一种起泡白葡萄酒。它不是酒的通用名称，是原产地名称。近年来，我国一些企业将香槟或Champagne作为酒名使用，这不仅是误用，而且侵犯了他人的原产地名称权。”因此，该局要求：“我国企业、事业单位和个体工商户以及在中国的外国(法国除外)企业不得在酒类商品上使用‘Champagne’或‘香槟’(包括大香槟、小香槟、女士香槟等)字样。”即使按今天的标准来看，这一通知所给予香槟名称的保护也是很高的，远远超出《知识产权协定》所要求的水平。❸

1993年7月28日国家工商行政管理局发布的《商标法实施细则》第6条在《商标法》尚未明确规定的情况下将集体商标和证明商标纳入注册商标的范围，1994年12月30日国家工商行政管理局发布了《集体商标、证明商标注册和管理办法》，该办法第2条将证明商标定义为：“由对某种商品或者服务具有检测和监督能力的组织所控制，而由其以外的人使用在商品或服务上，用以证明该商品或服务的原产地、原料、制造方法、质量、精确度或其他特定品质的商品商标或服务商标。”这一规定，“在我国首次明确了以证明商标的形式来保护地理标志”。❹

在立法层面上对地理标志提供保护的首部法律是2001年修改的《商标法》。该

❶ 工商行政管理总局商标局在致北京市工商行政管理局的一封信中，对北京京港食品有限公司在其生产的一种食品上使用“丹麦牛油曲奇”名称侵犯该商品原产地名称一事，明确指出：“我国是《保护工业产权巴黎公约》成员国，有义务遵守该公约的规定。若外国委托人反映的情况属实，你局应责令北京京港食品有限公司立即停止使用‘丹麦牛油曲奇’这一名称，以保护《巴黎公约》缔约国的原产地名称在我国的合法权益。”《国家工商行政管理局商标局就县级以上行政区划名称作商标等问题的复函》(1986年11月6日)，载国家工商行政管理局商标局编：《中华人民共和国商标法律法规汇编》，中国法制出版社1995年版，第294页。

❷ 针对山东省工商行政管理局就“龙口”名称能否作为商标的问题，国家工商行政管理局商标局认为：“‘龙口’是地方长期使用在粉丝商品上的带有产地名称性的称谓，不宜由某一企业作商标注册专用。”同时提出：“为了有利于保护山东省的拳头产品，发挥烟台地区名特产品的优势，防止滥用龙口名称的现象，在目前国家尚无产地名称或原产地名称保护法的前提下，建议你局请山东省政府主持，同有关部门进行协调，统一对龙口名称的认识，并制定相应的保护产地名称或原产地名称的地方性的暂行规定及相应的保护措施。”《国家工商行政管理局商标局关于“龙口”名称的意见》(1988年5月9日)，载国家工商行政管理局商标局编：《中华人民共和国商标法律法规汇编》，中国法制出版社，第317页。

❸ 首先，工商局的这一通知并未确定香槟名称是否已被作为通用名称使用。若已成为通用名称，则在《知识产权协定》下是不应受到保护的；其次，工商局要求在“酒类”商品上停止使用，“香槟”只是起泡白“葡萄酒”(wine)的原产地名称，既不是所有以葡萄为原料制成的酒(除wine外，如sprits，即烈酒)，更不是“酒类”商品的原产地名称。

❹ 谢冬伟：“我国地理标志保护制度的历史与发展”，载《工商行政管理》2003年第11期，第29页。

法除了在商标禁用规定、集体商标和证明商标等方面对地理标志提供间接保护之外，还专门规定了对地理标志的直接保护。在此基础上，2002年8月3日由国务院发布的《商标法实施条例》和2003年4月17日工商行政管理总局发布的《集体商标、证明商标注册和管理办法》分别对有关地理标志保护的问题作出了具体规定。至此，我国在商标法框架内保护地理标志的制度和规则已基本建立起来。

此外，1999年8月7日，原质量技术监督局发布了《原产地域产品保护规定》，建立起了以"原产地域产品"为载体的"原产地域产品专用标志"保护制度。尽管人们对这种"原产地域产品保护"制度有不同的评价，但它对地理标志的保护无疑具有一定促进作用。

(二)商标法框架内的地理标志保护

从《商标法》的整体结构来看，有关地理标志的规定主要集中在第一章"总则"中，主要有两处：一是第10条第2款对"县级以上行政区划的地名或者公众知晓的外国地名"的规定；二是第16条对地理标志的规定。从内容上看，《商标法》对地理标志的保护主要包括两个方面：一是消极的保护，即第10条第2款的"不得作为商标"和第16条第1款的"不予注册并禁止使用"；二是积极的保护，即准许地理标志注册为集体商标和证明商标。

1. 地名商标的禁用

《商标法》第10条第2款规定："县级以上行政区划的地名或者公众知晓的外国地名，不得作为商标。但是，地名具有其他含义或者作为集体商标、证明商标组成部分的除外；已经注册的使用地名的商标继续有效。"据此规定，地名除"具有其他含义或者作为集体商标、证明商标组成部分"的以外，被一般性地禁止作为商标。这里的"作为商标"应包括作为商标使用和注册两个方面。

对于禁止将地名作为商标的原因，国家商标局曾经给出过解释："不得使用县级以上行政区划名称的原因是：(1)行政区域名称不能作为商标，是国际上的通常做法；(2) 行政区划名称不该由某一企业或个人作为商标注册而排除该地区其他企业或个人在同一种商品上和类似商品上使用；(3)与保护原产地名称产生矛盾；(4) 县级以上行政区划名称只能表示商品的产地，用作商标缺乏应具有的显著性。""与保护原产地名称产生矛盾"这一理由表明了商标禁用条款在保护地理标志方面的作用。

就地理标志而言，《商标法》第10条第2款显然提供了最基础性的保护。如果没有这种商标禁用条款，允许将地名(不论是否构成地理标志)作为商标[1]使用和注

[1] 这里是指不包括集体商标和证明商标的普通商标，下同。

册,将对地理标志保护产生以下不利影响:

第一,形成对地理标志的私人垄断,损害了在该地区从事相同产品的生产和经营的其他企业或个人使用该标志的权利或合法利益。关于这一点,国家商标局的前述解释已说得非常明确,无需赘言。事实上,不论在何种保护模式或机制之下,地理标志保护的重要目标之一就是保证所有符合规定条件的企业或个人都能够获得对相关标志的使用权,即使在商标保护模式之下也不例外。禁止将地名作为商标,可以有效地防止地理标志的"私有化"。

第二,容易影响地理标志的经济及社会价值的充分发挥。无论从我国商标法对地理标志的定义还是《知识产权协定》对地理标志的定义,都可以看出,地理标志有两个相关联的"指示"作用:一是指示了某一产品的地理来源或原产地,二是指示了该产品所具有的、由其特定的地理来源所决定的特定的质量、信誉或其他特征。这两种指示作用是地理标志的经济及社会价值的基础:来自于特定地区的产品所具有的特定质量或信誉,使地理标志在市场上具有很强的吸引力和号召力;与自然因素相结合的传统文化及独特的生产工艺,使地理标志具有了极强的文化象征。商标作为区别"自然人、法人或者其他组织的商品与他人的商品"的标志,既无指示商品"地理来源"的基本作用,也无体现"主要由该地区的自然因素或者人文因素所决定"的商品的特定质量、信誉或者其他特征的内在功能。当一个地理标志被作为商标使用,并且被消费者认知为某个生产者或经营者的"身份"象征时,它的内在价值就已消失殆尽。

第三,容易阻碍地理标志的形成。地理标志的形成需要经过相当长的时间,短则数年,长则十几年甚至几十年。对地名作为商标不加任何限制,将在两个方面对地理标志的形成构成障碍:一是在法律上,一个地名一旦注册为商标,商标所有人即享有专用权,除非经过商标所有人许可或者法律的直接规定,其他人不能在相同或类似商品上使用与该商标相同或近似的标志,否则便构成侵权,而离开了地区内生产者共同的、持续的使用,一个地名难以发展成为具有巨大经济及社会价值的地理标志;❶二是在事实上,商标所有人对地名商标的专有使用,会使该地名"去地理化",即失去了产品地理来源的指示作用,无法成为该地区的产品所特有的质量、信誉或其他特征的"载体",充其量只能作为商标所有人的产品的质量、信誉或其他特征的"载体"。

因此,禁止将地名作为商标,对于地理标志的保护具有重要意义。几乎所有国

❶ 这还只是对用于该地生产的商品或服务上的地名商标而言的。如果一个地名被作为用于并非该地生产的商品或服务上的商标,除此后果之外,还易对公众产生欺骗或误导后果,因而更为各国商标法所禁止。

家的商标法都对地名作为商标作出了禁止性或限制性的规定，我国《商标法》的这一规定，与国际通行做法是相吻合的。

我国《商标法》规定，对于商标中有商品的地理标志，而该商品并非来源于该标志所标示的地区而误导公众的，不予注册并禁止使用。不过，《商标法》同时有一个“祖父条款”性质的规定，允许那些已经善意取得注册的商标继续有效。显然，这一规定是为了实施《知识产权协定》关于地理标志保护的要求而于2001年修订时增加的。不过，仅这一条规定无法达到《知识产权协定》所要求的保护水平。

需要注意的是，将《商标法》第16条的规定与第10条第2款放在一起，就可以发现这两条规定是很不协调的。第10条第2款的规定意味着以“地名”形式出现的地理标志，如果是“县级以上行政区划的地名或公众知晓的外国地名”的话，被禁止作为商标，无论该地名是用于该地所生产的商品上还是非该地所生产的商品上。而地名则是地理标志最主要、最经常的表现形式，这就使得第16条与第10条第2款部分“重叠”。而从另外一个角度看，第16条所禁止的只是将地理标志作为商标用于非该地区所生产的商品上，其言外之意是，在该地区所生产的产品上以该地名用作商标，并不受第16条的禁止。这与第10条第2款又存在着部分“冲突”。这两条规定之间的关系，有待商标法进一步修改时加以澄清。

2. 地理标志作为集体商标和证明商标

2002年8月3日由国务院批准的《商标法实施条例》对地理标志作为集体商标和证明商标作出了规定，工商行政管理总局2003年4月17日发布的《集体商标、证明商标注册和管理办法》对于地理标志作为集体商标和证明商标的事宜作出进一步的详细规定。

(1)地理标志作为集体商标和证明商标的申请。根据该办法的规定，地理标志集体商标的申请人，只能是那些由来自该地理标志标示的地区范围内的成员组成的团体、协会或其他组织；该办法没有明确限定地理标志证明商标的申请人的地理范围。

申请地理标志集体商标和证明商标，应当向商标局提交有关申请文件。该办法要求，申请以地理标志作为集体商标、证明商标的，申请人应当在申请文件中说明下列内容：①该地理标志所标示的商品的特定质量、信誉或者其他特征；②该商品的特定质量、信誉或者其他特征与该地理标志所标示的地区的自然因素和人文因素的关系；③该地理标志所标示的地区的范围。此外，申请以地理标志作为集体商标的，还要附送主体资格证明文件并应当详细说明其所具有的或者其委托的机构具有的专业技术人员、专业检测设备等情况，以表明其具有监督使用该地理标志商品的特定品质的能力；申请以地理标志作为证明商标的，还要送主体资格证明文件并应当详细说明其所具有的或者其委托的机构具有的专业技术人员、专业检测设备等情况，以表明其具有监督该证明商标所证明的特定商品品质的能力。同时，申请以地理标志作为集体商标、证明商标注册的，还应当附送管辖该地理标志所标示地区的人民政府或者行业主管部门的批准文件。外国人或者外国企业申请以地理标志作为集体商标、证明商标注册的，申请人应当提供该地理标志以其名义在其原属国受法律保护的证明。

(2)对使用、许可他人使用及转让、移转的限制性规定。该办法禁止地理标志证明商标的注册人在自己的商品或服务上使用该证明商标。同时，该办法规定，地理标志集体商标不得许可非集体成员使用。

对于集体商标和证明商标的转让或移转，该办法要求受让人或权利继受人应当具备相应的主体资格，并且符合《商标法》及其实施细则和该办法的规定。

(3)地理标志集体商标和证明商标专用权的限制。由地理标志构成的集体商标和证明商标，在获准注册之后，商标注册人享有注册商标专用权。《商标法实施条例》同时规定了对由地理标志构成的证明商标和集体商标的专用权的限制。对于证明商标，其商品符合使用该地理标志条件的自然人、法人或者其他组织可以要求使用该证明商标，控制该证明商标的组织应当允许。这实际上限制了地理标志证明商标的注册人的许可权，其目的是防止证明商标的注册人滥用其商标专用权，阻碍那些符合使用条件的自然人、法人或者其他组织对地理标志的正当使用。对于集体商标，其商品符合使用该地理标志条件的自然人、法人或者其他组织，可以要求参加以该地理标志作为集体商标注册的团体、协会或者其他组织，该团体、协会或者其他组织应当依据其章程接纳为会员；不要求参加以该地理标志作为集体商标注册的团体、协会或者其他组织的，也可以正当使用该地理标志，该团体、协会或者其他组织无权禁止。

3. 葡萄酒和烈酒地理标志的特别规定

《集体商标、证明商标注册和管理办法》对葡萄酒和烈酒地理标志作了许多特别规定，主要包括：允许将由同音字或者同形字构成的多个葡萄酒地理标志作为集体商标或证明商标注册，条件是它们能够彼此区分并且不误导公众；禁止使用他人作为集体商标、证明商标注册的葡萄酒、烈性酒地理标志标示并非来源于该地理标志所标示地区的葡萄酒、烈性酒，即使同时标出了商品的真正来源地，或者使用的是翻译文字，或者伴有诸如某某"种"、某某"型"、某某"式"、某某"类"等表述。

(三)我国地理标志产品保护制度

1999年8月17日，原质量技术监督局发布并施行《原产地域产品保护规定》，建立了我国的原产地名称产品保护制度。尽管《原产地域产品保护规定》使用了"原产地域"这样一个非常独特的概念,但从"规定"对"原产地域产品"的定义来看,所谓"原产地域"实际上就是"原产地名称"概念下的"原产地",而这种原产地域的名称,也就是原产地名称。❶因而有人认为这一制度是与1958年《里斯本协定》相衔接的。❷

2005年6月7日,质量监督检验检疫总局在先前的《原产地域产品保护规定》和《原产地标记管理规定》的基础上,颁布了《地理标志产品保护规定》。该规定于2005年7月15日实施,《原产地域产品保护规定》同时废止。

1.《原产地域产品保护规定》的主要内容

(1)原产地域产品的定义。所谓原产地域产品,是指利用产自特定地域的原材料,按照传统工艺在特定地域内所生产的,质量、特色或者声誉在本质上取决于其原产地域地理特征并依照本规定经审核批准以原产地域进行命名的产品。这虽是对"原产地域产品"这一独特概念的定义,但按照这个定义的逻辑,出产这种原产地域产品的地区也就是原产地域,而这个地区的名称实际上与《里斯本协定》所定义的"原产地名称"相差无几。因此,这种原产地域产品保护制度,与其说是保护原产地域的"产品",倒不如说是原产地域的名称。

(2)原产地域产品保护的申报与批准。按照规定,任何地方申报原产地域产品保护,须由申报机构向质量监督检验检疫总局所设的"确定原产地域产品保护办公室"(简称"保护办")提出申请。申报机构由有关省、自治区、直辖市质监局根据有关地方人民政府对原产地域产品保护的建议组织成立的,其成员有有关地方的质监行政部门、行业主管部门、行业协会和生产者代表。

根据规定,原产地域产品保护的申请实行两步审查法。首先是由保护办对申报机构提出的申请进行形式审查,审查合格后向社会进行公告,有异议的可在公告后3个月内提出。那些经公告没有异议或异议不成立的申请,由保护办组织相关的专家审查委员会进行技术审查,审查合格的由质量监督检验检疫总局批准并向社会公布。

(3)使用原产地域产品专用标志的注册登记及管理。根据规定,任何单位和个人使用原产域产品专用标志,必须依照本规定经注册登记。注册登记按照下述程序进行:先是向申报机构提出申请,经申报机构初审合格后,再由申报机构报保护办

---

❶ 国家质检总局法规司综合处一位官员在接受记者采访时曾指出:"这样一个原产地域的名称,也就是地理标志"。载《大众科技报》电子版2003年4月1日,转引自吴任伟:"在WTO架构下两岸关于地理标志保护之研究"(第五章),(台湾)辅仁大学财经法律研究所硕士论文,http://seed.agron.ntu.edu.tw/IPR/GI/GI_Wu5.pdf.

❷ 刘国奇:《原产地域产品保护与原产地证明商标》,转引自吴任伟:"在WTO架构下两岸关于地理标志保护之研究"(第五章),(台湾)辅仁大学财经法律研究所硕士论文,http://seed.agron.ntu.edu.tw/IPR/GI/GI_Wu5.pdf.

审核,保护办审核合格的予以注册登记,质检总局向社会公布。我国现行的原产地域产品保护制度与国家标准联系在一起,所有批准的原产地域产品保护,质检总局都要对原产地域产品的通用技术要求和原产地产品专用标志以及原产域产品的质量、特性等方面的要求制定强制性国家标准。所有经注册登记的使用者都必须按相应的国家标准组织生产,由保护办指定的省级以上质量技术监督部门进行监督检验,凡未按相应国家标准组织生产的,保护办撤销其登记注册,停止其使用原产地域产品专用标志。

(4)原产地域产品专用标志的保护。现行的原产地域产品保护制度是以原产地域产品专用标志为纽带对原产地名称进行保护的。只有那些经过注册登记的生产者才可以使用原产地域产品专用标志,任何单位和个人不得伪造原产地域产品专用标志,不得擅自使用原产地域产品专用标志以及与原产地域产品专用标志相近的、易产生误解的产品名称或者产品标识。任何单位和个人也不得销售使用上述标志的产品,违者由质量技术监督行政部门依据产品质量法等法律法规予以行政处罚。

2.《地理标志产品保护规定》的主要内容

从整体上看,《地理标志产品保护规定》与原《原产地域产品保护规定》相比,并没有太多实质性变化,主要的变化表现在以下几个方面。

(1)扩大了地理标志产品保护的范围。《地理标志产品保护规定》第2条规定:"本规定所称地理标志产品,是指产自特定地域,所具有的质量、声誉或其他特性本质上取决于该产地的自然因素和人文因素,经审核批准以地理名称进行命名的产品。"与《原产地域产品保护规定》第2条所定义的"原产地域产品"相比较,除了文字上的差别外,有两处实质性改动:一是将原先的"利用产自特定地域的原材料"改为"产自特定地域",使那些原材料部分来自其他地区的产品也包括在内;二是放弃了对所有产品都适用的"按照传统工艺在特定地域内"生产的要求,只对"原材料全部来自本地区或部分来自其他地区"的产品提出了"在本地区按照特定工艺生产加工"的要求,而对"来自本地区的种植、养殖产品"则无此要求。

(2)改变了申请的方式。在《原产地域产品保护规定》之下,要申请原产地域产品保护,需要由有关省、自治区、直辖市质量技术监督局根据有关地方人民政府对原产地域产品保护的建议,组织有关地方的质量技术监督行政部门、行业主管部门、行业协会和生产者代表成立原产域产品保护申报机构。《地理标志产品保护规定》放弃了对成立申报机构的要求,改为"向当地县级以上人民政府指定的地理标志产品保护申请机构或人民政府认定的协会和企业"提出申请,并征求相关部门意见。此外,《地理标志产品保护规定》还区分两种情况规定了不同的受理保护申请的部门:出口企业的地理标志产品的保护申请向本辖区内出入境检验检疫部门提出,按地域提出的地理标志产品的保护申请向当地县级或县级以下质量技术监督部门提出。

(3)放松了对地理标志产品的管理要求。在《原产地域产品保护规定》中,原产地域产品保护与国家标准是紧密结合在一起的，质检总局对原产地域产品的通用技术要求和原产地域产品专用标志以及各种原产地域产品的质量、特性等方面的要求制定强制性国家标准。而《地理标志产品保护规定》则放松了这种要求,改为"拟保护的地理标志产品,应根据产品的类别、范围、知名度、产品的销售等方面的因素,分别制定相应的国家标准、地方标准或管理规范"。

(4)为国外地理标志产品的注册和保护预留了"接口"。《原产地域产品保护规定》没有规定国外的原产地域产品如何在我国进行登记和保护,考虑到美国和澳大利亚分别对欧盟的地理标志保护指令在世界贸易组织所提起的争端解决案件,似乎有违背"国民待遇"之嫌。因此,《地理标志产品保护规定》明确提出"国家质检总局接受国外地理标志产品在中华人民共和国的注册并实施保护",但"具体办法另行规定"。

二、我国地理标志法律制度存在的问题

尽管我国相关法律法规已经对地理标志提供了保护，但目前我国有关地理标志的法律制度还存在着如下的一些问题。

(一)地理标志保护模式混乱

从总体上看,我国的地理标志保护工作目前还是处于比较混乱的状态,诚如有论者所指出的那样,"立法过度且混乱"。[1] 这种混乱局面，可以从三个不同方面加以考察。

1. 大量地理标志被注册为普通商标

大量符合《商标法》第16条定义的地理标志目前仍然被作为普通商标注册和使用。这既有历史的问题,也有制度及其操作的问题。

就历史问题而言，由于我国商标法对地名作为商标的禁止只是在1983年才开始实际执行,1988年才正式进入法规,而最终进入商标法则是1993年。在此之前,一些具有深厚地方色彩、体现地方自然条件与人文传统的"名优特"产品的产地名称往往被作为普通商品商标注册。而且,更重要的是,在当时的计划经济体制之下,这些注册商标往往被作为"统一对外"的政策工具,其产权关系与当时各级企业之间的产权关系一样,并没有明确的界定。

---

[1] 吴任伟:"在WTO架构下两岸关于地理标志保护之研究"(第六章),(台湾)辅仁大学财经法律研究所硕士论文,http://seed.agron.ntu.edu.tw/IPR/GI/GI_Wu6.pdf.

就制度问题而言，我国商标法对地名商标问题始终采取了回避的态度。1988年的《商标法实施细则》明确规定"已经核准注册的商标，继续有效"。这一做法又为1993年《商标法》所采纳。随着经济体制改革的不断深化，这些地名商标的权属关系作为一个历史问题，在企业的产权改革中日益突出，并由此产生了许多矛盾。

2. 地名商标及原产地证明商标与地理标志产品保护之间的矛盾

这是我国目前地理标志保护工作混乱的最集中、最典型的表现。由于商标注册与地理标志产品保护分别由两个不同的行政部门负责实施，同一个地理名称，在存在着合法的注册商标(普通商品商标)或原产地证明商标的情况下，又受到地理标志(原产地域)产品保护，由于权利(利益)主体不同，两者之间的矛盾与冲突不断，最典型的如金华火腿、东阿阿胶等。这些本应通过制度层面或操作层面加以协调的问题，由于各种各样的原因，非但没有得到及时解决，而且愈演愈烈。

(二)现行规定与《知识产权协定》不符之处

尽管2001年《商标法》及相关配套法规加强了对地理标志的保护，但与《知识产权协定》的要求相比，仍有很多不符之处。

1. 关于对葡萄酒和烈酒地理标志的保护力度

我国现行法律对葡萄酒和烈酒地理标志的保护力度还未达到《知识产权协定》第23条的要求。葡萄酒和烈酒地理标志在《知识产权协定》中受到特殊的保护，最主要的表现就是它们不需要经过"误导"测试。

《知识产权协定》第22条和第23条所提供的保护的方式和内容是基本相同的，它们都要求各成员采取法律措施以制止在非地理标志所标示的地区所生产的货物上使用该地理标志，同时要求禁止在此种货物上将地理标志作为商标注册或使用。两者的主要不同之处在于，第22条的禁止以该地理标志或商标的使用在货物的真实来源或原产地方面"误导"公众为条件，而第23条的禁止则不以此种"误导"为条件。这种不同的法律意义是，在第22条之下，在非来源于地理标志所标示的地区的产品上使用该地理标志的行为本身并不被禁止，只有当这种使用对公众产生或可能产生"误导"作用时，才被禁止；在第23条之下，此种使用本身就被禁止，而无须考虑这种使用对公众的影响。这意味着，葡萄酒和烈酒之外的其他产品的地理标志要受"误导"测试的限制，主张保护的"利益方"需要证明这种"误导"已实际发生或可能发生。这实际上使葡萄酒和烈酒地理标志受到了更高水平的保护，因而所谓"补充"保护，其实就是"增强了的"保护。

我国《商标法》第16条第1款规定，"商标中有商品的地理标志，而该商品并非来源于该标志所标示的地区，误导公众的，不予注册并禁止使用"。显然，这一规定是适用于所有商品的，其保护水平与《知识产权协定》第22条大致相当，以"误导公众"

为条件。而在《商标法》及其实施条例中，我们找不到有关葡萄酒和烈酒地理标志的规定。这意味着，葡萄酒和烈酒地理标志，与其他商品的地理标志一样，都适用第16条的保护，而不是协定所规定的不需"误导"测试的"补充"保护。❶

地理标志的保护是否需要"误导"测试，其法律后果是有明显差别的。在"误导"测试之下，主张地理标志保护的"利益方"不但需要证明使用地理标志的产品并非来源于该地理标志所标示的地区(这在实践中并不难做到)，而且要证明公众已经被"误导"或可能被"误导"；而在不需要"误导"测试的情况下，主张保护的利益方只需证明使用地理标志的产品(葡萄酒和烈酒)并非来源于该地理标志所标示的地区即可。使用地理标志的产品并非来源于该地理标志所标示的地区，从这一事实并不能推导出公众已被"误导"或可能被"误导"，因此，"误导"测试要求主张保护的利益方承担更多的举证责任。尤其重要的是，由于"误导"是以公众(通常即消费者)的理解和判断为标准的，因此，证明的程序和方法便十分重要。同一个问题，对不同范围的公众、使用不同的测试方法，所得到的结论可能相差很大。这意味着原告不但要承担举证责任，而且要承受因测试方法和范围的不确定性所带来的巨大风险。而在《知识产权协定》第23条的"补充"保护之下，葡萄酒和烈酒地理标志的利益方只需证明使用该地理标志的葡萄酒和烈酒并非原产自该标志所标示的地区即可，非但不需要经过"误导"测试，而且被告即使证明了根本不存在或不可能产生"误导"亦不能作为抗辩理由。

2. 关于对虚假地理标志的禁止

我国现行法律对虚假地理标志的禁止也没有达到《知识产权协定》要求的水平。《知识产权协定》第22条和第23条对虚假地理标志的禁止，包括两个方面：一是禁止使用，二是禁止作为商标注册。我国《商标法》第16条也规定了两个方面的禁止，即"不予注册并禁止使用"，但与《知识产权协定》的要求相比，仍然是存在一定差别的。一方面，协定所要求的禁止使用，并不限于作为商标使用。当然，受我国商标立法的体制及保护原则的限制，对一般意义上的使用难以在商标法中加以禁止，

❶ 根据2003年4月17日工商行政管理总局发布的《集体商标、证明商标注册和管理办法》第12条的规定，"使用他人作为集体商标、证明商标注册的葡萄酒、烈性酒地理标志标示并非来源于该地理标志所标示地区的葡萄酒、烈性酒，即使同时标出了商品的真正来源地，或者使用的是翻译文字，或者伴有诸如某某'种'、某某'型'、某某'式'、某某'类'等表述的，适用商标法第16条的规定"。这一规定充其量只解决了对已注册为集体商标或证明商标之后的葡萄酒和烈酒地理标志的使用问题，对尚未注册为集体商标或证明商标的葡萄酒和烈酒地理标志显然是不能适用的。更为重要的是，它没有规定那些"非来源于该地理标志所标示地区的葡萄酒、烈性酒，即使同时标出了商品的真正来源地，或者使用的是翻译文字，或者伴有诸如某某'种'、某某'型'、某某'式'、某某'类'等表述的"地理标志是否可作为商标注册的问题。

而主要是通过反不正当竞争法加以禁止。因此,这一点虽然可以不被视为我国商标法在保护地理标志方面的缺陷,但至少表明,仅依靠商标法保护地理标志,尤其在实行商标权注册产生制的国家里,是有很大局限性的。另一方面,《商标法》第16条规定了禁止使用虚假地理标志,但《商标法》和《商标法实施条例》并没有规定如何禁止使用虚假地理标志。《商标法》无论是第六章的"商标使用的管理"还是第七章的"注册商标专用权的保护",都既未规定使用虚假地理标志的民事责任,亦未规定行政和刑事责任。这就给实际"执法"过程中工商行政管理部门查处使用虚假地理标志行为带来了"麻烦":一方面,将虚假地理标志作为商标使用显然是违法的,工商行政管理部门不能不加以制止;另一方面,工商行政管理部门通过何种方式、程序以及采取何种手段加以制止,在商标法上又缺少明确的依据。在国家和地方各级政府大力推行"依法行政"的今天,这个问题是不容忽视的。这种只有"禁止性"规定而无明确的法律后果和法律责任以及相关程序的做法,使地理标志保护的"实施"大打折扣,甚至会产生"禁而不止"的现象。

当然,如果一个地理标志已经注册为集体商标和证明商标,则另当别论。不过,对于那些未注册为集体商标和证明商标的地理标志,问题依然存在。

(三)我国现行法律对地理标志保护的缺漏

我国现行关于地理标志保护法律的规定,缺少关于文字真实但产生误导的地理标志的规定。所谓文字真实但产生误导的地理标志,主要是指使用一地理标志的产品的真实产地,与该地理标志"在文字上"所标示的产地是一致的,但公众并不把该"文字上"的产地看作该产品的产地,而会以另外一个地方(具有相同或近似的名称)作为其产地,而事实上并非如此。郑成思教授曾以美国波士顿地区的"坎布里奇"和英国的"剑桥"为例对此有精彩的说明。[1]

对于文字真实但产生误导作用的地理标志,《知识产权协定》第22条第4款有明确规定,"上述第1款、第2款和第3款的保护"适用于文字真实但产生误导的地理标志。也就是说,文字真实但产生误导的地理标志也在被禁止使用和作为商标注册之列。我国《商标法》第16条则没有对此作出规定。实际上,文字真实但产生误导的地理标志,在我国也是很可能发生的。一方面的原因是,重名现象在我国并非罕见,包括行政区域的名称、山川河流的名称以及各种自然与人文景观的名称,都存在着重合的现象;另一方面的原因在于,我国行政区划的范围及其名称经常发生变动,地名或行政区域的名称所包括的范围与标示产品地理来源的地理标志所包括的范围不一致。因此,无论从实施《知识产权协定》的需要,还是保护我国国内的地理标志

[1] 郑成思:《世界贸易组织与贸易有关的知识产权》,中国人民大学出版社1996年版,第175页。

的需要来看，对此问题都需要有一个明确的规定。

三、地理标志保护制度的完善

基于上文对我国地理标志保护制度的现状描述和问题分析，笔者认为，我国地理标志法律制度应从以下方面进行完善。

（一）地理标志保护的立法模式

众所周知，我国在历史上既没有地理标志或原产地名称的概念，也没有正式的制度安排。因此，“本土法律资源”不可能为地理标志的保护提供概念、观念及制度的支持，“拿来主义”式的借鉴或移植是不可避免的。就地理标志而言，两种最基本的模式——美国式的商标模式和法国式的原产地名称模式——都是经由长期的历史演进而形成的，都具有内在逻辑性、价值性和合理性。

在美国式的商标模式下，地理标志具有两种不同的法律属性：一是作为指示产品地理来源的标志，二是作为指示产品特定质量、声誉或其他特性的标志。作为产品地理来源标志的地理标志，属于美国商标法上的“地理术语”或“地理描述性术语”，其作为商标的能力，被区分为两种不同的情况而受到一般性的禁止。对于那些“真实”的地理术语，由于它向消费者传递的是相关产品的产地信息而非生产者信息，因而防止其“私有化”是商标法的主要目标，它被一般性地禁止作为商标注册。而作为集体商标和证明商标的地理标志，恰恰是这种禁止的例外。对于那些“虚假”的地理术语，由于它向消费者传递了不真实的相关产品的产地信息，对消费者产生误导，因而也被一般性地予以禁止。作为产品质量标志的地理标志，通常被看作是该标志所标示的地区内的所有生产者的一种“财产”，它虽然不能起到识别某个特定生产者的作用，但可以作为该地区生产者的整体的标志，具有与一般意义上的商标相同或类似的作用。地区外的生产者如果使用，并且存在着混淆的可能性，即构成《美国商标法》第43条a款所禁止的行为，受害人可以提起民事诉讼。

需要特别指出的是，商标模式是美国主导下的一种保护方式，而美国商标制度的基本特点之一便是它的商标权使用产生制。因此，一个地理标志，如果作为集体商标或证明商标获得了注册，毫无疑问会受到严格的保护；如果没有作为集体商标或证明商标获得注册，也会被视为未注册证明商标受到保护。就此而言，地理标志在美国商标法下所受到的保护水平是很高的。但是，如果考虑到商标法对商标保护的基本方式，我们就很难得出“高水平”保护的结论了。

商标法对商标保护的基本方式是防止产生混淆，而判断“混淆”的关键在于消费者是否有可能被误导。因此，作为商标法的通则，使用“虚假”地理标志是否应被禁止，关键不在于标志本身是否虚假，而在于它是否向消费者传递了“虚假”的产地信息或生产者信息，即是否对消费者产生误导作用。不会对消费者产生误导作用的“虚假”地理标志的注册和使用，通常不会受到商标法的禁止。这主要有3种情况：(1)该地理标志所指示的地区在“虚假”标志使用或注册的国家内不为消费者所知悉；(2) 地理标志经过长期使用变成某种产品的通用名称而失去了其地理指示作用，即“通用化”或“去地理化”；(3)以某种明显的方式标示出产品的真实产地，从而不会在产地上误导公众。这3种情况的存在大大降低了地理标志所受到的实际保护水平。

在法国式的原产地名称模式下，地理标志通常作为原产地名称受到保护，其法律属性亦应从两个方面来理解。一方面，在法国，随着AOC制度的建立和推广以及欧共体(欧盟)农产品和食品地理标志保护制度的运作，原产地名称首先表现为一种命名和使用的管理制度，因而只有被命名的名称才能称为原产地名称，也只有那些获得批准并受到严格质量控制的生产者才能使用原产地名称。在此意义上，原产地名称如其说是工业产权或知识产权，倒不如说是产业政策，体现出公权力的特性，其产权的属性是无法发挥出来的。另一方面，对于未经批准擅自使用原产地名称的行为，那些由于此种使用而受到损害的人，也可以单独地或集体地向法院提起民事诉讼，要求制止此种使用并赔偿损失，或者在有关的行政及刑事诉讼中要求获得赔偿，在此意义上原产地名称体现为一种私权利的特性。在法国式的原产地名称模式下，受保护的原产地名称首先不得作为公产，不能被看作产品的通用名称。同时，受保护的原产地名称具有对抗商标的效力，受保护的原产地名称不但可以对抗在后的商标注册和使用，而且可以对抗在先的商标注册和使用。更重要的是，在原产地名称模式下，受保护的原产地名称不需要经过“误导”测试。因此，尽管原产地名称模式下原产地名称的私权性质并不很突出，但其保护水平却大大高于商标模式。

就我国的地理标志保护而言，在学习国外已有的实践经验、借鉴现在的制度模式时，重要的不是将两种模式进行简单对比以确定所谓的“优劣”，而是应当将这两种模式各自内在的逻辑性、价值性及合理性与我国的现实国情相结合，从而建立起一套既能满足实施《知识产权协定》要求、又能满足我国国内现实需要的地理标志保护制度。

我国是一个有着悠久历史和丰富文化的文明古国，有大量值得保护的地理标志。加强地理标志的保护，即使完全不考虑《知识产权协定》的实施要求，也具有非常重要的现实意义。因此，我们应该认识到高水平的保护对我国更为有利。这意味着，我国在地理标志保护方面的利益更接近于以欧盟为代表的“旧世界”国家，而不是以美国为代表的“新世界”国家。这是我们在进行制度选择时不可不注意到的一个重要问题。

在商标模式下,集体商标和证明商标成为保护地理标志的主要手段。将美国商标法有关地理标志的各项规定作为一个整体来考察,我们不难发现,虽然注册为集体商标和证明商标的地理标志能够受到较高水平的保护,但这种保护在实施过程中存在着几个重大“缺陷”:第一,由于美国商标法在商标与地理标志的冲突中过多地“偏向”商标,因而对地理标志作为商标的禁止性规定有许多例外,这就使一些由地理标志构成的商标作为普通商标获得注册。其结果是,当这些地理标志的真正“所有人”打算申请注册集体商标和证明商标时,就会遇到一个法律上的障碍:在相同或类似商品上与已注册的商标相同或近似的标志,是不能获得商标注册的,不论其作为普通商标还是集体商标或证明商标。第二,美国商标法对于已经成为通用名称的商标,即使是注册商标,也不再给予保护。在实际操作中,越驰名的商标就越有可能变成通用名称。在商标制度下,地理标志变成通用名称的可能性远比一般意义上的驰名商标更大,因为地理标志作为特定产品质量的标志,在消费者心目中极易成为具有这种质量的产品的名称,从而失去其地理指示作用。第三,“误导”测试一方面使地理标志集体商标和证明商标的所有人必须承担举证责任,另一方面使在地理标志上附加“类”“型”“式”等字样的使用得不到制止,加重了地理标志变成通用名称的危险。美国所倡导的商标模式,其实施的效果是“重商标,轻地理标志”,这是符合美国作为“新世界”国家的利益的。但它是否符合我国在保护地理标志方面的利益,需要慎重考虑。此外,美国式的商标模式在保护地理标志方面的作用,与美国商标法的普通法基础是离不开的。将这种具有浓厚的普通法特色、以使用作为商标权产生依据的制度“移植”到我国这样一个具有大陆法传统、以注册作为商标权产生依据的国家里,是否能够起到保护地理标志的作用,是很值得怀疑的。例如,在我国现行商标法之下,如果一个地理标志未注册为集体商标或证明商标,它事实上就无法获得商标法的保护。

尽管我国在地理标志保护方面的利益更接近法国,但法国式的原产地名称模式是否可以成功“复制”,事实上也是颇有疑问的。一方面,法国式的原产地名称模式的关键不在于对原产地名称的命名或注册,而在于对产品的质量及生产过程的严格控制。尽管我国在对每一个被认定的原产地域名产品进行保护时同时制定了该产品的强制性国家标准,但在面对各地方政府发展经济的高涨热情和广大农民脱贫致富的急切心情时,这些标准能否得到应有的遵守,不但关系到原产地域产品的市场形象,而且关系到原产地名称的存亡。诸如有毒金华火腿事件的发生,令人担忧。另一方面,上述产品质量及生产过程的严格控制,在一个市场经济发育成熟、法制健全的经济体中,其实施往往不会造成政府对市场的过度干预。而在中国这样一个转型期的发展中国家里,这种控制往往容易形成政府对市场的过度干预,其消极影响不可低估。

在建立和完善我国地理标志保护制度的过程中,学习和借鉴是必要的,但这两种模式都难以完全满足我国保护地理标志的需要或存在目前难以克服的困难。因此,笔者认为,分别以这两种模式为样板的商标法保护和原产地域产品保护,都存在着这样或那样的问题,需要进行结构性调整。

(二)现有法律资源的整合与地理标志权的重构

考虑到我国现有的两套效力层次不一的保护制度,笔者认为,应该通过整合现有法律资源重新构建一个建立在利益分享基础上的地理标志权法律制度。

首先,应当承认商标法在保护地理标志方面的作用。一方面,商标法对地理名称的禁用在地理标志保护方面的作用是基础性的,如果缺少这样的禁止性条款,地理标志就会被作为普通商标注册,不但会使地理标志成为商标注册人的私有财产,为地理标志作出实质贡献的地区内的相关生产者的利益无法得到可靠保障。同时,集体商标和证明商标在证明商标使用者的身份及商品的产地方面也具有一定的作用,为地理标志的相关"利益方"提供了多样化的选择,以便由其根据需要选择适当的制度安排,以最大限度地保护地理标志。另一方面,在《知识产权协定》所宣称的私权框架内,通过商标法保护地理标志,使地理标志集体商标和证明商标的所有人获得真正意义上的私权。但是,不应过于强调集体商标和证明商标在保护地理标志方面的作用。商标的内在逻辑及其功能决定了集体商标和证明商标在地理标志保护中只能起补充作用,而不是主导作用。事实上,一些实行专门立法保护的国家,以及主要通过反不正当竞争法保护地理标志的国家,往往也允许将地理标志注册为集体商标和证明商标。

其次,原产地域产品保护制度的合理性也应当予以一定程度的承认。尽管这种制度在我国的实际操作中存在着这样或那样的问题,但应当充分肯定的是,原产地域产品保护制度在保护地区内的生产者的利益、调整地区产业结构、促进地区经济社会的发展等方面,都起到了重要作用。尤其重要的是,原产地域产品保护制度为地理标志自身的生存和发展、为新的地理标志的培育和成长提供了可靠的制度保障和良好的制度环境。但是,现行原产地域产品保护制度由于其法律效力层次的限制,在保护方式上只能依靠技术监督部门的"行政执法",在与商标法发生冲突时,其合法性是存在问题的。

有鉴于此,笔者认为,重构我国地理标志保护制度的关键在于三个方面:一是要使地理标志权成为真正意义上的私权,即一种可以通过民事司法程序获得救济的权利;二是确保地理标志权的集体权利性质,尽可能避免地理标志的"私有化",

使所有地区内的相关生产者不但有获得使用权的可能，而且在因他人的非法使用遭受损害时都有权加以制止；三是切实维护地理标志作为产品质量、声誉或其他特性的标志的地位和功能，加强地理标志使用的管理，防止地理标志演变为商品的通用名称。

因此，我国的地理标志保护制度应由3个相关的部分构成：一是通过反不正当竞争法为所有《知识产权协定》意义上的"利益方"提供反不正当竞争保护，使所有利益方都可对使用虚假货源标志、盗用他人地理标志的不正当竞争行为进行制止，并可通过民事诉讼的程序获得救济。这实际上也是实施《知识产权协定》第22条第2款b项对制止巴黎公约第10条之二所规定的不正当竞争行为的要求的重要措施。二是通过商标法为对将地理标志作为商标注册提供一般性禁止，同时允许在规定条件下将地理标志作为集体商标和证明商标进行注册。三是建立正式的地理标志保护专门制度，将其作为地理标志保护的基本法律手段，在地理标志保护中起主导作用。

对于地理标志的反不正当竞争保护，主要应通过修改现行反不正当竞争法来实现。在不修改反不正当竞争法的情况下，亦可通过在商标法中参照《美国商标法》第43条a款的模式，增加一个在性质上属于反不正当竞争的条款，对所有混淆商品或服务来源(包括地理来源和生产者来源)的行为予以制止并对受害人提供救济，既可为地理标志提供最基本的保护，也可解决未注册商标保护的实施问题，使商标法成为真正意义上的"商标"法，而不是"注册商标"法。另一个可行的办法是在新制定的地理标志保护法中专门规定反不正当竞争保护。

对于地理标志的商标法保护，应通过修改商标法来实现。为加强地理标志保护，在制定专门的地理标志保护法同时，应对商标法进行修改：第一，对现行《商标法》第10条进行修改，将禁止作为商标注册和使用的地名的范围扩大到所有地名，而不仅仅是县级以上行政区划的名称。同时，将地名商标与其所使用的商品或服务联系起来，根据不同的识别作用作出不同的禁止性或限制性规定。此外，将受保护的地理标志作为禁止作为商标的标志列入第10条。第二，删除现行《商标法》第16条，因为修改后的地名商标禁用规定已包含了对虚假地理标志的禁止性规定，第16条的存在已无必要。在修改《商标法》之后，对《商标法实施条例》及《集体商标、证明商标注册和管理办法》中有关地理标志集体商标和证明商标的规定进行修改，使它们对地理标志集体商标和证明商标的规定主要集中在对将地理标志注册为集体商标和证明商标规定必要的条件和限制。

对于地理标志的专门立法保护，应结合我国国情，同时借鉴《知识产权协定》生效后一些国家的做法，制定专门的地理标志法。该法应包括以下几个方面的内容。

(1)立法目的。地理标志法的直接目的是保护地区内相关生产者对地理标志享有的权利和利益,最终目的是促进相关地区的经济社会发展。

(2)保护对象。一些国家的地理标志法将货源标志和地理标志同时作为保护对象,而且在术语上也差异很大。考虑到货源标志最好还是通过反不正当竞争法和商标法来保护,地理标志法应专门以《知识产权协定》第22条意义下的地理标志为保护对象,并且保留地理标志这一术语,放弃地理标志产品保护这一概念。在地理标志的定义中,应强调产地的自然因素与人文因素对产品质量、声誉或其他特性的共同作用,将那些单纯由产地的自然因素或人文因素决定的产品的产地标志作为不受地理标志保护的标志。同时,应规定哪些标志不能作为地理标志受保护。

(3)权利的产生。在修改反不正当竞争法和商标法之后,地理标志法应建立起地理标志注册保护制度,其基本运作方式应以现行的原产地域产品认定为基础,由地区内的相关行业协会或在未建立相关行业协会的情况下由地方政府按有关程序向注册主管机关提出注册申请,由注册主管机关进行审查、公布,在规定期限内没有异议或异议不成立的,予以核准。每一个经核准的地理标志都要制订强制性国家标准,并由法定机关监督这些国家标准的实施。

(4)注册的效力。经核准注册的地理标志,注册人享有专有权。这种专有权的内容与结构,应类似于地理标志证明商标的"专用权",包括许可权和禁止权两个方面。同时,经核准注册的地理标志不得作为商标或商号使用,也不得作为产品的通用名称使用。

(5)地区内生产者的使用权。地区内的生产者,凡其产品和生产过程符合该地理标志的强制性国家标准的要求的,在按规定的程序提出申请之后,地理标志的注册人应准许其使用。经授权的使用者有权单独以自己的名义对侵权行为提起民事诉讼,但该使用权不得许可他人使用,亦不得转让。为防止注册人滥用其专有权,应规定授予使用权的公平、公正的程序,尤其应为提出使用申请的地区内的生产者提供申诉的机会,并为地区内的其他生产者提出异议规定相应的程序。

(6)地理标志权的撤销及无效。地理标志的注册的撤销和无效,可限于以下情形:①以欺骗手段获得注册的;②产地的地理环境发生重大变化导致产品原有质量不稳定的;③为保护环境、动植物及人类健康而需要改变原有的生产方式的;④外国的地理标志在其原产国已停止使用或不再受保护的。

(7)地理标志的使用管理。地理标志的使用管理应由其注册人负责,但相关产品的检验或检测应由独立的法定检验机构进行,将使用、管理与检验分立。凡使用者不遵守强制性国家标准,生产过程或产品质量不符合规定标准的,注册人应撤销其使用授权证书,禁止其使用该地理标志。

(8)地理标志权的保护。凡未经注册人许可在相同或类似商品上使用其地理标志的,均构成侵权行为,注册人可提起民事诉讼,要求停止使用并赔偿损失;经授权的使用者可以其名义单独或集体提起民事诉讼,要求停止使用并赔偿损失。此外,对于任何有损害地理标志的价值、声誉或导致其"去地理化"或"通用化"之虞的行为,注册人应有权加以制止。

附:地理标志法(建议稿)

第一条 为了保护特定地区内相关生产者对地理标志享有的权利和利益,促进相关地区经济社会发展,维护社会主义市场经济秩序,特制定本法。

[立法理由]本条是关于中华人民共和国地理标志法的立法宗旨的规定。

第二条 依法经注册登记的地理标志受本法保护。

本法所称地理标志,是指标示某商品来源于某地区,该商品的特定质量、信誉或者其他特征,主要由该地区的自然因素或者人文因素所决定的标志。

[立法理由]《知识产权协定》对地理标志所作定义为"为本协定目的,地理标志是指识别货物原产自一成员方境内或其境内的一个地区或地方的标志,货物的特定质量、声誉或其他特性实质性地取决于其地理原产地"。《知识产权协定》下的地理标志概念事实上已成为一个"标准"概念,人们在大多数情况下就是在此种含义上使用"地理标志"概念的。本法所下定义参考了《知识产权协定》下的地理标志概念和我国商标法中的有关规定。

第三条 国家工商行政管理机关为地理标志注册管理机构。

第四条 地理标志由相关地区内的相关行业协会,或在未建立相关行业协会情况下由地方政府,按法定程序向注册主管机关提出注册申请。

[立法理由]地理标志不属于任何一个单独的民事主体所有,而是某个地区的集体财富。因此,注册申请人应当是相关地区内的相关行业协会,或在未建立相关行业协会情况下的地方人民政府政府。这样规定,一方面,有利于确保地理标志权的集体权利性质,尽可能避免地理标志的"私有化",使所有地区内的相关生产者不但有获得使用权的可能,而且在因他人的非法使用遭受损害时都有权加以制止。另一方面,有利于地理标志的管理,尤其是对使用地理标志的主体、行为等进行监管。

第五条 地理标志注册申请人自其地理标志在外国第一次提出地理标志注册申请之日起六个月内,又在中国就同一地理标志提出注册申请的,依照该外国同中国签订的协议或者共同参加的国际条约,或者按照相互承认优先权的原则,可以享有优先权。

依照前款要求优先权的，应当在提出地理标志注册申请的时候提出书面声明，并且在三个月内提交第一次提出的地理标志注册申请文件的副本；未提出书面声明或者逾期未提交地理标志注册申请文件副本的，视为未要求优先权。

[立法理由]鉴于地理标志可以作为证明商标申请注册，在性质上是商标的一种，所以其理当适用《巴黎公约》中有关优先权的规定。

第六条 为申请地理标志注册所申报的事项和所提供的材料应当真实、准确、完整。

第七条 申请注册的地理标志，凡符合本法有关规定的，由国家工商管理机关初步审定，予以公告。

第八条 申请注册的地理标志，凡不符合本法有关规定或者同他人已经注册的或者初步审定的地理标志相同或者近似的，由国家工商管理机关驳回申请，不予公告。

第九条 对初步审定的地理标志，自公告之日起三个月内，任何人均可以提出异议。公告期满无异议的，予以核准注册，发给地理标志注册证，并予公告。

第十条 对驳回申请、不予公告的地理标志，国家工商行政管理机关应当书面通知地理标志注册申请人。地理标志注册申请人不服的，可以自收到通知之日起十五日内向地理标志评审委员会申请复审，由地理标志评审委员会作出决定，并书面通知申请人。

当事人对地理标志评审委员会的决定不服的，可以自收到通知之日起三十日内向人民法院起诉。

第十一条 对初步审定、予以公告的地理标志提出异议的，地理标志局应当听取异议人和被异议人陈述事实和理由，经调查核实后，作出裁定。当事人不服的，可以自收到通知之日起十五日内向地理标志评审委员会申请复审，由地理标志评审委员会作出裁定，并书面通知异议人和被异议人。

当事人对地理标志评审委员会的裁定不服的，可以自收到通知之日起三十日内向人民法院起诉。人民法院应当通知地理标志复审程序的对方当事人作为第三人参加诉讼。

第十二条 当事人在法定期限内对地理标志局作出的裁定不申请复审或者对地理标志评审委员会作出的裁定不向人民法院起诉的，裁定生效。

经裁定异议不能成立的，予以核准注册，发给地理标志注册证，并予公告；经裁定异议成立的，不予核准注册。

第十三条 对地理标志注册申请和地理标志复审申请应当及时进行审查。

[立法理由]以上8条有关地理标志申请注册、核准等程序性规定，充分借鉴了

我国商标法中商标注册程序的有关规定。

第十四条 已经注册的地理标志，违反本法规定的，或者是以欺骗手段或者其他不正当手段取得注册的，由地理标志注册机构撤销该注册地理标志；其他单位或者个人可以请求地理标志评审委员会裁定撤销该注册地理标志。

[立法理由]《知识产权协定》第22条和第23条对虚假地理标志的禁止，包括两个方面：一是禁止使用，二是禁止作为商标注册。我国《商标法》第16条也规定了两个方面的禁止："不予注册并禁止使用"，但与协定的要求相比，仍然存在一定差别。为此，本法规定了撤销程序。

第十五条 地区内的生产者，凡其产品和生产过程符合该地理标志的强制性国家标准的要求，在按规定的程序提出申请之后，地理标志的注册人应准许其使用。

第十六条 经授权的使用者有权单独以自己的名义对侵权行为提起民事诉讼，但该使用权不得许可他人使用，亦不得转让。

第十七条 地理标志的使用管理应由其注册人负责，但相关产品的检验或检测应由独立的法定检验机构进行，将使用、管理与检验分立。凡使用者不遵守强制性国家标准，生产过程或产品质量不符合规定标准的，注册人应撤销其使用授权证书，禁止其使用该地理标志。

[立法理由]以上3条是有关地理标志使用管理的规定，目的是保障地理标志不因个别人的不法或不当行为而降低信誉。地理标志的使用管理应由其注册人负责，但相关产品的检验或检测应由独立的法定检验机构进行，将使用、管理与检验分立。凡使用者不遵守强制性国家标准，生产过程或产品质量不符合规定标准的，注册人应撤销其使用授权证书，禁止其使用该地理标志。

第十八条 未经注册人许可在相同或类似商品上使用其地理标志的，构成侵权行为。

第十九条 地理标志注册人对侵犯其地理标志权的行为可提起民事诉讼，要求停止使用并赔偿损失；经授权的使用者可以其名义单独或集体提起民事诉讼，要求停止使用并赔偿损失。

地理标志注册人对侵犯其地理标志权的行为，也可以向当地县级以上人民政府工商行政管理机关申诉。

[立法理由]当发生侵犯其地理标志权的行为时，地理标志注册人属于地理标志权主体，当然有可提起民事诉讼要求停止使用并赔偿损失的权利；经授权的使用者虽然不是地理标志权主体，但他(们)是侵犯其地理标志权行为的直接受害人，所以经授权的使用者也可以其名义单独或集体提起民事诉讼，要求停止使用并赔偿

损失。

第二十条 对于任何有损害地理标志的价值、声誉或导致其“去地理化”或“通用化”之虞的行为，注册人应有权加以制止。

[立法理由]本条的规定，旨在防止各种地理标志“淡化”行为的发生。

第二十一条 对侵犯注册地理标志专用权的行为，工商行政管理部门有权依法查处；涉嫌犯罪的，应当及时移送司法机关依法处理。

第二十二条 县级以上工商行政管理部门根据已经取得的违法嫌疑证据或者举报，对涉嫌侵犯他人注册地埋标志专用权的行为进行查处时，可以行使下列职权：

(一)询问有关当事人，调查与侵犯他人注册地理标志专用权有关的情况；

(二)查阅、复制当事人与侵权活动有关的合同、发票、账簿以及其他有关资料；

(三) 对当事人涉嫌从事侵犯他人注册地理标志专用权活动的场所实施现场检查；

(四)检查与侵权活动有关的物品；对有证据证明是侵犯他人注册地理标志专用权的物品，可以查封或者扣押。

工商行政管理部门依法行使前款规定的职权时，当事人应当予以协助、配合，不得拒绝、阻挠。

[立法理由]本条借鉴我国现行商标法和反不正当竞争法的有关规定，具体列举了工商行政管理部门在查处地理标志侵权行为时的执法权，对于有效制止和防止地理标志侵权行为具有一定的实践意义。

第二十三条 地理标志注册人或者利害关系人有证据证明他人正在实施或者即将实施侵犯其注册地理标志专用权的行为，如不及时制止，将会使其合法权益受到难以弥补的损害的，可以在起诉前向人民法院申请采取责令停止有关行为和财产保全的措施。

人民法院处理前款申请，适用《中华人民共和国民事诉讼法》第九十三条至第九十六条和第九十九条的规定。

第二十四条 为制止侵权行为，在证据可能灭失或者以后难以取得的情况下，地理标志注册人或者利害关系人可以在起诉前向人民法院申请保全证据。

人民法院接受申请后，必须在四十八小时内作出裁定；裁定采取保全措施的，应当立即开始执行。

人民法院可以责令申请人提供担保，申请人不提供担保的，驳回申请。

申请人在人民法院采取保全措施后十五日内不起诉的，人民法院应当解除保全措施。

[立法理由]为有效制止地理标志侵权行为,防止地理标志侵权损害的进一步加大以及侵权人采取不法措施毁灭证据，上述两条借鉴我国现行其他知识产权法的有关规定,具体规定了地理标志诉讼临时禁令和证据保全程序。

12

第十二章

特殊标志保护制度及其完善

随着北京和上海相继赢得2008年夏季奥林匹克运动会和2010年世界博览会的主办权，两地均出现了侵犯奥林匹克五环、2010年上海世博会名称与口号等相关标志知识产权的典型案例，有关特殊标志知识产权保护问题颇值得深思。本章将探讨适合我国特殊标志法律保护的可能模式与最佳模式，以完善我国的特殊标志立法。

一、我国特殊标志保护的现状

(一)我国特殊标志保护的历史回顾

改革开放以来，尤其是20世纪90年代以来，我国举办的全国性或国际性的体育运动会、文化艺术节以及大型会议日益增多。这些活动经费由国家全额拨付既不可能也不现实，一般采用国家拨款和企业赞助两条腿走路。企业赞助弥补了国家财政拨款的不足，而这些活动及其所使用的名称、会徽、吉祥物等特殊标志供赞助者在商业交易中使用，促进了企业商品的流通，有助于扩大和提高企业的声誉。

为保护这些活动的组织者和企业对特殊标志的使用，在1996年《特殊标志管理条例》颁布之前，工商行政管理总局经国务院授权，通常采取单独或联合其他部委以发布行政通知的形式保护特殊标志，对特殊标志的非法使用和侵权行为，由各级工商行政管理机关进行查处。例如，工商行政管理总局和体育运动委员会先后于1994年4月26日、1994年4月28日联合发出《关于保护1996年哈尔滨第三届亚洲冬季运动会名称、会徽、吉祥物标志的通知》、《关于保护1994年北京第六届远东及南太平洋地区残疾人运动会会徽及吉祥物标志的通知》，工商行政管理总局又先后于1994年9月13日、1995年6月30日、1995年11月16日发出《关于保护第四次世界妇女大会名称、会徽的通知》、《关于保护第五届少数民族传统体育运动会名称、会徽、吉祥物的通知》、《关于保护第三十届国际地质大会名称、会徽的通知》。❶ 这些文件的贯彻执行，对促进我国社会经济、文化、体育等活动的发展起到了积极作用。

随着我国法制建设的进一步完善，单纯依据行政通知保护特殊标志并对非法使用和侵权行为作出处罚决定已经不符合经济和法制建设的要求。社会公益活动所使用的名称、会徽、吉祥物等特殊标志与商标有所不同，特殊标志所有人自己不提供商品或服务，仅将特殊标志用于宣传和提供给赞助者使用，而且特殊标志要求保护的期限较商标短，一般随这项活动的结束而终结，因此难以将特殊标志纳入商标法的调整范围，制定颁布一个单独的管理条例比较适宜。工商行政管理总局在总结过去发布这类行政通知经验的基础上，又同当时的国家体委、文化部、科委、地质部等单位进行了研究，并征求了15个省市工商行政管理机关的意见，起草了《特殊标志管理暂行条例》草案，并于1995年11月23日上报国务院审议。1996年7月13日，国务院第202号令发布《特殊标志管理条例》。之后，对加强特殊标志知识产权保护意义比较巨大的还有《商标法》、《反不正当竞争法》、《体育法》、《专利法》、《著作权法》等。

此后关于特殊标志的保护更加具体在对奥林匹克运动会相关特殊标志的保护上。早在20世纪80年代，中国奥委会就发出通知，要求各地采取必要措施，保护奥林匹克标志。

但是，奥林匹克标志是一种特殊的知识产品，上述《商标法》、《反不正当竞争法》、《体育法》、《专利法》、《著作权法》等法律法规都不能完全适应奥林匹克标志保护的要求。北京取得了第29届奥运会主办权后，我国政府加快了这方面的立法工作。2002年2月，国务院公布了《奥林匹克标志保护条例》，这是我国第一部保护奥林匹克标志的专门法规，自2002年4月1日起实施。至此，关于奥林匹克标志保护的相关法律法规有：1981年9月26日颁布的《保护奥林匹克会徽内罗毕条约》；《专利法》、《商标法》、《著作权法》、《反不正当竞争法》等知识产权的法律；《合同法》、《公司法》等民事法律；2002年4月1日国务院颁布实施的《奥林匹克标志保护条例》；北京市政府颁布的《北京市奥林匹克知识产权保护规定》的地方法；工商系统颁布的《关于奥林匹克标志管理办法》、《关于落实贯彻奥林匹克标志保护条例有关事项的通知》；海关系统发布的《关于制止侵犯奥林匹克标志专有权货物进出境海关总署第六号公告》、《关于公布奥林匹克标志专有权备案目录的海关总署第八号公告》、《海关总署2003年第47号关于第29届奥林匹克运动会组织委员会徽记的海关保护备案情况

❶ 国家知识产权局："2000年中国知识产权保护状况"，http://www.sipo.gov.cn/sipo/zcll/zscqbhzk/t20020304_4264.htm.

的公告》;原内贸部1997年11月14日颁布的《中国商业特许经营管理办法》(试行)等一些政府职能部门颁布的法规文件。❶

除了上述的法律法规外,还有两部分的法律保护依据:一是奥运会主办国和奥运会主办城市需要遵守的章程和合同,这个章程就是国际奥委会要求各个会员必须遵守的《奥林匹克宪章》,这个合同就是《奥运会主办城市合同》;二是奥运会主办国及主办城市作出的其他承诺,比如,当时北京第29届奥运会申办委员会向国际奥委会提交的《北京申办奥运会的报告》中,就作出了大量的有关立法和行政执法的承诺,《奥林匹克标志保护条例》的出台就是兑现承诺的结果。

(二)我国有关特殊标志保护的立法现状

在我国成功申办2008年奥运会后,有很多学者对于奥林匹克标志的知识产权保护进行了研究,认为世界上仅有少数几个国家颁布专门的有关保护奥林匹克标志的法律或法令,而我国政府已经颁布了《奥林匹克标志保护条例》,表明我国保护奥林匹克标志专用权的决心,但要将奥林匹克标志的保护落到实处,仍然面临着艰巨的任务。由上海市知识产权局和有关知识产权管理部门共同负责,在广泛听取各方专家意见,借鉴国内外特殊标志保护的立法经验基础上,充分考虑世博会标志保护的特殊需要,并结合中国和上海知识产权保护的实际情况,制定出台了《世界博览会标志使用管理办法》,并于2005年4月26日——世界知识产权日正式公布实施。保护特殊标志,不仅要利用司法和行政两个途径,而且要进行全社会的宣传、教育,树立保护特殊标志的法律意识。为有效保护特殊标志的知识产权,有关部门应当建立保护特殊标志的投诉中心和信息系统,建立打击侵犯特殊标志知识产权行为的快速反应机制,开展多部门参与的联合执法活动。❷

1. 当前我国特殊标志保护的法律依据

《特殊标志管理条例》是国务院1996年7月13日发布的专门调整特殊标志的管理与保护的行政法规。《特殊标志管理条例》的颁布实施,既促进了我国社会公益活动的开展,也扩大了企业产品的宣传和销售,具有良好的社会效益和经济效益,这是我国商标管理工作的一个创举,具有中国特色。

特殊标志受该条例的保护有一个形式要件,即该特殊标志必须经工商行政管理部门核准登记。一个特殊标志能够获得登记的前提条件,首先必须是具有显著性,便于识别;其次是组成该特殊标志的文字、图形或其组合不得有损于国家或国际组织的尊严或形象,不得有害于社会善良风俗和公共秩序,不得带有民族歧视性,不利于民族团结,也不得含有法律、行政法规所禁止的其他内容。

---

❶ 申立:"第29届奥运会特许经营的法律探讨",载《中国体育科技》2004年第3期。

❷ 张玉超、李红:"中国奥林匹克知识产权法律保护的研究",载《体育与科学》2002年第5期。

经工商行政管理部门核准登记的特殊标志的权利仍处于一种不稳定状态。因工商部门对特殊标志登记申请所进行的仅是形式审查，即仅对申请文件是否齐备、是否有误等进行审查，而不是实质审查。对于已获准登记的特殊标志，若同已在先申请的特殊标志相同或近似，或同已在先申请注册的商标或已获得注册的商标相同或近似，或同已在先进行专利申请的外观设计相同或近似，该特殊标志便不具备显著性或新颖性；若已获准登记的特殊标志侵犯了他人在先的著作权、商标权或外观设计专利权，则该特殊标志便在权利上有瑕疵。在出现上述任何一种情形时，任何单位或个人可以在该特殊标志公告刊登之日至其有效期满的期间内，向工商行政管理部门申明理由并提供相应的证据，请求宣告该特殊标志无效。

具体到对于世博会特殊标志的知识产权保护，依据现有的《特殊标志保护条例》、《商标法》、《著作权法》、《专利法》、《反不正当竞争法》所构成的保护体系，可以应对一般的知识产权纠纷，但由于世博会的名称缩写、办展主题等不属于传统知识产权领域的内容，就很难有效保护。已出现的有关世博会标志的侵权行为大致可分为以下4类：(1)未经授权将中国2010年上海世博会申办徽标、主题、海报和口号等，与本单位名称混用、连同或夸大宣传；(2) 直接借用中国2010年上海世博会的主题——“城市，让生活更美好”进行产品促销，或借祝贺申博成功的名义违规使用申博标志和口号，利用广告展示企业自身或产品形象；(3)利用世博会的知识产权组织大规模经营活动；(4)以世博会为主题组织各类会议、论坛，借助中介机构进行商业运作。

自2004年12月1日起，《世界博览会标志保护条例》正式实施。这是世博会150多年历史上对世博会标志进行保护的第一个专门立法。《世界博览会标志保护条例》就世博会标志专有权的权利客体、主体、内容、权利限制以及侵犯世博会标志专有权的法律责任等问题作出了具体的规定。这个条例是经过一年多的酝酿和起草，于2004年10月13日经国务院第六十六次常务会议通过的，明确了受保护的标志范围、标志的权利人、许可使用的条件及程序、侵权行为的种类及法律责任等，力求做到对世博会标志进行最充分、最完善的保护。

对于奥林匹克特殊标志的知识产权保护，充分利用现有的知识产权法律保护，依托我国现有知识产权法律体系，足以构筑保护奥林匹克标志知识产权的平台。从法律效力范围上，国家层面的有《奥林匹克标志保护条例》，地方层面的有《北京市奥林匹克知识产权保护规定》；从法律效力层次上，一般法是《特殊标志管理条例》，特别法是《奥林匹克标志保护条例》。北京申奥成功之后，我国当时的法律制度不能完全涵盖奥林匹克知识产权的保护范围，对其中不属于商标、特殊标志、著作、专利的内容很难准确适用相关法律。对奥林匹克知识产权，国际奥委会要求有关国家特别是奥运会主办国，直接给予立法和行政方面的保护，我国当时的法律法规尚不能同保护奥林匹克知识产权的法律法规完全衔接，国际奥委会也不主张权利人动辄通过诉讼渠道维护奥林匹克知识产权。❶ 基于上述原因，国务院在2002年2月4日公布了《奥林匹克标志保护条例》，作为一项重要的特别立法，为办好第29届奥运会提供保障。该条例共15条，自2002年4月1日起施行。

当然，特殊标志保护的法律依据不同，所有者享有权利的内容及侵权救济方式也不相同。

(1)著作权法保护。依据特殊标志的组成要素，特殊标志可以分成3类：文字特殊标志、图形特殊标志、文字与图形共同组成的特殊标志。对于此3类特殊标志，若其具有原创性，且符合著作权法的其他规定，分别可以作为文字作品或美术作品受到著作权法的保护，不论该特殊标志是否经工商行政管理部门核准登记，也不论该特殊标志是否经过著作权登记。

依据著作权法，若该特殊标志是其所有人自己创作的作品，或该特殊标志虽是委托创作的作品，但合同约定该作品的著作权归委托人的，那么，该特殊标志所有人亦是该特殊标志作品的著作权人，对该作品享有著作权法规定的一切人身权利和财产权利，包括发表权、署名权、修改权、保护作品完整权、使用权和获得报酬权等。如果该特殊标志作品的上述权利受到了侵害，其著作权人可向著作权行政管理部门投诉，或向人民法院起诉。若侵权成立、侵权人将承担《著作权法》第45条或第46条所规定的法律责任。

(2)专利法保护。专利法所保护的客体为发明、实用新型和外观设计。其中，外观设计是指对产品的形状、图案、色彩或者其结合所作出的富有美感并适用于工业上应用的新设计。故由图形组成的特殊标志，只要其富有美感，且具有新颖性，即其同申请日以前在国内外出版物上公开发表过，或者公开使用过的外观设计不相同或不相近似，其所有人亦可以按照专利法的有关规定，向专利局提出外观设计专利申请，从而受到专利法的保护。

依据专利法，该特殊标志的外观设计专利权人，即该特殊标志的所有人，享有制造及销售该外观设计专利产品的专有权利，任何单位或个人在未经其许可的情况下，不得为生产、经营的目的，制造、销售该产品，否则构成专利侵权，专利权人的救济方法亦有两种，即向专利行政管理机关投诉或向人民法院起诉。

(3)商标法保护。特殊标志的使用人为依法成立的企业、事业单位、社会团体、

❶ 第29届奥林匹克运动会组织委员会："关于对奥林匹克知识产权加强法律保护的背景材料(节录)"，见《〈奥林匹克标志保护条例〉释义及使用指南》，中国民主法制出版社2002年版，第215~217页。

个体工商户。特殊标志的使用人在征得该特殊标志所有人的许可后,可向商标局提起商标注册申请,将该特殊标志注册为其商品商标或服务商标,从而置该标志于商标法的保护之下。依据商标法,该特殊标志的商标权人在核准使用的商品或服务上享有商标专用权,任何单位或个人在未经商标权人许可的情况下,不得在同一种商品或者近似的商品上使用与该注册商标(该特殊标志)相同或近似的商标,否则构成商标侵权。在侵权发生的情况下,权利人可向工商部门投诉或向人民法院起诉。

(4)反不正当竞争法。如果经营者在市场交易中违反了自愿、平等、公平、诚实信用的原则,违背了公认的商业道德,在经销的商品上或在提供服务的过程中,擅自使用该特殊标志,并造成消费者对该商品或服务的来源产生怀疑或误认,其便侵犯了该特殊标志所有人、合法使用人以及消费者的合法权益,扰乱了社会经济秩序,该特殊标志所有人、使用人或消费者均有权依据《反不正当竞争法》的有关规定,制止这种不正当竞争行为,从而使该特殊标志受到法律保护。[1]

对于特殊标志知识产权的保护,《著作权法》、《专利法》、《商标法》以及《反不正当竞争法》是一般法,《特殊标志管理条例》是适用于特定事项的特别法规。工商行政管理机关在查处侵犯特殊标志案件的法律适用上,《特殊标志管理条例》有明确规定的,应首先适用《特殊标志管理条例》的规定;《特殊标志管理条例》无明确规定的,应适用《著作权法》、《专利法》、《商标法》以及《反不正当竞争法》等法律。在司法领域,从人民法院多年的司法实践看,法律的效力高于行政法规,但法律未作出明确规定,行政法规作出规定的,应当适用行政法规。据"后法优于前法,特别法优于普通法"的原则,凡与《特殊标志管理条例》发生冲突的情况,应以《奥林匹克标志保护条例》及《2010年上海世博会标志保护条例》为准。

2. 特殊标志权的内容体系

特殊标志权即应受法律保护的特殊标志权权利内容,是指特殊标志权利人对特殊标志所享有的占有、使用、收益等权利。

依据《特殊标志管理条例》,特殊标志的所有人对其特殊标志享有专有使用权、许可使用权以及禁止权。

(1)特殊标志专有使用权。所谓特殊标志的专有使用权,是指该特殊标志所有人享有的在其公益活动相关的广告、纪念品以及在国务院工商行政管理部门核准的商品或服务项目上使用该标志的权利。

《特殊标志管理条例》规定:"特殊标志的权利所有人是指经国务院批准举办的

---

[1] 张广良:《知识产权实务及案例探析》,法律出版社1999年版,第73页。

全国性和国际性的文化、体育、科学研究及其他社会公益活动的组织者或筹备者。”即权利人有权在法律规定的范围内自由使用,任何人不得非法干涉。不仅在公益性活动中和广告宣传中使用特殊标志,也可以在相关的商业活动中使用。只有特殊标志权利人享有专有特殊标志的权利,才能使权利人和这种全国性和国际性的文化、体育、科学研究及其他社会公益活动本身的人格性标志得以保护,人格尊严受到尊重,才能使此类社会公益活动发扬光大、蓬勃发展而免遭他人欺世盗名。同时,特殊标志专有权主体也可积极地使用特殊标志,例如,将特殊标志中的文字或图案注册成为商用标志,授权他人使用以期待实现特殊标志中的潜在商业价值,并且这种标志注册权也只能归特殊标志权人专用。特殊标志专有使用权是特殊标志权的基础性权利,是其他特殊标志权产生的前提。

(2)特殊标志许可使用权。所谓许可使用权,是指特殊标志所有人享有的与他人签订书面使用合同,许可他人在国务院工商行政管理部门核准的商品或服务项目上使用该标志的权利。值得注意的是,特殊标志的许可使用是一种要式的法律行为,特殊标志的所有人与使用人之间必须签订书面使用合同,并且特殊标志的使用人应当自该合同签订之日起1个月内,将合同副本报国务院工商行政管理部门备案,并报使用人所在地县级以上人民政府工商行政管理部门存查。否则,特殊标志的所有人或使用人将受到工商部门的处罚。

特殊标志许可使用权是其特殊标志权的一项重要权能,是特殊标志权利人实现其人格标志中的经济利益内涵的主要途径,是通过权利主体与他人签订授权许可使用合同,赋予他人一定限度内使用特殊标志的权利,同时使特殊标志所有人获取经济报酬作为举办此类公益活动的经费。在奥运会市场开发中,赞助人可以被分为不同的几类,包括但不限于全球合作伙伴、合作伙伴、赞助商、独家供应商、供应商、特许经营企业……各种赞助人因与奥组委达成的协议不同而具有不同的赞助身份,对奥标享有不同的使用权限和期限。以2008年北京奥运会市场开发计划为例,其中有:“奥林匹克伙伴计划是国际奥委会的全球赞助伙伴计划,每4年为一个周期,加入这个计划的企业获得奥林匹克最高等级赞助商的称谓——奥林匹克全球合作伙伴,不仅得到了全球范围内使用奥林匹克知识产权、市场营销的权利以及其他相关权益,还得到了指定产品和服务类别的排他权。……北京奥运会赞助商计划将赞助商又分为2个级别,即合作伙伴和赞助商,它们均享有规定产品(服务)类别的奥林匹克市场营销排他权,……市场营销期为4年左右。北京奥运会供应商计划同样分2类,即独家供应商和供应商。前者享有规定产品(服务)类别的奥林匹克市场营销排他权,同一或相似类别产品(服务)2家以上的供应商共享规定产品(服务)类别的奥林匹克市场营销排他权,……供应商的市场营销期为3年左右。2008年北京奥运会特许计划的内容是,由北京奥组委授权企业生产、制造、销售带有北京奥运会标志、吉祥物和中国奥委会商用标志的产品。特许企业不享有赞助商和供应商的权益,不能进行使用奥林匹克标志的市场营销活动。”❶可见特殊标志许可使用权是一种真正被特殊标志权利人所掌握控制的权利,依据此权利,权利人可以自主决定授权哪些人使用特殊标志、以何种方式使用、使用特殊标志的期限等,而不受他人干涉或侵犯。

(3)特殊标志禁止权。禁止权是指特殊标志权利人享有禁止他人使用已注册的特殊标志的权利。特殊标志权利人有权禁止他人未经许可,在商业性经营活动中擅自以各种方式使用特殊标志。在排他性、独占性的使用上,特殊标志权与所有权的性质是一致的,但由于二者的对象不同又有很大区别。“作为所有权对象的动产或不动产通常是特定的物质实体,对它的实际控制的本身就是具有排他性的,权利人在行使占有和使用时,他人就无法占有使用。侵犯所有权往往表现为对所有权标的的窃取、损坏等”。❷ 而特殊标志权是无形的人格利益,其主体无法实现对其的实际占有,在特殊标志权利人使用或授权他人使用特殊标志时,第三人完全有可能在事实上同时使用特殊标志。侵犯特殊标志的行为不在于侵权人损坏或窃取作为有体财产的使用,而在于未经允许使用。因此法律赋予特殊标志权利人以禁止上述侵权行为的禁止权。

3. 侵犯特殊标志权的法律责任

对于侵犯特殊标志所应承担的法律责任,笔者将从五个方面进行介绍,即《特殊标志管理条例》、《著作权法》、《专利法》、《商标法》和《反不正当竞争法》。

依据《特殊标志管理条例》,若行为人擅自使用与所有人的特殊标志相同或近似的文字、图形或者组合,或者未经特殊标志所有人许可,擅自制作、销售其特殊标志或者将该特殊标志用于商业活动,其便侵犯了特殊标志专用权。在此情况下,特殊标志所有人或使用人可采用行政救济或司法救济形式来维护自己的权利,即在其发现侵犯特殊标志专用权的行为发生时,可以向侵权人所在地或侵权行为发生地县级以上工商行政管理部门投诉,也可以向侵权人所在地或侵权行为地的人民法院起诉。

依据《著作权法》,若该特殊标志是其所有人自己创作的作品,或该特殊标志虽是委托创作的作品,但合同约定该作品的著作权归委托人的,那么,该特殊标志的所有人亦是该特殊标志作品的著作权人,对该作品享有《著作权法》规定的一切的

❶ 北京奥组委:“2008北京奥运会市场开发计划简介”,http://www.beijing-2008.org/32/42/article211614232.shtml.

❷ 刘春田:《知识产权法》,高等教育出版社2000年版,第212页。

人身权利和财产权利，包括发表权、署名权、修改权、保护作品完整权、使用权和获得报酬权等。如果该特殊标志作品的上述权利受到侵害，其著作权人可向著作权行政管理部门投诉，或向人民法院起诉。若侵权成立，侵权人将承担《著作权法》第45条或第46条所规定的法律责任。

依据《专利法》，该特殊标志的外观设计专利权人，即该特殊标志的所有人，享有制造及销售该外观设计专利产品的专有权利，任何单位或个人在未经其许可的情况下，不得为生产、经营的目的，制造、销售该产品，否则构成专利侵权。专利权人的救济方法亦有两种，即向专利行政管理机关投诉或向人民法院起诉。

依据《商标法》，该特殊标志的商标权人在核定使用的商品或服务上享有商标专用权，任何单位或个人在未经商标权人许可的情况下，不得在同一种商品或者近似的商品上使用与该注册商标（该特殊标志）相同或近似的商标，否则构成商标侵权。侵权发生的情况下，权利人可向工商部门投诉或向人民法院起诉。

依据《反不正当竞争法》，该特殊标志的所有权人享有制止不正当竞争的权利，即禁止他人以营利为目的、不正当地使用该特殊标志。当此种权利受到侵犯时，权利人可采取前述相同的救济方式。

二、我国现行特殊标志保护立法存在的问题

我国已经具有了一些关于特殊标志保护的法律规定，对特殊标志的保护也发挥着一定的作用，但就特殊标志保护的需求及国际义务来说，我国特殊标志保护制度尚存在以下问题。

（一）现有法律不能完全涵盖全部特殊标志

一方面，对于不属于商标、特殊标志、著作、专利的特殊标志的内容的保护，缺乏法律依据。奥运会及简短的奥林匹克作品虽符合作品的必要条件，但著作权法尚没有明确承认。部分奥林匹克作品因其历史悠久，超过了著作权法规定的有效期而得不到著作权法的保护。奥林匹克商标因其过于驰名，商标法不能给予充分的保护。《奥林匹克宪章》规定，其他国家奥委会的名称、徽记、会歌，非经我国奥委会同意并取得报酬不得在我国用于广告等营利目的，我国法律还没有明确规定。我国不是判例法国家，法官不能创制法律，立法上的欠缺不仅使奥林匹克知识产权保护不力，而且会极大地增加法律保护的成本。

另一方面，政府严令查禁的“隐性市场”恰恰集中在这一“法律缝隙”地带。目前，国内冠以“奥运会”“奥运”“奥林匹克”“北京2008”等名义的促销、展览、收费研讨会等活动与日俱增，国际奥委会也已就此作出了强烈反对。但由于在管理上基本无法可依，加之这些活动的举办者中很多是党政机关及其所属机构，故很难从根本上

加以整治。许多企业有意利用公益广告和社会活动制造“隐性市场”,如发布“××企业祝奥运会圆满成功”之类的广告,或举办“迎奥运优惠酬宾”等活动。目前,我国广告法并不调整公益广告，对社会活动中的上述侵权现象更无明确禁止和处罚的执法依据。

(二)我国现有法律法规有些规定不合理

根据《特殊标志管理条例》,口号、会歌都不属于《特殊标志管理条例》保护的范围。这种情况对特殊标志的保护将是非常不利的,因为口号和会歌的出现在全国性和国际性的文化、体育、科学研究及其他社会公益活动的举办举行中已经成为惯例,且如果严格依照该条例,奥林匹克知识产权的许多内容并非因我国国务院批准开展或参加的国际体育活动而产生,故在一定程度上存在法律适用上的盲区。[1]另外在特殊标志权利的取得方面,除规定通过备案、公告等快捷程序外,还应当在权利的原始取得方面按照知识产权的取得方式加以规定,因为在当前相关国际性、全国性的社会公益活动所发起的相应会歌、会徽、会旗等的征集规则中,缺少关于作品的权利归属的约定,这显然不符合权利取得的法定要件。

(三)相关部门对于特殊标志保护的宣传和管理不到位

有些机关、团体、企业在宣传中随意对标志、口号等特殊标志进行直接或者变相使用,如一些地方政府为了在宣传奥运会的同时宣传自身形象,擅自在“新北京、新奥运”的后面加上“新××(地方)”,也属违规行为。相当多的地方存在模糊认识,如认为奥林匹克五环可以作为所有体育场所和体育组织的通用标志并广泛使用。在特殊标志保护的内容上,应当明确以商业目的使用的准确内涵,以防止一些看似非商业目的使用,但使用的方式是不利和损害特殊标志的正当使用。[2]

(四)既有的保护手段有滞后性

在我国,法院等司法机关中立者的角色定位,决定其与特殊标志保护的客观要求是不相符的。在侵权损害发生前,法院不能主动采取任何措施制止侵权行为;侵权损害发生后，法院仍不能主动裁判，这与特殊标志及其他相关知识产权保护迅捷、高效的要求非常不相称。

(五)立法层次偏低

《特殊标志管理条例》、《北京市奥林匹克知识产权的保护规定》虽对奥林匹克知识产权作了规定,但它们还不是严格意义上的法律。奥林匹克知识产权是民事权利,根据立法的规定,必须由全国人大或其常委会制定法律予以保护。

---

[1] 第29届奥林匹克运动会组织委员会:《〈奥林匹克标志保护条例〉释义及实用指南》，中国民主法制出版社2002年版,第215~216页。

[2] 王素娟:“特殊标志的登记、使用和法律保护”,载《电子知识产权》2001年第10期。

(六)国际奥委会不主张权利人通过诉讼渠道来维护奥林匹克知识产权

因为许多奥林匹克知识产权本身的使用周期很短(如奥运会的会徽、吉祥物),过长的诉讼周期和过多的诉讼负担不仅起不到应有的保护效果,往往还会给奥运会和奥林匹克运动造成不利影响。为此,国际奥委会特别要求奥运会主办城市所在国家的政府,对奥林匹克知识产权进行专门和全面的有效保护,使奥运会的组织机构能集中精力做好奥运会筹办和组织管理。为初步兑现申办2008年奥运会时所作承诺,北京市人民政府制定了《北京市奥林匹克知识产权保护规定》并于2001年11月1日起施行。这一规定得到了国际奥委会的充分肯定。在《北京市奥林匹克知识产权保护规定》的起草过程中,以召开会议的形式正式征求了工商行政管理总局、体育总局、国家知识产权局、版权局和北京市有关部门的意见。该规定实行后,据此制止了一些违规举办的社会活动和发布的广告,取得了初步成效,但其在立法效力等级、适用范围等方面也存在显而易见的局限性。从调整地域看,知识产权保护本身不应针对一时一地一事,况且上海、天津、青岛、沈阳、秦皇岛等地还要分担北京奥运会的部分比赛任务。因此,在全国范围内保护奥林匹克知识产权更为重要。❶

(七)特殊标志权法律救济规定不完整

《特殊标志管理条例》仅仅简单列出了侵犯特殊标志专用权的一些行为,即"擅自使用与所有人的特殊标志相同或者近似的文字、图形或者其组合的,如未经所有人同意将奥林匹克标志、世博会名称印刷在自己商品的广告宣传资料上;未经特殊标志所有人许可,擅自制造、销售其特殊标志或者将其特殊标志用于商业活动的,如在自己的商品销售活动中擅自使用'2008年北京奥运会推荐产品'字样,有给特殊标志所有人造成经济损失的其他行为的。此类行为可能涉及为侵权人实施侵权行为提供场所等便利条件的间接侵权行为,或毁坏、污损公众场所的特殊标志",这种简单表述,难以涵盖侵犯特殊标志专用权的所有行为。

相比之下,《北京市奥林匹克知识产权保护规定》关于这方面的规定就要详细得多,其中第8条规定以下行为为侵犯奥林匹克知识产权的行为:"(一)未经授权,在生产、经营、广告、宣传、表演和其他活动中使用相同或者相似的商标、特殊标志、专利、作品和其他制作成果;(二)伪造、擅自制造相同或者近似商标标识、特殊标志或者销售伪造、擅自制造的商标标识、特殊标志;(三)变相利用相同或者近似的商标、特殊标志、专利、作品和其他创造成果;(四)未经授权,在企业、社会团体、事业单位、民事非企业单位登记注册的网站、域名、地名、建筑物、构筑物、场所等名称中

❶ 第29届奥林匹克运动会组织委员会:《〈奥林匹克标志保护条例〉释义及实用指南》,中国民主法制出版社2002年版,第217页。

使用相同或者近似的商标、特殊标志、专利、作品和其他创作成果；(五)为侵权行为提供场所、仓储、运输、邮寄、隐匿等便利条件；(六)违反国家有关法律、法规规定的其他侵权行为。”

三、我国特殊标志保护立法的完善

(一)完善特殊标志保护的必要性

特殊标志的保护不但涉及特殊标志权利人的利益，而且直接影响到我国的国际形象和声誉。中国驻国际展览局代表、上海世博局副局长周汉民教授曾经说过，如果2010年的中国上海世博会举办时，仍然是仿冒猖獗、盗版盛行的话，谁还敢把最先进的发明创造带到这片“仿冒者的天堂”、“侵权者的乐园”来呢？7月13日，是一个我们非常熟悉的日子，2001年的这一天，中国北京赢得2008年奥林匹克运动会的举办权，北京市工商管理局朝阳分局商标科在朝阳区崔各庄乡查获一起侵犯奥林匹克标志的案件，现场查获未经授权而使用奥林匹克标志的“奥运财富”纪念册(含火花、纪念册、邮品等)假冒产品约2 000余箱，初步估计涉案金额达500万元。[1]无独有偶，就在同一天，上海市第二中级人民法院开庭审理了上海世博会事务协调局诉上海弘辉房地产开发公司侵犯上海世博会特殊标志案件。据报道，原告上海世博会事务协调局在法庭上诉称，被告弘辉房地产开发公司在其开发的房地产销售与宣传活动中，蓄意搭“上海世博会”的便车，将楼盘故意命名为“士博汇·弘辉名苑”，并宣称这是“世博之都，都会之心”，甚至还在广告中引上英文“Better City Better Life No.1”的宣传词。[2]

中国是现代奥运会进入商业运作机制后第一个主办奥运会的社会主义国家。尽管中国实际上为保护知识产权作出了很大努力并取得了有目共睹的成效，但国际上仍有少数人就此对中国持有种种猜疑和异议。奥运会是重大国际活动，如果保护奥林匹克知识产权不力，很容易使人对中国履行国际义务的诚意和能力产生怀疑，进而有损于中国加入世界贸易组织后的国际形象。

据国际奥委会和北京奥运会组委会的工作安排，2008年奥运会的会徽、吉祥物于2002年着手组织设计。中国是小商品特别是纪念品的重要生产、加工基地，据悉，近年奥运会的特许纪念品多在中国大陆加工，加工者中不乏乡镇企业、私营企业。因此，如不采取有效的法律措施，2008年奥运会的会徽、吉祥物面世后，侵权行为将可能失控。与以往国内自行组织的重大体育活动不同，奥运会是属于国际奥委会的

---

[1] 陈抒怡：“商家乱标‘五环’涉嫌侵权，奥运快车不能随便搭”，http://finance.cttstar.com/news/41/2004-08-18/20040818-96667-41.shtml.

[2] 盛骏、杨金志：“世博会遭遇‘士博汇’上海世博局状告房产商”，载《人民日报(海外版)》2004年7月19日，第11版。

资源，国际奥委会也全面、深入地参与奥运会的组织管理。奥运会主办城市通过举办奥运会取得的收益，主要来自国际奥委会对奥运会的直接经营，如国际奥委会商业合作伙伴的赞助、电视转播权的出售等。因此，在保护奥林匹克知识产权的问题上，奥运会主办城市及其所在国家同国际奥委会是利益共同体。很难想像，一届因保护奥林匹克知识产权不力而伤害国际奥委会及其赞助商利益的奥运会，能成为最好的奥运会吗？

同样的，对世博会标志的知识产权能否进行有效的保护，关系到上海世博会的市场运作和资金筹措工作能否顺利进行，关系到上海世博会能否成功举办，甚至关系到我国政府的形象和声誉。世博会特殊标志如同奥林匹克特殊标志一样，可以说是特殊标志中的特殊标志，所以，对奥林匹克标志与世博会标志的保护是一种更为特殊的知识产权保护。

《世界博览会标志保护条例》就世博会标志专有权的权利客体、主体、内容和权利限制以及侵犯世博会标志专有权的法律责任等问题作出了具体的规定。中国特殊标志知识产权保护也应当借船出海，充分借鉴奥运会和世博会的保护模式，尽快进行相关立法。中国2008年北京奥运会与2010年上海世博会都是举世瞩目与举国欢呼的盛举，特殊标志的知识产权保护更牵动着我国的国家利益与企业利益，联系着市场氛围与公序良俗。所以，应当借鉴奥林匹克标志和世博会标志知识产权保护的模式与经验，在国际知识产权保护既成架构之下合理制定中国特殊标志知识产权保护法规。

(二)特殊标志保护的立法模式

目前国际上对特殊标志的保护的最主要的条约是缔结于1981年的《保护奥林匹克标志的内罗毕条约》❶。该条约规定所有缔约方均必须保护奥林匹克标志，以防止奥林匹克标志在未经国际奥林匹克委员会许可的情况下被用于商业目的。截至2005年12月31日，《保护奥林匹克标志的内罗毕条约》缔约方总数为44个。❷按照规定，以下组织的成员国均可加入该公约：世界知识产权组织、巴黎联盟、联合国及其专门机构。批准书、接收书及加入书必须交世界知识产权组织总干事保存。该公约规定，所有公约成员国负有保护奥林匹克五环标志的义务，未经国际奥委会的许可，不得出于商业目的在广告、商品上使用该标志，或将该标志用作商标或作其他用途的使用。

---

❶ 即Nairobi Treaty on the Protection of the Olympic symbol.

❷ 中华人民共和国国家知识产权局："2005年WIPO管理的知识产权条约新缔约方"，http://www.sipo.gov.cn/sipo/ywdt/gyzscqxx/t20060303_65636.htm.

《保护奥林匹克标志内罗毕条约》主要涉及奥林匹克五环标志的国际保护，目前我国不是缔约国。由于国际奥委会是非政府间国际组织，《奥林匹克宪章》不是国际条约。所以，《保护奥林匹克标志内罗毕条约》和《奥林匹克宪章》都不能直接成为我国的法律渊源。采取立法措施保护奥林匹克知识产权，是国际奥委会近年来提出的要求。据了解，为保证2000年奥运会顺利进行，根据国际奥委会的要求，澳大利亚颁布了保护奥林匹克知识产权的法律。澳大利亚现已出台《奥林匹克徽记保护法》并进行了多次修正。美国、英国、希腊等国都为保护奥林匹克知识产权进行了国家立法活动。从国外立法的调整重点看，主要是以立法形式对奥林匹克知识产权加以保护。如澳大利亚立法中直接援引了国际奥委会开列的建议清单，将“2000”“绿色”“千禧之队”等足以令人联想到悉尼奥运会的数字、词汇都予以保护。❶ 同时国外立法也针对国际奥委会的要求进行了一些变通处理，如英联邦国家将国际奥委会标志作为免于登记注册的无限期版权进行保护。为保护奥林匹克等特殊标志的知识产权而制定和实施国家法令，全世界也仅英国、美国、澳大利亚、希腊4个国家实行过，但成效相当喜人。

基于上述分析，笔者认为，对特殊标志知识产权进行有效保护的立法模式，应当借鉴澳大利亚专门立法的做法，制定中华人民共和国特殊标志法。这在立法层次上可以解决目前我国特殊标志保护立法层次低的弊端；在法律体系上，可以消除目前立法混乱，缺乏主导性、专门性立法的局面；在对特殊标志知识产权进行保护方面，可以根据特殊标志的特点规定具体的保护手段和途径，加大保护力度。

（三）完善特殊标志保护的具体方式

特殊标志的知识产权保护近期目标是修改《特殊标志管理条例》，远期目标是制定《特殊标志法》，与我国参加的国际条约共同组成保护特殊标志的法律体系。

在立法修补过程中，要坚持补充、快捷及全面原则。❷ 补充即对特殊标志无法被知识产权法律和现有的《特殊标志管理条例》所包容的内容加以规定，例如对特殊标志的范围加以明确规定。快捷，指类似于奥林匹克标志和世博会标志的特殊标志取得专有权的法定程序应当以快捷为主，因为对于奥林匹克、世博会特殊标志，应当是通过许可或授权使用而带来巨大的价值，而经过复杂的法定程序无疑会延误这种使用。全面，主要是针对奥林匹克、世博会特殊标志的内容要力求全面，尤其是在权利主体、客体、使用及法律责任承担等方面要结合特殊标志的实际

---

❶ 第29届奥林匹克运动会组织委员会：《〈奥林匹克标志保护条例〉释义及实用指南》，中国民主法制出版社2002年版，第219~220页。

❷ 赵莉：“世博会特殊标志保护的相关法律问题”，载《EXPO2010 关注世博》2001年第4期。

加以规定。在特殊标志保护的内容上，应当明确以商业目的使用的准确内涵。

“徒法不足以自行”。随着我国关于特殊标志保护的相关立法的健全，行政执法在全方位保护特殊标志上具有十分重要的作用。我国对知识产权的保护采取行政执法保护和司法保护并用的方法，这被人们形象的称为“双轨制”保护模式。行政保护能够更好地适应快捷的要求，有效保护特殊标志的知识产权。

知识产权行政措施应包括各级知识产权行政管理机关、海关(有时也称为检查机关)等行政机关的执法。

依照我国知识产权法的规定，知识产权行政管理机关被赋予一定的行政执法权，这些行政管理机关主要是指各级版权局、专利管理工作部门、工商行政管理机关。经过长期的知识产权行政保护实践，知识产权行政管理机关在处理知识产权纠纷中形成了自己独特的方式，并不断提高知识产权行政保护水平，使知识产权纠纷案件的查处质量得到了提高，受到了知识产权权利人及有关案件当事人的普遍认同。[1]从全国来讲，各地知识产权行政管理机关处理知识产权纠纷案件，普遍具有较高的办案质量，其对知识产权纠纷的处理，得到了广大权利人和当事人的认可。

海关边境措施也是知识产权行政执法的一个组成部分。知识产权海关保护，在《知识产权协定》中被称为“边境措施”，是指海关根据国家法律法规的授权，采取的旨在阻止侵犯知识产权的货物进境或者出境的措施。鉴于知识产权海关保护属于行政执法性质，所以又称之为“知识产权边境执法”。海关是国家进出境的监督管理机关，有能力对进出口货物实施有效的控制，在防止和制止侵权货物进出境方面可以发挥重要作用。各国大都先后颁布了有关禁止侵权货物进出境的法律法规，特别是关税及贸易总协定的乌拉圭回合达成《知识产权协定》后，世界各国和地区都先后对其法律、法规进行了补充和修订，赋予海关采取措施、制止侵犯知识产权货物进出境方面的职权。

总体而言，经过20余年的建设，中国已经建立起比较完善的知识产权法律体系，从而为奥运事业，特别是2008年奥运盛会以及2010年世博会等国际性、国家性的盛会保驾护航提供了坚实的基础。应该强调，所有的知识产权人，在法律面前都享有平等的地位，特殊标志知识产权人也不例外。通过特别法规来强化对特殊标志的保护，这种模式在世界范围内并不多见。如何协调专门立法与一般法律的相互作用，如何评价特别法对整个制度的影响，仍有待于进一步审慎地观察和研究。

---

[1] 王晔：“知识产权行政保护刍议”，见《北大知识产权评论(第1卷)》，法律出版社2002年版，第195页。

附:特殊标志法(建议稿)

第一章　总　　则

第一条　为了加强对特殊标志的保护,推动文化、体育、科学研究及其他社会公益活动的发展,保护特殊标志所有人、使用人和消费者的合法权益,制定本法。

[立法理由]本条系本法之立法目的。

第二条　本法所称特殊标志，是指经国务院批准举办的全国性和国际性的文化、体育、科学研究及其他社会公益活动所使用的,由文字、图形、颜色、数字组成的名称及缩写、图形、会徽、会旗、吉祥物、专门用语、会歌、主题词、口号或其他形式的标志。

[立法理由]特殊标志系识别性标志,为了与我国商标法、《知识产权协定》相协调,应当将特殊标志的外延延及"文字、图形、颜色、数字组成的名称及缩写、图形";会徽、会旗、吉祥物、专门用语、会歌、主题词、口号或其他形式的标志,也都具有供人们对国务院批准举办的,全国性和国际性的文化、体育、科学研究及其他社会公益活动进行识别、宣传的显著特征，而且作为一种兜底性保护的特殊标志保护规范,似乎更应该将这些纳入保护的范围。

第三条　本法所称特殊标志应当由国务院工商行政管理部门核准登记。经国务院工商行政管理部门核准登记的特殊标志,受本法保护。

[立法理由]本条明确的是特殊标志的登记管理机关,为了与我国商标法、反不正当竞争法相协调,故规定国务院工商行政管理部门为特殊标志登记管理机关。

第四条　含有下列内容的文字、图形组成的特殊标志,不予登记:

(一)有损于国家或者国际组织的尊严或者形象的;

(二)有害于社会善良习俗和公共秩序的;

(三)带有民族歧视性,不利于民族团结的;

(四)缺乏显著性,不便于识别的;

(五)法律、行政法规禁止的其他内容。

[立法理由]本条是关于特殊标志登记的消极条件,借鉴了我国《特殊标志管理条例》相关条款的规定。

第五条　特殊标志权利人使用或者许可他人使用特殊标志所募集的资金,必须用于特殊标志所服务的社会公益事业,并接受国务院财政部门、审计部门的监督。

第二章　特殊标志的登记

第六条　举办社会公益活动的组织者或者筹备者对其使用的特定名称及缩

写、会徽、会旗、吉祥物、专门用语、会歌、主题词、口号或其他形式的标志等，需要保护的，应当向国务院工商行政管理部门提出登记申请。登记申请可以直接办理，也可以委托他人代理。

[立法理由]本条是关于特殊标志登记管理原则的规定，即采取自愿登记原则。

第七条 申请特殊标志登记，应当填写特殊标志登记申请书并提交下列文件：

(一)国务院批准举办该社会公益活动的文件；

(二)准许他人使用特殊标志的条件及管理办法；

(三)特殊标志图样五份，黑白墨稿一份。图样应当清晰，便于粘贴，用光洁耐用的纸张印制或者用照片代替，长和宽不大于十厘米、不小于五厘米；

(四)委托他人代理的，应当附代理人委托书，注明委托事项和权限；

(五)国务院工商行政管理部门认为应当提交的其他文件。

第八条 国务院工商行政管理部门收到申请后，按照以下规定处理：

(一)符合本法有关规定，申请文件齐备无误的，自收到申请之日起十五日内，发给特殊标志登记申请受理通知书，并在发出通知之日起两个月内，将特殊标志有关事项、图样和核准使用的商品和服务项目，在特殊标志登记簿上登记，发给特殊标志登记证书。

特殊标志经核准登记后，由国务院工商行政管理部门公告。

(二)申请文件不齐备或者有误的，自收到申请之日起十日内发给特殊标志登记申请补正通知书，并限其自收到通知之日起十五日内予以补正；期满不补正或者补正仍不符合规定的，发给特殊标志登记申请不予受理通知书。

(三)违反本法第四条规定的，自收到申请之日起十五日内发给特殊标志登记申请驳回通知书。申请人对驳回通知不服的，可以自收到驳回通知之日起十五日内，向国务院工商行政管理部门申请复议。

前款所列各类通知书，由国务院工商行政管理部门送达申请人或者其代理人。因故不能直接送交的，以国务院工商行政管理部门公告或者邮寄之日起的二十日为送达日期。

[立法理由]第7～8条是关于特殊标志登记申请、受理的程序性规定，其具体内容充分借鉴了我国《特殊标志管理条例》的有关规定。

第九条 特殊标志有效期为四年。自核准登记日起计算。特殊标志所有人可以在有效期满三个月内提出延期申请，延长的期限由国务院工商行政管理部门根据实际情况和需要决定。特殊标志所有人变更地址，应当自变更之日起一个月内报国务院工商行政管理部门备案。

[立法理由]本条是关于特殊标志保护期及其延长的程序性规定。特殊标志保

护期确定为4年,并且规定了延期申请,充分考虑了多数特殊标志所具有的影响力以及商品化的可能性。

第十条 已获准登记的特殊标志有下列情形之一的，任何单位和个人可以在特殊标志公告刊登之日至其有效期满的期间，向国务院工商行政管理部门申明理由并提供相应证据,请求宣告特殊标志登记无效:

(一)同已在先申请的特殊标志相同或者近似的;

(二)同已在先申请注册的商标或者已获得注册的商标相同或者近似的;

(三)同已在先申请外观设计专利或者已依法取得专利权的外观设计专利相同或者近似的;

(四)侵犯他人著作权的。

第十一条 国务院工商行政管理部门自收到特殊标志登记无效申请之日起十日内,通知被申请人并限其自收到通知之日起十五日内作出答辩。

被申请人拒绝答辩或者无正当理由超过答辩期限的,视为放弃答辩的权利。

第十二条 国务院工商行政管理部门自收到特殊标志登记无效申请之日起三个月内作出裁定,并通知当事人;当事人对裁定不服的,可以自收到通知之日起十五日内,向国务院工商行政管理部门申请复议。

[立法理由] 第10～12条是关于已经登记的特殊标志宣告无效的程序性规定，在程序设计上充分借鉴了我国已经成熟了的商标法的规定，同时也考虑到了与我国《特殊标志管理条例》的衔接。

第三章 特殊标志的使用与保护

第十三条 特殊标志所有人可以在与其公益活动相关的广告、纪念品及其他物品上使用该标志，并许可他人在国务院工商行政管理部门核准使用该标志的商品或者服务项目上使用。

第十四条 特殊标志的使用人应当是依法成立的企业、事业单位、社会团体、个体工商户。

特殊标志使用人应当同所有人签订书面使用合同。

特殊标志使用人应当自合同签订之日起一个月内，将合同副本报国务院工商行政管理部门备案,并报使用人所在地县级以上人民政府工商行政管理部门存查。

[立法理由]第13～14条是关于规范特殊标志的使用和许可使用的条款,基本保留了我国《特殊标志管理条例》的相关规定。

第十五条 未经特殊标志权利人许可,任何人不得为商业目的(含潜在商业目的,下同)使用他人的特殊标志。

本法所称为商业目的使用,是指以营利为目的,以下列方式使用他人特殊标志:

（一）将他人特殊标志用于商品、商品包装或者容器以及商品交易文书上；

（二）将他人特殊标志用于服务业中；

（三）将他人特殊标志用于广告宣传、商业展览、营业性演出以及其他商业活动中；

（四）销售、进口、出口含有他人特殊标志的商品；

（五）制造或者销售他人特殊标志；

（六）将他人特殊标志作为字号申请企业名称登记，可能造成市场误认、混淆的；

（七）可能使他人认为行为人与权利人之间存在许可使用关系而使用他人特殊标志的其他行为。

[立法理由]本条规定的是侵犯特殊标志权的行为表现。

第十六条 未经特殊标志权利人许可，为商业目的擅自使用他人特殊标志引起纠纷的，由当事人协商解决；不愿协商或者协商不成的，特殊标志权利人或者利害关系人可以依法向人民法院提起诉讼，也可以请求工商行政管理部门处理。

应当事人的请求，工商行政管理部门可以就侵犯世界博览会标志专有权的赔偿数额进行调解；调解不成的，当事人可以依法向人民法院提起诉讼。

[立法理由]本条规定的是特殊标志权的保护途径。与我国现行商标法、专利法等知识产权法相衔接，对特殊标志采取的是行政保护与司法保护“双轨制”的体制。

第十七条 国务院工商行政管理部门依照本法的规定，负责全国的特殊标志保护工作。县级以上地方工商行政管理部门依照本法的规定，负责本行政区域内的特殊标志保护工作。

工商行政管理部门根据已经取得的违法嫌疑证据或者举报查处涉嫌侵犯特殊标志权的行为时，可以行使下列职权：

（一）询问有关当事人，调查与侵犯特殊标志权有关的情况；

（二）查阅、复制与侵权活动有关的合同、发票、账簿以及其他有关资料；

（三）对当事人涉嫌侵犯特殊标志权活动的场所实施现场检查；

（四）检查与侵权活动有关的物品；对有证据证明侵犯特殊标志权的物品，予以查封或者扣押。

工商行政管理部门依法行使前款规定的职权时，当事人应当予以协助、配合，不得拒绝、阻挠。

[立法理由]本条是关于特殊标志行政管理和保护主体及其职权的规定。

第十八条 任何单位或者个人可以向工商行政管理部门或有关行政管理部门举报违反本法规定的使用特殊标志的行为。

第十九条　工商行政管理部门处理侵犯特殊标志权行为时，认定侵权行为成立的，责令立即停止侵权行为，没收、销毁侵权商品和专门用于制造侵权商品或者为商业目的擅自制造特殊标志的工具，有违法所得的，没收违法所得，可以并处违法所得五倍以下的罚款；没有违法所得的，可以并处五万元以下的罚款。

利用特殊标志进行诈骗等活动，构成犯罪的，依法追究刑事责任。

第二十条　侵犯特殊标志权的货物禁止进出口。特殊标志权海关保护的程序适用《中华人民共和国知识产权海关保护条例》的规定。

第二十一条　侵犯特殊标志权的赔偿数额，按照权利人因被侵权所受到的损失或者侵权人因侵权所获得的利益确定，包括为制止侵权行为所支付的合理开支；被侵权人的损失或者侵权人获得的利益难以确定的，参照该特殊标志许可使用费合理确定。

销售不知道是侵犯特殊标志权的商品，能证明该商品是自己合法取得并说明提供者的，不承担赔偿责任。

[立法理由]第19～20条具体规定侵犯特殊标志权行为的行政责任，第21条具体规定侵犯特殊标志权行为的民事赔偿责任。民事赔偿额的确定，借鉴了我国商标法的有关规定。

第四章　附　　则

第二十二条　申请特殊标志登记有关文书格式，特殊标志申请费、公告费、登记费的收费标准，由国务院另行制定。

第二十三条　特殊标志除依照本法受到保护外，还可以依照《中华人民共和国著作权法》、《中华人民共和国商标法》、《中华人民共和国专利法》、《中华人民共和国反不正当竞争法》等法律的规定获得保护。

[立法理由] 考虑到特殊标志本身可以构成著作权法意义上的平面或立体作品，也可以构成专利法意义上的工业品外观设计，其显著性决定其还可成为商标或其他商品标示，所以特殊标志的法律保护，应当是多维立体的。

第二十四条　本法自发布之日起施行。

13

第十三章

传统知识保护制度的完善

当前,传统知识的保护已引起国际社会的关注,相当多的国家已通过立法来对传统知识进行保护。我国作为一个传统知识大国,理应重视传统知识的保护问题。为此,笔者将结合国际上传统知识保护的潮流,对此予以探讨,并寻求完善我国传统知识保护的制度。

一、传统知识的概念与特征

从严格意义上来看,传统知识是传统部族在千百年来的生产生活实践中创造出来的知识、技术、诀窍和经验的总和,❶是一群与自然紧密相连的人即传统部族世世代代积累创造的有自己分类体系的知识体系,是观察、适应当地环境以及资源利用和自我管理的经验体系。❷笔者认为,传统知识的实质要素涉及传统知识的思想内容及其体现物、附着物,如动植物医疗运用等技术方案以及体现这些技术方案的生物物种资源和传统知识在传承和利用过程中衍生的商业声誉等"无形财产利益"及其体现物,如有关传统名称、传统标志、传统符号等。传统知识具有如下法律特征。

(一)从权利主体上看,传统知识具有群体性

从总体上看,传统知识的形成及其发展不是靠单个社会成员的智能与灵感完成的,而是由其所在的群体,甚至是相关联的多个群体在长期的生产生活实践中共同完成的,是在群体经验的基础上形成的。从存续状态来看,传统知识其实是一种与相关群体的生产生活实践共生共存、边界不确定、持续更新的知识体系。与此同

❶ See The Secretariat of WIPO, Revised Version of Traditional Knowledge Policy and Legal Options, Intergovernmental Committee on Intellectual Property and Genetic Resources, Traditional Knowledge and Folklore, Sixth Session(Geneva, March 15 to 19, 2004), paragraph 58.

❷ See Graham Dutfield, TRIPs-Related Aspects of Traditional Knowledge, 33 Case W. Res. J. Int'l L. 233(Spring, 2001).

时，传统知识一般也不是基于某种技术上的分类而独立存在的知识类型，而是与相关群体的文化背景、宗教信仰、道德观念等相互关联、相辅相成，并由群体成员自然承袭的知识。为此，虽然某些传统知识能够通过有形的产品或者约定俗成的固定表达加以体现，但没有任何一个单个的成员得对其主张“创造者的权利”。❶传统知识产生年代久远，已经过了若干代人的传承，因而大多数传统知识的起源和原创者已很难追寻确证了。它们为若干传统部族或传统社区所共享。

(二)从权利客体的控制状态来看，传统知识具有某种公开性

总体上说，传统知识是特定群体通过代代相传共同开发、共同培育的成形或未成形的知识产品。在传统社区内，此类知识一般是共同掌握、共同拥有的，且大多与群体的生活自然相伴，没有刻意的和专门的保密制度或措施。当然，公开与公有并不等于每一个群体成员都能掌握和运用。某些传统知识可能需要专门的智能和技能方可加以运用，如传统医药知识、巫术与占卜知识等。即使是诸如编织、刺绣、剪纸这样相对简单的工艺，同样只有一部分群体成员才能掌握，亦即部分传统知识在社区内也仅限于部分人拥有❷。以现代知识产权法律制度的标准来衡量，传统知识既不等同于公有领域的公共性知识，又有别于由特定的个体或机构开发并掌握的私有私控知识。按照现代知识产权法，传统知识大多进入了公有领域，成为公共知识；按照有的国家的知识产权法，传统知识构成在先技术和在先知识。而现代知识除了受法律保护的公开外，一般都处于保密状态，从而构成一种私有私控的知识，经适当程序即可成为法律权利的客体，得到知识产权法的保护。

(三)从权利客体的经济利益来看，传统知识的财产价值尚未得到实现

因应现代社会商品经济的发展从而需要对知识生产和知识活动的产物进行产权界定和产权激励，欧美知识产权制度得以产生(从其产生至今尚只有500多年的历史)。知识产权制度于15世纪在西欧产生、嗣后在美国发展，与欧美商品经济相辅相成，相得益彰，各自在物质文明和制度文明建设中取得了良好的业绩，并从法律上保证了现代知识每一个知识单元商业价值和经济利益的良好变现。法律成为保护合理利益的工具。而在欧美之外，很多世界文明古国如中国、印度以及非洲、拉美的很多国家及其传统部族，历史悠久，文化灿烂。但长期以来，其与外部世界的交流很少，商品经济不发达。有的传统部族若干世纪以来与现代社会基本隔绝，缺乏最起码的交流，其知识生产和知识活动在自我封闭的局域内因应自身环境的变化周而复始地运行。直至新世纪前后伴随着经济全球化的大规模发展，才被卷入世界商

❶ 唐广良：“遗传资源、传统知识及民间文学艺术国际保护概述”，见郑成思主编：《知识产权文丛(第8卷)》，中国方正出版社2002年版，第54~57页。

❷ Srividhya Ragavan, Protection of Traditional Knowledge, 2 Minn. Intell. Prop. Rev. 1 (2001).

品经济的大潮之中，其商品经济和社会商品化程度才渐渐拓深拓广。而在其长期历史过程中创造的丰富的、数量庞大的知识产品，作为其文化产物和文化结晶，由于商品经济不发达，传统部族和传统社区对这些文化产物和文化结晶产权界定和产权激励的需求极为微弱。这导致知识产权制度未能在这些国家建构起来，因而其传统知识的商业价值和财产利益未能实现。

二、我国传统知识保护制度的现状及存在的问题

（一）现行知识产权制度的利用与我国传统知识的保护

对于现行知识产权制度与传统知识保护的关系，笔者认为，现行知识产权制度存在直接适用于传统知识确认与保护的制度空间，但这个空间是较为狭窄的。即是通过专利等原生性知识产权制度和商标、地理标志等衍生性知识产权制度对传统知识的消极原生性知识产权利益和积极衍生性知识产权利益给予确认与保护。就专利制度（以发明专利为例）而言，由于发明专利实用性、新颖性和创造性的要求与专利法规则与传统知识基本特征的矛盾，传统知识几乎不可能获得专利权，传统知识的积极原生性知识产权利益在现行专利法上不可能得到确认和保护。因此，把专利法作为确认与保护传统知识的基本制度选项是不恰当的。但是，专利法上存在确认与保护传统知识消极原生性知识产权利益的制度安排。这就是通过文献化把传统知识确定为专利法上、专利机构可以查询到的先前技术，从而排除任何他人就传统知识获得专利权的可能。可以说，这是现行专利法能够为传统知识提供的比较可能的确认与保护。就商标和地理标志等衍生性知识产权制度而言，只要把有关传统部族和传统社区确认为传统知识的群体性权利主体，由传统部族和传统社区享有体现传统知识的有关商业标志的专用性权利，即可确认和保护传统知识的积极衍生性知识产权利益。因此，现行知识产权法，大致能确认与保护传统知识上的消极原生性知识产权利益和积极衍生性知识产权利益。

在传统知识的消极原生性知识产权利益和积极衍生性知识产权利益确认与保护方面，我国现行知识产权法为其提供了法律依据。就传统知识的消极原生性知识产权利益的确认与保护而言，我国现行《专利法》确定的先前技术规则，可作为其法律依据。依照《专利法》第22条第2款关于新颖性的规定，本书意义上的我国传统知识、我国境外“发表公开”的传统知识，均构成我国专利法上的先前技术，任何人不能就其获得专利授权。但在我国“使用公开”的传统知识在美国专利法先前技术判定规则模式（以下简称为美国法模式）下，并不能被确认为先前技术；[1]即使在我国

---

[1] Naomi Roht-Arriaza, Of Seeds and Shaman: The Appropriation of the Scientific and Technological Knowledge of Indigenous and Local Communities, 17 Mich. J. Int'l L. 919(Summer, 1996).

"发表公开"的传统知识(如中国古代文献公开的传统中药配方等)也未必当然被美国专利审查与司法部门确认为先前技术。[1]因此,我国的传统知识存在在国外被授予专利权的制度风险,可能发生如印度香米(basmati)案、印楝(neem tree)案所面临的情形。因此,把我国传统知识书面化,建立我国传统知识数据库,并使之易于被专利机构检索,方能使其消极原生性知识产权利益得到较好的确认与保护。但把传统知识确定为先前技术,带来的一个重大后果是传统知识的积极原生性知识产权利益将被完全销蚀,从而使传统知识知识产权利益遭受重大损失。因此,在进行传统知识的文献化、数字化进而先前技术化时,要作出权利保留——不排除在传统知识上产生积极原生性知识产权如下文将予以讨论的传统知识特别权。

就传统知识的积极衍生性知识产权利益的确认与保护而言,我国存在着并行的商标法和特别法两种确认与保护机制。商标法机制以现行《商标法》、《集体商标、证明商标注册和管理办法》(国家工商行政管理局1994年公布、1998年修订)为法律依据。特别法以《地理标志产品确认与保护规定》(国家质检总局2005年发布)、《原产地标记管理规定》及其实施办法(原国家出入境检验检疫局2001年公布)为法律依据。商标法机制,即是通过注册地理标志证明商标或地理标志集体商标,使体现传统知识衍生方面的地理标志转化为商标法上的证明商标和集体商标,从而确认与保护凝聚在地理标志上的传统知识积极衍生性知识产权利益。截至2003年11月底,我国申请地理标志证明商标注册的有233件,核准注册的有100件。特别法机制,即是把特定地域内体现传统知识的产品向我国质检总局申报地理标志产品,以有关地理名称命名,使用地理标志产品专用标志,从而确认与保护凝聚在该地理名称上的传统知识积极衍生性知识产权利益。截止到2004年6月,我国共授予地理标志产品251个。[2]上述两种机制均可为传统知识的积极衍生性知识产权利益提供某种确认与保护,但二者在管理与受理上又存在一定的冲突。

综上,现行知识产权制度只能为传统知识的消极原生性知识产权利益和积极衍生性知识产权利益提供确认与保护,而无法惠及传统知识的积极原生性知识产权利益和消极衍生性知识产权利益。

(二)现行知识产权法律制度的变革与我国传统知识的保护

体现西方文化精神的现行知识产权制度无法为传统知识的积极原生性知识产权利益提供确认和保护。我国作为传统知识大国,应尝试对现行知识产权制度进行一定的变革以保护该利益。传统中药是我国最有代表性的传统知识,这种变革即从

---

[1] Srividhya Ragavan, Protection of Traditional Knowledge, 2 Minn. Intell. Prop. Rev. 1 (2001).

[2] 以上数据参见李顺德:"地理标志与商标协调发展战略",载《贵州师范大学学报(社会科学版)》2005年第1期。

中药传统知识的保护着手。❶ 在此，即以中药传统知识保护制度为例，讨论我国对现行知识产权制度的变革以保护我国传统知识积极原生性知识产权利益的成就与不足。在我国中药传统知识保护制度中，中药品种保护制度和中药新药保护制度及由中药新药保护制度过渡而来的中药新药监测期保护制度，是其中的代表。

1. 中药品种保护制度

我国《药品管理法》第36条规定国家实行中药品种保护制度。据此，我国制定了《中药品种保护条例》。按照该条例的界定，中药保护品种，是指在中国境内生产制造的中药品种，包括中成药、天然药物的提取物及其制剂、中药人工制成品(以下简称中药保护品种)。中药保护品种由生产企业申请，经批准，颁发“中药品种保护证书”，并发布在《国家中药保护品种公告》上。根据不同的条件，中药保护品种分为一级中药保护品种和二级中药保护品种。截止到1996年底，国家中药品种保护评审委员会共受理了全国9个省、自治区、直辖市的514个中药生产企业提出的981个中药品种保护的申请，审评了851个中药品种，共523个(次)品种获得了保护。其中独家生产的品种和新药品种有285个，占总数的54.5%。❷ 据国家中药品种保护评审委员会办公室分析，经过4年的审评工作，国家中药品种保护审评工作中对老品种的清理整顿工作已经基本完成，今后的工作重点将逐步转向已超过新药保护期的中药新药品种。

我国中药品种保护制度的创新主要表现在：(1)中药品种保护制度创设了一种新型知识产权。《中药品种保护条例》对中药保护品种的保护所创设的权利，我们称之为中药品种保护权。对中药品种保护权的性质，学界有不同的认识，目前有3种观点。第一种观点认为，中药品种保护是一种行政保护，中药品种保护权即是一种不同于法律规定的普适性质的“另类性质”的权利。发生侵权行为时，“只能寻求行政救济”。第一种观点在理论和实务界颇有市场和影响。❸ 第二种观点认为，中药品种保护权是一种来源于行政许可的生产权，属传统民法上的财产权，不属于知识产权。❹ 其分析的理由如下：一是从知识产权本质角度，把《中药品种保护条例》第18条理解为“允许生产同品种药品的企业通过一定的审批程序，也获得这一生产的权

❶ 就涉及中药的知识产权保护而言，我国立法文件中似无中药传统知识的提法。但我们认为，《中药品种保护条例》所保护的中药，实质是以中药品种为表现的中药传统知识。

❷ 洪净等：“中药知识产权保护的对策”，载《世界科学技术——中药现代化》1999年第1期。

❸ 王兵等：“建立有中国特色的保护中药知识产权的法律体系”，见王兵主编：《高新技术知识产权保护新论》，中国法制出版社2002年版，第221~222页；杜瑞芳：《传统医药的知识产权保护》，人民法院出版社2004年版，第166页；杜瑞芳：“现有中药知识产权保护体系的问题与对策”，载《社会科学家》2003年11月(总第104期)等。

❹ 韦晓云：“我国中药知识产权保护的法律体系——兼议中药品种保护专属权”，载《人民司法》2004年第9期。

利，共同受到保护”，从而“受国家中药品种保护生产药品的权利并不专属于某一家企业所有”。即中药品种保护权没有独占性，不属于支配权，也没有转让权。二是从知识产权特征角度，认为中药品种保护权不具有专有性特征，这源于该种权利保护的一部分内容不是药品企业的智力成果，而是公有领域的知识。三是从知识产权范围角度，认为受保护的中药品种不属于《成立世界知识产权组织公约》和《知识产权协定》所界定的知识产权范围，“不含有任何发明的成分，也不包含任何创造性因素”。四是从民法基本理论角度，认为中药品种保护权“并非专属于某个企业的权利”，“并非与药品企业不可分离，这种权利是有期限的”。❶第三种观点即是我们的认识。我们认为，中药品种保护权是一种新型知识产权。这是我国《中药品种保护条例》在我国中药传统知识保护上的制度创新。其理由如下：从客体角度看，作为中药保护品种内容的中成药、天然药物的提取物及其制剂、中药人工制成品，是包括有关生产企业在内的我国人民在长期的中医药研究和实践中创造的知识产品，是我国中药知识的重要组成部分。这种智力劳动成果理应属于《成立世界知识产权公约》界定的“其他来自产业、科学及文学艺术领域的智力创作活动所产生的权利”。从主体角度看，很多中药保护品种的技术内容是我国人民祖祖辈辈创造积累起来的，理论上应属于全体国民所有，但这些药品后来多由相关药品企业生产。因此，《中药品种保护条例》第18条将其界定为“中药保护品种证书”发布前生产该品种的药品企业所有。有学者据此而否定中药品种保护权的专有性、独占性，从而否定其知识产权性质，是不恰当的。❷实际上，这恰好体现了传统知识知识产权主体的“群体主义”特征。从权利获得的条件来说，发明专利要求具备专利“三性”，即新颖性、创造性、实用性。中药品种保护权不要求受保护的中药品种具有专利法界定的新颖性、创造性和实用性。按照《中药品种保护条例》第3条、第5条的规定，只要中药品种质量稳定、疗效确切、列入国家药品标准或列入省级药品标准经国务院卫生行政部门认定，即可成为《中药品种保护条例》的保护对象。根据《中药品种保护条例》第6条、第7条的规定，中药品种保护权的获得条件是：一级保护中药品种，须对特定疾病有特殊疗效，或是相当于国家一级保护野生药材物种的人工制成品，或是用于预防和治疗特殊疾病的中药品种。二级保护中药品种，须属一级保护的品种和已经解除一级保护的品种，或对特定疾病有显著疗效，或从天然药物中提取的有效物质及特殊制剂。从权利内容来看，技术方案被授予专利后，除法律另有规定外，任何单位

---

❶ 韦晓云：“我国中药知识产权保护的法律体系——兼议中药品种保护专属权”，载《人民司法》2004年第9期。

❷ 杜瑞芳：《传统医药的知识产权保护》，人民法院出版社2004年版，第130页、第166页；韦晓云：“我国中药知识产权保护的法律体系——兼议中药品种保护专属权”，载《人民司法》2004年第9期。

或者个人未经专利权人许可，都不得实施其专利，即不得为生产经营目的制造、使用、许诺销售、销售、进口其专利产品，或者使用其专利方法以及使用、许诺销售、销售、进口依照该专利方法直接获得的产品。《中药品种保护条例》第17条规定，除临床用药紧缺的中药保护品种经合法程序可仿制外，被批准保护的中药品种在保护期内由获得《中药品种保护证书》的企业生产。此即生产和实施的独占权。当然，如上所述，这种生产和实施的独占权可能为几家企业所共享。从权利期限来看，发明专利各国一般规定为20年。中药品种保护权的权利期限分别是：一级中药保护品种权，权利人享有30年、20年、10年的专有生产权；在特殊情况下需要延长的，经批准可以延长，但每次延长期限不得超过第一次批准的保护期限。二级中药保护品种权，权利人享有7年的专有生产权；在保护期满后可以延长7年。可见，中药品种保护权具备了知识产权主体、客体、权项、权利条件、权利期限等基本要素，构成一项新型知识产权。

(2)中药品种保护权吸收了商业秘密的制度组分。专利权的基本特征是权利要求者必须公开有关技术资料，使同领域一般技术人员都能够实施权利要求的技术方案。但由于中药的技术特质，中药品种保护权所保护的中药品种，在中医药理念和现有技术条件下，不可能成为专利法保护下的化学药品，不可能具有专利权对化学药品的保护力度。为了加强对中药品种保护权的保障，我国《中药品种保护条例》借鉴了商业秘密制度的规定，使中药品种保护权兼具专利权和商业秘密权的双重特征。商业秘密是不为公众所知，能为权利人带来经济利益，具有实用性并经权利人采取保密措施的技术信息和经营信息。申请中药品种保护，不要求公开该中药保护品种的技术特征。同时，《中药品种保护条例》第13条规定，中药一级保护品种的处方组成、工艺制法，在保护期限内由获得《中药保护品种证书》的企业和有关药品生产经营主管部门、卫生行政部门及有关单位和个人负责保密，不得公开，否则有关单位或个人要承担相关法律责任。负有保密责任的有关部门、企业和单位应当按照国家有关规定，建立必要的保密制度。向国外转让中药一级保护品种的处方组成、工艺制法的，应当按照国家有关保密的规定办理。造成泄密的责任人员，由其所在单位或者上级机关给予行政处分；构成犯罪的，依法追究刑事责任。

和专利保护制度相比，中药品种保护制度有如下优势：一是申请条件低、保护范围广、保护期限长。中药发明的专利保护必须具有“三性”，即新颖性、创造性和实用性，但中药品种保护则不要求药品有新颖性和创造性。按照《中药品种保护条例》的规定，对特定疾病有特殊疗效的中药品种，或相当于国家一级保护野生药材物种的人工制成品的中药品种，或用于预防和治疗特殊疾病的中药品种，都可以申请中药品种一级保护；而对于符合申请中药一级品种保护的品种或者已经解除一级保护的品种，或对特定疾病有显著疗效的中药品种，或从天然药物中提取的有效物质及特殊制剂，都可以申请中药品种二级保护。获得一级保护的中药品种其保护期限可以达到30年，超过了专利的保护期限。二是审批速度快、执行力度强。从20世纪80年代中期开始的中药品种保护对于广大的制药企业和科研院所来说，是一种更为熟悉和有效的法律保护模式。加之中药专利代理环节十分薄弱，专利侵权之后的法律救济措施不力等因素，企业更倾向于寻求中药品种保护。实事求是地看，中药品种保护制度有其存在的价值。从传统知识保护角度看，中药品种保护制度为我国中药传统知识积极原生性知识产权利益的保护提供了一定的制度支持。

2. 中药新药保护制度

我国《药品管理法》第4条规定，国家鼓励研究和创制新药，保护公民、法人和其他组织研究、开发新药的合法权益。该条规定为中药新药保护提供了法律依据。我国法律法规对新药的界定经历了一个变化和调整的过程。1999年5月1日施行的《新药审批办法》❶把新药界定为“我国未生产过的药品”，对已生产的药品改变剂型、改变给药途径、增加新的适应症或制成新的复方制剂，也视为新药。2002年9月15日施行的《药品管理法实施条例》第83条将“新药”确定为“未曾在中国境内上市销售的药品”。2002年12月1日施行的《药品注册管理办法》(试行)根据上述变化，对已上市药品改变剂型、改变给药途径或制成新的复方制剂的中药药品，不视为新药，但依然按新药管理。这样，我国缩小了新药的范围，把新药限定为真正意义上的创新药物(新的化合物实体)和仅在国外上市的药品。原来占新药申报很大比例的已有进口的第四类“新药”即归为“仿制药”。这将从根本上解决新药定义过于宽泛、“新药不新”的问题。

按照1999年施行的《新药审批办法》，新药可以分为中药、化学药和生物制品3种。中药新药即在中国境内未生产过的中药药品，以及已生产的中药药品改变剂型、改变给药途径、增加新的适应症或制成新的复方制剂。按照《药品管理法实施条例》和根据该条例制定的《药品注册管理办法》(试行)的规定，中药新药仅指在我国境内未上市销售过的中药品种。❷对于中药新药，有关人员和企业按规定向国务院

---

❶ 该办法现已废止。

❷ 国家药品监督管理局第2号令发布、1999年5月1日施行的《新药审批办法》第6条规定，中药新药分为5类。第一类包括：中药材的人工制成品、新发现的中药材及其制剂、中药材中提取的有效成分及其制剂、复方中提取的有效成分。第二类包括：中药注射剂、中药材新的药用部位及其制剂、中药材和天然药物中提取的有效部位及其制剂、以人工方法在动物体内的提取物及其制剂、复方中提取的有效部位群。第三类包括：新的中药复方制剂、以中药疗效为主的中药和化学药品的复方制剂、从国外引种或引进养殖的习用进口药材及其制剂。第四类包括：改变剂型或改变给药途径的制剂、国内异地引种或野生变家养的动植物药材。第五类包括增加新主治病症的药品等。

食品药品监督管理部门如实报送研制方法、质量指标、药理及毒理试验结果等有关资料和样品，经其批准进行并完成临床试验后，由国务院药品监督管理部门批准，发给新药证书，从而享有新药保护权。据统计，自实施《新药审批办法》以来，国家共审批中药新药逾千个，批准生产700余种。❶新药保护权，就是指新药证书企业对该新药的一定期限的专有生产权。从1987年《新药保护和技术转让规定》到1999年的《新药保护和技术转让的规定》都确认了新药保护权。但其新药分类和专有生产权期限有所不同。1987年颁发的《新药保护及技术转让规定》，把中药新药分为4类。各类新药所享有的专有生产权自授予新药的证书时起分别为：一类新药8年；二类新药6年；三类新药4年；四类新药3年。1999年《新药保护和技术转让的规定》把中药新药分为5类。各类新药所享有的专有生产权自授予新药证书时起分别为：一类新药12年；二类和三类新药8年；四类和五类新药6年。在专有生产权期限内，未经权利人许可，其他企业不得仿制生产；国家食品药品监督管理局也不再受理同一品种药品新药的评审申请。

中药新药保护制度是在我国没有药品专利保护的历史条件下，在我国医药企业技术实力不够并难以承受巨额新药研究费用的背景下，为保护本国民族医药工业而采取的有效措施。这一制度的实施，适度控制了中药新药的重复研制，适度保护了中药新药的创新和知识产权。现在我国医药产业已经初具规模，加上我国已经加入世界贸易组织，我国专利法已将药品纳入专利保护，为了防止外国制药企业用新药保护制度来达到延长其生产独占权的目的，阻碍中国企业合法仿制其专利到期药品，控制中国市场，包括中药在内的新药保护制度已经为新药监测期保护制度所取代。新药监测期保护制度创设了包括中药在内的新药监测期保护权。

中药新药监测期保护权是指，在监测期内，中药新药生产者对其中药新药享有独占性生产权、同种药进口排除权和技术转让权。我国《药品管理法实施条例》第34条规定，国务院药品监督管理部门根据保护公众健康的要求，可以对药品生产企业生产的新药品种设立不超过5年的监测期；在监测期内，不得批准其他企业生产和进口。《新药注册管理办法》第71条规定新药的监测期自批准该新药生产之日起计算，不超过5年。对于不同新药，根据其现有的安全性研究资料、境内外研究状况，确定不同的监测期限。新药进入监测期后，国家药品监督管理局不再受理其他申请人对同品种新药的申请。对于已经受理的新药申请退回给其本人。新药技术转让，是指新药证书的持有者，将新药生产技术转让给药品生产企业，并由该药品生产企业申请生产该新药的行为。新药技术转让应当一次性转让给一个具备法律规定资质

❶ 曹洪欣："科学研究在中医药发展中的作用"，http://www.stacm.gov.cn/lanmu/3rd/cao.htm， 2005年3月10日访问。

的药品生产企业。由于特殊原因该药品生产企业不能生产的，新药证书持有者可以持原受让方放弃生产该药品的合同等有关证明文件，将新药技术再转让一次。国家药品监督管理局应当按照规定注销原受让方该品种的药品批准文号。接受新药技术转让的企业不得对该技术进行再转让。受转让的新药应当与受让方“药品生产许可证”和《药品生产质量管理规范》认证证书中载明的生产范围一致。新药证书持有者转让新药生产技术时，应当将技术及资料全部转让给受让方，指导受让方试制出质量合格的连续3批样品。多个单位联合研制的新药，进行新药技术转让时，应当经新药证书联合署名单位共同提出，并签订转让合同。

与中药品种保护权一样，中药新药保护权，是在专利法之外发展起来的一种与专利权具有类似权利性质和制度价值的民事权利——它也是一种“知识产权”。从西方知识产权视角看来，这是一种“另类”的民事权利，算不上“规范”的知识产权。对我国来说，中药新药保护权的制度价值在于对我国中药新药的知识产权保护提供一定的制度框架，从而为我国中药新药知识产权提供一定的保护。一类、二类中药新药如中药材的人工制成品、中药材中提取的有效成分及其制剂、复方中提取的有效成分、中药注射剂、中药材新的药用部位及其制剂、中药材、天然药物中提取的有效部分等技术难度、成本、市场风险都很大，很难研发。而改变剂型的制剂、新的中药复方制剂、从国外引种或引进养殖的习用进口药材及其制剂、以中药疗效为主的中药和化学药品的复方制剂等三类、四类、五类新药则相反，比较容易推出，但其新技术含量较低，很难符合发明专利“三性”的要求，从而得不到专利保护。而在中药新药的界定上，1999年《新药审批办法》把新药界定为“我国未生产过的药品”，对已生产的药品改变剂型、改变给药途径、增加新的适应症或制成新的复方制剂，也视为新药。2002年《药品管理法实施条例》也只是把“新药”界定为“未曾在中国境内上市销售的药品”。这些界定，有利于实现我国中药传统知识的商业利益，因而有利于保护我国中药传统知识的积极原生性知识产权利益。我国中药新药保护制度实质上创造了一种中药传统知识知识产权保护特别制度。因此，中药新药保护制度与中药品种保护制度一样，受到中药企业的青睐和欢迎。❶

3. 中药品种保护制度和中药新药保护制度的不足

《中药品种保护条例》创设的中药品种保护权，保护条件较低、保护期限长、申

❶ 根据国家中医药管理局对120家重要中成药企业及其401个重要中成药品种的调查，这些企业在对其开发的中成药药品选择知识产权保护方式时，中药品种保护有47家，占75.81%；新药保护有39家，占62.90%；专利保护27家，占43.55%；注册商标保护31家，占50%；著作权2家，占3.23%。洪净：《中药知识产权保护》，中国中医药出版社2003年版，第123~124页。

请手续简便。因而中药品种保护的制度成本和企业获得此项权利的租金耗散❶也较低，使之成为我国中药知识产权保护的一种有效手段，为我国广大制药企业广泛采用。中药品种保护权成为保护中药知识产权很有效的手段。❷ 但是，中药品种保护制度存在一些不足：一是作为中药品种保护权法律依据的《中药品种保护条例》，是一种行政法规，没有升格为全国人大或全国人大常委会制定的"法律"，其在法律体系中的位阶过低，从而使有的学者认为在其上设置的中药品种保护权的"法力"似乎不足，似乎不是一种法律上的权利，而将其列为一种另类性质的"行政保护"或给其一个不伦不类的"生产权"的称呼。二是对中药品种保护权的权利性质认识不清，处置失当。《中药品种保护条例》第17条规定了"中药品种保护证书"企业对受保护中药品种的独占性生产权，但对于转让等权利该条例并未规定。❸独占性生产权、实施权是专利权、技术秘密权这类在知识产品上设置的就这类知识产品所获得的直接知识产权的核心权利，独占性或专有性是其本质特征。中药品种保护权既然是独占性生产权、实施权，它应是一种类似于专利权的知识产权。但该条例对此避而不谈，付之阙如。三是中药品种保护权在效力上弱于专利，不能对抗专利权；同时仅适用于国内，不具有域外效力，无法阻止反向工程的实施等。四是中药品种保护权的技术保密特征使之不利于技术交流和创新。中药品种保护制度的某些缺点，在中药新药保护制度中也一定程度地存在。

应该说，中药品种保护制度和中药新药保护制度对中药传统知识的积极原生性知识产权保护具有某种临时性和非正式性。恰当的选择应该是析出上述制度中的合理因素，对其不足加以弥补，通过国家立法的形式确定为一种类似于专利制度的特别规则，为中药传统知识积极原生性知识产权利益提供类似专利权的特别保护。❹

三、我国传统知识法律保护制度的完善

如前所述，现行专利法律制度只能对传统知识的消极原生性知识产权利益提供保护，现行商标法律制度和地理标志制度只能保护传统知识的积极衍生性知识产权利益。而我国开创的某些传统知识积极原生性知识产权利益保护制度如中药

---

❶ 严永和："论传统知识的知识产权保护"，中南财经政法大学博士论文(2005年)。

❷ 王兵、陈维国等："建立有中国特色的保护中药知识产权的法律体系"，见王兵主编：《高新技术知识产权保护新论》，中国法制出版社2002年版，第222页。

❸ 致使有些人把这作为中药品种保护权不是知识产权的一个理由。韦晓云："我国中药知识产权保护的法律体系——兼议中药品种保护专属权"，载《人民司法》2004年第9期。

❹ 对此，可参见后面的内容。

品种保护制度，只能为某些传统知识如中药传统知识的积极原生性知识产权利益提供一定的超“弱”保护。因此，需深入研究并进一步完善我国传统知识的法律保护制度。对此，笔者认为，首先应调整我国商标法律制度，使之便于确认和保护我国传统知识的消极衍生性知识产权利益；其次应调整我国专利法律制度，以间接确认和保护我国传统知识的积极原生性知识产权利益；最后应适时推出传统知识保护特别制度，以直接确认和保护我国传统知识的积极原生性知识产权利益。

(一)商标制度的完善与我国传统知识的保护

商标法律制度是衍生性知识产权制度的核心代表。商标法律制度可以为我国传统知识的积极衍生性知识产权利益提供良好的保护。对我国商标法律制度进行一定的修改，进一步完善商标法律制度，可以保护我国传统知识的消极衍生性知识产权利益。这种修改和完善，主要表现为修改和调整商标法上的在先权利制度，把传统知识或其有关方面纳入商标法在先权利的范围，从而排除他者就传统知识或其有关方面获得商标性权益。

关于商标法上的在先权利制度，《知识产权协定》和很多国家的商标法对其均有规定。《知识产权协定》第16条规定，注册商标所有人的专有权不得侵害任何现有的在先权利。我国现行《商标法》第9条规定，申请注册的商标，不得与他人在先取得的合法权利相冲突；第31条规定，申请商标注册不得损害他人现有的在先权利，也不得以不正当手段抢先注册他人已经使用并有一定影响的商标；第34条规定，已经注册的商标违反第31条规定的，自商标注册之日起5年内，商标所有人或利害关系人可以请求商标评审委员会裁定撤销该注册商标。但《知识产权协定》和我国《商标法》并未对该在先权利的范围作出具体界定。欧盟商标法则在商标权无效制度中把这种在先权主要界定为第三人姓名权、肖像权等一般民事权利和著作权、工业财产权等知识产权。我国台湾地区“商标法”第33条(1998年11月1日施行)规定，注册商标侵害他人著作权、专利权或其他权利者，均属违法，应不予注册。[1] 可见，商标法上的在先权利制度，主要针对保护先前存在的一般民事权利和知识产权。据此，传统知识并不能被视为商标法上的在先权利。

为此，我国应对商标法上的在先权利制度进行调整和修改，扩大商标法上在先权利的范围，把传统知识或其有关方面融入商标法上的在先权利界域，以排除他者就传统知识或其有关方面获得商标授权，如产品与服务商标等不得盗用与传统部族、传统知识有关的名称、标志等，从而确认和保护传统知识上的消极衍生性知识产权利益。

---

[1] 曾陈明汝:《商标法原理》，中国人民大学出版社2003年版，第87页、第256页。

(二)专利制度的完善与我国传统知识的保护

专利法律制度是原生性知识产权制度的主要代表。专利法律制度可以为我国传统知识的消极原生性知识产权利益提供一定的保护。但它无法保护我国传统知识的积极原生性知识产权利益。就传统知识积极原生性知识产权利益的保护而言,由《生物多样性公约》开创、菲律宾等国在其国内法上予以发展的PIC机制代表了目前国际最高水平,也得到了一些地区和国家的认同。对其加以完善,并将其与专利法律制度结合起来,对现行专利法律制度的某些方面进行一定的修改和完善,即可为我国传统知识积极原生性知识产权利益的确认与保护提供制度空间。专利法律制度的修改和完善,主要表现为在专利申请信息披露制度中加入"传统知识披露条款":对以传统知识为基础和起点而作出的进一步发明申请专利(以下简称"涉传"专利申请)时,申请人应对传统知识相关信息进行披露,从而间接地保护传统知识上的积极原生性知识产权利益。这种"涉传"专利申请"传统知识披露条款"主要应涵括下述要点:(1)确定传统部族对传统知识的产权。按照现行各国知识产权制度,传统知识应被界定为公有领域的知识和资源,从一定意义上可谓一种"无主财产"。由于传统知识积极衍生性知识产权利益和消极原生性知识产权利益的确认和保护与现行知识产权制度没有矛盾,故基本不涉及对传统知识的重新确权问题。而传统知识的积极原生性知识产权利益是从正面肯认传统知识上的智慧利益,而这又与现行知识产权制度如专利制度存在冲突,因而需要对传统知识进行产权界定。传统知识作为传统部族在其长期的生产生活过程中所创造的智慧财产和知识产品,传统部族在法理上对传统知识自然享有产权。因此,在建构"涉传"专利申请传统知识披露制度时,首先要明确规定传统部族对其相关传统知识的产权。产权主体应根据情况确定为有关传统社区或传统部族。而在难以确认有关传统社区或传统部族为传统知识的权利主体时,该传统社区或传统部族所在国家可成为有关传统知识的权利主体,如我国传统中药知识。(2)提交传统知识利用事先告知同意证明。《生物多样性公约》把事先告知同意作为外部组织和人员接近、获得和利用遗传资源的前提。"事先告知同意",其完整意义应指外部组织和人员在接近、获得和利用有关遗传资源前,告知资源提供方的政府部门或有关传统部族或传统社区,并取得其同意。只有经过这一程序后方可对有关遗传资源进行利用。由于《生物多样性公约》在规定遗传资源利用规则的同时又涉及与遗传资源有关的传统知识,故事先告知同意规则似可延伸至传统知识。在设计和建构"涉传"专利申请传统知识披露条款时,应明确规定,外部组织和人员在利用传统知识前,应事先将有关利用事项告知传统知识所属国、传统部族或传统社区,并取得其同意。同时,传统知识利用人应就这种事先告知同意取得书面证明。在利用人就"涉传"新发明申请专利时,应向专利部门提交该事先告知同意证明。否则,专利部门应予以驳回;对于已取得之专利,则可成为专利无效的理由。(3)提交许可证明。现行各国知识产权制度分别规定了著作权、专利权、商标权的使用许可制度。在遗传资源利用方面,有的地区性条约和国家规定了许可制度。如《安第斯条约》第391号决定规定,如果对任何知识产权或者对其他资源的权利的拥有和使用,如果其获得违背了任何安第斯国家资源所在国规定的获得许可,一律视为无效和无权使用。《印度生物多样性法案》第6条规定,任何人想对其基于从印度获得的生物资源或知识的研究成果获得知识产权,必须事先获得印度生物多样性国家管理局的许可。这里所说的许可事实上与上述"事先告知同意"机制中的"同意"近义。因此,可以将该意义上的许可合并入上述"事先告知同意"机制。而另设立与现行各国知识产权制度一致的使用许可规则。要求传统知识利用人在取得事先告知同意的同时或之后取得传统知识使用许可,并签订使用许可证书,方可对该传统知识进行利用。在就"涉传"新发明申请专利时,要求申请人向专利部门提交该许可证书,以获得有关专利。否则,专利部门应予以驳回或使已取得之专利无效。(4)提交来源地证明。"涉传"发明中所使用的传统知识的来源地是指有关发明中所使用的传统知识来源于何传统部族或传统社区或有关国家。来源地证明是指由有关传统部族或传统社区或该国政府有关部门出具的"涉传"发明中所使用的传统知识来源于何传统部族或传统社区或有关国家的证明文件。专利申请人在申请与传统知识相关的专利时,应提交和披露该传统知识来源地证明,否则,专利部门应予以驳回或使已取得之专利无效。换句话说,即在就涉及传统知识的发明申请专利时,把传统知识来源地证明作为获取专利的一个要件。按照上述设计,把传统知识的产权界定给传统部族或传统社区,为确认和保护传统知识的积极原生性知识产权利益提供了前提。加上"涉传"专利申请要求披露事先告知同意证明、许可证明和来源地证明,从而使传统部族或传统社区或传统知识所在国家可以与传统知识利用人进行有关利益分享的谈判,并在谈判中占据主动地位,从而间接确认与保护传统知识上的积极原生性知识产权利益。实践中,有的国家,如印度,就利用该种机制帮助传统知识权利人参与利益分享。

下面以我国中药传统知识为例,谈谈以中药传统知识为基础作出的新发明申请专利时,专利申请"中药传统知识披露条款"。(1)我国中药传统知识存在年代久远,其原始权利主体已无法确认,而确认为整个汉族所有,亦不恰当,故我国中药传统知识,应归国家所有。在操作上,国家中医药管理局可作为我国中药传统知识的权利所有者代表。在设计和建构药品专利申请中药传统知识披露制度时,应明确作出上述规定。(2)外国利用我国中药传统知识开发新药,应获得我国有关部门(该事先告知同意部门可确定为国家中医药管理局)事先告知同意,并由我国有关部门出具事先告知同意证明。在其就该新药申请专利时向专利部门提交该事先告知同意证明，方可获得专利授权。否则，专利部门应当/可以对其拒绝授予专利权。(3)外国利用我国中药传统知识作进一步研发时，即应获得有关部门(亦可确定为国家中医药管理局)的许可，取得利用许可证。在就有关药品申请专利时，应提交该许可证，方可获得专利权。否则，专利部门应当/可以对其拒绝授予专利权。(4)外国对其利用我国中药传统知识研制的新药申请专利时，应在专利申请文件中披露该中药传统知识的来源地，在操作上可表述为有关处方取自中国何朝何代、何人何书等。否则专利部门应当/可以对其不授予专利。药品专利制度作出如此修改，我国中药传统知识上的积极原生性知识产权利益即可得到一种间接的保护，从而逐步缓解日本、韩国等国免费使用我国中药传统知识、利用药品高科技大赚其钱而我国反受其害的情形。但是，如同所有传统知识，“涉中”专利申请信息披露制度中的“中药传统知识披露条款”，只能间接保护中药传统知识上的积极原生性知识产权利益。对该种知识产权利益的直接保护，则有赖于下述传统知识保护特别制度。

(三)传统知识保护特别制度的建立与我国传统知识的保护

如前所述，传统知识在其存在形式、实用性、新颖性、显著性等方面与西方现代知识存在诸多不同，但可专利性与不可专利性则以西方文明的感觉(the perceptions of Western civilization)为基础划了一个武断的界限。❶因而现行知识产权法不能容纳传统社区那种复杂的非西方的所有权、占有权和获取权的制度体系（systems of ownership, tenure and access)，❷不能直接保护传统知识的积极原生性知识产权利益。因此，要对传统知识的积极原生性知识产权利益进行直接保护，就必须修改现行知识产权实体规则或者在现行知识产权之外发展一套新制度，建立一个传统知识知识产权保护特别制度。但对这两种确认与保护模式的选择，即是否建立一个传统知识特别权制度，有反对和同意两种意见。反对者如美国有学者认为把专利制度延伸到传统知识是传统知识确认与保护最简单的办法，不主张建立一个新的制度。❸《生物多样性公约》第16条第5款规定专利制度“可以”在该公约的实施和生

❶ Daniel J. Gervais, The Internationalization of Intellectual Property: New Challenges from the Very Old and the Very New, 12 Fordham Intell. Prop. Media & Ent. L. J. 929(Spring, 2002).

❷ Craig D.Jacoby, Charles Weiss, Recognizing Property Rights in Traditional Biocultural Contribution, Stanford Environmental Law Journal (January,1997).

❸ Daniel J. Gervais, The Internationalization of Intellectual Property: New Challenges from the Very Old and the Very New, 12 Fordham Intell. Prop. Media & Ent. L. J. 929(Spring, 2002).

物多样性及其有关传统知识的确认与保护方面发挥作用，❶这表明《生物多样性公约》对专利制度在生物资源及其有关传统知识确认与保护方面的消极态度，但不反对在传统知识上建立专利权。支持者则强烈建议建立一个新的特别权制度以确认与保护传统知识。对此，1995年《生物多样性公约》第二届成员方会议就谈到了与现行知识产权制度相分离，发展一套认可传统部族权利的机制，❷即建立一个全新的制度来确认与保护传统知识，表达了对传统知识特别权和传统知识特别权制度的支持。

根据前文的分析，笔者认为，只有对传统知识授予一种类似专利权的积极原生性知识产权，才可直接确认与保护传统知识上的积极原生性知识产权利益。但专利法要对传统知识积极原生性知识产权利益提供直接保护，就必须进行重大的甚至是基础性的变革和改造。其中，最重要的是权利主体和授权标准即专利实质条件的调整。就权利主体而言，可以考虑确认群体性主体，如“属人”意义上的传统部族或“属地”意义上的传统社区。就实质条件而言，Terri Janke和Michael Franel曾建议，对传统知识（民间文学）创造性和物质形式要件予以豁免。❸这个建议受到了一些批评。❹应该说，Terri Janke和Michael Franel的建议是颇有道理的。下文即以我国中药传统知识为例比照发明专利新颖性、创造性和实用性标准对传统知识保护特别权的实质条件进行初步的分析和讨论，以为我国将来建构传统知识保护特别制度提供学理支持。

就新颖性而言，其本质在于权利要求的技术方案与在先技术不相同。《植物新品种保护公约》第6条规定的“商业新颖性”可以作为传统知识具备新颖性的依据。由于当时包括知识产权法在内的现代私法机制阙如，我国中药传统知识没有“以开发利用为目的向他人销售或转让”（至少其中大部分如此）。因此，我国中药传统知识的商业价值和经济利益远未实现。既然商业价值和经济利益尚未实现，因而从这个角度看，我国中药传统知识即具有新颖性。这就是所谓“商业新颖性标准”。对于中药传统知识而言，我国应当采纳上述商业新颖性标准，或者放宽新颖性条件。在

---

❶ 由现行专利制度等因素所导致的生物资源的空前损毁和近些年来发达国家在生物技术方面授予专利对传统部族的凌辱，有些人主张限制专利制度在传统知识的确认与保护方面的作用甚至主张废除专利制度。See Ikechi Mgbeoji, Patents and Traditional Knowledge of Plants: Is a Communal Patent Regime Part of the Solution to the Scourge of Bio Piracy? 9 Ind. J. Global Leg. Stud. 163 (Fall, 2001).

❷ Naomi Roht-Arriaza, Of Seeds and Shaman: The Appropriation of the Scientific and Technological Knowledge of Indigenous and Local Communities, 17 Mich. J. Int'l L. 919(Summer, 1996).

❸ Craig D. Jacoby, Charles Weiss, Recognizing Property Rights in Traditional Biocultural Contribution, Stanford Environmental Law Journal(January,1997).

❹ 同上。

赫大西(Hodosh)案中,美国联邦巡回法院否定了古代书面材料对在先技术的证明效力。据此,对于我国古代书面文献的记载,可排除在书面公开的范围之外。同时,排除“公开使用”对新颖性的限制。我们应该对未开发为法定药品上市的中药传统知识,视为不丧失新颖性。但对已经在国内外开发为药品上市、已实现其商业利益的,则可视为丧失了新颖性。就创造性而言,从科技逻辑上看,传统知识与现代知识之间存在着递进关系。我国中药传统知识表现为我国历朝历代中医药专家们对植物以及动物、矿物等自然物质的医药功能已有比较充分的观察、了解和研究,掌握了它们的特征、用途以及使用方法等,包含了许多分离有关活性物质和有效成分的技术信息。如就有关药用植物而言,中医药专家们确定了特定植物(或其特定部分)的特殊药用功能,确定了寻采该植物的理想季节以及该植物可以减轻或者治疗的疾病症状等。按照科技逻辑,中药传统知识的后续研究就是将其进一步精致化、精细化,从中寻找更为具体的有效成分和活性物质,再将之分离或提纯出来(下一步或同时的工作就是探索人工合成的可能性和方法)。在这个意义上,活性物质和有效成分是有关中药传统知识科技逻辑上的产物和结果,在科技发展逻辑上活性物质和有效成分甚至只是一种“些微进步”(虽然这种活性物质和有效成分的发现和分离还需要很多智力劳动和金钱投资)。亦即前者是“基础性”的,后者是“改进性”的。专利法(如美国)基于产业发展的目的,对作为其逻辑结果的“些微进步”已经认可了其创造性,那么,作为“些微进步”逻辑前身和基础的中药传统知识,似应具备创造性。[1]同时,其非显著性判定标准应与专利法有很大的不同。中药传统知识是否具有创造性,在认定规则上可以采纳格拉汉姆要素中的辅助要素。[2]凡是符合格拉汉姆辅助要素要求的,应认定权利要求的中药传统知识具有创造性,如具备商业性成功和商业性默认等因素。从商业性成功来看,传统中药产品(包括草药产品)在国内外日常药品消耗中还占有相当大的比重。据统计,我国1999年在国际市场上的传统中草药收入达50亿美元,国内市场的收入达10亿美元。[3]就商业性默认而言,日本等国的医药专家在现行知识产权制度的保护下,公开获取我国中药传统知识,或改头换面在其上谋求知识产权;或通过分离、提纯等方式开发出不同的产品以获取知识产权。这些行为,符合商业性默认要素的实质和精神。我国中药传统知识如中药复方等,在科技发展逻辑上,应是层次颇高的传统医药知识。它不仅在中华文

---

❶ 事实上,从上述技术史的角度看,中药传统知识应具有相当的创造性。

❷ 关于格拉汉姆辅助要素,See Sheldon W. Halpern, Craig A. Nard , Kennneth L. Port, Fundamentals of United States Intellectual Property Law: Copyright, Patent, and Trademark, Published by Kluwer Law International(1999), pp.219~225;又参见李明德:《美国知识产权法》,法律出版社2003年版,第40页。

❸ 朱雪忠:“传统知识的法律保护初探”,载《华中师范大学学报(人文社会科学版)》2004年第3期。

明上下五千年的历史长河中承担着炎黄子孙的健康使命，而且为世界医药科学的发展和世界人民的健康作出了重大贡献。日本、韩国等国以我国中药传统知识为起点和基础开发了大量的后续药品，取得了巨大的商业成功。可见，我国中药传统知识符合格拉汉姆辅助要素的标准和要求。我国中药传统知识应具备创造性。就实用性而言，中药传统知识如中药材原药等，是在特定的自然生态环境下生长的，因而仅仅在特定的生态环境甚至特定的人文环境下才能够复制，才具有可再现性。而在“工厂”这种不同质的人为环境中则难以复制；或者复制出来的中药材，其药效成分较差。几千年以来，中药传统知识满足了大多数中国人生理和心理健康的需要。传统中药药品如中药材、中药饮片等，生产成本较低，价格较便宜，对于尚处于发展中的中国来说，对于广大农民和城市下岗职工来说，这是他们惟一具有支付能力的药物。对于发达国家而言，这也是他们很划算的某些西药的替代品。在经济效用上，对中国人来说，中药传统知识具有足够的使用价值，解决了他们大大小小、各种各样不同的健康问题，并且对西药无法克服的一些疑难杂症还有良好的疗效。因此，中药传统知识是适合于绝大多数中国人和发展中国家人民的恰当的知识形式，其经济效用是毋庸置疑的。因此，应认定中药传统知识的“实用性”。

综上，具备上述条件的中药传统知识和其他传统知识，应认为符合传统知识知识产权特别权的条件。

附：传统知识保护法（建议稿）

第一章　总　　则

第一条　［立法目的］

为了保护传统知识权，促进传统知识的保存、传承和利用，增进文化多样性和科学技术进步，特制定本法。

［立法理由］本条是关于传统保护法立法目的的规定。

从文化学的视角看，传统知识体现了一种迥异于欧美现代文化的文化类型。另外，传统知识具有一种与欧美现代文化不同的“科学性”；它也可以成为现代科技创新的基础和起点，事实上也是如此。保护传统知识，其表层目的在于促进传统知识的保存、传承和利用；其深层目的在于保持国家层面和世界层面文化的多样性，为人类文化可持续发展提供基本条件；同时，促进科学技术进步。

关于“传统知识权”这一提法，是模仿《中华人民共和国专利法》（2000年修正本）第1条“发明创造专利权”的提法。

第二条　［传统知识的界定］

本法所称的传统知识，是指我国各族人民在长期生产生活实践中创造出来的、商业价值未实现的、已经书面或使用公开或未公开的技术、诀窍和经验等总称，包括该传统知识本身和体现该传统知识的动物、植物、矿物以及体现该传统知识商业声誉的名称、称号、标记、符号等。

传统知识可以是一个或者多个自然村(或者行政村)传承或者持有，也可以是一个或者多个民族传承或者持有，也可以是该自然村(或者行政村)或者民族内一个自然人或者一个家庭传承或持有，也可以是该自然村(或者行政村)或者民族内多个自然人或者多个家庭传承或持有。这些传承或持有传统知识的自然村(或者行政村)、民族、自然人或者家庭，以下称为传统知识持有人。

[立法理由] 本条是关于本法保护对象——传统知识——内涵与外延的界定。本条共有2款。第1款是本法关于传统知识的定义和范围；第2款是关于传统知识持有状况的分类描述和"传统知识持有人"这一概念的含义。

研究表明，传统知识是传统部族在其长期的生产生活历史过程中所创造的知识、技术、诀窍的总和，一般具有"圣境"性、"经验"性、"整体"性、与环境要素的兼容性、另类的科学性及其描述形式等特征。在法理意义上，传统知识涉及：(1)思想内容；(2)该等思想内容的体现物或附着物；(3)上述(1)和(2)在传播和利用过程中衍生的商誉及这些商誉的载体。传统知识一般具有权利主体的群体性、权利客体的公开性及其经济利益的未实现性等特征。故本条把传统知识界定为"我国各族人民在长期生产生活实践中创造出来的、商业价值未实现的、已经书面或使用公开或未公开的技术、诀窍和经验等的总称，包括该传统知识本身和体现该传统知识的动物、植物、矿物以及体现该传统知识商业声誉的名称、称号、标记、符号等"。

鉴于大多数传统知识为多个个人、家庭、村庄、族群所传承和拥有，本条将传统知识在主体上的范围作较宽的界定，"传统知识可以是一个或者多个自然村（或者行政村)传承或者持有，也可以是一个或者多个民族传承或者持有，也可以是该自然村(或者行政村)或者民族内一个自然人或者一个家庭传承或持有，也可以是该自然村(或者行政村)或者民族内多个自然人或者多个家庭传承或持有"。

第三条 [传统知识的管理机构及其职权]

国务院专利行政部门负责批准全国传统知识的登记、保存、传承、开发利用和知识产权保护工作，统一受理和审查传统知识权的申请，依法授予传统知识权，批准传统知识的对外许可使用。

省级专利行政部门和县级科技工作部门负责管理本行政区域内传统知识的登记、保存、传承、开发利用和知识产权保护。

国务院专利行政部门、省级专利行政部门和县级科技工作部门是国家传统知识管理部门。

有关登记、保存、传承和开发利用具体事项由国务院专利行政部门制定具体实施办法。

[立法理由]本条是关于传统知识管理机构及其职权的规定。在生物资源保护制度中，国外一般要么利用现有机构如环保部门进行管理，要么新设一个机构如生物多样性总局来进行管理。传统知识的管理和授权机构也不外乎这两种途径。鉴于传统知识的"知识性"和"技术性"特征，由专利局负责传统知识的行政管理和授权问题应是最恰当的选择。

第四条　[传统知识保护协会]

国务院专利行政部门设立由传统知识专家、现代科技专家、相关企业界人士和有关政府部门工作人员等共同组成（但各级传统知识保护协会应有一半以上的成员系传统知识专家）的传统知识保护协会总会，并设立省、县两级分会，乡镇设立传统知识保护协会联络员。各级传统知识保护协会行政上隶属于国家各级传统知识管理部门，业务上受国家各级传统知识管理部门指导。传统知识保护协会的办公经费列入各级财政预算。

传统知识保护协会是传统知识集体管理组织。

传统知识保护协会的职责是：

(一)协助国家各级传统知识管理部门开展传统知识的保存、传承、开发利用和知识产权保护工作；

(二)帮助传统知识持有人登记、保存、传承、开发利用其传统知识；

(三)指导传统知识持有人申请传统知识权，如指导制作传统知识权申请书等文件；

(四) 帮助传统知识持有人在传统知识开发利用中与开发利用方进行合同谈判，实现传统知识持有人的经济利益。

(五)其他促进传统知识保存、传承、开发利用和知识产权保护的工作。

[立法理由]本条是关于传统知识保护协会的规定。共分3款。第1款是关于传统知识保护协会设立、组成及办公经费的规定；第2款是关于传统知识保护协会性质的规定；第3款是传统知识保护协会职责的规定。

在目前各国已有的传统知识(生物遗传资源[1])保护立法中，大多成立一个由有关政府部门、学术界、非政府组织、传统社区等为成员的跨部门委员会，来开展有关传统知识保护工作。如《菲律宾96—20号行政令》第10条规定，菲律宾生物与遗传

[1] 目前，各国对传统知识的保护，只有少数国家制定了专门针对有关传统知识保护的法律；大多数国家只是在保护生物资源的法律中附带对与生物资源有关的传统知识提供保护。

资源跨部门委员会隶属于环境与自然资源部，由环境与自然资源部、科技部、农业部、卫生部、外交部、国家博物馆、科学界(需生物科学专家)、非政府组织、土著文化社区/土著人和/或其组织组成的人民组织的代表等组成。其职能主要包括：(1)处理《研究协定》的申请，并根据开发活动的性质和特点向环境与自然资源部、卫生部、农业部或科技部部长作出是否同意批准的建议；(2)根据第8条的规定，确保《研究协定》的条件得到严格遵守；(3)确定可以从该区域获取的生物与遗传材料的名录与数量，并确保其得到遵守；(4)制定和培训各机构，以确保只有根据有效《研究协定》才能从菲律宾获得生物与遗传材料。还应确保所收集的标本交存在菲律宾；等等。这种跨部门委员会类似于我们所说的"传统知识保护协会"。

第五条 [传统知识的保密]

传统知识涉及国家安全或重大公共利益需要保密的，按照国家有关规定办理。

[立法理由]本条是关于传统知识保密的规定。一般来说，传统知识不涉及国家安全。但有的传统知识却会涉及重大公共利益，需要保密。因此，本草案仿照我国现行《专利法》第4条的规定，设立本条款。

第六条 [不授予传统知识权的情形]

对违反国家法律、社会公德或者妨害公共利益的传统知识，不授予传统知识权。

[立法理由]本条是对特定传统知识不授予传统知识权的排除性规定。有的传统知识由于其本身的技术特点，对其授予传统知识权可能违反国家法律和社会公德或者损害社会公共利益。例如我国西南某少数民族的传统生育知识。

第七条 [传统知识权的申请]

传统知识持有人可以申请传统知识权；对传统知识权的申请，任何单位或者个人不得压制。

[立法理由]本条是关于申请传统知识权的规定。传统知识申请权的主体是传统知识持有人，包括个人、家庭、村、民族等。为保护传统知识传承人和持有人的利益，本草案仿照我国现行《专利法》第7条的规定，禁止任何单位和个人限制其申请传统知识权。

第八条 [传统知识申请权和传统知识权的转让]

传统知识申请权和传统知识权可以转让。转让传统知识申请权或者传统知识权的，当事人应当订立书面合同。如果转让的是某少数民族的传统知识，当事人可以选择采用该少数民族语言文字或汉语。

中华人民共和国个人、自然村或行政村、民族向外国人或外国组织转让传统知识申请权或传统知识权的，必须经国务院专利行政部门的登记和批准，同时予以公告，公告期为两个月；向国内个人或组织转让传统知识申请权或传统知识权的，必

须经省级知识产权行政部门的登记和批准，同时予以公告，公告期为一个月。传统知识申请权或者传统知识权的转让自公告期满之日起生效。

［立法理由］本条是关于传统知识申请权和传统知识权转让的规定。包括2个条款。第1款是对传统知识申请权和传统知识权可以转让的总规定和转让形式的规定；第2款是我国传统知识传承人和持有人向外国人或外国组织以及国内个人与组织转让传统知识申请权和传统知识权的程序要求及生效时间的规定。

作为一种智慧性、知识性劳动的产物，传统知识上的权利具有某种私权性质。同时，传统知识也是一种生产要素和经济资源，法律上允许其转让和流通，可以充分发挥其效用。因此，传统知识申请权和传统知识权可以依法转让。由于传统知识的复杂性，为了便于确定传统知识申请权和传统知识权转让双方的权利和义务，以及便于解决将来可能发生的纠纷，传统知识申请权和传统知识权的转让应采取要式合同的形式，即签订书面合同。鉴于我国很多传统知识是我国少数民族创造、传承和持有的，而他们可能不通汉语，因此，该条允许采用有关少数民族语言文字签订传统知识申请权和传统知识权转让合同。

对传统知识的科学价值和市场价值，传统知识传承人和持有人一般很难较为准确地评估；另外，有不少传统知识可能涉及民族和国家长远利益以及社会公共利益，因此，我国传统知识传承人和持有人在向外国个人和组织转让传统知识申请权和传统知识权时，应经过国家知识产权局审查批准；在向国内个人和组织转让时，应经省级知识产权行政部门审查批准。经审查批准后，同时由审批机构予以公告，公告期分别为2个月和1个月。公告期满，该转让合同即生效。

第九条　［传统知识权的共有］

两个以上传统知识传承人或持有人共同拥有某项传统知识的，该项传统知识属他们共同所有。但书面广泛公开的汉族的传统知识属于中华人民共和国所有，由传统知识保护协会总会代表中华人民共和国行使权利。

［立法理由］本条是关于传统知识权共同所有的规定。包括2句。第1句是对传统知识权共同所有的总括性规定；第2句是对特定的汉族传统知识的所有权的规定。

由于流传久远，同一项传统知识可能为多个人或多个村庄、多个民族所持有。而这种传统知识其原始权利人已很难确定；或者即使能够确定，但其已去世多年。在这种情况下，从权利界定的成本来看，将这种传统知识界定给有关持有人共有将是合算的。

由于汉族人口太多，把汉族创造的传统知识确认为全体汉族人民共同所有，然后进行利益分配，这种权利界定的成本太高，甚至会超过其收益。同时，汉族又是我国人口占绝对多数的民族，对已经书面广泛公开的汉族传统知识确认为国家所有，是汉族人民为中华民族作出的重大贡献，如此制度安排，似较妥当。

第十条 ［传统知识权的消极内容］

传统知识权授予后，除本法另有规定的以外，任何组织或者个人未经传统知识权人许可，都不得实施其传统知识，即不得为生产经营目的制造、使用、许诺销售、销售、进口其传统知识产品，或者使用其传统知识方法以及使用、许诺销售、销售、进口依照该传统知识方法直接获得的产品，不得在企业名称、商标和产品名称、包装、装潢等商业外观以及商业服务中直接或间接使用体现传统知识商业声誉的名称、称号、标记、符号等。

［立法理由］本条是关于传统知识权消极内容的规定。

法律上关于权利内容的规定，往往一方面从积极的角度直接规定权利人享有什么权利，如我国《民法通则》第71条规定，财产所有人对自己的财产享有占有、使用、收益和处分的权利。另一方面又从消极的角度规定权利人享有一种对积极权利的禁止性权利，即消极性权利，如我国现行《专利法》第11条的规定(应该说，法律在规定积极性权利时，本身也暗示了消极性的权利。只是有的法律将这种消极性权利明确地规定出来，如上述专利法，而有的法律没有明确规定)。

传统知识权的消极内容，包括3种对象：一是传统知识产品；二是传统知识方法；三是传统知识商誉的载体，如传统名称、称号、标记、符号等。针对这3种对象的传统知识权的消极内容，除本法另有规定的以外，包括：任何组织或者个人未经传统知识权人许可，都不得实施其传统知识，即不得为生产经营目的制造、使用、许诺销售、销售、进口其传统知识产品；或者使用其传统知识方法以及使用、许诺销售、销售、进口依照该传统知识方法直接获得的产品；不得在企业名称、商标和产品名称、包装、装潢等商业外观以及商业服务中直接或间接使用体现传统知识商业声誉的名称、称号、标记、符号等。

第十一条 ［传统知识的实施许可］

任何组织或个人实施他人传统知识的，应当与传统知识权人订立书面或口头实施许可合同，向传统知识权人支付传统知识使用费。

［立法理由］本条是关于传统知识实施许可的规定。

传统知识实施许可是传统知识权人实现其传统知识利益的重要方式。本条规定任何组织或个人实施他人传统知识应当与传统知识权人签订书面或口头实施许可合同，并向传统知识权人支付使用费。

第十二条 ［传统知识的强制许可］

对国家利益或者社会公共利益具有重大意义的传统知识，经国务院专利行政部门批准，可以决定在批准的范围内推广应用，允许指定的单位实施，由实施单位与传统知识权人洽谈并支付使用费。

[立法理由]本条是关于传统知识强制许可的规定。该条确定了传统知识强制许可的条件、程序、适用范围与条件，共4项内容。

强制许可是知识产权制度中平衡知识产权权利人利益与社会公共利益的重要制度安排。虽然传统知识对人类命运的决定力比不上现代科学技术，但也不排除在某些时候对某些涉及国家利益或者社会公共利益的事件，现代科学技术束手无策，而传统知识却应之有道。因此，在法律上对此预作规定颇有必要。

第十三条　[传统知识权人的标记权]

传统知识权人有权在其传统知识产品、服务或该产品的包装上标明传统知识标记、传统知识权号和传统知识传承人等传统知识信息。

[立法理由]本条是关于传统知识权人标记权的规定。

传统知识标记权是传统知识权人的一种精神性权利。这种精神性权利又可以增进传统知识权人的经济利益。其内容即是在传统知识产品、服务或该产品的包装上标明传统知识标记、传统知识权号和传统知识传承人等信息，以区别该传统知识产品或服务的来源，同时又承载社会公众对该传统知识产品或服务的评价，积累其商誉。因此，作出这种规定很有必要。

第二章　授予传统知识权的条件

第十四条　[新颖性]

授予传统知识权的传统知识，应当具备新颖性。

传统知识的新颖性，是指传统知识没有在传统知识权人书面同意的情况下以开发利用为目的向他人销售或者转让或者传统知识权人没有进行过商业性开发与使用。

[立法理由]本条是对有关传统知识授予传统知识权在新颖性方面的要求的规定，共有2款。第1款规定授予传统知识权的传统知识应当具备新颖性；第2款是对传统知识新颖性含义的界定，以便于当事人、授权审查人员等操作和理解该条款。

新颖性是专利法上的概念，其实质含义是指一项发明创造相对于现有技术或在先技术而言是前所未有的。故其只具有某种时间指向上的“先占”意义。在美国专利法上，在先技术区分国内和国外，分别采国内公开使用标准和国外公开发表标准。以其衡量权利要求之技术，如在其申请国已有人公开使用该技术，或在非申请国已公开发表该技术，除法定豁免情形外，则权利要求之技术不具备可专利性，不能授予专利。在《日本专利法》和《欧洲专利公约》中，其所界定的在先技术范围基本一致。以其衡量权利要求之技术，无论国内国外，只要有人公开使用该技术或以其他公开方式存在，则权利要求之技术不具备可专利性。

按照专利法上的新颖性规则,大多数传统知识不具备新颖性,从而不能授予传统知识权或其他类似的知识产权,因为很多传统知识已经书面公开或使用公开。这对于传统知识的创造者、传承者和持有者是不公平的。因此,应扩大解释专利法上的新颖性规则。参照《植物新品种保护公约》第6条规定的"商业新颖性",有关传统知识只要"没有在传统知识权人书面同意的情况下以开发利用为目的向他人销售或者转让或者传统知识权人没有进行过商业性开发与使用",就应认定其具备新颖性。

第十五条 [创造性]

授予传统知识权的传统知识,应当具备创造性。

传统知识的创造性是指传统知识符合下列条件之一:

(一)能一定程度或者以某种更廉价的方式或者以某种更安全的方式解决某一技术领域内一直存在而其他人未能解决或者能解决但代价高昂或者不安全的某一特定问题;

(二)因为技术原因使传统知识得到市场的认可,取得了商业性成功;

(三)竞争者愿意获得传统知识许可或者以传统知识为基础从事进一步研究;

(四)有其他技术需求的情形。

[立法理由]本条是关于传统知识权创造性的规定,共分2款。第1款规定对有关传统知识授予传统知识权,应当具有创造性;第2款规定认定特定传统知识具备创造性的条件。

创造性也是专利法上的概念,又称为"非显著性""非显而易见性",它被用来描述提出专利申请的技术方案或技术构思所具有的技术品位和技术水平。对什么是非显著性以及如何判断权利要求的技术方案或技术构思的非显著性是专利立法、专利审查和专利司法实践中最棘手的问题之一。各国法和有关国际性条约都回避了正面的定义。在美国,其最高法院在格拉汉姆诉约翰·迪勒(Graham V. John Deere Co.)案❶中结合《美国专利法》第103条的规定,提炼了具有操作性的判定发明非显著性标准的构成要素,即格拉汉姆要素或格拉汉姆标准,包括主要要素和辅助要素。结合我国的法律语言和法律逻辑,格拉汉姆主要要素可以分解组成为如下几点具有逻辑递进关系的步骤:(1)确定在先技术的范围和内容;(2)在上述在先技术范围内由普通技术人员确定有关技术领域的一般技术水准;(3)确定权利要求之技术与一般技术水平的区别。辅助要素包括商业上的成功、长期存在但一直未得到满足

❶ 在Graham V. John Deere Co.案中,Graham对原犁的两个零件进行互换。Graham基于这种简单的创新提出的专利请求,法院认为该技术方案具有"显著性",从而判定该专利无效。See Lester. I. Yano, Protection of the Ethnobiological Knowledge of Indigenous Peoples, 12 1993,41 UCLA L. Rev. 443.

的需求、其他人的失败、商业性默认等因素。

我国专利法对非显著性正面予以规定。我国专利法规定，创造性是指同申请日以前已有的技术相比，该发明有突出的实质性特点和显著的进步，该实用新型有实质性特点和进步。就发明而言，权利要求的技术方案或技术构思的技术品位状态是与在先技术相比具有突出的实质性特点和显著的进步。我国专利局《审查指南》（第二部分第四章2.3和2.4）解释为，突出的实质性特点是发明所属技术领域的技术人员通过逻辑分析、推理或者有限的实验所不能得到的。显著的进步是指发明与最接近的现有技术相比能够产生有益的技术效果，如发明克服了现有技术中存在的缺点和不足，为解决某一技术问题提供了不同构思的技术方案或者代表某种新的技术趋势。

鉴于传统知识的特点，要弄清楚每一个传统知识的具体产生和形成时间，从而考察其非显著性或创造性，已是不可能了。在每一项传统知识非显著性的判断上，按照格拉汉姆要素，要确定权利要求在先技术的范围和内容、确定权利要求传统知识产生时的一般技术水平、找出权利要求传统知识与当时一般技术水平的区别，这些都不具有可行性。在专利审查和专利司法实践上，让"决定的作出者"穿上一般水平人员的"鞋子"，站在发明还不知道或刚刚作出来的时间点上，考虑到所有的证据和信息，把权利要求的技术作为一个整体，看其是否显而易见，是否具有显著性，就更不可能了。因此，传统知识的非显著性判定与专利法应有很大的不同。确定权利要求的传统知识是否具有非显著性，在认定规则上可以采纳格拉汉姆要素中的辅助要素。凡是符合格拉汉姆辅助要素要求的，应认定权利要求的传统知识具有非显著性。很多传统知识符合格拉汉姆某些辅助要素。从商业性成功来说，传统医药产品在人们的日常药品消耗中还占有相当大的比重。据统计，在马来西亚，传统医药产品的人均消耗是现代医药的2倍以上。即使在发达国家，草药的需求近年来也不断增长。据世界卫生组织估计，世界市场上的草药产值已达到430亿美元，并且每年还在以5%～15%的速度在增长；草药的主要出口国中国1999年在国际市场上的传统医药收入达50亿美元，国内市场的收入达10亿美元。[1]在OECD国家，1990年植物性药品贸易的市场价值达到610亿美元。[2]由此至少可以判断，传统医药知识是符合"商业性成功"要素的。就商业性默认而言，由于传统知识的技术价值，西方科技专家通过传统知识权利人许可或窃取等不当占有手段获取传统知识，然后直接在其上谋求知识产权，或通过分离、提纯等方式开发出外围产品。这些行为，符合商业

[1] 转引自朱雪忠："传统知识的法律保护初探"，载《华中科技大学学报（人文社会科学版）》2004年第3期。

[2] Graham Dutfield, TRIPs-Related Aspects of Traditional Knowledge, Spring, 2001 33 Case W. Res. J. Int'l L.233.

性默认要素的实质和精神。下面两个案例可以进一步说明传统知识的商业性默认要素问题。在美国和秘鲁合作的传统知识医药知识开发ICBG-Peru案中,美国生物多样性国际合作小组和秘鲁传统知识权利人签订了一系列协议和许可证,它涉及参与合作有关各方及其义务负担和利益分享。其中最重要的内容包括:使用前的通知和同意、支付技术诀窍使用费等。❶在Neem Seed案中,把Neem这种植物作为杀虫剂使用是一项传统知识。西方研究者采用该传统知识,在这些传统知识基础上,确证了成熟的Neem Seed作为高效杀虫剂的精确机理,查清并分离了存在于其中的活性物质——azadirachtin——就是该活性物质具有强效的杀虫功能。❷ICBG-Peru案表明美国生物多样性国际合作小组已从传统部族寻求并获得了许可;后案则属不当占有传统知识。这些情形都表明外部社会已经"默认"了传统知识的技术价值和商业价值。由此看来,传统知识具备非显著性。因此,本条将传统知识的创造性界定为具备下列条件之一:(1)能一定程度或者以某种更廉价的方式或者以某种更安全的方式解决某一技术领域内一直存在而其他人未能解决或者能解决但代价高昂或者不安全的某一特定问题;(2)因为技术原因使传统知识得到市场的认可,取得了商业性成功;(3)竞争者愿意获得传统知识许可或者以传统知识为基础从事进一步研究;(4)有其他技术需求的情形。

第十六条　[实用性]

授予传统知识权的传统知识,应当具备实用性。

传统知识的实用性是指传统知识长期以来满足着当地社区或民族生产和生活的一定需要,能够在当地自然和/或者人文环境下生产或者使用,并能够为进一步研发提供有用的信息。

[立法理由]本条是关于传统知识权实用性的规定,共有2款。第1款规定对特定传统知识授予传统知识权应当具备实用性;第2款规定传统知识权新颖性的含义和认定条件。

与新颖性和创造性一样,实用性也是专利法上的概念。在专利法上,实用性是指权利要求的技术在产业上的利用可能性。从经济上来看,是指特定技术方案具有可产业性、可产业化;从技术上来看,是指特定技术方案具有可机械复制性、可再现性。

现行专利法上权利要求技术方案在技术特征上的可再现性、可复制性和经济

❶ Charles R.McManis: Intellectual Property, Genetic Resource and Traditional Knowledge Protection: Thinking Globally, Acting Locally. Summer, 2003 1 Cardozo J. Int'l&Comp.L.547.

❷ Lester I. Yano, Protection of the Ethnobiological Knowledge of Indigenous Peoples, 12 1993,41 UCLA L. Rev. 443.

上可产业性、可产业化,对传统知识的实用性认定造成了很大的障碍。因为传统知识通常欠缺稳定性、统一性,并需要在特定的地点、特定的环境下方可复制。应该说,传统知识具有与现代知识不同的"实用性"。首先,从技术上的可再现性、可复制性来看,传统知识作为传统部族解决其生产生活中技术难题的技术方案,其可再现性、可复制性不同于现代科技文化背景下的"现代知识",不同于符合现行各国专利法要求的权利要求之技术方案或技术构思。传统社区的很多"发明",如植物原药等,是在特定的自然生态环境下生长的,因而仅仅在特定的生态甚至特定的人文环境下才能够复制,才具有可再现性。例如,传统部族所选育的农作物种子,由于其遗传变化性较强,仅仅在某种土壤、降水、附近农作物或者特定地区的培育实践的综合条件下方可复制。亦即在同质的生态环境里才可能复制;而在"工厂"这种不同质的人为环境中则不可能复制。❶ 其次,传统知识能够满足传统部族的大多数生理和心理、物质和精神需要。传统部族利用自然生发的自然物质的种种功能,满足其生产生活的种种需要。如植物原药,其生产成本低,价格便宜,对于经济落后的传统部族来说,这是他们惟一支付得起的药物。对于发达国家而言,这也是他们很划算的某些西药的替代品。这样,传统知识的经济效用和"实用性"不仅不可忽视,而且还是适合于传统部族的恰当的知识形式。在经济效用上,对传统部族(也包括外部社会)来说,传统知识具有足够的使用价值,解决着他们生产生活中大大小小的不同问题。第三,从实用性的产业化含义来看,在发达商品经济社会里,人们的一切活动以追求财富和谋取利润为目的是天经地义的。科学家以逐利为创新宗旨是可以理解的。因而必须把产业上的利用可能性作为现代社会物品或方法可专利性的判定标准之一。但在经济社会商品化程度很低的传统部族和传统社区,这个理论预设十分苍白,缺乏解释力。传统部族的创新,针对本社区,服务本社区,是本社区生活的一部分。用西方的话语来描述,是传统社区的产业化需求很低;用传统部族的话语来表达,是传统社区有自己的"产业化"含义。

综上,本条对传统知识的实用性作出了不同于专利法的界定:传统知识的实用性是指传统知识长期以来满足着当地社区或民族生产和生活的一定需要,能够在当地自然和/或者人文环境下生产或者使用,并能够为进一步研发提供有用的信息。

第十七条　[其他]

体现传统知识的动物、植物及其组成部分与矿物均可授予传统知识权。

[立法理由]本条是对作为传统知识表现和载体的其他事物的规定。

一般来说,传统知识表现为一种技术信息和技术方案,这种技术信息和技术

❶ 技术特征上对复制环境的特殊要求使很多传统知识缺乏人为环境下的可复制性,因而难以像"现代知识"那样进行产业化开发和利用,不具有现行专利法上的实用性产业含义。

方案是无形的。但不少传统知识又表现为动物、植物及其组成部分以及矿物。因此，本条特规定，体现传统知识的动物、植物及其组成部分与矿物也可传统知识权的对象。

第三章 传统知识权的申请、登记与确认

第十八条 [传统知识权的申请]

申请传统知识权的，传统知识持有人应当向国务院专利行政部门提交申请书、附图或者相片等文件。

申请书应当包含：

(一)传统知识的名称、主要功能和实质技术特征；

(二)传统知识的来源地和传承人；

(三)传统知识具备本法规定的新颖性、创造性、实用性的证据；

(四)申请人姓名、性别、年龄、传承传统知识的情况；

(五)其他。

[立法理由]本草案所确定的传统知识权，是一种新型的知识产权类型。传统知识权的取得，除需具备第14条、第15条、第16条规定的实质条件外，还需要履行相关的申请和审批程序。本条是对传统知识权申请程序及需提交的有关申请文件的规定，共分2款。第1款规定了传统知识权的申请主体、主管部门和申请传统知识权应提交的文件名录；第2款对申请传统知识权过程中最重要的文件——传统知识权申请书的内容作了列举。

第十九条 [传统知识权的申请日]

国务院专利行政部门收到申请书之日，为传统知识权申请日。如果申请书是邮寄的，以寄出的邮戳日为申请日。

[立法理由]本条是关于如何确定传统知识权申请日的规定。按照诉讼文书送达主义规则，以国务院专利行政部门收到申请书之日为传统知识权申请日是合适的。如果申请书是邮寄的，按惯例，以寄出的邮戳日为申请日。

第二十条 [书面广泛公开的汉族传统知识的权利申请、权利管理与收益归属]

书面广泛公开的汉族的传统知识由传统知识保护协会总会申请传统知识权。获得授权后，由传统知识保护协会总会管理权利，权利转让等所得收益归中华人民共和国国库。

[立法理由] 本条是关于书面广泛公开的汉族传统知识权的申请及权益归属的规定，共1款，分为2句。第1句是关于书面广泛公开的汉族的传统知识的权利申请主体的规定；第2句是书面广泛公开的汉族传统知识权的权利管理与收益归属的规定。

由于书面广泛公开的汉族传统知识,涉及的主题和地域范围都很广,因此,由传统知识保护协会总会来申请和管理权利是恰当的。其收益归国家所有。

第二十一条 [两个以上的自然村或者民族共同所有的传统知识的权利申请、权利管理与收益归属与分享]

在两个以上的自然村或两个以上的民族共同拥有某项传统知识情形下,如该两个以上的自然村或民族跨两个或两个以上省(直辖市、自治区、特别行政区)或者县(市)或者乡(镇),该传统知识的保存、传承、开发利用和知识产权保护工作相应由传统知识保护协会总会、省级或县级分会统一协调。该传统知识权由总会、省级或县级分会申请;获得授权后,由该相应传统知识保护协会管理权利,权利转让等所得收益由共同所有人平均分配。

[立法理由]本条是对某些共同所有的传统知识的权利申请、权利管理和收益归属与分享问题的规定。

由于存在年代久远、传播广泛,一项传统知识可能为多个主体所有,如为多个村庄所有、多个民族所有(也包括为两个个人所有)等。这多个自然村或民族可能跨越两个或两个以上的省(直辖市、自治区)或者县(市)或者乡(镇),对这种传统知识如何申请传统知识权、其权利管理和权利收益的归属与分享是一个颇为复杂的问题。按照民法共同所有的制度原理和经济学上降低产权界定成本的内在要求,本条规定:如该两个以上的自然村或民族跨两个或两个以上省(直辖市、自治区、特别行政区)或者县(市)或者乡(镇),该传统知识的保存、传承、开发利用和知识产权保护工作相应由传统知识保护协会总会、省级或县级分会统一协调。该传统知识权由总会、省级或县级分会申请;获得授权后,由该相应传统知识保护协会管理权利,权利转让等所得收益由共同所有人平均分配。

第二十二条 [传统知识权申请的"一传统知识一申请"]

一项传统知识权的申请,应当限于一项传统知识。

[立法理由]本条是关于传统知识权利申请和界定的"计数"规则。当事人提出的一项传统知识权的申请,应当限于一项传统知识。

第二十三条 [传统知识权申请的撤回]

申请人可以在被授予传统知识权之前随时撤回其传统知识权申请。

[立法理由]本条是关于在合理期限内撤回传统知识权申请的规定。

第二十四条 [传统知识权申请的形式审查和公布;实质性相似或相同传统知识的申请的合并]

国务院专利行政部门收到传统知识权申请后,经形式审查符合本法要求的,即行公布,但传统知识实质技术特征不列入公布的范围;并提示类似传统知识的持有人及其他利害关系人从公布之日起的两个月内提出传统知识权申请。

在上述两个月期限内,如果有利害关系人提出同样的或实质性相似的传统知识申请,国务院专利行政部门应当委托有关省级知识产权行政部门召集利害关系人和有关传统知识邻近领域的现代科技专家进行磋商,以确定有关传统知识是否实质性相似或相同。如果实质性相似或相同,则确认为一项传统知识,由其共同申请。

[立法理由] 本条是关于传统知识权申请的形式审查和公布以及实质性相似或相同传统知识的申请的合并的规定,共2款。第1款是关于传统知识权申请的形式审查和公布的规定;第2款是关于实质性相似或相同的传统知识的申请的合并的规定。

国务院专利行政部门收到传统知识权申请后,不立即进行实质审查,而是进行形式审查。主要是审查其申请材料是否齐全完备、申请人资格是否恰当等。形式审查合格后,即予公布,以观瞻是否还有其他类似或相同的传统知识。但是,公布的内容,不包括传统知识的实质技术特征,这主要是便于保护传统知识传承人或者持有人的利益。在公示期限内,如果有人认为提出传统知识权要求的传统知识与其传承或者持有的传统实质性相似或相同,国务院专利行政部门应当委托有关省级知识产权行政部门召集利害关系人和有关传统知识邻近领域的现代科技专家进行磋商,以确定有关传统知识是否实质性相似或相同。如果实质性相似或相同,则确认为一项传统知识,由其共同申请。

第二十五条 [通知;修改;撤回;驳回;受理]

经形式审查认为传统知识权申请材料不符合本法要求的,应当通知申请人,要求其在指定的期限内进行修改;无正当理由逾期不答复的,该申请即被视为撤回。

传统知识权申请人对其传统知识权申请材料进行修改后,国务院专利行政部门认为仍然不符合本法规定的,应当予以驳回;符合本法规定的,予以受理。

[立法理由]本条是关于传统知识权申请过程中申请材料不符合本法规定时的通知、修改、撤回与驳回的问题。本条共2款。第1款是传统知识权的申请材料经形式审查不符合要求的,通知其修改以及逾期不答复视为撤回的规定;第2款是传统知识申请材料经修改后仍不符合要求应予驳回否则予以受理的规定。

第二十六条 [传统知识权的授予和生效]

上述两个月公示期满后,由国务院专利行政部门作出授予传统知识权的决定,发给传统知识权证书,同时予以登记和公告。

传统知识权从公告之日起生效。

传统知识持有人为传统知识权人。

[立法理由]本条是关于对符合要求的传统知识授予传统知识权以及传统知识

权生效的规定，共3款。第1款规定公示期满后国务院专利行政部门对无异议的传统知识授予传统知识权，同时发证、登记和公告；第2款规定传统知识权生效的时间为公告之日；第3款规定传统知识权利人是传统知识持有人。

第二十七条　[传统知识分类登记簿和传统知识电子数据库；传统知识实质技术特征的不公开]

国务院专利行政部门根据传统知识权申请设立已授予传统知识权的传统知识分类登记簿和相应的传统知识电子数据库。

分类登记簿和电子数据库记载的传统知识实质技术特征不公开。

[立法理由] 本条是关于对已授予传统知识权的传统知识建立分类登记簿和相应传统知识电子数据库的规定，共分2款。第1款是规定国务院专利行政部门根据传统知识权申请设立已授予传统知识权的传统知识分类登记簿和相应的传统知识电子数据库；第2款是规定有关传统知识实质技术特征在该登记簿和数据库中不予公开。

设立传统知识分类登记簿和相应的传统知识数据库，既可以保存有关传统知识，也是有关传统知识权利界定、使用、流转的必然要求。故该条设立此种规则。但是，如果传统知识实质技术特征在此种登记簿和数据库中予以公开，则可能给传统知识权人带来过大的风险。因此，有关传统知识的实质技术特征不公开，但是可以提供给国务院专利行政管理部门以备查用。

第四章　传统知识权的内容、期限和强制许可

第二十八条　[传统知识权的内容]

传统知识权人，对依本法确认和登记的传统知识享有但不限于以下权利：

(一)任何组织和个人不能对进入依第三十条设立的登记簿和相应的传统知识电子数据库的传统知识或者没有进入该登记簿和电子数据库的其他传统知识申请并获得专利权或者类似专利权的其他知识产权；

(二)体现传统知识商业声誉的名称、称号、标记、符号等传统名号构成《中华人民共和国商标法》第九条规定的在先权利，受该条及相应条款的保护；

(三)传统知识权人对体现传统知识商业声誉的名称、称号、标记、符号等传统名号享有注册商标(包括集体商标和证明商标在内)、地理标志、企业名称以及其他商业标志的专有权。

(四)利用传统知识开展下一步研发的，利用人应当在利用传统知识前将利用目的、内容、可能造成的影响等有关事项告知传统知识权人，并取得其书面同意，同时签订许可协议和传统知识来源地证明。在许可协议中就传统知识下一步研发所取得的利益确定公平的分享条款。在来源地证明中确定传统知识的来源村或来源

民族。上述许可协议须经过国务院专利行政部门批准。在就以传统知识为基础开发出的发明创造申请专利时，申请人应当在专利申请文件中披露利用传统知识的事先知情同意证明、许可协议和来源地证明；否则，国务院专利行政部门应驳回其专利申请或使已取得的专利无效。

(五)传统知识权人享有依照其传统惯例或不依照其传统惯例制造、使用、许诺销售、销售其传统知识产品，使用其传统知识方法以及使用、许诺销售、销售依照该传统知识方法直接获得的产品的专有权；并依据这种专有权享有许可他人制造、使用、许诺销售、销售其传统知识产品、使用其传统知识方法以及使用、许诺销售、销售依照该传统知识方法直接获得的产品的权利。这种许可，亦须经国务院专利行政部门批准。

[立法理由]本条是关于传统知识权内容的规定，是本草案中的重要内容。传统知识权分为4种。(1)以传统知识本身为标的的消极知识产权(主要表现为消极专利权)。传统知识传承人或者持有人对其传统知识的本原方面从反面获得一种排除他人获得知识产权的权利，从而构成一种消极知识产权。在现行知识产权制度下，由于各国授予知识产权的条件和标准的差异，一个国家内的传统知识的本原方面可为他国人用以直接获得知识产权，并反过来限制传统知识权利主体原来就存在和享有的权利，此即构成一种生物掠夺行为(biopiracy)或传统知识的不正当使用。国际上这方面的案例已不少。在这里，传统知识传承人或者持有人就应享有一种排除他人就其传统知识本原方面获得知识产权的权利，即他人权利排除权。对传统知识权利主体而言，这种他人权利排除权即表现为一种消极的知识产权利益。(2)以传统知识衍生的商誉为标的的消极知识产权（主要表现为消极商标权或者说商标法上的在先权)。这种消极知识产权是指传统知识传承人或者持有人对其传统知识衍生的商誉从反面获得一种排除他人获得知识产权的权利，从而构成一种以传统知识衍生的商誉为客体的消极知识产权利益。这种消极衍生性知识产权利益主要表现为传统部族对传统知识衍生商誉的在先权，如对他者就体现传统知识衍生商誉的一些传统名称、传统标志(可统称为“传统名号”)获得商标权的排除权等。(3)以传统知识衍生的商誉为标的的积极知识产权。传统知识在长期使用过程中得到社会公众和市场的认可、信赖和优良评价，形成了良好的商业声誉。这些商业声誉及其载体如传统名称、传统标志等具有商业价值。作为一种“经营性资信”，它能够为持有人在市场竞争中带来某种竞争优势。一般智力产品衍生的商誉，作为一种“能够带来剩余价值的价值”，作为一种能够为权利人带来额外收益的资源，其价值量是动态的，难以估量的。只能在特定时空条件下才能进行较为客观的评估，而评估结果可能是正数，也可能是负数。但对大多数传统知识而言，由于经过了漫长时间

的考验，其商誉价值一般是正数，而且会较高，如一些传统食品、传统医药、传统工艺品等在其细分市场中就占有较高的额度，拥有较高的市场声誉。以其为对象的知识产权利益，即是传统知识的衍生性知识产权利益，传统知识传承人或者持有人可就其传统知识衍生的商誉获得证明商标、集体商标、原产地名称标记、商号等注册与使用的专有权等。(4)以传统知识本身为标的的积极知识产权。传统知识作为传统部族代代相沿创造而成的智力产物，系一种知识财产。虽然其科学意义的特征与现代知识和技术有所不同，如"创造性"程度欠高等，但由于其商业价值并未得到实现，因此，传统知识传承人或者持有人应就其传统知识本身享有一种知识产权利益，如被授予专利权或其他类似专利的特别权利等。这即是以传统知识本身为标的的积极知识产权。依据这种权利，传统知识权人享有依照其传统惯例或不依照其传统惯例制造、使用、许诺销售、销售其传统知识产品，使用其传统知识方法以及使用、许诺销售、销售依照该传统知识方法直接获得的产品的专有权；并依据这种专有权享有许可他人制造、使用、许诺销售、销售其传统知识产品、使用其传统知识方法以及使用、许诺销售、销售依照该传统知识方法直接获得的产品的权利。依据这种权利，如果利用人利用传统知识开展下一步研发，利用人应当在利用传统知识前将利用目的、内容、可能造成的影响等有关事项告知传统知识权人，并取得其书面同意，同时签订许可协议，取得传统知识来源地证明。在许可协议中就传统知识下一步研发所取得的利益确定公平的分享条款。在来源地证明中确定传统知识的来源村或来源民族。在就以传统知识为基础开发出的发明创造申请专利时，申请人应当在专利申请文件中披露利用传统知识的事先知情同意证明、许可协议和来源地证明；否则，国务院专利行政部门应驳回其专利申请或使已取得的专利无效。

第二十九条 ［传统知识权的期限］

第二十八条第(一)项、第(二)项、第(三)项传统知识权为永久性权利，第(四)项、第(五)项传统知识权的期限为二十年，自申请之日起计算。

［立法理由］本条是关于传统知识权期限的规定，共分2句。第1句是关于第31条第(1)项、第(2)项、第(3)项权利的期限的规定；第2句是关于第31条第(4)项和第(5)项权利的规定。

本草案所建构的传统知识权是一种知识产权性质的新型权利。排除他人就有关传统知识获得专利权等知识产权的权利、体现传统知识商誉的传统名号的商标在先权和将其作为商业标志额注册使用专有权，是传统知识传承者或者持有者的消极性权利，这些权利在时间上应是无期限的。以传统知识本身为标的的积极知识产权，是一种特别知识产权，其与专利权在本质上具有相似性，因而应是一种有期限的权利。这种期限按发明专利期限，可确定为20年。

第三十条 [传统知识权的强制许可——拒绝合理条件许可的强制许可]

具有实施条件的组织或个人以合理条件请求传统知识权人许可实施其传统知识,而未能在合理长的时间内获得这种许可时,国务院专利行政部门根据该单位的申请,可以给予实施该传统知识的强制许可。

[立法理由]本条是关于传统知识权人拒绝合理条件的许可时实施强制许可的规定。

传统知识权作为一种与专利权具有实质相似性的权利,具有滥用的可能性。当有关个人或单位以合理条件请求传统知识权人许可其实施有关传统知识,而在合理长的时间内未能获得这种许可,此时,该个人或者单位可以请求国务院专利行政部门给予实施该传统知识的强制许可。

第三十一条 [传统知识的强制许可——国家出现非常情况或者为了重大公共利益的强制许可]

在国家出现非常情况时或者为了重大公共利益,国务院专利行政部门可以给予实施传统知识的强制许可。

[立法理由]本条是在国家出现非常情况或者有重大公共利益需求时,对有关传统知识实施强制许可的规定。

传统知识数量庞大,其技术价值不容易准确评估。特定传统知识对国家出现的紧急情况和重大公共利益或许很有帮助。在这种情况下,国务院专利行政部门可以发布有关传统知识的强制许可。

第三十二条 [传统知识的强制许可——从属技术的强制许可]

一项取得专利权的发明创造是比取得传统知识权的传统知识具有显著经济意义的重大技术进步,其实施又有赖于传统知识的实施的,国务院专利行政部门根据专利权人的申请,可以给予实施传统知识的强制许可。

[立法理由]本条是关于传统知识与有关发明创造具有技术上的从属关系时对该传统知识实施强制许可的规定。

有的发明创造专利权相对现有技术是一个重大进步,并且具有重大的经济价值和产业前景。但该发明创造专利权的实施又依赖于特定传统知识的实施,如果当事人不能取得该传统知识的实施权,必然影响该发明创造专利权的实施。在这种情况下,应给予实施该传统知识的强制许可。

第三十三条 [强制许可的范围]

上述强制许可仅限于允许申请人制造、使用、许诺销售、销售有关传统知识产品,使用有关传统知识方法以及使用、许诺销售、销售依照该传统知识方法直接获得的产品。

[立法理由]本条是关于传统知识强制许可范围的规定。有关当事人取得特定传统知识的强制许可,其实施权利范围不是无限的。为了实现双方利益的平衡,本条规定,传统知识实施的强制许可范围"仅限于允许申请人制造、使用、许诺销售、销售有关传统知识产品,使用有关传统知识方法以及使用、许诺销售、销售依照该传统知识方法直接获得的产品"。

第三十四条 [申请实施传统知识强制许可的条件]

依照本法规定申请实施强制许可的单位或者个人,应当提出未能以合理条件与传统知识权人签订实施许可合同的证明。

[立法理由] 本条是关于个人或者单位申请对有关传统知识实施强制许可的规定。

具有实施条件的单位或个人以合理条件请求传统知识权人许可实施其传统知识,而未能在合理长的时间内获得这种许可,因而向国务院专利行政部门申请实施该传统知识的强制许可时,应提交未能以合理条件与传统知识权人签订实施许可合同的证明。

第三十五条 [强制实施许可的通知、登记与公告]

国务院专利行政部门作出的给予强制许可的决定,应当及时通知传统知识权人,并予以登记和公告。

[立法理由]本条是关于传统知识强制许可授予后的通知等事项的规定。

国务院专利行政部门在对有关传统知识授予强制许可后,应当及时通知传统知识权人,并予以登记和公告,使其知晓该事项,并筹办后续事项。

第三十六条 [强制许可的权限和强制许可的终止]

给予实施强制许可的决定,应当根据强制许可的理由规定实施的范围和时间。

强制许可的理由消除并不再发生时,国务院专利行政部门应当依职权终止实施强制许可的决定。

[立法理由]本条是关于传统知识强制许可的权限与终止的规定,共分2款。第1款是关于传统知识强制许可权限的规定,包括传统知识强制许可的范围和期限;第2款是关于传统知识强制许可的终止的规定。

传统知识的强制许可是对传统知识权的一种限制。这种限制是有限度的。即在一定范围和时间期限内实施传统知识强制许可;而强制许可的理由不存在时,国务院专利行政部门应当终止有关传统知识的强制许可。

第三十七条 [传统知识强制许可的使用费]

取得实施强制许可的组织或个人应当付给传统知识权人合理的使用费,其数额由双方协商;双方不能达成协议的,由国务院专利行政部门裁决。

[立法理由]本条是关于传统知识强制许可使用费的规定。

传统知识强制许可,只是给申请人一种实施传统知识的机制和途径。这种机制和途径并不是免费的。因此,实施强制许可的单位或者个人应该付给传统知识权人合理的使用费。这种使用费的数额,可以由当事人协商;如协商不成,则由国务院专利行政部门裁决。

第五章 传统知识权的保护

第三十八条 [传统知识权的保护范围]

传统知识权的保护范围,以申请书的内容为准,附图和相片可以用于解释传统知识权利要求。

[立法理由]本条是关于传统知识权保护范围的规定。

传统知识权的保护范围,是对传统知识权给予法律保护的重要技术参数,也是确定特定传统知识权的边界的机制。传统知识权的保护范围以申请书的内容为准,附图、相片等可以用于解释传统知识权利要求。

第三十九条 [侵犯传统知识权的民事责任]

任何自然人或组织未经传统知识权人许可并取得国务院专利行政部门批准而获取或使用我国传统知识的,应当承担赔礼道歉、停止侵害、返还财产、恢复原状、赔偿损失等民事责任。侵犯传统知识权的赔偿数额,按照侵权人因侵权所获得的利益额或者按照被侵权人所受到的损失额的三倍以上五倍以下确定; 如上述两项数额均难以确定,则按该传统知识许可使用费的五倍以上七倍以下确定。

上述民事纠纷由当事人协商解决;不愿协商或协商不成的,传统知识权人可以向人民法院起诉,也可以请求国务院专利行政部门处理。国务院专利行政部门可以责令侵权人立即停止侵权行为;当事人不服的,可以自收到处理通知之日起十五日内依照《中华人民共和国行政诉讼法》向人民法院起诉;侵权人期满不起诉又不停止侵权行为的,国务院专利行政部门可以强制执行。国务院专利行政部门应当事人的请求,可以就侵犯传统知识权的赔偿数额进行调解;调解不成的,当事人可以依照《中华人民共和国民事诉讼法》向人民法院起诉。

[立法理由] 本条是关于他人侵犯我国传统知识权应承担的民事责任的规定。共分2款。第1款是关于侵犯传统知识权应承担的民事责任的类型;第2款是侵犯传统知识权承担的民事责任的实现机制。

对于任何侵权行为,承担民事责任是对侵权人所给予的制裁,是对受害人所给予的救济和补偿。对侵害传统知识权的行为人,法律强制其承担相应的民事责任,是对传统知识权人的基本保护。该条确定,任何自然人或组织未经传统知识权人许可并取得国务院专利行政部门批准而获取或使用我国传统知识的, 应当承担赔礼道歉、停止侵害、返还财产、恢复原状、赔偿损失等民事责任。

对因侵犯传统知识权而引起的民事纠纷和民事责任的实现机制，可以有司法解决和行政解决两种方式。本条规定，当事人可以选择采用上述两种方式中的任何一种。

第四十条　[侵犯传统知识权的行政责任]

未经传统知识权人许可并取得国务院专利行政部门批准，对获取及实施我国传统知识的任何自然人或组织，国务院专利行政部门可以对其实施以下行政处罚：书面警告、罚款、获取和使用许可证自动失效、没收获取的体现传统知识的涉案生物资源和在其基础上开发出的产品、永久禁止获取及使用我国传统知识及有关生物资源、有关违法行为在国家及国际媒体上披露并通报有关国际组织。

[立法理由]本条是关于侵犯传统知识权者承担行政责任的规定。

就一个侵权行为，法律强制侵权人承担一定的行政责任，是对其实施的又一种制裁。从而与民事责任、刑事责任构成一个法律责任的体系。行政责任的实施具有直接性、快捷性、高效性，对侵犯传统知识权的个人与单位实施行政打击，具有民事责任所不具备的功效。故本条设置了侵犯传统知识权的行政责任。

第四十一条　[侵犯传统知识权的刑事责任]

未经传统知识权人许可并取得国务院专利行政部门批准，获取及实施我国的传统知识给传统知识权人或我国造成较大损失或者情节严重的，判处两年以上七年以下有期徒刑，可以根据其获利情况并处相应的罚金。损失是否较大和情节是否严重，由公安部门商国务院专利行政部门决定。

[立法理由]本条是关于侵犯传统知识权承担刑事责任的规定。

让侵权人承担民事责任与行政责任是法律保护传统知识权的重要途径，但其保护尚有不足。如果仅有此两种机制，不足以使侵权人的侵权成本达到适当的高度，以遏制侵犯传统知识权的行为。故本条设置了侵犯传统知识权的刑事责任。外国相关立法也有此规定。

第四十二条　[侵犯传统知识权的举证责任]

侵犯传统知识权的纠纷，侵权人否认侵权的，应当提供没有侵犯传统知识权的证据。

[立法理由]本条是关于侵犯传统知识权的举证责任问题的规定。

在传统知识权侵权纠纷中，侵权人往往是现代科技专家和研发机构。他们拥有现代科技知识，对相关传统知识所属领域往往也很有研究，比较了解。而对有关侵犯传统知识权的行为，他们则更是心知肚明。而传统知识权人对此则处于信息劣势。因此，在举证责任分配中，传统知识权人只需提出初步的侵权证据，有关部门就应受理案件。在处理程序启动后，由侵犯人提供没有侵权的证据。

第四十三条 ［假冒传统知识及其行政处罚］

以非传统知识产品冒充传统知识产品、非传统知识方法冒充传统知识方法的，由国务院专利行政部门责令改正并予以公告，没收违法所得，并处违法所得三倍以上五倍以下的罚款。

［立法理由］本条是关于假冒传统知识的侵权行为的行政处罚的规定。假冒传统知识产品在我国国内市场已有发现。对假冒传统知识的行为，予以行政处罚可以及时给予有力的打击。故本条规定，以非传统知识产品冒充传统知识产品、非传统知识方法冒充传统知识方法的，由国务院专利行政部门责令改正并予以公告，没收违法所得，并处违法所得三倍以上五倍以下的罚款。

第四十四条 ［侵犯传统知识权的诉前禁令与诉前财产保全］

传统知识权人或者利害关系人有证据证明他人正在实施或者即将实施其传统知识权的行为，如不及时制止将会使其传统知识权受到难以弥补的损害的，国务院专利行政部门应依职权根据《中华人民共和国民事诉讼法》第九十三条至第九十五条的规定，在起诉前向人民法院申请采取责令停止有关行为和财产保全的措施，人民法院应予以支持。

［立法理由］本条是关于侵犯传统知识权诉前禁令和诉前财产保全问题的规定。某些侵犯传统知识权的行为的发生与发展，必将给权利人造成难以弥补的损害。对这种侵权行为，如有确凿的证据，经权利人的申请，应可发布诉前禁令和诉前财产保全。

第四十五条 ［侵犯传统知识权的诉讼时效］

侵犯传统知识权的民事诉讼时效为两年，自传统知识权人或者利害关系人得知或者应当得知侵权行为之日起计算。

［立法理由］本条是关于侵犯传统知识权的诉讼时效的规定。侵犯传统知识权的诉讼时效是普通诉讼时效。因而本条规定为两年，自传统知识权人或者利害关系人得知或者应当得知侵权行为之日起计算。

第四十六条 ［传统知识权的合理使用］

专为科学研究和教学而使用有关传统知识，且不直接产生任何经济利益的，不视为侵权。但应事先告知传统知识权人并获得其书面同意。

［立法理由］本条是关于传统知识权的合理使用问题的规定。合理使用是知识产权权利限制制度的有机组成部分。传统知识权自然也应采纳该制度。传统知识权的合理使用，只限于专为科学研究和教学的使用，而且不直接产生经济效益。但考虑到传统知识权人的弱势地位，法律有加强对传统知识权人保护的必要。故本条规

定,传统知识权的合理使用,也应事先告知传统知识权人并取得其书面同意。

第四十七条　[侵犯传统知识权的责任豁免]

为生产经营目的使用不知道是未经传统知识权人许可而制造并售出的传统知识产品或者依照传统知识方法直接获得的产品,能证明其产品合法来源的,不承担赔偿责任;但应当将所获得的利润返还给传统知识权人。

[立法理由]本条是关于侵犯传统知识权的责任豁免问题的规定。在某些情况下,行为给传统知识权人造成了损失,但其没有主观过错,或过失小,如让其承担赔偿责任,则有失公允。故本条规定,为生产经营目的使用不知道是未经传统知识权人许可而制造并售出的传统知识产品或者依照传统知识方法直接获得的产品,能证明其产品合法来源的,不承担赔偿责任;但应当将所获得的利润返还给传统知识权人。

第四十八条　[泄露国家秘密罪]

违反本法规定,以传统知识向外国申请专利权或其他知识产权从而泄露国家秘密、损害国家利益,构成犯罪的,依法追究刑事责任。

[立法理由]本条是关于以传统知识向外国申请专利权或其他知识产权时泄露国家秘密损害国家利益应受刑事制裁的规定。我国传统知识,有不少具有重大国家利益,对这些传统知识,应确认为国家秘密;其传承人或者持有人的权利应受到一定限制,即不能擅自向外国申请专利或其他知识产权。如果以传统知识向外国申请专利权或其他知识产权从而泄露国家秘密、损害国家利益,构成犯罪的,则依法追究刑事责任。

第四十九条　[传统知识管理渎职犯罪]

国家各级传统知识管理部门以及其他有关国家机关工作人员在传统知识管理工作中玩忽职守、滥用职权、徇私舞弊,构成犯罪的,依法追究刑事责任;尚不构成犯罪的,依法给予行政处分;对传统知识权人造成经济损失的,传统知识权人受《中华人民共和国国家赔偿法》的保护。

[立法理由]本条是关于传统知识管理部门渎职犯罪的规定。

14

第十四章

知识产权法典化研究

自斯里兰卡于1979年颁布世界上第一部知识产权法典以来,法国、菲律宾、越南等国也先后制定和颁布了本国的知识产权法典。上述法典的出现,标志着知识产权立法进入了历史的新阶段。我国目前正处于经济发展的新时期,如何学习并吸收外国知识产权法典化的经验,对于促进我国知识产权制度的完善具有非常重要的意义。

一、外国知识产权法典化概况

自法国学者卡普佐夫于17世纪中叶创造出“知识产权”一词后,[1]在200多年的时间里,“知识产权”却仅仅只是一个法学名词而不是法律名词。虽然人们逐渐认识到知识产权的重要性,从理论上详尽地研究和论述它,并将越来越多的具体权利类型纳入知识产权的调整范围,但各国立法重点还是集中在如何对知识产权的各类具体权利进行规范这一层次,却并未提升到从整体上对知识产权进行规范这一层次,至多也只是提升至“工业产权”层次。各国存在着以专利权、商标权、著作权法等知识产权下位权利概念冠名的法律,也出现过以工业产权冠名的法律,却从未存在“知识产权”这样一个法律文件。[2]这种知识产权理论体系与法律体系相脱节的尴尬状况直到20世纪下半叶才有所改变。

如果从广义的角度来理解法律而把国际公约也作为一种法律渊源的话,那么1967年7月14日签订的《成立世界知识产权组织公约》可以算是“知识产权”第一次以法律名词的身份出现。这一公约首次以法律文件的形式将知识产权的具体权利类别固定下来。斯里兰卡1978年加入世界知识产权组织后,参照该公约的规定,于

---

[1] 吴汉东主编:《知识产权法》,中国政法大学出版社2004年版,第1页。

[2] 虽然西班牙存在以“知识产权”命名的法律,但在西班牙,知识产权法实际上是著作权法的代称。具体参见郑成思:《知识产权论》,法律出版社2003年版,第26页。

1979年颁布了世界上第一部知识产权法典,将以往由单独立法调整的专利权、工业设计权、商标权、著作权、商号权、反不正当竞争等具体权利类型全部归由一部法律调整。此后,法国于1992年、菲律宾于1997年、越南于2005年也先后制定和颁布了本国的知识产权法典,对知识产权实行统一规定和调整,将各类知识产权纳入同一立法框架之中,形成了一股知识产权法典化的潮流。

(一)斯里兰卡知识产权法典概况

斯里兰卡是一个位于南亚次大陆南端的岛国,原名锡兰(Ceylon)。锡兰曾经被英国殖民统治将近200年,直到1948年独立。1972年,锡兰改国名为斯里兰卡(Sri Lanka)。作为被英国长期殖民统治的结果,英国法律对斯里兰卡的法律体系产生了巨大的影响,斯里兰卡在传统上也被归属于英美法系国家。在殖民统治时期,知识产权的概念被介绍到斯里兰卡,英国调整专利、设计、商标和著作权的法律在斯里兰卡也得到适用。斯里兰卡独立后,又于1949年通过了第34号法令《专利、设计和商标法》。

斯里兰卡1948年独立后,在相当长的时间实行以国有计划经济为主体的经济体制。20世纪70年代以后,国有经济为主体的经济体系弊端显现,影响了斯里兰卡经济的发展。1977年以贾亚瓦德纳为领导的统一国民党政府上台,接受国际货币基金组织和世界银行的建议,实行"自由化"的经济政策,全面推行私有制,放宽进口,大量吸引外资和引进技术,发展自由贸易区。此后的各任政府均遵循这一经济政策而未进行较大的变动。在对外开放市场的情况下,斯里兰卡政府的当务之急就是吸引外国投资、引进外国技术,为经济发展创造一个良好的法律环境,因此1979年《斯里兰卡知识产权法典》(The Code of Intellectual Property Act No. 52 of 1979)应运而生。

1979年《斯里兰卡知识产权法典》的诞生标志着斯里兰卡知识产权法体系的一场革命:斯里兰卡议会废除了所有现存的知识产权法律,将所有类型的知识产权都纳入《知识产权法典》的调整范围。值得注意的是,国内学术界通常认为1992年的《法国知识产权法典》是世界上第一部专门性的知识产权法典,[1]而斯里兰卡1979年《知识产权法典》比《法国知识产权法典》的诞生足足要早了13年之多。

1979年《斯里兰卡知识产权法典》建立在世界知识产权组织为发展中国家提供的示范法的基础之上,而斯里兰卡是最早采纳这一示范法的国家之一。[2]这部法典在斯里兰卡适用了20多年,其间分别在1980年(Act No. 30 of 1980)、1983年(Act No. 2

[1] 郑成思:《知识产权——应用法学与基本理论》,人民出版社2005年版,第158页。

[2] W.A. Jayasundera, Intellectual Property Training—Lessons from Japan for Sri Lanka, p56 . Final Report The Long term Fellowship Program under the WIPO Fund-in-trust/Japan February 2002 to June 2002. http://www.jpo.go.jp/torikumi_e/kokusai_e/asia_ip_e/pdf/wipo/2001_srilanka.pdf .

of 1983)、1990年(Act No. 17 of 1990)、1997(Act No. 13 of 1997)和2000年(Act No. 40 of 2000)经过了修订。

1979年《斯里兰卡知识产权法典》由编(Part)、章(Chapter)、节(Section)三个层次构成。法典分为七部分,每部分下面包含若干章,每章下面包含若干节,一共有192节。其基本结构为:

第一编　知识产权行政管理;
第二编　著作权;
第三编　工业设计;
第四编　专利;
第五编　商标、商号和不正当竞争;
第六编　法律责任;
第七编　附则

1991年9月20日,美国与斯里兰卡之间签订了《美国—斯里兰卡知识产权双边保护协定》,该协定为斯里兰卡知识产权的保护设定了一个强制性的标准,而当时的《斯里兰卡知识产权法典》的规定尚未达到这一标准。例如,该协定规定应当对计算机软件、集成电路布图设计、商业秘密和数据库进行保护,[1]而1979年的《斯里兰卡知识产权法典》却未对这些方面的内容进行规定。斯里兰卡1995年1月1日加入了世界贸易组织,而WTO成员的一个重要义务就是其对知识产权的保护要达到《知识产权协定》的"最低保护标准",虽然斯里兰卡较早就加入了《伯尔尼公约》、《巴黎公约》和《成立世界知识产权组织公约》等知识产权国际公约,但其1979年知识产权法典的规定离《知识产权协定》的要求还有一定的差距,在这种情况下,知识产权法典的修改势在必行。针对1979年知识产权法典暴露出来的一系列问题,斯里兰卡先是在1997年和2000年按照《知识产权协定》的要求对其进行了两次修订,但后来还是觉得小修小改解决不了问题,最终决定推倒炉灶,重新再来,制定一部全新的知识产权法典,这才有了2003年的《斯里兰卡知识产权法典》。

斯里兰卡议会于2003年11月12日通过了新的《知识产权法典》(Intellectual Property Act, No. 36 of 2003),用它代替了1979年的知识产权法典。该法典共11编(Part)43章(Chapter)213节(Section),其总体结构如下:

第一编　管理
第二编　著作权

---

[1] Agreement on the Protection and Enforcement of Intellectual Property Rights between the United States of America and the Democratic Socialist Republic of Sri Lanka,http://tcc.export.gov/static/doc_exp_005389.asp.

第1章 著作权

第2章 相关权

第三编 工业设计权

第3章 工业设计的范围及定义

第4章 保护工业设计的权利

第5章 工业设计申请登记的条件和程序

第6章 工业设计的保护期间

第7章 工业设计所有人的权利

第8章 工业设计权及申请权的转让及转移

第9章 工业设计使用许可合同

第10章 工业设计权的放弃和无效

第四编 专利权

第11章 发明的定义

第12章 专利权的归属

第13章 申请专利授予权的条件和程序

第14章 专利权的保护期间

第15章 专利所有人的权利

第16章 专利申请及专利所有权的转让和转移

第17章 使用许可合同

第18章 专利的放弃和无效

第五编 商标权

第19章 定义

第20章 商标的可注册性

第21章 商标注册申请的条件和程序

第22章 注册商标的保护期限

第23章 注册商标所有人的权利

第24章 商标申请和注册的转让及转移

第25章 商标使用许可合同

第26章 注册商标的放弃和无效

第27章 注册商标的注销

第28章 集体商标

第29章 证明商标

第六编 （第30章）商号

第七编　(第31章)集成电路布图设计
第八编　(第32章)不正当竞争和未公开信息
第九编　(第33章)地理标志
第十编　(第34章)咨询委员会的组成及其权力
第十一编　杂则
第35章　向总局长提出申请或向法院提起诉讼
第36章　登记的代理人
第37章　基金
第38章　违法行为和处罚
第39章　实施细则
第40章　对1996年第10号省级高等法院法(特别规定)的修正
第41章　对海关条例的修正
第42章　法律的废止和专利、商标、工业设计的保存
第43章　专业术语的解释

(二)法国知识产权法典概况

与主要发达资本主义国家一样，法国的知识产权制度也是在早期特许权的基础上产生的。法国最早的专利制度也是以特许令的形式存在的。在法国大革命以前的几个世纪内,法国的封建君主一直在向发明者颁发特权证书,大部分证书具有现代专利所有的主要特点,诸如:要求发明具有新颖性、一定期限的垄断权、专利权的内容、专利权的批准或专利权的性质。❶

1789年法国大革命爆发后,革命者推翻了封建王朝的统治,废除了包括特权证书在内的一切王室特权。当年发表的《人权宣言》把财产列为一种"自然的和不可废除的人权","自由表达思想、发表意见是人最宝贵的权利之一。因此所有公民除了在法律规定的情况下对滥用自由应负责任外,作者可以自由地发表言论、写作和出版","犹如动产与不动产一样,思想也是一种财产"。基于这一思想的指导,法国相继颁布了一系列与知识产权有关的法律法规。除这些单行法律法规外,法国法院也通过了一系列于知识产权有关的判例,对法国的知识产权制度进行了补充和发展。

在专利法方面,大革命发生两年后,法国即颁布了第一部专利法。该部法律作为法国第一部专利法生效达53年之久。1844年法国又制定了第二部专利法,该法适用的时间更长,达125年。20世纪60年代以后,随着国际竞争的日益加剧,1844年的专

❶ [法] S.卡尔邦蒂埃:"法国的专利法及其演变",见马耀扬编:《法国专利工作介绍》,专利文献出版社1981年版,第1页。

利法已不能适应现代技术和经济发展的需要，法国于1968年颁布了第三部专利法。❶ 但法国1968年专利法经过近10年的施行，立法者再次发现它已经不能适应新的国内外形势变化的需要。于是法国国会又对该法进行了重大的修改和补充。经过修改的新法律于1978年7月获得颁布，它也可以被称为法国第四部专利法。

在著作权法方面，法国分别于1791年颁布了《法国表演权法》，1793年颁布了《法国作者权法》。在1957年彻底实现著作权法现代化以前这两部法律经历了5次重要的修改，即1866年法赋予作者配有对作品的用益权；1902年法宣布作品无论艺术价值和用途如何均受保护；1910年法明确艺术品原件的转让不影响著作权的归属；1920年法创设了追续权；1925年法取消了依法缴送样本作为保护前提的规定。❷1957年颁布了《法国著作权法》，该法全面提升了作者精神权利和财产权利。1985年的修改则更上一层楼，将软件作为作品纳入著作权保护，并增加了对邻接权的保护，尤其大量增加了著作权及邻接权集体管理方面的内容。❸

在商标法方面，法国于1803年制定的《关于工厂、制造场和作坊的法律》，被认为是世界上最早的成文商标法。该法共16条，将假冒商标定为私自伪造文件罪。但是该法不是关于商标的专门法律，也未在法国全国统一实施。1857年法国制定了《关于以使用原则和不审查原则为内容的制造标记和商标的法律》，它首次确立了全面注册的商标保护制度，被认为是世界上第一部现代意义上的商标法。1857年法律共施行107年，直至1964年才作了大幅度修改，重新公布为以注册原则为内容的《法国工业、商业和服务业商标法》。1991年法国按照1988年《协调成员国商标立法欧洲共同体理事会第一号指令》的要求，全面修改了商标法。

1992年7月1日法国颁布了第92—597号法律，宣告了《法国知识产权法典》(法律部分)的诞生。该部法典对法国当时23个与知识产权有关的单行立法进行了整理和统一，将作品(对作品的传播和数据库)、外观设计权、发明专利权、商业秘密、集成电路布图设计、植物新品种、商标和原产地名称等都纳入法典的保护范围之内。《法国知识产权法典》的诞生同时也标志着法国的知识产权法律制度从单行法阶段发展到了法典阶段，使其成为法国知识产权制度发展史上的一个重要里程碑。1995年4月10日法国又颁布了第93—385号法令，宣布了《法国知识产权法典》(法规部分)的诞生，该部分汇集了法国行政法院指定的有关知识产权的行政法规，内容主要涉及具体操作程序和规范。从这一角度看，《法国知识产权法典》实际上有广义和狭义两

❶ [法] S.卡尔邦蒂埃:《法国的专利法及其演变》，见马耀扬编:《法国专利工作介绍》，专利文献出版社1981年版，第4页。

❷ 黄晖译:《法国知识产权法典》，商务印书馆1999年版，译者序，第9页。

❸ 同上。

种称谓，广义上的《法国知识产权法典》包括法律部分和法规部分，而狭义上也即我们统称所说的《法国知识产权法典》特定的指向其法律部分。立法者对法典法律部分和法规部分从形式上也进行了区分，立法部分的法条之前冠以"L"，而法规部分的法条之前则冠以了"R"。

《法国知识产权法典》在结构上采用的是部分(Part)、卷(Book)、编(Title)、章(Chapter)、节(Section)、条(Article)的编排格式。《法国知识产权法典》历经多次修改，其结构体系也在不断的变动之中。截至2006年底，法典共分为3部分8卷17编52章，其总体结构(具体到"章"这一层次)如下：

第一部分　文学和艺术产权
第一卷　著作权
第一编　著作权的范围
第1章　著作权的性质
第2章　受保护的作品
第3章　著作权人
第二编　作者权利
第1章　精神权利
第2章　财产权利
第3章　保护期限
第三编　权利的使用
第1章　通则
第2章　某些合同的特别规定
第3章　向图书馆租借图书的报酬支付
第二卷　著作权之邻接权
第1章　通则
第2章　表演者权
第3章　录音制作者权
第4章　表演者及录音制作者的共同规定
第5章　录像制作者权
第6章　视听传播企业权
第7章　卫星播放及有线转播的规定
第三卷　关于著作权、邻接权及数据库制作者权的通则
第一编　个人复制报酬(单章)
第二编　报酬收取及分配协会(单章)

第三编　程序及处罚
第1章　一般规定
第2章　侵权扣押
第3章　支付扣押
第4章　追续权
第5章　刑事规定
第四编　数据库制作者权
第1章　适用范围
第2章　保护范围
第3章　处罚
第二部分　工业产权
第四卷　行政及职业组织
第一编　机构
第1章　国家工业产权局
第2章　植物新品种委员会
第二编　工业产权从业资格
第1章　在工业产权合格人员名单上登记
第2章　从事工业产权顾问的条件
第3章　其他规定
第五卷　外观设计和实用新型
第一编　保护对象和程序
第1章　适用范围
第2章　外观设计或实用新型注册
第3章　权利证书赋予的权利
第4章　杂则
第二编　权利的纠纷（单章）
第六卷　发明及技术知识的保护
第一编　发明专利
第1章　适用范围
第2章　申请的提交和审理
第3章　专利权
第4章　国际条约的适用
第5章　法律程序

第二编　技术知识的保护
第1章　制造秘密
第2章　半导体制品
第3章　植物新品种
第七卷　制造、商业及服务商标和其他显著性标记
第一编　商标及服务商标
第1章　构成商标的要素
第2章　商标权利的取得
第3章　注册赋予的权利
第4章　商标权利的移转和灭失
第5章　集体商标
第6章　诉讼纠纷
第二编　原产地名称(单章)
第三部分　在海外领地及马约尔属地的适用(单卷、单编、单章)

(三)菲律宾知识产权法典概况

菲律宾的知识产权保护要上溯到西班牙殖民统治时期(1521年～1898年)。在1862年之前，专利人通过申请可以获得5年、10年、20年不等的保护期。而到了1888年,根据西班牙为菲律宾制定的商标法,商标通过登记注册也可以获得保护,商标权属于最先申请注册的人。1879年1月10日的《西班牙知识产权法》[1]是菲律宾的第一部著作权法。[2]而美西战争后，西班牙的殖民统治被美国所代替。在从1898年12月10日开始的美国统治时期，所有的专利申请均由美国专利局按照美国专利法的标准审查和批准。[3]菲律宾国会于1903年通过了第666号法案,即《菲律宾商标与商号法》,该法废除了商标注册制度,规定使用是获得商标权的基础,很明显这也是对美国商标法基本原则的贯彻。[4]菲律宾国会于 1924年3月6日颁布了第3134号法案,

[1] 在西班牙,Intellectual Property Law实际上是指Copyright Law,菲律宾深受西班牙影响,也采用了这一称谓。

[2] Christopher L. Lim，The Development of Philippine Copyright Law. Ateneo Law Journal, Vol. 46 Issue No. 2, September, 2001.

[3] Honorie B. de Vera, Post Grant/ Registration Law, Procedure, Practice and Computerization of the Intellectual Property Office (Philippines) and the Japan Patent Office, http://www.jpo.go.jp/torikumi_e/kokusai_e/asia_ip_e/pdf/wipo/2003_philippines.pdf.

[4] See Ferdinand M.Negre, Trademark Law in a Knotshell: From Caves to Cyberspace, Ateneo Law journal de Manila School of Law [46 Ateneo L.J 4659(2001)]

即《菲律宾知识产权法》，这部法律建立在美国1909年版权法的基础之上。❶

独立后的菲律宾最早保护知识产权的法律颁布于1947年，分别是共和国165号法案和166号法案，这两个法案建立了菲律宾的专利权和商标权法律制度。1972年依据菲律宾第49号总统令颁布的《菲律宾知识产权保护法令》又建立了菲律宾的著作权保护体系。这3部法律此后又经过多次修改，成为菲律宾知识产权法律体系的基础。而且菲律宾政府很早就已经制定了保护和促进知识产权的国家政策。这一项政策在1973年的《菲律宾宪法》中就已经被体现出来，该宪法规定"应当将与发明、作品和艺术创作有关的一定期限的专有权利授予发明者、作家和艺术家"。1987年的《菲律宾宪法》中也明确规定国家应当保护知识产权。

在20世纪80年代，菲律宾成为世界假冒商品的重要源头之一。据美国《时代周刊》当时的报道，假冒商品行业在菲律宾得到了充足的资金支持，并且已经形成了广泛的销售网络。据统计，因为菲律宾的假冒商品泛滥，美国平均每年要损失15.8亿美元，这个数字占到菲律宾对美国出口额的18%。❷1989年，美国宣布菲律宾为对知识产权保护不充分的国家。1989年和1990年，美国发布的"特别301报告"将菲律宾列入观察国家名单；1991年和1992年，又将菲律宾列入重点观察国家名单。1993年4月，美国和菲律宾之间进行达成了《美国—菲律宾知识产权保护备忘录》，菲律宾承诺采取措施加强知识产权保护，美国这才将菲律宾从优先观察国家名单中撤除而列入观察国家名单。此后相当长的一段时间里，美国一直将菲律宾列入观察国家名单。❸为了促使菲律宾加强知识产权保护，美国甚至扬言要对菲律宾实行经济制裁。鉴于菲律宾经济对美国的强烈依赖性，美国的经济制裁一旦真正落实，菲律宾的经济损失将达数十亿美元。在这种压力之下，菲律宾不得不对本国的知识产权法律体系进行改革，以加强知识产权保护。

与此同时，1995年1月1日，世界贸易组织成立，并且签署了《知识产权协定》，菲律宾是该协定的签字国。按照《知识产权协定》的"最低保护标准"原则，菲律宾作为WTO的成员国，必须使其国内法律对知识产权保护的程度达到《知识产权协定》所要求的标准。虽然菲律宾较早就加入了《伯尔尼公约》、《巴黎公约》和《成立世界知识产权组织公约》等知识产权国际公约，但它的知识产权法离《知识产权协定》的要求还

---

❶ Christopher L. Lim, The Development of Philippine Copyright Law. Ateneo Law Journal, Vol. 46 Issue No. 2, September, 2001.

❷ See Philippine Trade Chief Worried Over IPR Violations, supra note 322 (discussing the concerns of Philippine Trade Secretary as the Philippines continues to be on the Special 301 list).

❸ See Rosielyn Alviar Pulmano, In Search of Compliance With TRIPs Against Counterfeiting in the Philippines: When is Enough ? The Transnational Lawyer, Spring, 1999.

有一定的差距，在这种情况下，知识产权法的修改势在必行。《知识产权协定》给作为发展中国家的菲律宾留下了5年的过渡期，即到2000年，菲律宾知识产权法的各项规定必须符合《知识产权协定》的要求。所以1998年1月1日生效的《菲律宾知识产权法典》正好赶上了过渡期的期限要求。因此，菲律宾制定知识产权法典的主要目的就是应对美国的压力和《知识产权协定》对知识产权保护所确立的最低标准。❶

而此时的菲律宾知识产权法律体系也确实存在不少问题，主要表现在：(1)与主要的国际公约尤其是世界贸易组织的《知识产权协定》的差距较大。首先，知识产权法律保护的客体范围狭窄。此时菲律宾的知识产权法律只是对著作权、商标权、专利权等传统的知识产权进行保护，对计算机软件、数据库、集成电路布图设计、植物新品种等新型的智力成果则未予以调整和保护。其次，知识产权保护标准较低。此时的菲律宾专利法对专利的取得采用"先发明原则"而不是国际通行的"先申请原则"，对专利权的保护期限为从授权之日起17年而不是从申请之日起20年。(2)知识产权法律体系凌乱。1947年《菲律宾专利法》和《菲律宾商标、服务商标和商号法》由菲律宾议会制定，以共和国法案的形式出现，而调整著作权的1972年《菲律宾知识产权令》却是以总统令的形式出现的，菲律宾此后的知识产权法律也包括了共和国法案、总统令、执行令和部门管理条例等形式，数量达数十部之多，❷ 而且各法律规定之间的冲突和漏洞大量存在。这种凌乱的法律体系严重的影响到了法律的权威性和可操作性。(3)缺乏有效的知识产权保护措施。在菲律宾1947年专利法中没有单独规定对侵犯专利权和不正当竞争行为的刑事罪名。在1997年菲律宾知识产权法典通过之前，菲律宾政府并没有把知识产权保护放到优先位置，也没有对知识产权法律的执行给予足够的重视。执法部门缺乏足够的预算和人员。侵犯知识产权所受到的最重的处罚也只有2 000比索(约合50美元)或1年的有期徒刑。但审判程序的拖延往往使得知识产权权利人失去用法律对付侵权行为的信心。❸ 在这种情况下，借知识产权法典制定的时机对菲律宾知识产权法律体系进行整体上的修改也不失为一个明智的方案。

《菲律宾知识产权法典》由编(Part)、章(Chapter)、节(Section)3个层次构成。共分为5编，每编下面包含若干章，每章下面又包含若干节，一共有 241节，其总体结构

---

❶ Grace P. Nerona,(The Battle Against Software Piracy: Software Copyright Protection In The Philippines). Pacific, Rim Law & Policy Journal .September, 2000.

❷ Brief Background on the developments in Intellectual Property Rights in the Philippines. http://www.chanrobles.com/legal7history.htm.

❸ Grace P. Nerona,(The Battle Against Software Piracy: Software Copyright Protection In The Philippines). Pacific Rim Law & Policy Journal .September, 2000.

如下：

第一编　知识产权局

第二编　专利法

第1章　总则(定义)

第2章　可专利性

第3章　专利权的归属

第4章　专利申请

第5章　专利授予

第6章　专利撤销

第7章　对专利申请人的救济

第8章　专利权人的权利以及侵权行为

第9章　自愿许可

第10章　强制许可

第11章　权利的转让与转移

第12章　实用新型的注册

第13章　工业设计和集成电路布图设计

第三编　商标、服务商标和商号法

第四编　著作权法

第1章　预备条款(定义)

第2章　原始作品

第3章　演绎作品

第4章　不受保护的作品

第5章　复制权或经济权利

第6章　著作权所有权

第7章　著作权转让或转移

第8章　著作权限制

第9章　保存和通知

第10章　精神权利

第11章　作品后继转让的收益权

第12章　表演者、音像制作者及广播组织的权利

第13章　音像制作者

第14章　广播组织

第15章　保护的限制

第16章　保护的期限

第17章　侵权

第18章　适用范围

第19章　诉讼机构

第20章　其他条款

第五编　杂则

(四)越南知识产权法典概况

越南统一后最早的知识产权法律是1981年1月23日公布的《越南技术进步、生产合理化和发明条例》,但这部法律与当时越南的计划经济相适应,它着重对创造者的精神权利的保护,而忽略了对其财产权利的保护。1982年，颁布了《越南商标保护法令》,1986年颁布了《越南著作权保护法令》。

伴随着1986年越南共产党"六大"制定的由计划经济向市场经济的改革政策,越南陆续制定了一系列的知识产权法律:1988年颁布了《越南实用新型保护法令》、《越南工业设计保护法令》和《越南从外国向越南引进技术法令》。1989年2月颁布了《越南工业产权保护法令》,1994年颁布了新的《越南著作权保护法令》。但这一阶段越南知识产权法律的保护范围非常狭小,仅仅包括:发明(保护期限为15年)、实用新型(保护期限为6年)、工业设计(保护期限为5年,可以续展2次,每次5年)、商标(保护期限为10年,可以续展,每次10年)、原产地名称以及文学、艺术和科学作品。侵犯知识产权的行为通常只受到行政处罚而且往往还得不到落实，社会知识产权意识也十分薄弱,以至于人们把越南知识产权法称为"纸老虎",因为公众不遵守这些法律,政府也不执行这些法律。❶

随着1995年10月《越南民法典》的制定,前述知识产权法律都被废除,而"知识产权与技术转让"则成为《越南民法典》的第六编。❷

《越南民法典》(1995)的"知识产权与技术转让编"共分为3章,与知识产权有直接关系的有2章:第一章　"著作权",该章共分为4节,分别为:第一节"一般规定"、第二节"作者权和作品所有者权"、第三节"作品使用合同"、第四节"表演者、音像制作者、广播电视组织的权利与义务";第二章"工业产权",该章共分为5节,分别为:第一节"一般规定"、第二节"工业产权的成立"、第三节"工业产权标的所有人,发明、

---

❶ See Than Nguyen Luu, Note, To Slay a Paper Tiger: Closing the Loopholes in Vietnam's New Copyright Laws, 47 HASTINGS L.J. 821, 822 (1996).

❷ Mart Leesti, Country Case Study for Study 9: Institutional Issues for Developing Countries in IP Policy-Making, Administration and Enforcement , Vietnam . Commission on Intellectual Property Rights . http://www.iprcommission.org/papers/pdfs/study_papers.

实用新型、工业设计的创造人”、第四节“工业产权的使用限制”、第五节“工业产权的保护”。

但《越南民法典》(1995)的相关规定还是存在着以下不足之处:(1)《民法典》对知识产权的规定比较抽象和笼统。《民法典》的“知识产权与技术转让”部分仅有3章81条,分别是:第1章“著作权”35条(第745～779条)、第2章“工业产权”26条(第780～805条)、第3章“技术转让”20条(第806～825条)。如果抛开“技术转让”一章不算,其知识产权部分只有2章61条。很明显,这样的规定一方面过于笼统,只能是一种原则性的规定,不利于知识产权保护的具体展开和实施;另一方面也对有些内容有所遗漏,例如民法典只是规定了侵犯工业产权的行为却并未对侵犯著作权的行为进行规定,这就使得著作权人的权利不能得到有效的保护。(2)保护范围比较狭窄。民法典只是对著作权及相关权、发明权、实用新型权、工业设计权、商标权和商品原产地名称权的保护进行了原则性的规定,对其他类别的知识产权仅以“其他权利”一词进行了概括,再未见有其他的规定。

《越南民法典》(1995)颁布以后,针对其实施过程中暴露出来的一些问题,越南政府、各部又陆续颁布了一些其他的法律规范,以拓宽知识产权保护的范围,加强《越南民法典》知识产权部分的可操作性。例如越南政府1996年颁布了第63/CP和76/CP法令作为民法典对工业产权和著作权规定的实施细则;2000年颁布了第54/2000/ND-CP号法令,对商业秘密、地理标志、商号、不正当竞争进行具体保护;2001年2月1日颁布了No. 06/2001/ND-CP 号法令,对63/CP号法令予以修改,对发明、实用新型、工业设计、商标、原产地名称进行具体保护;2001年4月20日颁布的第13/2001/ND-CP号法令则对植物新品种提供了保护;2003年5月5日颁布的第42/2003/ND-CP号法令对集成电路布图设计提供了保护。到2005年止,越南保护知识产权的法律包括《越南民法典》、《越南刑法典》、《越南海关法》在内一共有40多部。❶这一阶段越南知识产权法律体系存在的问题主要是:法律体系杂乱,给人一种不稳定和经常变动的印象;各法律的层次性不一致,知识产权的保护主要还是由较低层次的实施细则和部门规章来完成;法律冲突和法律空白的情况大量并存,严重的影响了法律的实施效果。❷

2005年11月19日,越南国会颁布了统一的《越南知识产权法》,并于2006年7月1日开始施行。这部法律成为越南知识产权发展历程中的里程碑,它标志着越南知识产权

❶ Vietnam Intellectual Property Law: A major milestone in its international integration process Source: http://www.vir.com.vn/Client/VIR

❷ Nguyen T Hong Hai, Vietnam pledges IP overhaul, http://www.managingip.com/?Page =17&ISS = 12723&SID=473446.

法体系的成熟。与此同时，越南国会于2005年6月14日通过了新民法典，其中对“知识产权与技术转让编”的相关内容进行了较大的改动，并于2006年1月1日起生效。

《越南知识产权法》采用的是编（Part）、章（Chapter）、节（Section）、条（Article）的层次体例，共分为6编18章222条，其总体框架结构为：

第一编　总则

第二编　著作权及相关权

第1章　著作权及相关权的保护条件

第1节　版权的保护条件

第2节　相邻权的保护条件

第2章　著作权和相关权保护的内容、限制和期限

第1节　版权保护的内容、限制和期限

第2节　相邻权的内容、限制和期限

第3章　著作权所有人和相关权所有人

第4章　著作权和相关权的转让

第1节　版权和相邻权的转让

第2节　版权和相邻权的使用

第5章　著作权和相关权注册证书

第6章　著作权、相邻权领域的代理、咨询和服务机构

第三编　工业产权

第7章　工业产权的保护要求

第1节　发明的保护要求

第2节　外观设计的保护要求

第3节　集成电路布图设计的保护要求

第4节　商标的保护要求

第5节　商号的保护要求

第6节　地理标志的保护要求

第7节　商业秘密的保护要求

第8章　发明、外观设计、布图设计、商标和地理标志工业产权的建立

第1节　发明、外观设计、布图设计、商标和地理标志的注册

第2节　工业财产注册申请

第3节　申请和授权程序

第4节　国际申请及受理

第9章　工业产权所有人、权利范围和限制

第1节　工业产权所有人和范围

第2节　工业产权的限制

第10章　工业产权的转让

第1节　工业产权的转让

第2节　工业财产使用许可

第3节　发明的强制许可

第4节　工业产权转让合同登记

第11章　工业财产的代理

第四编　植物品种权

第12章　植物品种的保护条件

第13章　植物品种权的成立

第1节　植物品种权的建立

第2节　申请和授权程序

第14章　植物品种权的内容和限制

第1节　植物品种权的内容

第2节　植物品种权的限制

第15章　植物品种权的转让

第五编　知识产权保护

第16章　知识产权保护总则

第17章　知识产权侵权行为的民事救济措施

第18章　知识产权侵权行为的行政和刑事救济措施、智力财产进出口控制

第1节　行政和刑事救济措施

第2节　智力财产进出口控制

第六编　附则

二、中国知识产权法典化的必要性

知识产权法典化的必要性解决的是是否需要制定知识产权法典的问题。事物的必要性常常是在与其他事物的对比中显现出来的，也即它与其他事物相比具有独一无二的特性或者比较优势。在出现某种问题时，事物必要性的产生无非是由于下面两种情况的存在：一是由于该事物所具备的特性使得只有它才能顺利解决这种问题，这时该事物的必要性表现为一种"舍我其谁"的状态；二是虽然该问题有几种可供选择的解决方案，但由于该事物所具备的比较优势使得它是一种最佳方案，这时该事物的必要性表现为一种"最优选择"的状态。知识产权法典化的必然性正

是在与知识产权单行法的比较中体现出来的。也即在于现有的知识产权法律工作中出现了一系列问题或面临着某些挑战，而单行法无法顺利的解决这些问题或者解决问题的成本过高,这时知识产权法典化就有了启动的必要。如果知识产权法律工作中不暴露和产生相关的问题与缺陷，则即使法典化的比较优势再明显其必要性也不会显现出来，因此要探讨法典化的必要性就必须先考察当前知识产权法律工作中暴露的一系列问题。

(一)外国知识产权法典化的原因考察

通过上文对各国知识产权法典化的历史背景所作的分析，可以大致认为各国知识产权法典化的原因主要有如下几点。

1.为了统一知识产权法律体系

在制定知识产权法典之前,各国都曾经深受知识产权法律体系凌乱之苦,这种凌乱主要表现在立法层次不统一、法律之间相互冲突时有发生。《法国知识产权法典》颁布之前,在法国一共存在着20多部与知识产权有关的单行法律法规,而且法院的许多判例也在发挥效力。1995年《越南民法典》虽然将以往制定的知识产权法律统统废除,但由于其本身对于知识产权的规定过于笼统不便于具体操作,所以此后越南的国会、政府、相关各部和其他法定机关又陆续颁布了许多与知识产权有关的法律文件。到2005年止,越南保护知识产权的法律包括民法典、刑法典、海关法在内一共有40多部。这些法律之间存在着诸多交叉重叠、法律漏洞和不协调,显得非常没有组织性。1947年《菲律宾专利法》和《菲律宾商标、服务商标和商号法》是由菲律宾议会制定,以共和国法案的形式出现,而调整著作权的1972年《菲律宾知识产权令》却是以总统令的形式出现的,菲律宾此后的知识产权法律也包括了共和国法案、总统令、执行令和部门管理条例等形式,数量也达数十部之多。这种凌乱的法律体系严重影响到法律的权威性和可操作性。斯里兰卡的知识产权法律体系也存在着相似的问题。所以各国都以制定知识产权法典为契机,宣布废除此前的各知识产权法律,对本国的知识产权法律进行了一次大清理。这一方面提高了知识产权的立法层次,宣示了知识产权的重要性,另一方面也统一了知识产权法律体系,消除了法律冲突和法律漏洞,从而增强了法律的可操作性,树立了知识产权法典的权威性。

2. 为了强化知识产权管理与保护

在制定知识产权法典之前，各国关于知识产权管理的规定大都分散于各单行法律之中,专利权、商标权、著作权等管理部门多处于各自为政的局面。这种知识产权管理体制分散的局面也直接导致了知识产权保护不力。因此各国在制定知识产权法典时,都将强化知识产权管理作为立法重点。斯里兰卡与菲律宾都将知识产权管理作为知识产权法典的第一编,建立了统一的知识产权管理机关。《斯里兰卡知识产权法典》的第一编为“管理”，规定斯里兰卡国家知识产权局为斯里兰卡商业贸易部的下属机构，是斯里兰卡惟一有权受理工业设计、专利、商标或其他事务的注册及知识产权管理的机构，并对知识产权局局长的任命、权力及职责等内容进行了详细的规定。而《菲律宾知识产权法典》的第一编为“知识产权局”，规定知识产权局为菲律宾惟一的知识产权行政管理部门，然后用长达15条的篇幅对菲律宾知识产权局的职能、组织结构、下属各部门、经费、人员组成等内容进行了详细的规定。越南和法国虽然没有设立统一的知识产权管理部门而是保留了以往那种总体分散、适当集中的知识产权管理体系，但它们分别在知识产权法典中就各行政管理部门的职责范围进行了明确的规定与划分，相比于单行法的分散规定而言，这种做法也具有一定的比较优势。

3. 为加入WTO作准备和应对美国的压力

世界贸易组织于1995年1月1日成立，并且签署了《知识产权协定》，菲律宾与斯里兰卡都是该协定的签字国。按照《知识产权协定》的“最低保护标准”原则，两国作为WTO的成员国，必须使其国内法律对知识产权保护的程度达到《知识产权协定》所要求的标准。《知识产权协定》给作为发展中国家的菲律宾和斯里兰卡留下了5年的过渡期，即到2000年，两国知识产权法的各项规定必须符合《知识产权协定》的要求。所以1998年1月1日生效的《菲律宾知识产权法典》正好赶上了过渡期的期限要求。而斯里兰卡先是在1997年和2000年按照《知识产权协定》的要求对1979年知识产权法典进行了两次修订，但后来还是觉得小修小改解决不了问题，最终决定制定一部全新的知识产权法典，这才诞生了2003年《斯里兰卡知识产权法典》。越南于1995年1月提出加入WTO申请，1998年7月开始入世谈判。而越南知识产权法律与《知识产权协定》之间的差距成为阻碍其入世的重要因素，越南知识产权法典化的历程就是伴随着越南入世谈判的历史而展开。

各国知识产权法典修订的过程中也或多或少地闪现着美国的背影。美国和菲律宾于1993年4月达成了《美国—菲律宾知识产权保护备忘录》；美国与斯里兰卡于1991年9月签订了《美国—斯里兰卡知识产权双边保护协定》；美国于越南于2001年7月签署了《美国—越南双边贸易协定》，协定第二部分即为“知识产权”。这3部双边协定都为签字国在知识产权保护方面设定了较高的国家义务。在美国贸易代表每年发布的“特别301报告”中，菲律宾从1989～1998年都被列入重点观察名单或观察名单，越南从1997～2005年都被列入观察名单。美国多次敦促两国加强知识产权保护，否则会给予经济制裁。美国在越南加入WTO的谈判过程中，也多次以知识产权保护不力为理由加以阻扰。而在《越南知识产权法》颁布之后，美国与越南即于2006年5月14日达成了WTO入会双边协议。由此可见，各国知识产法典的制定与修改在一定程度上也是为了应对美国的压力。

在面临着《知识产权协定》和美国的双重压力下，各国必须对本国的知识产权法律进行一次大规模的修订和整顿。从立法成本上来说，用法典的形式进行整体上的一次性修订明显比用单行法形式进行的分散整顿要节约一些，这一点笔者在下文会进行相关的论证。

(二)当前我国知识产权法律工作所面临的问题

通过对我国知识产权工作现状的考察，不难发现我国知识产权工作中面临着与上述各国相似的一些问题。

1. 法律体系无序

我国现行的知识产权法律体系的无序性表现得比较严重，其主要原因就在于现行的知识产权单行法律是由不同的部门分别起草的，即使各部门在立法时考虑了在先内容的衔接及在先权利的冲突问题，但由于各部门彼此独立，并不能准确地反映彼此之间的有机衔接。❶这种条块分割式的立法结构显然不能顾及整个知识产权法律体系的系统化和逻辑化，不可避免地带来了内容重复规定以及在权利范围、保护标准、举证责任等方面的规定中存在交叉、冲突、遗漏等问题。如有人将他人的商号作为商标予以注册，而商号的管理机构与商标的管理机构并不相同，且商号的保护范围与注册商标的保护范围又相差甚远，因此，二者之间常常发生权利冲突。还有一些知识产品如外观设计既可能受到著作权法的保护，又有可能取得外观设计专利权而受到专利法的保护，还有可能注册为图形商标而受到商标法的保护，但各部法律所规定的保护标准又不相同，因而造成保护上的差异。❷法律体系的无序性一方面使得法律的适用出现了困难并严重影响了法律的权威性，另一方面又加大了公众"找法"的困难。

2. 立法层次不统一

我国各项知识产权法律文件在立法层次和法律位阶上也不统一，既有像《著作权法》、《商标法》和《专利法》这样由全国人大及其常务委员会制定的法律、又有像《计算机软件保护条例》和《集成电路布图设计保护条例》这样由国务院颁布的行政条例，还有像《原产地域产品保护规定》这样由国务院下属部门颁布的部门规章。从法理上看，各类知识产权在权利位阶上应当是平行的，其法律效力也应当是统一的。当前我国知识产权法律体系在立法层次和法律位阶上的不统一造成了某些类别知识产权法律效力的弱化。

❶ 夏建国："制定统一知识产权法典的几点思考"，载《河北法学》2001年第3期，第119页。

❷ 李明德："外观设计的法律保护"，载《郑州大学学报(社会科学版)》2000年第5期。

而且除了传统的《著作权法》、《商标法》和《专利法》外，我国对其他类别的知识产权的法律调整主要集中于行政立法层次，由各级行政部门制定。而行政部门的法理规范，要么从行政管理的角度、要么从权利禁止的角度去规范知识产权，这使得许多知识产权在权利行使方面缺乏充分的依据，不利于对知识产权人的权利行使提供有效的指导和有力的保护。❶

3. 行政管理体制分散

我国在知识产权行政管理上实行的是一种分散的管理体制。尽管我国存在知识产权局这一部门，但实际上该部门只是主管专利事务，对其他知识产权事务仅仅发挥统筹协调功能。目前我国涉及知识产权的行政管理机构有10多家，它们的工作职能一般由各单行法分别规定，它们各自有自己的一套组织体系。这些管理机关分别是：国家知识产权局专利局负责专利权和集成电路布图设计权事务、工商行政管理总局商标局负责商标权管理、版权局负责著作权管理、工商行政管理总局公平交易局负责反不正当竞争事务、质量监督检验检疫总局负责原产地标记管理、农业部负责农业植物品种权管理、林业局负责林业植物品种权管理、信息产业部负责互联网域名权管理、商务部负责国际贸易中的知识产权事务、科技部负责与科技有关的知识产权事务、海关总署负责与进出境货物有关的知识产权事务。这种分散的管理体制带来诸如行政管理成本高、行政管理效率低、行政执法力度不均、加剧了知识产权内部各种权利之间的冲突等不良后果。❷这既有损于法律的权威，又提高了权利人维护权利的成本，实际上是不适应当前我国知识产权工作形势的。

4. 社会知识产权意识薄弱

虽然我国的知识产权法律存在着某些不足，但基本上还是建立了一个相对完善的知识产权保护体系，可以为权利人提供相当水平的法律保护。但社会知识产权意识薄弱却成为当前我国知识产权法律工作面临的一个严峻问题，可以说我国社会的知识产权意识实际上是落后于知识产权法律制度建设的。在很多人看来，偷人钱物是十分可耻的，但假冒、盗版可以容忍，盗用别人的智力劳动成果也很难引起“公愤”。在许多地区，商家公然“知假卖假”、消费者“知假买假”的情况还比较普遍。虽然近年来，我国采取了一系列措施进行宣传教育，但从总体上看效果仍然不明显，社会知识产权意识仍然比较薄弱。

（三）知识产权法典化的比较优势

面对上述暴露出来的问题，立法者必然要采取各种措施予以弥补。这些措施大

❶ 陶鑫良、袁真富：《知识产权法总论》，知识产权出版社2005年版，第410页。

❷ 朱雪忠、黄静：“试论我国知识产权行政管理机构的一体化设置”，载《科技与法律》2004年第3期。

致来讲包括以下两种:一是分别对各单行法进行修改;二是制定一部统一的知识产权法典,可见法典化并非惟一的选择。但毫无疑问,立法者在一般情况下都会选择那种成本最小、收益最大的措施。此时,知识产权法典化的必要性就通过两种措施之间的比较体现出来了。相较于对各单行法规进行分别修改而言,知识产权法典具有以下比较优势。

1. 立法成本较低

从消除法律体系的无序性和统一立法层次而言,在分别修改各单行法的情况下,也可以将各项知识产权法律的立法权都收归全国人民代表大会常务委员会,以提高和统一知识产权立法层次、消除部门利益。但这需要成立至少十几个立法小组,而且这些立法小组之间能否有效沟通与协调,从而消除法律重复、冲突、漏洞,也要打上一个大大的问号。可以想像,为了对这十几个立法小组进行协调,势必又要在它们之上成立一个协调小组,造成机构的重复和立法资源的浪费。在这些单行法律都修订完毕后,又需要全国人大常务委员会逐一通过,立法的成本极高。而如果采用法典的形式,只需要成立一个立法小组,虽然这个立法小组的成员可能相对较多,但毫无疑问要大大低于十几个小组成员的总和。由一个小组起草法律草案,消除法律重复、冲突、漏洞就会顺利很多。在法典草案制定成功后,如果一切顺利的话,只需要全国人民代表大会一次表决通过即可,立法的成本绝对比修改各单行法的成本低很多。而且在法典化时,立法者可以通过在法典中制定知识产权的基本原则,赋予法官自由裁量权,以此来减少法典修改的频率,而各单行法中由于不可能对基本原则条款进行规定,它们修改的总频率绝对比法典要高。

2. 有助于加强公众的知识产权意识

在中国这样以强制型制度变迁为主的国家,法律制度的建设历程一般要先于法律意识,这一点在知识产权领域显得尤为明显。在很多时候,知识产权法律文件在社会知识产权意识的培养方面发挥着重要的作用。与单行法相比,知识产权法典在加强公众知识产权意识方面的比较优势主要体现在:(1)法典有助于减少公众搜寻法律的成本。知识产权单行法的数量众多,某些“冷门”法规的名称恐怕公众连听也未曾听过。对于普通民众来说,要想大致了解不同单行法的内容是非常困难的。而法典的内容全面系统、结构完整清晰、文字平实简洁、查询方便快捷,因而具有更强的民众可获知性或易传授性。[1] (2)有助于民众对知识产权的全面理解。为提高公众的知识产权意识,我国已经做了大量的宣传教育工作,知识产权的概念应该是深入人心了。但在现实生活中却并不存在一部名为知识产权的法律,公众看到的只

[1] 封丽霞:《法典编纂论——一个比较法的视角》,清华大学出版社2002年版,第6页。

是专利法、商标法和著作权法等法律，这可能会让民众对知识产权与各类具体权利之间的关系产生疑问。而知识产权法典将各类知识产权具体权利全部纳入其内，无疑会加深民众对知识产权的全面理解。(3)有助于加强公众的权利意识。零星公布的成文法，使执法者与被执法者在对法律的可接近性上处于不平等的地位，很难确保后者的监督功能之实现。而系统化公布的法典，使执法者与被执法者对法律有同等的可接近性，更能保障后者对前者的执法活动的监督。❶从这个角度看，知识产权法典化是控制权利滥用的有力工具，是保障权利实现的安全举措。❷

3. 有利于强化知识产权行政管理

针对我国当前分散的知识产权行政管理体系所带来的弊端，学术界倾向于设立统一的知识产权管理机关来管理全部知识产权事务。正如上文所介绍的那样，斯里兰卡和菲律宾就采取了这一做法，并用知识产权法典将这一管理体制固定下来。如果继续采用单行法的立法体例的话，则必然会对各单行法的内容造成极大的冲击。因为现行各管理机关的职能范围是知识产权单行法的重要内容，管理体制的改变必然会带来单行法内容的改变，每一部单行法都必须针对这种情况进行修改，牵涉的法律修改数量是十分惊人的。而知识产权法典化则可以借着法典编纂的东风，将行政管理体制的改变设为法典编纂的一项重要内容，避免了法律体系的过分震荡。

即使我国像越南和法国那样不设立统一的知识产权管理机关，继续保持分散的管理体制，法典也比单行法更具优势。因为现行分散管理局面形成的重要原因就是各管理部门主导立法，在法律中掺杂部门利益所致。而法典化则将立法权统一，最大限度地消除了部门利益的影响。并且法典将各知识产权管理机关的工作职能和范围规定在一部法律文件里，立法者必然会在立法时作通盘考虑，会考虑到各部门之间的相互配合和相互协调问题，其出现差错的机率要比单行立法小的多。此外，公众在向相关部门寻求法律保护时，只需在统一的法典中寻找相关规定即可，而不必像单行法那样遭遇“找法”的困难。

4. 体系化的法典更有利于维护法律的稳定性

科学技术的飞速发展对知识产权法的稳定性形成了巨大的挑战。而体系化的法典更有利于维护法律的稳定性。正如黄茂荣先生所言，“体系不仅对法律资料的鸟瞰和实务有帮助，也是重新认识既存之关联，进一步发展法律的基础”，“体系化具有总结过去、演进新知的功能”。❸在一个飞速发展的社会中，新的保护对象不断出现，权利的范围不断扩大，而体系化的法典往往更有利于维护法律的稳定性。因为

❶ 徐国栋：“民法典与权力控制”，载《法学研究》1995年第1期。

❷ 陶鑫良、袁真富：《知识产权法总论》，知识产权出版社2005年版，第410页。

❸ 黄茂荣：《法学方法与现代民法》，中国政法大学出版社2001年版，第469~470页。

那种局部的回应方式往往是就事论事，立法者如果沉迷于这种回应方式就极有可能陷入疲于奔命的境地，“一个只着重于个别问题之科学，不可能由发现存在于问题之间更大更广的关联，进一步发现蕴藏其间之原理原则”。❶而体系化往往就能够克服这一缺点，“有时通过对既有的体系成果进行重新解释，提升其概括力，可以解释新问题”，“有时候，新问题完全可以在旧理论框架内得到解决”。❷有学者曾经就“网络作品”和“网络著作权”这类新问题论述道：“在网络上创作的作品……似乎是个新事物，但是……这些以数字手段创作的作品，无一例外都没有脱离固有的传统的文学、科学和艺术作品形成范围……并没有导致新的作品形式产生，因而也没有产生新的类型的社会关系，无需新的法律调整手段。”❸因此，作为知识产权体系化最高峰的知识产权法典应当能够在这方面发挥更大的优势。

基于以上的分析可以得知，我国知识产权法律工作在现阶段面临着法律体系无序、立法层次不统一、行政管理体制分散、社会知识产权意识薄弱等问题，而知识产权法典化具有单行法形式所不具有的比较优势，能够更好地解决这些问题。这些比较优势主要体现在立法成本较低、有助于加强公众的知识产权意识、有利于强化知识产权行政管理、更有利于维护法律的稳定性等方面。笔者以为，正是这些比较优势使得我国知识产权法典化的必要性得以凸显。

三、中国知识产权法典化的可行性

知识产权法典的可行性问题解决的是是否能够制定出一部优秀的知识产权法典的问题。一国的理论研究水平会对该国知识产权法典化的可行性产生重大的影响。因为，法典是体系化、系统化的法，它是形式理性在法律领域的最高体现，是对某一特定领域内纷繁复杂的社会关系本质的归纳与总结。它经历了一个由法律概念至法律原则、由法律原则到法律制度、再由法律制度到法律规范的逻辑推理过程。而这一过程具有高度的技术性，不经过专门的训练不具备高度的知识素养的立法者是无法顺利完成该项工作的。知识产权法典是知识产权体系化的集中体现，而知识产权体系又可以分为知识产权立法体系和知识产权理论体系。从两者之间的关系来看，总的来说，理论体系的发展状况决定了立法体系的发展状况。只有在知识产权的理论研究发展到成熟阶段，能够对知识产权领域内的各种社会关系予以准确的归纳和总结时，才能够制定出一部优秀的知识产权法典。

从立法程序的角度看，一部法典只有在获得立法机关的批准后才能生效，但

❶ 黄茂荣：《法学方法与现代民法》，中国政法大学出版社2001年版，第469页。

❷ 李琛：《论知识产权法的体系化》，北京大学出版社2005年版，第101~103页。

❸ 刘春田主编：《知识产权法》，高等教育出版社2003年版，第73页。

是，绝不能因此就认为法典是立法者或立法机关的作品。“法典……一直是而且将来也会是法学家的作品。立法者在此过程中的功能不过是履行形式上的批准手续而已。这样的批准不能改变法典的法学家作品的性质，因此，法典编纂不是一种通常的立法活动，它不是立法者的政治意志的产物，它仍然是法学家活动的产物。法典编纂是通过法学逻辑对于私法领域的法秩序进行整理、规划和改善的活动。因此，法典编纂仍然是不折不扣的学术活动”。❶从这一角度看，法学家才是真正的立法者。

体系化的法典制定的前提必须是相关理论研究的体系化。德国法学家萨维尼将法的发展划分为习惯法、学术法与法典编纂3个阶段，他认为“法律乃是掌握在法学家手中的独立的知识分支”❷。当学术法所确立的规则通过法典编纂的过程获得了国家权威性的支持后，它就转化为了法典法。在萨维尼这一思想的影响下，《德国民法典》的制定过程延续了80多年，其目的也在于等待德国民法理论研究的成熟。而在《法国民法典》制定之前，在博戎、多马和波蒂埃等学者的推动下，法国的民法学研究已经“在理论上和实践上为统一法律的伟大工程奠定了知识的基础”。❸由此可以断定，法学家理论上的准备和学术上的支持，是一国成功地进行法典编纂的重要条件，完备的法典背后必定存在着成熟的理论研究。基于此，我国未来知识产权法典的制定也必须有待于我国知识产权研究的成熟。

完备的法典背后必定存在着成熟的理论研究。鉴于知识产权理论研究对于知识产权法典制定的重要性，对当前我国知识产权理论研究的成熟状况进行考察就具有了十分重要的意义。这种考察的结果一方面有助于判断我国的知识产权研究界是否已经成熟到为知识产权法典的制定做好了理论准备；另一方面，这种考察也是一个对我国知识产权研究中存在和出现的问题进行“诊断”的过程，有助于我们了解现阶段研究中存在的不足并针对这些不足加以改进，也即这种考察可以在一定程度上为我国今后的知识产权研究指明方向。

从立法论的角度看，制定一部法律需要经历一个发展过程。这个过程可以分3个阶段：(1)立法准备阶段，亦可以称其为前立法阶段，一般指在提出法案前所进行的有关立法活动。立法准备活动的主要内容宏观上通常包括：进行立法预测、编制立法规划、形成立法创议、作出立法决策。(2)由法案到法的阶段，亦可以称其为中

---

❶ 薛军：“蒂堡对萨维尼的论战及其历史遗产——围绕德国民法典编纂而展开的学术论战书评”，载《清华法学(第三辑)》，北京大学出版社2003年版，第 125~126页。

❷ [德]弗里德里希·卡尔·冯·萨维尼：《论立法与法学的当代使命》，许章润译，中国法制出版社2001年版，第10页。

❸ [德]K.茨威格特、H.克茨：《比较法总论》，潘汉典等译，法律出版社2003年版，第125页。

立法阶段或正式立法阶段。这一阶段立法活动的主要内容通常总是包括四个方面，即提出法案、审议法案、表决法案和公布法。(3)立法的完善阶段，亦可以称其为后立法阶段。这一阶段的主要内容通常包括立法解释、法的修改和补充、法的废止和法的清理等。这3个阶段之间有紧密联系。任何一种立法，在法案正式提交立法主体审议、表决之前，都有程度不同的准备工作要做；在产生法之后，一般也有继续完善的必要，而这种完善往往又为新的立法准备了条件。这3个阶段结合在一起，构成完整的立法活动过程。忽视或只重视其中哪一个阶段，都不是也不可能在健全的意义上从事立法活动。❶

而法典化作为一种广义上的立法活动和立法过程，实际上也正包含了上述3个立法阶段。知识产权理论研究水平的决定性作用主要体现在第二阶段即正式立法阶段，即制定一部完善的知识产权法典必然有赖于知识产权理论研究的成熟。但在第一阶段即立法准备阶段，理论研究水平的决定性作用尚未得到体现，法典化和理论研究活动之间存在着相互影响、相互促进的关系。

知识产权法典化可以为研究者指明研究的方向，加快知识产权研究的进程。法典编纂有赖于理论研究的体系化和系统化。但社会科学在一定程度上存在着自发性研究的特点，即在没有外来刺激的情况下，研究者可能会根据自身的喜好和知识储备来决定研究的领域和方向，这就容易形成研究力量和研究主题的分散性及不均衡性，以至于产生一些“集体无意识”状态下的理论研究空白点。这样可能会导致理论研究体系化的进程缓慢。而一定的外在刺激则可以打破这种自发性研究状态，将研究主题导入新的方向，进而消灭一些研究空白点。在法学研究领域，法典化就是最为有力的外在刺激。法典化势必要求对相关领域的问题进行全面和透彻的了解，这样既扩大了研究面、消灭了研究空白点，又促进了研究的深入。与此同时，法典化可以使更多的人投入相关领域的研究，形成该领域研究的繁荣。我国民法典的编纂就是一个典型的例证。在我国民法典的制定提上立法日程后，我国民法学的研究人数增多，研究力量增强，研究的问题也不断深入，从而促进了民法学研究的繁荣。而知识产权法典的编纂无疑也可以达到这种效果。

此外，法典化还可以促进学术竞争，通过学术竞争来达到学术研究的进步。因为法典必定要以某种学说作为自己的理论基础，而各种学说为了取得这种“正统地位”势必要进行激烈的学术竞争并期望在学术竞争中脱颖而出。“法典编纂，在保持了私法规则与法学学说的密切联系的前提下，又在事实上成为一种权威确立机制。法典编纂是理论自发进行的‘定分止争’的过程，不同的理论在法典编纂的过程之

❶ 周旺生：《立法学》，法律出版社2000年第二版，第196~201页。

中相互竞争，相互融合，试图被写入法典之中获得权威性的支持”。❶ 这种学术竞争本身就是一个研究不断深入和说服力不断增强的过程，这无疑也会促进学术研究的进步。

由此可见，必须要从立法的不同阶段来正确处理知识产权理论研究与知识产权法典化之间的关系。一方面，在立法准备阶段，虽然我国现阶段的知识产权理论研究水平尚未成熟，但这并不妨碍我国知识产权法典化进程的展开。相反，法典化还可以促进理论研究水平的进步。但另一方面，在正式立法阶段，知识产权理论研究的成熟与否直接决定了我们是否能够制定出一部完美的知识产权法典。要想为知识产权法典奠定完善的理论基础，研究者们还需要更大的努力。

四、知识产权法典结构研究

任何系统都有一定的结构，知识产权法典作为一个系统也不例外。系统论认为，系统的结构、功能与环境三者之间有着非常密切的联系。要探讨某个系统的结构，离不开对该系统功能和环境的探讨。因此，本书也尝试从知识产权法典的结构、功能和环境三者之间的关系来探讨知识产权法典的结构编排问题。

从系统论的角度看，结构是指系统内部各组成要素之间在空间或时间方面的有机联系与相互作用的方式或顺序。❷系统的功能是指系统与外部环境相互联系和作用过程的秩序和能力。❸系统的结构与功能有着非常紧密的联系。系统结构的改变将影响到系统整体功能的发挥。系统的结构和功能实际上是对立统一的，系统的结构和功能的矛盾不断产生又不断解决，由此推动着系统的不断发展。系统的结构制约着系统的功能，功能在适应不断变化的环境的同时又反作用于系统的结构，促进系统结构的改变，改变了的结构可以具有更佳的功能，使得功能能够得到更好的发挥。而且随着环境的改变，又要求打破已经建立起的均衡，要求系统的功能跟着发展改变，这又会引起系统结构发生相应的变化。系统的结构和功能在过程中统一起来，系统就在其结构和功能的相互适应又不完全相互适应的矛盾作用和转化之中得到发展。❹

如果将知识产权法律规范看作组成知识产权法典系统的要素，知识产权法典的结构则是这些法律规范的组合形式。探讨知识产权法典的结构编排，实际上是要

---

❶ 薛军：“蒂堡对萨维尼的论战及其历史遗产——围绕德国民法典编纂而展开的学术论战书评”，载《清华法学（第三辑）》，北京大学出版社2003年版，第 127页。

❷ 邹珊刚等：《系统科学》，上海人民出版社1987年版，第102页。

❸ 同上书，第113页。

❹ 魏宏森、曾国屏：《系统论——系统科学哲学》，清华大学出版社1995年版，第296页。

解决以下几个方面的问题:(1)是否需要在知识产权法典中设置总则编;(2)是否需要在知识产权法典中对侵犯知识产权的行为进行集中规定,并设置单独的侵权行为编;(3)各知识产权具体权利应当如何编排。

(一)是否需要在知识产权法典中设立总则编

通过对法国、斯里兰卡、菲律宾、越南四国知识产权法典的考察,可以发现各国在设立知识产权总则编上的态度不一。知识产权法典在其产生初期是没有总则编的,1979年《斯里兰卡知识产权法典》、1992年《法国知识产权法典》、1997年《菲律宾知识产权法典》和2003年《斯里兰卡知识产权法典》都未设置单独的总则编。这种不设置总则编的做法对知识产权法典的"法典性"造成了一定的影响。有学者在评价《法国知识产权法典》时就认为,《法国知识产权法典》不能称为真正意义上的法典,充其量是一部法规汇编。因为它"没有一个总则凌驾于专利权、版权、商标权等具体的知识产权法之上,只是将相关的法律松散的汇集在一起,法典化的意义更多的体现并停留于形式上"。❶ 如果按照这一标准对斯里兰卡、菲律宾知识产权法典进行评价的话,几乎可以得出相同的结论。但2005年《越南知识产权法》的诞生则打破了知识产权法典中不设总则编的"惯例",第一次以专编的形式设立了总则编。

下面,我们从系统论的角度谈总则设立的必要性。

从世界范围来看,法典的设置有法国式和德国式两种模式,而这两种模式的重要区别就在于是否设置了总则编。但从各国法律实践的经验来看,实际上并不能得出一个类似于"有总则编的法典优于无总则编的法典"这样的结论。因此在对各国知识产权法典进行考察时,也不能必然地认为设置了总则的《越南知识产权法》就比没有设置总则的法国、斯里兰卡、菲律宾知识产权法典要优秀。在此,笔者从系统的结构、功能和环境三者之间的关系来探讨我国未来的知识产权法典是否要设立单独的总则编。

系统最重要的特点就在于系统的非加和性。系统论认为在系统的整体与部分之间存在着一种非加和关系,即"整体不是其部分的总和"或者"整体大于部分的总和"。❷由于系统内部各部分之间存在着相互作用,每一个部分的性质与行为依赖于其他部分,并影响着其他部分的性质和行为,所以整体中部分的性质与行为不同于在孤立状态下部分的性质与行为。同时,系统中各构成部分都按照一定方式相互

---

❶ 陶鑫良、袁真富:《知识产权法总论》,知识产权出版社2005年版,第412页。

❷ 如果系统各部分之间的组合成功造成系统的结构合理,则系统的整体功能会大于部分功能之和,如果系统各部分之间的组合不成功造成系统的结构不合理,则会导致系统的整体功能小于各部分功能之和。系统论的这一观点也提醒我们,如果法典结构不合理,可能会造成负功能,那样的话还不如保持现有的单行法体例,所以对于法典的制定一定要保持谨慎态度。

联系，形成具有一定结构的整体，出现它的组成部分所不具有的新的质、新的功能和新的规律，因此，整体的功能也就不是各部分功能的简单相加。[1]从这个角度来说，知识产权法典也不是各知识产权单行法的简单相加，知识产权法典的功能也不是各知识产权单行法的功能简单相加就能够实现的。从功能的角度来看，制定法典的目的就是要使法典的功能大于各单行法功能的总和，而多出来的那部分功能在很大程度上就是通过总则来予以实现的。

总的来说，知识产权法典总则的下列几个功能是各分则无法圆满完成的。

1. 维护法律系统的稳定性

从系统论的角度看，环境是指某一系统之外的所有其他事物或存在。系统和环境之间通常都有物质、能量和信息的交换。环境的特点和性质的变化，往往会引起系统的性质和功能的变化；反之，由于系统的作用不同，也会引起环境的变化。两者相互作用的结果，有可能使系统改变或失去原有的功能。因而系统就要有一种特殊的功能来适应环境的变化，保持和恢复原有的功能。这就是系统的环境适应性。[2]

确定性是法律尤其是法典的重要特点之一。法典一方面是对以往立法的一个清理与回顾，另一方面也是对未来社会状况的前瞻。如果法律经常修改，无疑会有损于法典的权威性。但法律的确定性与不确定性是矛盾的共同体，从法律发展的历史来看，法律的确定性是相对的，而不确定性是绝对的，法律总是处于一个确定——不确定——确定的历史循环状态之中，也即黑格尔所指出的："法的完善性只是永久不断地对完整性的接近而已"。[3]由于社会的不断发展和科学技术的不断进步，知识产权法与其他法律相比修改更为频繁，确定性更差。所以在此强调的稳定性只是要求能够最大限度地延长知识产权法典由确定到不确定阶段周期的时间长度。

而在知识产权法典中设立总则就能够很好地体现这种环境适应性，发挥知识产权法典对环境的适应功能，延缓法律变换的周期。因为总则的内容具有高度的抽象性和概括性，它没有预先确定任何具体的事实状态，也没有赋予具体的法律后果，具有很大的模糊性和灵活性，这样就为法官日后的自由裁量和法律解释留下充足的空间。从这种意义上说，总则的内容可以保证整部法典的弹性和灵活度，缓解法律自身的局限性与现实生活的矛盾，增强其与时俱进的进化能力和适应能力，实现法典的灵活和安全价值，并最终实现法律选择结果的最大合理化。[4]《法国知识

---

[1] 邹珊刚等：《系统科学》，上海人民出版社1987年版，第89页。

[2] 同上书，第50页。

[3] [德]黑格尔著：《法哲学原理》，范扬、张企泰译，商务印书馆1979年版，第225页。

[4] 黄进、杜焕芳："关于国际私法总则的若干思考"，http://www.civillaw.com.cn/weizhang/default.asp?id=15251.

产权法典》之所以制定后在短短6年时间里就先后12次修改或增补法典，[1]没有制定总则恐怕也是重要的原因之一。

2. 协调统一知识产权法律体系

法律规范的凌乱、冲突、重复和空白是法律体系无序的重要表现形式，而这种无序已经严重影响到我国知识产权法律总体功能的发挥，有时甚至会导致负功能的产生。[2]根据系统原理可知，在组成要素不变的前提下，通过改变要素之间的相互作用关系，即改变系统结构，就可以实现改变系统总体功能的作用。而法典的编纂实际上就是一个使知识产权法体系由无序变为有序的过程，力图通过改变知识产权法律系统的结构来最大限度地发挥其总体功能。法的编纂有助于实现法的科学化、系统化。它可以帮助人们发现现存法的种种不科学、有弊病之处，从而去改善它、消除它；可以促使解决现存法的零乱、混乱、不完整、有空白等问题；可以将重复、庞杂的同类规范性法文件、法的规范，损益综合为单一的、系统化的法。[3]

法典编纂同时也是一个对现行法律进行清理的过程，它采取分析和综合相结合而以综合的形式出现的方法来进行。所谓分析，主要是分析研究既有的同类单行法，找出它们的可用和应废之处、重复和空白之处。所谓综合，主要是保留其可用之处，扬弃其应废之处，删除其重复之处，填补其空白之处。所谓以综合的形式出现，就是在对同类单行法加以改造完善后，形成一个统一的法。[4]在立法者提高警惕、集中注意力进行分析的前提下，即使不设置总则编，应该也可以最大限度地消除各单行法之间的冲突。但在这里就只存在分析方法而无综合方法，更无综合的形式。虽然消除了法律冲突，但又必然会导致大量重复性的规范出现。而总则通过将各具体规范的共同性规则抽象出来予以统一规定，一方面既可以促成知识产权法律的系统化、协调化，也可以最大限度地减少具体规则的重复规定，使法典更为简洁。[5]

3. 促进知识产权法理论研究的完善和深入

从法学研究的角度来考虑，知识产权法典中设立总则编比不设立总则编更有利于知识产权法理论研究的完善和深入。在我国，知识产权还不是一个成熟学科。成熟学科的特征是：基本的定理、原理、研究方法已经形成；研究实践很少在基本原

---

[1] 参见黄晖为《法国知识产权法典》中译本所作的译者序，引自《法国知识产权法典》(法律部分)，商务印书馆1999年版，第10页。

[2] 系统论认为系统不仅会产生正功能，而且在某些条件下还可能产生负功能。比如专利授权的程序如果设计不合理，则可能会打消社会大众对于申请专利的积极性，这就是其负功能的一种表现。

[3] 周旺生：《立法学》，法律出版社2000年版，第681页。

[4] 同上书，第684页。

[5] 屈茂辉、李龙："论民法典总则的功能及体系"，载《云南大学学报(法学版)》2004年第2期。

理上发生争论。❶由于成熟学科已经完成了基本的体系建构，余下的工作就是局部的、细节的经营，从而“使研究者从基础研究中解脱出来，转向细节研究”。以细节研究为主的格局，应当发生在学科体系成熟之后。❷但当前，我国知识产权理论研究却违背了这一学科研究发展的基本规律，呈现出“假熟”和过度细化的缺点。绝大多数研究成果只涉及某个具体的技术领域，如网络与著作权、生物技术与专利、域名与商标；或是对某个制度的比较研究。❸而与知识产权基本概念、原理等有关的基础理论却研究不足或被有意无意地忽视了。

学术研究存在自主性和自发性的特点，容易形成研究者的“集体无意识”。所以克服上述知识产权理论研究中的缺点需要一定的外在刺激，而知识产权法典总则编正好可以成为这一刺激来源。知识产权法典的总则编必须建立在对各分编的共同性规则予以归纳和综合的基础之上，设立总则编的立法需要必然会刺激理论界对知识产权的概念、特征、属性、基本原理、规律等方面进行深入研究，从而克服当前知识产权研究“重细节轻基础”的缺点，达到基础研究与细节研究的相对平衡，逐渐由“假熟”走向成熟。

4. 总则的设立有助于弘扬知识产权基本精神和理念

制定知识产权的一个重要目的在于弘扬知识产权基本精神和理念，强化全社会的知识产权意识，以图在全社会形成良好的知识产权文化氛围。知识产权制度的产生已有几百年历史，但中国引进知识产权制度则只是近代的事情。对于我国社会大众来说，知识产权尚属于新生事物，在商务印书馆1996年修订印刷的《现代汉语词典》中也还没有“知识产权”词条，很多人连知识产权这一名词都尚未听说过，更别说对它有一定的了解了。❹经过近几年来不断开展的知识产权宣传工作，社会大众的知识产权意识有了一定的加强。但他们缺乏从整体上对知识产权进行认识，其对知识产权的理解主要还是建立在商标权、专利权、著作权等具体权利之上，尚没有将它们综合与抽象到更高的知识产权层次。在这种认知背景下，如果不在知识产权法典中设立总则编，而是开篇就对各知识产权具体权利进行规定，可能会割裂知识产权与其下属的商标权、专利权和著作权等具体权利之间的联系。社会大众可能会产生以下疑问：为什么名为知识产权法典，但法典的具体条文中却看不到对知识产权的具体规定？法典中商标权、专利权和著作权等权利与知识产权之间到底存在着什么关系？如果产生这样的效果，则制定知识产权法典的意义就要大打折扣了。

---

❶ [挪]斯坦因·U.拉尔森：《社会科学理论与研究方法》，任晓译，上海人民出版社2002年版，第46页。

❷ 李琛：《论知识产权法的体系化》，北京大学出版社2005年版，第80~83页。

❸ 同上书，第81页。

❹ 马维野：“知识产权文化建设的思考”，载《知识产权》2005年第5期。

知识产权法典的总则在立法上起着一个将知识产权与其下属的各具体权利予以联结和沟通的桥梁过渡作用。它通过对各具体权利的共同点和一般事项予以归纳和总结，对知识产权的立法目的、保护范围、私法属性、基本原则等内容进行规定，可以有效地将社会公众的知识产权意识由具体权利层次提高到抽象的知识产权层次，从而从整体上弘扬知识产权基本精神和理念。如果从这一角度考虑，则对于《法国知识产权法典》为何不设立总则编就又有了一种新的解释：法国作为近现代知识产权制度的发源地，其知识产权文化氛围已经十分发达，社会公众已经能够从整体上对知识产权进行把握，总则在弘扬知识产权基本精神和理念方面已无太大的存在必要性。

其次，我们可以从法律传统的角度看总则编的设立。

H.A.西蒙从方法论的角度将决策分为"程序化"和"非程序化"两类。程序化决策问题是指重复出现的一类决策问题，这类决策因为过去有过反复处理的经验，在长期处理这类决策的实践中，逐渐摸索出这类问题的规律性，从而可能制定出一套固定的程序，凡是遇到这类决策问题，就可以依据以往的经验，用常规办法和已确定的程序来进行处理。非程序化决策，指的是这类决策问题比较新颖，过去尚未发生过，或因其性质和结构尚捉摸不定，处理这类问题没有以往的经验作为依据，因而无法用常规的办法和已确定的规范、程序来进行处理，而必须依靠决策者的知识、经验，以一种探索性的方式获得这类问题的解决。❶法国、斯里兰卡、越南、菲律宾四国知识产权法典在是否设立总则编上都考虑了本国的立法传统，采用了一种程序化的决策方式：(1)《法国知识产权法典》沿袭了《法国民法典》的做法，没有规定总则，但它比《法国民法典》做得更为彻底，不仅没有规定总则，而且连序编也没有规定。(2)斯里兰卡长期处于英国的殖民统治之下，独立后的法律也沿袭了英国殖民统治时期所确立的模式，在传统上属于普通法系国家。其并不热衷于法律的体系化和系统化，更谈不上有法典化的习惯了。所以在1979年制定知识产权法典时不规定总则编也是情理中的事，2003年《斯里兰卡知识产权法典》则是对这一模式的进一步传承。(3)菲律宾曾经长期处于西班牙的殖民统治之下，许多西班牙法律的效力延伸到菲律宾，其中包括1889年《西班牙民法典》。独立后的菲律宾于1950年颁布了《菲律宾民法典》并一直沿用至今。这部民法典沿袭了1889年《西班牙民法典》的结构体例，❷而1889年《西班牙民法典》在结构上又模仿了《拿

---

❶ 邹珊刚等：《系统科学》，上海人民出版社1987年版，第368页。

❷ 徐国栋："东欧剧变后前苏联集团国家的民商法典和民商立法"，见梁慧星主编：《民商法论丛(第14卷)》，法律出版社2000年版，第328页。

破仑民法典》❶。所以《菲律宾民法典》也没有设立总则编，只是设立了一个关于法律适用的序言。《菲律宾知识产权法典》不设立总则编也是顺应了菲律宾私法法典编纂的传统。(4)《越南知识产权法》总则编的制定则是沿袭《越南民法典》的立法惯性使然。《越南民法典》在编排体例上的一个重要特点，就是其具有浓厚的"总则"情节。《越南民法典》除了总则编外，作为分编的财产与所有权编、债与合同编、继承法编、土地使用权转让编这4编均设有本编的小总则。而知识产权在民法典中与上述4编是处于平行地位，当在民法典之外制定单独的法典化的知识产权法时，立法者为其设立总则编已经成为顺理成章的事情。

反观我国，在法典中设置总则编也可以从立法传统和教学传统中来寻找其支撑点。在中国古代，无论是《法经》还是《大清律例》都采纳了总则分则的立法技术。❷改革开放以来，我国制定的一系列法典性的法律文件如刑法、民事诉讼法、刑事诉讼法都设置了总则编。正在进行的民法典编纂工作中，学术界和立法界就设立民法典总则已经基本上达成了共识，几部公开的民法典草案中都对总则编进行了规定。由此可见，在未来的知识产权法典中设置总则编与我国的立法传统是相适应的。而从知识产权法的教学传统来看，现行的大部分知识产权教材都将本书的第一部分命名为"总论""导论""绪论"等，尔后才对著作权、商标权、专利权等具体权利进行论述。而该部分一般都涉及知识产权的概念、范围、特征、主体、客体、基本原则和地位等内容，与知识产权法的一般性和共同性规则息息相关。广大法律学习者大都已经习惯了总则—分则、一般—个别的知识产权理论学习方式，设置总则编实际上也是与我国的知识产权理论教学模式相适应的。

(二)是否有必要设立单独的侵权行为篇

在知识产权法典化的过程中，如何对侵权行为规范进行处理也是一个值得重视的问题，主要涉及以下两方面：一是是否要设立单独的侵权行为编；二是侵权行为编应当规定哪些内容。

一个完整的侵权行为条款包括侵权行为以及对侵权行为的法律制裁即法律责任两方面。法国、斯里兰卡、菲律宾、越南四国知识产权法典对侵权条款的处理总的来说可以分为3种模式，而且这3种模式应该说涵盖了对侵权条款的全部方法。

---

❶ 1889年《西班牙民法典》的结构为：续言、第一编"人"、第二编"财产、所有权及其变更"、第三编"取得财产的各种方式"、第四编"债与合同"，1950年《菲律宾民法典》的结构与《西班牙民法典》的结构完全相同。《西班牙民法典》的结构详见徐国栋："东欧剧变后前苏联集团国家的民商法典和民商立法"，见梁慧星主编：《民商法论丛(第14卷)》，法律出版社2000年版，第327~328页。《菲律宾民法典》的结构详见何勤华、李秀清主编：《东南亚七国法律发达史》，法律出版社2002年版，第401~402页。

❷ 李雨峰："知识产权法典化论证质评"，载《现代法学》2005年第6期。

模式一：将侵权行为及其法律制裁措施进行捆绑，将它们在法典的每一分编中都进行规定。菲律宾和法国知识产权法典就采取了这一模式。以《菲律宾知识产权法典》为例，其将侵犯专利权行为及其法律制裁规定在第二编“专利法”第8章“专利权人的权利和侵犯专利权的行为”中，将侵犯商标权和商号权行为及其法律制裁规定在第三编“商标、服务商标和商号法”中，侵犯著作权的行为及法律制裁规定在第四编“著作权法”第17章“侵权”中。《法国知识产权法典》的做法也大体相同。

模式二：在法典的末编集中对侵权行为及其法律制裁措施进行规定。《斯里兰卡知识产权法典》(2003)采取的就是这一模式。该法典将违法行为及法律制裁作为第38章统一规定在第十一编“杂则”中。该章共27条，对侵犯知识产权行为采用的是列举法，分别规定了伪造注册登记簿、侵犯著作权、侵犯工业设计权、冒充工业设计、侵犯专利权、冒充专利、非法披露与专利相关的信息、侵犯商标权、冒充注册商标、其他侵犯注册商标的行为和虚假商品说明行为、法人团体的违法行为等侵权行为，同时规定了对各类侵权行为的法律制裁措施。

模式三：在各分编中对具体侵权行为进行规定，但在法典末端设立单独的一编对法律制裁措施进行集中规定。《越南知识产权法》采取的就是这一模式。该法将各类侵犯知识产权行为分别放在各编中进行规定，使得各类侵权行为呈一种分散状态。但该法的第五编“知识产权保护编”则对侵权行为的法律制裁措施进行了集中规定。该编共分为3章，分别是“知识产权保护总则”“知识产权侵权行为的民事救济措施”和“知识产权侵权行为的行政和刑事救济措施，智力财产进口和出口的控制”。

笔者以为，我国未来知识产权法典可以采取第二种模式，即在法典中设立专门的侵权行为编，并将各类侵犯知识产权行为及其法律责任都集中规定在该编之中。采用这一模式的理由如下。

1.有利于使知识产权法典具有更强的体系性和系统性

法典编纂的目的之一便在于加强法律条文之间的体系性和系统性。一个完整的权利体系包括权利主体、权利客体、权利内容、权利行使、权利保护与救济等几个方面。从微观上看，如果将这几个方面予以集中规定，无疑保证了单个权利体系的完整。从这个角度上看，类似于菲律宾和法国知识产权法典的第一种模式还是有其存在意义的。但如果超越单个权利体系而将其放在知识产权法典这个大系统中考虑，则该模式的弊端就显现出来了。因为如果不规定单独的知识产权编而将与知识产权有关的侵权行为规范都放到各分编中分别进行规定，则并未达到对知识产权共性提取的目的，各分编之间并没有发生太大的联系，在很大程度上还是保持了较大的相互独立性和分散性。可以说，仅从形式上看，不设侵权行为编的知识产权法典与一般意义上的法律汇编并无太大区别，其区别仅在于是否设置了总则编。而且由于总则编在一般情况下并不发生直接的法律适用，人们在适用法律时关注的往往还是法典的一部分而不是法典本身，则法典编纂的意义便减弱了很多。而设置单独的侵权行为编则是对各类知识产权在侵权行为方面共性的提取，它与总则编在首尾相互配合，使知识产权法典从整体上看系统性和体系性更强。

2.有利于强化知识产权的保护

即使设置单独的侵权行为编也可以采取像《越南知识产权法》那样的模式，即将具体侵权行为放在各分编中进行规定，"知识产权保护编"中只对法律制裁措施进行规定。但一个完整的侵权行为条款包括侵权行为以及对侵权行为的法律制裁即法律责任两方面，而该种模式的缺点在于将完整的侵权行为条款割裂了，对当事人适用法律造成一定的困难。我们可以设想一下当事人在越南适用知识产权法的情形：首先他要到法典的各分编中去寻找相关的条文以判断是否有侵权行为的存在，如果存在侵权行为的话，则还要到"知识产权保护编"中寻找相应的法律责任。而将侵权行为和法律责任集中规定于侵权行为编的模式则保证了当事人适用法律的完整性和便捷性，有利于强化知识产权的保护。

我国未来知识产权法典侵权行为编可以由以下几个方面的内容构成：(1)一般规定。该部分的内容是对各类侵权行为共性的提取，主要包括侵权行为的归责原则、承担责任的方式、损害赔偿的确定、举证责任、临时措施、权利人的自我保护措施等。(2)各类具体侵权行为。该部分主要是对各类侵犯知识产权的行为具体罗列，并在其后规定对这些侵权行为的具体法律制裁措施。

(三)知识产权法典各分编的编排

知识产权法典分编的编排涉及如何在法典中对各类具体的知识产权权利体系进行建构的问题。对于这一问题，外国知识产权法典有两种处理模式。

第一种模式是汇编式，法国、斯里兰卡、菲律宾知识产权法典所采取的就是这一模式，而且尤以《斯里兰卡知识产权法典》表现得最为明显。每一项权利的保护都离不开权利客体、权利主体、权利取得、权利内容、权利转移等主题。斯里兰卡知识产权法典的建构以保护对象为中轴线，采用了汇编式的构建方法。即知识产权的每一个保护对象单独构成一编，8种具体保护对象即构成了8编，每一编都分别对权利客体、权利主体、权利取得、权利内容、权利转移等主题进行规定。法国和菲律宾知识产权法典基本上也是按照相同的方法来构建的。只不过《法国知识产权法典》首先从总体上将知识产权分为文学艺术产权和工业产权两大部分，每一部分都下辖几种权利，在此基础上再来建构各具体权利体系，与斯里兰卡和菲律宾知识产权法典的分散相比，在整体形式上要显得更集中一些。

第二种模式是抽象式,《越南知识产权法》采取的就是这一模式。《越南知识产权法》一方面从总体上将知识产权分为著作权及相关权、工业产权和植物品种权3大类,另一方面从各具体保护对象中将它们在权利取得、权利内容、权利转让等方面的共同点抽象出来,并以权利主题而不是保护对象为中轴线来建构法典体系。这一点在其著作权编和工业产权编表现得尤为明显。以著作权部分的编排为例,《斯里兰卡知识产权法典》的著作权编分为著作权和相关权两章,《菲律宾知识产权法典》的著作权编也可以大致分为著作权和相关权两大部分,都是对著作权与相关权两者的内容进行分别规定。而《越南知识产权法》的著作权编是将著作权与相关权在保护条件、内容、限制、期限、权利人、转让等方面的共性提取出来,分为6章。《越南知识产权法》工业产权编也采用的是同样的建构方法,利用对各项工业产权共性的提取来作为建构法典的中轴线。

《斯里兰卡知识产权法典》著作权编	《越南知识产权法》著作权及相关权编	《越南知识产权法》工业产权编
第1章　著作权	第1章　著作权及相关权的保护条件	第7章　工业产权的保护要求
第2章　表演者、录音制作者以及广播组织权	第2章　著作权和相关权保护的内容、限制和期限	第8章　发明、工业设计、布图设计、商标和地理标志工业产权的建立
	第3章　著作权所有人和相关权所有人	第9章　工业产权所有人、权利范围和限制
	第4章　著作权和相关权的转让	第10章　工业产权的转让
	第5章　著作权和相关权注册证书	第11章　工业产权的代理
	第6章　著作权、相邻权领域的代理、咨询和服务机构	

图 14-1　斯里兰卡、越南知识产权法模式

笔者认为在权利体系的建构上,我国未来知识产权法典采取汇编式更为合理。这主要是依据对汇编式和抽象式这两种模式进行分析对比的基础上并结合我国社会的实际情况而得出的结论。

汇编式的优点在于权利体系的建构比较完整,每一个具体权利的主体、客体、内容等方面都集中在一起,能够使人对该权利有一个全面和整体的了解;汇编式的缺点之处在于依照该模式建构法典可能会使法典各部分之间的联系不是很紧密甚至是相互独立的,即使抽出其中一部分也不会对其他部分的正常运转产生太大的影响,无法充分体现出法典的整体性。此外,用汇编式建构的法典由于需要对某些权利之间的共同点或交叉点进行重复规定,所以还可能出现法条重叠过多的情况。

而像《越南知识产权法》所采用的抽象式的优缺点正好与汇编式的优缺点相对

应。抽象式的优点体现在以下几个方面:(1)体现出法典的系统性和整体性。由于抽象式的建构方法是将各具体权利在权利取得、权利内容、权利转让等方面的共同点抽象出来,这使得法典各部分之间的联系非常紧密。从图14-1中《越南知识产权法》"著作权及相关权编"和"工业产权编"的结构就可以看出来,其下属的每一章都是该编顺利运行不可缺少的一个环节,这种方法充分体现了法典的系统性和整体性。(2)法律条文简洁。用抽象式建构的法典由于对权利间某些共同点或交叉点进行了集中性的规定,会使得法典的条文显得简洁许多。

而抽象式的缺点则在于:(1)了解和适用法律有一定的困难。由于抽象式将具体权利的各方面打散,当事人必须上下对照,将各章的内容紧密结合起来才能对某个权利有一个完整的了解,很明显这种方法对法律的理解和适用造成了一定的困难。(2)会对法典的整体稳定性造成不利的影响。在汇编式的情况下,由于各权利体系之间是相互独立的,对某类权利的修改一般只会涉及法典的局部,并不会对法典的整体造成太大的影响。但在抽象式的情况下,由于各权利体系之间相互交叉,联系紧密,对某类权利的修改就可能会涉及法典的各个部分,对法典的整体性造成不利的影响。

而从我国具体的实际情况考虑,当前我国公众知识产权意识还比较欠缺,知识产权法典在很大程度上还要起到普法宣传书的功能,方便公众对法律了解和适用应该是法典在形式上的第一要务。此外,虽然从总体上说,法律的变动是绝对的,法律的稳定性是相对的,但对于正处在法治现代化过程中的我国而言,最大限度地保证法律的稳定性是十分必要的,只有这样才能增强公众对法律的信仰和尊重。基于这两点,汇编式模式比抽象式模式更适合于我国未来的知识产权法典。

此外,形式美也是法典构建过程中应当注意的一个问题。一部优秀的法典应当保证各部分之间在法律条文上的大体均衡。从这一角度上说,像《斯里兰卡知识产权法典》那样每种权利构成一编,整个法典分为11编的做法不太适合我国。虽然法国和越南的知识产权法典对权利进行了适当的集中,分为文学艺术产权和工业产权,但从整体上看也不太协调。因为文学艺术产权部分只包含了著作权及其相关权的内容,而工业产权部分却要包含专利权、商标权、集成电路布图设计权、商业秘密权、商号权、地理标志权等内容,两者在法律条文的数量上严重失调,影响了法典的形式美。因此,可以考虑将知识产权法典除总则和侵权行为编以外的部分分为著作权及相关权、专利权、技术知识权、商业标志权、其他权利这5编。著作权编的内容包括著作权及其相关权;专利权编的内容包括发明专利、实用新型专利和外观设计专利;技术知识权编的内容包括商业秘密权、集成电路布图设计权、植物新品种权;商业标志权编的内容包括商标权、商号权、地理标志权、域名权;其他权利编的内容则包括传统知识保护、生物多样性保护和制止不正当竞争等。

综上所述,我国未来知识产权法典的总体结构可以为:

第一编　总则

第二编　著作权

第一章　著作权

第二章　相关权

第三章　集体管理组织

第三编　专利权

第四章　发明专利权

第五章　实用新型专利权

第六章　外观设计专利权

第四编　技术知识权

第七章　商业秘密权

第八章　集成电路布图设计权

第九章　植物新品种权

第五编　商业标志权

第十章　商标权

第十一章　商号权

第十二章　地理标志权

第十三章　域名权

第六编　其他权利

第十四章　传统知识保护

第十五章　生物多样性保护

第十六章　制止不正当竞争

第七编　法律责任

第十七章　一般规定

第十八章　侵犯著作权行为及其法律责任

第十九章　侵犯专利权行为及其法律责任

第二十章　侵犯技术知识权及其法律责任

第二十一章　侵犯商业标志权行为及其法律责任

第二十二章　侵犯其他知识产权行为及其法律责任

第八编　附则

五、知识产权法典总则研究

知识产权法典在世界立法史上是一个新生事物，而在知识产权法典中设立总则更是具有特别的新颖性，目前只有2005年的《越南知识产权法》采取了设立总则编的做法，这也可以算是越南在世界立法史上的一个创举。

《越南知识产权法》的第一编即为总则编，该编共12条，分别为：第1条"本法的调整范围"、第2条"本法的适用主体"、第3条"知识产权的客体"、第4条"专业术语的解释"❶，第5条"法律的适用"❷，第6条"知识产权产生和建立的基础"、第7条"知识产权的限制"、第8条"知识产权国家政策"、第9条"组织和个人在知识产权保护中的权利及义务"、第10条"国家对知识产权进行管理的内容"、第11条"国家对知识产权进行管理的义务"❸、第12条"知识产权费用"。

虽然斯里兰卡和菲律宾知识产权法典中没有设立总则编，但并不意味着在法典中不存在总则性的条款。如果以《越南知识产权法》的总则条款为参考，《菲律宾知识产权法典》第一编"知识产权局"的第1～5条（第1条法典的名称，第2条国家政策声明，第3条国际条约与互惠，第4条知识产权的客体，第5条知识产权局的职能）其实是可以视为总则性条款的。余下的第6～19条则对知识产权局的组织结构、知识产权局局长与副局长的任命、知识产权局下属6个处的职能、知识产权公报等内容进行了详细的规定，实际上是对属于权利管理类条款的第5条的展开。同理，《斯里兰卡知识产权法典》第一编"管理"也属于越南知识产权法所列的总则性条款之类。

（一）国内学者对于知识产权总则内容的意见

对于知识产权总则应当包含哪些内容，近几年来也得到了一些国内学者的关注，他们纷纷发表了自己的意见。其中郑成思、吴汉东、曹新明和李雨峰4位学者的意见比较有代表性。值得注意的是，4位学者意见的出发点不同：吴汉东教授和郑成思教授是基于民法典知识产权编来设计知识产权总则，李雨峰先生是基于知识产权通则来设计知识产权总则，而曹新明教授是基于知识产权法典总则编来设计知识产权总则。

郑成思教授设计的总则共有22条，❹分别为：第1条"知识产权是私权"、第2条

---

❶ 该条对知识产权法中出现的25个专业术语进行了解释。

❷ 该条对知识产权法与民法典、其他法律及国际条约在法律适用上的关系进行了规定。

❸ 该条对越南知识产权管理机关进行了规定。

❹ 郑成思教授对知识产权法一般规定的制度设计及其解说，详见郑成思：《知识产权论》，法律出版社2003年10月第3版，第77~139页。

"知识产权的保护范围"、第3条"知识产权的反不正当竞争附加保护"、第4条"知识产权是专有权"、第5条"知识产权不适用占有制度"、第6条"知识产权与有关载体的分离"、第7条"知识产权与夫妻共同财产"、第8条"与在先权利的关系"、第9条"即发侵权的制止"、第10条"财产保全"、第11条"证据保全"、第12条"独占被许可人的诉讼地位"、第13条"非独占被许可人的诉讼地位"、第14条"直接起诉协助侵权人"、第15条"协助侵权人只负过错责任"、第16条"诉讼时效"、第17条"诉讼时效的延长"、第18条"合理的授权或注册程序"、第19条"国际优先权"、第20条"国民待遇与最惠国待遇"、第21条"知识产权保护的目的"、第22条"禁止权利滥用"。❶

吴汉东教授设计的总则一共有8条，分别为：第1条"知识产权的性质"，第2条"知识产权的范围"，第3条"知识产权的效力"，第4条"知识产权的利用"、第5条"与在先权利的关系"、第6条"知识产权的保护"、第7条"禁止知识产权滥用"，第8条"与民事特别法"的关系。❷

曹新明教授设计的知识产权法典总则编共12条，分别为：第1条"立法目的与依据"、第2条"名称"、第3条"保护范围"、第4条"私权原则"、第5条"与民事基本法的关系"、第6条"物权性"、第7条"权利协调原则"、第8条"公共利益原则"、第9条"禁止权利滥用原则"、第10条"与国际条约的关系"、第11条"外国人和无国籍人"、第12条"港、澳、台同胞"。❸

李雨峰先生设计的知识产权通则共24条，分别为：第1条"立法目的"、第2条"基本原则"、第3条"禁止权利滥用"、第4条"知识产权的归属"、第5条"知识产权的效力"、第6条"知识产权与有关载体的分离"、第7条"知识产权的行使"、第8条"外国人知识产权在中国的保护"、第9条"外国人在中国知识产权的行使"、第10条"损害赔偿额的确定"、第11条"财产保全"、第12条"证据保全"、第13条"被许可人的诉讼地位"、第14条"违法所得、侵权品和侵权器具的处理"、第15条"诉讼时效"、第16条"级别管辖"、第17条"地域管辖"、第18条"证据的认定"、第19条"合同责任"、第20条"行政处罚"、第21条"知识产权纠纷的调解、仲裁与诉讼"、第22条"刑事责任"、第23条"与特别法的关系"、第24条"生效时间"。❹

---

❶ 郑成思教授的原稿上并未附加法条的名称，为了方便论述，本文此处所载的法条名称是在对郑教授原稿法条的内容进行归纳的基础上得出的，希望没有曲解郑成思教授的原意，也希望各位学界同仁予以批评指教。

❷ 吴汉东教授对知识产权法一般规定的制度设计及其解说，详见吴汉东："知识产权立法体例与民法典编纂"，载《中国法学》2003年第1期。

❸ 曹新明教授对知识产权法典总则编的设计，详见曹新明：《中国知识产权法典化研究》，中国政法大学出版社2005年版，第309~313页。

❹ 李雨峰先生对知识产权通则的设计，具体内容详见李雨峰："知识产权通则：立法进程中的一种尝试"，载《法学论坛》2006年第1期。

(二)对各位学者意见的评析

虽然4位学者设计的方案各有千秋,但如果对其进行总结和归纳,还是可以得出以下几点共同之处:(1)知识产权总则应当为“小总则”。由于知识产权属于民事权利范畴,民法典总则的许多规定也适用于知识产权领域,例如民法典总则中的民事主体制度、代理制度、期间与期日制度就在很大程度上适用于知识产权制度。所以知识产权总则不可能像民法典总则那样内容丰富、法条众多,从其包含的内容和法条数量来说都只能是“小总则”。(2)对于哪些内容应当纳入总则,各位学者还是存在共同意见的。诸如立法目的、知识产权的性质、知识产权的保护范围、与在先权利的关系、禁止权利滥用、与其他法律的关系等内容,学者们都倾向于将其纳入知识产权总则。

郑成思教授的方案则显现出4个特点:(1)学理性较强,例如“知识产权是专有权,或称对世权”、“知识产权的客体表现为一定的信息”等规定,这些内容其实都属于理论教学的内容,是不宜出现在一部法律文件中的。(2)公法性较强,在其中规定了“财产保全”“独占被许可人的诉讼地位”“非独占被许可人的诉讼地位”“直接起诉协助侵权人”等较多的诉讼法规范,对保持民法典的私法性造成了不利的影响。(3)与民法典其他部分的内容有一定的重复,例如在民法典总则中本来就会有关于“禁止权利滥用”这一基本原则的规定,则在民法典的分则中就没有必要再出现这一规定了,而郑成思教授的方案中对这一内容又进行了重复规定。(4)法条的编排顺序不是十分合理,例如“知识产权保护的目的”应该是位于法律文件前端,但郑成思教授却将其放在了最后。

其他3位学者对知识产权总则内容的设计方案也各有特点:(1)吴汉东教授的方案最为概括、抽象和简洁,但从保持民法典各编形式平衡的角度来说,其法律条文的数目似乎还是稍显简略,只有8条,应有进一步丰富的可能性。此外,第1条“知识产权的性质”的存在似乎显得多余。因为吴汉东教授设计的方案是将知识产权作为民法典的一编,而民法典正是以民事权利为其保护对象,从此角度看,知识产权属于民事权利是其应有之意——如果不是民事权利就不会作为民法典的一编存在了。(2)李雨峰先生的方案最大特点是其涵盖的范围非常之广,几乎遍及与知识产权有关的所有领域,甚至包括诉讼管辖、证据的认定、行政处罚、刑事责任等内容,这一特点显然与其以知识产权通则为出发点而进行设计有关。但笔者认为,李雨峰先生只用24个条文就对他设想的知识产权通则的全部内容进行了概括,未免显得有些单薄。毕竟,只包含有20余个条文的法律在我国当前还是比较少见的,从形式上也难免影响其作为知识产权基本法的权威性。(3)在4种方案中,曹新明教授的方案是惟一基于知识产权法典总则编进行设计的。从形式上看,其法条的编排设计比较符合法律文件的规范,规定了"立法目的与依据""名称"等法律文件必备的条款。该方案的重点主要放在对知识产权基本原则的规定上,在全部12个条文中就以4个条文规定了"私权原则""权利协调原则""公共利益原则"和"禁止权利滥用原则"。

(三)笔者对于知识产权法典总则编的设想

吴汉东教授曾指出,民法典中的"知识产权编",仅是一般性规定,其相关条款的规定应考虑遵循以下规则:首先,民法典所规定的基本原则与一般制度,应适用于各项权利制度,包括知识产权制度,基于上述规范的普遍适用性,"知识产权编"不另作规定;其次,"知识产权编"所规定的一般性条款,应是从各项知识产权制度中抽象出来且共同适用的,该编并不影响相关民事特别法的独立存在;再次,"知识产权编"着力描述的应是该类制度与其他民事权利制度的不同之处,即基于知识产权制度特性所体现的一般性规范。❶笔者认为,吴汉东教授列举的这几条规则对于知识产权法典总则编的设计也具有重要的指导意义。

此外,如果将知识产权法典予以细化,将总则编视为法典的一个子系统,则构成总则编内容的法律条文可以视为该子系统的要素或元素。系统论认为元素在系统中占据着基础性的位置,没有元素就不可能形成系统。元素和结构是构成系统的两个缺一不可的方面,系统是元素与结构的统一。给定元素和结构两方面,才算给定一个系统,结构不能离开元素而单独存在。❷元素、结构、环境三者共同决定系统的功能。设计或组建具有特定功能的系统,须选择具有必要性能的元素,选择最佳的结构方案,还要选择或创造适当的环境条件。❸因此,系统要素的选定,必须要从系统所欲发挥的功能出发。根据笔者在前文的论述,知识产权法典总则具有以下四大功能:(1)维护知识产权法律系统的稳定性;(2)协调统一知识产权法律体系;(3)促进知识产权法理论研究的完善和深入;(4)弘扬知识产权基本精神和理念。依此原理,知识产权法典总则编内容的选定也要以总则编所欲发挥的功能为基点进行考虑;否则,知识产权法典总则编的功能不能够被充分发挥,其制定也就失去了意义。

参考外国知识产权法典的立法经验和上述4位学者对于知识产权法总则的设计方案,笔者认为我国未来知识产权法典总则应当包括以下几大方面的内容。

1. 法律文件必备的形式类规范

这一类规范主要包括法律名称、立法目的与立法依据。在法典中设置总则,对于我国的法律体系而言其实是一个普遍性的现象,不仅民法典、知识产权法典中要

❶ 吴汉东:"知识产权立法体例与民法典编纂",载《中国法学》2003年第1期。

❷ 苗东升:《系统科学精要》,中国人民大学出版社1998年版,第32页。

❸ 同上书,第42页。

设置总则,其他许多法律如刑法、刑事诉讼法、民事诉讼法中也设置了总则。从立法学的角度看,随着我国立法工作的逐渐规范化和程序化,有必要在各法典中都规定这几方面的内容,作为法典的形式要件,以保证法律体系的协调统一。知识产权法典是一部法律文件,必须具备法律文件的某些形式性的结构要素。此外,对立法目的和立法依据的规定,可以普及知识产权知识,使人们能够了解为什么要制定知识产权法典及其重要意义,从形式上彰显知识产权法典制定的正当性与合法性。

2. 权利属性与基本原则

在总则中宣示"知识产权为民事权利"是对《知识产权协定》关于"知识产权为私权"的立法回应,是对知识产权在私法领域中地位的明确肯定,同时也为将民法典的基本原则和基本制度引入知识产权法提供了法律和理论依据,可以视为知识产权法典与民法典之间的一个链接点。但由于"私权"在我国尚属于一个理论性概念,一般民众并不能够清晰了解其本质含义,所以适用以及普及化的"民事权利"概念来替代它。

从知识产权法典总则维护知识产权法律体系稳定性的功能出发,它应当对知识产权法的诸项基本原则进行规定。但当前学术界对于知识产权法具有哪些基本原则存在争论,远未达成共识。❶知识产权法基本原则的确立是我国知识产权法典化面临的最大难题之一,如果将这一问题解决了,则知识产权法典化的进程将会顺利不少。因此,知识产权法基本原则应当成为我国未来一段时间内的研究重点。

在实际立法中还存在着这样一个问题,即如何处理知识产权基本原则与民法基本原则之间的关系。民法基本原则是其效力贯穿民法始终的民法根本规范,其效力贯穿于民事关系的各个领域。由于知识产权的私权属性,民法典总则编确立的一系列基本原则,如平等原则、公平原则、意思自治原则、诚实信用原则、公序良俗原

---

❶ 徐瑄教授认为知识产权自然权利的保护原则,应该包括权利来源正当性、合法性原则、获得手段正当性原则、权利不得滥用原则,也包括知识产权法中行政机关的审查原则,即社会本位原则、利益平衡原则、社会利益优先原则、保障社会知识产品供给原则。同时,作为知识产品生产和再生产的规则,知识产权法也应当遵循现代市场秩序原则:"市场至上"原则、诚实信用原则、信息公开原则、慎用市场特权原则等。详见徐瑄:"知识产权法典化的思考",载《南方经济》2002年第8期。而王太平先生认为,知识产权原则应当包括主体原则(确立独立的主体)、类型与内容原则(法律限定主义或法定主义)、客体原则(一客体一知识产权)、变动原则(公示与公信主义)、权利范围与行使原则(合理限制),详见王太平:《知识产权法法律原则理论基础与具体构造》,法律出版社2004年版,第227~258页。陶鑫良先生认为,知识产权基本原则应当包括:诚实信用原则、公序良俗原则、利益平衡原则与合理保护原则,详见陶鑫良、袁真富:《知识产权法总论》,知识产权出版社2005年版,第14~27页。刘春茂先生认为,知识产权法的基本原则为:鼓励和保护智力创造活动的原则、促进智力成果推广应用的原则、遵守国家法律和社会公德的原则、本国法与参加国际公约相一致的原则,详见刘春茂主编:《知识产权原理》,知识产权出版社2002年版,第24~29页。

则等都可以适用于知识产权领域，成为知识产权基本原则。因此立法者必然要面临这样一个选择：是否要将这些民法基本原则也纳入知识产权法典总则之中？❶上述4位学者设计的方案中，就有将公平、诚实信用、权利不得滥用等民法基本原则作为知识产权基本原则予以规定的情况出现。

笔者以为，应当将知识产权基本原则与民法基本原则予以区分。知识产权基本原则相对于民法基本原则来说，只能属于民法具体原则，而民法具体原则是民法基本原则在具体民事关系领域内的展现，其效力只限于具体的民事关系领域。❷在知识产权法典中不必对民法基本原则予以规定，而只需对知识产权基本原则进行规定。在目前关于知识产权法基本原则的研究中，只有王太平先生明确注意到其与民法基本原则之间的区别，认为知识产权基本原则应当包括主体原则（确立独立的主体）、类型与内容原则（法律限定主义或法定主义）、客体原则（一客体一知识产权）、变动原则（公示与公信主义）、权利范围与行使原则（合理限制）。❸依王太平先生的论述，这5项原则能够涵盖诸如知识产权权利重叠、知识产权滥用等内容。所以在下文笔者拟定的知识产权总则模拟稿的基本原则部分就建立在王太平先生的研究成果基础之上。

3. 知识产权基本制度规范

知识产权总则是对各项具体知识产权制度的内容“提取公因式”的结果，其主要内容应当包括基本原则和基本制度规范。如果说基本原则是调和法律诸价值冲突的立法技术手段，❹是对蕴涵于法律之内的价值共性的提取，基本制度规范则是对作为知识产权法外在表现的法律规范共性的提取，为各具体知识产权制度的建构设定了制度框架。对于这一部分的内容，笔者以为应当以权利为主线来进行设计：权利主体—权利客体—权利的基本内容—权利产生—权利的行使—权利的期

❶ 正是因为上述两个立法中的难题，所以《越南知识产权法》在依循《越南民法典》的立法传统设立总则编时，对于基本原则的设立却采取了不同的做法：《越南民法典》总则编设专章对基本原则进行了规定，《越南知识产权法》总则却并未对知识产权基本原则予以明确规定，只是在第7条“对知识产权的限制”中规定：知识产权的行使不得侵犯国家、公众的利益以及其他组织、个人的法定权利和利益，并且不得违反相关法律的规定；当知识产权的客体涉及国防安全、人民生命和国家社会的其他利益时，国家有权对知识产权予以强制许可。这一规定实际上就隐含了公共利益和权利不得滥用两项知识产权基本原则。《越南知识产权法》虽然并没有对知识产权基本原则进行详细的规定，但该法第5条“法律适用”中却规定，“如果《知识产权法》不能解决与知识产权有关的民事争端时，则应当适用民法典的相关规定”。依此条款的规定，法官可以运用民法典规定的基本原则来弥补知识产权法漏洞，从而将民法基本原则的适用引入知识产权法领域。

❷ 徐国栋：《民法基本原则解释——成文法局限性之克服》，中国政法大学出版社1992年版，第46页。

❸ 王太平：《知识产权法法律原则理论基础与具体构造》，法律出版社2004年版，第227~258页。

❹ 徐国栋：《民法基本原则解释——成文法局限性之克服》，中国政法大学出版社1992年版，第7页。

限—权利的保护(管理机关、法律责任、审判机关、诉讼时效)。

这样设计的理由在于:

(1)我国法理学界近年来的研究表明,权利是法哲学的基石范畴,现代法的本位则是权利本位。这一结论尤其适用于民法。在民法学界,学者们也认为,权利是民法的核心概念,民法最基本的职能就在于对民事权利的确认和保护。民法体系的建构以权利为基本的逻辑起点,民法就是一部权利法。依此原理,作为民事特别法的知识产权法也应当以权利为本位。但由于知识产权法具有的"混合法"特点,知识产权法调整的社会关系涵盖私法与公法两大领域,极易使人忽视知识产权的私权属性。因此,以权利为主线构建知识产权法典总则,实际上是在表明"知识产权为私权"的权利属性和权利本位的法律理念,有助于人们更方便地了解知识产权,增强人们的知识产权意识。

(2)从权利关系的逻辑看,各项具体知识产权都包括主体、客体和内容3个要素。人在私法中居于中心位置,所以将其置于三要素之首。权利主体的内容主要是确定适用知识产权法典的法律主体,即内国人、外国人、无国籍人和港澳台胞在何种情况下适用知识产权法典。权利客体主要是规定知识产权的各类保护对象。而且目前对于知识产权的概括式定义并未达成一致意见,不宜于将其在法典中进行规定,对权利客体的规定实际上相当于对知识产权进行了列举式的定义。虽然各项知识产权具有不同的权利内容,且这些权利内容比较复杂,不可能将其在总则中详细规定,但大致还是可以将其抽象为精神权利和财产权利两大类。

(3)现实中的权利关系不是静止不动的,在动态的社会环境中,权利总是处在运行状态之中,往往要随着不同法律事实的出现而发生变动。法律事实一般可以分为法律行为和自然事实两大类。知识产权权利的行使主要表现为知识产权转让和许可,它是民法典总则规定的民事法律行为在知识产权领域的具体化。而权利期限的经过则是一种自然事实,期限的届满就代表着权利的终止。因此将两者一并予以规定。由于知识产权转让和许可是知识产权变动的主要方式,所以将其放在权利期限之前予以规定。权利运行的前提条件是必须有权利的存在。但多数知识产权并不是自然产生或依一定的事实行为产生,而是必须要经过国家授权。无权利即无权利的运行,从权利运行的顺序来看,必须将知识产权的产生放在整个运行过程之首予以专门的规定。

(4) 权利的运行离不开对权利的保护,知识产权的保护被置于权利链条的末

---

❶ 张文显:《法哲学范畴研究(修订版)》,中国政法大学出版社2001年版,第334~366页。

❷ 王利明:《民法总则研究》,中国人民大学出版社2003年版,第66页、第22~23页。

端,这也符合权利运行的逻辑和顺序。知识产权的保护应当包括知识产权管理、知识产权的法律责任、知识产权审判机关和知识产权诉讼时效。知识产权的保护对象即知识产品是一种无形财产。与普通的有形财产相比,它更容易受到侵犯,所以需要对其保护予以特别强调。知识产权管理机关担负着多重使命,既代表国家授予权利人知识产权,又对有关知识产权问题进行行政调解、管理,还对侵犯知识产权行为进行处罚。基于此点,将知识产权管理置于权利运行之后、知识产权保护之首,以显示其承前启后的作用。知识产权法律责任是知识产权保护的核心内容,其他内容都是为确定法律责任服务的,所以将其放在知识产权管理之后进行规定。诉讼时效的届满从某种程度上来说可以导致民事责任的免除, 因此将其置于知识产权责任之后。但诉讼时效部分的内容还涉及损害赔偿数额的计算,而损害赔偿数额的确定是司法审判的重要内容之一,从诉讼运作的程序来看,则将知识产权审判机关规定于诉讼时效之前。由于笔者赞同对当前的知识产权管理体制和审判体制进行改革,希望以知识产权法典化为契机, 在我国设立统一的知识产权行政管理机构和在法院系统内部设立单独的知识产权专门法院, 所以在下文模拟稿中以国家知识产权局和知识产权法院来代指知识产权管理机关和审判机关。

4.与民法典和国际公约的关系

知识产权法典与民法典之间是民事特别法和一般法的关系,这一点有必要在总则中予以明确规定。由于两者在法律适用上存在着“先特别法后一般法”的原则,所以笔者在模拟稿中以“如果本法典不能解决与知识产权有关的民事争端,应当适用民法典的基本原则和相关规定”对该适用原则进行阐述。与作为国内法的知识产权法典相比,我国缔结或参加的知识产权国际条约具有优先适用性。我国加入的国际条约中,除了《知识产权协定》外,大多允许保留。所以在模拟稿中以“本法典与中华人民共和国缔结或参加的国际条约有不同规定的, 适用国际条约的规定。但中华人民共和国声明保留的条款除外”来描述这一原理。

附:知识产权法典·总则(建议稿)

第一条[法律名称]

本法典的名称为《中华人民共和国知识产权法典》。

[立法理由]本条旨在说明本法典的名称,从立法学的角度而言是法律的形式类规范之一。

第二条[立法目的与依据]

为保护知识产权权利人的专有权,促进知识的创新、传播与应用,依据宪法与民法典制定本法典。

[立法理由]本条也是法律的形式类规范之一,旨在说明本法典的立法目的与立法依据。在立法目的方面,既表明了本法典的直接目的即保护权利人的专有权,又表明了本法典的最终目的即促进知识的创新、传播与应用。而以宪法和民法典为法典的立法依据,为本法典标明了合法性来源。

第三条[知识产权的属性]

知识产权属于民事权利。

[立法理由]本条旨在阐明知识产权的本质属性。知识产权是民法对知识形态财产进行法律调整的结果,是从传统所有权中分离出来的新的独立的财产形态。尽管知识产权具有自身的法律特征,但是在"私权"这一本质属性方面,与其他民事权利并无二致。这一条款是对《知识产权协议》关于"知识产权为私权"的立法回应,是对知识产权在私法领域中地位的明确肯定。

第四条[知识产权的范围]

知识产权包括以下权利:

(一)著作权和与著作权有关的权利;

(二)专利权;

(三)商标权;

(四)商号权;

(五)原产地标记权;

(六)商业秘密权;

(七)集成电路布图设计权;

(八)植物新品种权;

(九)反不正当竞争权;

(十)其他知识产权。

[立法理由]本条旨在概括知识产权的体系范围。以我国参加的《成立世界知识产权组织公约》、《知识产权协定》等主要国际公约为基础,以我国现行知识产权制度为依据,将知识产权体系界定为著作权、专利权、商标权三大主体制度和其他知识产权制度。特别需要说明的是:(1)有关商事主体的名称权宜称之为商号权,企业名称权的说法有失精确。在国际公约中,商事主体的名称,多称为商号或厂商名称。我国相关立法文件习称为企业名称。其实,企业不是生产经营者的惟一主体形式。《民法通则》规定,"法人、个体商户、个人合伙享有名称权"。因此,商号权是一切商事主体所享有的专用标记权,较之企业名称权有更大的包容性。(2)发明权、发现权不是具有私权性质的知识产权,该类权利只是取得荣誉及获取奖励的权利,相关智力成果的权利是为国家所有,即归属于公有产权。除《成立世界知识产权组织公约》

及少数公有制国家外，绝大多数国家的法律与国际公约都没有承认发现权、发明权的私权性质。该项制度似可归类科技法，“知识产权编”不宜规定。(3)《巴黎公约》斯德哥尔摩文本与《成立世界知识产权组织公约》均将反不正当竞争的权利纳入知识产权的范围。《知识产权协定》强调缔约方应遵守《巴黎公约》的有关条款，应理解为承认反不正当竞争的知识产权属性。“知识产权编”作出相应规定，有助于对各知识产权制度之间产生的交叉部分、空白地带给予补充保护，如对商品假冒、欺骗性宣传、商业诽谤、滥用工业产权专有权等行为进行制裁。(4)“其他知识产权”是一个“兜底条款”，以弥补上述权利列举性规定之不足。鉴于知识产权体系的开放性、动态性特征，作出这一规定是适宜的。诸如传统知识的保护、数据库的保护、生物多样化的保护、网络域名的保护等，相关权利制度的建立正在探讨之中，倘若有关单行立法正式出台，依照该项条款亦可纳入“知识产权编”中。

第五条[本法适用主体]

中华人民共和国自然人、法人和非法人团体依据法律在中华人民共和国取得的知识产权受本法典保护。

外国人依据其所属国与中华人民共和国共同缔结或参加的国际条约或互惠原则在中华人民共和国取得的知识产权受本法典保护。

无国籍人依据其其惯常居住地与中华人民共和国共同缔结或参加的国际条约或互惠原则在中华人民共和国取得的知识产权受本法典保护。

香港特别行政区、澳门特别行政区和台湾省居民依有关法律在中国内地取得的知识产权受本法典保护。

[立法理由]本条旨在对知识产权法典的适用主体进行说明，也表明了知识产权法典的对人效力和地域效力范围。该条是对民法典总则相关条款的具体落实。第1款说明本法典对内国人的效力。第2款、第3款分别说明本法典对外国人、无国籍人的法律效力。第4款则说明本法典对港澳台居民的法律效力。

第六条[知识产权的产生]

各项具体的知识产权依照法律规定的条件产生。

法律规定需要登记或注册的，必须由相应的行政机关依照法定程序审查批准予以登记或注册后，始能产生。申请人可以委托代理机构代为办理相关事务。

[立法理由]本条旨在对知识产权的产生进行说明。知识产权只有在满足法律规定的各项条件的基础上才能成立。除了著作权和商业秘密权等少数权利外，大多数知识产权的产生都必须经过国家的授权。

第七条[知识产权的基本内容]

知识产权权利人享有的权利具有排他性，包括精神权利和财产权利。

[立法理由]本条旨在说明知识产权的基本权利内容。知识产权包含的具体权利项虽然十分复杂，但总的来说可以分为精神权利和财产权利两大类，而且这些权利是具有排他性的专有权。

第八条[知识产权的行使]

知识产权权利人可以以合同的形式转让、许可他人使用自己的知识产权，或者以知识产权为标的设定质权。转让、许可或者设定质权合同中，权利人未明确的权利内容，另一方当事人不得行使。转让合同和设定质权合同自合同登记之日起生效。

知识产权的转让或者许可使用，除法律或合同另有规定之外，不意味着其载体所有权的转移，反之亦然。

[立法理由]本条旨在说明知识产权的利用方式及法律后果。第1款说明知识产权的利用方式，主要是转让与许可使用。转让意味着知识产权的财产权利的全部让渡，即知识产权主体的变更。许可使用只是表明知识产权中的一个或几个权项的有条件利用，即形成同一客体为不同主体同时使用的情形。这是与有形财产使用的不同之处。第2款说明知识产权利用的法律后果，即在转让与使用中知识产权与所有权的关系。具言之，智力成果所体现的知识产权与智力成果之有形载体所体现的所有权，是两种不同的财产权利，除有特别规定或者约定之外，转让或者许可使用其中一种权利，并不意味涉及另外一种权利。

第九条[知识产权的期限]

知识产权权利人享有的精神权利的保护不受时间限制，但法律另有规定的除外。知识产权权利人享有的财产权在法律规定的期限内受保护。

[立法理由]本条旨在说明知识产权的期限性。与普通的财产所有权相比，期限性是知识产权的基本特点之一。但也存在以下特殊之处：(1)某些知识产权如商业秘密权和商号权的保护一般不受时间限制；(2) 知识产权包括精神权利和财产权利，精神权利的保护一般不受时间限制。

第十条[知识产权管理机关]

中华人民共和国国家知识产权局负责管理全国范围内的知识产权事务。国家知识产权局的组成和职权由专门法律规定。

[立法理由]本条旨在对知识产权的行政管理机关进行说明。笔者认为应当对我国现有的知识产权管理体制进行改革，变分散管理为集中统一管理，设立统一的知识产权管理机关即国家知识产权局。这一立法体制已经为越来越多的国家所采纳。由于国家知识产权局的组成与职权涉及的内容较为复杂，所以不宜在总则中进行具体规定，而应当由专门的法律另行规定。

第十一条[知识产权法律责任]

国家保护依照法律、法规取得的知识产权。侵犯知识产权的,应当依法承担损害赔偿等民事责任。侵犯知识产权构成对行政管理秩序侵害的,应当依法承担行政责任;构成犯罪的,应当依法承担刑事责任。

[立法理由]本条旨在对知识产权法律责任进行规定。侵犯知识产权应当根据侵权情节、损害后果等承担民事责任、行政责任和刑事责任。由于知识产权法律责任涉及的内容较为详细,所以安排在专门的"法律责任编"中予以规定,在此仅作概括性的规定。

第十二条[知识产权法院]

国家设立知识产权法院,负责知识产权案件的审判工作。知识产权法院的组成和职权由专门法律规定。

[立法理由]本条旨在对知识产权案件的审理法院进行规定。我国当前的知识产权案件的审判体制比较分散,不利于知识产权案件和纠纷的顺利解决。笔者建议设立专门的知识产权法院,统一负责知识产权案件的审判工作。

第十三条[知识产权诉讼时效]

侵害知识产权的诉讼时效为两年,从权利人或者利害关系人知道或者应当知道侵权之日起计算。

权利人或者利害关系人超过两年起诉的,如果侵权行为在起诉时仍在继续,在该项权利有效期限内,人民法院应当判决侵权人停止侵权行为及承担其他民事责任,损害赔偿额应当自权利人向人民法院起诉之日起向前推算两年计算。

权利人或者利害关系人并非由于自己的过失而在诉讼时效内未起诉的,时效过后一年内仍旧有权提起请求侵权赔偿及请求其他民事救济的诉讼。

[立法理由]本条旨在对知识产权的诉讼时效进行说明。知识产权虽然是一项民事权利,但由于知识产品无形性的特征,使得其诉讼时效也不同与民法典所规定的普通诉讼时效,为此需要进行专门规定,以便与民法典总则中的诉讼时效部分相对应。第1款规定知识产权的普通诉讼时效;第2款和第3款说明知识产权的特殊诉讼时效。

第十四条[与民法典的关系]

如果本法典不能解决与知识产权有关的民事争端,应当适用民法典的基本原则和相关规定。

[立法理由]本条旨在说明知识产权法典与民法典之间的关系。从知识产权的私权属性角度理解,知识产权法典与民法典之间为特别法与一般法的关系。知识产权法典的规范具有优先适用性,但如果知识产权法典对于某些民事争端无法解决

时，则要适用民法典的基本原则和相关规定。

第十五条[本法与国际条约的关系]

本法典与中华人民共和国缔结或参加的国际条约有不同规定的，适用国际条约的规定。但中华人民共和国声明保留的条款除外。

[立法理由]本法旨在说明知识产权法典与国际条约的关系。本条既是对民法典总则中相关规定的落实，也是对《知识产权协定》相关条款的落实。

15

第十五章

我国知识产权行政管理体制的协调与完善

知识产权的行政管理是我国知识产权保护的一大特色，我国的知识产权管理机构负责对知识产权的取得、利用、转让等行为进行管理并对知识产权进行行政保护。由于知识产权种类繁多，我国设置的知识产权管理机构非常复杂，与国外的机构设置存在明显的差异。下面，我们将借鉴国外知识产权管理机构设置的经验，参考我国知识产权管理机构设置的现状，对我国未来的知识产权管理机构的设置模式进行探讨。

一、国外知识产权管理机构设置的模式

知识产权制度的专业性非常强，因此世界上多数国家都分别设置不同的管理部门来处理不同的知识产权事务。下面选取几个主要的国家来介绍知识产权管理机构的设置。

(一)美国知识产权管理机构

在美国，国会负责制定和修改专利法等各类知识产权法律，联邦各级法院和联邦巡回上诉法院负责审理知识产权案件，美国专利商标局、版权局等部门负责知识产权管理事务。具体而言，美国商务部下设的国际贸易署具体负责美国对外贸易政策的决策与执行。美国专利商标局是美国的专利商标审查机构，下设两大部门：一是专利、商标审查部门；二是专利、商标文件部门。前者主管专利、商标计划控制及审查、登记，后者主管有关文件分类、技术评估和预测等。❶美国国会图书馆的版权局主管版权业务，负责版权登记、公告事务，处理版权纠纷。其他政府管理机构如美国国防部、能源部、农业部、环保署、航空航天局、商业部、卫生部等都拥有各自的知识产权管理部门，有权以各自机构的名义进行知识产权的申请、维护及许可转让。

❶ 李志军："美国的知识产权管理、政策及其经验"，载《国际技术经济研究》2003年第6期。

例如,美国在20世纪30年代颁布了植物专利法,由美国专利商标局对于无性繁殖的植物授予专利权。1970年,美国颁布植物品种法,对有性繁殖产生的植物品种提供类似于专利的保护。这种保护由美国农业部植物品种保护办公室负责审查并颁发植物品种保护证书。在集成电路布图设计保护方面,美国的版权局负责集成电路布图设计的权利登记。

(二)日本知识产权管理机构

在日本,特许厅负责发明专利、实用新型专利、外观设计专利和商标权的申请和审批程序。文部省负责著作权方面的管理工作,具体负责著作权事务的是文部省下属的著作权部门。农林水产省负责种子和种苗法的实施,即有关植物新品种方面的知识产权事务,受理、审查有关植物新品种权的申请。经济产业省负责半导体芯片、不正当竞争方面的知识产权管理事务。

(三)韩国知识产权管理机构

在韩国,知识产权局负责对发明特许权、外观设计权、实用新型权、半导体布图设计权、商业秘密权等权利的取得和利用行为进行管理。文化观光部负责对著作权进行管理。信息通信部负责计算机程序保护的管理。产业资源部贸易委员会负责不公正贸易行为的调查以及产业竞争力调查等相关业务。海关总署及地方海关均设有专门部门,依法监督、查处涉及知识产权侵权的商品进出口通关。

(四)新加坡知识产权管理机构

新加坡于1999年10月成立了隶属于司法部下的知识产权局,统一管理专利、商标和版权等知识产权事务。在行政管理方面,除了知识产权局之外,新加坡海关采取一系列边境保护措施来保护知识产权。

(五)法国知识产权管理机构

法国工业产权局管理专利、商标、集成电路布图设计等知识产权事务;版权局管理与著作权有关的事务。法国农业部下设国家原产地名称局(INAO),全面负责所有农产品和食品原产地名称的认定和管理工作。

从国外知识产权管理机构的设置可以看出,由于知识产权管理的专业性较强,知识产权管理机构在设置时一般都是根据各类知识产权的特点,分别设置不同部门来履行管理职责。在设置机构时,工业产权的管理机构与文学产权的管理机构一般都分开设置。

二、我国知识产权管理机构的设置

为了促进知识产权法律的实施,我国建立了较为齐全的知识产权管理和执法体系。在行政管理和行政执法方面,我国目前有多个部门负责知识产权的行政管理，主要包括国家知识产权局、工商行政管理总局商标局、版权局、文化部等国家机关。这些国家机关分别负责其所在领域的知识产权管理，具体分工如表15-1。[1]

表 15-1　我国知识产权种类与行政管理部门名称

序号	知识产权种类	行政管理部门名称
1	专利权、集成电路布图设计权	国家知识产权局(及其所属专利局)
2	商标权	工商行政管理总局商标局
3	著作权	版权局(挂靠新闻出版总署)
4	制止不正当竞争	工商行政管理总局公平交易局
5	原产地标志	质量监督检验检疫总局
6	农业植物新品种权	农业部
7	林业植物新品种权	林业部
8	国际贸易中的知识产权	商务部
9	与科技有关的知识产权	科技部
10	与进出境货物有关的知识产权	海关总署

为了进一步加大知识产权的保护力度，推动知识产权制度建设，国务院于2004年和2005年分别成立了以国务院副总理吴仪为组长的国家保护知识产权工作组和国家知识产权战略制定工作领导小组，统筹协调全国知识产权保护工作和国家知识产权战略制定工作。

从以上可以看出，在我国，知识产权的行政管理工作分别由10个部门来负责，各部门分别管理某一领域的知识产权。这种管理模式的优点在于分工较细，职责分工较为明确。但其缺点也显而易见，即部门太多，行政管理成本高，导致行政管理效率低，容易出现部门之间相互推诿、扯皮，或者互相争夺管辖权的现象。

三、我国现有知识产权管理体系的弊端分析

我国目前将不同种类的知识产权的行政管理事务交由不同的知识产权管理部门来负责，对于这种管理模式，我国有不少学者都提出了批评意见。笔者认为，我国已加入世界贸易组织，随着国内外知识产权保护的加强，迫切需要对我国现有的知识产权管理体系进行梳理整合，以构建适应我国社会主义市场经济需要的知识产权管理模式。

我国现有知识产权管理体系的弊端，归纳起来，主要有以下几个方面。

---

[1] 转引自朱雪忠、黄静："试论我国知识产权行政管理机构的一体化设置"，载《科技与法律》2004年第3期。

(一)知识产权行政管理的成本过高

我国目前的知识产权管理机构有10家之多，这些管理机构分别设有固定的办公场所以及相应的业务主管部门，每个机构都需要投入大量的人力、物力和财力，需要从事法律研究、宣传、信息服务、行政执法等工作。由于每个部门仅管理一项或两项知识产权，客观上造成了严重的资源浪费，增加了行政管理的成本。实际上，知识产权管理存在着很大的共性，数个领域的知识产权交由一个部门来管理也未尝不可，这样可以节约资源，提高效率。

(二)知识产权管理的效率较低

虽然我国设置有多个知识产权管理部门，但在实际运作方面，知识产权管理的效率却比较低下。这是因为，一些知识产权管理机关对于与己有利的事务不断扩张自己的权力，与其他知识产权管理机构重复管理；而对于与己无利的事务则推给其他部门去管，从而形成权力真空。例如，原产地标志按照《巴黎公约》的规定，应当在各缔约国得到保护。而在我国，商标局和国家质量监督检验检疫总局都负责对原产地名称的管理，两个机构常常会因为执法标准不一而发生冲突。这种管理模式对于权利人而言，其寻求法律保护的成本也较高。在侵权发生后，权利人常常不知向哪个部门来寻求保护。

(三)行政执法力度不均，影响了法律的权威

由于不同的知识产权行政管理机构的职能、管理体制、运行体制、人员管理等方面的不同，往往造成对相似的保护对象在保护力度方面的不平衡。❶ 例如，我国目前颁布了《植物新品种保护条例》，由农业部和林业局负责对植物新品种权的管理。农业部和林业局分别制定了有关该保护条例的实施细则，对于农业新品种和林业新品种作出了不完全一致的保护规定，客观上造成了执法标准的不统一。其次，各行政管理机关的具体权限也有所差异，从而形成了行政执法力度不均的现象。

(四)加剧了知识产权之间的权利冲突

各种知识产权之间既有相似之处，也有一定的差异。由于我国知识产权权利管理机构较多，各机构的权限不尽相同，从而造成不同机构在行政执法时尺度不一，最终造成了各种知识产权之间的冲突。例如，“金华”作为火腿商标被金华市之外的一家浙江企业在商标局注册，而“金华”又被作为火腿的原产地名称被金华火腿协会在原国家商品检验检疫局取得原产地名称权。尽管“金华”商标权和“金华”原产地名称权都是由国家主管机关所授予的，但权利主体不同，权利内容存在差异，从而造成了商标权与原产地名称权之间的冲突。之所以形成这种冲突，一个非常重要

❶ 朱雪忠、黄静：“试论我国知识产权行政管理机构的一体化设置”，载《科技与法律》2004年第3期。

的原因就是因为行政管理机关的分散。

(五)影响了知识产权国际交流的开展

我国的商标管理与专利管理分别由工商行政管理总局商标局和国家知识产权局来管理,这种分别管理的模式在世界上仅有沙特阿拉伯、埃及、文莱等不到10个国家采用。世界上绝大多数国家都是将专利管理机构与商标管理机构合并在一起,称为工业产权局或专利商标局。例如,韩国于1946年在贸易、工业和能源部设立了专利局来处理专利、实用新型、工业外观设计、商标等有关事务,1988年该局改名为韩国工业产权局,2000年改名为韩国知识产权局来处理相关的知识产权事务。

我国目前在知识产权管理机构的设置方面过于分散,严重影响了我国对外的知识产权交流。例如,我国在进行国际交流时,国际组织或其他国家的知识产权部门必须分别与我国的国家知识产权局、版权局、商标局、海关总署等部门一一洽谈、协商,分别签订协议,从而影响了工作的效率。有时我国代表团在出访参与知识产权谈判时,因为各部门的利益不同,意见不一,对外声音不一致,影响了谈判的效果,损害了我国在国际上的形象。

四、协调我国知识产权管理体系的思路

我国知识产权行政管理过于分散的现状,已遭到越来越多的学者的批评,有学者明确指出,我国"缺少一个权威的、统一的管理主体,难以对全国知识产权工作实施统一、有效的规划和领导"。❶为此,我国非常有必要对现有的知识产权行政管理体制予以改革,以建立适应社会主义市场经济需要的新的知识产权管理体制。笔者认为,解决这一问题的关键是,应当及早在我国建立一个统一的知识产权管理机构。

关于建立统一的知识产权管理机构的可行性,可以从两个方面来讨论:第一,各类知识产权的共同属性为建立统一的知识产权管理机构提供了理论上的支持。虽然各类知识产权的特点、性质、权利内容之间有所不同,但它们同属无形财产权范畴,存在较大的共性,在法律保护上存在许多共同点,而且这些权利在行使时容易发生交叉。所以,基于知识产权权利内容的共性,理论上可以将诸类知识产权置于一个法律体系下进行统一保护,由此可以设置一个统一的知识产权管理机构对知识产权的取得、转让、保护等行为进行管理。例如,专利权、商标权、原产地标志权、商业秘密权、植物新品种权同属工业产权的范畴,在权利行使上存在许多共性,交由一个机构来管理,可以减少权利之间的冲突现象。对于许多新产生的知识产

---

❶ 陈美章:"对我国知识产权保护与管理的探讨",载《科技与法律》2003年第3期。

权,如遗传资源的保护、域名的保护等,如果有一个统一的知识产权行政管理机构,就可以及时对这些新权利进行保护,而不至于发生推诿扯皮现象。第二,各知识产权行政管理的近似性为统一知识产权管理机构的设置提供了现实条件。目前我国的国家知识产权局、版权局、工商行政管理总局商标局等机构分别主管我国的专利权、版权、商标权等管理事务,其内容都涉及这些知识产权的取得、利用、保护等事务,具体业务内容十分相近,采取的行政管理手段也大同小异。因此,上述机构之间的知识产权管理业务完全可以合并起来,交由一个统一的机构来协调管理,从而提高管理的效率和管理的水平。从社会发展来看,为了适应知识经济时代的要求,适应社会行政组织职能的转变,对我国知识产权管理机构进行整合,也是大势所趋。我国一些省市在知识产权管理工作中早已认识到加强知识产权协调工作的重要性。例如,武汉市于2002年发布了《武汉市人民政府办公厅关于加强全市知识产权协调工作的意见》,该意见明确指出:“知识产权所包括的专利、商标、版权、商业秘密、集成电路布图设计、植物新品种等部分,是一个互相关联的有机整体。知识产权管理是一项涉及经济、科技、文化、法律以及对外关系等多方面的综合性工作,具有很强的系统性和关联性。实施知识产权制度,必须切实加强知识产权协调工作,推动知识产权的整体保护。对此,各区、各有关部门要提高认识,并在市人民政府的领导下,通力协作,切实保障知识产权法律、法规的贯彻实施,共同推动我市知识产权事业持续、快速、全面发展。”

如何设立统一的知识产权管理机构?笔者认为,可以将现有的所有的知识产权行政管理部门统一起来,划归一个部门负责,该部门之下则根据不同的知识产权类别设立知识产权分支机构。如果分支机构在知识产权管理问题上产生分歧,则由该部门统一组织协调。具体到各省市,可以分别成立相应的知识产权管理部门,统一受中央知识产权管理部门的指导和监督。

关于建立统一的知识产权行政管理机构的益处,笔者认为有以下几个方面。

(1)适应我国知识产权国际交流的需要,有利于及时处理知识产权国际纠纷。考虑到我国入世后知识产权事务越来越多的现实,如果我国设立一个统一的知识产权管理机构,则在处理与贸易有关的知识产权事务时,可以迅速对敏感的问题予以反应,及时提出处理意见。同时,该机构可以对全国的知识产权管理事务进行统一协调,在全国范围内建立知识产权数据库和举报中心,及时处理知识产权纠纷。所以,建立一个统一的知识产权管理机构对我国加强知识产权保护工作具有非常重要的意义。

(2)有利于统一知识产权行政执法尺度,维护法律的尊严。在原有知识产权管理行政体制下,由于各管理部门存在业务分工,各管一摊,最终导致各执法部门在进行知识产权管理时执法尺度不一,损害了法律的尊严。如果成立统一的知识产权行政管理机构,则该机构可以对类似案件作出尺度基本一致的行政处理决定,避免出现类似案件执法尺度不一的现象,从而维护法律的尊严。

(3)有利于协调知识产权权利之间的冲突。成立统一的知识产权行政管理机构后,该机构统一处理各类知识产权案件,如果遇到知识产权权利之间相互冲突的情形,则该机构可以及时进行协调、处理,统一执法标准,减少权利之间的冲突现象。这种做法的另一个好处是,可以减少部门之间的相互推诿或者相互争抢案源现象,从而提高行政管理的效率和水平。

(4)便于企事业单位寻求法律保护。成立统一的知识产权行政管理机构,便于我国企事业单位在遇到知识产权纠纷后及时寻求法律保护。当事人无论遇到何种知识产权权利纠纷,都可以找该机构来寻求保护,而不必像以前那样四处打听、四处登门,从而提高知识产权保护的效率。由于设立统一的知识产权行政管理机构,企事业单位可以将多项知识产权事务提交给该机构处理,如企事业单位可以向该机构申请进行软件著作权登记,可以申请产品的商标注册,还可以申请产品的外观设计专利、发明专利,等等,从而大大提高知识产权保护的水平,也大大节约进行知识产权保护的成本。

第十六章

我国知识产权审判体制的完善

一、中国知识产权案件审判体制

正如学者在总结我国知识产权发展时所指出的,"我国用了不到20年的时间走过了西方国家几百年的路程"。❶在此较短的时间内,从我国实际出发,摸索出了一套适合我国国情的知识产权审判机制。

(一)我国知识产权审判体制的历史沿革

20世纪90年代以前,我国没有专门的知识产权审判机构,而是将知识产权案件分散在民事、刑事和行政案件中,分别由民事审判庭、经济审判庭、行政审判庭和刑事审判庭进行审判。关于专利案件的审判,1985年最高人民法院规定:各省、自治区、直辖市和经济特区内的上列收案范围中第5～7类案件❷,分别由各省、自治区、直辖市人民政府所在地的中级人民法院和各经济特区的中级人民法院作为第一审法院,各省、自治区、直辖市高级人民法院为第二审法院。各省、自治区高级人民法院根据实际需要,经最高人民法院同意,可以指定本省、自治区内的开放城市或者设有专利管理机关的较大城市的中级人民法院作为审理其辖区内的上列收案范围中第5～7类案件的第一审法院。

著作权案件在审理时基本上根据《民事诉讼法》第二章第一节"级别管辖"的规

---

❶ 郑成思:《知识产权法》,法律出版社1998年版,第23页。

❷ 最高人民法院1985年发布的《关于审理专利纠纷案件几个问题的通知》将专利纠纷案件分为7类,它们分别是:(1)关于是否应当授予发明专利权的纠纷案件;(2)关于宣告授予的发明专利权无效或者维持发明专利权的纠纷案件;(3)关于实施强制许可的纠纷案件;(4)关于实施强制许可使用费的纠纷案件;(5)关于专利申请公布后、专利权授予前使用发明、实用新型、外观设计的费用的纠纷案件;(6)关于专利侵权的纠纷案件(包括假冒他人专利尚未构成犯罪的案件);(7)关于转让专利申请权或者专利权的合同纠纷案件。此处所说的第5~7类案件,实际上就是该通知规定之7类案件中的后3类。

定实行管辖，最高人民法院对此未作专门规定。具言之，一般的著作权纠纷案件由基层人民法院管辖，进行第一审；涉外著作权纠纷案件、在本辖区有重大影响的著作权纠纷案件或者最高人民法院确定由中级人民法院管辖的著作权纠纷案件，由中级人民法院进行第一审；甚至各省、自治区或者直辖市的高级人民法院也可能作为著作权纠纷案件的第一审法院。

关于商标案件的审理，与著作权纠纷案件的第一审法院的情况基本相同。具言之，一般商标纠纷案件的审理由基层法院为第一审法院，涉外商标权纠纷案件、在本辖区有重大影响的商标权纠纷案件或者最高人民法院确定由中级人民法院管辖的商标权纠纷案件，由中级人民法院进行第一审；甚至各省、自治区或者直辖市的高级人民法院也可能作为商标权纠纷案件的第一审法院。

1993年，北京市中级人民法院尝试性地将知识产权民事和行政案件划归到专门的知识产权庭，使我国有了首个知识产权审判庭。1995年1月，最高人民法院设立知识产权审判办公室。1996年8月，最高人民法院知识产权审判庭成立，负责审理不服各高级人民法院裁判的二审和再审案件。随后，上海、天津、广东等十多个省、直辖市高级人民法院，相继成立知识产权审判庭，有的高新科技经济开发区的基层人民法院也仿效之。上海浦东新区法院更是开创性地将民事、刑事和行政案件全归口知识产权审判庭。[1] 可以说浦东法院的做法已经为建立统一的知识产权法院作了试验。

2000年10月，最高人民法院率先在其内部进行机构改革，将原知识产权审判庭改建为民事审判第三庭，主要职能包括：(1) 起草有关知识产权审判的司法解释；(2)协调、指导和监督全国法院的知识产权审判工作；(3)审判第一、二审著作权(包括计算机软件)、商标权、专利权、技术合同、不正当竞争、科技成果权、植物新品种权、集成电路布图设计等知识产权案件；(4)审查处理不服高级人民法院生效的知识产权申请再审案件以及少数立案庭移送的不服基层人民法院、中级人民法院生效裁判的知识产权申请再审案件；(5)办理知识产权申请复议案件；(6)审批高级人民法院知识产权案件延长审限的申请等。

为落实最高人民法院《关于地方各级人民法院机构改革的实施意见》和《人民法院五年改革纲要》，各级人民法院按照最高人民法院的统一要求，全面开始司法审判机构改革，理顺刑事审判、民事审判和行政审判三者之间的关系。在民事审判格局上，将知识产权案件、婚姻继承案件、国内商事案件以及涉外和海事案件并列为民事审判的4个领域，形成大民事审判格局，从而将知识产权案件划归由民事第

---

[1] 孙应征主编：《知识产权法律原理与实证解析》，人民法院出版社2004年版，第15~16页。

三庭审理。在实践中，个别法院设立民事第五审判庭，将知识产权案件划归该庭审理。到此为止，我国知识产权民事案件的审理有了较为统一的归口。

目前，最高人民法院和31个高级人民法院都已设立民事审判第三庭，与此同时，在各省、自治区和直辖市政府所在地的中级人民法院也相应设立了知识产权民事审判庭。由于专利审判的专业性强，最高人民法院指定了48个中级人民法院以及少数基层法院作为专利案件的一审法院，例如北京市海淀区人民法院和朝阳区人民法院、上海市黄浦区人民法院和浦东新区人民法院等。[1]

在将知识产权民事案件的审理统一归口后，最高人民法院相继发布了一系列司法解释，对案件的地域管辖和级别管辖作出具体的规定。2001年6月19日，最高人民法院审判委员会第1180次会议通过了《最高人民法院关于审理专利纠纷案件适用法律问题的若干规定》。该规定第2条确定专利纠纷案件"由各省、自治区、直辖市人民政府所在地的中级人民法院和最高人民法院指定的中级人民法院管辖"。2002年10月12日，最高人民法院审判委员会第1246次会议通过了《最高人民法院关于审理著作权民事纠纷案件适用法律若干问题的解释》。该解释第2条规定"著作权民事纠纷案件，由中级以上人民法院管辖。各高级人民法院根据本辖区的实际情况，可以确定若干基层人民法院管辖第一审著作权民事纠纷案件"。2001年12月25日，最高人民法院审判委员会第1203次会议通过了《最高人民法院关于审理商标案件有关管辖和法律适用范围问题的解释》。根据该解释，自2002年1月21日以后，审理商标纠纷案件的第一审法院，一般情况为中级法院，特别重要的、有重大影响的商标纠纷案件，可由高级人民法院甚至最高人民法院为一审法院。一般基层人民法院对商标纠纷案件没有管辖权，但由高级人民法院根据本辖区的实际情况，经最高人民法院批准，可以在较大城市确定1～2个基层法院受理商标民事纠纷案件。此外对其他知识产权的纠纷，也作了相关的司法解释，2000年12月25日最高人民法院审判委员会第1154次会议通过了《最高人民法院关于审理植物新品种纠纷案件若干问题的解释》、2001年6月26日最高人民法院审判委员会第1182次会议通过了《最高人民法院关于审理涉及计算机网络域名纠纷案件适用法律若干问题的解释》、2001年10月30日最高人民法院审判委员会第1197次会议通过了《最高人民法院关于开展涉及集成电路布图设计案件审判工作的通知》等。根据以上解释的规定，植物新品种纠纷案件的第一审法院为各省、自治区、直辖市人民政府所在地的中级人民法院和最高人民法院指定的中级人民法院；[2]涉及域名的侵权纠纷案件由侵权行为地或者

---

[1] 资料来源http://it.sohu.com/2004/04/28/95/article219979548.shtml，2006年1月10日访问。

[2] 参见2000年12月25日最高人民法院审判委员会第1154次会议通过的《最高人民法院关于审理植物新品种纠纷案件若干问题的解释》第3条的规定。

被告住所地的中级人民法院管辖。对难以确定侵权行为地和被告住所地的,原告发现该域名的计算机终端等设备所在地可以视为侵权行为地,在级别管辖上由中级人民法院管辖;关于集成电路布图设计案件的审理,相关司法解释包括三方面的内容:(1)审理集成电路布图设计纠纷案件的第一审法院只能是中级人民法院,不能是其他人民法院;(2)各省、自治区、直辖市人民政府所在地的中级人民法院,经济特区所在地和大连、青岛、温州、佛山和烟台市的中级人民法院作为第一审人民法院;(3)其他中级法院不能对该类案件行使管辖权。❶

经过重组后的知识产权审判机制有这样几个特点。

(1) 分立性。对知识产权案件有管辖权的人民法院所受理的知识产权民事案件,一般由民事审判第三庭审理,使原来那种分工不明确、审理不规范的状况得以改变。具言之,知识产权庭与其他民事审判庭是分立的,但该种分立状况是否彻底,还得依各个法院的具体情况而定。有的法院,民事审判第三庭可能只审理知识产权案件;而有些法院的民事审判第三庭,除审理知识产权民事案件外,可能还承担其他的民事审判任务,这是分工不彻底的表现。

(2)统一性。由前面的介绍可知,在知识产权审判机构重组以前,对知识产权案件有管辖权的法院对知识产权案件的审判五花八门,民事审判庭、经济审判庭或者其他审判庭都可以对相应的知识产权案件进行审理,甚至发生争抢审判权的现象。经过2000年的改组后,至少在规则上或者法律上将知识产权案件的审判统一归口于民事审判第三庭,从而使知识产权案件审判方面各自为政的混乱现象得以控制。

(3)权威性。审案法庭与审案法官的相对固定,使法官的法律知识、审判经验以及社会知识有可能逐渐积累,其责任感和事业心有可能逐渐增强,从而使知识产权案件审理的正确率逐渐提高,使其权威性逐渐增大。

1994年6月,上海市浦东新区法院成立了全国基层法院首家知识产权审判庭。翌年,吉列公司的“飞鹰”商标因屡遭侵犯和假冒引发多起案件,既有检察机关提起公诉要求对假冒商标的刑事被告人依法判处刑罚的,又有商标侵权的个体户不服工商部门行政处罚的,还有吉列公司起诉其他公司不正当竞争的。案件受理后,该院及时组织知识产权庭、刑庭、行政庭携手办案并及时审结。一系列案件的审理,不仅受到了社会各界的一致好评,同时也引发了该院对“三位一体”审判模式雏形的思考。1996年,浦东新区法院开始对知识产权案件审判新模式进行探索。经上海市高级人民法院授权,该院知识产权庭建立了一整套知识产权“立体”司法保护机制,

❶ 参见2001年10月30日最高人法院审判委员会第1197次会议通过的《最高人民法院关于开展涉及集成电路布图设计案件审判工作的通知》第1条和第2条的规定。

并逐步形成了知识产权保护的“浦东模式”。所谓“立体审判模式”，即由该院知识产权审判庭按照我国民事、行政、刑事诉讼法规定的程序，统一审理辖区范围内的各类知识产权案件，包括知识产权刑事案件。该模式不仅减少了分庭审理的重复劳动，提高了诉讼效率，同时也发挥了知识产权审判人员的专业特长，保证了案件的审判质量。该模式一经推出，即产生良好的效果。据统计，浦东新区法院2001～2004年共受理知识产权案件228件，是1994～2000年7年收案量（108件）的211％。自2001年以来，在案件数量持续上升、案件类型不断变化的审判压力下，该院审理的知识产权案件没有一起被二审作重大改判或者发回重审。

（二）知识产权审判出现的新特点

随着社会经济的发展，知识产权审判出现了一系列新特点。

1. 案件数量大幅上升

从案件受理量上看，2004年全国新收一审、二审和再审知识产权民事案件12 205件，同比上升31.65％；审结11 113件，同比上升23.78％。其中一审收案9 329件，同比上升33.51％；审结8 332件，同比上升21.46％。2004年著作权、专利权、商标权三大类民事案件均呈明显上升势头，其中著作权案件升幅最大，一审新收4 264件，同比上升71.16％；专利权案件一审新收2 549件，同比上升20.81％；商标权案件一审新收1 325件，同比上升43.09％。另外，植物新品种案件一审新收172件，同比上升72％。案件地区分布不平衡，主要集中在广东、北京、上海、江苏、浙江、山东等经济文化发达地区，这6个省市的案件占全国一半以上。2005年1～5月份全国法院共受理侵犯知识产权、生产、销售假劣商品和非法经营罪案件1 280件，同比增长23.19％；审结1 061件，同比增长28.29％。同期，全国法院还受理知识产权民事一审案件5 135件，同比增长48.9％；审结3 076件，同比增长36.7％；受理涉及知识产权的一审行政案件266起，同比增长24.8％；审结83件，同比增长2.4％。[1] 这些数据表明，近年来，我国知识产权案件增长幅度明显，法院受理的案件是入世前的几倍甚至几十倍，知识产权司法保护在今后将面临着更为繁重的任务。案件类型几乎覆盖知识产权纠纷案件全部领域，包括著作权（含计算机软件纠纷案件）、专利权、商标专用权、商业秘密等不正当竞争纠纷案件等，涉及社会生产、社会生活各个层面。

2. 案件审理难度加大

知识产权案件审判日益呈现“专”“难”特点。知识产权纠纷案件专业性强，往往或涉及一些较为复杂的专业技术问题，或涉及权利冲突，或与民事诉讼、刑事诉讼、行政执法、行政诉讼交叉。同时，知识产权案件适用法律跨度大，除适用《专利法》、

---

[1] 资料来源：http://www.chinaiprlaw.cn/file/200503214420.html.

《商标法》、《著作权法》、《计算机软件保护条例》等知识产权法律法规和司法解释外，其他如《民法通则》、《合同法》、《公司法》、《合伙企业法》等法律、法规也常被适用。

知识产权诉讼案中的待证事实多涉及专业性、技术性问题，法官大多不懂技术，对案件所涉及的专业性、技术性等待证事实难以识别或认定，需要各专业的专门知识。例如，在专利侵权纠纷案中，将被控侵权产品或方法与原告发明或实用新型专利权利特征比较，判断二者的技术特征是否相同；在著作权侵权案尤其是软件著作权侵权案中，判断被控侵权作品是否与原告作品相同或相近似，被告作品是否剽窃、抄袭、歪曲、篡改了原告的作品；在商业秘密纠纷案中，对技术信息的公知性的判断及原、被告双方生产方法、流程、工艺或特有的生产工具的同异性比较。❶ 由于上述问题具有专业性强、涉及技术领域广泛等特点，增加了案件的审理难度。为更好地解决这种困难，在司法实践中采取的主要方式为：委托鉴定、专家咨询和陪审员制度（主要通过特聘技术专家或由有关科研教学及行政单位派员交流作为人民陪审员参审案件）。湖北省在涉及专业性的问题时，准许专家证人出庭陈述。例如，在审理植物新品种成果纠纷案中，主办法官就相关问题咨询了中科院院士和农业行政主管部门的领导。而深圳市在认定被告制造和销售的被控侵权产品落入了原告专利的保护范围时，委托鉴定部门予以了鉴定。

3.著作权纠纷案件呈上升趋势

近年来，著作权纠纷案件日趋增多。如上所述，全国著作权纠纷比例上升最快，仅深圳市2003年、2004年两年，著作权纠纷案件由收案数的第二位上升至收案数的首位。著作权纠纷案件中，新类型权利侵权呈上升趋势，如MTV著作权侵权、网络著作权侵权、音像制品著作权侵权、将他人美术作品印制在布料上制作成床上用品侵权，以经营为目的从立体(雕塑)到平面(印制宣传画册)复制侵权。

(三)现有知识产权审判体制的缺陷

从司法实践来看，我国现有的知识产权审判体制存在如下缺陷。

1. 知识产权司法审判与行政程序存在交叉和冲突

在我国，除著作权和商业秘密等形式的权利之外，知识产权其他种类的取得，须经有关国家机关的授权。现在，国家知识产权局专利局负责专利申请的审查和授权，专利复审委员会负责专利申请人或者专利权人等对专利局作出的审查决定不服而提出的复审请求以及对专利权无效宣告请求，工商行政管理总局商标局负责商标注册申请的审查和核准注册，商标评审委员会负责商标注册申请人或者商标注册人对商标局作出的审查决定不服而提出的评审请求以及社会公众向其提出的

❶ 赵静："论知识产权审判组织及审判运行模式的建制"，载《知识产权》2003年第3期，第 28页。

撤销注册商标的请求等工作。由于专利局和专利复审委员会同属于国家知识产权局、商标局和商标评审委员会同属于国家工商行政管理总局，所以，专利复审和商标评审结果往往难以让当事人信服，由此引发的行政诉讼案件屡屡发生。近几年来，当事人把专利复审委员会或者商标评审委员会当作被告向北京市一中院提起行政诉讼的案件，呈上升趋势。

目前，我国解决知识产权纠纷的途径有两个：一个是行政程序，另一个是司法程序。但是，不管哪一条途径，最终还是绕不过专利复审和商标评审机关。例如，我国现行《专利法》规定，在专利侵权诉讼中，被告主张专利无效的，须由专利复审委员会对被告提出的专利无效宣告请求作出相应的决定后，诉讼才能继续进行。这种做法时常导致专利或者商标诉讼久拖不决，多则四五年，少则一二载。一方面是由于《专利法》、《商标法》中并未规定无效宣告裁决通知下达的时间，另一方面是因为修改后的《专利法》和《商标法》规定专利复审委员会、商标评审委员会对专利授权、商标注册所作出的决定不再是终局裁定，将专利复审委员会和商标评审委员会的裁决纳入司法程序，给知识产权权利人提供了司法审查和司法救助的机会，使得知识产权的确权问题最终都交由人民法院决定。当事人不服裁决可以向法院提起行政诉讼，不服第一审判决还可以上诉。这样就造成一个专利或商标纠纷可能经过一道复审程序、两道行政诉讼和两道民事审判程序。这一状况已经对人民法院、当事人乃至整个社会都产生了负面影响。

现实已经充分说明，专利侵权诉讼长期不能结案，在一定程度上损害了专利权人以及有关当事人的合法权益，影响了专利的转化效果，从而使人民法院在人们心目中的威信受到了影响。知识经济时代，科技是第一生产要素，专利权人不能及时实施专利，或者许可他人实施，或者转让给他人实施，将会造成社会资源的极大浪费，有违法制建设为经济建设服务的宗旨以及科教兴国的战略目标。因此，简化诉讼程序和缩短审判周期已经提到人民法院知识产权审判工作的议事日程。[1]我国专利立法者也逐渐意识到知识产权审判中被告滥用无效宣告程序给权利人造成的损害，1992年12月29日的《最高人民法院关于审理专利纠纷案件若干问题的解释》将被告以实用新型或外观设计专利无效抗辩的申请时间限定在答辩期内，2001年6月22日公布的《最高人民法院关于审理专利纠纷案件适用法律问题的若干规定》进一步缩小了中止诉讼的范围。这些规定虽然在一定程度上缓解了上述矛盾，但是被告在法定期间提出无效申请，受诉法院一般仍然要中止诉讼，审判周期过长的问题仍然没有得到彻底的解决。

---

[1] 李燕："WTO框架下的知识产权审判机制"，载《社会科学研究》2004年第4期，第74页。

另外,《专利法》、《商标法》、《著作权法》中缺乏具体的实施细则和明确的标准,比如,《著作权法》中就没有规定在网络环境下使用著作权人作品应支付的稿酬的标准等,这些法律的缺失给人民法院的司法审判工作带来了不少难题。所以,即便当事人不服行政复审(评审)结果,将复审(评审)机构起诉到人民法院,最终打赢官司也十分困难。❶

2. 法院机构设置和分工存在不合理之处

前述关于知识产权民事审判划归民三庭的改革措施,虽然在一定程度上解决了我国知识产权民事审判内设机构分立、执法不统一的问题,但是知识产权民事、行政和刑事审判内设机构分立、执法不统一的矛盾依然存在。以北京市为例,根据最高人民法院《关于专利法、商标法修改专利、商标相关案件分工问题的批复》(以下简称《专利、商标案分工批复》)以及北京市高级人民法院《关于执行〈最高人民法院关于专利法、商标法修改专利、商标相关案件分工问题的批复〉及国际贸易行政案件分工的意见(试行)》(以下简称《专利、商标案分工意见》)的规定,当事人不服专利复审委和商标评审委的决定和裁定所提起的诉讼性质虽为行政诉讼,但对上述案件的受理由民事审判庭(原知识产权审判庭)和行政审判庭两种不同性质的审理组织进行,“分工”的标准是看在当事人提起行政诉讼之前是否存在本行政案件所涉及的专利或商标的民事争议,如果有,则该行政案件归属民事审判庭审理,如果没有,则归属于行政审判庭审理。就具体执行情况来看,2002年诉至北京市第一中级人民法院的商标行政案件共计8件,行政审判庭审理5件,民事审判庭审理3件;同年受理专利行政案件共计182件,行政审判庭审理19件,民事审判第五庭审理163件。2003年1～8月诉至该院的商标行政案件共计40件,其中行政审判庭审理34件,民事审判庭审理6件。同期受理的专利行政案件共计164件,其中行政审判庭审理53件,民事审判庭审理111件。❷此种“分工”设置目的是保持审判结果的一致性。❸但此种案件的性质是什么?即针对两委所为行为,相对人应选择何种诉讼类型?此种案件定性为行政诉讼后,上述规范性文件所确立的司法救济模式是否具有正当性、合法性?这些问题都有待进一步的研究。如果知识产权纠纷当事人不服行政评审(复

---

❶ 资料来源:http//www.szng.org.cn/szng/upload/200412195958.doc,2006年2月10日访问。

❷ 李新生、强刚华、刘井玉:“对中外专利商标司法救济模式的调查分析和比较研究(下)”,载《行政法学研究》2004年第1期,第56页。

❸ 该意见第6条规定,“当事人不服专利复审委员会的无效宣告请求复审决定或者商标评审委员会的裁定,提起行政诉讼,在行政案件受理或审结后,又针对该专利权或者注册商标专用权侵权纠纷提起民事诉讼的,民事审判和行政审判应当保持协调,避免审理结果矛盾。”从此规定可以窥见此种制度设置的目的是保持法院在相关事项上判决结果的一致性。

审)结果,把专利复审或商标评审机构起诉到人民法院,根据目前法院机构的设置和分工,案件应由行政审判庭审理,这样,当事人本来想通过法律程序解决知识产权纠纷,结果却必须先打赢行政官司,否则,案件就难以进入知识产权庭的法律程序。

关于知识产权刑事案件的审理,实践中是与民三庭分开的。虽然知识产权的刑事案件与民事案件有着质的区别,但两者的共性东西还是很多。然而,由于体制问题,知识产权刑事案件不可能由现在的知识产权庭(民三庭)审理,而只能由刑庭审理。因此,我国法院审理知识产权案件的法庭有3个:行政庭、民三庭和刑庭。

上海浦东法院将知识产权民事、行政与刑事审判统一的做法,有利于对知识产权案件的分析、判断及正确定性,也有利于加大知识产权保护力度,实现对知识产权全方位和多层次的救济。为解决《知识产权协定》对知识产权执法的"统一"要求与我国知识产权民事、行政和刑事审判内设机构分散状态之间的矛盾冲突问题提供了实践意义上的参考。

二、知识产权法院设置比较

鉴于知识产权司法和执法的特殊性,为确保对知识产权的有效保护,现有许多国家已经或者正在着手建构专门的知识产权法院。知识产权法院,是指"一个具有法定独立裁判权的永久性组织,包括一名法官或多名法官调处和管理知识产权领域的纠纷,并作出裁决,并且是不同于一个国家内部的其他普通裁判机构"。[1]各国现有的知识产权审判机构,在设置模式、裁判范围、审判组织、审判程序等方面既有一些共性,同时也会根据各国的具体情况,包括法律理念、法律传统以及司法实践等而进行个性化建构。

(一)外国知识产权法院设置的经验

设置知识产权法院的理论依据主要有以下几种。

1.经济振兴论

一些国家将知识产权法院的设置作为摆脱经济困境的重要举措,认为"各国人民均可利用知识产权制度来实现经济增长和文化发展",[2]设置知识产权法院有助于强化对知识产权的保护进而有助于经济的增长。1982年美国联邦巡回上诉法院的成立就是里根政府回应国内低迷的经济形势的重要举措。虽然该法院所管辖的并不限于专利案件,但是对专利上诉案件的统一管辖还是被不少学者理解为属于知识产权法院审理范围。由于联邦巡回上诉法院所作出的判决极大地加强了在异

---

[1] International Bar Association Intellectual Property And Entertainment Committee, International Survey of Specialized Intellectual Property Courts and Tribunals, London, February 2005.

[2] 《世界知识产权日突显知识产权促进发展的价值》,http://www.wipo.int/cn/news/.

议案件中对专利有效性和更大权利范围的推定，增加了在侵权行为得到证实时判决损害赔偿额高达10亿美元大关的可能性，❶从而保护了发明人的利益。统计数据也表明，联邦巡回上诉法院无论在专利申请数量还是在专利授权数量方面都产生了一种很重要的积极影响。❷

在日本,2002年成立的知识产权战略委员会在其制定的《知识产权政策纲要》中提出了设立知识产权高级裁判所的建议，其内阁于2003年设置的知识产权政策总部敦促设立特许裁判所以及知识产权高等裁判所。司法制度改革促进办公室的专题研究组与知识产权政策总部一起进行了详细的调查。基于调查结果,于2004年6月制定了《日本知识产权高等裁判所设置法》。依据该法,在东京高等法院设置了知识产权高等法院作为其一个支部。《日本知识产权高等裁判所设置法》开宗明义规定，该法的立法宗旨是:“随着我国社会经济生活中知识产权有效利用的不断发展,鉴于与知识产权保护有关的司法活动的作用越来越重要,为了使与知识产权有关的审判更充实和迅速,有必要设立专门审理知识产权案件的高等法院。”这表明日本设立知识产权法院,是向海外发出已经作好对付知识产权侵害准备的信号,并准备通过此举措恢复日本产品在国际市场的竞争力。❸ 对此,有专业的媒体评论认为,日本知识产权高等法院的设置对激活日本经济有七大好处:(1)加速专利审判,激励专利权人申报专利和增加专利权人从专利权中获得利益的信心;(2)禁令更容易获得,从而更快阻止对权利人利益的侵害;(3)诉讼费用更加低廉,为权利人减少了律师代理费用;(4)权利人有望获得更多的赔偿费用,从而刺激更多的权利人申请专利而不是将创造性成果作为商业秘密予以保护;(5)更多可预测性,集中审判可减轻权利人的举证负担;(6)减少针对外国人的歧视,增强拥有核心专利技术的国外投资者的信心;(7)日本企业变得越来越爱打官司,相对应的是国外企业会感受到在日本生产、销售侵犯日本企业专利技术的风险,从而保护了日本自己的民族企业。❹

2. 程序法治论

该观点认为,建立专门的知识产权法院被看作是便捷、高质、有效执行知识产权的重要途径。知识产权法院的设立在程序上的科学性表现为以下方面。

---

❶ See F.M.Scherer, New Perspective on Economic Growth and Technology Innovation,available at www.iipi.com.

❷ [美]兰德斯、波斯纳著:《知识产权法的经济结构》,金勇军译,北京大学出版社2005年版,第433页。

❸ 阎文军:《日本知识产权审判情况概要》,http://www.chinaiprlaw.cn/file/200410203417.html.

❹ “Seven good reasons to sue in Japan”,http://www.managingip.com/?Page =17&ISS =15442&SID = 503868.

(1)专门化。专门法院的法官由于熟悉知识产权而作出更多有理性且经得起实践检验的判决。"因为知识产权领域常常涉及专业问题,法官需要熟练理解相关的科学信息,知识产权法律本身并不难理解,但其运用往往过于复杂,而且知识产权案件裁决将会对经济产生影响,这都需要专业法官"。❶熟悉知识产权的专门法官借助案件管理确保争议焦点的搜寻,并借助相应非正规的程序为当事人提供来自专家的建议,这有助于当事人表达有关案件的是非曲直并在解决纠纷时更加专业化。此外,专业法官的存在还会给案件的处理带来更强的可预测性,同时促进法院权威的提升。"权威来源于确信和承认。对于有理性的现代人而言,确信是由证明过程决定的,承认是由说服力决定的。也就是说,在服从某一决定之前,人们必须考虑作出该项决定的正当化前提"。❷知识产权法院将使生活在知识经济时代中的人对知识产权案件的判决产生更持久的确信和承认。所以,知识产权法院的设立不仅能够为判决的专门化提供可靠的前提,而且专门化本身就是权威判决的源泉。

(2)效率性。一方面专门法院的裁判程序会加快,因为知识产权案件集中到统一的知识产权法院可以节省训练法官的时间,并且在当事人的听证时间、诉讼费用和管理花销上的支出也会减少。同时专门法院的法官还可更好理解知识产权问题、迅速分辨真伪并写出有见地的判决。这样无论是对于国家司法体制还是当事人而言都会产生投入少而产出多的有效率结果。另一方面能够缓解普通法院的受案压力,特别是当科学技术发展带来新的大量特定类型知识产权诉讼案件时,成立专门的法院将避免普通法院对其他案件的审理将因此受到不必要影响,并确保该种类型知识产权案件的审理不受到妨碍。

(3)效力性。知识产权法院可以更有效率地和更为准确地应对复杂的知识产权案件带来的挑战。知识产权案件的上诉在该体系下可能会绕过上诉法院,直接向最高法院提起,这使得案件的处理结果更容易最终生效。另外由于知识产权案件具备国际化特征,其他不同法域之间对裁判结果的相互承认往往依赖专门的知识产权法院的存在,因为在一般情况下普通法院的判决总是很难得到国际社会认同的。❸

3. 私权保护论

知识产权在本质上是私权。我国民法通则规定专利权、商标权、著作权是民事

---

❶ See Robert M.Sherwood, Specialized Judicial Arrangement for Intellectual Property, available at http://www.managingip.com.

❷ 季卫东:《法治程序的建构》,中国政法大学出版社1999年版,第53页。

❸ 以上归纳参照了国际律师协会2005年关于知识产权法院的调查报告,参见International Bar Association Intellectual Property And Entertainment Committee, International Survey of Specialized Intellectual Property Courts and Tribunals, London, February 2005.

权利,《知识产权协定》更明确提出,知识产权是私权,因此,知识产权与其他有形财产权一样处于同样的私权地位。民事诉讼是以国家权力解决以私法关系为内容的纠纷的程序,"乃本诸公力保护私权之手续也"。❶将知识产权定位为私权就必然要求将知识产权诉讼主要定位为民事诉讼。但是知识产权纠纷有其特殊性,而这往往会影响到对知识产权诉讼的认识。知识产权纠纷是指因某项知识产权的行使、被侵害或者某项知识产权是否成立或有效等问题产生的纠纷。❷例如在专利局授予专利后,专利权人对其所指控的侵权人提起诉讼,同样可以启动法院审理专利纠纷的程序。对此类案件通常有两种类型的抗辩:第一,被控侵权人会以各种理由主张专利权人的专利是无效的;一项无效的专利当然不可能被侵权。第二,被控侵权人常常会主张即使该专利是有效的,其制造或销售的产品并没有侵犯专利权人的专利。❸不仅如此,知识产权纠纷还包括知识产权刑事犯罪和知识产权行政处罚等。这样,知识产权纠纷引发的案件最少包括5种类型:(1)知识产权侵权、知识产权合同等引起的民事纠纷;(2)知识产权行政管理机关颁发、驳回、维持知识产权的纠纷;(3)知识产权行政处罚等具体行政行为引发的行政纠纷;(4)知识产权无效纠纷;(5)知识产权刑事纠纷。对于上述不同案件究竟由哪一种法院管辖往往成为各国司法当局苦恼的事情。而解决问题的方法似乎就是对私权保护的强调,从而需要设置知识产权法院。

(二)知识产权法院设置的主要模式

国际律师协会知识产权和娱乐委员会2005年2月份的一份调查显示,广义知识产权法院❹的模式可以概括为以下4种❺。

---

❶ [日]松岗义正:《民事诉讼法》,转引自谭兵主编:《民事诉讼法》,法律出版社1997年版,第7页。

❷ See Wutzi, Intellectual Property Arbitration, 4EIPR 192 (1997).

❸ [美]罗伯特·P.墨杰斯等著:《新技术时代的知识产权法》,齐筠、张清、彭霞、尹雪梅译,中国政法大学出版社2003年版,第110~111页。

❹ 在比较法的视野下对知识产权法院可有3个层次的理解:从狭义角度看,知识产权法院应是一国审判体系中独立的审判机构,能够从一审到终审处理所有类型的知识产权案件,并且该法院既不审理非知识产权类型案件,又排除其他法院在知识产权案件上的管辖权。从中义角度看,这样的界定不考虑该法院是否专门审理知识产权案件,也不考虑其究竟是否审理所有的知识产权案件,但依然强调其存在专门的知识产权审判人员以及该机构的独立性。从广义角度看,知识产权法院即知识产权专门审判机构,它包括知识产权法院和专门审理知识产权案件的法庭,后者是存在于普通法院内的一个审判机构,但配备有专门的法官独立处理全部或一部分知识产权一审案件或特定案件。本书将知识产权法院的一般定位置放在第二层次,同时为拓宽比较的视域以便确立更多的个性原理和共性原则,也会在必要时涉及广义角度理解的知识产权法院。

❺ 有关资料来自International Bar Association Intellectual Property And Entertainment Committee, International Survey of Specialized Intellectual Property Courts and Tribunals, London, February 2005.笔者对于该调查报告的有关结果结合其他的资料进行了归纳整理,有些引文并非来自该报告,将在其中特别指明。

第一种类型是设置专门的知识产权法院独立处理所有的知识产权案件或主要的知识产权案件，代表性的国家是韩国、泰国、土耳其和英国。在韩国，知识产权法院（the Intellectual Property Tribunal，IPT）是针对工业产权纠纷而设置的独立于韩国知识产权局的审判机构，拥有专门的知识产权案件审判法官，享有对专利、实用新型、商标和外观设计效力案件的专属管辖权，同时对确权案件和权利申请被驳回的二审案件享有专属管辖权。土耳其在3个城市设立了4个知识产权法院，用以处理所有的知识产权民事和刑事案件，最近的土耳其版权法修正案要求在每一个省都设立专门的知识产权法院来审理涉及版权的案件。泰国知识产权和国际贸易法院（IP&IT）是知识产权法院中的代表。IP&IT的职业法官在知识产权或国际贸易领域受到专门训练，而且还配备有在某一知识产权领域或国际贸易领域有专长的专家作为陪审员，希望通过专家的专业知识促成一个便于公众参与的论坛，用以服务泰国工商业发展的需要，并促成知识产权知识的传播。英国的知识产权法院也很有特色。几个世纪前英国高等法院专利法院（PCHC）即开始处理专利案件，1990年增设的郡专利法院（PCC）作为新的知识产权法院而与PCHC共享管辖权，以克服审判费用提高、审判迟延和繁琐等问题，同时帮助中小公司更为便捷地参与知识产权的诉讼。

第二种类型是在普通法院中设置专门的知识产权法庭，或者分部独立审理知识产权案件，或者配备具有知识产权背景的法官审理知识产权案件。这样的国家和地区很多，包括澳大利亚、加拿大、意大利等20多个国家或地区。例如在澳大利亚就指派专门的专家型法官审理知识产权纠纷，联邦法院为专利等技术型案件确定可供选择的专家，由他们作为专门的审理法官。涉及版权案件，联邦地方法院和联邦法院共享管辖权，涉及商标以及知识产权上诉案件则由联邦法院享有排他管辖权。加拿大的知识产权案件既可由省法院也可由联邦法院审理，大多数的一审案件在联邦法院审理较为普遍，因为适用其程序的结果在全国发生效力，从而有利于原告；同时它又能撤销版权、商标、专利、外观设计和其他知识产权的登记，从而有益于被告。但是，由于联邦法院对于简单的知识产权案件不予受理，所以只有当案件涉及复杂的知识产权事务时才可在该法院起诉。而且，商业秘密和违约案件必须在省法院进行审理。意大利则在2003年6月27日批准一项新法案，在普通法院中建立了专门的知识产权分部（Specialist Intellectual Property Division, SIPD），该分部对于知识产权案件享有专属管辖权，自2003年7月1日起，由3名专家型法官组成的审判庭负责审理所有的专利、外观设计、商标侵权及无效案件以及不正当竞争案件，所有的判决在2004年12月后均应向社会公告，用以增强司法系统的透明度。

第三种类型是设立商业法院或专门法院审理知识产权案件和其他商事纠纷，这样的国家包括奥地利、爱尔兰、葡萄牙、西班牙、瑞典和菲律宾等。在奥地利，维也纳商业法院享有对专利侵权案件的专属管辖权，审判庭由2名法官和1名商事专家(作为陪审员)组成,在专利侵权诉讼中则由专利律师担任陪审员。专利无效案件则由奥地利专利局无效复审委员会处理,其上诉可在最高法院专利和商标庭进行。爱尔兰于2004年1月建立商事法院,审理知识产权诉讼是其重要任务之一。在葡萄牙,2003年3月通过《工业产权法典》建立里斯本商业法院,专门审理工业产权诉讼案件。在西班牙,商业法院审理6类案件(包括知识产权案件),这是保障司法专业化的重要步骤。瑞典在4个城市设立商业法院,负责审理知识产权案件,但是新近设立的专利法院对专利案件享有专属管辖权。在菲律宾,知识产权案件由特别商业法院实行专属管辖。

第四种类型是设立专门的上诉法院审理知识产权案件和特定类型的上诉案件,例如巴西、德国、韩国和美国等十几个国家。巴西联邦上诉法院第二分区法院,自2005年2月1日起履行涉及知识产权上诉案件的审理之责,包括由3名法官组成的8个专家小组,其中的第一和第二专家小组负责处理涉及知识产权的案件。联邦上诉法院的专门化被寄予提高审判质量和效率的双重期待。在德国,联邦专利法院是一个自主、独立并与其他上诉法院平行的联邦法院,负责处理不服德国专利商标局有关专利、实用新型、集成电路布图设计、商标和工业品外观设计的裁定。此外还可对欧洲专利在德国的效力、专利抗辩、强制许可等上诉案件作出裁决。不服专利法院的判决可以再上诉至联邦最高法院。韩国专利法院和美国联邦巡回上诉法院一样同属上诉法院，主要负责处理不服专利局裁定的专利无效案件和专利侵权上诉案件。

日本知识产权高等法院具有其特殊性。依据2004年6月制定的《日本知识产权高等裁判所设置法》，在东京高等法院设置的知识产权高等裁判所是它的一个支部。日本分别在东京、大阪、名古屋、广岛、福冈、仙台、札幌和高松等地设置了8个高等法院,在6个城市设立了高等法院的支部。从名称上看,知识产权高等法院与其他高等法院是平行的,对所有知识产权上诉案件具有专属管辖权,实际上却与其他高等法院的地位不一样,只是东京高等法院的一个支部。因此,在设立知识产权高等法院后,日本的高等法院仍然只有8个而不是9个。这表明日本知识产权高等法院的设置是日本在设置知识产权法院路途中的一次重要变革，但是它并没有实现专门化和独立化的目标,依然是停留在第二种类型和第四种类型的结合状态。

应该看到,上述4种类型的知识产权法院各有优劣。如果将它们平等地作为知识产权法院的一种模式来看待,那么大多数国家都有了知识产权法院。即使那些通过普通法院提起知识产权诉讼的法域,对知识产权案件的审理也是专门化的。由于设置知识产权法院的成本过高，特别是审理不同类型知识产权案件往往所需程序并不相同,建构狭义的知识产权法院❶困难较大。但是由知识型和专业型法官组成专门的审判机构审理知识产权案件能够为执行知识产权案件赢来更为广泛的正当性,这种争议解决模式越来越具有全球范围的普遍性;❷同时,在遵循一些基本原则的基础上,各国知识产权法院设置的模式依然呈现多样化和不彻底性的特征。

(三)知识产权法院管辖范围比较

知识产权案件的管辖是各级法院、同级法院和知识产权法院在受理知识产权第一审案件上的分工和权限。世界上主要国家和地区在知识产权法院的管辖范围规则选择时具有以下特点。

1. 技术型案件与非技术型案件区别对待规则

此表现为对于技术性强的专利及相关案件往往更为强调由专门法院审理。在瑞典,所有知识产权民事案件均从地区法院开始第一审程序,但是全国的专利民事纠纷案件统一由斯德哥尔摩市法院作为第一审法院,其他知识产权案件,例如商标侵权、著作权纠纷和知识产权合同纠纷案件,各个地区法院均可受理。❸德国专利法院主要在于解决专利和商标方面的纠纷,共计设立了29个委员会对专利、商标、实用新型、工业品外观设计、半导体集成电路布图设计与植物新品种保护等享有司法管辖权,而著作权、商业秘密、不正当竞争案件则可由联邦普通法院享有管辖权。日本知识产权高等法院的管辖范围也存在对技术型案件和非技术型案件的区分。日本2003年的民事诉讼法规定,自2004年4月1日起,有关基于发明、实用新型专利权所提起的侵权诉讼的第一审,以名古屋为界,名古屋以西(西日本)由大阪地方裁判所专属管辖,名古屋以东(东日本)由东京地方裁判所专属管辖。❹至于其他非技术型知识产权案件,各地普通法院均有管辖权。同时在知识产权上诉案件中也存在这样的区分。早在1999年,丹麦工业和贸易部下属的知识产权执行委员会就指出:有必要强化丹麦专利法的司法,减少审理专利案件的法院,以便于集中少量法院审理更多案件,并建议确定丹麦东部高等法院作为专利纠纷的一审法院,哥本哈根市法院下属的Bailiff法院审理所有与专利相关的请求禁止令的案件。❺

2. 知识产权民事案件、行政案件、刑事案件区别对待规则

该规则在实践中有三种表现:(1)区分民事、行政和刑事案件,但这些案件均集

❶ 如前所述,狭义意义上的知识产权法院就是能够从一审到终审处理所有类型的知识产权案件的法院。

❷ See Antony Altbeker , Justice Through Specialization ? The case of the Specialized Commercial Crime Court , available at http://www.iss.co.za.

❸ 段立红、朱丹:"瑞典知识产权审判制度的特色",载《电子知识产权》2004年第6期。

❹ 参见《日本民事诉讼法》第6条第1款。

❺ 孙应征主编:《知识产权法律原理与实证解析》,人民法院出版社2004年版,第50页。

中在知识产权法院。例如泰国的IP&IT对几乎全部的知识产权案件享有管辖权；而土耳其的知识产权法院中分设民事审判庭和刑事审判庭，分别审理这两种类型的案件。(2)知识产权民事纠纷和刑事纠纷由普通法院管辖，行政纠纷由知识产权法院管辖。世界上不少国家存在由行政部门(知识产权管理机构，主要是专利商标局)处理专利、商标效力的前置程序，对于不服行政处理决定的案件在各国一般都会指定知识产权法院管辖，而对于一般的知识产权案件则可能由普通法院共同管辖。例如日本知识产权高等法院并不对所有知识产权上诉案件具有专属管辖权，除对特定的民事案件享有专属管辖权外，对不服特许厅决定的行政案件也享有专属管辖权。德国专利法院不仅对商标、专利等民事案件享有专属管辖权，同时还设立了13个依科技分类的上诉委员会专门审理不服德国专利商标局决定，专利被驳回、维持、撤销、限制的诉讼，设立了4个审理无效案件的委员会，专门审理知识产权无效和强制许可诉讼。❶ (3)知识产权民事案件和刑事案件由普通法院审判，行政案件由行政法院审判。这种方式由于未涉及知识产权法院的管辖范围，在此不予详述。

这种做法的复杂之处在于司法审查的范围，亦即如何划分民事案件和行政案件，以及在行政案件裁决中，法院与行政机关的权限的分配问题。对此当前各国比较普遍的做法有两种。

第一种是选择管辖模式。❷ 例如美国商标法规定，当事人不服商标局的申请驳回、商标异议、商标撤销和冲突宣告决定，当事人可以专利商标局局长以及另一方当事人为被上诉人上诉至美国联邦巡回上诉法院，同时当事人也可选择民事诉讼，而民事诉讼程序具有优先性。美国专利法亦规定，专利所有人对专利局专利上诉与冲突委员会所作决定不服的，可以向联邦巡回上诉法院提请司法审查，也可以向哥伦比亚特区法院提起民事诉讼。如果一方向联邦巡回上诉法院提起司法审查，另一方向专利商标局局长表示其选择民事诉讼的救济途径，那么前者提起的司法审查将会被驳回。美国之所以采取的是选择管辖的灵活模式，是因为在普通法系国家并没有所谓的行政行为效力理论，尤其是在工业产权领域，这些国家甚至不认为公告授权行为是行政行为。它们将商标注册行为仅仅作为一种权利公示、宣告而已，而专利制度中的先使用原则表明被授权公告的专利权并非不可挑战。为此对专利商标局的决定不服选择行政诉讼程序和民事诉讼程序均不违背一般法理。

第二种是区分管辖模式。在德国，专利法院设置上诉委员会和无效委员会分别负责审理上诉案件和对专利的无效宣告请求以及专利的强制许可案件。前者不以

---

❶ 江冠贤、陈佳麟："德国联邦专利法院介绍"，资料来源于http://www.itl.nctu.edu.tw/act12.htm.

❷ 李新生、强刚华、刘井玉："对中外商标司法救济模式的调查分析与比较(上)(下)"，载《行政法学研究》2004年第1期、第2期。

专利商标局为被告，但是在专利商标局局长认为涉及公共利益时，则可向法院作书面陈述、出席听证，法院也可在认为某些问题重要时给予专利商标局局长参加诉讼的机会。专利申请人对专利商标局作出的驳回决定不服而提起的上诉一旦成功，联邦专利法院可以直接授予该专利，而不必经由专利商标局核发。在专利异议诉讼中，联邦专利法院可以直接决定被异议专利的最终命运。在澳大利亚，申请人对专利局或者商标局作出的驳回决定不服的，可以向联邦法院提起行政诉讼，由行政庭依照行政诉讼审理；但是，对商标评审委员会作出的商标异议决定不服或者对专利复审委员会作出的无效决定不服，只能提起民事诉讼，由联邦法院民事审判庭依照民事诉讼程序审理。❶

区分管辖模式中最难区分的是知识产权无效诉讼案件。长期以来，不同国家在对知识产权无效案件究竟适用民事程序还是行政程序上争论不休。从作出无效决定机关的行政性质来看，对知识产权无效决定具体行政行为效力提起的诉讼当属行政诉讼无疑。❷ 但是知识产权毕竟是私权，“由于行政部门对专利、商标注册申请的审查、授权，是工业产权产生的一个原因，但并非直接原因，智力劳动具有本源性意义”。❸ 所以，“仅仅因为专利复审委员会和商标评审委员会是行政机关、其决定是行政决定，就认为所有涉及工业产权的申请、异议、无效或者撤销的案件是行政案件，应按照行政诉讼法来进行审理，推理过于简单、结论过于武断”。❹ 特别是在将知识产权案件定位为行政案件而必须等到行政法院或知识产权法院作出处理决定后才能确定知识产权侵权案件处理的情形下，往往会导致案件审理的迟延和久拖不决。日本在这方面就有经验和教训。《日本特许法》第123条第1款、第178条第6款规定，宣告专利无效必须经无效审判程序，无效宣告的请求人是不能向侵权裁判所直接提起宣告专利无效的诉讼请求的，但如果对无效审决不服，可以向专属管辖裁判所(东京高等裁判所)提起无效审决取消诉讼。同时《日本特许法》第168条第2款还规定，“在有提起诉讼或者请求临时保全命令、临时禁令时，如果认为有必要，侵权裁判所可以在无效审决还没有生效的期间内，中止侵权诉讼程序”。但这样操作的结果是审判资源的浪费和审理过程的冗长。出于迅速裁判的考虑，社会各界迫切希望侵权裁判所能够在无效审决即使尚未生效且在尽量不中止侵权诉讼的前提下，尽可能地作出妥当的判断。2000年4月11日“Kilby第275号专利上告审判决”确立

---

❶ 陈锦川：“法国工业产权授权、无效的诉讼制度对我国的启示”，载《电子知识产权》2004年第9期。

❷ 李新生、强刚华、刘井玉：“对中外商标司法救济模式的调查分析与比较(下)”，载《行政法学研究》2004年第2期。

❸ 吴汉东：“知识产权的私权定位与人权属性”，载《法学研究》2003年第3期。

❹ 陈锦川：“法国工业产权授权、无效的诉讼制度对我国的启示”，载《电子知识产权》2004年第9期。

起相对无效规则，即在侵权诉讼中，当专利权本身明显存在无效理由时，普通裁判所可以运用权利滥用学说，宣告专利权在诉讼当事人之间相对无效，从而可不必等待审判部的审决生效即可迅速作出不构成侵权的判决。❶此后，日本国会还通过了《日本法院法部分修正法律案》，使专利侵权诉讼与无效诉讼的关系进一步理顺。在专利侵权诉讼提起后，法院向特许厅通报，在案件审结后，也向特许厅通报。特许厅在接到法院的通报后，就该专利或实用新型是否被请求宣告无效向法院通报。这被称作"侵权诉讼与无效诉讼的连携强化"。❷这样一来，日本在坚持无效案件的行政性质之基础上，注重该类案件的特殊属性特别是与侵权案件的密切联系，通过相关制度链条打通行政程序与民事程序之间的天然鸿沟，取得了显著的成绩。

3.知识产权案件与其他类型案件混合管辖的规则

该规则是指通过与商事法院、贸易法院等结合途径，确立知识产权法院的管辖范围。例如泰国的IP&IT，就是负责审理知识产权和国际贸易纠纷的专门法院。它对以下5种类型案件享有专属管辖权：(1)知识产权民事和刑事案件；(2)国际贸易案件，包括国际销售、运输、支付、保险和相关案件；(3)扣留船只案件；(4)反倾销、补贴案件；(5)知识产权和国际贸易领域仲裁裁决的执行案件。之所以将国际贸易和知识产权案件全部纳入IP&IT的管辖范围，首先，是知识产权与国际贸易常常联系在一起，由此产生的利益可能归属于同一个人或公司；其次，是为确保专门法院有充足的案源；最后，是知识产权与国际贸易均服从《知识产权协定》的规则，二者具有共通性。❸除此之外，美国、奥地利、爱尔兰、葡萄牙、西班牙、瑞士和菲律宾等国审理知识产权案件的法院也同时可以对特定的商事纠纷享有管辖权。

三、建立知识产权法院的必要性和可行性

建立统一的知识产权法院与当前中国正着力进行的司法改革系统工程联系紧密，它不仅有助于推动司法独立，而且有助于实现司法公正，更重要的是有助于提高司法效率。

(一)建立知识产权法院有助于推动司法独立

我国现行的审判机制有不容忽视的弊端，概括起来有两方面：一是由于少数法官将审判工作为经济建设服务的主旨曲解为替本地区的经济建设服务，或者由于

❶ 梁熙艳："日本：审理侵权的法院是否可以对专利权的有效性进行判断"，http://www.chinaiprlaw.cn/file/200501184068.html.

❷ 阎文军："日本知识产权审判情况概要"，http://www.chinaiprlaw.cn/file/200410203417.html.

❸ Vichai Ariyanuntaka, Enforcement of Intellectual Property Rights Under TRIPs: A Case Study of Thailand, available at www.us-asean.org/us-thai-fta/IPR-stduy.pdf.

收受本地当事人请吃送礼等而未能做到严肃执法，秉公裁判；二是一些地方的党政领导出于维护本地区利益的考虑，干预民事、经济审判，要求法院照顾本地一方当事人的利益，法院难以抵制地方党政领导的压力，以致枉法裁判。上述司法腐败现象的背后是审判权的非正常运作，即审判权行使的行政性、工具性与功能性所致。❶审判权的行政性，是指我国目前的法院体制包括审判机构的设置、审判机关与人大的关系、法官的进出、职务晋升以及法官晋级，审判机构内部组成单元之间的关系等，无不具有行政模式的特点。审判权失去了自己的特色，也就无法按照其自身的运行规律开展审判活动。审判权非正常运作的第二个特征是工具性，即审判权对法律之外的权力和权威的依附性。"独立审判"是一项宪法原则，"法官除了法律就没有别的上司"❷。如果审判权接受来自法律之外的权力与权威的命令，就会变成其他权力的工具，独立审判就会徒有虚名。审判权非正常行使的第三个特征是它的功利性，这是审判权在经济体制转型期呈现出的新特点，其表现形式是对案件的裁判受显性的或者隐性的利益的牵制。

我国的司法在整体上受制于行政机关，不具备应有的独立性，负责审判的法官难于对抗外来的压力。这在知识产权审判中也不例外。根据我国法院现行的内部设置，负责知识产权案件审理的是人民法院的一个审判庭——民三庭。与其他诉讼形式相比，知识产权诉讼的一个显著特征就是具有很强的专业性和技术性。特别是我国在加入WTO后出现的知识产权案件，变得越来越复杂。然而在我国，虽然设立了专门审理知识产权民事案件的民三庭，但该庭的设置并没有体现知识产权审判的特殊性，因为民三庭审判人员的构成没有充分体现其审判所需的专业性和技术性。❸虽然自2000年我国开始实施国家司法考试制度，成为一名知识产权审判人员要像其他法官一样通过国家司法考试，但通过司法考试所遴选出来的人才往往是粗通各个部门法的"通才"，而非精通知识产权的"专才"。

司法领域的上述问题，大多可以归结为司法的不独立，然而我国在短期内实现司法独立具有相当的难度，其原因在于实现司法独立是一项复杂的系统工程，它涉及人事方面的独立、财政方面的独立以及思想方面的转变等一系列问题，而这些问题绝非一朝一夕所能解决。建立统一的知识产权法院有助于树立良好的国际形象，特别是在国际贸易中，知识产权法院审判权独立所带来的权威性，不仅可以避免普通法院裁判在国际社会被采信的各种复杂程式，而且为宣传我国知识产权司法保

---

❶ 黄金波："论法院体制改革"，http://www.hicourt.gov.cn/homepage/show2_content.asp?id=968&h_name=huangjinbo.

❷《马克思恩格斯全集(第一卷)》，人民出版社1964年版，第67页。

❸ 翁怡洁："试论我国行政审判体制的改革与完善"，载《上海行政学院学报》2005年第3期，第74页。

护水平提供了最佳的途径。特别是知识产权案件中的各种新情况、新问题不断出现,有些问题还是世界知识产权保护中的前沿课题。普通法院在审理知识产权案件时由于缺乏独立性,会造成两个不良后果:一方面很难与国际社会建立起广泛而且有效的沟通交流机制,在处理这些疑难案件时不容易建立起公正的快速反应机制;另一方面,由于缺乏独立性,普通法院在审理案件时往往将审判期限拖得很长,一般可能达到两三年,这与日本等国家的知识产权案件审理期限相比,审判效率相对较低。所以,率先实现知识产权审判权的独立,可以在最前沿的专业领域实现与国际社会的接轨,确保知识产权案件审理的公正与效率。

(二)建立知识产权法院有助于实现司法公正

司法改革是一项系统工程,"公正与效率" 已被确认为是21世纪人民法院工作的主题❶,司法公正是审判机关拥有社会公信力的前提条件,是实现法治的保证。它既包括"运用体现公平原则的实体规范确认和分配具体的权利义务",又包括"能使这种确认和分配的过程与方式体现公平"。❷建立知识产权法院是法院体制顺应时代发展需要而为的改革行动,它有助于确保司法公正目标的实现。主要体现在以下几个方面。

1. 建立知识产权法院有助于统一裁判机构

现有的知识产权审判机制,无法保证裁判机构的统一,不符合公正原则。在现行法律体系下,人们有这样一个不言而喻的共识,即同样的案件,由不同的法院审理,所得出的结论可能有很大的出入,有时甚至是截然相反的。因此,当事人在打官司时,第一件要做的事就是就法院的管辖权提出异议,尤其是被告,选择自己熟悉的法院,就赢了一半官司。这种做法的潜台词应当是再清楚不过的了,即法院的审判所适用的标准具有巨大的差异, 地方保护主义在一定程度上影响了司法公正。❸同时,我国现在能够审理知识产权案件的法院,经过调整后,将审级基本上提高到了中级法院,但少数基层法院仍有审判权。就中级法院而言,不同的中级法院对知识产权案件的管辖权也不同,所以,现在的规定有将基层法院、中级法院分为三六九等之嫌,其效果也可能是负面影响大于正面影响,因为不同等级的法院对于知识产权法律的理解和审判规则的把握并不是完全统一的,很容易孳生"同样的问题不同对待,不同的问题同样对待"的司法不公现象。因此,如果成立知识产权法院,可以有效地遏制地方保护主义, 当事人就不可能在由谁来审理对自己更有利上做文

❶ 公正与效率作为人民法院工作的主题是新世纪初由最高人民法院院长肖扬代表法院系统提出来的,并在人民法院的日常工作和司法改革中得以体现的重要命题。

❷ 曹三明、陈海光:"保障司法公正",载《人民法院报》2001年10月31日。

❸ 这就是一度引起广泛关注的"地方法院"姓"地"还是姓"法"的讨论。

章了，同时审理案件的知识产权法院也没有退路，这就在体制上保证了司法审判的公正性，对维护知识产权所有人的合法权益及社会稳定将起到积极作用。

2. 建立知识产权法院有助于整合案件类型

在我国目前的审判体制下，知识产权案件基本由民事审判第三庭——知识产权庭负责审理，但该庭无权审理知识产权刑事案件。另一方面，大多数专利、商标侵权案都会提出专利权、商标权无效请求，因此又要牵涉到授予相关权利的行政机关。如当事人对行政机关作出的决定不服并诉诸法院，案件就要由知识产权庭移转至行政审判庭审理，这意味着又要有人再对案件熟悉一遍。一个知识产权案件交由同一法院的不同法庭来审理，结果有时可能会很尴尬，即不同的法官会作出不同的裁决，比如知识产权庭认为这个专利是有效的，但行政审判庭会认为这个专利无效。❶普通法院的民庭、刑庭和行政庭都有权审理知识产权案件，造成了知识产权案件多头共管的混乱局面。如果建立统一的知识产权法院，将知识产权案件集中收归统一的知识产权法院主管和管辖，既可以比较容易地在知识产权法院体系内部统一判案标准，又可以避免将基于同一案由的知识产权案件拆分成民事案件、刑事案件或行政案件进行审判。因此，在我国建立统一的知识产权法院是非常有必要的。

3. 建立知识产权法院有助于实现法律适用的针对性

知识产权案件不同于一般的民事纠纷，它与科学技术的发展、国际贸易体制的演变有着密切的联系，知识产权案件尤其是专利纠纷、植物品种纠纷、集成电路纠纷等都具有很强的技术性，而在海关保护引发的纠纷、国际范围内的知识产权保护引发的纠纷等又具有国际性。同时，在知识产权案件审判中可能经常涉及特殊的举证规则、诉前财产保全和证据保全，在法院判决中还会采取“禁令和临时措施”等特定的制裁形式。自三部主要知识产权法最新修订以来，全国共受理诉前禁令申请300件，审结296件，依法支持176件，驳回申请23件，申请人撤回申请等处理98件，实际支持率达到88.89%；共受理诉前证据保全的申请470件，审结445件，依法支持301件，驳回申请21件，申请人撤回申请等处理50件，实际支持率达到76.20%。与发达国家或其他主要知识产权法域相比，比例也是高的。❷因此，普通法院系统中审理知识产权案件无法做到针对性，如果坚持按照由普通法院审理知识产权案件，要么会出现迁就知识产权庭审判但破坏整个法院规则的统一，要么会出现迁就其他法庭的审判但在知识产权案件审理中枉法裁判的问题。这就要求我国改变现行的知识

❶ 参见中国理论法学信息网 http://www.Legaltheory.com.cn.

❷ 蒋志培：“中国对商标权的司法保护”，http://www.chinaiprlaw.cn/file/200512106521.html.

产权审判模式，对于该类型案件适用特别的程序。建立统一的知识产权法院就是要针对知识产权案件的特点制定有针对性的法律规则，对知识产权案件适用有针对性的特定程序，促进知识产权案件的审判质量的提高。

4. 建立知识产权法院有助于改善审判人员结构

知识产权案件审判需要有既懂技术又懂法律的专业人员作为审判人员，同时，在知识产权案件中还必须充分发挥专家证人、调查员的作用，以促成与知识产权行政管理机关、当事人、代理人进行有效对话，并且能够在案件发生后迅速理解双方争议的焦点与实质，为公正解决纠纷创造先决条件。由于普通法院的法官一般没有专业知识背景，判决的权威性和公信力较低，所以我国现在知识产权的上诉案件相对较多。据统计，“2004年二审收案占一审判决和裁定驳回起诉的比例高达85.14%”，❶设立知识产权法院就是要以知识产权专业知识作为选拔审判人员的基本要求，通过加大培训力度、增加出国进修机会、改变审判人员专业结构、扩大交叉学科审判人员的比例等措施，达到在知识产权法院系统内部改善审判人员结构的目的。等到条件合适的时候，再在知识产权法院内部建立一套完善的专家证人制度、专家委员制度、鉴定人制度、调查员制度等，从而从根本上建立起符合知识产权案件审理特点的多层次、复合型的审判队伍，通过审判队伍建设提升司法裁判的权威性和公信力，确保司法公正。

（三）建立知识产权法院有助于提高司法效率

1. 建立知识产权法院有助于厘清法院和行政管理机关的分工和职责，加速知识产权侵权案件的审判

在知识产权案件中，除著作权案件、不正当竞争案件等少数几类案件外，专利权案件、商标权案件、域名案件、植物新品种案件、集成电路布图设计案件等，都会遇到原告指控被告侵权，被告以权利无效或者应当被撤销而提出反诉进行抗辩。根据现行的相关法律，受理侵权诉讼的法院无权宣告由行政机关授予的知识产权无效，也不得对这样的权利行使撤销权。一旦被告提出无效或者撤销的请求，审判机关就得中止诉讼，待无效或者撤销的问题解决后，才能恢复原来的诉讼程序。根据有关法律规定，行政机关经过无效程序或者撤销程序作出的决定，当事人不服的，又要进入司法程序。以至于“在我国知识产权审判实践中，专利侵权案件尤其是被告以专利权无效抗辩的案件，诉讼程序过于复杂，进而导致审判周期一般较长，少则一二年，多则四五年”。❷这样的审判体制是典型的司法低效率现象，不仅浪费审

---

❶ http://www.chinaiprlaw.cn/file/200511136193.html.

❷ 李燕：“WTO框架下的知识产权审判机制”，载《社会科学研究》2004年第4期。

判资源,而且会让当事人失去对知识产权司法保护的信心。

建立知识产权法院,就可以从体制上提高审判效率。一方面,知识产权法院作为专业性法院,其裁决的结果并不完全依赖行政机关审查员对技术问题的判断,其判决的权威性得到加强,上诉案件会减少;另一方面,设立统一的知识产权法院就必须理清行政机关和司法机关在处理知识产权无效和撤销案件上的分工。对此又有不同的制度设置选择:一种办法是,国家行政机关只负责依照法律规定的程序完成对专利申请或者商标注册申请的审查授权,不再负责专利权无效和注册商标的撤销工作;对专利权无效宣告请求或者撤销注册商标的请求统一由知识产权法院直接审理;另一种办法是,法律明确规定知识产权法院除少数情况下因无效申请中止审判以外,充分信任知识产权法院作为专业性法院的能力,可以依据"权利滥用"法理径行裁决,同时与国家知识产权局或者工商行政管理总局商标局保持有效沟通。不管是哪种机制,无疑都将有利于缩短知识产权侵权案件的裁判时间,提高审判效率。

2. 建立知识产权法院有助于在法院内部实行特别的诉讼程序,提高审判效率

特别诉讼程序在知识产权法院的适用可能有两种情形:一是在知识产权法院审理案件时充分发挥调解等"选择性争议解决方法"的功用。知识产权案件由于新类型案件多,案情涉及的专业性强,因此彻底查清事实往往要消耗大量的司法资源,特别是当事人双方常在诉讼过程中进行举证与反证的长时间拉锯战,有限的司法资源受到很大的牵制。如果可以跳出法律规定的"民事调解需在查清事实基础上进行"的限制,在一定情况下适用当事人意思自治原则进行"模糊调解",可能有助于司法效率的提高。❶二是在知识产权案件审判中可以采取相应的程序规则,包括民事程序中的简易程序,以及民事程序、行政程序和刑事程序的结合审理等,这些特定程序的采用可以节约审判时间,加快审判进程。

3.建立知识产权法院有助于简便确定所有类型知识产权案件的管辖法院,从而提高审判效率

这里也会有不同的选择模式。如果建立的仅仅是知识产权上诉法院,那么既可以便利上诉审管辖法院的确定,又可以保证知识产权上诉法院适用法律的统一,避免无谓的再审或申诉,上诉审判决的效力更强,终审判决的期限得以缩短。如果采取一步到位的改革模式,设立完全独立的知识产权一审和二审法院,则无论一审还是二审知识产权案件都可在专门法院获得处理,既不会出现互相推脱管辖权延误

❶ 例如广州中院成立知识产权审判庭后为了提高知识产权案件的审判效率,使用"模糊调解"的特定程序,从2001年到2004年,该院知识产权案件年均调解结案率保持在40%以上。"穗知识产权受案量全国居首'模糊调解'遭热议",载《南方日报》2004年11月22日。

管辖时间的问题，也不会出现大量的移送管辖和管辖异议。这样的专业法院审理知识产权案件的速度会更快。总之，不论采用何种知识产权法院模式，都可以进一步集中和明确知识产权案件的受案法院，不仅方便当事人参加诉讼，而且能直接提高审判效率。

(四)建立知识产权法院的可行性分析

以上的分析充分表明，在我国建立统一的知识产权法院是实现司法独立和司法改革目标的必由之路。同时还应看到，在我国设立统一的知识产权法院并非空穴来风，经过20多年的建设，我国已经初步构建起相对完善的知识产权立法体系、工作体系和执行体系，特别是随着国家财政收入和支付能力的不断增强以及法官队伍的专业化和精英化，在全国建立上下相对独立的法院体系的条件已经成熟。

1. 具备案源条件

从国内的知识产权案件审理情况来看，近年来知识产权案件受理量大幅增长，知识产权案件数量已经初具规模，为建立知识产权法院提供了案源条件。据近些年知识产权的司法审判统计，我国的知识产权案件增长较快，与其他的专门法院，如林业法院相比，案件数量相对充足(见表16-1)。而且，在我国现阶段能够审理专利、商标等知识产权案件的法院并不是很多，“绝大多数知识产权案件已经做到由中级以上人民法院一审，2004年达到90.76%(2003年为84.76%)”。❶因此每个法院的案件平均数量也能得到保障。而且可以预见的是，未来中国法院审理的知识产权案件数量还会进一步增加。“对于我国来说，知识产权纠纷的高发期已经到来。说到知识产权纠纷，当然大家首先会想到我们国家的企业和国外企业之间的知识产权纠纷。其实，我们自己企业之间的知识产权纠纷，也呈上升趋势”。❷除此之外，随着我国经济发展，知识产权方面的行政诉讼也会增加，专利无效、商标异议等纠纷将会越来越多，而由此引发的行政诉讼也必然会增加。据统计，2005年1～10月，全国法院受理包括不正当竞争案件在内的一审知识产权民事案件1.139万件，同比上升

表16-1　2002~2004年全国知识产权民事案件数据

	2002年	2003年	2004年
一审	6 201	6 983	9 329
二审	1 544	2 237	2 842
再审	55	51	40
合计	7 800	9 271	12 205
结案	7 162	8 978	11 113

❶ http://www.chinaiprlaw.cn/file/200511136193.html.

❷ 田力普:“自主创新与知识产权”，中央电视台经济大讲堂，2005年11月24日。

27.98%；受理一审知识产权行政案件506件，同比上升10.48%；受理侵犯知识产权犯罪案件406件，同比上升24.54%；生产、销售伪劣商品犯罪案件911件，同比上升29.22%；非法经营犯罪案件1 562件，同比上升36.9%。因此设立统一的知识产权法院是有案源保证的。

2. 具备审判人才与经验

我国各级法院已经基本具备了进行知识产权专门审判所需的经验，拥有一大批具有相当水平的法官，这为设立统一的知识产权法院提供了人才基础。经过20多年的司法实践，我国相当一部分法院已建立独立的知识产权审判庭，培养了一大批知识产权审判的专业人才，知识产权审判庭的法官素质是法院系统各审判庭中最高的，比如山东，"三级法院共有知识产权审判人员75人，其中研究生以上学历为12人，占16%，本科以上学历69人，占92%，远远高于全省法院干警的平均学历水平"。[1]这就为我国建立统一的知识产权法院奠定了初步基础。

3. 具备充足的财力支持

随着我国经济的快速增长，近几年我国的中央财政收入稳步提高，每年的增加额都在1 000亿元以上，这为在我国设立独立的知识产权法院提供了财力支持。根据统计，我国2000年中央财政收入7 584.33亿元，2001年增加至9 171亿元，2002年为11 026.6亿元，2003年是12 465亿元，2004年则达到15 081.54亿元，建立独立的知识产权法院体系，由中央财政拨款实现知识产权法院的高效运行是完全可以实现的。

4. 具备理论基础

经过20多年的法学教育和理论研究，知识产权学术体系已经建立起来，这为知识产权法院的建立奠定了理论基础。一方面，知识产权学术界对于知识产权包括权利种类、权利内容、权利限制、侵权行为、归责原则、责任形式、赔偿标准等，都已经达成共识，这为在知识产权审判中使用统一的话语提供了"法学共同体"保障；另一方面，知识产权学术研究的深入让更多的人感受到知识产权理论与其他法学理论的差异，从而更深刻体味到建构独立知识产权法院在理论上是可行的。

5. 具有"法治"基础

经过改革开放以来20多年的法律制度建设，知识产权审判所依赖的法律法规已经基本具备，这为知识产权法院的建立提供了"法治"基础。20世纪80年代以来，我国颁布实施了《专利法》、《商标法》、《著作权法》和《计算机软件保护条例》、《集成电路布图设计保护条例》、《著作权集体管理条例》、《音像制品管理条例》、《植物新品种保护条例》、《知识产权海关保护条例》、《特殊标志管理条例》、《奥林匹克标志

[1] 山东省高级人民法院民三庭："立足实际积极探索努力做好知识产权纠纷案件的集中审理工作"，http://www.gxipc.com/news/2003-7-3/200373171242.htm.

保护条例》等涵盖知识产权保护主要内容的法律法规,并颁布一系列相关的实施细则和司法解释,使中国知识产权保护的法律法规体系不断趋于完善。我国的知识产权立法取得了有目共睹的重大进展,走过了发达国家通常需要几十年甚至逾百年的历程,基本解决了知识产权统一司法审判中"有法可依"的问题。

四、我国知识产权法院的建构模式

从实践经验来看,可供借鉴的知识产权法院模式包括:(1)独立的知识产权法院体系;(2)知识产权上诉法院体系;(3)专利(包括植物新品种、集成电路布图设计)上诉法院体系。

(一)独立的知识产权法院体系构建

建立独立的知识产权法院体系,是对现行知识产权司法体制进行的彻底改革,意味着要将知识产权审判从普通人民法院中立体式地剥离出来,使知识产权司法体系成为一个直接隶属于最高人民法院的体系。这种独立的知识产权司法体制实行三审终审原则,即设立知识产权初审法院、上诉法院和终审法院,知识产权终审法院是最高人民法院。在此种模式下,地方各级法院与知识产权法院没有任何隶属关系,均无权审理知识产权案件;其中,北京市的知识产权初审法院,除了管辖北京地区的知识产权民事、行政和刑事案件外,还管辖因知识产权权利人或者申请人对国务院知识产权行政部门的无效和异议裁决不服的行政诉讼案件。

此种模式符合"大知识产权审判格局"的观念,是对上海浦东知识产权审判模式的深化,即将"三审合一"的知识产权审判庭从普通人民法院中独立出来。虽然目前全国部分地市和省级以上人民法院成立了专门审判知识产权案件的审判庭,但是,随着知识产权审判庭名称的改变和所承担的审判业务的变化,目前的知识产权审判与多个审判庭有关:涉及知识产权的行政案件在行政庭审理,涉及犯罪的知识产权刑事案件在刑庭审理,知识产权民事案件在民三庭审理。这种多头审理知识产权案件的格局,造成许多问题。为此,我国知识产权司法审判模式的设置应与时俱进,"应当设立一个集知识产权民事、刑事、行政'三审合一'的知识产权法院"。[1]

此种模式意味着将专利复审委员会、商标评审委员会等具有"准司法"性质的行政管理部门划出去,与知识产权初审法院合并,统一由知识产权初审法院(主要是北京知识产权初审法院)行使该类案件的管辖权。将专利复审委员会、商标评审委员会等具有"准司法"性质的行政部门的审理人员通过培训充实到司法部门,以

[1] "我国知识产权行政管理与司法审判体制及法律问题调查",http://www.chinaiprlaw.com/spxx/spxx327.htm.

节约司法资源。[1]这对于解决被告滥用无效宣告程序以拖延诉讼，将会有釜底抽薪的作用。同时笔者建议在立法中明确规定，不服专利局、商标局驳回申请的决定和专利强制许可的案件，以专利局、商标局为被告；任何人请求宣布专利权或者注册商标无效的案件，应以无效申请人为原告、权利人为被告向知识产权法院起诉，从而解决知识产权司法保护与行政程序的交叉和矛盾。

此种模式意味着在我国建立起立体式的知识产权法院体系。发生知识产权纠纷后，当事人应直接在知识产权初审法院起诉，对初审法院判决或裁定不服的，可以向知识产权上诉法院上诉。当事人对于上诉法院的裁定不服的，可以向终审法院提起诉讼。终审法院设置在最高人民法院。

考虑到我国现有人力、物力、财力等审判资源的有限性，知识产权法院也应受到数量的约束。也就是说，不可能在每一个省、自治区或者直辖市设立一个上诉法院，也不能只在全国范围设立一个上诉法院。设得过多，会造成资源的浪费，同时还会产生与现有审判体制同样的弊端；设得过少，可能给当事人造成很多不必要的麻烦，让当事人感到诉讼不便。鉴于此，应在每个省、自治区的首府各设一家知识产权初审法院，同时考虑到上诉案件相对的有限性，应对其设置的数量作限缩性的安排。

根据近几年各地知识产权案件数量、经济发展水平、地缘关系以及交通便利状况（见表16-2～表16-8），建议在全国范围内设立6个上诉法院，具体分布为：北京市、沈阳市、成都市、武汉市、上海市以及广州市。北京市的上诉法院专门负责北京、河北、山西、天津、内蒙古的知识产权案件的上诉审，沈阳上诉法院负责黑龙江、吉林、辽宁的知识产权上诉审；成都上诉法院负责四川、重庆、陕西、甘肃、宁夏、青海、云南、新疆、西藏和贵州的知识产权案件上诉审；武汉上诉法院负责河南、安徽、湖北、湖南、江西的知识产权案件的上诉审；上海上诉法院负责上海、江苏、浙江、山东的知识产权案件的上诉审；广州上诉法院负责广东、福建、广西、海南的知识产权案件上诉审。通过对2002～2004年上述6个区域知识产权民事案件审判数据分析可以发现：(1)知识产权案件的分布差距较大。北京、上海和广州3个地区囊括了全国一半以上的知识产权案件。但是由于地域限制不可能将发达地区与欠发达地区捆绑起来确定地域管辖，因此要实现知识产权法院案源的绝对平衡是不可能的。(2)知识产权上诉案件在不同区域之间的分布相对比较平衡。北京、沈阳、成都、上海、武汉、广州等6个城市及周边地区的知识产权案件审理数量较多，审判资源相对集中，而且均处于所在区域有利位置，交通便利，有利于当事人参加诉讼。因此，确定在这6个城市设立知识产权上诉法院是较为合适的。

---

[1] 全国政协委员吴伯明提出建议在我国建立知识产权法院，http://www.gmw.cn/01gmrb/2001-04/10/GB/04%5E18747%5E0%5EGMC2-108.htm.

表16–2 拟定的北京上诉法院辖区近三年知识产权民事案件分布一览表

	2002年		2003年		2004年	
	一审	二审	一审	二审	一审	二审
北京	888	272	861	266	1 381	231
天津	134	85	235	98	160	103
河北	162	28	193	44	193	
山西	102	39	157	52	116	29
内蒙古	67		106		91	
合计	1 777		2 012		2 304	

表16–3 拟定的沈阳上诉法院辖区近三年知识产权民事案件分布一览表

	2002年		2003年		2004年	
	一审	二审	一审	二审	一审	二审
黑龙江	163		227		218	
吉林	129		222		166	
辽宁	189		237	52	245	52
合计	481		738		681	

表16–4 拟定的成都上诉法院辖区近三年知识产权民事案件分布一览表

	2002年		2003年		2004年	
	一审	二审	一审	二审	一审	二审
陕西	138	50	120	40	129	23
新疆	120	33	102	30	74	
甘肃	35	11	66	18	53	
四川	171	22	196	36	276	
重庆	87	23	91	37	124	48
贵州	62	19	69	19	59	17
云南	88	31	119	27	104	
宁夏	9		47		48	
青海	9		10		10	
西藏	20		39		47	
合计	928		1 066		1 012	

表16-5　拟定的上海上诉法院辖区近三年知识产权民事案件分布一览表

	2002年		2003年		2004年	
	一审	二审	一审	二审	一审	二审
上海	619	145	637	164	676	175
江苏	575	84	603	133	825	340
浙江	583	65	586	66	806	91
山东	342	29	524	68	548	41
福建	161	40	207	55	324	
合计	2 738		3 172		3 974	

表16-6　拟定的武汉上诉法院辖区近三年知识产权民事案件分布一览表

	2002年		2003年		2004年	
	一审	二审	一审	二审	一审	二审
湖北	90	38	99	30	180	37
湖南	68	36	146	42	160	37
河南	234	52	185	55	223	59
江西	118	42	105	15	128	15
安徽	95		102	27	133	35
合计	773		806		1 007	

表16-7　拟定的广州上诉法院辖区近三年知识产权民事案件分布一览表

	2002年		2003 年		2004年	
	一审	二审	一审	二审	一审	二审
广东	740	166	1 024	255	2 644	381
广西	100		124		126	
海南	42		23		36	
合计	1 048		1 426		3 187	

表16-8　拟定的知识产权上诉法院辖区近三年知识产权民事案件分布一览表

	2002年	2003年	2004年	合计
北京	1 777	2 012	2 304	6 093
沈阳	481	738	681	1 900
成都	928	1 066	1 012	3 006
上海	2 738	3 172	3 974	9 884
武汉	773	806	1 007	2 586
广州	1 048	1 426	3 187	5 661
合计	7 745	9 220	12 165	29 130
全国平均	1 291	1 537	2 028	4 855

依照这种模式,全国的知识产权司法审判完全独立于普通人民法院,形成了一个独立的、完整的知识产权司法审判体系。这种法院体系模式从总体上来说是知识产权司法体制改革比较理想的目标,符合知识产权司法专业化的终极需求。完全独立的知识产权法院体系相对于现行的知识产权司法体系和其他几种模式,主要有以下几个优点。

1. 统一了知识产权审判机构,解决了现行知识产权案件多头审判的混乱格局

在我国现阶段虽然有不少法院已经建立了统一的知识产权庭审理知识产权民事、刑事和行政案件,但大多数知识产权案件还是由民庭、刑庭和行政庭分别审理的,而且即使是建立统一的知识产权庭的地方,审判级别之间有很多都是不对称的。也就是说,很多知识产权审判庭找不到相对应的上级或下级知识产权审判庭,这就使得现在的知识产权审判体系显得不够严谨,而建构独立的知识产权法院体系,将使这个问题迎刃而解。

2. 排除了地方和部门保护主义的干扰,有利于统一知识产权司法标准

我国现行的知识产权司法体系下,知识产权案件的审判分散于普通人民法院的各个审判庭。普通人民法院由于人事和财政受地方政府的制约,地方保护主义在所难免。独立的知识产权法院体系下知识产权法院所需财政资金由中央财政拨付,人事由法院自己管理,不再受制于地方政府,为克服地方保护主义提供了体制保障。

3. 可以大大提高知识产权案件审判的效率

建立独立的知识产权法院后,知识产权法官由熟悉专业知识的人员担任,他们审理案件就会比普通人民法院的法官更加得心应手。在这种知识产权司法体系下,现行专利复审委员会和商标评审委员会的复审行政程序被纳入司法程序之中,行政程序对司法程序的制约在统一的司法程序中得到解决,而且,统一的知识产权法院有利于案件审理的流水化作业。这些都有助于知识产权审判效率的提高。

4. 可以保证知识产权审判的质量

建立独立的知识产权法院,在一定程度实现了司法独立,而且专业法官审理知识产权案件也同时提高了案件判决的权威性,原来审理案件较少的知识产权庭现在案源得到保障,审判人员可以在实践中不断摸索,在实践中成长,从而能够更好地把握和理解知识产权案件的规律,有助于从根本上保障知识产权审判的质量。

5. 可以提高知识产权案件判决的确定性,有利于在知识产权领域开展国际司法协助

我国现行法院都遵循两审终审制,但又以再审程序为例外,这就大大增加了判决的不确定性。有些外国法院也就以此为借口拒绝承认和执行我国法院的判决。独立的知识产权法院体系实行三审终审制,最高人民法院为终审法院,这就大大提高

了我国知识产权案件判决的确定性，从而有利于开展国际司法协助，树立我国保护知识产权的良好形象。

当然也应看到，任何一种知识产权法院体系模式的设计都不可能是完美无瑕的，独立的知识产权法院体系与其他的知识产权审判体制相比，也存在着一些缺点，这主要表现在以下几个方面。

1. 增加了当事人的诉讼成本，对当事人进行诉讼造成了一些不便

按照这种知识产权法院的设想，知识产权上诉法院是在6个省会级城市设置的，一个知识产权法院的地域管辖范围相当大。由于地域的限制，有些当事人不得不到外地诉讼，这与现行的知识产权司法体制下当事人在住所地法院即可诉讼相比，增加了诉讼成本，给当事人带来了不便。特别是“不同区域的人们提起普通的版权和不正当竞争侵权诉讼存在不便”。[1]从某种意义上增加了偏远地区居民的负担。

2. 在独立的知识产权法院体系下，知识产权法院的维持成本比较高

独立的知识产权法院体系要求重新建立一套独立于普通人民法院的知识产权法院体系，并确保其高效率地运转。这就可能需要重新选派法官及法院行政人员、置办知识产权法院场所、购置现代化的高技术设备。这些都需要资金投入，与现行的知识产权司法体系相比，成本较高。

3. 不利于审判的平稳过渡

独立的知识产权法院实行“三审终审制”，与我国现行的“两审终审制”相冲突，不利于知识产权审判工作的平稳过渡。对于审级原则的修改涉及方方面面，在现行基本法律规则未作修改之前，知识产权案件单独实行三审终审制，存在与现行诉讼程序衔接的问题。

4. 存在司法实务上的困难

独立的知识产权法院体系将知识产权刑事案件整合进知识产权法院的受案范围，存在着实务上的难点。理论上的知识产权犯罪行为固然是清楚的，但实践中知识产权犯罪案件从公安机关立案侦察到检察机关的起诉，再到人民法院的审判，通常是并案侦察、合并起诉，法院最后的判决也往往是以非法经营罪等罪名竞合、牵连、吸收的原则进行判决。例如2005年各级人民法院受理侵犯知识产权的犯罪案件406件，与知识产权相关的两类案件生产、销售伪劣商品犯罪案件和非法经营犯罪案件各为911件和1 562件，比知识产权犯罪案件要多得多。因此将知识产权刑事案件从普通法院中剥离出来存在操作上的困难，而且实践上也没有必要。

---

[1] katsumi shinohara, Outline of the Intellectual property High Court of Japan,,AIPPI Journal,May 2005, pp.131~147.

5. 相应法律修改的难度过大

独立的知识产权法院体系对现行的知识产权审判体制的改革力度太大，涉及《人民法院组织法》、《民事诉讼法》、《行政诉讼法》、《刑事诉讼法》、《商标法》、《著作权法》、《专利法》等一系列的法律的修改，因此难度也就增大，不可能在一次改革中就能完成。

(二)知识产权上诉法院体系模式

正是为了克服完全独立的知识产权法院设置存在的弊端，知识产权上诉法院体系模式得以生成。知识产权上诉法院体系模式是指，根据我国目前的实际情况，在北京、东北地区、西北地区、西南地区、中南地区和华东地区分别设立一个知识产权上诉法院，直接隶属于最高人民法院。知识产权一审案件的审判体制维持现状，❶知识产权上诉法院为二审法院，专门负责知识产权民事案件和行政案件的二审。根据两审终审原则，知识产权二审法院作出的判决或裁定为终审判决或裁定。此外，北京知识产权上诉法院还专门管辖因申请人或者权利人对国务院知识产权行政部门授权裁决不服的行政诉讼案件，北京上诉法院的判决为终审判决。

此种模式与第一种模式相比，具有很多相同的特点。在选择知识产权上诉法院的设置地域和数量时，同样根据统计学和运筹学的模型，选择在北京市、沈阳市、成都市、武汉市、上海市、广州市等6个省会级城市设立知识产权上诉法院；并且这些知识产权上诉法院对知识产权民事和行政上诉案件享有专属管辖权。

此种模式的最大特点是将知识产权案件的二审集中到独立于普通人民法院的知识产权上诉法院。一审案件基本维持现状，并且仍然坚持现行的两审终审制。因此这种模式实现了将知识产权案件的二审剥离出普通人民法院，是一种只在二审这一审级上横向剥离的模式。

此种模式的另一个特点是确定北京市知识产权上诉法院专门审理因知识产权权利人或者申请人对国务院知识产权行政部门授权裁决不服的行政诉讼案件，有关北京上诉法院的裁决是终审判决。这实际上在一定程度对于专利复审委员会、商标评审委员会等“准司法机构”的司法权限给予了肯定。

此种模式的第三个特点是实行知识产权民事案件、行政案件与刑事案件区分原则。知识产权上诉法院只对知识产权民事和行政上诉案件享有管辖权，所有的知识产权刑事案件依然由普通人民法院审理。

此种模式属于折中式的制度模式。一方面，对于知识产权民事、刑事和行政案

❶ 主要是普通法院体系中的中级人民法院，当然也可以由最高人民法院指定诸如北京市海淀区、上海市浦东区等极个别的区级人民法院审理知识产权一审案件。

件的一审程序基本维持现状，只是对其中不服国家知识产权行政部门授权的案件集中到北京知识产权上诉法院。另一方面，本模式同时也没有故步自封，而是将改革的重心放在民事、行政案件的上诉审，实现了知识产权民事和行政终审程序的专业化和独立化。

知识产权上诉法院模式是很多国家采取的模式，它表现出以下很多优点。

(1)它在一定程度上实现了知识产权司法独立，排除了地方和部门保护主义的干预，实现了知识产权案件二审审判标准的相对统一。根据该种设想，在几个省级行政区域之上设立一个知识产权上诉法院，可以排除地方政府等对知识产权司法的干预，实现司法独立。虽然初审仍然会受到地方保护主义或某些非法律因素的影响，但可以通过独立的知识产权上诉法院将这种影响降至最低程度。

(2)它可以提高知识产权案件的审判效率和审判质量。专门的知识产权上诉法院的设立，可以从根本上实现知识产权终审审判的专业化、高效率性和高效力性。此外，将不服行政授权的行政诉讼案件集中到北京知识产权上诉法院审理，并且将其裁决作为终审判决，既不违反“司法审查”的原则，也提高了案件的审判效率。

(3)它具有连续性和稳定性，因此可操作性比较强。在这种模式下，知识产权上诉法院虽然独立于普通人民法院，但一审仍然主要在各省、自治区、直辖市的中级人民法院进行，一审法院的格局基本稳定，有利于知识产权案件审判的稳定性和连续性。同时又在实质上设置了独立的知识产权上诉法院体系，推动了知识产权审判体制的改革，符合循序渐进开展司法改革的原则。

(4)它的改革成本比较低。由于直接审理知识产权一审案件的依然是普通人民法院，所以在这一模块上基本不需要改革投入。因此可以集中人力、物力和财力于知识产权上诉法院。而且因为知识产权上诉法院在全国也只有6个，还可以充分整合现有的各省高级人民法院的审判力量和审判资源，故改革的投入不会很多。

(5)它避免了将知识产权刑事案件纳入知识产权法院体系出现的不足。正如前述，目前各级人民法院审理的知识产权刑事案件相对较少，而且与非法经营罪等案件牵连、竞合判决的可能性很大，将知识产权刑事案件纳入知识产权法院统一审理会出现一些不足，特别是没有与之相对应的提起公诉的人民检察院，并且会造成与其他刑事案件审理的脱节。基于此，在知识产权上诉法院体系改革中只针对民事案件和行政案件，可避免上述不足。

虽然知识产权上诉法院有很多的优点，但它也存在着一定的不足，主要体现在对现行知识产权司法体制的改革不彻底。该种模式只是实现了知识产权终审程序的横向独立，知识产权一审案件审理仍然依靠普通法院，这种司法改革的不彻底性带来了随附性的问题。例如,一审法院是否要受知识产权上诉法院监督?也就是说,知识产权一审法院和上诉法院的关系该如何处理，这就是一个不好回答但又不可回避的问题,并且可能会在一定程度上制约知识产权上诉法院的有效运转。

(三)北京知识产权法院体系模式

北京知识产权法院体系模式是指，以北京市高级人民法院知识产权审判庭为基础,组建一家审理特定类型知识产权案件的北京知识产权法院。该法院不再是普通法院系统的组成部分,直接隶属于最高人民法院,统一管辖北京市的知识产权民事和行政案件的上诉审，以及不服国务院知识产权行政部门授权而引发的行政诉讼案件等。北京知识产权法院的判决是终审判决。

此种模式与前两种模式相比带有浓厚的妥协性和过渡性。知识产权审判体制改革的重点集中于不服行政授权的行政案件，对于其他类型的知识产权案件维持现状。同时,北京知识产权法院是作为独立的知识产权法院而存在的,从一定程度上具有现实意义。

此种模式的第二个主要特点是维持了现有专利复审委员会和商标评审委员会的“准司法”权限。但为了防止行政程序和司法程序拥堵所造成的效率低下等弊端,对于不服行政授权决定的诉讼在北京知识产权法院进行，并且北京知识产权法院所作的判决为终审判决。因此在某种意义上讲,专利复审委员会和商标评审委员会等所作出的复审和评审决定,已被视为是接近司法审判,同时这又不违背《知识产权协定》有关司法审查的原则性要求。这一特征与第二种模式相近似,也是针对当前最需要解决的问题而采取的措施。

此种模式的第三个特点就是将北京市的知识产权民事案件和行政案件的上诉审集中管辖。一方面,基于与第二种模式相同的考虑,北京知识产权法院对于知识产权刑事案件没有管辖权;另一方面,北京知识产权法院受理的上诉案件在地域上限于北京市。

北京知识产权法院体系的设置从总体上看改革的空间非常小,它的宣传功能要强于其实效,它只涉及对现行知识产权授权中行政诉讼体制的改革,对现有的知识产权司法体系影响不大,在《专利法》的修改中具有可操作性,符合逐步改革、稳步推进的原则。北京知识产权法院实际上是在充分考虑到各方利益基础上进行的制度设计,因此可能容易被各方接受。此外,北京知识产权法院设置和维持的成本比较低,改革的难度较前两种模式要小。由于该体系只要求在全国设立一家北京知识产权法院，而且是以北京市高级人民法院知识产权审判庭为基础组建的,因此就不会花费太大的人力、物力和财力,比在全国建立几个知识产权上诉法院的成本要低。

同时还应看到，北京知识产权法院体系模式由于是各方利益妥协下的制度设计，它仅仅只是在有限领域的尝试，因此并不能最终解决知识产权案件审判司法独立问题，也不能从体制上确保实现司法的公正与效率。

附："建立统一的知识产权法院"立法建议稿及其说明

模式一："建立独立的知识产权法院"立法建议稿及其说明

中华人民共和国知识产权法院组织法

第一章 总 则

第一条 为提高知识产权案件的审判效率和审判质量，保障当事人的合法权益，特设中华人民共和国知识产权法院。

第二条 中华人民共和国知识产权法院是知识产权案件的专门审判机关。

第三条 知识产权法院依照法律规定独立行使审判权，不受任何行政机关、社会团体和个人的干涉。

第四条 知识产权初审法院、上诉法院和终审法院的审判工作受最高人民法院监督。

知识产权初审法院的审判工作受上诉法院的监督。

第五条 知识产权法院的经费由中央人民政府财政拨付。

第六条 知识产权法院审理知识产权案件，应当根据案件的性质，分别适用《中华人民共和国刑事诉讼法》、《中华人民共和国民事诉讼法》和《中华人民共和国行政诉讼法》以及其他的法律规范。

第七条 知识产权法院审理案件，对于一切公民，不分民族、种族、性别、职业、社会出身、宗教信仰、教育程度、财产状况、居住期限，在法律适用上一律平等，不允许有任何特权。

第八条 知识产权法院审理案件，除涉及国家机密、商业秘密的案件外，一律公开进行审判。

第九条 知识产权法院审理案件实行合议制。

知识产权法院审理初审案件，由审判员组成合议庭或者由审判员和人民陪审员组成合议庭进行；简单的民事案件、轻微的刑事案件和法律另有规定的案件，可以由审判员一人独任审判。

知识产权法院审理上诉案件，由审判员组成合议庭进行。

合议庭由院长或者庭长指定审判员一人担任审判长。院长或者庭长参加案件审理的，自己担任审判长。

第十条 知识产权法院审理案件实行三审终审制。

知识产权初审法院作出的判决和裁定，当事人可以按照法律规定的程序向知识产权上诉法院提起上诉。

知识产权上诉法院作出的判决和裁定，当事人可以按照法律规定的程序向知识产权终审法院提起终审诉讼。

知识产权初审法院作出的判决和裁定，当事人在法律规定的上诉期间内不上诉的,在上诉期间届满后发生法律效力。

知识产权上诉法院作出的判决和裁定，当事人在法律规定的期间内不提起终审诉讼的,在终审诉讼期间届满后发生法律效力。

知识产权终审法院作出的判决和裁定,为终审判决并即刻发生法律效力。

第十一条 知识产权初审法院、上诉法院和终审法院院长对本院已发生法律效力的判决和裁定,如果发现在认定事实上或者在适用法律上确有错误,必须终止原判决或裁定的执行,另外组成合议庭重新审理。

知识产权终审法院对初审法院、上诉法院已经发生法律效力的判决或者裁定、知识产权上诉院对初审法院已经发生法律效力的判决或者裁定，如果发现确有错误,有权提审或者指令原法院再审。

第十二条 各民族公民都有使用本民族语言文字进行诉讼的权利。知识产权法院对于不通晓当地通用的语言文字的当事人,应当为他们提供翻译。

第十三条 当事人认为审判人员与本案有利害关系或者其他关系有碍公平审判的,有权请求审判人员回避。审判人员是否应当回避,由本院院长决定。

审判人员认为自己与本案有利害关系或者其他关系需要回避的，应当报告本院院长决定。

院长担任审判长时的回避由本院审判委员会决定。审判委员会决定院长的回避时,院长不得参加。

第二章 知识产权法院的组织和职权

第十四条 中华人民共和国知识产权法院由以下各级法院组成：

(一) 知识产权初审法院；

(二)知识产权上诉法院；

(三)知识产权终审法院,即最高人民法院。

第十五条 中华人民共和国分别在各省、自治区、直辖市的省会城市设立一个知识产权初审法院,负责各省、自治区、直辖市知识产权案件的初审。

北京知识产权初审法院除审理北京市的知识产权初审案件外，还审理国家知识产权行政部门就各类知识产权申请、与申请有关的事项、权利以及与权利有关的事项的决定或裁定不服而发生的行政诉讼案件。

第十六条　中华人民共和国分别在北京、上海、沈阳、成都、武汉和广州各设立一个知识产权上诉法院，负责相应区域内知识产权案件的上诉审。

北京知识产权上诉法院负责北京市、天津市、河北省、山西省、内蒙古自治区内的一切知识产权民事、刑事和行政案件的上诉审。

沈阳知识产权上诉法院负责黑龙江省、辽宁省、吉林省内的一切知识产权民事、刑事和行政案件的上诉审。

成都知识产权上诉法院负责陕西省、宁夏回族自治区、新疆维吾尔自治区、青海省、甘肃省、四川省、重庆市、贵州省、云南省和西藏自治区内的一切知识产权民事、刑事和行政案件的上诉审。

上海知识产权上诉法院负责上海市、江苏省、山东省、浙江省和福建省内的一切知识产权民事、刑事和行政案件的上诉审。

武汉知识产权上诉法院负责湖北省、河南省、安徽省、湖南省和江西省内的一切知识产权民事、刑事和行政案件的上诉审。

广州知识产权上诉法院负责广东省、广西壮族自治区和海南省内的一切知识产权民事、刑事和行政案件的上诉审。

第十七条　知识产权终审法院，负责对全国各知识产权上诉法院的判决和裁定不服的案件的终审。

第十八条　最高人民法院对于在知识产权审判过程中适用法律、法规的问题，进行解释。

第十九条　知识产权初审法院、上诉法院由院长一人、副院长、庭长、副庭长和审判员若干人组成。

知识产权初审法院、上诉法院可以设刑事审判庭、民事审判庭和行政审判庭；审判庭设庭长一人、副庭长一至二人。

第三章　知识产权法院的审判人员和其他人员

第二十条　知识产权初审法院设院长一人，由最高人民法院院长提名，报请全国人民代表大会常务委员会审议通过后，由国家主席任命。

知识产权初审法院院长须具备以下条件：

(一) 年满三十周岁的中国公民；

(二)大学本科以上学历；

(三)至少从事过五年以上的知识产权教学、研究或者实务工作；

(四)未曾受过刑事处罚；

(五)通过国家统一司法考试。

第二十一条 知识产权初审法院设副院长一至二人,由初审法院院长提名,报请全国人民代表大会常务委员会审议通过后,由国家主席任命。

知识产权初审法院副院长须具备以下条件:

(一)年满二十八周岁的中国公民;

(二)大学本科以上学历;

(三)至少从事过三年以上的知识产权教学、研究或者实务工作;

(四)未曾受过刑事处罚;

(五)通过国家统一司法考试。

第二十二条 知识产权上诉法院设院长一人,由最高人民法院院长提名,报请全国人民代表大会常务委员会审议通过后,由国家主席任命。

知识产权上诉法院院长须具备以下条件:

(一)年满三十五周岁的中国公民;

(二)大学本科以上学历;

(三)至少从事过十年以上的知识产权教学、研究或者实务工作;

(四)未曾受过刑事处罚;

(五)通过国家统一司法考试。

第二十三条 知识产权上诉法院设副院长一至二人,由上诉法院院长提名,报请全国人民代表大会常务委员会审议通过后,由国家主席任命。

知识产权上诉法院副院长须具备以下条件:

(一)年满三十三周岁的中国公民;

(二)大学本科以上学历;

(三)至少从事过八年以上的知识产权教学、研究或者实务工作;

(四)未曾受过刑事处罚;

(五)通过国家统一司法考试。

第二十四条 知识产权初审法院、上诉法院正、副院长每届任期五年,连续任职不得超过两届。

知识产权初审法院、上诉法院院长、副院长需要撤换的,由最高人民法院院长提请全国人民代表大会常务委员会批准。

第二十五条 知识产权初审法院、上诉法院各设审判庭长一人,由相应的法院院长提名,由最高人民法院院长任命。

知识产权法院审判庭庭长须具备以下条件:

(一)年满三十周岁的中国公民;

(二)大学本科以上学历;

(三)从事过五年以上知识产权教学、研究或者实务工作;

(四)未曾受过刑事处罚;

(五)通过国家统一司法考试。

第二十六条　知识产权初审法院、上诉法院各审判庭设副庭长一至二人,由相应的庭长提名,由本院院长任命。

知识产权法院审判庭副庭长须具备以下条件:

(一)年满二十三周岁的中国公民;

(二)大学本科以上学历;

(三)从事过二年以上的知识产权教学、研究或者实务工作;

(四)未曾受过刑事处罚;

(五)通过国家统一司法考试。

第二十七条　知识产权法院审判员,由各法院院长任免。

知识产权法院审判员须具备以下条件:

(一)年满二十周岁的中国公民;

(二)大学本科以上学历;

(三)从事过一年以上的知识产权教学、研究或者实务工作;

(四)未曾受过刑事处罚;

(五)通过国家统一司法考试。

第二十八条　各级知识产权法院按照需要可以设助理审判员,由本院院长任命。

助理审判员协助审判员进行工作。助理审判员,由本院院长提出,经审判委员会通过,可以临时代行审判员职务。

第二十九条　有选举权和被选举权的年满二十三周岁的中国公民,可以被选举为知识产权法院人民陪审员,但是被剥夺政治权利的人除外。

人民陪审员在人民法院执行职务期间,是他所参加的审判庭的组成人员,同审判员有同等权利。

人民陪审员在执行职务期间,由原工作单位照付工资;没有工资收入的,由知识产权法院给予适当的补助。

第三十条　各级知识产权法院设书记员,担任审判庭的记录工作并办理有关审判的其他事项。

第三十一条　各级知识产权法院设司法警察若干人。

第三十二条　各级知识产权法院的人员编制由最高人民法院另行规定。

第四章　附　　则

第三十三条　本法自　年　月　日起施行。

[立法理由]建立独立的知识产权法院体系，是对现行知识产权司法体制进行的彻底改革，意味着要将知识产权审判从普通人民法院中立体式地剥离出来，使知识产权审判体系成为一个直接隶属于最高人民法院的体系。这种独立的知识产权司法体制实行三审终审原则，即设立知识产权初审法院、上诉法院和终审法院，知识产权终审法院设在最高人民法院。地方各级法院与知识产权法院没有任何隶属关系，均无权审理知识产权案件；其中，北京市的知识产权初审法院，除了管辖北京市的知识产权民事、行政和刑事案件外，还管辖因知识产权权利人对知识产权行政部门授权裁决不服的行政诉讼案件。考虑到知识产权案件和我国现有人力、物力、财力等审判资源的有限性，根据近几年各地知识产权案件数量、经济发展水平的情况、地缘关系及现实需求，在每个省会城市所在地各设立一家知识产权初审法院的同时，在全国范围内知识产权审判能力较强的城市设立6个知识产权上诉法院。知识产权上诉法院分别设在北京市、沈阳市、成都市、上海市、武汉市和广州市。独立知识产权法院体系的建立，牵涉到《人民法院组织法》、《民事诉讼法》、《刑事诉讼法》、《行政诉讼法》、知识产权各单行法的修改，具体说来包括以下内容。

(1)第1条、第2条涉及《宪法》第124条之第1款：中华人民共和国设立最高人民法院、地方各级人民法院和军事法院等专门人民法院。

(2)第5条涉及《人民法院组织法》，人民法院组织法中没有规定人民法院的经费来源。为保证知识产权法院的独立性，本法有必要对此作出明确的规定。

(3)第10条涉及《人民法院组织法》第12条第1款：人民法院审判案件，实行两审终审制；涉及《行政诉讼法》第6条：人民法院审理行政案件，依法实行合议、回避、公开审判和两审终审制度；涉及《刑事诉讼法》第10条：人民法院审判案件，实行两审终审制；涉及《民事诉讼法》第10条：人民法院审判民事案件，依照法律规定实行合议、回避、公开审判和两审终审制度。

(4)第11条涉及《人民法院组织法》第14条第3款：最高人民检察院对各级人民法院已经发生法律效力的判决和裁定，上级人民检察院对下级人民法院已经发生法律效力的判决和裁定，如果发现确有错误，有权按照审判监督程序提出抗诉。涉及《人民检察院组织法》第17条：地方各级人民检察院对于本级人民法院第一审案件的判决和裁定，认为有错误时，应当按照上诉程序提出抗诉；涉及第18条：最高人民检察院对于各级人民法院已经发生法律的效力的判决和裁定，上级人民检察院对于下级人民法院已经发生法律效力的判决和裁定，如果发现确有错误，应当按照审判监督程序提出抗诉。检察院不得对知识产权法院已经发生法律效力的判决和裁定提起再审抗诉。

(5) 第15条涉及《专利法》第41条第2款：专利申请人对专利复审委员会的复审决定不服的，可以自收到通知之日起3个月内向人民法院起诉。涉及第46条第2款：对专利复审委员会宣告专利权无效或者维持专利权的决定不服的，可以自收到通知之日起3个月内向人民法院起诉。人民法院应当通知无效宣告请求程序的对方当事人作为第三人参加诉讼。涉及第55条：专利权人对国务院专利行政部门关于实施强制许可的决定不服的，专利权人和取得实施强制许可的单位或者个人对国务院专利行政部门关于实施强制许可的使用费的裁决不服的，可以自收到通知之日起3个月内向人民法院起诉。涉及第57条第1款：未经专利权人许可，实施其专利，即侵犯其专利权，引起纠纷的，由当事人协商解决；不愿协商或者协商不成的，专利权人或者利害关系人可以向人民法院起诉，也可以请求管理专利工作的部门处理。管理专利工作的部门处理时，认定侵权行为成立的，可以责令侵权人立即停止侵权行为，当事人不服的，可以自收到处理通知之日起15日内依照《行政诉讼法》向人民法院起诉；侵权人期满不起诉又不停止侵权行为的，管理专利工作的部门可以申请人民法院强制执行。进行处理的管理专利工作的部门应当事人的请求，可以就侵犯专利权的赔偿数额进行调解；调解不成的，当事人可以依照《民事诉讼法》向人民法院起诉。

涉及《商标法》第32条第2款：当事人对商标评审委员会的决定不服的，可以自收到通知之日起30日内向人民法院起诉。涉及第33条第2款：当事人对商标评审委员会的裁定不服的，可以自收到通知之日起30日内向人民法院起诉。人民法院应当通知商标复审程序的对方当事人作为第三人参加诉讼。涉及第43条第2款：当事人对商标评审委员会的裁定不服的，可以自收到通知之日起30日内向人民法院起诉。人民法院应当通知商标裁定程序的对方当事人作为第三人参加诉讼。涉及第49条第2款：当事人对商标评审委员会的决定不服的，可以自收到通知之日起30日内向人民法院起诉。涉及第50条：对工商行政管理部门根据本法第45条、第47条、第48条的规定作出的罚款决定，当事人不服的，可以自收到通知之日起15日内，向人民法院起诉；期满不起诉又不履行的，由有关工商行政管理部门申请人民法院强制执行。涉及第53条：有本法第52条所列侵犯注册商标专用权行为之一，引起纠纷的，由当事人协商解决；不愿协商或者协商不成的，商标注册人或者利害关系人可以向人民法院起诉，也可以请求工商行政管理部门处理。工商行政管理部门处理时，认定侵权行为成立的，责令立即停止侵权行为，没收、销毁侵权商品和专门用于制造侵权商品、伪造注册商标标识的工具，并可处以罚款。当事人对处理决定不服的，可以自收到处理通知之日起15日内依照《行政诉讼法》向人民法院起诉；侵权人期满不起诉又不履行的,工商行政管理部门可以申请人民法院强制执行。进行处理的工商行政管理部门根据当事人的请求,可以就侵犯商标专用权的赔偿数额进行调解;调解不成的,当事人可以依照《民事诉讼法》向人民法院起诉。涉及第57条:商标注册人或者利害关系人有证据证明他人正在实施或者即将实施侵犯其注册商标专用权的行为,如不及时制止,将会使其合法权益受到难以弥补的损害的,可以在起诉前向人民法院申请采取责令停止有关行为和财产保全的措施。人民法院处理前款申请,适用《民事诉讼法》第93～96条和第99条的规定。涉及第58条:为制止侵权行为,在证据可能灭失或者以后难以取得的情况下,商标注册人或者利害关系人可以在起诉前向人民法院申请保全证据。人民法院接受申请后,必须在48小时内作出裁定;裁定采取保全措施的,应当立即开始执行。人民法院可以责令申请人提供担保,申请人不提供担保的,驳回申请。申请人在人民法院采取保全措施后15日内不起诉的,人民法院应当解除保全措施。

涉及《著作权法》第48条第2款:权利人的实际损失或者侵权人的违法所得不能确定的,由人民法院根据侵权行为的情节,判决给予50万元以下的赔偿。涉及第49条:著作权人或者与著作权有关的权利人有证据证明他人正在实施或者即将实施侵犯其权利的行为,如不及时制止将会使其合法权益受到难以弥补的损害的,可以在起诉前向人民法院申请采取责令停止有关行为和财产保全的措施。人民法院处理前款申请,适用《民事诉讼法》第93～96条和第99条的规定。涉及第50条:为制止侵权行为,在证据可能灭失或者以后难以取得的情况下,著作权人或者与著作权有关的权利人可以在起诉前向人民法院申请保全证据。人民法院接受申请后,必须在48小时内作出裁定;裁定采取保全措施的,应当立即开始执行。人民法院可以责令申请人提供担保,申请人不提供担保的,驳回申请。申请人在人民法院采取保全措施后15日内不起诉的,人民法院应当解除保全措施。涉及第51条:人民法院审理案件,对于侵犯著作权或者与著作权有关的权利的,可以没收违法所得、侵权复制品以及进行违法活动的财物。涉及第54条第2款:当事人没有书面仲裁协议,也没有在著作权合同中订立仲裁条款的,可以直接向人民法院起诉。涉及第55条:当事人对行政处罚不服的,可以自收到行政处罚决定书之日起3个月内向人民法院起诉,期满不起诉又不履行的,著作权行政管理部门可以申请人民法院执行。

涉及《反不正当竞争法》第20条第2款:被侵害的经营者的合法权益受到不正当竞争行为损害的,可以向人民法院提起诉讼。涉及第29条:当事人对监督检查部门作出的处罚决定不服的,可以自收到处罚决定之日起15日内向上一级主管机关申请复议;对复议决定不服的,可以自收到复议决定书之日起15日内向人民法院提起诉讼;也可以直接向人民法院提起诉讼。

(6)第20至26条涉及《人民法院组织法》第35条：地方各级人民法院院长由地方各级人民代表大会选举，副院长、庭长、副庭长和审判员由地方各级人民代表大会常务委员会任免。在省内按地区设立的和在直辖市内设立的中级人民法院院长，由省、直辖市人民代表大会选举，副院长、庭长、副庭长和审判员由省、直辖市人民代表大会常务委员会任免。在民族自治地方设立的地方各级人民法院的院长，由民族自治地方各级人民代表大会选举，副院长、庭长、副庭长和审判员由民族自治地方各级人民代表大会常务委员会任免。最高人民法院院长由全国人民代表大会选举，副院长、庭长、副庭长、审判员由全国人民代表大会常务委员会任免。

模式二："建立知识产权上诉法院"立法建议稿及其说明
中华人民共和国知识产权上诉法院组织法

第一章　总　　则

第一条　为提高知识产权案件二审的审判效率和审判质量，保障当事人的合法权益，加强对知识产权案件一审工作的指导和监督，特设中华人民共和国知识产权上诉法院。

第二条　中华人民共和国知识产权上诉法院是全国范围内处理知识产权民事和行政上诉案件的专门审判机关。

第三条　知识产权上诉法院依照法律规定独立行使审判权，不受任何行政机关、社会团体和个人的干涉。

第四条　知识产权上诉法院的经费由中央人民政府财政拨付。

第五条　知识产权上诉法院的审判工作受最高人民法院监督。

第六条　知识产权上诉法院审理案件，对于一切公民，不分民族、种族、性别、职业、社会出身、宗教信仰、教育程度、财产状况、居住期限，在法律适用上一律平等，不允许有任何特权。

第七条　知识产权上诉法院审理案件，除涉及国家机密、商业秘密的案件外，一律公开进行审判。

第八条　知识产权上诉法院审理案件实行合议制。

知识产权上诉法院审理上诉案件，由审判员组成合议庭进行。

合议庭由院长或者庭长指定审判员一人担任审判长。院长或者庭长参加案件审判的时候，自己担任审判长。

第九条　知识产权上诉法院审理案件实行两审终审制。

知识产权一审法院就民事、行政案件作出的判决和裁定，当事人可以按照法律规定的程序向知识产权上诉法院提起上诉。

上款所称的知识产权案件一审法院，是指根据中华人民共和国法律规定对知识产权案件享有管辖权的人民法院。

知识产权上诉法院作出的判决或裁定，为终审判决或裁定，并发生法律效力。

第十条 知识产权上诉法院院长对本院已发生法律效力的判决和裁定，如果发现在认定事实上或者在适用法律上确有错误，必须终止原判决或裁定的执行，另外组成合议庭重新审理。

最高人民法院对知识产权上诉法院已经发生法律效力的判决或者裁定，如果发现确有错误，有权提审或者指令原法院再审。

知识产权上诉法院对知识产权案件一审法院审理的知识产权民事和行政案件的判决和裁定，如果发现确有错误，有权提审或者指令原法院再审。

第十一条 各民族公民都有使用本民族语言文字进行诉讼的权利。知识产权上诉法院对于不通晓当地通用的语言文字的当事人，应当为他们提供翻译。

第十二条 当事人认为审判人员与本案有利害关系或者其他关系有碍公平审判的，有权请求审判人员回避。审判人员是否应当回避，由本院院长决定。

审判人员认为自己与本案有利害关系或者其他关系需要回避的，应当报告本院院长决定。

院长的回避由本院审判委员会决定。审判委员会决定院长的回避时，院长不得参加。

第二章 知识产权上诉法院的组织和职权

第十三条 中华人民共和国知识产权上诉法院负责全国范围内的知识产权民事和行政案件的上诉审。

第十四条 中华人民共和国分别在北京、上海、沈阳、成都、武汉和广州各设立一个知识产权上诉法院，负责相应区域内知识产权民事和行政案件的上诉审。

北京知识产权上诉法院负责北京市、天津市、河北省、山西省、内蒙古自治区内的一切知识产权民事和行政案件的上诉审，并负责对国家知识产权主管机关就各类知识产权申请、与申请有关的事项、权利以及与权利有关的事项的决定或裁定不服而发生的行政诉讼案件的一审。

沈阳知识产权上诉法院负责黑龙江省、辽宁省、吉林省内的一切知识产权民事和行政案件的上诉审。

成都知识产权上诉法院负责陕西省、宁夏回族自治区、新疆维吾尔自治区、青海省、甘肃省、四川省、重庆市、贵州省、云南省和西藏自治区内的一切知识产权民事和行政案件的上诉审。

上海知识产权上诉法院负责上海市、江苏省、山东省、浙江省和福建省内的一切知识产权民事和行政案件上诉审。

武汉知识产权上诉法院负责湖北省、河南省、安徽省、湖南省和江西省内的一切知识产权民事和行政案件的上诉审。

广州知识上诉法院负责广东省、广西壮族自治区和海南省内的一切知识产权民事和行政案件的上诉审。

第十五条　最高人民法院对于在知识产权审判过程中适用法律、法规的问题，进行解释。

第十六条　知识产权上诉法院由院长一人、副院长、庭长、副庭长和审判员若干人组成。

知识产权上诉法院设民事审判庭和行政审判庭；审判庭设庭长一人、副庭长一至二人。

第三章　知识产权上诉法院的审判人员和其他人员

第十七条　知识产权上诉法院设院长一人，由最高人民法院院长提名，报请全国人民代表大会常务委员会审议通过后，由国家主席任命。

知识产权上诉法院院长须具备以下条件：

(一)年满三十五周岁的中国公民；

(二)大学本科以上学历；

(三)至少从事过十年以上的知识产权教学、研究或者实务工作；

(四)未曾受过刑事处罚；

(五)通过国家统一司法考试 。

第十八条　知识产权上诉法院设副院长一至二人，由上诉法院院长提名，报请全国人民代表大会常务委员会审议通过后，由国家主席任命。

知识产权上诉法院副院长须具备以下条件：

(一)年满三十三周岁的中国公民；

(二)大学本科以上学历；

(三)至少从事过八年以上的知识产权教学、研究或者实务工作；

(四)未曾受过刑事处罚；

(五)通过国家统一司法考试。

第十九条　知识产权上诉法院正、副院长每届任期五年，连续任职不得超过两届。

知识产权上诉法院院长、副院长需要撤换的，由最高人民法院院长提请全国人民代表大会常务委员会批准。

第二十条　知识产权上诉法院审判庭设庭长一人，由相应的法院院长提名，由最高人民法院院长任命。

知识产权上诉法院各审判庭庭长须具备以下条件：

（一）年满二十五周岁的中国公民；

（二）大学本科以上学历；

（三）至少从事过三年以上的知识产权教学、研究或者实务工作；

（四）未曾受过刑事处罚；

（五）通过国家统一司法考试。

第二十一条 知识产权上诉法院审判庭设副庭长一至二人，由相应的庭长提名，由本院院长任命。

知识产权上诉法院审判庭副庭长须具备以下条件：

（一）年满二十三周岁的中国公民；

（二）大学本科以上学历；

（三）从事过二年以上的知识产权教学、研究或者实务工作；

（四）未曾受过刑事处罚；

（五）通过国家统一司法考试。

第二十二条 知识产权上诉法院审判员，由各法院院长任免。

知识产权上诉法院审判员须具备以下条件：

（一）年满二十二周岁的中国公民；

（二）大学本科以上学历；

（三）至少从事过一年以上的知识产权教学、研究或者实务工作；

（四）未曾受过刑事处罚；

（五）通过国家统一司法考试。

第二十三条 各知识产权上诉法院按照需要可以设助理审判员，由本院院长任命。

助理审判员协助审判员进行工作。助理审判员，由本院院长提出，经审判委员会通过，可以临时代行审判员职务。

第二十四条 有选举权和被选举权的年满二十三周岁的中国公民，可以被选举为知识产权上诉法院人民陪审员，但是被剥夺过政治权利的人除外。

人民陪审员在人民法院执行职务期间，是他所参加的审判庭的组成人员，同审判员有同等权利。

人民陪审员在执行职务期间，由原工作单位照付工资；没有工资收入的，由知识产权上诉法院给予适当的补助。

第二十五条 各知识产权上诉法院设书记员，担任审判庭的记录工作并办理有关审判的其他事项。

第二十六条　各知识产权上诉法院设司法警察若干人。

第二十七条　知识产权上诉法院的人员编制由最高人民法院另行规定。

第四章　附　　则

第二十八条　本法自　年　月　日起施行。

[立法理由]知识产权上诉法院体系模式是指，根据我国目前的实际情况，在北京地区、东北地区、西北地区、西南地区、中南地区和华东地区分别设立一个知识产权上诉法院，直接隶属于最高人民法院。知识产权案件的一审案件审判体制维持现状不变，知识产权案件上诉法院为二审法院，对知识产权民事和行政上诉案件享有专属管辖权。根据两审终审原则，知识产权上诉法院作出的判决或裁定，为终审判决或裁定。在此种模式下，北京地区的知识产权上诉法院，除了管辖北京市、天津市、河北省、山西省、内蒙古自治区知识产权上诉案件外，还管辖因权利申请人或者权利人对国务院知识产权行政部门裁决不服的行政诉讼案件。建立知识产权上诉法院需要修改完善的法律包括以下方面。

(1)第1条、第2条涉及《宪法》第124条之第1款：中华人民共和国设立最高人民法院、地方各级人民法院和军事法院等专门人民法院。

(2)第10条涉及《人民法院组织法》，人民法院组织法中没有规定人民法院的经费来源。为保证知识产权法院的独立性，本法有必要对此作出明确的规定。涉及《人民法院组织法》第14条第3款：最高人民检察院对各级人民法院已经发生法律效力的判决和裁定，上级人民检察院对下级人民法院已经发生法律效力的判决和裁定，如果发现确有错误，有权按照审判监督程序提出抗诉。涉及《人民法院组织法》第14条第3款：最高人民检察院对各级人民法院已经发生法律效力的判决和裁定，上级人民检察院对下级人民法院已经发生法律效力的判决和裁定，如果发现确有错误，有权按照审判监督程序提出抗诉。

(3)第14条涉及《专利法》第41条第2款：专利申请人对专利复审委员会的复审决定不服的，可以自收到通知之日起3个月内向人民法院起诉。涉及第46条第2款：对专利复审委员会宣告专利权无效或者维持专利权的决定不服的，可以自收到通知之日起3个月内向人民法院起诉。人民法院应当通知无效宣告请求程序的对方当事人作为第三人参加诉讼。涉及第55条：专利权人对国务院专利行政部门关于实施强制许可的决定不服的，专利权人和取得实施强制许可的单位或者个人对国务院专利行政部门关于实施强制许可的使用费的裁决不服的，可以自收到通知之日起3个月内向人民法院起诉。

涉及《商标法》第32条第2款：当事人对商标评审委员会的决定不服的，可以自收到通知之日起30日内向人民法院起诉。涉及第33条第2款:当事人对商标评审委员会的裁定不服的,可以自收到通知之日起30日内向人民法院起诉。人民法院应当通知商标复审程序的对方当事人作为第三人参加诉讼。涉及第43条第2款:当事人对商标评审委员会的裁定不服的,可以自收到通知之日起30日内向人民法院起诉。人民法院应当通知商标裁定程序的对方当事人作为第三人参加诉讼。涉及第49条第2款:当事人对商标评审委员会的决定不服的,可以自收到通知之日起30日内向人民法院起诉。

(4)第17～22条涉及《人民法院组织法》第35条:地方各级人民法院院长由地方各级人民代表大会选举,副院长、庭长、副庭长和审判员由地方各级人民代表大会常务委员会任免。在省内按地区设立的和在直辖市内设立的中级人民法院院长,由省、直辖市人民代表大会选举,副院长、庭长、副庭长和审判员由省、直辖市人民代表大会常务委员会任免。在民族自治地方设立的地方各级人民法院的院长,由民族自治地方各级人民代表大会选举,副院长、庭长、副庭长和审判员由民族自治地方各级人民代表大会常务委员会任免。最高人民法院院长由全国人民代表大会选举,副院长、庭长、副庭长、审判员由全国人民代表大会常务委员会任免。

(5)在《专利法》、《商标法》、《著作权法》中增加设立知识产权法院的规定,条文如下:

"为提高知识产权案件二审的审判效率和审判质量,保障当事人的合法权益,加强对知识产权案件一审工作的指导和监督,设立知识产权上诉法院。

中华人民共和国知识产权上诉法院负责全国范围内知识产权民事和行政案件的二审。

关于知识产权上诉法院的设置、职权及其组织结构,按照国家有关规定处理。"

模式三:"建立北京知识产权法院"立法建议稿
中华人民共和国北京知识产权法院组织法

第一条 为保障当事人的合法权益,加强对知识产权案件的审判,特设立中华人民共和国北京知识产权法院(以下简称"北京知识产权法院")。

第二条 北京知识产权法院是对国家知识产权行政部门就知识产权事项作出行政决定不服而提起的行政诉讼案件、北京市知识产权民事和行政上诉案件的专门审判机关。

第三条 北京知识产权法院依照法律规定独立行使审判权,不受任何行政机关、社会团体和个人的干涉。

第四条 北京知识产权法院的审判工作受最高人民法院监督。

第五条　北京知识产权法院的经费由中央人民政府财政拨付。

第六条　北京知识产权法院审理不服国家知识产权行政部门授权而引发的行政诉讼案件、北京市知识产权民事和行政上诉案件的，应当根据案件的性质，分别适用《中华人民共和国民事诉讼法》和《中华人民共和国行政诉讼法》以及其他的法律规范。

第七条　北京知识产权法院审理案件，对于一切公民，不分民族、种族、性别、职业、社会出身、宗教信仰、教育程度、财产状况、居住期限，在法律适用上一律平等，不允许有任何特权。

第八条　北京知识产权法院审理案件，除涉及国家机密、商业秘密的案件外，一律公开进行审判。

第九条　北京知识产权法院审理案件实行合议制。

北京知识产权法院审理上诉和抗诉案件，由审判员组成合议庭进行。

合议庭由院长或者庭长指定审判员一人担任审判长。院长或者庭长参加案件审判的时候，自己担任审判长。

第十条　北京知识产权法院对不服国家知识产权行政部门授权而引发的行政诉讼案件、北京市知识产权民事和行政上诉案件作出的判决或裁定，为终审判决或裁定，并发生法律效力。

第十一条　本法自　年　月　日起施行。

[立法理由]北京知识产权法院是以北京市高级人民法院知识产权审判庭为基础设立的知识产权专门法院。该法院不再是普通法院系统的组成部分，而是直接隶属于最高人民法院，统一受理不服国家知识产权行政部门授权而引发的行政诉讼案件、北京市的知识产权民事和行政上诉案件等，北京知识产权法院作出的判决和裁定是终审判决和裁定。对于其他类型的知识产权案件的审判维持现状。建立北京知识产权法院需要修改与完善的内容包括以下方面。

(1)第1条、第2条涉及《宪法》第124条之第1款：中华人民共和国设立最高人民法院、地方各级人民法院和军事法院等专门人民法院。

(2)第5条涉及《人民法院组织法》，《人民法院组织法》中没有规定人民法院的经费来源。为保证知识产权法院的独立性，本法有必要对此作出明确的规定。

(3)第2条和第10条涉及《专利法》第41条第2款：专利申请人对专利复审委员会的复审决定不服的，可以自收到通知之日起3个月内向人民法院起诉。涉及第46条第2款：对专利复审委员会宣告专利权无效或者维持专利权的决定不服的，可以自收到通知之日起3个月内向人民法院起诉。人民法院应当通知无效宣告请求程序的对方当事人作为第三人参加诉讼。涉及第55条：专利权人对国务院专利行政部门关于实施强制许可的决定不服的，专利权人和取得实施强制许可的单位或者个人对国务院专利行政部门关于实施强制许可的使用费的裁决不服的，可以自收到通知之日起3个月内向人民法院起诉。

涉及《商标法》第32条第2款：当事人对商标评审委员会的决定不服的，可以自收到通知之日起30日内向人民法院起诉。涉及第33条第2款：当事人对商标评审委员会的裁定不服的，可以自收到通知之日起30日内向人民法院起诉。人民法院应当通知商标复审程序的对方当事人作为第三人参加诉讼。涉及第43条第2款：当事人对商标评审委员会的裁定不服的，可以自收到通知之日起30日内向人民法院起诉。人民法院应当通知商标裁定程序的对方当事人作为第三人参加诉讼。涉及第49条第2款：当事人对商标评审委员会的决定不服的，可以自收到通知之日起30日内向人民法院起诉。

(4)建议删除《专利法》第41条第2款，增加1条，条文如下：

"为保障当事人的合法权益，加强对知识产权案件的审判，特设立中华人民共和国北京知识产权法院。关于北京知识产权法院的设置，按照国家有关规定处理。

专利申请人对专利复审委员会的复审决定不服的，可以自收到通知之日起三个月内向北京知识产权法院起诉。"

(5)建议将《专利法》第46条第2款修改如下：

"对专利复审委员会宣告专利权无效或者维持专利权的决定不服的，可以自收到通知之日起三个月内向北京知识产权法院起诉，北京知识产权法院应当通知无效宣告请求程序的对方当事人作为第三人参加诉讼。"

(6)建议将《专利法》第55条修改如下：

"专利权人对国务院专利行政部门关于实施强制许可的决定不服的，专利权人和取得实施强制许可的单位或者个人对国务院专利行政部门关于实施强制许可的使用费的裁决不服的，可以自收到通知之日起3个月内向北京知识产权法院起诉。"

C

参考文献

1 郑成思主编. 知识产权价值评估中的法律问题. 北京:法律出版社,1999

2 郑成思著. 知识产权论. 北京:法律出版社,1998

3 郑成思著.世界贸易组织与贸易有关的知识产权.北京:中国人民大学出版社,1996

4 吴汉东主编. 知识产权法教程. 北京:中国政法大学出版社,1999

5 吴汉东等著. 西方诸国著作权制度研究. 北京:中国政法大学出版社,1998

6 吴汉东著. 著作权合理使用制度研究. 北京:中国政法大学出版社,1996

7 吴汉东,胡开忠著. 无形财产权制度研究. 北京:法律出版社,2001

8 刘春田主编. 知识产权法教程. 北京:法律出版社,1995

9 黄晖译.法国知识产权法典(法律部分). 北京:商务印书馆,1999

10 世界知识产权组织编著. 知识产权纵横谈. 北京:世界知识出版社,1992

11 张今著. 知识产权新视野. 北京:中国政法大学出版社,2000

12 刘春茂主编. 中国民法学·知识产权. 北京:中国人民公安大学出版社,1997

13 黄勤男主编. 新编知识产权法教程. 北京:中国政法大学出版社,1996

14 薛虹著. 网络时代的知识产权法. 北京:法律出版社,2000

15 张平著. 网络知识产权及相关法律问题透析. 广州:广州出版社,2000

16 何孝元著. 工业所有权之研究. 台北:三民书局,1988

17 曾陈明汝著. 专利商标法选论. 台北:三民书局,1988

18 郑立主编. 版权工作法律知识. 北京:北京燕山出版社,1986

19 [日]半田正夫,纹谷畅男编. 著作权法50讲. 魏启学译. 北京:法律出版社,1990

20 陈传夫著.著作权概论. 武汉:武汉大学出版社,1993

21 张静著.著作权法评析. 台北:台湾水牛出版社,1983

22 翟一我,陈昭宽编. 版权讲座——国际版权纵横谈. 北京:东方出版社,1991

23 杨崇森著. 著作权法论丛. 台北:台湾华欣文化事业中心,1983
24 [日]中山信弘著. 多媒体与著作权. 张玉瑞译. 北京:专利文献出版社,1997
25 [日]吉藤幸朔著. 专利法概论. 宋永林,魏启学译. 北京:专利文献出版社,1990
26 文希凯,陈仲华著. 专利法. 北京:中国科学技术出版社,1993
27 简世雄著. 专利申请实务. 台北:三民书局,1988
28 汤宗舜著.专利法教程. 北京:法律出版社,1996
29 张序九主编.商标法教程. 北京:法律出版社,1994
30 李茂堂著. 商标法之理论与实务. 台北,1979
31 方彬彬著. 产地标识之保护. 台北:三民书局,1995
32 李魁贤著. 国际专利制度. 台北:台湾联经事业出版公司,1975
33 [美]阿瑟·R.米勒等著. 知识产权法概要. 周林等译. 北京:中国社会科学出版社,1997
34 [日]纹谷畅男编. 专利法50讲. 魏启学译. 北京:法律出版社,1984
35 王维藩等编译. 法国发明专利法. 北京:中国对外翻译出版公司,1986
36 [日]纹谷畅男编. 商标法50讲. 魏启学译. 北京:法律出版社,1987
37 夏先良. 知识论:知识产权、知识贸易与经济发展. 北京:对外经济贸易大学出版社,2000
38 易继明. 私法精神与制度选择——大陆法私法古典模式的历史含义. 北京:中国政法大学出版社,2003
39 鲍永正. 电子商务知识产权法律制度研究. 北京:知识产权出版社,2003
40 刘剑文. TRIPs 视野下的中国知识产权制度研究. 北京:人民出版社,2003
41 蒋志培著. 入世后我国知识产权法律保护研究. 北京:中国人民大学出版社,2002
42 李明德,许超著. 著作权法. 北京:法律出版社,2003
43 Melvin F. Jager, Trade Secrets Law, Clark Boardman Company, Ltd., 1985
44 Sigmund Timberg: A Modernized Fair Use Code For Visual Auditory, And Audio-visual Copyrights, Fair Use And Free Inquiry, 1980
45 Peter Drahos, A Philosophy of Intellectual Property. Dartmouth, Aldershot, 1996
46 Ian J Lloyd. Information Technology Law. Butterworths,London.1997.2nd ed.
47 Ugo Mattei. Basic Principles of Property Law: a Comparative Legal and Economic Introduction . Greenwood Press.London,2000
48 L. Ray Patterson & Stanley W. Lindberg.Athens, The nature of copyright: a law of

users' rights.University of Georgia Press,1992

49 Philip Grubb,Patents for Chemicals,Pharmaceuticals and Biotechnology - Fundamentals of Global Law,Practice and Strategy. Oxford University Press,1999